国际贸易
理论与经验分析

程大中　编著

格致出版社　上海人民出版社

本书得到复旦大学本科课程教材建设项目的资助

内容简介

　　本书是一部适合高年级本科生使用的国际贸易理论教材，覆盖"贸易纯理论"与"贸易政策原理"两大方面，兼顾"理论研究"与"经验研究"两个维度。其特色主要体现在：第一，内容安排较新，引入国际贸易研究及学科发展的最新进展和焦点问题。第二，逻辑框架较新，始终坚持"三个围绕"，即围绕国际贸易的基本问题、围绕模型假设的逐步放松、围绕理论与经验研究的紧密结合。第三，表达方式较新，更多地采用较为形象的图表、简单的数学模型和案例分析等，每章开始前均有"本章学习目标"，章后则有"本章小结"和"本章思考题"。第四，目标定位较新，既重视基本贸易理论的讨论，也重视对已有的针对相应理论的经验研究的介绍与分析，使学生不仅能够学习并掌握基本理论，还能够知道如何运用基本理论进行相应的经验研究，从而逐步培养学生分析与研究国际贸易的思维习惯、理论素养及能力。

作者简介

程大中

　　现任复旦大学世界经济系教授、博导、副主任。研究领域为国际贸易与投资、服务经济、企业国际化、投入—产出分析、网络分析、全球价值链。在《中国社会科学》《经济研究》、*Review of Income and Wealth*、*World Economy* 等国内外学术杂志发表过论文。专著有《中国工业企业的国际化与经济绩效》《世界经济周期调整与重新繁荣》《中国生产性服务业发展与开放》等，译著有《服务部门产出的测算》(*Output Measurement in the Service Sectors*, edited by Zvi Griliches, 1992)。主持完成国家社科基金重大项目和重点项目、国家自然科学基金等课题。独立获得的荣誉与奖励包括教育部新世纪人才（2009 年）、上海高校优秀青年教师（2009）、上海市哲学社会科学优秀成果论文一等奖（2006 年、2016 年）、中国高校科学研究优秀成果奖（人文社会科学）一等奖（2020 年）等。

前言

随着区域经济一体化和经济全球化趋势的加深,国家和地区之间的货物与服务贸易快速发展,其增长速度甚至超过了全球 GDP 的增长速度。2001 年 12 月 11 日,中国正式加入世界贸易组织(WTO),成为该组织第 143 个成员,中国从此以前所未有的姿态融入经济全球化。所有这些对于身处现代信息社会的人们来说似乎已经成为一个常识。然而,要真正读懂真实世界中的国际贸易,仅仅靠感性认识是不够的,还需要对其基本原理系统地加以学习。

作为一门学科,国际贸易一直是经济学尤其是国际经济学中颇具发展活力的重要组成部分。迄今为止,在涉足国际贸易领域的经济学家中,已有六位获得诺贝尔经济学奖(尽管有的并非主要因此而获奖),他们依次是:保罗·萨缪尔森(Paul Samuelson, 1970 年)、瓦西里·里昂惕夫(Wassily Leontief, 1973 年)、贝蒂·俄林(Bertil Ohlin)和詹姆斯·米德(James Meade, 1977 年)、罗伯特·芒德尔(Robert Mundell, 1999 年)、保罗·克鲁格曼(Paul Krugman, 2008 年)。其中,贝蒂·俄林主要因为对国际贸易要素禀赋理论(factor endowment theory)的贡献而获奖;保罗·克鲁格曼则因为对新贸易理论(new trade theory)的贡献而获奖。

此外,我们还可以基于美国约翰·贝茨·克拉克(John Bates Clark)奖来评估国际贸易学科的重要性。该奖项设立于 1947 年,专门授予在美国工作的、40 岁以下的杰出青年经济学家。据统计,获得该奖项的学者有超过 30% 的概率获得诺贝尔经济学奖。截至目前,有四位约翰·贝茨·克拉克奖获得者的研究领域主要为(或涉及)国际贸易,他们是保罗·萨缪尔森(1947 年)、保罗·克鲁格曼(1991 年)、德隆·阿西莫格鲁(Daron Acemoglu, 2005 年)、戴夫·唐纳森(Dave Donaldson, 2017 年)。由此可见国际贸易学科在整个经济学科中的重要地位。

国际贸易学科涉及的主题与范围非常广泛,但总体理论发展脉络十分清晰。为了尽可能反映这一特点,本书共 11 章,覆盖"贸易纯理论"与"贸易政策分析"两大方面,兼顾"理论研究"与"经验研究"两个维度。第 1 章回顾国际贸易发展史与国际贸易学说史。第 2—6 章按照国际贸易学说的历史演进顺序,依次讨论比较优势理论、要素禀赋理论(包括 H-O-S 模型与 H-O-V 模型)、新贸易理论、异质性企业贸易理论、全球价值链理论和方法。第 7—8 章是关于国际贸易政策的分析,包括从定性和定量两个角度讨论主要国际贸易政策措施或工具的特点及衡量方法。第9—10章依次讨论区域经济一体化与国际贸易多边体制。第11章讨论国际服务贸易问题。

任何一本教科书都不可能囊括所有内容,本书也不例外。本书的目的是想用紧凑的篇幅、精炼的结构将国际贸易的基本原理与政策思想展示出来。因此,我们至少舍弃了以下主题:贸易与环境、贸易与劳工、贸易与宏观经济、贸易与经济增长(和经济发展)、贸易政策的政治经济学,以及特定领域的内容(如知识产权、数字贸易等)。这些内容留待读者自己进行拓展或进一步深造学习。

本书的特色主要体现在内容安排、逻辑框架、表达方式和目标定位上。第一,内容安排较新。在不忽视传统贸易理论、新贸易理论、贸易政策的前提下,引入国际贸易研究及学科发展的最新进展和焦点问题。本书的大部分文献资料和数据分析都是基于最新的发展动态。这无疑耗费了我大量的时间和精力,但令我感到欣慰的是,本书可以为读者提供最新的信息和指南。第二,逻辑框架较新。全书的分析与介绍始终坚持"三个围绕":围绕国际贸易的基本问题,围绕模型假设的逐步放松,围绕理论与经验研究的紧密结合。第三,表达方式较新。以学生能够接受的方式进行分析与介绍,更多地采用较为形象的图表、简单的数学模型和案例分析等,同时每章配有"本章学习目标""本章小结"和"本章思考题"。第四,目标定位较新。既重视对基本贸易理论的介绍与分析,也重视对已有的针对相应理论的经验研究的介绍与分析,使学生不仅能够学习并掌握基本理论,还能够知道如何运用基本理论进行相应的经验研究,从而逐步培养学生分析与研究国际贸易的思维习惯、理论素养及能力。

一般认为,写一本好的教材要远比写一本专著难得多,风险也更大,这是因为教材不单单是作为"教学之素材",更是为了"教而使之成材"。但愿这本教材能起到后者的作用,使学生和读者有所裨益。由于水平有限,不足之处在所难免,欢迎读者批评指正。

程大中

2021年2月21日

目录

导　论

本章学习目标

国际贸易是国与国之间的货物与服务的交换,它是在特定的历史条件下产生并发展起来的。那么,真正意义上的国际贸易学说自然是伴随着这一历史进程而不断向前发展的。

通过本章的学习,我们可以:

● 了解国际贸易、世界市场、国际分工产生与发展的历程;
● 了解中国与世界其他国家和地区参与国际贸易和国际分工的过程及其特点;
● 理解国际贸易理论所涉及的基本问题和假设抽象;
● 了解国际贸易理论与经济研究简史。

1.1　国际贸易发展简史

作为经济学的分支学科,国际贸易学科所关注和研究的对象毫无疑问是现实存在的、活生生的国际贸易实践。真实世界中的国际贸易与学科视野中的国际贸易之间的关系是实践与理论的关系。因此,在系统学习本书内容之前,读者很有必要全面地领略真实世界中的国际贸易的发展历史与现实,从而形成对国际贸易的感性认识。而实际上,这一感性认识对于身处现代信息社会的人们来说或多或少都有过。作为一本面向中国读者的国际贸易教科书,我们不仅需要从一个较长的历史视角出发,回顾西方世界参与国际贸易和国际分工的过程,而且需要重点审视中国参与国际贸易和分工的基本历程与经验教训。

1.1.1 国际贸易的产生

贸易(trade)或更具一般意义的交易(transaction)就是指货物(commodity)或服务(service)的交换。这种交换自然是在不同主体(个人、企业、地区、国家等)之间进行的"互通有无";同时,这些产品不仅是可以被拿出来用于交换的,而且也是可以被清晰地界定产权的。因此,(社会)分工(division of labor)、剩余产品、产权制度是交换和贸易的基础与条件。常言道,"尺有所短,寸有所长"。社会分工可以扬其所长、避其所短,因而可以提高效率和生产力。对于特定主体来说,随着效率和生产力的提高,一些产品的生产就会从一种仅能维持人们生存的状态发展到一种过剩状态,于是就有了将剩余产品交换出去以得到短缺产品的可能性,而这种可能性在私有产权制度的保护下成为现实。

国际贸易是国际间的货物与服务的交换,它是在特定的历史条件下产生并发展起来的。应该说,跨越不同民族和国家的贸易联系在历史上早已有之,至少可以一直追溯到4 000多年前的农耕时代。但真正意义上的国际贸易是伴随着1500年前后国际分工和世界市场的出现与形成而产生和发展起来的(如图1.1所示)。

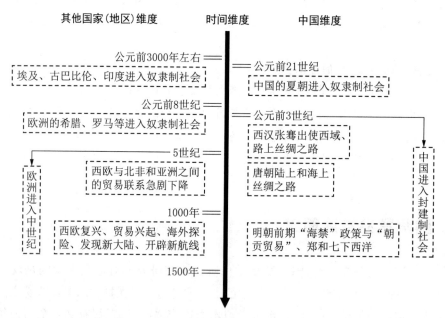

图 1.1 真正意义上的国际贸易的产生经过

从时间顺序上看,公元前3000年左右,埃及、古巴伦、印度等东方文明古国进入奴隶制社会①。公元前8世纪,欧洲的希腊、罗马等进入奴隶制社会。公元前21世纪,中国的夏朝进入奴隶制社会。5世纪时,西罗马帝国灭亡,标志着欧洲由奴隶制社会进入

————————

① 关于人类社会发展阶段的划分存在不同的方法,本节关于奴隶制与封建制社会的划分主要是基于马克思主义方法。

中世纪时期①或封建制社会。中国大约是在战国时期(即公元前 3 世纪前后)向封建制社会过渡(公元前 211 年,秦始皇结束封建割据局面,建立了中央集权的国家),因此中国封建体制的建立远早于欧洲。

在奴隶制时期,农业和畜牧业是关键产业,手工业初步发展,城市开始出现并成为手工业、商业和贸易的重要空间载体。国家间的贸易联系不仅发生在邻近国家和地区之间,而且还表现为东西方的洲际贸易,包括地中海地区、中国与西亚等,涉及的国家除了中国和埃及外,还有希腊、罗马、印度、腓尼基(现在黎巴嫩境内)等。这一贸易联系随着各奴隶制国家的兴亡而变化。在西方,古罗马奴隶制存续时间较长,因而它与其他国家的贸易联系也较长;在东方,中国的奴隶制虽比其他国家结束得早,但这个国家始终存在,因而它与其他国家的贸易联系也仍然存在。

奴隶制时期国家间的贸易联系有几个比较鲜明的特点②:第一,贸易品以手工业制品为主(主要包括王室和奴隶主所追求的奢侈品,如宝石、金银饰品、丝绸等织物、香料等),也有一些农产品(如油类、粮食等),此外还贩卖奴隶。第二,对外贸易基本是王室(和神庙)垄断和奴隶主私人经营并存,以前者为主。比如,在埃及奴隶制强盛时期(即托勒密王朝),国家垄断了油料、尼龙、食盐等商品的出售和出口;在古印度的孔雀王朝,国家的市政官严格监督商业,王室专权销售矿产品、盐、酒等物品,奴隶主合伙经营商业,贩卖奴隶、羊毛等物品。第三,一国的对外贸易联系程度与其所处的地理位置密切相关。那些主要的贸易国家基本上都处于与外界联系比较便利的地方。比如,古巴比伦位于幼发拉底河和底格里斯河流域的中部及东西方商道的交叉点上;腓尼基西临地中海,东临黎巴嫩山,北接小亚细亚,南连巴勒斯坦,是联系西亚、北非和欧洲的重要商路;1—2 世纪处于鼎盛时期的罗马帝国,其政治疆域从苏格兰边界一直延伸至埃及,地中海如同一个属于罗马人的湖泊,通过它将从亚历山大里亚和迦太基进贡的粮食运到罗马港口普陀里(靠近那不勒斯)和新港(靠近罗马)。③第四,这个时期国家间的贸易联系与对外侵略和军事扩张相联系,同时也伴随着移民或迁移运动。但总的来讲,在奴隶制时期,自然经济占据统治地位,能够进入流通领域的剩余产品极为有限,加之当时生产技术与交通运输工具落后,因而国际贸易的规模和范围受到很大限制。

人类进入封建制社会后,社会生产力进一步提高,农业、手工业和商业进一步发展,城市不断涌现,国家之间的贸易往来出现新的特点。

从欧洲的情况看,5—10 世纪,西欧各国政体脆弱、破碎,经济一度衰退,都市文明趋于消失,取而代之的是自给自足、相对封闭和愚昧无知的乡村社会。在这段时间,西欧与

---

① 虽然关于欧洲历史上的中世纪(Middle Ages)的时间跨度存在一些争议,但历史学家普遍认为,1500 年是中世纪社会与近代社会的分水岭,也就是说 1500 年大致是中世纪的终结时间。参见[美]道格拉斯·诺斯、罗伯特·托马斯:《西方世界的兴起》,厉以平等译,华夏出版社 1999 年版,第 129 页。

② 蔡中兴、漆光瑛:《世界经济发展历史纲要》,复旦大学出版社 1999 年版,第 4—8 页。

③ [英]安格斯·麦迪森:《世界经济千年史》,伍晓鹰等译,北京大学出版社 2003 年版,第 38 页。

北非和亚洲之间的贸易联系急剧下降。①1000—1500 年,西欧开始复苏和振兴。②其中,11—13 世纪是中世纪欧洲的盛世,其间发生了拓边殖民运动(即"边疆运动"),西方社会的发展中心一劳永逸地从古典的地中海地区转移到北欧平原。③到 14 世纪,欧洲形成了南北两大主要贸易区:地中海地区、北海和波罗的海地区。前者以意大利的城市国家(如佛罗伦萨、热那亚、比萨、米兰和威尼斯)为中心,其中威尼斯最为成功;后者则以佛兰德斯(当时北欧的羊毛生产、国际金融和商业中心)为中心。这两大贸易区之间的联系主要通过水路(海洋和河流),而 11—15 世纪船舶和航海技术的进步则是这些地区之间贸易增长的基础。在中世纪的后期(14—15 世纪),一方面,饥荒、疫疠、战争和革命在欧洲各地连绵不绝,导致人口下降,经济和社会秩序陷于混乱;而另一方面,这个时期又是欧洲文艺复兴的时期,出现了同城市国家竞争并最终使之黯然失色的民族国家。④

关于中国的情况,可以分三个时段来观察。第一个时段是从公元前 3 世纪到公元 5 世纪,与之对应的是欧洲中世纪开始之时。在此期间,中国经历了秦(公元前 221—公元前 206 年)、汉[公元前 206—公元 220 年,包括西汉(公元前 206—公元 25 年)、东汉(25—220 年)]、三国(220—280 年,包括魏、蜀汉、吴)、晋(265—420 年,包括西晋和东晋)、南北朝(420—589 年)等朝代。这其中以西汉时期的张骞出使西域最为出名,这直接推动了路上丝绸之路的畅通,即向西经河西走廊、新疆,进入中亚、南亚、西亚,到达地中海沿岸(包括当时仍处于奴隶制社会的大秦,即罗马帝国),揭开了中国对外贸易的新纪元。⑤另外,在这个时期,中国通过海上丝绸之路与日本、朝鲜、东南亚诸国发展贸易。

第二个时段是从 5 世纪到 10 世纪,这是西欧各国处于衰退的时期,中国则经历了南北朝后期、隋、唐、北宋、南宋早期和辽早期等朝代。其中,唐代的对外贸易最为鼎盛,通过陆路和海路,东抵朝鲜和日本,西至阿拉伯和非洲,南及东南亚和南亚诸国,开展贸易。

第三个时段是 1000—1500 年,这是西欧复兴的时期,中国则经历了两宋后期、辽后期、金、元、明前期等朝代。宋、元时期的对外贸易进一步发展。到了明朝前期,一方面明朝为巩固封建政权,极力切断中外的民间贸易关系,实行"海禁"政策;另一方面积极推行"朝贡贸易"政策。从明成祖永乐三年(1405 年)到明宣宗宣德八年(1433 年),明朝政府派郑和率领庞大船队七下西洋,从而将明代甚至整个古代中国的官方贸易——"朝贡贸

---

① [英]安格斯·麦迪森:《世界经济千年史》,伍晓鹰等译,北京大学出版社 2003 年版,第 39 页。
② 根据安格斯·麦迪森的估算,在 1000—1500 年,西欧的人均 GDP 几乎翻了一番,而同期中国的人均 GDP 只增加了 1/3,亚洲其他国家的人均 GDP 增加得很少,非洲的人均 GDP 不升反降。在 1000 年时,西欧的收入水平降到了亚洲和非洲之下,但到 14 世时,它已经在人均收入水平上赶上当时的世界头号经济大国——中国。
③ [美]道格拉斯·诺斯、罗伯特·托马斯:《西方世界的兴起》,厉以平等译,华夏出版社 1999 年版,第 36 页。
④ 同上,第 91、102 页。
⑤ "丝绸之路"的概念最早是由德国地理学家李希霍芬(F. Richthofen)于 19 世纪 70 年代提出的,是指约在公元前 2 世纪,欧亚大陆存在着一条以丝绸制品为主要贸易品的商路[Andrea, Alfred, 2014, "The Silk Road in World History: A Review Essay", *Asian Review of World Histories*, 2(1), 105—127]。但与之相比,海上丝绸之路不仅运量大,而且贸易品种类较多,贸易品也不局限于丝绸。

易"推向顶峰。①通过对外贸易,中国将丝绸、瓷器、茶叶等产品大量输往邻国和西方诸国,四大发明也由此传播出去,同时从欧亚各国进口产品。

郑和下西洋的规模之大、航程之远,是当时欧洲各国望尘莫及的,但后来却突然停止了。最终,欧洲人发现了世界,其中走在最前列的国家是大西洋沿岸的西班牙和葡萄牙。1492 年,哥伦布发现美洲新大陆;1497 年,达·伽马绕过非洲好望角,经印度洋,到达南亚西海岸,由此打通欧洲至印度的航线;从 1519 年开始,麦哲伦率领的船队完成环球之旅,开辟了东西方交通的新航线。随后,荷兰、英国、法国和丹麦等欧洲国家也陆续开辟了一系列新航线,从而将亚、欧、非、美各洲连接起来,真正意义上的国际分工、世界市场和国际贸易开始出现,世界经济的全球化进程开始启动。

1.1.2 国际贸易的发展

国际分工是基础,世界市场是平台,国际贸易是结果,这三者相互促进、协同发展。从 15 世纪末 16 世纪初的"地理大发现"到 21 世纪初的这 500 多年时间里,国际贸易伴随着国际分工和世界市场的发展大致经历了以下五大阶段(见图 1.2)。这一发展进程尽管存在阶段性差异,但基本上遵循这样的规律:资源禀赋及相关的各种要素(资本、劳动力、技术、管理、制度等)决定着产业(相对或绝对)优势,进而决定着不同国家在国际分工中的地位和世界市场的构成,并最终决定国际贸易的产品结构、地区结构、基本模式与可能的福利分配格局等诸方面。

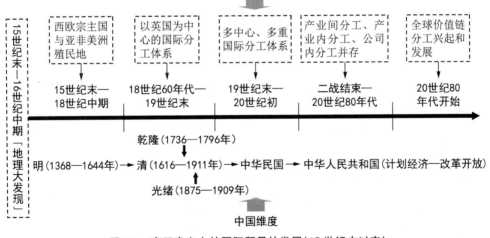

图 1.2 真正意义上的国际贸易的发展(15 世纪末以来)

---

① "朝贡贸易"一般由三部分组成:(1)由贡使携带的传统贡物和中国方面与此对应的回赐物构成的授受关系;(2)贡使的随行人员在官办的、限定规模的北京会同馆进行的交易;(3)随同贡使到来的商人团体在国境上所设的榷场或在沿海港口与中国商人进行的交易。在从明到清的过渡时期(16—17 世纪),这种朝贡贸易体制逐渐显现出以下特征:(1)"大一统"的观念得到了弘扬和保持;(2)因西方国家的加入使得朝贡贸易得到扩大;(3)在朝贡贸易的内部,私有贸易得到扩大,并且结算制度和征税机构得到扩充。详见[日]滨下武志《近代中国的国际契机:朝贡贸易体系与近代亚洲经济圈》,朱荫贵等译,中国社会科学出版社 2004 年版,第 27—43 页;夏秀瑞、孙玉琴《中国对外贸易史》(第一册),对外经济贸易大学出版社 2001 年版,第 291 页。

1. 第一阶段:15 世纪末至 18 世纪中期

这一阶段的最初两个世纪在欧洲历史上非常重要,发生了一系列重大事件,如价格革命、商业革命、宗教改革、文艺复兴、新大陆殖民、世界贸易发展,以及民族国家作为欧洲政治组织的最高形式出现。这一阶段也是西方世界开始兴起的时代。[①]但与 1500 年以前不同,1500 年以后西欧的兴起,在很大程度上源于那些接近大西洋并通过大西洋与新大陆、非洲、亚洲进行持续贸易的国家的经济增长。[②]从经济增长的产业基础看,西欧各国完成了从手工业向工场手工业的过渡,进入原始积累时期,船舶和航海技术进步迅速。它们秉持重商主义政策和殖民政策,争夺海上霸权和海外殖民地,在殖民地开发经营矿山和种植园,为本国生产和提供原料与农产品,同时把殖民地变为本国工业品的出口市场。所以,这一阶段的国际分工表现为西欧宗主国与亚非美洲殖民地[③]之间的分工。"地理大发现"使得欧洲原有的区域性市场同其他各大洲各国各地区的地方性市场连接起来,并形成了与欧洲巨大商业中心相联系的区域性的国际产品市场,而且随着新航线的开辟,在大西洋沿岸形成了许多新的国际贸易港和国际贸易中心。另外,这一时期多数欧洲国家实行黄金和白银并用的金银复本位制,随后过渡到金本位制。虽然这一阶段统一的国际金本位货币体系尚未形成,但黄金成了事实上的单一世界货币,方便了国际支付和国际结算,使世界市场的机制相对完善。

在欧洲贸易向外扩张的头三个世纪中,与美洲、非洲或亚洲其他地区相比,中国(从明中后期到清前期)的市场更难以渗透,因为贸易受到政府的限制。[④]但欧洲商人则在

---

① 然而,在这一兴起故事的背后,西欧各国却有着不同的结局。到 17 世纪末,荷兰和英国成为优胜者,法国、西班牙、意大利和德国则沦为失败者。是什么原因导致了这一重大差异呢? 1993 年诺贝尔经济学奖获得者道格拉斯·诺思(Douglass North)与其合作者罗伯特·托马斯(Robert Thomas)认为,有效率的经济组织(即制度在西欧的发展)是西方世界兴起的原因所在。以所有权结构(财产关系)为核心的制度在荷兰和英国的发展,为持续的经济增长提供了必要的激励,包括对创新的鼓励和随后工业化所需要的种种诱因。产业革命不是现代经济增长的原因,而是新技术发展和应用于生产过程并使得私人收益率提高的结果。此外,以国际贸易为主要表现的国际竞争还带来了强大动力,促使其他国家改变它们各自的制度结构,以便为经济增长和产业革命的推广提供同样的动力。那些先进国家的成功源于所有权结构的重建,而落后国家的失败则是由于经济组织(制度)的无效率。参见[美]道格拉斯·诺思、罗伯特·托马斯:《西方世界的兴起》,厉以平等译,华夏出版社 1999 年版。

② Acemoglu, Daron, Simon Johnson and James Robinson, 2005, "The Rise of Europe: Atlantic Trade, Institutional Change, and Economic Growth", *American Economic Review*, 95(3), 546—579.

③ 1493 年西班牙和葡萄牙缔结条约认定,除巴西东部以外的美洲地区归属西班牙,而巴西东部归属葡萄牙。1580 年西班牙攻陷里斯本,兼并了葡萄牙及其属地,成为 16 世纪末最大的殖民国家。1588 年,荷兰联合英国击败西班牙,成为 17 世纪中叶拥有殖民地最多的欧洲国家,其中荷兰东印度公司垄断了东方的香料和大量出口品。从 1650 年开始,英国先后通过对葡萄牙、荷兰、法国的战争逐渐赢得海上霸权和殖民霸权,而且一直延续至 20 世纪,成为"日不落帝国"。

④ 当然,这期间也有一些政策松动。比如,1567 年(明隆庆元年)开放海禁,私人贸易合法化。但明后期之所以实行开海政策,并非是政府意识到海外贸易对国家经济发展的意义,而是政府将之作为减少祸乱、巩固统治的权宜之计,即所谓"于通之之中,寓禁之之法","惟市而后可以靖倭,惟市而后可以知倭,惟市而后可以制倭,惟市而后可以谋倭"(明大学士徐光启语)。清前期,鉴于郑成功抗清势力的不断强大和巩固国内政权的需要,清朝颁布了一系列禁海令和迁海令,限制海外贸易。在平定三藩之乱和收复台湾之后,康熙于 1684 年(即康熙二十三年)废除海禁,在江、浙、闽、粤四省设立海关和实施行商制度,取代历代的市舶制度。但迫于政治形势压力,1717 年(康熙五十六年)又颁布同南洋贸易的禁令。乾隆二十二年(1757 年),宁波、厦门和松江三港被撤,只留下广州,变多口通商为一口通商。参见夏秀瑞、孙玉琴:《中国对外贸易史》(第一册),对外经济贸易大学出版社 2001 年版,第七章和第八章。

其政府的支持下在西太平洋与北印度洋的贸易中逐渐占据主导地位(见表 1.1)。所以，中国的海上贸易在与欧洲殖民者的竞争中处于不利地位。虽然自 15 世纪初开始，中国的航海技术已经优于欧洲，但从那以后，中国似乎对西欧的技术发展和军事潜力置若罔闻。虽然这个时期中国的经济总量仍然是世界上最大的(见表 1.2)，但政府闭关锁国、强力限制贸易、不主动参与国际分工的政策和做法实际上已经为以后的经济衰败和落后埋下了隐患。[①]

表 1.1　1720—1800 年世界主要经济体的国际贸易份额(%)

经济体	1720 年	1750 年	1780 年	1800 年
英 国	15	15	12	22
法 国	8	9	12	10
德 国	9	11	11	12
俄 国	9	10	9	10
奥地利	2	3	3	3
意大利	3	4	4	3
西班牙	11	10	10	4
葡萄牙	2	2	2	1
斯堪的纳维亚	2	2	3	2
荷兰和比利时	5	4	4	5
瑞 士	1	1	2	2
土耳其等国	2	2	2	2
欧洲合计占比(%)	**70**	**74**	**74**	**75**
美 国	—	—	2	6
讲西班牙语的美洲国家	10	11	11	8
英国殖民地	2	2	0.5	1
印 度	9	6	5	3
其他各国	5	7	8	7
除欧洲外的合计占比(%)	**30**	**26**	**26**	**25**
世界贸易总额(百万英镑)	**88**	**140**	**186**	**302**

注：表中世界贸易总额的单位为百万英镑，其他则为百分比(%)。表中数值为四舍五入值。

资料来源：转引自[美]W.W.罗斯托：《这一切是怎么开始的：现代经济的起源》，黄其祥、纪坚博译，商务印书馆 1999 年版，第 94 页。

[①]　这里需要强调两点：第一，一般来说，大国的对外贸易总值与其 GDP 之比(即对外贸易依存度)相对较低，但并不意味着其占世界总贸易的比重较低。但从表 1.1、表 1.2 和表 1.4 可以看出，相应时期中国的这两个比重都是很低的。第二，根据增长理论中的"卢卡斯 70 法则"，如果一国每年以 $g\%$ 的速率增长，则该国每隔 $70/g$ 年的人均收入或 GDP 就可翻一番(增加一倍)。这意味着，经过较长时期的积累，初始增长率的微小差异将会对随后的生活水平产生巨大影响。表 1.2 显示，中国很低甚至负的增长率恰恰为其他高增长国家赶超中国提供了机会，也为自身的逐渐衰落埋下了伏笔。

表 1.2　0—1998 年世界主要经济体的 GDP、人均 GDP 及其增长比较

	经济体	0 年	1000 年	1500 年	1600 年	1700 年	1820 年	1870 年	1913 年	1950 年	1973 年	1998 年
占世界 GDP 的比重(%)	中　国	26.2	22.7	25.0	29.2	22.3	32.9	17.2	8.9	4.5	4.6	11.5
	印　度	32.9	28.9	24.5	22.6	24.4	16.0	12.2	7.6	4.2	3.1	5.0
	日　本	1.2	2.7	3.1	2.9	4.1	3.0	2.3	2.6	3.0	7.7	7.7
	英　国			1.1	1.8	2.9	5.2	9.1	8.3	6.5	4.2	3.3
	法　国			4.4	4.7	5.7	5.5	6.5	5.3	4.1	4.3	3.4
	德　国			3.3	3.8	3.6	3.8	6.5	8.8	5.0	5.9	4.3
	意大利			4.7	4.4	3.9	3.2	3.8	3.5	3.1	3.6	3.0
	西班牙			1.9	2.1	2.2	1.9	2.0	1.7	1.3	1.9	1.7
	美　国				0.3	0.2	0.1	1.8	8.9	19.1	27.3	22.0	21.9
	苏联/俄罗斯	1.5	2.4	3.4	3.5	4.4	5.4	7.6	8.6	9.6	9.4	3.4
人均 GDP (1990 年国际元)	中　国	450	450	600	600	600	600	530	552	439	839	3 117
	印　度	450	450	550	550	550	533	533	673	619	853	1 746
	日　本	400	425	500	520	570	669	737	1 387	1 926	11 439	20 413
	英　国			714	974	1 250	1 707	3 191	4 921	6 907	12 022	18 714
	法　国			727	841	986	1 230	1 876	3 485	5 270	13 123	19 558
	德　国			676	777	894	1 058	1 821	3 648	3 881	11 966	17 799
	意大利			1 100	1 100	1 100	1 117	1 499	2 564	3 502	10 643	17 759
	西班牙			698	900	900	1 063	1 376	2 255	2 397	8 739	14 227
	美　国				400	400	527	1 257	2 445	5 301	9 561	16 689	27 331
	苏联/俄罗斯	400	400	500	553	611	689	943	1 488	2 834	6 058	3 893
	世界平均	444	435	565	593	615	667	867	1 510	2 114	4 104	5 709

	经济体	0—1000 年	1000—1500 年	1500—1820 年	1820—1870 年	1870—1913 年	1913—1950 年	1950—1973 年	1973—1998 年
人均 GDP 年均复合增长率(%)	中　国		0.06	0.00	−0.25	0.10	−0.62	2.86	5.39
	印　度		0.04	−0.01	0.00	0.54	−0.22	1.40	2.91
	日　本	0.01	0.03	0.09	0.19	1.48	0.89	8.05	2.34
	英　国			0.27	1.26	1.01	0.92	2.44	1.79
	法　国			0.16	0.85	1.45	1.12	4.05	1.61
	德　国			0.14	1.09	1.63	0.17	5.02	1.60
	意大利			0.00	0.59	1.26	0.85	4.95	2.07
	西班牙			0.13	0.52	1.15	0.17	5.79	1.97
	美　国			0.36	1.34	1.82	1.61	2.45	1.99
	苏联/俄罗斯	0.00	0.04	0.10	0.63	1.06	1.76	3.36	−1.75
	世界平均	0.00	0.05	0.05	0.53	1.30	0.91	2.93	1.33

　　资料来源：[英]安格斯·麦迪森：《世界经济千年史》，伍晓鹰等译，北京大学出版社 2003 年版，第 261—263 页。Maddison, Angus, 1998, *Chinese Economic Performance in the Long-Run*, Paris: OECD Development Centre, Table 2.2 a, b。

2. 第二阶段:18 世纪 60 年代至 19 世纪末

18 世纪 60 年代开始于英国,并在 19 世纪先后扩散至法国、德国、俄国等欧洲其他国家及美国和日本的工业革命(industrial revolution)[①],使传统的农业经济开始被新兴的工业经济所取代,标志着由这些国家主导的世界经济开始正式迈入工业化的历史进程。一种有效率的经济组织和制度创新使经济单位实现了规模经济(股份公司、企业),鼓励了创新和发明(专利法),提高了要素市场效率(圈地、汇票、废除农奴),改进了生产要素质量(劳动力受到良好教育、资本体现新技术),减少了市场的不完善(保险公司),并最终促使工业革命的发生。[②]

经过工业革命,英国等国不仅建立了大机器工业(涉及纺织、采矿、冶金、机械制造、农产品加工等),而且发展起了交通运输业、通信业、商业、金融业(银行、保险和证券)等较为先进的服务业。在这段时期,英国凭借其经济技术优势,成为当时世界上最先进的国家,在世界工业、服务业和世界贸易中取得垄断地位,享有"世界工厂"之称,英镑成为一种国际货币,伦敦变为世界金融中心。1870 年,英国的经济实力达到鼎盛时期,约占世界工业生产的 1/3、世界铁和煤产量的 1/2 和世界贸易总额的 1/4。因此,这一时期的国际分工格局主要是以英国为中心展开的。大机器工业生产出来的大批制成品需要寻求新的销售市场,其本身也需要大量的原材料来源(见表 1.3)。这些制成品充当英国征

表 1.3 1876—1913 年主要经济体的贸易结构:初级产品与制成品的相对比重(%)

	1876—1880 年				1896—1900 年				1913 年			
	出口		进口		出口		进口		出口		进口	
	初级产品	制成品	初级产品	制成品	初级产品	制成品	初级产品	制成品	初级产品	制成品	初级产品	制成品
大不列颠及爱尔兰联合王国	11.9	88.1	85.8	14.2	17.2	82.8	82.6	17.4	30.3	69.7	81.2	18.8
西北欧洲*	43.8	56.2	60.9	39.1	50.5	49.5	62.0	38.0	48.0	52.0	59.9	40.1
欧洲其他地区	78.1	21.9	—	—	74.9	25.1	—	—	75.6	24.4	—	—
美国和加拿大	85.7	14.3	63.5	36.5	81.0	19.0	63.0	37.0	74.1	25.9	63.4	36.6
欠发达国家和世界其他地区	97.6	2.4	30.9	69.1	91.6	8.4	29.2	70.8	89.1	10.9	40.2	59.8
世界平均	61.9	38.1	64.9	35.1	62.8	37.2	65.6	34.3	61.8	38.2	65.0	35.0

注:* 包括芬兰、瑞典、挪威、丹麦、德国、比利时、荷兰、法国、瑞士、奥地利。初级产品与制成品的相对比重相加等于 100%(四舍五入)。

资料来源:转引自[澳]肯伍德、洛赫德:《国际经济的成长:1820—1990》,王春法译,经济科学出版社 1996 年版,第 81 页。

---

① 关于英国工业革命的起始时间问题是存在一些争议的(参见萧国亮、隋福民:《世界经济史》,北京大学出版社 2007 年版,第 170 页),但时间前后通常只相差 10—20 年。本书则采用《新帕尔格雷夫经济学大辞典》(第二卷,经济科学出版社 1996 年版,第 875 页)"工业革命"词条中的划分方法。

② [美]道格拉斯·诺斯、罗伯特·托马斯:《西方世界的兴起》,厉以平等译,华夏出版社 1999 年版,第 5—10 页。

服海外市场、左右其他国家产业结构和消费结构变化的有力武器；亚洲、非洲、拉丁美洲、大洋洲的越来越多的国家先后沦为完成工业革命的英国等国家的殖民地和半殖民地。世界市场因大机器工业生产而扩大，因交通运输业和通信业、金融业的发展而更加一体化。[1]

对于中国来说，这个时期则是从乾隆到光绪年间。特别是乾隆以后，19世纪的中国统治者昏庸无能，政府衰败，而这时西方世界则在经济、科技和军事方面突飞猛进。大英帝国正在四处扩张，英国对增加与中国的贸易感兴趣，中国则对英国想要提供的东西兴趣不大。于是英国采取了鸦片贸易的手段，并发动了鸦片战争，清政府战败。于是一个个不平等条约接踵而至，中国的国门被迫打开，土地和权利被迫割让，一步一步地由一个独立自主的封建制国家变成一个半殖民地半封建制国家。应该说，鸦片战争前的清朝仍是以一个独立的国家同欧美各国进行贸易的，表现出对外贸易的自主性。但鸦片战争以后，中国经济被纳入了世界经济体系，成为列强经济的附庸，对外贸易主权基本丧失。[2]

3. 第三阶段：19世纪末至20世纪初

这一阶段的前半段时期是世界主要国家赶超英国的竞争时期（这是最主要的时期）；后半段时期发生了两次世界大战，出现了世界上第一个社会主义国家——苏联（经过1917年的"十月革命"）；爆发了世界经济大危机（1929—1933年）。在这个阶段，德国、美国等主要国家发生了技术革命（亦称第二次工业革命），新技术、新发明被广泛采用，一批新兴工业（如化学工业、汽车工业、石油工业等）不断涌现，交通运输业和通信业发生了革命。

经过技术革命，美国、德国、法国、日本、俄国（苏联）等成为发达工业国，打破了1870年以前英国"一枝独秀"的格局。由此，国际分工呈现出多重格局：既有宗主国与殖民地半殖民地之间的分工、工业制成品生产国与初级产品生产国之间的分工，也有发达工业国家之间的分工；既存在由英国一国主导变为多国主导的垂直分工体系，也有以经济部门为主的水平分工体系（各主要工业国基于自身禀赋发展特色工业）。在上述分工体系中，广大亚、非、拉发展中国家的经济变为畸形的单一经济，即只生产极少数种类的产品，且大多出口到工业发达国家。

这一阶段世界市场的基本特点是：第一，以英国为中心的多边贸易支付体系的形成与发展，这不仅促进了产品、服务和资本的国际流动，而且节省了黄金的使用，确保了1880—1913年金本位制的成功运转。第二，以黄金作为世界货币的国际金本位制建立起来。在将黄金作为结算国际收支差额的最后手段的同时，越来越多的商业往来使用英镑作为黄金的补充，贸易国的产品价格进一步联动起来。第三，旨在保护工业产权、文学艺术作品、商标注册的公约和协定开始达成，一些贸易惯例（如国际贸易术语）开始形成，大型商品交易所、国际拍卖市场、博览会，以及航运、保险、银行等专业服务机构开始出现

---

① 比如，这期间蒸汽船代替了帆船，使得海洋贸易的运输成本大幅下降，从而促进了国际贸易的增长。参见 Pascali, Luigi, 2017, "The Wind of Change: Maritime Technology, Trade and Economic Development", *American Economic Review*, 107(9), 2821—2854.

② 中国经历鸦片战争的失败使很多有识之士认识到，必须对西方的工业化做出反应，从而达到"师夷长技以制夷"的目的，于是在19世纪60年代至90年代发生了"洋务运动"。中日甲午战争的失败标志着洋务运动的终结，使人们进一步认识到中国的改革必须从物质基础方面上升到制度层面，于是就发生了维新运动、清末新政和辛亥革命。

并得到完善,相对固定的国际航线、港口、码头陆续设立。

这个时期国际贸易的基本特点是:第一,1913 年以前,国际贸易高速增长,超过世界生产的增长速度;欧洲国家内部及其与非欧洲国家之间的贸易占世界贸易的比重超过 3/4;食品和农业原材料在世界初级产品贸易中的比重趋于下降,非农业原材料的比重则趋于上升;纺织品份额在下降,而金属制品和其他制成品的份额则趋于上升。第二,两次世界大战和大萧条损害了工业生产,贸易保护主义盛行,国际贸易增长下滑;美国的对外贸易占世界贸易的比重上升,而欧洲的贸易地位下降。

中国在这个阶段是清朝末期和国民党统治时期,政局动荡、内部纷争不断、外部列强入侵,社会经济遭到严重破坏,工业化和现代化进程受阻,对外贸易受到沉重打击,产品出口值占 GDP 的比重远远低于其他主要国家水平和世界平均水平(见表1.4)。

表 1.4　1870—1998 年世界主要经济体产品出口值占其 GDP 的比重(%,按 1990 年价格计算)

	1870 年	1913 年	1929 年	1950 年	1973 年	1998 年
中　国	0.7	1.7	1.8	2.6	1.5	4.9
印　度	2.6	4.6	3.7	2.9	2.0	2.4
日　本	0.2	2.4	3.5	2.2	7.7	13.4
美　国	2.5	3.7	3.6	3.0	4.9	10.1
法　国	4.9	7.8	8.6	7.6	15.2	28.7
德　国	9.5	16.1	12.8	6.2	23.8	38.9
荷　兰	17.4	17.3	17.2	12.2	40.7	61.2
英　国	12.2	17.5	13.3	11.3	14.0	25.0
西班牙	3.8	8.1	5.0	3.0	5.0	23.5
墨西哥	3.9	9.1	12.5	3.0	1.9	10.7
巴　西	12.2	9.8	6.9	3.9	2.5	5.4
世界平均	4.6	7.9	9.0	5.5	10.5	17.2

资料来源:[英]安格斯·麦迪森:《世界经济千年史》,伍晓鹰等译,北京大学出版社 2003 年版,第 360 页。

4. 第四阶段:二战结束(20 世纪四五十年代)至 20 世纪 80 年代

二战结束,世界经济经过短暂的恢复和过渡期,迎来了第三次科技革命,电子学、原子能、半导体、高分子化学、高能物理、生物工程有了巨大发展,出现一系列新兴产业部门。在科学技术革命及其他因素的推动下,世界经济步入一个高速增长的黄金期。自从美国在 20 世纪中叶第一个成为"服务经济"(service economy,服务业就业比重和增加值比重超过 50%)的国家以后,其他国家和地区尤其是发达经济体也都相继跨入服务经济社会,由此开启了世界经济的服务化(tertiarization)进程。[1]世界被分为三大区域——西

---

① 美国经济学家维克托·富克斯(Victor Fuchs)指出:"从农业经济向工业经济演进,最先开始于英国,随后在大多数西方国家重复着。这曾被看作是一种'革命'。就业从工业转移至服务业,这在美国以及所有发达经济体都是很明显的,但这种转移是在悄悄地进行着,并对社会以及经济分析具有'革命性'的涵义。"参见 Fuchs, Victor, 1968, *The Service Economy*, National Bureau of Economic Research, New York, 2。

方工业国家、发展中国家与计划经济国家,以美国和苏联为首的两大阵营构成了世界新体系的主体。在技术创新、政治及经济政策的相互作用下,全球一体化(global integration)或全球化(globalization)飞速发展(见附录表 1A.1)。

在这样的背景下,国际分工出现一些新特点:第一,国际分工的模式和基础发生变化,水平分工存在于以现代工艺技术为基础的发达工业国之间,制成品贸易占据了国际分工体系与国际贸易的主导性地位。第二,国际分工领域不断扩展,由传统的货物领域扩展到服务领域、知识产权和技术领域,服务贸易与技术贸易开始兴起。第三,国际分工不断深化和细化,由产业间分工向产业内分工发展,产业内贸易(intra-industry trade)开始扩大。第四,跨国公司蓬勃发展,公司内跨国界的分工导致公司内贸易(intra-firm trade)快速增长。

这个时期世界市场的基本特点是:第一,一个以美国为首且由发达资本主义国家所控制的,涵盖金融、投资和贸易的国际经济体系[以国际货币基金组织(IMF)、国际复兴开发银行(即世界银行,World Bank)、关税与贸易总协定(GATT)的产生为标志]建立起来,成为世界市场的主导。以美元为中心的国际货币体系(即布雷顿森林体系)与GATT 框架下的多边贸易谈判,对世界市场的扩大起到了重要的推动作用。第二,苏联、东欧国家成立经济互助委员会(Council for Mutual Economic Assistance,CMEA),构成了游离于上述国际经济体系之外的国际市场。第三,二战后新独立的众多发展中国家纷纷调整国内产业结构,发展对外贸易,大多参与进美国主导的国际经济体系。第四,世界市场的扩大明显表现为由国际分工深化而导致的生产的国际化与资本的国际化。第五,科技革命促使交通和通信工具进一步改进,导致运输成本和通信成本进一步下降,为世界市场的进一步扩大提供了技术手段和物质基础。

在这样的背景下,国际贸易发展也呈现出以下新特点:第一,国际贸易的增长快于工业生产和 GDP 的增长,体现了生产的日益专业化与国际分工的深化(比较表 1.5 和表 1.2)。第二,国际贸易的产品结构发生变化(见图 1.3)。货物贸易中的工业制成品的比重不断提高,发达国家成为农产品的主要输出国,服务贸易和技术贸易趋于扩大。第三,国际贸易的模式和形式日益多样化。一方面,产业间贸易(inter-industry trade)、产业内贸易和公司内贸易并存;另一方面,一般贸易、加工贸易和补偿贸易相互补充。第四,国际贸易的地区分布不平衡(见表 1.6)。发达资本主义国家的对外贸易及它们之间的贸易在世界贸易中占据主导地位,决定着国际贸易的特点和走向;区域贸易集团开始涌现,既有像CMEA 这样的计划经济国家所形成的贸易集团,也有像欧洲经济共同体这样的西欧资本主义国家所形成的贸易集团。第五,在 GATT 框架下的多边谈判的带动下,贸易政策的自由化趋势成为主流。

回到中国维度,新中国成立后,中国进入了高度集中和封闭的计划经济时代,直到1978 年才进行改革开放。在"独立自主、集中统一、互通有无、调节余缺"的对外贸易方针指引下,一方面,中国对外贸易均由隶属于国家外贸部的大约 12 家外贸公司负责,实现了高度计划管理;另一方面,根据国内生产供应情况而非比较优势来发展进出口贸易。

这是一种典型的进口替代战略,而且通常是逆比较优势的,所以进一步加剧了国民经济结构的内向性。①到 1978 年,中国的对外贸易占世界贸易总额的比重只有 0.75%,占 GDP 的比重不到 10%。

表 1.5   1870—1998 年主要经济体及世界的产品出口年均复合增长率(%)

	1870—1913 年	1913—1950 年	1950—1973 年	1973—1998 年
中　国	2.6	1.1	2.7	11.8
印　度	2.4	−1.5	2.5	5.9
日　本	8.5	2.0	15.4	5.3
美　国	4.9	2.2	6.3	6.0
法　国	2.8	1.1	8.2	4.7
德　国	4.1	−2.8	12.4	4.4
荷　兰	2.3	1.5	10.4	4.1
英　国	2.8	0.0	3.9	4.4
西班牙	3.5	−1.6	9.2	9.0
墨西哥	5.4	−0.5	4.3	10.9
巴　西	1.9	1.7	4.7	6.6
世界平均	3.4	0.9	7.9	5.1

资料来源:[英]安格斯·麦迪森:《世界经济千年史》,伍晓鹰等译,北京大学出版社 2003 年版,第 359 页。

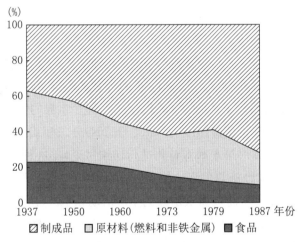

图 1.3   1937—1987 年世界贸易出口(价值)的产品结构

资料来源:[澳]肯伍德、洛赫德:《国际经济的成长:1820—1990》,王春法译,经济科学出版社 1996 年版,第 293 页。

---

①　盛斌:《中国对外贸易政策的政治经济学分析》,上海三联书店、上海人民出版社 2002 年版,第 173 页;林毅夫、蔡昉和李周:《中国的奇迹:发展战略与经济改革》(增订版),上海三联书店、上海人民出版社 2003 年版,第 80 页。

表 1.6　1963—1987 年世界贸易出口的区域分布（占世界出口总额的比重，%）

年份	目的地\\来源地	工业国家	发展中国家	中央计划经济国家	未分类	合计
1963	工业国家*	49.5	14.8	2.5	0.4	67.1
	发展中国家	15.0	4.3	1.1	0.2	20.7
	中央计划经济国家	2.3	1.6	8.0	0.2	12.1
	合计	66.8	20.7	11.6	0.9	100.0
1979	工业国家	47.4	14.3	3.2	0.6	65.5
	发展中国家	18.1	5.9	0.9	0.3	25.3
	中央计划经济国家	2.8	1.3	4.8	0.3	9.3
	合计	68.4	21.5	9.0	1.2	100.0
1987	工业国家	54.6	12.3	2.6	0.5	69.9
	发展中国家	13.3	4.7	1.3	0.2	19.7
	中央计划经济国家	2.8	1.7	5.5	0.4	10.4
	合计	70.8	18.6	9.5	1.0	100.0

注：* 包括澳大利亚和南非，两者合计占出口总额的比重不到 3%，且其贸易主要在工业国家之间进行。

资料来源：[澳]肯伍德、洛赫德：《国际经济的成长：1820—1990》，王春法译，经济科学出版社 1996 年版，第 290 页。

5. 第五阶段：20 世纪 80 年代开始

在这期间，国际政治和经济形势发生巨大变化（见附录表 1A.1）：第一，布雷顿森林体系瓦解，1973 年石油危机与 1979 年两伊战争导致石油价格再度飞涨，这使得西方主要发达国家出现"滞胀"（stagflation）局面。第二，苏东剧变，冷战时代结束。第三，东亚经济迅速崛起，先是日本和亚洲"四小龙"，然后是东盟和中国的迅速增长。第四，以计算机和互联网为基础的信息技术与数字技术革命催生了 20 世纪 90 年代的美国"新经济"和 21 世纪席卷全球的数字经济。这极大地推动了经济的全球化，改变着整个世界的生产和生活方式。

在这样的背景下，全球价值链（global value chains）分工模式开始兴起，并发展成为国际分工的主导性模式（本书第 6 章将对此进行详细讨论）。这种新型的国际分工模式主要表现为：第一，在全球经济与世界市场通过国际贸易变得日益一体化（integration）的同时，全球中观层面的产业链与微观层面的生产活动和生产过程则变得越来越分散化（disintegration），任务间（或产品内）分工逐渐凸显。[1]表 1.7 描述了 20 世纪 90 年代中期

---

[1]　由此产生的贸易被称为任务贸易（trade in tasks）或增加值贸易（trade in value-added，TiVA）。参见 Hummels, David, Jun Ishii, and Kei-Mu Yi, 2001, "The Nature and Growth of Vertical Specialization in World Trade", *Journal of International Economics*, 54(1), 75—96；Grossman, Gene and Esteban Rossi-Hansberg, 2008, "Trading Tasks: A Simple Theory of Offshoring", *American Economic Review*, 98(5), 1978—1997；Feenstra, Robert, 1998, "Integration of Trade and Disintegration of Production in the Global Economy", *Journal of Economic Perspectives*, 12(4), 31—50。

表 1.7 主要 OECD 经济体和非 OECD 经济体的进口占中间需求和最终需求的比重（%）

	中间需求		最终需求	
	20 世纪 90 年代中期	21 世纪初期	20 世纪 90 年代中期	21 世纪初期
澳大利亚	12.5	13.0	10.4	10.9
奥地利	25.3	29.5	18.1	21.8
比利时	30.5	34.7	23.4	27.0
加拿大	24.2	26.4	18.6	21.0
捷 克	24.3	32.3	22.4	26.9
丹 麦	22.3	23.4	15.8	17.0
芬 兰	20.0	23.9	15.7	17.3
法 国	15.3	14.4	11.8	10.7
德 国	15.3	20.0	11.1	14.8
希 腊	20.2	21.1	15.1	17.3
匈牙利	35.5	45.0	25.6	33.0
意大利	17.1	19.1	11.9	13.8
日 本	6.4	7.8	4.7	5.8
韩 国	19.6	23.5	14.9	17.5
荷 兰	28.8	30.0	20.3	21.8
挪 威	18.6	22.5	16.0	18.4
波 兰	13.6	18.3	11.2	16.4
葡萄牙	20.6	23.4	17.4	19.2
斯洛伐克	27.6	33.3	24.1	30.3
西班牙	16.9	22.5	11.9	16.6
瑞 典	23.3	26.7	17.1	20.0
土耳其	17.0	18.9	14.4	16.3
英 国	17.4	16.0	13.8	14.6
美 国	6.7	7.6	5.8	6.7
巴 西*	7.3	9.0	5.4	6.6
中 国*	7.9	9.6	6.4	7.7
中国台湾*	26.2	27.8	20.1	21.4
印 度*	9.9	11.7	6.4	8.1
印度尼西亚*	18.3	21.0	12.8	16.7
俄罗斯*	12.6	14.3	11.7	13.5
新加坡*	54.9	57.8	46.1	47.2

注：* 为非 OECD 经济体。
资料来源：OECD Input-Output Tables（IOTs），https://stats.oecd.org。

和 21 世纪初主要 OECD 和非 OECD 经济体的进口占中间需求和最终需求的比重。特别是，进口（中间品）占中间需求的比重几乎在所有样本经济体都是趋于上升的（法国和英国例外），这说明全球价值链和供应链意义上的各经济体之间的一体化和相互依存在不断加深。第二，国际范围内的生产过程分散化必然涉及国际外包（outsourcing）和对外直接投资(FDI)。[①]"我们正生活在一个外包的时代。企业正在将越来越多的活动外包出去,从产品设计到装配,从研究与开发到市场营销、分销和售后服务。有些企业走得更远,已经成为虚拟(virtual)制造商,仅仅从事设计而不进行制造。"[②]世界贸易组织 1998 年的一份报告显示:在一辆美国轿车的生产过程中,30％的价值是到韩国进行装配,17.5％是到日本采购元件和先进技术,7.5％是到德国进行设计,4％是到中国台湾和新加坡购买小部件,2.5％是到英国进行广告与市场营销,1.5％是到爱尔兰和巴巴多斯进行数据处理。这意味着只有 37％的价值产生于美国本土。[③]

世界市场因为冷战时代的结束而更加趋于一体化。乌拉圭回合谈判的成功、WTO 的正式成立以及基于此的多边贸易谈判,改善了世界市场环境。以计算机与互联网为基础的信息技术和数字技术极大地降低了商务成本、运输成本和通信成本,使得世界产品市场、金融市场和要素市场联动起来。

随着世界经济的发展,国际贸易与国际投资日益一体化,任务贸易(或价值链贸易)不断扩大,由此出现了产业间贸易、产业内贸易、公司内贸易和产品内贸易(intra-product trade)并存的贸易模式新格局。在以 GATT/WTO 为核心的全球多边经贸体制运行的同时,双边和区域性经贸安排在 20 世纪 80 年代之后如雨后春笋般涌现(本书第 9 章将对此进行详细讨论),极大地推动了国际贸易的发展。世界贸易的增长速度基本超过同期世界 GDP 的增长速度。比如,1990—2019 年,世界货物和服务进口、出口的年均增长率分别为 4.95％、4.88％,而同期世界 GDP 的年均增长率只有 2.83％(见图 1.4)。[④] 1986 年开始的乌拉圭回合谈判首次将服务贸易列为新议题,并最终达成了《服务贸易总协定》(General Agreement on Trade in Services, GATS)。这有力地促进了各国的服务业开放与服务贸易发展(本书第 11 章将对此进行详细讨论)。

在世界经济特别是西方发达国家的经济处于滞胀的时候,中国开始实施改革开放战略。中国经济从此出现了两个重要转变:一是资源配置机制开始逐渐由中央计划向市场力量转变;二是经济发展战略开始逐渐由内向型向外向型转变。中国经济也随之驶入一条快车道,并取得了举世瞩目的成就。这些成就的取得与中国经济的不断开放密不可分。一方面,中国的对外贸易增长速度高于 GDP 的总体增长速度,中国进出口总额占全球贸易总额的比重不断提升。[⑤]2010 年,中国超过德国而成为仅次于美国的全球第二大

---

① 外包引起的贸易可能发生在相互独立的企业之间,即"臂距贸易"(arm's length trade);也可能发生在垂直一体化的公司之内,即公司内贸易。公司内国际外包与垂直型 FDI 和垂直专业化有关。

② Grossman, Gene and Elhanan Helpman, 2005, "Outsourcing in a Global Economy", *Review of Economic Studies*, 72(1), 135—159.

③ WTO, 1998, *Annual Report 1998*, Geneva: WTO Publications, 36.

④ 但图 1.4 显示,在 2001 年、2009 年与 2019 年,世界贸易的增长率却低于世界 GDP 的增长率。这可能是分别受到了"9·11事件"、金融危机与中美贸易摩擦的影响。此外,世界贸易的增长波动幅度要大于世界 GDP 的增长波动幅度。中国的情况与之类似。

⑤ 1990—2019 年,中国进口、出口、GDP 的年均增长率分别为 13.56％、14.50％、9.35％(见图 1.4)。2019 年,中国的货物贸易出口与进口占全球的比重分别为 13.2％(居首位)和 10.8％(仅次于美国的 13.4％),商业性服务出口与进口占全球的比重分别为 4.6％(排在美国、英国、德国和法国之后,居第 5 位)和 8.7％(仅次于美国的 9.8％)。

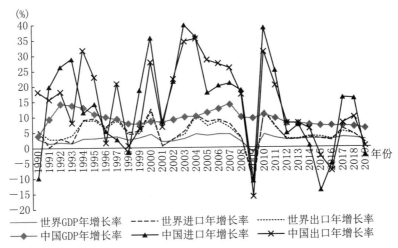

图 1.4　1990—2019 年贸易与 GDP 的增长:中国与世界的比较

注:出口与进口均包括货物和服务的出口与进口。
资料来源:基于世界银行数据库与 CEIC 数据库制作而成。

贸易体;同年,以 GDP 总量衡量,中国超过日本成为仅次于美国的全球第二大经济体。另一方面,中国的外贸依存度(进出口/GDP)持续上升,从 1978 年的不足 10% 提高到 2019 年的 30% 以上,最高时(2006 年)甚至超过 60%。2001 年 12 月 11 日,中国经过长达 15 年的谈判,终于加入 WTO,成为该组织第 143 个成员。中国在货物贸易、服务贸易、知识产权等方面做出了重要承诺。与此同时,中国对内也进行了相应的制度改革与结构调整:一方面基于 WTO 基本原则,对国内不规范的做法、政策、法规等进行了大幅度的修改和调整;另一方面大力调整经济结构、转变经济增长方式,以积极和务实的姿态面对"入世"带来的挑战。事实表明,中国不仅很好地应对了"入世"带来的挑战,保持国民经济的平稳发展,而且也为进一步扩大开放奠定了基础。

截至目前,21 世纪已经过去了 20 多年。这 20 多年里,在世界经济、国际贸易与全球价值链分工持续发展的同时,各种问题与挑战也接踵而至。尤其是,2007—2009 年的全球金融危机,2018 年初开始的中美贸易摩擦,以及 2019 年底暴发的新冠肺炎疫情全球大流行,这些已经并将继续对世界经济、国际贸易与国际分工产生深远的影响。

1.2　国际贸易研究关注的核心问题

我们已经全面而又概要性地介绍了国际贸易的产生与发展历程,其中的故事可谓是精彩纷呈、起伏跌宕。然而,作为一门学问或学科来说,它不仅要能讲出这些故事,而且更为重要的是要能够从更深层面解读这些故事。那么,如何从理论层面进行解读呢?这就需要了解国际贸易研究要解决的基本问题和分析这些问题所要进行的一些假设抽象。

1.2.1　国际贸易研究的基本问题

总结起来,国际贸易研究至少要回答以下四个方面的问题:

第一,国际贸易或国际贸易模式(trade pattern)的原因是什么? 也就是说,为什么一个经济体会出口或进口不同种类产品(产业间贸易)或同类产品(产业内贸易)或同一产品的不同部件或环节(产品内贸易)? 为什么跨国公司会进行(跨国)内部贸易(公司内贸易)? 这些问题并不简单,因为决定一个国家出口或进口的因素很多,包括生产要素的可得性、新技术、产品创新、国内需求、市场结构、规模经济等。后文我们将一一讨论,不同理论将分析不同的决定因素。一个理论的目标可能只解决一个或几个特定的决定因素。另外,这一问题还涉及参与贸易的主体(国家、企业等)和贸易标的(货物、服务等)等方面。

第二,国际贸易的均衡(equilibrium)如何确定? 这里的均衡主要包括两类:数量均衡与价格均衡。前者涉及一个经济体的进出口量如何确定;后者则关注贸易条件(即进出口价格)如何确定,这又涉及计价货币的选择与汇率变化的效应。从性质上讲,国际贸易均衡还包括静态均衡和动态均衡。均衡的进出口和贸易条件如何确定和变动,将会影响一国的经济福利(这是下面继续讨论的问题)。

第三,国际贸易的影响或效应(即贸易得失)如何分析和评估? 从完全封闭经济(autarkic economy)到开放经济,一国将因贸易(即进出口的变化)而发生生产转换(production transformation),并进而引起消费转换(consumption transformation)。生产转换导致的部门产出水平的变化对要素价格和产品价格,进而对收入分配(income distribution)产生影响。实际上,国际贸易的收入分配效应是多层次的,既包括贸易参与国之间的收入分配,也包括一国之内不同部门或产业(或要素所有者)之间的收入分配,还涉及生产者、消费者和政府之间或者不同利益集团(interest group)之间的收入分配。国际贸易不仅有直接的收入分配效应,还会对经济增长、环境等产生影响,后者又会反作用于国际贸易[①],从而影响一国的对外贸易政策乃至国际贸易多边体制。因此,要深入讨论这一问题,需要采用一般均衡分析方法。

第四,如何从抽象的理论推导出政策结论? 抽象的理论或理论模型基于真实世界,但往往比真实世界单纯。单纯的好处是我们可以透过纷繁的现象看清本质问题。由理论模型推导出来的政策含义或建议能否以及在多大程度上解决真实世界里的问题,取决于理论模型关注的问题本质及其与真实世界的联系。一般而言,好的政策建议要有其内在的理论基础,并能够用来解决真实世界里的问题。在国际贸易领域,相关的贸易政策包括关税、补贴、配额等各种关税和非关税措施,不同的贸易政策往往有着不同的决定因素,也会产生不同的福利效应。从经济学理论的高度讲清楚这些贸易政策的产生逻辑就

---

①　比如,由资本积累、劳动力变化、技术进步(导致生产过程创新和产品创新)导致的经济增长与结构变动会改变一国的进出口贸易格局。

变得非常重要。总之,国际贸易的基本理论、政策结论与国际贸易的真实世界之间的关系可以总结为图1.5。

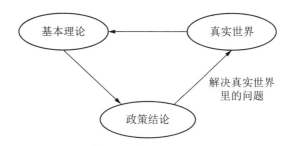

图 1.5　国际贸易的基本理论、政策结论与国际贸易的真实世界之间的关系

1.2.2　国际贸易理论分析的假设抽象

接下来的问题是:国际贸易的基本理论如何刻画国际贸易的真实世界呢? 总结起来,主要通过以下七个方面的假设抽象:[①]

第一,定义性假设(definitional assumptions),比如消费品、中间品、增加值、资本、进口、出口、贸易条件等相关概念的界定。

第二,函数关系的存在性假设,比如效用函数、生产函数、成本函数、利润函数等函数关系的设定。

第三,数学性状(mathematical properties)假设,比如相关函数的一次齐次性、二阶导数是否为负、生产集合的凸凹性等。

第四,维度(dimensions)假设,比如基本的李嘉图模型是"2×2×1"模型,即表示2个国家、2种产品和1种要素(劳动力)。

第五,行为假设(behavioral assumptions),比如消费者的效用最大化、生产者的利润最大化和成本最小化等。

第六,市场结构(market structure)的描述性假设,比如完全竞争的产品市场和要素市场、要素市场扭曲等。

第七,时间假设,比如静态、动态、滞后关系等。

随着以上基本假设的逐步放松,国际贸易基本理论对国际贸易真实世界的"仿真"程度将随之提高。这也是国际贸易理论演进的基本规律。

1.3　国际贸易学说简史

从学科和理论发展史的角度,国际贸易是如何围绕以上四大基本问题、七大基本假

---

① Borkakoti, Jitendralal, 1998, *International Trade: Causes and Consequences*, London: Macmillan Press Ltd., 26.

设的放松而展开的呢? 我们已经知道,真正意义上的国际贸易是伴随着 1500 年前后国际分工与世界市场的出现和形成而产生和发展起来的,那么国际贸易学说自然是伴随着这一历史进程而不断向前发展的。基于前文国际贸易发展的五个阶段,国际贸易学说也相应地经历了五个阶段。

1.3.1　第一阶段:重商主义国际贸易学说[①]

1. 基本背景

重商主义国际贸易学说(mercantilist doctrine)出现在国际贸易发展的第一个阶段(15 世纪末—18 世纪中期),它的产生与当时商人阶层的兴起、国际贸易的扩展、人口的增长、从"新大陆"(New World)获取贵金属的事实不谋而合。重商主义被归结于封建主义与自由主义之间的中间阶段,它表述一种流行于资本主义曙光时期(即工业革命以前)的经济纲领。[②]重商主义主导着从 1500 年至 1750 年大约 250 年时间里关于国际贸易理论的经济学思潮和欧洲国家的政府经济政策,并把对外贸易看成最具战略性的变量。[③]

重商主义通常分为早期重商主义和晚期重商主义两大阶段。16 世纪中叶以前为早期重商主义阶段,这一时期的重商主义又称为货币主义(monetarism)或重金主义(bullionism);16 世纪下半叶到 17 世纪中叶为晚期重商主义阶段。相应地,重商主义对外贸易学说也分为早期和晚期两个阶段,早期称货币差额论,晚期称贸易差额论。

2. 主要代表者

重商主义思想最初产生于意大利,后来流行到西班牙、葡萄牙、荷兰、英国和法国等国,16 世纪末叶以后,在英国和法国得到了很大发展。重商主义学派是一个由多种成分组成的团体,他们中的大多数人是商人和官员。重商主义是很多思想线索交织在一起的、松散的思想体系,它的主要代表人物及其思想如表 1.8 所示。就对外贸易学说而言,早期重商主义的主要代表人物是约翰·海尔斯(John Hales),晚期重商主义的主要代表人物是托马斯·孟(Thomas Mun)。

表 1.8　重商主义在欧洲主要国家的代表人物及其思想*

	主要国家、代表人物或著作		主要思想及建议
早期重商主义 (15 世纪— 16 世纪中叶)	意大利	伽斯巴罗·斯加卢菲(Gasparo Scaruffi)、贝纳多·达旺查蒂(Bernardo Davanzati)	货币就是财富;以积累货币财富为目的,强调银行的作用和意义,积极主张取消各国对货币流通和信贷设置的障碍

---

①　本节将详细介绍重商主义学说,此后章节将不再赘述。

②　[美]小罗伯特·埃克伦德、罗伯特·赫伯特:《经济理论和方法史》(第四版),杨玉生等译,中国人民大学出版社 2001 年版,第 33 页。

③　[英]约翰·伊特韦尔、默里·米尔盖特、彼得·纽曼编:《新帕尔格雷夫经济学大辞典》(第三卷),经济科学出版社 1996 年版,第 478 页。

续表

		主要国家、代表人物或著作	主要思想及建议
早期重商主义 （15世纪— 16世纪中叶）	英国	约翰·海尔斯及其《论英格兰王国的共同福祉》（*A Discourse of the Common Weal of this Realm of England*）**	少输入、多输出，尽量把金银铸币留在国内。英格兰王国贫穷的根源在于贵金属铸币的流出，这是因为：第一，16世纪的荷兰比英国发达，英国出口原材料并从荷兰进口最终制成品。这一贸易模式逐渐导致一种对英国"有害的"（detrimental）汇率，因为一单位的荷兰货币兑换越来越多的英国先令。因此，把标准价值的英国硬币（English coins）出口到荷兰并再铸造成荷兰硬币（Dutch coins）将是有利可图的。第二，贵金属硬币的流出也是由于英国铸币成色的降低所致，因为16世纪初英国王室发行的同样面值的新硬币包含的贵金属量却较少。所以，出口含有较多贵金属的"旧"硬币以在国外重新铸造，是有利可图的。因此，他提出三条政策建议：(1)发行标准质量的硬币；(2)政府管制汇率；(3)完全禁止货币出口
		格拉尔德·马林斯（Gerard de Malynes）	国家应该禁止金银出口，对货币严格管制，加强对外贸易和外汇交易的管理。认为可以通过物价水平的变动和金银的流动对贸易收支进行自动调节，即当一国的通货跌落到铸造平价以下，会引起金银枯竭和硬币外流，从而导致本国物价下跌和别国物价上涨。因此，通过外汇管制来保持汇兑稳定，金银财富才能留在国内
	法国	让·博丁（Jean Bodin）	(1)因解释16世纪的价格革命而提出自己的货币理论，被认为是货币数量论的创始人。他指出，法国当时物价上涨的主因是金银的数量过多，而不是钱币含金量的减少。(2)金银数量的增多是由于贸易特别是同产金地南美各国贸易的扩张，但他主张自由贸易
		蒙克莱田（Antonie de Montchrétien）及其1615年出版的《献给国王和王太后的政治经济学》	(1)应尽量多地积累金银，而获取金银的对外贸易是积累财富的唯一手段，因此政府应扶持本国的对外贸易；(2)认为商业是国家经济活动的基础，强调商人的作用
晚期重商主义 （16世纪 下半叶— 17世纪中叶）	意大利	安定尼奥·塞拉（Antonio Serra）	(1)主张金银货币出口自由，以扩大对外贸易。即使一国没有金银矿藏，只要通过"行业的多样化、人民的素质、商业活动的广泛程度和主政者的管理方式"等四个因素的配合，也能从国外获取金银。因此，一国经济繁荣取决于其商品是否丰裕，只要商品丰裕，所需金银自然就会丰富。(2)重视工场手工业和商业的发展，这特别有助于货币的积累。(3)强调政府应从实际出发，制定正确的政策，对经济进行有效干预

续表

	主要国家、代表人物或著作		主要思想及建议
晚期重商主义（16世纪下半叶—17世纪中叶）	英国	托马斯·孟及其1664年出版的《英国得自对外贸易的财富》（*England's Treasure by Foreign Trade*）***	（1）允许金银输出，"货币产生贸易，贸易增多货币"。（2）对外贸易必须实现顺差，才能使国家富强。（3）保证贸易顺差的手段和途径包括发展国内工场手工业、扩大工业品产出（使用剩余原材料）的出口、扩大"转口贸易"（carrying trade）、提高劳动者技艺等。（4）关于国王积累财富及其适度性的问题
		让·巴蒂斯特·柯尔培尔（Jean Baptiste Colbert），是重商主义的实践者	（1）国内金银货币的数量决定一国财富，进而决定其军事和政治实力；只有顺差的对外贸易才能使货币流入国内。（2）鼓励发展工业，为出口贸易奠定基础；通过发展航运业、海军和推行殖民扩张政策，拓展海外市场，实现贸易顺差。（3）强调国家干预经济的作用，包括鼓励出口、限制进口。（4）实施"重商抑农"的政策

注：＊重商主义在德国和奥地利被称为官房学派（Kameralism），主要研究官产尤其王室私产的管理及国家的经济政策。它与一般重商主义学说相同之处，都重视贵金属与对外贸易顺差，主张国家干预经济。＊＊该书写于1549年，但出版于1581年。关于该书到底由谁所著的问题，是存在一些争议的。＊＊＊托马斯·孟是贸易差额论的创始人。《英国得自对外贸易的财富》最初为托马斯·孟于1621年发表的《论英国与东印度公司的贸易》。在这前后，英国的米塞尔顿（Edward Misselden）于1622年发表了《自由贸易》，于1623年发表了《商业循环论》。他也是贸易差额论者，认为贸易在下列意义上是可以"自由的"，即私商可以随意经营业务，甚至输出金银货币，只要输出的货物超过输入的货物，使出入相抵后仍有金银硬币输入。此外，他还提出用通货膨胀来解决商业萧条的主张。

资料来源：晏智杰主编：《西方市场经济理论史》，商务印书馆1999年版，第三章；宋承先主编：《西方经济学名著提要》，江西人民出版社2000年版，第37—43页；[美]小罗伯特·埃克伦德、罗伯特·赫伯特：《经济理论和方法史》（第四版），杨玉生等译，中国人民大学出版社2001年版，第33—53页；[英]约翰·伊特韦尔、默里·米尔盖特、彼得·纽曼编：《新帕尔格雷夫经济学大辞典》（第三卷），经济科学出版社1996年版，第477—481页；[英]约翰·梅纳德·凯恩斯：《就业、利息和货币通论》，高鸿业译，商务印书馆1999年版，第二十三章；[英]亚当·斯密：《国民财富的性质和原因的研究》（下卷），郭大力等译，商务印书馆1997年版，第四篇；Borkakoti, Jitendralal, 1998, *International Trade: Causes and Consequences*, London: Macmillan Press Ltd., Chapter 4。

3. 基本思想与政策主张

按照埃克伦德、赫伯特（2001，第3章）指出的，有两种分析重商主义思想的方法：一种是"学说方法"，即把重商主义看作是概括当时事件的思想体系或基本命题；另一种是"政策方法"，即把重商主义看作是一个重要的历史过程，集中分析竞争利益的动态学及其在解释经济制度和政治制度上的作用，强调特殊管制措施和政策的作用。

重商主义所重的"商"就是能赚取金银的商业活动（主要是对外贸易），因此，重商主义关注的主要课题是国际贸易和金融,关心的主要问题是金银货币及获取金银货币的手段。早期和晚期两阶段重商主义的基本思想的共同点是:

第一,"财富构成"观的一致性,即均认为金银货币等贵金属是社会财富的主要形态,是衡量一国富裕程度的标准,"财富就是货币,货币就是财富";一切经济活动的目的都是为了获取金银货币。

第二,"财富之源"观的一致性,即都认为对外贸易是财富增值的源泉。实现贸易顺差可以获取金银等贵金属,而贸易逆差则会导致贵金属流出。"对一个国家来说,外贸顺差具有一种奇特的好处,而外贸逆差则代表严重的危险信号;特别地,如果外贸逆差引起贵金属的外流,则更是如此。"①

第三,"财富保障"观的一致性,即认为国家干预经济活动是保障财富增长的重要手段,包括实行"多卖少买""奖入限出"和"以邻为壑"(beggar-thy-neighbor)的贸易保护政策,扶持航运业和推行殖民政策。

第四,"财富分配"观的一致性。一方面,在国际福利分配中,"一国之所得即为他国之所失",因而国际贸易是一种"零和博弈",这也是重商主义者关于世界经济的静态观点;另一方面,在国内福利分配中,国内消费者的利益被牺牲掉了。正如斯密(Adam Smith)所指出的:"谁是这个重商学说体系的设计者,不难确定。我相信,那绝不是消费者,因为消费者的利益被忽视了。那一定是生产者,因为生产者的利益受到那么周到的注意。但在生产者中,我们的商人与制造业者又算是主要的设计者。"②

但是,在如何增加货币财富的问题上,早期和晚期的重商主义却有不同的看法和主张。早期重商主义以"守财奴"的眼光看待金银货币等贵金属的积累,因此被称为重金主义。要增加国内贵金属从而增加国家财富,国家就必须一方面采取行政手段,直接控制货币的国际流动,禁止金银货币输出(因而被称为"货币差额或货币平衡论");另一方面在对外贸易上遵循少买(或不买)多卖的原则,使每笔交易和对每个国家都保持顺差,从而使金银货币流入国内。在这一思想的支配下,同时也为了扩大货币财富,英国当时采取了两方面的政策措施:(1)对本国商人严格管制。首先严禁货币输出,爱德华四世在位时(1461—1483年)就曾颁布将输出金银行为定为大罪的法令;其次规定输出到国外的一切商品应直接换回货币,必须有一部分现金带回来,而且出口商品只能在指定的地点(即贸易中心城市)经营,以便统一管理。(2)对外国商人严格管制。当时的英国为此颁布了两条法令:一是消费法,即规定外商到英国做买卖赚得的钱不准运送出境,必须全部用于购买英国商品;二是侦查法,即设立海关监督,由专人记录外商交易以跟踪外商是否把货币带出英国。

晚期重商主义则反对禁止货币输出,认为那样做不但是徒劳的,而且是有害的。"凡

① [英]约翰·梅纳德·凯恩斯:《就业、利息和货币通论》,高鸿业译,商务印书馆1999年版,第344页。该段文字的英文原文为:"There is a peculiar advantage to a country in a favourable balance of trade, and grave danger in an unfavourable balance, particular if it results in an efflux of the precious metals"。

② [英]亚当·斯密:《国民财富的性质和原因的研究》(下卷),郭大力等译,商务印书馆1997年版,第228页。

是我们将在本国加之于外人身上的,也会立即在他们国内制成法令而加之于我们身上……因此,首先我们就将丧失我们现在享有的可以将现金带回本国的自由和便利,并且因此我们还要失掉我们输往各地许多货物的销路,而我们的贸易与我们的现金将一起消失。"①托马斯·孟并不拒绝关于获取贵金属是有利可图的基本观点,相反他认为政府管制的"货币体系"(monetary system)并不能实现财富的积累和倍增。他认为贵金属的流入(流出)取决于贸易的顺差(逆差)。因此,增加财富和金钱的通常途径是对外贸易,而且每年卖给外国人的货物价值必须比本国消费外国的要大,即存在贸易顺差(故称为"贸易差额或贸易平衡论")。晚期重商主义还主张发展为对外贸易服务的工场手工业,因而又被称为"重工主义"。

与早期重商主义不同,晚期重商主义强调贸易差额或贸易平衡,因此主张采取以下政策措施:(1)对内采取各种措施以鼓励生产出口商品的工场手工业的发展;加强货币流通,反对在国内储存货币,而要使货币周转以带回更多的货币;鼓励增加人口,压低工资。(2)对外采取保护关税措施以限制外国商品的进口,保证本国工商业的发展,以抵御国外的竞争对手;鼓励外国原料输入但同时严禁本国原料输出;鼓励本国工业品产出(使用剩余原材料)的出口、扩大"转口贸易"。为了发展"转口贸易",就必须出口货币,并由此获取大量好处。托马斯·孟比喻说:"如果只看到农民在播种时节把谷物抛撒到地里,就会以为他是个疯子,但到收获时节我们就会知道这种行动的价值了。"

1.3.2　第二阶段:古典时期的贸易理论

在国际贸易发展的第二阶段(18世纪60年代—19世纪末),特别是从1776年开始的这段时期,是经济分析的高产时代,被称为"古典时期"。在这一时期出现了两种相互对立的理论体系:自由贸易理论和保护贸易理论。前者包括亚当·斯密提出的绝对优势理论(theory of absolute advantage)、大卫·李嘉图(David Ricardo)等提出的比较优势理论(theory of comparative advantage)及其发展;后者包括亚历山大·汉密尔顿(Alexander Hamilton)的保护关税论与弗里德里希·李斯特(Friedrich List)的保护幼稚工业论。

1. 自由贸易理论:从绝对优势理论到比较优势理论

前面已经提到,重商主义国际贸易学说得出的一个颇为悲观的结论:国际贸易是一种"零和博弈",即一方之所得必为另一方之所失。如果是这样,那么自由贸易将是不可能的。然而,古典经济学的伟大创始人亚当·斯密在其1776年的著作《国民财富的性质和原因的研究》(An Inquiry into the Nature and Causes of the Wealth of Nations)中提出的绝对优势理论则雄辩地证明了自由贸易的可能性。西方传统国际贸易理论体系的建立正是从斯密的绝对优势理论开始的。

绝对优势理论的主要观点包括:第一,分工可以提高劳动生产率,从而能够富国。分

---

① 〔英〕托马斯·孟:《英国得自对外贸易的财富》,袁南宇译,商务印书馆1978年版,第33页。

工是由交换引起的。在斯密看来,交换是人类出于利己心并为达到利己的目的而进行的活动。人们为了追求私利,便乐于进行这种交换。为了交换,就要生产能交换的东西,这就产生了分工。交换的规模进而市场容量的大小直接决定着分工的程度(即"斯密定理")。第二,分工的基本原则是绝对优势。斯密认为,分工既然可以提高劳动生产率,那么每个人都专门从事他最有优势的产品的生产,然后彼此进行交换,则对每个人都有利。适用于一国内部不同个人或家庭之间的分工原则,也同样适用于各国之间。每个国家都有适宜于生产某些特定产品的绝对有利的生产条件,如果每个国家都按照其绝对有利的生产条件(即生产成本绝对低)去进行专业化生产,然后彼此进行交换,则对所有交换国家都是有利的。第三,有利的自然禀赋或后天禀赋是国际分工的基础。斯密认为,自然禀赋(natural endowment)和后天禀赋(acquired endowment)因国家而不同,这就使一个国家因生产某种产品的成本绝对低于别国而在该产品的生产和交换上处于绝对有利的地位。各国按照各自的有利条件进行分工和交换,将会使各国的资源、劳动力和资本得到最有效的利用,从而可以提高劳动生产率、增加物质财富,使各国从贸易中获益。因此,基于绝对优势的自由贸易是可取的(详细的分析参见本书第2章)。

但是,绝对优势理论暗含着一个前提:贸易双方至少各拥有一种低成本的产品进行对外贸易。如果一国经济不发达、技术落后,生产的产品都处于劣势,这时会不会发生国际贸易呢? 如果发生国际贸易,那么处于劣势的国家能否从贸易中获益呢? 这个问题在亚当·斯密那里没有得到解决,而后来出现的比较优势理论则对此做了回答。

比较优势理论是罗伯特·托伦斯(Robert Torrens)在其1815年出版的《论对外谷物贸易》(*Essays on the External Corn Trade*)中首次提出的,后在李嘉图于1817年出版的《政治经济学及赋税原理》(*Principles of Political Economy and Taxation*)和詹姆斯·穆勒(James Mill)于1818年发表的论文《殖民地》(*Colonies*)中加以发展。不过,李嘉图的论述最为系统全面,因此通常将李嘉图与该理论联系在一起。比较优势理论的提出是西方传统国际贸易理论体系建立的标志,具有划时代的意义。

比较优势理论是以劳动价值论为基础的,即任何商品的价值都取决于其劳动成本。该理论认为,虽然一国在两种产品的生产上都处于劣势,但劣势程度不同,总有一种产品的劣势要少一些,即具有相对优势或比较优势。如果一国利用这种比较优势进行专业化生产,然后用其产品进行国际交换,贸易双方都能从中获益。简言之,比较优势理论的思想精髓就是"两利相权取其重,两弊相权取其轻"(详细的分析参见本书第2章)。

作为李嘉图的学生、詹姆斯·穆勒的儿子,约翰·斯图亚特·穆勒(John Stuart Mill)在1848年出版的《政治经济学原理》(*Principles of Political Economy with Some of Their Applications to Social Philosophy*)一书中提出了相互需求(reciprocal demand)的概念,讨论了李嘉图没有分析的贸易条件决定问题,即用两国商品交换比例的上下限来确定均衡贸易条件与互惠贸易的范围,用贸易条件说明贸易得益的国际分配,用相互需求程度解释贸易条件的变动。这一思想被后来的阿尔弗雷德·马歇尔(Alfred Marshall)所领悟,他在此基础上于1879年出版的《纯外贸理论》(*The Pure*

Theory of Foreign Trade)一书中首次提出著名的分析工具——提供曲线(offer curves)①,以确定贸易条件,分析贸易条件对一国有利的条件和贸易政策思想(关于提供曲线的使用和分析参见后面有关章节)。

2. 保护贸易理论:从保护关税论到保护幼稚工业论

1776年,美国宣告独立。经过七年的独立战争(1775年4月—1782年8月),美国取得了最后胜利,但经济遭受严重破坏,加上战后英国的经济封锁,经济更加凋敝。当时摆在美国面前有两条路:一条是实行保护关税政策,独立自主地发展本国工业;另一条是实行自由贸易政策,继续向英国、法国、荷兰等国出售小麦、棉花、烟草、木材等农林产品,用以交换这些国家的工业品,满足国内市场的工业品需求。前者是北方工业资产阶级的诉求,后者是南部种植园主的愿望。

作为美国的开国元勋、政治家和金融家、首任财政部长,亚历山大·汉密尔顿于1789年请求国会为以下目的制定关税:支持政府、清偿美国的债务、鼓励制造业发展。②1791年,他又向国会递交了一份《关于制造业的报告》,阐述保护和发展制造业的必要性与有利条件,极力主张实行保护关税政策,并提出以加强国家干预为主要内容的一系列措施。

汉密尔顿认为,制造业有许多优点:提高机械化水平,促进社会分工;扩大就业;吸引移民流入,加速国土开发;提供创业机会,充分发挥个人才能;自我消化农产品原料和生活必需品,保证农产品销路,稳定农产品价格等。因此,制造业的发展对国家利益关系重大。他还认为,保护和发展制造业对维护美国的经济和政治独立具有重要意义。一个国家如果没有一定的工业基础,不但不能使国家富强,而且很难保住其独立地位。况且,美国工业起步晚,基础薄弱,技术落后,生产成本高,其商品很难与经济起步早的英国、法国、荷兰等国的廉价商品进行自由竞争。因此,必须用关税将美国新建立起来的工业保护起来,使之生存、发展和壮大。他指出,为了保护和发展制造业,政府应加强干预,实行保护关税制度,具体采取如下措施:第一,向私营工业发放贷款,扶植私营工业发展;第二,限制重要原料出口,免税进口本国急需原料;第三,给各类工业发放奖励金,并为必需品工业发放津贴;第四,限制改良机器及其他先进生产设备输出;第五,建立联邦检查制度,保证和提高工业品质量;第六,吸收外国资金,以满足国内工业发展需要;第七,鼓励移民迁入,以增加国内劳动力供给。

汉密尔顿的上述主张在历史上对美国政府的内外经济政策产生了重大和深远的影响。他本人被称为"伟大的美国体制"的缔造者,其思想也与弗里德里希·李斯特保护幼稚工业论相一致。

弗里德里希·李斯特是德国经济学家,他在1841年出版的《政治经济学的国民体

---

① [英]约翰·伊特韦尔、默里·米尔盖特、彼得·纽曼编:《新帕尔格雷夫经济学大辞典》(第三卷),经济科学出版社1996年版,第743—746页。

② [美]杰里米·阿塔克、彼得·帕塞尔:《新美国经济史——从殖民地时期到1940年》(上),罗涛等译,中国社会科学出版社2000年版,第131页。

系》(*The National System of Political Economy*)一书中挑战自由贸易的主张,提出了保护幼稚工业论。

生产力理论和经济发展阶段论是李斯特保护幼稚工业论的理论基础。李斯特认为财富本身固然重要,但发展生产力更为重要。生产力是创造财富的源泉,财富是生产力的结果。一个国家开展对外贸易,应着眼于提高生产力,而不能着眼于财富存量的多少。他批评古典政治经济学"没有考虑到各个国家的性质以及它们各自的特有利益和情况"[①],是忽视民族特点的世界主义经济学。为此,他提出经济发展阶段论,认为:"从经济方面看来,国家都必须经过如下各发展阶段:原始未开化时期、畜牧时期、农业时期、农工业时期、农工商业时期。"[②]在不同阶段,应实行不同的对外贸易政策。当一个国家的经济由原始未开化时期转入畜牧、农业时期,对比较先进的国家实行自由贸易是有好处的,因为通过自由贸易可为其猎场、牧场或森林及农产品和其他原料谋得出路,并可换回更好的衣料、用具、机器、贵金属等,以促进本国农业的发展,并培育工业基础。当一个国家进入农工商业时期以后,实行自由贸易也是可取的,因为国内工业品已具备国际竞争力,通过自由贸易可"在国外市场上进行无所限制的竞争,使从事于农工商业的人们在精神上不致松懈,并且可以鼓励他们不断努力保持既得的优势地位"。[③]唯有处于农工业时期才需要保护,因为本国农业已取得较大成就且工业已有发展,但"由于还存在着一个比它们更先进的工业国家的竞争力量,使它们在前进道路上受到了阻碍——只有处在这种情况下的国家,才有理由实行商业限制以便建立并保护它们自己的工业"。[④]如果实行自由贸易政策就永远不可能发展到经济发达国家的水平。李斯特认为,当时的葡萄牙和西班牙处于农业时期,德国和美国处于农工业时期,法国紧靠农工商业时期的边缘而尚未进入农工商业时期,只有英国实际处在农工商业时期。

因此,李斯特认为,只有那些在农业、工业、社会和政治上的发展已较为充分,具备精神上和物质上的必要条件和手段,即已进入农工业发展阶段的国家(如德国和美国),可以把本国建成工业国家,才有理由实行保护贸易政策。但李斯特认为,保护制度并非保护一切产品。粮食和原料等无需保护,因为它们受到自然保护、不怕竞争;奢侈品为主的精制品也不用保护或只需轻度保护,因为这些物品的国外竞争不会对国家经济发展造成威胁。只有与国家工业发展有关的幼稚工业,即有发展前途但刚刚得到发展且有强有力的国外竞争者的工业才需要保护。这些工业经过相当一段时间(人约30年)保护而成熟后就不再需要保护,到那时就应取消保护制度。

为保护幼稚工业,李斯特提出,应禁止或部分地禁止输入某些工业品。同时,凡是在专门技术与机器制造方面还没有获得高度发展的国家,应对一切复杂机器的输入免税或征收较低进口税。李斯特承认,实行保护关税政策,会使国内工业品价格提高,但这种影响是暂时的,是发展本国工业所必须付出的代价,牺牲的只是眼前利益,而得到的则是生

---

① ［德］弗里德里希·李斯特:《政治经济学的国民体系》,陈万煦译,商务印书馆1983年版,第112页。
②④ 同上,第155页。
③ 同上,第105页。

产力的提高。李斯特主张保护贸易政策应通过国家干预经济来实行,他把国家喻为国民生活中慈父般的有力引导者,并以风力和人力在森林成长中的不同作用来比喻国家在经济发展中的重要作用:"经验告诉我们,风力会把种子从这个地方带到那个地方,因此荒芜原野会变成稠密森林;但是要培养森林因此就静等风力作用,让它在若干世纪的过程中来完成这样的转变,世界上岂有这样愚蠢的办法吗?如果一个植林者选择树秧,主动栽培,在几十年内达到了同样的目的,这倒不算是一个可取的办法吗?历史告诉我们,有许多国家,就是由于采取了那个植林者的办法,胜利实现了它们的目的。"①

李斯特的保护幼稚工业论在德国工业资本主义的发展过程中起过积极的作用。在保护政策的扶植下,经过 1843 年和 1846 年两次提高关税,德国经济确实在短期内实现迅速发展,终于赶上了英、法等国。李斯特的保护幼稚工业论对落后国家制定对外贸易政策有一定借鉴意义。

1.3.3　第三阶段:要素(或资源)禀赋理论

要素(或资源)禀赋理论(factor endowment theory),或更具体地说,赫克歇尔—俄林贸易理论或 H-O 理论产生于国际贸易发展的第三阶段(19 世纪末—20 世纪初)。

埃里·赫克歇尔(Eli Heckscher)和贝蒂·俄林(Bertil Ohlin)都是当代著名的瑞典经济学家,赫克歇尔是俄林的老师。1977 年,俄林与詹姆斯·米德(James Meade,英国剑桥大学)因对国际贸易理论和国际资本流动理论的开拓性贡献而共同获得诺贝尔经济学奖。

1919 年,赫克歇尔在献给经济学家戴维·戴维森(David Davidson)的纪念文集中发表题为《对外贸易对收入分配的影响》的著名论文,提出了要素禀赋理论的基本观点,这些观点为俄林所接受。1929—1933 年,由于资本主义世界经历了历史上最严重的经济危机,贸易保护主义抬头,各国都力图加强对外倾销商品,同时提高进口关税,限制商品进口。瑞典对此深感不安,因为瑞典国内市场狭小,一向很依赖国外市场。在此背景下,俄林继承其师赫克歇尔的观点,于 1933 年出版《区际贸易和国际贸易》(*Interregional and International Trade*)一书,深入探讨国际贸易产生的深层原因,创立了要素禀赋理论。1941 年,保罗·萨缪尔森与沃夫冈·斯托尔珀(Wolfgang Stolper)合作发表《保护与实际工资》一文,提出生产要素价格趋于均等化的观点。②萨缪尔森随后又发表多篇论文进一步论证这一观点,从而发展了要素禀赋理论。因此,要素禀赋理论又被称为 H-O-S 理论。

要素禀赋理论主要分析了各国资源要素禀赋构成与对外贸易模式之间的关系,以及国际贸易导致的收入分配效应。这一理论的发展一开始就基于一般均衡的分析方法,并得到四个基本定理:赫克歇尔—俄林定理、要素价格均等化定理、斯托尔珀—萨缪尔森

---

① 〔德〕弗里德里希·李斯特:《政治经济学的国民体系》,陈万煦译,商务印书馆 1983 年版,第 100—101 页。
② Stolper, Wolfgang and Paul Samuelson, 1941, "Protection and Real Wages", *Review of Economic Studies*, 9(1), 58—73.

(S-S)定理和罗伯津斯基(Rybczynski)定理。随后还出现了拓展性模型,主要包括特定要素(specific factor)模型与贸易的要素含量(factor content of trade)模型(即 H-O-V 模型)(详见第 3 章的讨论)。

1.3.4　第四阶段:新贸易理论

新贸易理论(new trade theories)又被称为产业内贸易理论(intra-industry trade theories),产生于国际贸易发展的第四阶段,即二战结束(20 世纪四五十年代)至 20 世纪 80 年代。在这期间,一方面,随着科技进步、生产力发展、国际政治经济形势趋稳,国际贸易规模越来越大,国际贸易的商品结构和地区分布与战前相比发生了很大变化,发达国家之间的贸易比重不断上升,产业内贸易迅速发展。如何解释这些新现象和新趋势,传统的国际贸易理论在一定程度上已无能为力,需要引入新的贸易理论。

另一方面,作为现代国际贸易理论基石的要素禀赋理论因为瓦西里·里昂惕夫在 1953 年发表的一篇文章①而受到严峻挑战。里昂惕夫运用投入—产出方法测算美国 1947 年出口品和进口品所含的资本和劳动。他发现资本相对丰裕的美国出口的却是劳动密集型产品,而进口的则是资本密集型产品。这个发现被称为"里昂惕夫悖论"(Leontief paradox)。"悖论"的产生及对"悖论"的解释有力地推动了战后国际贸易理论的发展。其中最具代表性的发展是基于规模报酬递增、非完全竞争和产品差异性假设,并采用产业组织理论构建的一系列贸易理论或模型,通常被统称为新贸易理论。作为新贸易理论的主要贡献者,保罗·克鲁格曼也因此于 2008 年获得诺贝尔经济学奖(详见第 4 章的讨论)。

1.3.5　第五阶段:异质性企业贸易理论与全球价值链理论

现实发生的国际贸易、国际投资与国际生产基本都是由企业完成的。但传统贸易理论与新贸易理论要么没有考虑企业,要么将企业看作是同质的(homogeneous)。实际上,即使在同一行业里的企业也是千差万别的,比如存在规模、生产率、要素密集度、技术水平、国际化程度等方面的差异。对于这些微观层面的事实,传统贸易理论与新贸易理论无法给出解释,需要引入新的贸易理论。这就是异质性企业贸易理论(heterogeneous firm trade theory)。②如果说比较优势理论和要素禀赋理论关注产业间贸易,新贸易理论关注产业内贸易的话,那么异质性企业贸易理论则关注异质性企业(或异质性生产者)的贸易,同时涉及企业的国际投资与外包等国际化行为(详见第 5 章的讨论)。

此外,前面也提及,从 20 世纪 80 年代开始,全球价值链分工逐渐展开并深入发展。这同样需要新的理论与方法加以解释。目前这方面的研究正在蓬勃发展,并且涵盖多个

---

① Leontief, Wassily, 1953, "Domestic Production and Foreign Trade: The American Capital Position Re-Examined", *Proceedings of the American Philosophical Society*, 97(4), 332—349.

② 比如 Melitz, Marc, 2003, "The Impact of Trade on Intra-Industry Reallocations and Aggregate Industry Productivity", *Econometrica*, 71(6), 1695—1725.

领域,具有跨学科特点。[1]本书将其统称为全球价值链理论(global value chains theory)。实际上,它不仅涉及基本经济学理论,比如如何理解价值链分工的机制、影响与企业对组织形式的选择等,还涉及基本分析方法的运用与创新,比如投入—产出方法、增加值分解方法、网络分析方法等。而且,全球价值链理论与异质性企业贸易理论也是密切相关的,因为企业是全球价值链分工的重要参与者(详见第6章的讨论)。

以上内容总结如表1.9所示:

表1.9 国际贸易发展史与国际贸易理论发展史

国际贸易发展史	第一阶段:15世纪末—18世纪中期	第二阶段:18世纪60年代—19世纪末	第三阶段:19世纪末—20世纪初	第四阶段:二战结束(20世纪四五十年代)—20世纪80年代	第五阶段:20世纪80年代开始
国际贸易学说和理论发展史	重商主义对外贸易学说:早期重商主义和晚期重商主义	古典时期的贸易理论:自由贸易理论(绝对优势理论和比较优势理论)(见第2章)、保护贸易理论	要素(或资源)禀赋理论(见第4章)	新贸易理论(见第4章)	异质性企业贸易理论(见第5章)、全球价值链理论(见第6章)

1.3.6 小结

到此为止,我们已经较为全面地总结了国际贸易的产生与发展史及相伴而生的国际贸易学说或理论发展史。

首先,每一种贸易理论的产生都有其特定的时代背景与现实基础,但每一种理论的影响并不仅仅局限于它所产生的那个时代,而是将延续好几个时代,甚至一直延续下去。

重商主义最突出的思想是重金、贸易与国家干预,它产生的时代正是西欧钟情并狂热追求金银的时代,是新兴资产阶级渴望积累货币资本的时代,而对外贸易顺差恰恰可以作为资本原始积累的重要手段。重商主义的观点虽然产生较早,但影响深远,我们甚至能够从GATT/WTO的原则中发现重商主义的影子,比如GATT/WTO把关税减让看作是国家之间的互惠性让步,而不是自愿行动。

以绝对优势理论和比较优势理论为代表的古典自由贸易理论假设国家之间在产品生产方面存在劳动生产率或技术上的差异,这主要是基于当时英国相对于其他国家在生产技术方面具有绝对优势或比较优势的现实,因为英国的工业革命要早于世界其他国家。而要素禀赋理论则假定国家之间在要素或资源禀赋方面存在差异,这则基于这样的事实:20世纪初世界主要发达国家都相继完成工业革命,实现了工业化,它们在产品生

---

① Inomata, Satoshi, 2017, "Analytical Frameworks for Global Value Chains: An Overview", in World Bank, *Global Value Chain Development Report 2017: Measuring and Analyzing the Impact of GVCs on Economic Development*, Chapter 1, 15—35.

产上的劳动生产率差异或技术差异几乎不再存在,而外生的要素或资源禀赋则差异很大,并具有重要影响。

绝对优势理论、比较优势理论和要素禀赋理论被归为传统贸易理论,它们的共同点是都建立在三个基本假设之上:(1)市场完全竞争,规模报酬不变(constant returns to scale);(2)同一行业里的生产者或企业同质;(3)贸易品是最终品(final products),且每种出口品仅使用出口国的生产要素进行生产。但这三个假设在现实中都遇到了挑战:20 世纪六七十年代,科技革命催生了一大批大型企业。在生产技术呈现规模报酬递增(increasing returns to scale)的时候,企业的规模逐渐变大,于是产品市场就不再是完全竞争的,同时企业(生产者)也不是同质的。此外,中间品贸易日益增多,因为最终品的生产不仅需要投入基本生产要素,还需要投入(本国或进口的)中间品。而中间品的生产本身也需要投入基本生产要素与(本国或进口的)中间品。这样,传统理论的假设与现实就不再相符,因此就有必要纳入与现实相符的新假设。于是,新贸易理论、异质性企业贸易理论与全球价值链理论就产生了。但这些新理论的出世并不意味着传统贸易理论的死亡;相反,传统贸易理论在很多情况下仍然适用,它与新理论是一种互补关系。

因此,每一阶段新理论都有其新的假设前提,而这些假设前提都不是凭空捏造的,而是基于当时的现实情况。如果现实的基本情况发生了变化,那么新理论或模型的假设前提也将随之发生变化。

其次,需要关注国际贸易的纯理论研究(theories)与经验研究(empirics)、贸易理论与贸易政策分析的关系。国际贸易的纯理论研究就是基于本章第 1.2 节提及的七个方面的基本假设、围绕四大基本问题(部分或全部)、借助于数学模型而展开的研究。国际贸易的经验研究则需要用观察到的数据或资料,用经济计量或经济实验的方法来验证某个理论模型或理论假说对现实的解释力。在新贸易理论出现之前,国际贸易的纯理论研究都走在经验研究之前,但从新贸易理论开始,经验研究则走在纯理论研究的前面(见图 1.6)。此外,在 20 世纪 80 年代以前,国际贸易学术界有着重理论研究、轻经验研究的传统。这一传统在对待"里昂惕夫悖论"上得到了体现。"里昂惕夫悖论"是一个经验实证命题,提出关于"里昂惕夫悖论"的定性的理论假说并不能证明理论的正确性。对经验实证命题的诠释需要理论探讨,但最终需要在经验实证上做出解释。因此,在 20 世纪 80 年代之后,国际贸易的经验研究越来越受到重视,并成为国际贸易研究的重要组成部分。

目前,几乎所有的国际贸易教科书都会单独辟出章节来分析国际贸易政策,包括关税和非关税措施。实际上,贸易政策分析完全可以与贸易理论分析对接起来(见图 1.7)。也就是说,可以将贸易政策嵌入贸易理论模型之中,从而能够比较"没有贸易"(封闭经济)、"自由贸易"(开放经济)与"限制贸易"(即加上关税和非关税壁垒情况下的不完全开放经济)这三种状态及它们相互转换时所产生的一系列效应,同时可以讨论本章第 1.2 节提及的四大基本问题。

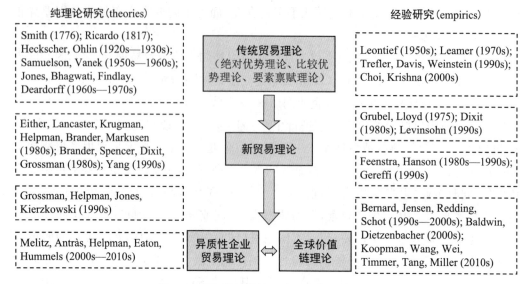

图 1.6　国际贸易的纯理论研究与经验研究

　　注:在新贸易理论出现之后,国际贸易的纯理论研究与经验研究并不是严格分开的。在一些学者的研究中,二者往往是融合在一起的。

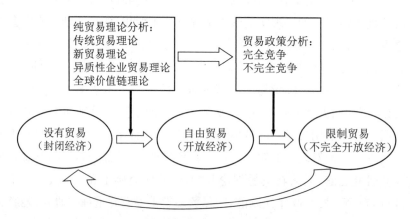

图 1.7　国际贸易理论分析与政策分析的融合

　　最后,现实世界中的一些新问题,如环境、劳工标准、经济增长、技术创新等,不断地进入国际贸易理论与经验分析的视野。随着国际贸易的发展,还将出现一些新问题,国际贸易学说在关注这些新问题的同时而得以持续不断的丰富和发展。

1.4　本书的内容与结构安排

1.4.1　国际贸易学科性质

　　国际贸易学科是国际经济学的重要组成部分,属于微观国际经济学,涵盖国际贸易和国际投资。包含国际贸易的微观国际经济学采用了大量的微观经济学分析工具和分析方法,包括市场结构分析、供需分析、福利分析等。国际经济学的宏观部分是关于国际收支理论及调节政策,涉及经常项目、资本流动、汇率理论与政策等。该部分采用的主要是宏观经济学或宏观经济动态学的方法和工具(如图 1.8 所示)。因此,建议读者在学习本教材之前,最好已经学过微观经济学和宏观经济学。

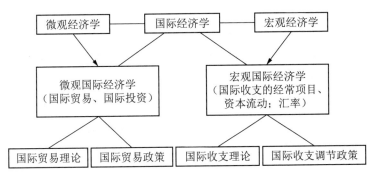

图 1.8　国际贸易学科性质

1.4.2　本书的内容与结构

本书共分为 11 章,覆盖贸易纯理论与贸易政策分析两大方面,兼顾理论研究与经验研究两个维度。

第 1 章全面回顾国际贸易发展的历史,介绍基于国际贸易现实的若干理论问题及学科和理论的发展简史。这一章构成了全书大的现实背景与学科发展背景。

从第 2 章到第 6 章,我们将按照国际贸易学说的历史演进顺序,依次详细介绍绝对优势理论和比较优势理论(第 2 章)、要素禀赋理论(第 3 章)、新贸易理论(第 4 章)、异质性企业贸易理论(第 5 章)与全球价值链理论(第 6 章)。

第 7、第 8 章是关于国际贸易政策的分析。第 7 章将从定性和定量两个角度讨论各种主要贸易政策措施和工具,其目的是要弄清楚它们的特点、衡量方法及影响,而不是要鼓励各国实施这些工具或措施来保护其国内市场。第 8 章将分析为什么现实世界有很多国家会采取不同的贸易政策,以及贸易政策会对国际贸易与经济福利产生什么影响。但要弄明白这些问题,需要考虑一些相关因素,比如市场结构和市场竞争状况、国家规模大小、均衡分析方法等。

尽管一国采取的贸易政策多种多样,但该国对其所有的贸易伙伴理应一视同仁。然而,现实中,一国给予其贸易伙伴的待遇并非相同,比如通过某种优惠贸易安排,该国与其特定贸易伙伴达成较之与其他贸易伙伴更为紧密的经贸关系,即实现一定程度的区域经济一体化。而且,一国不仅会与另外的国家结成自由贸易区,还可能参与多边贸易体制(如 GATT/WTO)。第 9、第 10 章将集中讨论这些问题。

　　服务业的兴起与发展是现代经济增长与结构演变的自然结果;服务业开放与服务贸易发展既是经济全球化的结果,也是经济全球化的重要内容。有鉴于此,本书的最后一章(即第11章)将专门讨论国际服务贸易问题。

本章小结

　　本章首先全面描述了国际贸易的产生与发展历程。跨越不同民族和国家的贸易联系至少可以追溯到奴隶制社会,但真正意义上的国际贸易则是伴随着1500年前后国际分工和世界市场的出现和形成而产生和发展起来的,迄今为止大致经历了五大阶段。接着,本章提出了解读国际贸易的四大基本问题与进行国际贸易分析的七大假设抽象。然后,本章以国际贸易发展的五大阶段为参照系,梳理本学科的理论发展简史。最后扼要介绍了国际贸易的学科性质及本教材的内容与结构安排。

本章关键词

　　国际贸易　国际分工　世界市场　朝贡贸易　地理大发现　商业革命　价格革命利率革命　卢卡斯70法则　工业革命　服务经济　滞胀　新经济　对外贸易依存度产业间贸易　产业内贸易　公司内贸易　重商主义　幼稚工业论

本章思考题

　　1.真正意义上的国际贸易是如何产生的?

　　2.奴隶制社会的国家间的贸易联系有何特点?

　　3.封建制社会时期国家之间的贸易联系有何特点? 试比较这个时期的欧洲与中国。

　　4.试比较国际贸易发展的五大阶段在产业基础、国际分工、世界市场和国际贸易四个方面上的差异性。中国在这五大阶段的历史处境如何? 有什么重要启示?

　　5.要深刻理解国际贸易的现实规律,国际贸易理论至少要解决哪些基本问题?

　　6.国际贸易理论分析通常要进行哪些方面的假设抽象? 为什么要这样做?

　　7.简述重商主义国际贸易学说的产生背景、代表人物、基本思想和政策主张。

　　8.简述国际贸易理论发展简史,给予我们的启示是什么?

　　9.请阅读本章所提到的文献,然后讨论对外开放、参与国际竞争,对于一国的制度变迁、经济增长、收入水平的影响。讨论近代中国为什么会落后。

附录 1A 全球化年表

表 1A.1 全球化年表

时　间	经　济	政　治	技　术
	布雷顿森林体系(即新的国际货币体系)建立(1944—1971年)	联合国于1945年成立	塑料和纤维产品的推广(比如1940年出现第一双女式尼龙袜)
20世纪40年代	关税与贸易总协定于1947年诞生,并于1948年1月实施	"马歇尔计划"(Marshall plan),即欧洲恢复重建计划实施(1945—1957年);欧洲经济合作组织(Organization for European Economic Co-operation)成立(1948年)	
	苏联为推动共产党国家的经济合作而建立经济互助委员会(1949—1991年)	去殖民化运动(decolonization)开始(1948—1962年),印度、印度尼西亚、埃及独立	1948年中东地区(特别是沙特阿拉伯)发现大油田
20世纪50年代	欧洲共同体根据《罗马条约》而建立(1957年),它与欧洲自由贸易联盟(European Free Trade Association,1960年成立)促进了西欧一体化	朝鲜战争(1950—1953年);苏伊士运河危机(Suez Crisis)(1956年)	欧洲和日本增加使用产自中东地区的石油;丰田公司推行精益(零库存)生产方式(Just-In-Time production)
	主要货币成为可兑换货币(1958—1964年)	非洲去殖民化运动:1958—1962年15个国家独立	喷气发动机(jet engine)在空中运输中的推广使用(1957—1972年)
20世纪60年代	石油输出国组织(Organization of the Petroleum Exporting Countries,OPEC)成立(1960年)		人类首次进入太空(1961年4月12日,由苏联宇航员加加林完成)、人类首次登上月球(1969年7月20日,由美国宇航员阿姆斯特朗完成)
	伦敦欧洲美元市场(Eurodollar market)发展,有助于提高国际流动性		集成电路开始商业化(1961年);近海石油和天然气生产开始
	GATT第六次多边谈判"肯尼迪回合"(1964—1969年);北美汽车和高速公路的快速发展刺激了对燃料的需求与转移(由煤到石油)	"柏林墙"建起(1961年)、古巴导弹危机(1962年)显示东西两大阵营的尖锐对立	绿色革命(Green Revolution),即改造发展中国家的农业生产(从20世纪60年代开始);日本首条高速列车线(新干线)开通(1964年);勃朗峰(阿尔卑斯山)公路隧道开通(1965年)

续表

时　间	经　济	政　治	技　术
20 世纪 60 年代	东亚经济体的贸易政策更强调出口拉动式发展而不是进口替代式发展;欧洲共同体内部最后的关税壁垒消除(1968 年)		海运开始集装箱化(containerization)(从 1968 年开始)
20 世纪 70 年代	告别美元汇率金本位制(US dollar exchange rate gold standard)(1971 年)	赎罪日战争(Yom Kippur War,即埃及、叙利亚和巴勒斯坦反击以色列的第四次中东战争,1973 年 10 月 6 日爆发)触发石油价格飙升	第一个单片集成电路微处理器(single chip microprocessor)Intel 4004 问世(1971 年)
	GATT "东京回合"谈判(1973—1979 年)	欧洲共同体扩大至 9 个成员(1973 年)	
	石油价格冲击(1973—1974 年、1979 年)逆转实际石油价格几十年的下滑趋势		
	亚洲新兴工业化经济体(NIC)兴起;中国的经济改革(1978 年)	中美建交(1979 年);苏联入侵阿富汗(1979 年)	
20 世纪 80 年代	美联储成功消除美国通货膨胀		IBM 开发第一台个人电脑(1981 年)
	发展中国家债务危机;墨西哥开始市场化改革并于 1986 年加入 GATT	欧洲共同体扩大至 12 个成员	微软视窗(Microsoft Windows)问世(1985 年)
	"卢浮宫协议"(Louvre Accord)促进主要货币汇率的稳定(1987 年)	"柏林墙"倒塌(1989 年)	
20 世纪 90 年代	印度经济改革开始(1991 年);《北美自由贸易协定》(NAFTA)签署(1994 年);亚洲金融危机(1997 年)	苏联解体(1991 年),出现 13 个独立国家	英吉利海峡隧道(Eurotunnel)开通(1994 年),将英国与欧洲大陆连接起来;基于数字技术(digital technology)的第二代网络(second generation networks, 2G)出现引发移动电话使用量增加;第一个 2G-GSM(global system for mobile communication,即全球移动通信系统或全球通)网络由芬兰 Radiolinja 开发使用(1991 年)

续表

时　间	经　济	政　治	技　术
20 世纪 90 年代	经过"乌拉圭回合"（1986—1994 年），WTO 成立（1995年）		蒂姆·伯纳斯·李（Tim Berners-Lee）发明万维网（world wide web，WWW）（1989 年），第一个网址放到网上（1991 年）；截至 2000 年互联网用户达 3 亿
	11 个欧洲国家采用欧元（1999 年）	《马斯特里赫特条约》（Maastricht Treaty）或《欧洲联盟条约》（Treaty on European Union)签署（1992 年）	
进入 21 世纪	网络公司危机（Dotcom crisis）（2001 年）；中国加入WTO(2001 年 12 月 11 日)；《多种纤维协定》（*Multifibre Arrangement*）终止，即对纺织品的数量限制被取消（2005 年 1 月 1 日）；全球金融危机（2007—2009 年）	美国"9·11 事件"（2001 年9 月 11 日）	集装箱船运输占海运贸易（seaborne trade）价值的70％；互联网用户达 8 亿（2005 年）
	欧盟扩大到 28 个成员（截至2013 年 7 月 1 日）；美国宣布退出《跨太平洋伙伴关系协定》（Trans-Pacific Partnership Agreement，TPP）（2017 年）；美国、加拿大和墨西哥达成新协定（《美国—墨西哥—加拿大协定》，USMCA),取代《北美自由贸易协定》（2018 年）；中美贸易摩擦（2018 年 3 月开始） 中国、日本、韩国、澳大利亚、新西兰与东盟 10 国签署《区域全面经济伙伴关系协定》即 RCEP(2020 年)； 英国"脱欧"，欧盟成员减至27 个(2020 年)	美国总统大选（2020 年）	新冠肺炎疫情全球大流行及疫苗开发（2019 年底开始）

资料来源：在 WTO 资料（*World Trade Report*，2008，22—23)的基础上整理而成。

2

比较优势理论

本章学习目标

古典时期出现了影响深远的自由贸易理论,这就是亚当·斯密的绝对优势理论与大卫·李嘉图等提出的比较优势理论。

通过本章的学习,我们可以:

● 理解绝对优势理论的基本思想和分析方法、意义及局限;
● 理解比较优势理论的基本思想和分析方法;
● 理解对比较优势的拓展性分析;
● 了解针对比较优势理论的经验研究及其基本结论。

在 18 世纪 60 年代—19 世纪末的所谓古典时期,出现了两种相互对立的贸易理论:自由贸易理论与保护贸易理论。前者包括亚当·斯密提出的绝对优势理论、大卫·李嘉图等提出的比较优势理论及其发展;后者包括亚历山大·汉密尔顿的保护关税论与弗里德里希·李斯特的保护幼稚工业论。本章将重点介绍前者。

2.1 绝对优势理论

重商主义国际贸易理论得出一个颇为悲观的结论:国际贸易是一种"零和博弈",即一方之所得必为另一方之所失。如果是这样,那么国际贸易将是"你死我活"的斗争,自由贸易绝无可能。然而,亚当·斯密在其著作《国民财富的性质和原因的研究》中提出的绝对优势理论则证明,自由贸易对于参与贸易的国家是有好处的。

2.1.1 基本思想

绝对优势理论认为,同一种产品在不同国家的生产成本不尽相同。如果一个国家生产某种产品的成本(单位产品的生产成本)绝对地低于别国,那么前者在该产品的生产和交换上就处于绝对有利的地位。如果各国都生产其具有绝对成本优势的产品,然后进行国际交换,这将会使各国的资源、劳动力和资本得到最有效的利用,从而提高生产率、增加物质财富,使各国从贸易中获益。因此,基于绝对优势的自由贸易是可取的。

2.1.2 模型分析

以上思想可以用一个简单模型来加以分析。[①]

1. 基本设定

假定有两个国家——本国(home country,记为 H)和外国(foreign country,记为 F,外国的变量用上标 $*$ 表示),2 种产品(用下标 $i=1$, 2 表示)——产品 1 和产品 2(对于本国,分别是 y_1 和 y_2;对于外国,分别是 y_1^* 和 y_2^*),1 种生产要素——劳动力(分别记为 L 和 L^*)。产品市场与要素市场完全竞争,生产是在规模报酬不变的情况下进行。

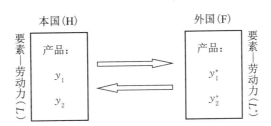

图 2.1 绝对优势分析的基本设定

在本国生产 1 单位 y_1 和 y_2 所需要的劳动力数量(投入—产出系数)分别为 a_{1L} 和 a_{2L},那么两种产品各自所需的劳动力总量分别为 $L_1 = a_{1L} y_1$,$L_2 = a_{2L} y_2$,但两种产品所需劳动力的总和不能超过本国的劳动力总量,即 $L_1 + L_2 \leqslant L$。

在外国生产 1 单位 y_1^* 和 y_2^* 所需要的劳动力数量分别为 a_{1L}^* 和 a_{2L}^*,那么两种产品各自所需的劳动力总量分别为 $L_1^* = a_{1L}^* y_1^*$,$L_2^* = a_{2L}^* y_2^*$,但两种产品所需劳动力的总和不能超过外国的劳动力总量,即 $L_1^* + L_2^* \leqslant L^*$。

本国在产品 1 的生产上具有绝对优势,即其单位成本低于外国:$a_{1L} = 4 < a_{1L}^* = 6$。同时外国在产品 2 的生产上具有绝对优势,即其单位成本低于本国:$a_{2L} = 8 > a_{2L}^* = 3$(如表 2.1 所示)。

---

① 斯密及其追随者缺乏现代分析技术,他们是用语言表述或者至多借助算术示例来加以论证的。由于斯密模型只是一个特例,我们只做简单的介绍。需要指出的是,在进行模型分析时,我们首先从一个国家封闭经济状态开始(另一个国家类似),求解均衡条件;然后引入另一个国家,让两国开展贸易,即进入开放经济状态,求解均衡条件;最后进行静态比较分析或动态分析。

表 2.1　绝对优势分析

	单位成本(以 1 单位产出所需的劳动力数量表示)		
	H		F
产品 1	$a_{1L}=4$	$<$	$a_{1L}^{*}=6$
产品 2	$a_{2L}=8$	$>$	$a_{2L}^{*}=3$

注:严格地说,单位成本应该等于 1 单位产出所需的劳动力数量乘以工资率。假定两国的生产技术存在差异,但工资率都等于 1。

2. 封闭经济

如表 2.1 所示,在封闭经济条件下,本国可以用 12 个单位的劳动力生产出 1 个单位的产品 1 和 1 个单位的产品 2;外国可以用 9 个单位的劳动力生产出 1 个单位的产品 1 和 1 个单位的产品 2。在本国,可以用 1 个单位的产品 1 交换 0.5 单位的产品 2;在外国,1 个单位的产品 1 则可以交换 2 个单位的产品 2。

3. 开放经济

两国各自拥有一种绝对低成本的产品,即绝对成本存在差异,这是两国发生贸易的必要条件(necessary condition)。但要使贸易对两国都有好处,还必须满足一个充分条件(sufficient condition):国际相对价格或国际贸易条件(terms of trade)处于两国各自的两种产品的国内相对价格或国内贸易条件之间。

由于在封闭经济条件下用 1 个单位的产品 1 去交换产品 2 的数量在本国等于 0.5,在外国则等于 2。因此,所有大于 0.5 而小于 2 的国际交换价格(定义为 p^w,即用 1 个单位的产品 1 去交换产品 2 的数量)对两国都有好处。于是,充分条件可以表示为:$\dfrac{a_{1L}}{a_{2L}} = \dfrac{4}{8} = 0.5 < p^w < 2 = \dfrac{6}{3} = \dfrac{a_{1L}^{*}}{a_{2L}^{*}}$。这实际上是一个国际贸易条件区间,我们可以确定任意一个数值,比如令 $p^w = 1$,即在国际市场上用 1 个单位的产品 1 可以交换 1 个单位的产品 2。[1]

由于本国在产品 1 的生产上具有绝对优势,因而本国专业化生产该产品,用原先 12 个单位的劳动力可以生产出 3 个单位的产品 1;外国则专业化生产产品 2,用原先 9 个单位的劳动力可以生产出 3 个单位的产品 2。虽然生产是完全专业化的,但消费则是多样化的,即两国消费者不仅要消费产品 1,也要消费产品 2。如果两国各自国内的消费偏好在贸易前后没有变化的话(即按照 1:1 的比例消费两种产品)[2],那么贸易开展之后,若本国出口 1.5 个单位的产品 1 去交换外国 1.5 个单位的产品 2,则两国各自都比封闭经济状态多获得(或消费)0.5 单位的产品 1 和 0.5 单位的产品 2。因此,自由贸易能够促进

① 暂且不考虑包括运输成本在内的交易成本。

② 在贸易前后,消费者的偏好不变意味着消费结构独立于收入水平的变化。如果消费偏好发生了变化,则会出现比较复杂的情况,有关讨论参见第 5 章。

国际专业化分工,使每个国家都能增加财富。

2.1.3 意义与局限

绝对优势理论表明,自由贸易能够促进国际专业化分工,使贸易双方都能获得好处,贸易是共赢的。这一贸易互惠性和利益普遍性的结论为自由贸易的政策主张奠定了理论基础。

实际上,绝对优势理论暗含着一个前提假定,就是贸易双方至少各拥有一种绝对低成本的产品来进行对外贸易。当然,这种情况在现实世界中也是可能存在的。但如果一国经济发展水平较低,生产技术普遍落后,生产两种甚至更多产品都处于劣势,也就是说该国生产所有产品所需的劳动力都要比其他国家多(比如在表 2.1 中,当 $a_{2L}^* > 8$ 时),这时还会发生国际贸易吗? 如果发生国际贸易,那么处于劣势的国家能从贸易中获得好处吗? 这个问题在斯密那里没有得到解决,而李嘉图的比较优势理论则对此做了回答。

2.2 比较优势理论

比较优势理论认为,虽然一国在两种产品的生产上都处于劣势,但劣势程度不同,只要一种产品的劣势小一些,即具有比较优势,则该国利用这种比较优势进行专业化生产并进行国际贸易,贸易双方就能从中受益。从这个意义上讲,前面讨论绝对优势理论的斯密模型实际上可以看作是本节李嘉图模型的一个特例。

2.2.1 基本假设

最基本的李嘉图模型建立在以下几个方面的假设之上:

(1)维度方面的假设。最简单的李嘉图模型是"$2 \times 2 \times 1$"维度的,即有 2 个国家——本国(H)和外国(F,外国的变量用上标 * 表示),2 种产品(用下标 $i = 1, 2$ 表示)——产品 1 和产品 2(对于本国,分别是 y_1 和 y_2;对于外国,分别是 y_1^* 和 y_2^*),1 种生产要素——劳动力(L 和 L^*)。

(2)生产技术方面的假设。首先,生产 1 单位产品所需的劳动投入是给定的。在本国生产 1 单位 y_1 和 y_2 所需要的劳动力数量(投入—产出系数)分别为 a_{1L} 和 a_{2L};在外国生产 1 单位 y_1^* 和 y_2^* 所需要的劳动力数量分别为 a_{1L}^* 和 a_{2L}^*。由此可知,$\frac{1}{a_{iL}}$ 和 $\frac{1}{a_{iL}^*}$ 分别表示本国和外国生产两种产品时的劳动生产率(labor productivity)。这样,在本国生产两种产品各自所需的劳动力总量分别为 $L_1 = a_{1L} y_1$,$L_2 = a_{2L} y_2$,但两种产品所需劳动力的总和不能超过本国的劳动力总量,即 $L_1 + L_2 \leqslant L$;在外国生产两种产品各自所需的劳动力总量分别为 $L_1^* = a_{1L}^* y_1^*$,$L_2^* = a_{2L}^* y_2^*$,但两种产品所需劳动力的总和不能超过外国的劳动力总量,即 $L_1^* + L_2^* \leqslant L^*$。

其次,单位产品所需的劳动投入是常数,但每个国家内部的不同生产部门的单位劳动投入需求不同,即 $a_{1L} \neq a_{2L}$ 和 $a_{1L}^* \neq a_{2L}^*$,以及同一部门在不同国家的单位劳动投入需求也不相同,即 $a_{1L} \neq a_{1L}^*$ 和 $a_{2L} \neq a_{2L}^*$。前者表明不同部门的生产函数是不同的,后者则表明不同国家的同一部门的劳动生产率是不同的。这后者则是李嘉图模型的关键假设。因为 $a_{1L} \neq a_{1L}^*$ 和 $a_{2L} \neq a_{2L}^*$ 包括但并不必然要求 $a_{1L} < a_{1L}^*$ 和 $a_{2L} > a_{2L}^*$(这是表 2.1 所反映的绝对优势情形:两国各自拥有一种有绝对优势的产品),完全有可能是 $a_{1L} < a_{1L}^*$ 和 $a_{2L} < a_{2L}^*$(本国在两种产品的生产上都具有绝对优势),或者 $a_{1L} > a_{1L}^*$ 和 $a_{2L} > a_{2L}^*$(本国在两种产品的生产上都处于绝对劣势)。从这个意义上讲,两国发生互惠贸易的必要条件在斯密模型中是一个强必要条件,而在这里的李嘉图模型中则是一个弱必要条件,因为它并不要求两国各自拥有一种绝对低成本的产品。

最后,假定本国在产品 1 的生产上具有比较优势(单位产出的劳动投入较少,即 a_{1L} 较小,或劳动生产率较高,即 $\dfrac{1}{a_{1L}}$ 较大)[①],而外国则在产品 2 的生产上具有比较优势(即 a_{2L}^* 较小或 $\dfrac{1}{a_{2L}^*}$ 较大)。这一假设可以用两种方式表示:一是采用一国之内两种产品的单位成本之比进行比较,即 $\dfrac{a_{1L}}{a_{2L}} < \dfrac{a_{1L}^*}{a_{2L}^*}$;二是采用同一种产品在不同国家的单位成本之比进行比较,即 $\dfrac{a_{1L}}{a_{1L}^*} < \dfrac{a_{2L}}{a_{2L}^*}$。但这两种定义比较优势的方法实际上是等价的,即 $\dfrac{a_{1L}}{a_{2L}} < \dfrac{a_{1L}^*}{a_{2L}^*} \Longleftrightarrow \dfrac{a_{1L}}{a_{1L}^*} < \dfrac{a_{2L}}{a_{2L}^*}$。

(3)市场结构方面的假设。产品市场与要素(劳动力)市场完全竞争,生产是在规模报酬不变情况下进行的;劳动力(同质的)在每个国家之内的不同部门之间完全自由流动,但在国家之间不能流动。在本国,两种产品的价格为 $p_i(i=1, 2)$,封闭经济下的相

---

① 如果本国在产品 1 的生产上具有比较优势,则可能包括以下三种情形:(1) $a_{1L} < a_{1L}^*$ 且 $a_{2L} > a_{2L}^*$,则必然有 $\dfrac{a_{1L}}{a_{2L}} < \dfrac{a_{1L}^*}{a_{2L}^*}$,表明产品 1 既是该国的比较优势产品,也是其绝对优势产品。本国和外国各自拥有一种具有绝对优势的产品,那么该产品对于该国来说也是一个具有比较优势的产品。这则是斯密的绝对优势理论所讨论的情形。(2)本国在两种产品的生产上都具有绝对优势,即 $a_{1L} < a_{1L}^*$ 且 $a_{2L} < a_{2L}^*$,也可能有 $\dfrac{a_{1L}}{a_{2L}} < \dfrac{a_{1L}^*}{a_{2L}^*}$,本国在产品 1 的生产上具有比较优势。(3)本国在两种产品的生产上都处于绝对劣势,即 $a_{1L} > a_{1L}^*$ 且 $a_{2L} > a_{2L}^*$,也可能 $\dfrac{a_{1L}}{a_{2L}} < \dfrac{a_{1L}^*}{a_{2L}^*}$,本国在产品 1 的生产上具有比较优势。然而,如果 $\dfrac{a_{1L}}{a_{2L}} = \dfrac{a_{1L}^*}{a_{2L}^*}$〔这包括三种可能:(1) $a_{1L} < a_{1L}^*$ 且 $a_{2L} < a_{2L}^*$;(2) $a_{1L} > a_{1L}^*$ 且 $a_{2L} > a_{2L}^*$;(3) $a_{1L} = a_{1L}^*$ 且 $a_{2L} = a_{2L}^*$〕,则各国均没有比较优势,但情形(1) $a_{1L} < a_{1L}^*$ 且 $a_{2L} < a_{2L}^*$ 意味着本国在两种产品上均拥有绝对优势,情形(2) $a_{1L} > a_{1L}^*$ 且 $a_{2L} > a_{2L}^*$ 意味着本国在两种产品上均处于绝对劣势。总之,绝对优势与比较优势的关系是:一国在某种产品的生产上拥有绝对优势,但未必显示其具有比较优势;一国在某种产品的生产上拥有比较优势,则有可能显示其处于绝对优势或绝对劣势。

对价格为 $p^a = \dfrac{p_1}{p_2}$［上标 a 表示封闭经济(autarky)］,工资率为 w。在外国,两种产品的

价格为 p_i^* ($i=1,2$),封闭经济下的相对价格为 $p^{a*} = \dfrac{p_1^*}{p_2^*}$,工资率为 w^*。

(4) 需求方面的假设。两国的需求方可以用一簇正常的、(严格)凸向原点的(convex)、非相交的(non-intersecting)社会无差异曲线(social indifference curve)来刻画,偏好是位似的(homothetic)。[①]

(5) 贸易品是最终品;不存在技术进步,国际贸易是静态的;不存在任何交易成本,国际贸易是自由的。

进行如此多假设的主要目的是:把其他因素的影响控制住,集中揭示两国之间生产技术的相对差异是如何导致国际贸易发生的。

2.2.2　封闭经济

我们先讨论本国没有贸易时的封闭经济均衡状态,对于外国也可以做同样的分析。只有把一国封闭经济下的均衡讨论清楚了,才能知道该国开放贸易后原有均衡(即封闭经济均衡)是如何被打破的,以及新均衡(即开放经济均衡)是如何形成的。

1. 本国经济的供给方

(1) 在资源约束下使产出最大化。

根据前面的假设,本国生产两种产品各自所需的劳动力总量分别为 $L_1 = a_{1L} y_1$,$L_2 = a_{2L} y_2$,但两种产品所需劳动力的总和不能超过本国的劳动力总量,即 $L_1 + L_2 \leqslant L$,或者写成:

$$a_{1L} y_1 + a_{2L} y_2 \leqslant L \tag{2.1}$$

若式(2.1)取等号,则可写成:

$$y_2 = \frac{L}{a_{2L}} - \frac{a_{1L}}{a_{2L}} y_1 \tag{2.2a}$$

$$y_1 = \frac{L}{a_{1L}} - \frac{a_{2L}}{a_{1L}} y_2 \tag{2.2b}$$

式(2.1)表明,受到本国资源(劳动力)的约束,产品 1 和产品 2 这两种产出之间存在着替代关系(trade-off),即产品 1(产品 2)产量的增加必然会导致产品 2(产品 1)产量的减少。经济学把多生产 1 单位产品 1(产品 2)所要放弃的产品 2(产品 1)的生产数量称

---

① 里昂惕夫最早在国际贸易的一般均衡理论分析中使用无差异曲线［见 Leontief, Wassily, 1933, "The Use of Indifference Curves in the Analysis of Foreign Trade", *Quarterly Journal of Economics*, 47(3), 493—503］,但他没有在其前面加上"社会"一词。萨缪尔森则指出,使用社会无差异曲线来表示整个社会或国家的消费偏好是有问题的［见 Samuelson, Paul, 1956, "Social Indifference Curves", *Quarterly Journal of Economics*, 70(1), 1—22］。社会无差异曲线也可能是非正常的,就如同非理性偏好那样,但对于非正常情况的分析是很困难的,甚至是无法做到的,因此这样的假定是为了简化分析。

为以产品 2(产品 1)表示的产品 1(产品 2)的(边际)机会成本。如果(边际)机会成本是不变的,则式(2.1)可以用直线型的生产可能性边界(production possibility frontier,PPF)线 AB 表示(如图 2.2 所示)①。那么,为什么生产可能性边界线 AB 会是这个样子呢?

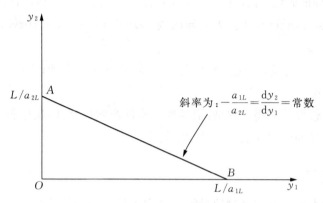

图 2.2   本国经济的供给方:生产可能性边界

首先,根据式(2.2a)和式(2.2b)可知,当本国的资源(劳动力)都用来生产产品 2 时可以生产 $y_2 = \dfrac{L}{a_{2L}}$(而 $y_1 = 0$),当资源都用来生产产品 1 时可以生产 $y_1 = \dfrac{L}{a_{1L}}$(而 $y_2 = 0$),即生产可能性边界分别与 y_2 轴或 y_1 轴的截距表示本国动用所有资源只生产 y_2 或 y_1 所能生产的数量。

其次,从式(2.2a)还可以知道,生产可能性边界的斜率等于 $-\dfrac{a_{1L}}{a_{2L}}$(在图 2.2 中 y_2 为纵轴)。该斜率为常数(所以生产可能性边界为直线),因为分子和分母都为常数;该斜率为负则表明产品 1 和产品 2 这两种产出之间存在着替代关系。该斜率的绝对值也等于本国生产 1 单位 y_1 所需要的劳动力数量与生产 1 单位 y_2 所需要的劳动力数量之比,还等于两种产品之间的边际转换率(marginal rate of transformation,MRT;有时也称产品转换率,rate of product transformation,RPT),即:

$$-\frac{a_{1L}}{a_{2L}} = \frac{\mathrm{d}y_2}{\mathrm{d}y_1} = 常数②\tag{2.3}$$

由式(2.3)可知:要多生产 1 单位的产品 1 就需要多投入 a_{1L} 单位的劳动力,而 1 个单位的劳动力则可以生产 $1/a_{2L}$ 单位的产品 2,因此要多生产 1 单位的产品 1 就需要放弃 $\dfrac{a_{1L}}{a_{2L}}$ 单位的产品 2。也就是说,以产品 2 表示的产品 1 的边际机会成本为 $\dfrac{a_{1L}}{a_{2L}}$。但 $\dfrac{\mathrm{d}y_2}{\mathrm{d}y_1}$

---

①   如果以产品 2 表示的产品 1 的边际机会成本是递减的,即意味着多生产 1 单位产品 1 所要放弃的产品 2 的生产数量越来越少(产品 1 的生产是规模报酬递增的),则生产可能性边界是凸向原点的。反之,生产可能性边界则是凹向原点的。

②   该式也可以通过式(2.2a)两边对 y_1 求导推出。

更为直接,即当产品 1 增加 1 单位时,产品 2 因资源有限而必须减少多少单位。

生产可能性边界线 AB 上的所有点都是劳动力充分就业点,因而是帕累托有效的,即在不减少产品 2 产量的情况下,产品 1 的产量是不可能增加的。生产三角 OAB 形成的整个区域被称为生产可能性集(production possibility set,PPS),线 AB 以下的所有点都是没有效率的,且存在失业。但由于假定市场完全竞争、充分就业,因此可以排除失业的可能。所以,在有限资源的约束下,本国的最优产出位于生产可能性边界线 AB 上。但究竟是线 AB 上的哪一点(每一点都表示特定的产出结构:y_1 和 y_2 各生产多少),则需要引入另外的影响因素——经济的需求方。

(2) 工资率与产品价格。

由于劳动力是唯一的生产要素,因此工资就是唯一的成本。由于劳动力在本国的各部门之间完全自由流动,因此工资率 w 在各部门是相同的。由于在本国生产 1 单位 y_1 和 y_2 所需要的劳动力数量分别为 a_{1L} 和 a_{2L},所以生产 1 单位 y_1 和 y_2 所花费的成本分别为 wa_{1L} 和 wa_{2L}。因为 a_{1L} 和 a_{2L} 均为常数,所以两部门的平均成本也等于边际成本,即分别等于 wa_{1L} 和 wa_{2L}。

根据完全竞争市场中生产者的利润最大化条件,产品的价格必须等于其平均成本,即:

$$p_1 = wa_{1L}, \quad p_2 = wa_{2L} \tag{2.4}$$

于是,本国两种产品的相对价格为 $p^a = \dfrac{p_1}{p_2}$。把产品 2 看作是计价物(numeraire),即令 $p_2 = 1$,则产品 1 的相对价格就为 $p^a = p_1$①。我们可以推出:

$$p^a = \frac{p_1}{p_2} = \frac{wa_{1L}}{wa_{2L}} = \frac{a_{1L}}{a_{2L}} \equiv \frac{\dfrac{1}{a_{2L}}}{\dfrac{1}{a_{1L}}} \tag{2.5}$$

因此,产品 1 对产品 2 的相对价格等于图 2.2 中的生产可能性边界线 AB 的斜率(绝对值),也等于产品 2 的劳动生产率 $\dfrac{1}{a_{2L}}$ 与产品 1 的劳动生产率 $\dfrac{1}{a_{1L}}$ 之比。在产品 2 的劳动生产率不变的情况下,产品 1 的劳动生产率越高,则产品 1 的相对价格就越低。

2. 本国经济的需求方

(1) 社会无差异曲线与效用函数。

由于假设消费者喜好多样化消费,而厌恶单调消费结构,因此消费者对两种产品都有消费,这样生产就会在生产可能性边界上除点 A 和点 B 之外的任何点上发生。前面

---

① 由于在纯贸易模型中没有引入货币(如果是不同货币,则涉及汇率问题。这是宏观国际经济学所关注的对象),因此有必要选择一种产品作为计价物,从而推出其他产品的相对价格。如果有 n 种产品,则会有 $(n-1)$ 个相对价格。

已经假定本国的需求方可以用一簇(严格)凸向原点的、非相交的社会无差异曲线来刻画(如图 2.3 所示)。这些社会无差异曲线表示成以下效用函数:

$$u = u(y_1, y_2), \quad y_1, y_2 > 0 \tag{2.6}$$

根据定义,沿着同一条社会无差异曲线的效用总变动为零,即:

$$du = u_1 dy_1 + u_2 dy_2 = 0 \tag{2.7}$$

$$-\frac{dy_2}{dy_1} = \frac{u_1}{u_2} \tag{2.8}$$

其中,u_1 和 u_2 分别表示产品 1 和产品 2 的边际效用:$u_1 = \frac{\partial u(y_1, y_2)}{\partial y_1}$ 和 $u_2 = \frac{\partial u(y_1, y_2)}{\partial y_2}$。$-\frac{dy_2}{dy_1}$ 实际上也是图 2.3 中无差异曲线的斜率(绝对值),表示消费者为保持一定的效用水平愿意用产品 1 去替代产品 2 的数量,因此也被称为产品 1 对产品 2 的边际替代率(marginal rate of substitution,MRS;有时也被称为产品替代率,rate of commodity substitution,RCS)。[①]它等于效用函数对产品 1 和产品 2 消费量的偏导数的比率。

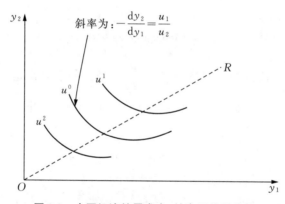

图 2.3 本国经济的需求方:社会无差异曲线

注:u^0、u^1、u^2 分别表示社会无差异曲线所在的位置。社会无差异曲线越往右上方,则其代表的效用水平就越高。下同。

(2)在收入约束下使效用最大化。

无差异曲线的变化有两种形式:一是沿着同一条无差异曲线移动,这时的效用水平

---

① 无差异曲线斜率的变化率则反映无差异曲线的凸凹性。比如,在图 2.3 中,随着产品 1 消费的增加,无差异曲线的(负)斜率变大(或其绝对值变小),即 $\frac{d\left(-\frac{dy_2}{dy_1}\right)}{dy_1} > 0$,则无差异曲线是严格凸向原点的;如果 $\frac{d\left(-\frac{dy_2}{dy_1}\right)}{dy_1} = 0$,则无差异曲线是一条直线;如果 $\frac{d\left(-\frac{dy_2}{dy_1}\right)}{dy_1} < 0$,则无差异曲线凹向原点,在这种情况下将会产生角点(corner)消费,不再是多样化消费了。

保持不变,但消费结构(y_1 和 y_2 的不同组合)发生了变化;二是无差异曲线本身发生移动,越往右上方,则其代表的效用水平就越高。在效用水平变化的过程中,消费结构可能保持不变,也可能发生变化。如果消费结构保持不变,则意味着可以从原点作一条与各条无差异曲线相交的射线 OR,每个交点代表不同效用水平下的消费结构(即消费者对 y_1 和 y_2 的消费比例)保持不变(如图 2.3 所示)。如果消费结构发生变化,比如消费者更偏好 y_1 或 y_2,情况就会变得复杂起来。李嘉图模型暂且不考虑消费结构变化的情况。

毫无疑问,无差异曲线向右上方移动(效用水平提高)并不是随心所欲的,它要受到收入水平($I=wL$)的约束,即:

$$\max_{yi} u = u(y_1, y_2), \text{ s.t. } p_1 y_1 + p_2 y_2 \leqslant I = wL \tag{2.9}$$

构造拉格朗日函数:

$$\zeta = u(y_1, y_2) + \lambda(I - p_1 y_1 - p_2 y_2) \tag{2.10}$$

其中,λ 为拉格朗日乘子。对 y_i 求式(2.10)的偏微分得到以下一阶条件:

$$u_1 - \lambda p_1 = 0 \tag{2.11a}$$

$$u_2 - \lambda p_2 = 0 \tag{2.11b}$$

由式(2.8)和式(2.11a)、(2.11b)可以推出:

$$p^a = \frac{p_1}{p_2} = \frac{u_1}{u_2} = -\frac{\mathrm{d}y_2}{\mathrm{d}y_1} \tag{2.12}$$

因此,产品 1 对产品 2 的相对价格等于图 2.3 中的社会无差异曲线的斜率(绝对值),也等于产品 1 与产品 2 的边际效用之比。

3. 本国的封闭经济均衡

实际上,根据式(2.4),式(2.9)的约束条件可以转换成:

$$wa_{1L}y_1 + wa_{2L}y_2 \leqslant I = wL \tag{2.13}$$

由此可得到式(2.1),所以该式也可以同等地作为式(2.9)的约束条件,即:

$$\max_{yi} u = u(y_1, y_2), \text{ s.t. } a_{1L}y_1 + a_{2L}y_2 \leqslant L \tag{2.14}$$

构造新的拉格朗日函数:

$$\zeta = u(y_1, y_2) + \lambda(L - a_{1L}y_1 - a_{2L}y_2) \tag{2.15}$$

对 y_i 求式(2.15)的偏微分得到以下一阶条件:

$$u_1 - \lambda a_{1L} = 0 \tag{2.16a}$$

$$u_2 - \lambda a_{2L} = 0 \tag{2.16b}$$

由此可以推出:

$$\frac{u_1}{u_2}=\frac{a_{1L}}{a_{2L}} \tag{2.17}$$

式(2.17)再次证明式(2.5)和式(2.12)是等价的,联立起来可以得到本国的封闭经济均衡解——生产可能性边界与社会无差异曲线相切于点 $E^{①}$(把图 2.2 和图 2.3 合在一起而得到图 2.4)的条件:

$$p^a=\frac{p_1}{p_2}=\frac{wa_{1L}}{wa_{2L}}=\frac{a_{1L}}{a_{2L}}\equiv\frac{\dfrac{1}{a_{2L}}}{\dfrac{1}{a_{1L}}}=\frac{u_1}{u_2}=-\frac{\mathrm{d}y_2}{\mathrm{d}y_1} \tag{2.18}$$

本国在封闭经济条件下的均衡产出(=消费)分别为 y_1^E 和 y_2^E。如果本国的资源(即劳动力,这实际上是外生变量)增加了,则式(2.14)的约束条件将变得宽松起来,均衡产出(=消费) y_1^E 和 y_2^E(这些实际上是内生变量)在 a_{1L} 和 a_{2L} 保持不变的情况下趋于增加。

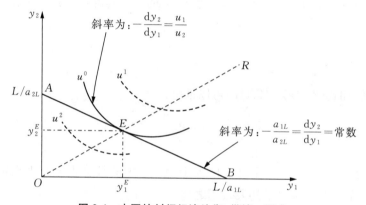

图 2.4　本国的封闭经济均衡:供给=需求

2.2.3　开放经济

1. 引入另外一个国家——外国

同理,可以推导出外国封闭经济下的均衡条件:

$$p^{a*}=\frac{p_1^*}{p_2^*}=\frac{w^*a_{1L}^*}{w^*a_{2L}^*}=\frac{a_{1L}^*}{a_{2L}^*}\equiv\frac{\dfrac{1}{a_{2L}^*}}{\dfrac{1}{a_{1L}^*}}=\frac{u_1^*}{u_2^*}=-\frac{\mathrm{d}y_2^*}{\mathrm{d}y_1^*} \tag{2.19}$$

由于假定本国在产品 1 的生产上具有比较优势(单位产出的劳动投入较少,即 a_{1L} 较小,或劳动生产率较高,即 $\dfrac{1}{a_{1L}}$ 较大),而外国则在产品 2 的生产上具有比较优势(即 a_{2L}^* 较

---

①　此处切点的唯一性要求社会无差异曲线凸向原点,从而排除了社会无差异曲线是直线和凹向原点的情形。

小或 $\dfrac{1}{a_{2L}^*}$ 较大），所以 $\dfrac{a_{1L}}{a_{2L}} < \dfrac{a_{1L}^*}{a_{2L}^*}$。比较式（2.18）和式（2.19），可知外国的生产可能性边界较为陡峭，即其斜率的绝对值较大（如图 2.5 所示）。

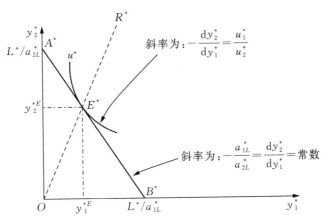

图 2.5　外国的封闭经济均衡：供给＝需求

2. 本国与外国开展自由贸易

（1）互惠贸易发生的条件。

两国之间要发生互惠贸易，就必须满足两个条件：必要条件为两国间存在比较成本（从而产品的国内相对价格）的差异；充分条件为国际贸易价格位于有差异的比较成本之间。

首先看必要条件。由于假定 $\dfrac{a_{1L}}{a_{2L}} < \dfrac{a_{1L}^*}{a_{2L}^*}$，本国在产品 1 的生产上具有比较优势，因而产品 1 在本国具有相对较低的成本和价格；而外国则在产品 2 的生产上具有比较优势，因而产品 2 在外国具有相对较低的成本和价格。所以，$p^a = \dfrac{p_1}{p_2} = \dfrac{a_{1L}}{a_{2L}} < p^{a*} = \dfrac{p_1^*}{p_2^*} = \dfrac{a_{1L}^*}{a_{2L}^*}$，该必要条件是满足的。

其次看充分条件。由于两国要开展贸易，因此可以将两国看作是一体化经济；两国生产的两种产品都要拿到共同的世界市场上进行交易。这样，世界市场上产品 1 对产品 2 的相对价格 p^w 就取决于这两种产品的世界相对供给 $\dfrac{y_1 + y_1^*}{y_2 + y_2^*}$ 与世界相对需求 $\dfrac{d_1 + d_1^*}{d_2 + d_2^*}$（下标 1 和下标 2 分别表示产品 1 和产品 2，上标 * 表示外国）。如果以产品 1 对产品 2 的相对价格作为纵轴（在封闭经济下本国产品 1 的相对价格低于外国，因而 p^a 在 p^{a*} 的下面），则可以得到图 2.6。该图表明，两种产品的国际相对价格存在五种情形：

情形 1：$p^w < p^a < p^{a*}$。产品 1 的国际相对价格低于本国封闭经济下的相对价格，也低于外国封闭经济下的相对价格。这时，两国都完全专业化生产产品 2（因为在该部门工作可以得到更高的工资，没人会到产品 1 的部门去工作），产品 1 的世界供给为零，

即 $y_2>0$，$y_2^*>0$，但 $y_1=y_1^*=0$。所以，产品 1 的世界相对供给为 $\dfrac{y_1+y_1^*}{y_2+y_2^*}=0$，位于纵轴上 p^a 以下的部分。

情形 2：$p^w=p^a<p^{a^*}$。产品 1 的国际相对价格等于本国封闭经济下的相对价格，但低于外国封闭经济下的相对价格。这时，本国的两种产品都会生产（两个部门的工资相等，工人会在两个部门就业），即 $y_1>0$，$y_2>0$，本国产品 1 的供给区间是 $L/a_{1L}>y_1>0$。而外国则只专业化生产产品 2（因为在该部门工作可以得到更高的工资，没人会到产品 1 的部门去工作），即 $y_2^*=L^*/a_{2L}^*>0$，$y_1^*=0$。所以，产品 1 的世界相对供给为 $0<\dfrac{y_1+y_1^*}{y_2+y_2^*}<\dfrac{L/a_{1L}}{L^*/a_{2L}^*}$，位于相对价格 p^a 对应的水平线上。

情形 3：$p^a<p^w<p^{a^*}$。产品 1 的国际相对价格高于本国封闭经济下的相对价格，但低于外国封闭经济下的相对价格。这时，本国完全专业化生产产品 1，即 $y_2=0$，$y_1=L/a_{1L}$。而外国则完全专业化生产产品 2，即 $y_2^*=L^*/a_{2L}^*$，$y_1^*=0$。所以，产品 1 的世界相对供给为 $\dfrac{y_1+y_1^*}{y_2+y_2^*}=\dfrac{L/a_{1L}}{L^*/a_{2L}^*}$，位于横坐标 $\dfrac{L/a_{1L}}{L^*/a_{2L}^*}$ 对应的垂直线上（但介于两国封闭经济下的相对价格之间）。

情形 4：$p^a<p^{a^*}=p^w$。产品 1 的国际相对价格高于本国封闭经济下的相对价格，但等于外国封闭经济下的相对价格。这时，本国完全专业化生产产品 1，即 $y_2=0$，$y_1=L/a_{1L}$。而外国则两种产品都生产，即 $y_2^*>0$，$y_1^*>0$，外国产品 2 的供给区间是 $L^*/a_{2L}^*>y_2^*>0$。所以，产品 1 的世界相对供给为 $\dfrac{L/a_{1L}}{L^*/a_{2L}^*}<\dfrac{y_1+y_1^*}{y_2+y_2^*}<\infty$，位于相对价格 p^{a^*} 对应的水平线上。

情形 5：$p^a<p^{a^*}<p^w$。产品 1 的国际相对价格高于本国封闭经济下的相对价格，也高于外国封闭经济下的相对价格。这时，两国都完全专业化生产产品 1，产品 2 的世界供给为零，即 $y_2=0$，$y_2^*=0$，但 $y_1>0$，$y_1^*>0$。所以，产品 1 的世界相对供给为 $\dfrac{y_1+y_1^*}{y_2+y_2^*}\to\infty$。

总结起来，对应于不同的国际相对价格，有不同的世界相对供给（见表 2.2），最终得到的世界相对供给曲线为一条"台阶型"的曲线（如图 2.6），而不是通常的向上倾斜的平滑曲线。其中，在情形 1 和情形 5 下，国际相对价格落在两国比较成本的区间之外，而且世界完全专业化生产一种产品，这显然不符合消费的多样化。情形 2 和情形 4 反映一个国家完全专业化而另一个国家不完全专业化。[①]这时，封闭经济下国内相对价格与国际相对价格相等的国家就没有参与贸易的动力，因为它无法从国际贸易中获益。情形 3 反映两国各自的完全专业化，是下面重点讨论的情形。

---

① 两国需求的偏差与规模的差异都可能导致情形 2 和情形 4 的发生，详见后文第 2.3 节的讨论。

世界相对需求曲线如同一般的需求曲线那样向下倾斜，即世界相对需求 $\dfrac{d_1+d_1^*}{d_2+d_2^*}$ 是国际相对价格 p^w 的向下倾斜函数：如果产品 1 的相对价格上升（下降），则对其的相对需求将下降（上升）。均衡的国际相对价格由世界相对供给曲线和相对需求曲线的交点确定。但只有情形 3（$p^a < p^w < p^{a^*}$）下的国际相对价格（比如图 2.6 中的点 E_1）才能满足充分条件。

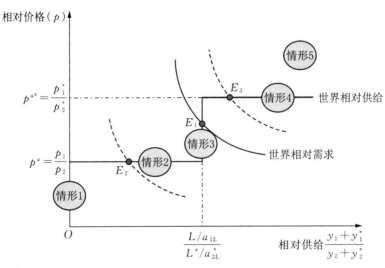

图 2.6　2 国—2 产品模型中国际相对价格的内生决定：世界相对供给＝世界相对需求

注：如果有更多国家（两种产品）进行贸易，要确定国际贸易价格，则相对供给曲线将有更多的"台阶"。读者可以自己试着画出。

表 2.2　国际相对价格与相对供给的五种情形

国际相对价格的位置	本国的供给	外国的供给	世界相对供给
$p^w < p^a < p^{a^*}$	$y_1=0$，$y_2>0$	$y_1^*=0$，$y_2^*>0$	$\dfrac{y_1+y_1^*}{y_2+y_2^*}=0$
$p^w = p^a < p^{a^*}$	$y_1>0$，$y_2>0$，$L/a_{1L}>y_1>0$	$y_2^*=L^*/a_{2L}^*>0$，$y_1^*=0$	$0<\dfrac{y_1+y_1^*}{y_2+y_2^*}<\dfrac{L/a_{1L}}{L^*/a_{2L}^*}$
$p^a < p^w < p^{a^*}$	$y_1=L/a_{1L}$，$y_2=0$	$y_1^*=0$，$y_2^*=L^*/a_{2L}^*$	$\dfrac{y_1+y_1^*}{y_2+y_2^*}=\dfrac{L/a_{1L}}{L^*/a_{2L}^*}$
$p^a < p^{a^*} = p^w$	$y_1=L/a_{1L}$，$y_2=0$	$y_1^*>0$，$y_2^*>0$，$L^*/a_{2L}^*>y_2^*>0$	$\dfrac{L/a_{1L}}{L^*/a_{2L}^*}<\dfrac{y_1+y_1^*}{y_2+y_2^*}<\infty$
$p^a < p^{a^*} < p^w$	$y_1>0$，$y_2=0$	$y_1^*>0$，$y_2^*=0$	$\dfrac{y_1+y_1^*}{y_2+y_2^*}\to\infty$

（2）国际贸易产生的效应。

我们重点讨论情形 3 下的国际相对价格，即 $p^a < p^w < p^{a^*}$，它是两国互惠贸易的充

分条件。如果用图形表示,则产品 1 的国际相对价格线将比本国封闭经济下产品 1 的国内相对价格线(等于本国生产可能性边界 AB 斜率的绝对值)陡峭、比外国封闭经济下产品 1 的国内相对价格线(等于外国生产可能性边界 A^*B^* 斜率的绝对值)平坦,在图 2.7 中用从点 B 或点 A^* 出发的虚线表示,两条虚线是平行的,意味着斜率(绝对值)相等(都等于 p^w)。

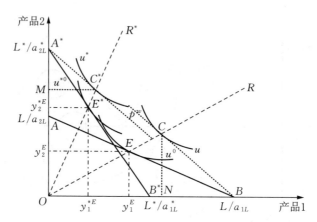

图 2.7   两国贸易产生的效应与开放经济均衡

第一,结构调整效应(以本国为例)。

世界市场上产品 1 的相对价格(以 $Ep^w /\!/ B'p^w /\!/ Bp^w$ 的斜率绝对值表示)高于本国市场上的相对价格(以线 AB 的斜率绝对值表示,见图 2.8)。在贸易刚发生时,本国生产可能仍位于点 E,但消费转换则较快,即减少价格正在上涨的产品 1 的消费并增加相对便宜的产品 2 的消费,从而消费达到点 C_1。比较点 C_1 和点 E,本国产品 1 出现供给过剩,需要出口;产品 2 出现需求过剩,需要进口。但生产不会一直维持在点 E,因为利润最大化的生产者发现,多生产相对价格较高的产品 1 而少生产产品 2 将会增加总收益。这样,因贸易而引起的生产转换将会持续进行下去,直至点 B。由于本国以更高的价格

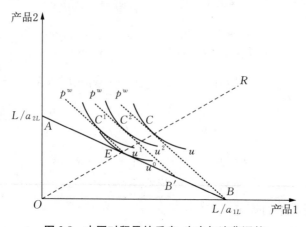

图 2.8   本国对贸易的反应:生产与消费调整

售卖(出口)产品 1、以更低的价格购买(进口)产品 2，所以本国的实际收入增加了，消费水平从 u^0 提高到 u。[①]外国的生产和消费调整过程类似。

第二，贸易与分工效应。

由于 $p^a < p^w$，本国将出口产品 1，并完全专业化产品 1(图 2.7 中的点 B 为本国完全专业化生产点)，本国按照 p^w 进行贸易可以达到的消费水平为点 C。[②]因此，本国出口产品 1 的数量为 BN，进口产品 2 的数量为 CN。相应的是，由于 $p^w < p^{a*}$，外国将出口产品 2，并完全专业化产品 2(图 2.7 中的点 A^* 为外国完全专业化生产点)，外国按照 p^w 进行贸易可以达到的消费水平为点 C^*。因此，外国出口产品 2 的数量为 A^*M，进口产品 1 的数量为 C^*M。

当两国按照同一国际相对价格进行贸易时，一国的进口值正好等于另一国的出口值，这可以用两个贸易三角(trade triangle)$\triangle BCN$、$\triangle A^*C^*M$ 的直角边表示。这一自由贸易均衡下的相对价格就是贸易条件。

需要注意的是，本国出口产品 1，是因为该产品的生产具有比较优势 $\left(\text{即}\ \dfrac{a_{1L}}{a_{2L}} < \dfrac{a_{1L}^*}{a_{2L}^*}\right)$，因此贸易格局(trade patterns)由比较优势决定，这是李嘉图模型的精髓。前面也提到，这也会发生在一国在两种产品上都拥有绝对优势的情形中，如 $a_{1L} > a_{1L}^*$ 和 $a_{2L} > a_{2L}^*$，本国生产两种产品的单位产出劳动投入都比外国多，外国在两种产品上都拥有绝对优势，但本国仍有可能出口产品 1，因为工资将会调整以反映劳动生产率：在自由贸易的情况下，本国工资比外国低。这是因为：本国出口产品 1，所以自由贸易情况下的工资 $w = \dfrac{p^w}{a_{1L}}$；外国出口产品 2(充当计价物，其价格为 1)，因此自由贸易情况下的工资 $w^* = \dfrac{1}{a_{2L}^*} > \dfrac{p^w}{a_{1L}^*}$ $\left(\text{由于贸易均衡时}\ p^w < \dfrac{a_{1L}^*}{a_{2L}^*}\right)$，又由于 $a_{1L} > a_{1L}^*$，可得 $w = \dfrac{p^w}{a_{1L}} < \dfrac{p^w}{a_{1L}^*} < w^*$。所以，在李嘉图模型中，贸易格局由比较优势决定，而国家之间的工资水平则由绝对优势决定。[③]

第三，福利效应(一个数值例子)。

关于贸易所产生的福利效应，我们可以大致总结出三点结论：一是两国自由贸易下的状况好于封闭经济状况，即贸易使两国的消费点高于各自的生产可能性边界，而在原来的封闭经济条件下，消费点则位于生产可能性边界上。二是在满足使互惠贸易发生的充分条件下，一国封闭经济下的相对价格越接近(偏离)国际相对价格，其获益就越少(越

[①]　在这一过程中，本国的消费结构可能会发生变化。在本国生产随着贸易调整还没有完全结束的情况下(如点 B' 及开始调整时的点 E)，产品 1 的消费量相对于封闭经济要减少一些。如果不考虑这中间的调整过程，即假定调整是瞬时完成的，消费结构在贸易前后可能没有变化，即位于射线 OR 上(符合位似偏好的假定)。另外，在现实当中，开放贸易引起的结构调整和经济转型并不是没有成本的，比如会造成失业等问题。

[②]　点 E 位于射线 OR 上，是基于前面关于位似偏好的假定，外国的情况也相同。

[③]　Feenstra, Robert, 2004, *Advanced International Trade*：*Theory and Evidence*, Princeton：Princeton University Press, 4.

多）。三是国家之间的工资水平差异由绝对优势决定,在所有产品生产上均处于绝对劣势(绝对优势)的国家的工资率较低(较高)。

我们基于表2.3给出的数值来解释以上结论。可以看出,本国在两种产品的生产上都处于绝对劣势,但由于$\frac{a_{1L}}{a_{2L}}=\frac{1}{3}<\frac{a_{1L}^*}{a_{2L}^*}=\frac{2}{3}$,本国在产品1的生产上具有比较优势,外国则在产品2的生产上具有比较优势。具体地说,产品1在本国的单位成本比在外国高25%[=(5−4)/4],而产品2在本国的单位成本比在外国高150%[=（15−6)/6]。注意:可以借助图2.6进行图形分析,产品1的国际相对价格有五种情形,但我们重点关注情形3。

假定$p^w=1/2=0.5$,即在国际市场上1单位产品1可以换得1/2单位的产品2。在本国封闭经济下,1单位产品1只能换得1/3单位的产品2,而按照$p^w=1/2$的国际相对价格进行交换则可多得1/6(=1/2−1/3)单位的产品2。在外国封闭经济下,想获得1单位产品1需要2/3单位的产品2,而按照$p^w=1/2$的国际相对价格进行交换则只需要1/2单位的产品2,少用1/6(=2/3−1/2)单位的产品2。

如果$p^w=3/5=0.6$,即产品1的国际相对价格上涨,1单位产品1可以换得3/5单位的产品2。这样,本国1单位产品1按照$p^w=3/5$的国际相对价格进行交换则可多得4/15(=3/5−1/3)单位的产品2。外国要想获得1单位产品1,则按照$p^w=3/5$的国际相对价格进行交换,少用1/15 (=2/3−3/5) 单位的产品2。

比较以上两种相对价格的影响可知:随着产品1的国际相对价格的上涨(即趋近于产品1在外国封闭经济下的相对价格),在此产品上具有比较优势的本国将得到越来越多的收益,而外国的收益在减少。这就证明了前两点结论。

最后,在自由贸易情况下,本国(产品1部门的)工资$w=\frac{p^w}{a_{1L}}=\frac{p^w}{5}$,外国(产品2部门的)工资$w^*=\frac{1}{a_{2L}^*}=\frac{1}{6}$;又知$p^w<\frac{a_{1L}^*}{a_{2L}^*}$且$a_{1L}=5>a_{1L}^*=4$,则$w=\frac{p^w}{a_{1L}}=\frac{p^w}{5}<\frac{\frac{a_{1L}^*}{a_{2L}^*}}{5}=\frac{2}{15}<\frac{1}{6}=w^*$。这就证明了前面的第三点结论。[①]

表2.3　比较优势分析

	单位成本(以1单位产出所需的劳动力数量表示)		
	H		F
产品1	$a_{1L}=5$	>	$a_{1L}^*=4$
产品2	$a_{2L}=15$	>	$a_{2L}^*=6$

① 读者可以试着讨论一下在斯密的绝对优势理论中,国家之间的工资率差异问题。

2.3　比较优势理论的拓展分析

以上讨论的李嘉图模型是"2 国—2 产品—1 要素"基本模型,国际贸易使两国完全专业化分工。但在现实中,产品和国家都有很多,国际分工也未必是完全专业化的。因此,有必要了解不完全专业化分工、多产品、多国家的情形。①

2.3.1　不完全专业化情形

有两种常见的原因会导致李嘉图基本模型的某一个国家进行不完全专业化分工:一是两国需求的偏差;二是两国规模的差异。

1. 两国需求的偏差

比如在图 2.9(a)中,如果外国的需求特别偏好产品 2,与本国存在很大差异,那么两国的提供曲线(参见本章附录的讨论)将如同图 2.9(b)那样:OAF 为外国的提供曲线、OBH 为本国的提供曲线,本国提供曲线的直线部分较长,以至于外国的提供曲线相交于本国提供曲线的直线部分。这样,本国提供曲线的直线部分 OB 的斜率就是均衡的国际贸易条件($=p^w$,它等于本国封闭经济下的相对价格,但并不位于两国封闭经济下的比较成本或价格之间)。本国在产品 1 的生产上并不是完全专业化的,反映在图 2.9(a)中,贸易后的生产点位于点 S,消费点仍在点 E(本国贸易前后的相对价格没变),$ES = OE_{OC}$[图 2.9(b)]。两国的贸易三角分别为$\triangle ESN$、$\triangle A^*C^*M$。

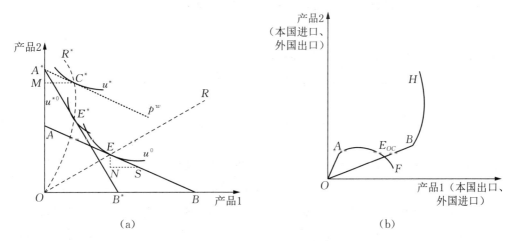

(a)　　　　　　　　　　　　　　(b)

图 2.9　两国需求偏差导致的不完全专业化分工

---

① 这里不打算介绍产品连续体(a continuum of goods)情形。关于该种情形下的李嘉图模型的讨论,可以参见 Dornbusch,Rudiger,Stanley Fischer and Paul Samuelson,1977,"Comparative Advantage,Trade,and Payments in a Ricardian Model with a Continuum of Goods",*American Economic Review*,67(5),823—839。另外,关于多种要素情形,第 3 章将进行讨论。

2. 两国规模的差异

如果本国是个"大国",而外国是个"小国"(本国的劳动力供给比外国大),如图 2.10 所示。假定两国的偏好是位似的,那么两国的提供曲线将如同图 2.10(b)那样:OAF 为外国的提供曲线、OBH 为本国的提供曲线,本国提供曲线的直线部分较长,以至于外国的提供曲线相交于本国提供曲线的直线部分。这样,本国提供曲线的直线部分 OB 的斜率就是均衡的国际贸易条件($=p^w$,它等于大国封闭经济下的相对价格,但并不位于两国封闭经济下的比较成本或价格之间)。本国在产品 1 的生产上并不是完全专业化的,反映在图 2.10(a)中,贸易后的生产点位于点 S,消费点仍在点 E(本国贸易前后的相对价格没变),$ES=OE_{OC}$[图 2.10(b)]。两国的贸易三角分别为△ESN、△A^*C^*M。

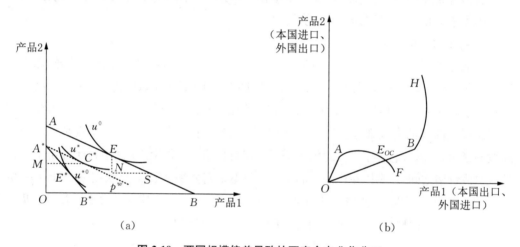

（a）   （b）

图 2.10   两国规模偏差导致的不完全专业化分工

2.3.2   "2 国—多产品—1 要素"情形

假定这种情形下两国的 n 种产品的相对单位劳动投入的比较按照下列次序排列:

$$\frac{a_{1L}}{a_{1L}^*} < \frac{a_{2L}}{a_{2L}^*} < \cdots \frac{a_{iL}}{a_{iL}^*} \cdots < \frac{a_{nL}}{a_{nL}^*} \tag{2.20}$$

可知,本国在产品 1 的劳动力投入相对最少(或劳动生产率相对最高),因此产品 1 最具有比较优势;外国在产品 n 的劳动力投入相对最少(或劳动生产率相对最高),因此产品 n 最具有比较优势。但处于排列链条中间的产品的比较优势状况则不易确定。而且式(2.20)只是两国在特定产品上发生互惠贸易的必要条件,还需要满足充分条件:国际贸易条件或国际相对价格位于两国特定产品的比较成本之间。由于假定产品 i 的价格等于其平均成本,而产品的平均成本又等于其单位劳动投入乘以工资率,即:

$$\begin{cases} p_i = w a_{iL} \\ p_i^* = w^* a_{iL}^* \end{cases} \tag{2.21}$$

由于价格较低的产品具有比较优势，会成为出口品，所以当 $p_i < p_i^*$，即 $\dfrac{p_i}{p_i^*} = \dfrac{wa_{iL}}{w^* a_{iL}^*}$ $<1 \Rightarrow \dfrac{a_{iL}}{a_{iL}^*} < \dfrac{w^*}{w}$ 时[1]，本国出口产品 i。单位劳动投入的比较如式(2.20)所示，但各国工资率的比较则是未知的，因此需要考虑。于是，两国在特定产品上发生互惠贸易的充分条件是：$\dfrac{a_{iL}}{a_{iL}^*} < \dfrac{w^*}{w} < \dfrac{a_{(i+1)L}}{a_{(i+1)L}^*}$，本国出口产品 i、进口产品 $(i+1)$，外国相反。我们可以基于表 2.4 加以理解。只要 $\dfrac{a_{iL}}{a_{iL}^*} < \dfrac{w^*}{w}$，本国出口产品 i，外国则进口该产品；而在二者相等的时候，则产品的比较优势和贸易格局就变得不确定（比如表 2.4 中的三种情形，$\dfrac{w^*}{w} = 1/1$，$1/3$，$1/5$），这要根据贸易平衡原则及两国的需求模式才能确定。

表 2.4　"2 国—3 产品—1 要素"情形下比较优势与贸易格局的确定：一个例子

	产品 1	产品 2	产品 3
本国的单位劳动力投入(a_{iL})	1	2	3
外国的单位劳动力投入(a_{iL}^*)	1	6	15
本国与外国的单位劳动投入之比 $\left(\dfrac{a_{iL}}{a_{iL}^*}\right)$	1	1/3	1/5
外国工资率与本国工资率之比 $\left(\dfrac{w^*}{w}\right)$ 及相应的产品比较优势、贸易格局的确定　$\dfrac{w^*}{w}=1/1$	两国的比较优势不确定，但外国会出口、本国会进口（贸易平衡假定）	本国具有比较优势、生产并出口	本国具有比较优势、生产并出口
$\dfrac{w^*}{w}=1/2$	外国具有比较优势、生产并出口	本国具有比较优势、生产并出口	本国具有比较优势、生产并出口
$\dfrac{w^*}{w}=1/3$	外国具有比较优势、生产并出口	两国的比较优势与贸易格局不确定	本国具有比较优势、生产并出口
$\dfrac{w^*}{w}=1/4$	外国具有比较优势、生产并出口	外国具有比较优势、生产并出口	本国具有比较优势、生产并出口
$\dfrac{w^*}{w}=1/5$	外国具有比较优势、生产并出口	外国具有比较优势、生产并出口	两国的比较优势不确定，但外国会进口、本国会出口（贸易平衡假定）

2.3.3　"多国—2 产品—1 要素"情形

假定这种情形下多国（以上标 $j = 1, 2, \cdots, m$ 表示）的 2 种产品的相对单位劳动投

---

[1]　也可以写成劳动生产率之比，即 $\dfrac{1/a_{iL}^*}{1/a_{iL}} < \dfrac{w^*}{w}$。这意味着，如果相对劳动生产率高于相对工资率，则该产品具有比较优势，成为出口品。

入的比较按照下列次序排列：

$$\frac{a_{1L}^1}{a_{2L}^1} < \frac{a_{1L}^2}{a_{2L}^2} < \cdots < \frac{a_{1L}^j}{a_{2L}^j} < \cdots < \frac{a_{1L}^m}{a_{2L}^m} \tag{2.22}$$

由于 $p^{aj} = \dfrac{p_1^j}{p_2^j} = \dfrac{a_{1L}^j}{a_{2L}^j}$，所以既可以借助于各国不同斜率（绝对值）的生产可能性边界来进行比较分析（如图 2.7），也可以借助于图 2.6 的分析方法来确定各国分别在产品 1 和产品 2 上的比较优势和贸易格局。当三个及以上国家进行（两种产品）贸易时，图 2.6 的世界相对供给曲线将有更多的"台阶"。如图 2.11 所示，有 3 个国家、2 种产品，2 种产品的国际相对价格 p^w 可能有 a、b、c、d、e、f、g 等 7 个位置。当 p^w 位于点 E_1 时，国家 1 专业化生产产品 1 并出口，而国家 2 和国家 3 则专业化生产产品 2 并出口；当 p^w 位于点 E_3 时，国家 1 和国家 2 专业化生产产品 1 并出口，而国家 3 则专业化生产产品 2 并出口；当 p^w 位于点 E_2（等于国家 2 封闭经济下的相对价格）时，国家 1 和国家 3 完全专业化，分别生产产品 1 和产品 2，而国家 2 可能两种产品都生产，但其贸易格局不确定。这要根据三国的需求条件才能确定。

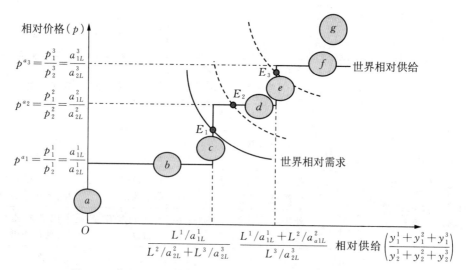

图 2.11 "3 国—2 产品"模型中比较优势、贸易格局与分工的确定

2.3.4 "多国—多产品—1 要素"情形

我们可以采用埃奇沃思—维纳（Edgeworth-Viner）方法分析该种情形。[①]现假定有 4 个国家（国家 1、2、3、4）和 5 种产品（A、B、C、D、E），如图 2.12 所示。假定从点 O 出发的线段表示一国生产的各种产品的单位劳动投入（以劳动力度量的单位产品生产成本）的对数值。比如，对于国家 1，$O_1A_1 = \log a_1$，$O_1B_1 = \log b_1$ 等；对于国家 2，$O_2A_2 =$

① Viner, Jacob, 1937, *Studies in the Theory of International Trade*, New York: Harper & Brothers.

$\log a_2$，$O_2B_2=\log b_2$ 等。两个原点的距离为两国的相对工资率（比如 $w=w_2/w_1$）的对数值，比如 $O_1O_2=\log w$。若 $w_2<w_1$，则 $\log w<0$，表示点 O_2 在点 O_1 之下；反之则在上面。若 $a_1/a_2=w=w_2/w_1$，两边取对数，则 $\log a_1=\log a_2+\log w$，即 $O_1A_1=O_2A_2-O_1O_2$，A_1 与 A_2 处于同一水平。

　　进口位置较高的产品，出口位置较低的产品，位置相同的则不确定。这些国家之间的贸易格局如表 2.5 所示。

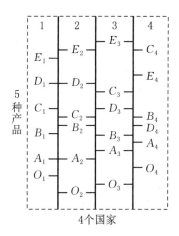

图 2.12　"4 国—5 产品—1 要素"情形下的国际贸易

表 2.5　"4 国—5 产品—1 要素"情形下的国际贸易模式

	国家 1	国家 2	国家 3	国家 4
出口	A	C	B	D、E
进口	B、C、D、E	B、D、E	A、C、D、E	A、B、C

注：对于国家 2，产品 A 可能出口、进口或不参与贸易。

2.4　比较优势理论的经验分析

　　一般来说，经验分析就是利用观察到的数据和事实，借助于经济计量或试验的方法去验证理论假说或命题的真伪。但经济学的经验研究比自然科学要复杂得多。在检验一个理论时，通常遇到的问题是如何从理论中提取"可检验的假说"。也就是说，需要把理论转换成适当的形式，主要是数学形式，以便采用标准的统计技术，并把理论假说表示成一些在现实世界可以观测到的变量。在构造理论命题及进行经验分析时，数学逻辑是非常重要的。比如，对被经验研究证伪的理论而言，只要其中的假定与结论之间的数学逻辑严密而无懈可击，则该逻辑链条并不会被推翻。如果没有严密的数学逻辑，则一个命题被证伪时，我们也无法弄清楚到底是命题中的假定不真，还是从假定到结论的逻辑不真,或者是分析框架出了问题。但如果采用了数学逻辑,那么在一种理论被证伪之后,我们就可以集中关注理论的假定与分析框架这两大问题了。

李嘉图模型是古典时期自由贸易理论的核心,在国际贸易理论史上占有重要的地位。如果从 1817 年算起,在 134 年之后的 1951 年,唐纳德·麦克杜格尔(Donald Mac-Dougall)首次对李嘉图模型假说进行经验验证。随后陆续有一些经济学家加入这一行列。这方面的经验研究基本可以分为支持与质疑李嘉图模型假说两大类。

2.4.1 基本支持李嘉图模型假说的研究

这里主要介绍麦克杜格尔的研究。[①]麦克杜格尔采用的经验数据是 1937 年英国和美国的 25 种产品(大致属于 4 分位 ISIC 制造业部门)的部门劳动生产率、价格和出口状况。[②]他采用的分析方法称为“第三国”方法,即不直接分析英美两国之间的双边贸易,而是分析英美两国出口到“世界其他地方”(即“第三国”)的同一种产品的劳动生产率之比与其出口量之比的关系。麦克杜格尔认为,他这样做的原因是,对于所选的 1937 年样本,英国和美国各有超过 95% 的产品出口到第三市场,它们之间的双边贸易很少;而英美双边贸易较少的原因是双方的高关税,尤其是美国当时的高关税几乎抵消了英国产品的比较优势。

麦克杜格尔计算出每种产品的两个比率:美国与英国每个工人的产出之比;美国与英国出口到“世界其他地方”的数量之比。由于麦克杜格尔的分析结构基本上属于前面提到的李嘉图模型“2 国—多产品—1 要素”情形,因此要确定某一产品是否具有比较优势,就必须引入各国工资率的比较。如果一国的工资率比其贸易伙伴国高,那么将会抵消其较高的劳动生产率,从而具有较高劳动生产率的产品未必有比较优势。麦克杜格尔发现,1935—1938 年,美国制造业部门的周工资率大约是英国的 2 倍。要消除工资率差异带来的影响,需要将英国的劳动生产率乘以 2,这样才有可比性。他发现,在 25 种产品中有 20 种,当美国每个工人的产出是英国的 2 倍以上时,美国产品在出口市场上居主导地位;但当美国每个工人的产出是英国的 2 倍以下时,英国产品在出口市场上居主导地位。

表 2.6 列出了其中的 9 种产品。如果美国的产品价格相对较低(劳动生产率是英国的 2 倍以上),则其出口量就较大(表 2.6 中的前 4 种产品)。表 2.6 的计算是基于下式(上标 US、UK 分别表示美国和英国,$1/a_{iL}$ 为劳动生产率。基本思想参见前面李嘉图模型“2 国—多产品—1 要素”情形):

$$p_i^{US} = w^{US} a_{iL}^{US} < p_i^{UK} = w^{UK} a_{iL}^{UK} \Rightarrow \frac{w^{US} a_{iL}^{US}}{w^{UK} a_{iL}^{UK}} = \frac{w^{US} (1/a_{iL}^{UK})}{w^{UK} (1/a_{iL}^{US})} < 1 \Rightarrow \frac{1/a_{iL}^{US}}{1/a_{iL}^{UK}} > \frac{w^{US}}{w^{UK}} \tag{2.23}$$

---

① MacDougall, Donald, 1951, "British and American Exports: A Study Suggested by the Theory of Comparative Costs, Part 1", *Economic Journal*, 61, 697—724. MacDougall, Donald, 1952, "British and American Exports: A Study Suggested by the Theory of Comparative Costs, Part 2", *Economic Journal*, 62, 487—521.

② ISIC 为国际标准产业分类(international standard industrial classification)的英文简写。

麦克杜格尔依次将两国的出口数量比率$\left(\dfrac{X_i^{US}}{X_i^{UK}}$为因变量$\right)$与出口价格比率$\left(\dfrac{p_i^{US}}{p_i^{UK}}$为因变量$\right)$分别对劳动生产率比率$\left(\dfrac{1/a_{iL}^{US}}{1/a_{iL}^{UK}}$为自变量$\right)$进行回归,结果发现:前者为正相关关系,后者则为负相关关系。所以,这基本支持李嘉图模型假说。

此外,还有一些经验研究是支持李嘉图模型假说的。比如,罗伯特·斯特恩(Robert Stern)、贝拉·巴拉萨(Bela Balassa)、丹尼尔·伯恩霍芬(Daniel Bernhofen)和约翰·布朗(John Brown)等的研究。[1]

表 2.6　1937 年美国与英国的劳动生产率($1/a_{iL}$)、价格(p_i)及出口(X_i)的比率

	$\dfrac{1/a_{iL}^{US}}{1/a_{iL}^{UK}}>2$	$\dfrac{p_i^{US}}{p_i^{UK}}<1$	$\dfrac{X_i^{US}}{X_i^{UK}}$
锡罐(tin cans)	5.25	0.68	3.0
生铁(pig iron)	3.60	0.84	5.1
汽车(motor cars)	3.10	0.91	4.3
玻璃容器(glass containers)	2.40	0.69	3.5
	$1.4\leqslant\dfrac{1/a_{iL}^{US}}{1/a_{iL}^{UK}}<2$	$1.4\geqslant\dfrac{p_i^{US}}{p_i^{UK}}>1$	$\dfrac{X_i^{US}}{X_i^{UK}}$
针织品(hosiery)	1.80	1.24	0.30
香烟(cigarettes)	1.70	1.08	0.47
皮鞋(leather footwear)	1.40	1.31	0.32
	$\dfrac{1/a_{iL}^{US}}{1/a_{iL}^{UK}}<1.4$	$\dfrac{p_i^{US}}{p_i^{UK}}>1.4$	$\dfrac{X_i^{US}}{X_i^{UK}}$
水泥(cement)	1.10	2.12	0.091
羊毛制品与精纺制品 (woollen & worsted)	1.35	1.42	0.004

资料来源:MacDougall (1951)。

2.4.2　质疑李嘉图模型假说的研究

莫迪凯·克赖宁(Mordechai Kreinin)认为麦克杜格尔的"第三国"分析方法不适合用来检验李嘉图模型假说,但他仍然采用该方法。[2]不过,他考察的国家更多,包括三组:

---

① Stern, Robert, 1962, "British and American Productivity and Comparative Costs in International Trade", *Oxford Economic Papers*, 14, 275—296. Balassa, Bela, 1963, "An Empirical Demonstration of Classical Comparative Cost Theory", *Review of Economics and Statistics*, 45, 231—238. Bernhofen, Daniel and John Brown, 2004, "A Direct Test of the Theory of Comparative Advantage: The Case of Japan", *Journal of Political Economy*, 112(1), 48—67.

② Kreinin, Mordechai, 1969, "The Theory of Comparative Cost: Further Empirical Evidence", *Economia Internazionale*, 22, 662—674.

加拿大—澳大利亚、加拿大—英国、美国—加拿大。这些经济体都具有相似的经济发展水平。对于第一组(即加拿大—澳大利亚),1950年加拿大制造业的平均收入是澳大利亚的2倍,所以可以预期:当加拿大在部门i上的生产率指数大于(小于)200时(令澳大利亚的生产率指数为100),加拿大—澳大利亚在该部门上的出口比率将大于(小于)1。但20个观测值中有12个并未显示上述预期。对于第二组(即加拿大—英国),两国的出口比率与对应的生产率比率之间弱相关,两国的价格比率与单位产出的劳动力投入之比不存在显著的相关性。对于第三组(即美国—加拿大),他使用两国的双边贸易,将出口比率的对数值对生产率比率的对数值进行回归,得到回归系数为5.5(统计上是显著的),R^2为0.43。但这只是基于15个观测值的回归。若基于所有的观测值,则上述相关性并不显著。

詹姆斯·麦吉尔夫雷(James McGilvray)和戴维·辛普森(David Simpson)没有采用"第三国"方法,而是直接分析爱尔兰与英国之间的货物贸易(两国之间的双边贸易量很大且贸易保护不严重),采用的计量方法是斯皮尔曼秩相关(Spearman's rank correlation)。[1]他们考察的这种情况也属于前面李嘉图模型"2国—多产品—1要素"情形,因此可以将爱尔兰与英国的n种产品的相对劳动生产率(相对单位劳动投入的倒数)的比较按照式(2.20)那样递增或递减排列。相对劳动生产率较高的产品(国家)倾向于出口,而相对劳动生产率较低的产品(国家)则倾向于进口。李嘉图假说意味着,前面所定义的生产率之比的排序与部门出口倾向(进口倾向)的排序应该是正(负)相关的。他们把部门出口倾向(sectoral propensity to export)定义为部门出口与部门GDP之比,把部门进口倾向(sectoral propensity to import)定义为部门进口与部门GDP加上进口之比。他们分别基于34个部门和30个部门(不包括初级产品)的数据得到4个秩相关系数。另外,他们还考虑仅包括来自非贸易部门的间接劳动力投入和包括所有间接劳动力投入两种情形,又得到8个秩相关系数。但结果表明,12个秩相关系数中有10个显示错误的符号,而且没有一个系数在统计上是显著的。因此,这拒绝了李嘉图模型假说。

2.4.3　评论

贾格迪什·巴格沃蒂(Jagdish Bhagwati)认为:第一,劳动生产率只是通过出口价格对出口绩效产生影响的。较高的劳动生产率意味着较低的价格和较高的竞争力,因而导致较好的出口绩效。所以,经验研究应该检验劳动生产率与出口价格之间的关系。第二,无法从理论上解释为什么两国产品对"第三国"的出口比率会随着相应产品的价格比率的下降而上升,所以"第三国"方法是不适当的。但巴格沃蒂认为,基于双边贸易的斯皮尔曼秩相关检验则较为合适。第三,将劳动生产率作为解释变量会存在问题,需要考虑其他要素生产率、全要素生产率等,而这直接涉及李嘉图模型的分析框

---

[1]　McGilvray, James and David Simpson, 1973, "The Commodity Structure of Anglo-Irish Trade", *Review of Economics and Statistics*, 55(4), 451—458.

架问题。[①]

但也有一些学者认为,劳动生产率比率与出口比率的直接关系是存在的,因为相对较高的劳动生产率在解释相对较大的出口份额的同时,并不必然导致在一个竞争市场上的较低的出口价格。还有一些学者讨论了统计数据的可靠性与变量选取和分析方法的合适性。比如,吉滕德拉尔·博卡科蒂(Jitendralal Borkakoti)认为,采用"第三国"方法实际上是聪明的做法。[②]假设美国和英国向"第三国"——德国出口,那么根据李嘉图假说,美德两国贸易取决于它们的部门生产率之比,英德两国贸易也取决于它们的部门生产率之比。于是,美英两国产品的出口比率(等于美德两国产品的出口比率与英德两国产品的出口比率之比)也就取决于它们的部门生产率之比(等于美德两国的部门生产率之比除以英德两国的部门生产率之比)。这样,就可以选择任何一个国家作为美英的"第三国",而不只是德国了。

总之,相关的经验分析既有支持李嘉图模型假说的,也有对该假说提出质疑的。这可能意味着,劳动生产率是决定出口绩效的一个重要因素,但它并不是塑造国际贸易格局的唯一因素。

本章小结

本章着重讨论了古典时期的自由贸易理论,包括亚当·斯密提出的绝对优势理论和大卫·李嘉图等提出的比较优势理论。绝对优势理论表明,自由贸易能够使贸易双方都获益,但有一个前提假定,即贸易双方至少各拥有一种绝对低成本的产品来进行对外贸易。而对于一国生产两种甚至更多产品都处于劣势的情况,比较优势理论则指出"两利相权取其重,两弊相权取其轻"。在现实中,产品和国家都有很多,国际分工也未必是完全专业化的。因此,本章接着讨论了比较优势理论的拓展情形,包括不完全专业化分工、多产品、多国家的情形。最后介绍比较优势理论的经验分析,但检验结果并不一致。这可能意味着,劳动生产率是决定出口绩效的一个重要因素,但它并不是塑造国际贸易格局的唯一因素。

本章关键词

绝对优势 比较优势 规模报酬不变 社会无差异曲线 凸性偏好 边际替代率递减 边际效用递减 次效用函数 位似效用函数 机会成本 生产可能性边界 生

① Bhagwati, Jagdish, 1964, "The Pure Theory of International Trade: A Survey", *Economic Journal*, 74, 1711—1784. Bhagwati, Jagdish, 1972, "Comment on D. J. Daly's Paper Entitled 'Uses of International Price and Output Data'", in D. J. Daly(ed.), *International Comparisons of Prices and Output*, New York: NBER, 131—137.

② Borkakoti, Jitendralal, 1998, *International Trade: Causes and Consequences*, London: Macmillan Press Ltd., 93.

产可能性集　边际转换率　边际替代率　世界相对供给　世界相对需求　贸易三角
"第三国"方法　贸易无差异曲线　提供曲线

本章思考题

1. 绝对优势理论的主要内容是什么？它是如何解决重商主义国际贸易理论的内在困境的？绝对优势理论本身的内在缺陷又是什么？

2. 按照比较优势理论，两国发生互惠国际贸易的充分条件和必要条件是什么？为什么说必要条件在斯密模型中是一个强必要条件，而在李嘉图模型中则是一个弱必要条件？

3. 比较优势的两种定义方式是什么？为什么说二者是等价的？

4. 绝对优势与比较优势有何关系？

5. 在"2 国—2 产品—1 要素"的李嘉图模型中，国际相对价格是如何内生决定的？试用世界相对供给与相对需求曲线加以说明。

6. 试用图形分析两国的需求偏差和规模差异是如何导致李嘉图基本模型中的某一个国家进行不完全专业化分工的。

7. 在"多国—2 产品—1 要素"情形下，国际相对价格是如何内生决定的？试用世界相对供给与相对需求曲线加以说明。

8. 采用埃奇沃思—维纳方法分析"多国—多产品—1 要素"情形的基本思路是什么？

9. 简述对比较优势理论的经验检验分析，这些研究给我们的启示是什么？

10. 提供曲线是如何推导出来的？为什么提供曲线凸向代表该国比较优势产品（出口品）的坐标轴？

11. 试讨论进口需求的价格弹性、出口供给的价格弹性及其与提供曲线弹性的关系。

12. 为什么说在李嘉图模型中，贸易格局由比较优势决定，而国家之间的工资水平则由绝对优势决定？

13. 在"2 国—多产品—1 要素"情形下，两国在特定产品上发生互惠贸易的充分条件是什么？"多国—多产品—1 要素"情形也是如此吗？

14. 借鉴第 2.4 节介绍的经验研究方法，查找中国对外贸易等相关数据，实证检验中国对外贸易的比较优势格局。

附录 2A　贸易无差异曲线、提供曲线与李嘉图模型

第 1 章提到，约翰·斯图亚特·穆勒在 1848 年出版的《政治经济学原理》一书中提出相互需求概念。在此基础上，阿弗里德·马歇尔提出提供曲线方法，以确定贸易条件，

分析贸易条件对一国有利的条件及贸易政策思想。本附录将使用提供曲线来分析李嘉图模型。由于提供曲线与贸易无差异曲线(trade indifference curve)密切相关,因此我们先从后者开始讨论。

2A.1 贸易无差异曲线及其推导

詹姆斯·米德最早给出贸易无差异曲线的几何图形。[①]假定一国生产两种产品——产品 1(y_1)和产品 2(y_2)。在图 2A.1 的第 Ⅱ 象限,封闭经济均衡位于点 E,即生产可能性边界 AB 与社会无差异曲线 u^0 相切。在横轴上,原点的左边为产品 1 的正的数量,原点的右边为产品 1 的负的数量;在纵轴上,原点的上边为产品 2 的正的数量,原点的下边为产品 2 的负的数量。正的数量表示进口,负的数量表示出口。

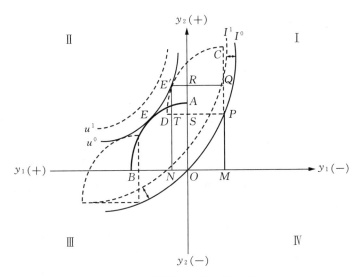

图 2A.1 贸易无差异曲线的推导

在封闭经济下,该国可达到的福利水平为社会无差异曲线 u^0。贸易无差异曲线实际上就是刻画该国为了达到同一福利水平 u^0 而发生的不同数量出口和进口的组合。要得到不同的出口—进口组合,我们只需要使生产可能性集 AOB 沿着社会无差异曲线上下滑动就可以了。随着这种上下滑动,生产可能性集 AOB 的拐角(亦即原点 O)就"滑出"了一条曲线 I^0,这就是贸易无差异曲线。

如何理解这一过程?假设生产可能性集 AOB 向上滑动到新的生产可能性集 CPD 的位置,显然点 P 是贸易无差异曲线 I^0 上的一点。新的生产可能性集 CPD 与社会无差异曲线 u^0 相切于点 E'。由于正的数量为进口,负的数量为出口,因此该国对产品 1 和产品 2 的消费就不同于该国对这两种产品的生产。社会无差异曲线 u^0 上的消费点 E' 显示该国消费 $E'N$ 数量的产品 2 和 $E'R$ 数量的产品 1,而生产可能性集 CPD 边界上

① Meade,James,1952,*A Geometry of International Trade*,London:Allen & Unwin.

的生产点 E' 则显示该国生产 $E'T$ 数量的产品 2 和 $E'Q$ 数量的产品 1。通过这一比较，我们就知道，该国产品 2 的生产数量 $E'T$ 少于其消费数量 $E'N$，需要进口 $TN(=SO=PM)$，标记在第 I 象限正的数量轴——纵轴；该国产品 1 的生产数量 $E'Q$ 大于其消费数量 $E'R$，需要出口 $RQ(=SP=OM)$，标记在第 I 象限负的数量轴——横轴。因此，在贸易无差异曲线 I^0 上的点 P 就代表这样的出口—进口组合：出口 OM 数量的产品 1，进口 PM 数量的产品 2。贸易无差异曲线 I^0 上的其他点的推理类似。

实际上，由不同的社会无差异曲线可以推出不同的贸易无差异曲线。[①]比如，将生产可能性集 AOB 沿着社会无差异曲线 u^1 滑动，则可以得到贸易无差异曲线 I^1。由于 u^1 的福利水平比 u^0 高，所以 I^1 的福利水平也相应地比 I^0 高，但贸易无差异曲线的偏好指向则是要进口多些而出口少些。

2A.2　提供曲线及其推导

提供曲线是指一国在给定的国际相对价格下愿意提供多少数量的出口品去交换一定数量的进口品。因此，提供曲线实际上是一条刻画一种产品的过剩需求（进口）和另一种产品的过剩供给（出口）的轨迹线。

比如在图 2A.2(a)中，在国际相对价格（以产品 2 表示的产品 1 的价格）p^w 下，该国的贸易三角为 QRC：出口 QR 数量的产品 2、进口 RC 数量的产品 1；若国际相对价格为 $p^{w'}$，该国的贸易三角为 SVC'：出口 SV 数量的产品 2、进口 VC' 数量的产品 1。若将这些数值绘制在图 2A.2(b)中，则射线 OMT_1 的斜率表示国际相对价格 p^w，$OR=QR$，$OC=RC$；射线 ONT_2 的斜率表示国际相对价格 $p^{w'}$，$OV=SV$，$OC'=VC'$。这样就会形成很多像 M 和 N 这样的点，这些点形成的轨迹就是该国的提供曲线（$OMNA$）。注意，从 p^w 到 $p^{w'}$，以产品 2 表示的产品 1 的价格下降，产品 1 变得便宜了。同样，从 OMT_1 到 ONT_2，进口品变得相对便宜（注意：提供曲线凸向的那个轴代表该国的出口，

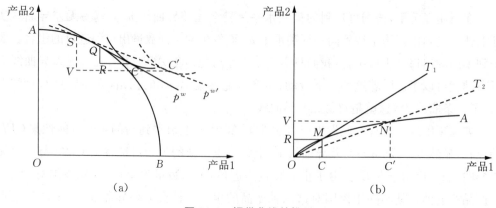

(a) 　　　　　　　　　　　　　　(b)

图 2A.2　提供曲线的推导

[①] 贸易无差异曲线上任一点的斜率等于其对应的社会无差异曲线与生产可能性边界切点处的斜率，所以贸易无差异曲线未必与社会无差异曲线平行。

而凹向的那个轴则代表该国的进口①），或者换句话说，贸易条件变得对该国有利。

提供曲线还可以从贸易无差异曲线推导得出。在图 2A.3 中，I^0、I^1、I^2 为该国的贸易无差异曲线。（1）如果该国封闭经济下的相对价格等于既定的国际相对价格 T_0OT_0（该国际相对价格线与贸易无差异曲线 I_0 相切于原点），则该国不会有贸易发生（进口和出口均为零）。（2）若国际贸易条件为 T_1OT_1，即产品 2 的国际相对价格低于其国内相对价格，则该国进口产品 2、出口产品 1。贸易无差异曲线 I^1 与 T_1OT_1 相切于点 C，从而决定了在该贸易条件下的出口和进口的数量，因此点 C 是提供曲线上的一点。贸易无差异曲线 I^2 与 T_2OT_2 相切的点 D 也类似。（3）若国际贸易条件为 T_3OT_3，即产品 1 的国际相对价格低于其国内相对价格（T_0OT_0），则该国进口产品 1、出口产品 2。贸易无差异曲线 I^1 与 T_3OT_3 相切于点 B，从而决定了在该贸易条件下的出口和进口的数量，因此点 B 是提供曲线上的一点。贸易无差异曲线 I^2 与 T_4OT_4 相切的点 A 也类似。这样就得到完整的曲线 $ABOCD$，并且分为两段：如果该国出口产品 1，OCD 是该国的提供曲线；如果该国出口产品 2，OBA 则是该国的提供曲线。

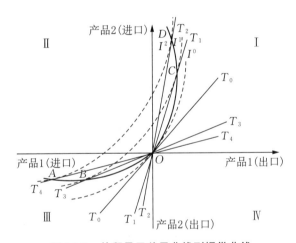

图 2A.3　从贸易无差异曲线到提供曲线

2A.3　提供曲线的弹性

了解提供曲线的弹性对于确定贸易条件变化带来的影响很重要。比如，关税引起贸易条件变化，进而影响福利水平。提供曲线的弹性反映了进口需求与出口供给两方面。下面分析本国出口产品 1、进口产品 2 的情形，如图 2A.4(a) 所示。

---

①　各国提供曲线之所以凸向代表其比较优势产品（出口品）的坐标轴，用马歇尔的供求价格论解释，有两个原因：一是出口产品的边际机会成本递增；二是进口产品的边际效用递减。对一国而言，一方面，随着出口的增加，必须增加出口产品产量，结果会导致该产品的边际机会成本上升，因此该国必须用一定数量的出口产品交换更多的进口产品，才能继续扩大贸易；另一方面，随着进出口贸易的增加，国内进口产品由于消费数量增加而效用下降，但出口产品的消费量减少，其效用相对提高，因此该国出口同样数量的产品必须换回更多的进口产品，才能继续扩大贸易。总之，由于产品的效用和机会成本两方面原因，一国的提供曲线凸向代表其比较优势产品的坐标轴。

1. 提供曲线的弹性

提供曲线的弹性(记为 E_{OC})很容易与进口需求的价格弹性(记为 E_{DI})和出口供给的价格弹性(记为 E_{SE})混淆。提供曲线的弹性表示进口的百分比变化与出口的百分比变化之比。就图 2A.4(a)而言,提供曲线的弹性为:

$$E_{OC} = \frac{dy_2/y_2}{dy_1/y_1} = \frac{dy_2}{dy_1} \cdot \frac{y_1}{y_2} = \frac{ET}{ST} \cdot \frac{OT}{ET} = \frac{OT}{ST} \tag{2A.1}$$

可以看出,提供曲线的弹性等于边际贸易条件$\left(\text{marginal terms of trade,即}\dfrac{dy_2}{dy_1}\right)$与平均贸易条件$\left(\text{average terms of trade,即}\dfrac{y_2}{y_1}\right)$之比。

2. 进口需求的价格弹性、出口供给的价格弹性及其与提供曲线弹性的关系

(1) 进口需求的价格弹性 E_{DI}。

假定 $p = p_1/p_2$,即以进口品 y_2 表示的出口品 y_1 的价格,那么进口品 y_2 的相对价格则为 $1/p$,于是有:

$$E_{DI} = -\frac{\dfrac{dy_2}{y_2}}{\dfrac{d(1/p)}{1/p}} = -\frac{dy_2}{d(1/p)} \cdot \frac{1/p}{y_2} = -\frac{dy_2}{d(y_1/y_2)} \cdot \frac{y_1/y_2}{y_2} \tag{2A.2}$$

$$= -\frac{dy_2 \cdot y_1}{y_2 dy_1 - y_1 dy_2} = -\frac{dy_2 \cdot y_1}{dy_2\left(y_2 \dfrac{dy_1}{dy_2} - y_1\right)} = \frac{y_1}{\left(y_1 - y_2 \dfrac{dy_1}{dy_2}\right)}$$

$$= \frac{OT}{OT - ET \cdot \dfrac{ST}{ET}} = \frac{OT}{OS} = \frac{OT}{OT - ST} = \frac{\dfrac{OT}{ST}}{\dfrac{OT}{ST} - 1} = \frac{E_{OC}}{E_{OC} - 1}$$

进口需求的价格弹性 E_{DI} 要写成负数形式,根据式(2A.1)和式(2A.2),有:

$$E_{DI} = \frac{E_{OC}}{1 - E_{OC}} \tag{2A.3}$$

如果如图 2A.4(a)所示,提供曲线的斜率为正,则提供曲线的弹性大于 $1(OT > ST)$,因此,式(2A.3)中的进口需求的价格弹性绝对值 $|E_{DI}| > 1$。但如图 2A.4(b)所示,如果提供曲线向后弯(负斜率),则在点 G,$|E_{DI}| = 1$;而在点 H,$|E_{DI}| < 1$。

(2) 出口供给的价格弹性 E_{SE}。

假定 $p = p_1/p_2$,即以进口品 y_2 表示的出口品 y_1 的价格,那么出口品 y_1 的相对价格则为 p,于是有:

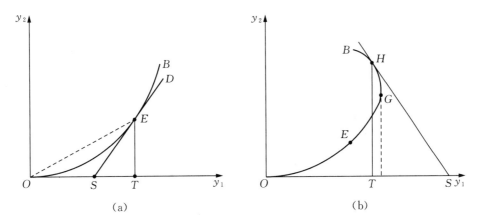

图 2A.4　提供曲线的弹性

$$E_{SE} = \frac{\dfrac{\mathrm{d}y_1}{y_1}}{\dfrac{\mathrm{d}p}{p}} = \frac{\mathrm{d}y_1}{\mathrm{d}(y_2/y_1)} \cdot \frac{y_2/y_1}{y_1} = \frac{\mathrm{d}y_1 \cdot y_2}{(y_1\mathrm{d}y_2 - y_2\mathrm{d}y_1)} = \frac{1}{\dfrac{y_1}{y_2} \cdot \dfrac{\mathrm{d}y_2}{\mathrm{d}y_1} - 1} = \frac{1}{\dfrac{OT}{OS} - 1} = \frac{1}{E_\alpha - 1}$$

$$(2A.4)$$

由式(2A.3)和式(2A.4)可得:

$$E_{DI} + E_{SE} = -1 \tag{2A.5}$$

从而得到一个有趣的结论:进口需求的价格弹性与出口供给的价格弹性之和等于 -1。

2A.4　李嘉图模型:基于贸易无差异曲线与提供曲线的分析

如图 2A.5(a)所示,由于李嘉图模型的生产可能性集为三角形 AOB,边界 AB 为直线,所以,当它沿着社会无差异曲线 u^0 向上滑动时,其角点 O 将"滑出"一段直线 $OH(=EB)$,点 H 之后才是曲线;当它沿着社会无差异曲线 u^0 向下滑动时,其角点 O 也将"滑出"一段直线 $OG(=EA)$,点 G 之后才是曲线。所以,$FGOHO'$ 为李嘉图模型的贸易无差异曲线(记为 I^0)。注意,点 G 和点 H 为完全专业化点。①同样,对应于社会无差异曲线 u^1,可以得到贸易无差异曲线 I^1。

使用贸易无差异曲线,可以很容易得到李嘉图式的提供曲线,如图 2A.5(b)所示。贸易无差异曲线分别为 I^0、I^1、I^2。(1)如果贸易条件等于 AOB 的斜率,则没有贸易。(2)如果贸易条件为 OT_1,则该国进口产品 2、出口产品 1。最优点是 OT_1 与贸易无差异曲线 I^1 的切点 C,因此也是提供曲线的一点。(3)如果贸易条件为 OT_2,则最优点是点 D。因此,$OBCD$ 是该国出口产品 1、进口产品 2 时的提供曲线。同理,$OAFG$ 是该国出口产品 2、进口产品 1 时的提供曲线。

---

① 除了直线段以外的贸易无差异曲线与社会无差异曲线是平行的。

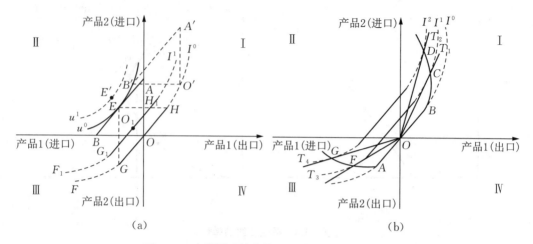

图 2A.5 李嘉图式的贸易无差异曲线与提供曲线

借此可以分析李嘉图模型中的贸易均衡。在图 2A.6，OBH 和 OAF 分别为本国和外国的提供曲线，点 O 为自给自足点（self-sufficiency point），点 A 和点 B 分别是外国和本国的完全专业化点，OA 和 OB 分别等于图 2.7 中的 E^*A^* 和 EB，OA 和 OB 的斜率表示外国和本国封闭经济下产品 1 对产品 2 的相对价格（这则分别由图 2.6 中的 A^*B^* 和 AB 的斜率绝对值表示），OET 为均衡的国际相对价格（$=p^w$）。在均衡时，EC 表示本国进口产品 2 的数量、外国出口产品 2 的数量，OC 表示本国出口产品 1 的数量、外国进口产品 1 的数量。

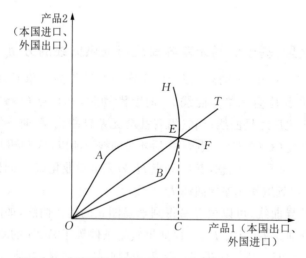

图 2A.6 李嘉图模型的贸易均衡：基于提供曲线的分析

3

要素禀赋理论

本章学习目标

　　要素禀赋理论是现代国际贸易理论的基石。本章将主要介绍 H-O-S 模型、特定要素模型与 H-O-V 模型，也会介绍要素禀赋理论的经验研究。

　　通过本章的学习，我们可以：

● 理解 H-O-S 模型的基本思想和分析方法；

● 理解特定要素模型的基本思想和分析方法；

● 理解四大基本定理在 H-O-S 模型和特定要素模型中的异同；

● 理解投入—产出分析方法及其基本原理；

● 理解 H-O-V 模型的基本思想和分析方法；

● 了解针对 H-O-S 模型和 H-O-V 模型的经验分析；

● 了解有关检验要素禀赋理论前提假设的经验分析。

　　要素禀赋理论产生于国际贸易发展的第三阶段（19 世纪末—20 世纪初），其最初的贡献者是瑞典经济学家埃里·赫克歇尔和贝蒂·俄林，因此又被简称为 H-O 模型。随后，又由于保罗·萨缪尔森的贡献，该模型被称为 H-O-S 模型。H-O-S 模型的后续发展主要包括特定要素模型、贸易的要素含量模型（即 H-O-V 模型）等。本章将首先依次介绍 H-O-S 模型、特定要素模型、H-O-V 模型，然后介绍相关的代表性经验研究。

3.1　H-O-S 模型

　　如果说李嘉图模型强调技术或劳动生产率对贸易格局的影响，那么 H-O-S 模型则重点关注生产要素丰缺的作用。其基本思想是，不同的产品生产使用不同比例的生产要素,不同的国家拥有不同比例的生产要素;一国的比较优势(比较劣势)由其相对丰裕(相对稀缺)的生产要素决定。

3.1.1   基本假设

最基本的 H-O-S 模型建立在以下几个方面假设之上:

(1) 维度方面的假设。最基本的 H-O-S 模型是"$2\times2\times2$"维度的,即有 2 个国家——本国(H)和外国(F,外国的变量用上标 $*$ 表示)、2 种产品——产品 1 和产品 2(用下标 $i=1,2$ 表示,本国的产品是 y_1 和 y_2,外国的产品是 y_1^* 和 y_2^*)、2 种同质的生产要素——资本(K 和 K^*)和劳动力(L 和 L^*)。

(2) 生产技术方面的假设。首先,生产技术是给定的,即本国的生产函数为 $y_i = f_i(L_i, K_i)$,外国的生产函数为:$y_i^* = f_i^*(L_i^*, K_i^*)$。两国的同一种产品的生产技术和生产函数是相同的(identical),即同一种产品的单位产出的要素投入相等($a_{iL} = a_{iL}^*$ 和 $a_{iK} = a_{iK}^*$),同一种产品的要素投入比例相等$\left(\dfrac{K_i}{L_i} = \dfrac{K_i^*}{L_i^*}\right)$。其次,所有产品的生产表现出规模报酬不变和要素的边际产品或边际报酬递减的特征。这意味着生产函数对要素投入来说是递增的、凹性的和一次齐次的。比如,生产函数对于劳动投入 L_i 来说,规模报酬不变和要素边际产品为正且递减的数学表达是:$f_i(\lambda L_i, \lambda K_i) = \lambda f_i(L_i, K_i) = \lambda y_i$, $\lambda > 0$;$\dfrac{\partial y_i}{\partial L_i} > 0$, $\dfrac{\partial^2 y_i}{\partial L_i^2} < 0$。另外,对于一次齐次生产函数,人均产出可直接表示为人均资本(存量)的函数,即$\dfrac{y_i}{L_i} = f_i\left(\dfrac{1}{L_i}K_i, \dfrac{1}{L_i}L_i\right) = f_i\left(\dfrac{K_i}{L_i}, 1\right) = f_i\left(\dfrac{K_i}{L_i}\right)$,单位资本产出可以表示为劳动力—资本比率的函数,即$\dfrac{y_i}{K_i} = f_i\left(\dfrac{1}{K_i}K_i, \dfrac{1}{K_i}L_i\right) = f_i\left(1, \dfrac{L_i}{K_i}\right) = f_i\left(\dfrac{L_i}{K_i}\right)$。

(3) 要素禀赋方面的假设。第一,两国的要素相对丰裕度是不同的,即两国拥有不同的要素禀赋结构或比例。在本模型中,假定本国是劳动力相对丰裕的,外国则是资本相对丰裕的,即$\dfrac{K}{L} < \dfrac{K^*}{L^*}$。①第二,两种产品的要素相对密集度是不同的,即两种产品的生产使用不同的要素比例。在本模型中,假定产品 1 是劳动密集型的,产品 2 则是资本密集型的,即本国为$\dfrac{K_1}{L_1} < \dfrac{K_2}{L_2}$或$\dfrac{a_{1K}}{a_{1L}} < \dfrac{a_{2K}}{a_{2L}}$($a_{1K}$ 和 a_{2K} 分别表示生产 1 单位产品 1 和 1 单位产品 2 所投入的资本,a_{1L} 和 a_{2L} 分别表示生产 1 单位产品 1 和 1 单位产品 2 所投入的劳

---

①   要素相对丰裕度有两种定义:一是实物定义,即比较各国的要素实物数量,如本模型假定$\dfrac{K}{L} < \dfrac{K^*}{L^*}$;二是价格定义,即比较贸易前的要素相对价格,如本模型可以假定$\dfrac{w}{r} < \dfrac{w^*}{r^*}$($w$ 和 r 分别表示劳动工资率和资本租金率)。在两国需求格局相同的情况下,要素相对丰裕度的两种定义是等价的,即$\dfrac{K}{L} < \dfrac{K^*}{L^*} \Leftrightarrow \dfrac{w}{r} < \dfrac{w^*}{r^*}$。本模型采用实物定义。

动力),外国为 $\dfrac{K_1^*}{L_1^*}<\dfrac{K_2^*}{L_2^*}$ 或 $\dfrac{a_{1K}^*}{a_{1L}^*}<\dfrac{a_{2K}^*}{a_{2L}^*}$。第三,不存在要素密集度逆转(factor intensity reversals,FIR)。要素密集度逆转是指根据资本—劳动力比率大小而排列的产品或部门顺序(比如从劳动密集型产品或部门到资本密集型产品或部门)会随着工资率—租金率之比的变化而变化。也就是说,某产品或部门在某一工资率—租金率之比下是劳动密集型的,但在另一工资率—租金率之比下又变成了资本密集型的,这就是发生了要素密集度逆转。本模型假定不存在要素密集度逆转是指,对于任何给定的工资率—租金率之比,产品 1 始终是劳动密集型的,产品 2 则始终是资本密集型的;或者说,某一产品或部门的要素密集度(资本—劳动力比率)独立于工资率—租金率之比。因此,要素密集度是否逆转主要反映要素相对价格的变化对不同产品的要素相对密集度的排序的影响(具体分析可以参见附录 3A)。第四,要素在每个国家之内完全自由流动,但在国家之间不能流动。两种要素都是充分就业的,即 $L=\underbrace{a_{1L}y_1}_{L1}+\underbrace{a_{2L}y_2}_{L2}$,$K=\underbrace{a_{1K}y_1}_{K1}+\underbrace{a_{2K}y_2}_{K2}$。李嘉图模型中的单位产出的要素投入 a 是个常数,但 H-O-S 模型中的单位产出的要素投入 a 则是要素相对价格(工资率—租金率之比)的函数。

(4)市场结构方面的假设。产品市场与要素市场完全竞争。消费者最大化其效用,生产者最大化其利润。在本国,两种产品的价格为 $p_i(i=1,2)$,封闭经济下的相对价格为 $p^a=\dfrac{p_1}{p_2}$(上标 a 表示封闭经济),劳动工资率和资本租金率分别为 w 和 r。在外国,两种产品的价格为 $p_i^*(i=1,2)$,封闭经济下的相对价格为 $p^{a*}=\dfrac{p_1^*}{p_2^*}$,劳动工资率和资本租金率分别为 w^* 和 r^*。

(5)需求方面的假设。两国的消费偏好相同,即两国的需求方可以用一族位似的、(严格)凸向原点的、非相交的社会无差异曲线来刻画。

(6)贸易品是最终品;不存在任何交易成本,国际贸易是自由的;国际贸易是平衡的,出口值等于进口值。

以上假设旨在排除国家间有关技术与需求等方面的差异,集中讨论两国之间要素禀赋的相对差异是如何导致国际贸易发生的。总结如图 3.1:

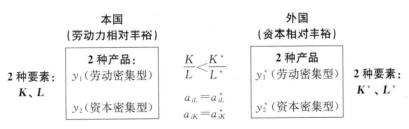

图 3.1 H-O-S 模型的基本设定

3.1.2 封闭经济

首先讨论本国的封闭经济均衡,外国的情况类似。在讨论均衡时,需要区分各变量是外生变量,还是内生变量。

1. 本国经济的供给方

(1) 在资源约束下使产出最大化。

这是为了推导出本国的生产可能性边界。本国用两种生产要素 K 和 L 生产两种产品 y_1 和 y_2。在充分就业时,两种产品生产所使用的要素等于各要素的总供给,即:

$$\underbrace{a_{1L}y_1}_{L1}+\underbrace{a_{2L}y_2}_{L2}=L \tag{3.1a}$$

$$\underbrace{a_{1K}y_1}_{K1}+\underbrace{a_{2K}y_2}_{K2}=K \tag{3.1b}$$

由此可以进一步推出在每种要素约束下产品 1 和产品 2 之间的关系:

$$y_2=\frac{L}{a_{2L}}-\frac{a_{1L}}{a_{2L}}y_1 \tag{3.2a}$$

$$y_2=\frac{K}{a_{2K}}-\frac{a_{1K}}{a_{2K}}y_1 \tag{3.2b}$$

前面假定产品 1 是劳动密集型的、产品 2 是资本密集型的,即 $\frac{a_{1K}}{a_{1L}}<\frac{a_{2K}}{a_{2L}}\Rightarrow\frac{a_{1K}}{a_{2K}}<\frac{a_{1L}}{a_{2L}}$。这包括两种情形:一是生产使用的要素投入比例固定;二是生产使用的要素投入比例可变。

首先在第一种情形下,我们基于式(3.1a)和式(3.1b)的约束下将两种产品的等产量线放在一起,从而得到图 3.2 显示的箱形图。箱形图的竖边和横边分别代表本国的资本和劳动力要素总量,斜率为 $\frac{a_{1K}}{a_{1L}}$ 的射线 Oy_1E 与斜率为 $\frac{a_{2K}}{a_{2L}}$ 的射线 Oy_2E 相交于点 E。[①]在该点,两种要素被配置到两个部门,都实现了充分就业;两种产品的等产量线 y_1^E 和 y_2^E 相切。[②]离开这一点,在其他地方不仅违背了固定比例要素投入的设定,而且两种产品的等产量线无法相切。所以,点 E 是均衡点,也是帕累托最优点。在式(3.2a)和式(3.2b)的约束下,由此可以推导出生产可能性边界。由于 $\frac{a_{1K}}{a_{2K}}<\frac{a_{1L}}{a_{2L}}$,式(3.2a)由图 3.3 中的线 CD 表示,式(3.2b)由图 3.3 中的线 AB 表示,两者相交于点 E。在点 E 的左上方,有两个约束,即较松的约束线 EC(劳动力约束)和较紧的约束线 EA(资本约束),但后一个约束真正起作用;在点 E 的右下方,也有两个约束,即较松的约束线 EB(资本约束)和较紧的约束线 ED(劳动力约束),但后一个约束真正起作用。由此得到的生产可能性边界为

---

① 箱形图对角线 Oy_2Oy_1 表示两个部门的要素密集度(资本—劳动力比率)相等,在该对角线左上区域的点所对应的产品 1 是劳动密集型的,所对应的产品 2 是资本密集型的。

② 如附录 3A 所说,等产量线斜率等于工资率—租金率之比(w/r),即 $-\frac{\partial K}{\partial L}=\frac{w}{r}$。两种产品的等产量线 y_1^E 和 y_2^E 相切,意味着两个部门的工资率—租金率之比相等,从而实现了均衡。

拐折的 AED（由较粗的线表示）。[1]因此,图 3.3 中的点 E 对应图 3.2 中的点 E。

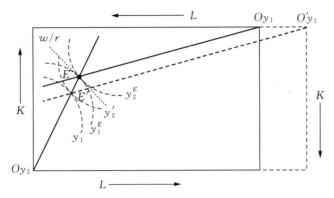

图 3.2　固定比例要素投入下的资源均衡配置

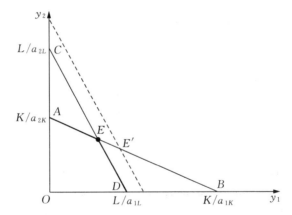

图 3.3　本国固定比例要素投入下的生产可能性边界

其次考虑第二种情形。在式(3.1a)和式(3.1b)的约束下将两种产品的等产量线放在一起,从而得到图 3.4。由于要素比例是可变的,两个产品的所有等产量线的切点均是资源配置均衡点,并且对应不同的工资率—租金率之比(w/r)和资本—劳动力比率(a_{iK}/a_{iL})。这样,由切点形成的轨迹就是生产方面的契约曲线,由 $O_{y_2}E'EE''O_{y_1}$ 表示(注意:在点 O_{y_2},所有的资源都用来生产 y_1;在点 O_{y_1},所有的资源都用来生产 y_2)。将契约曲线上每一点所代表的两种产品的产出描绘在平面坐标中,就可以得到生产可能性边界(也是两种产品的转换曲线),如图 3.5 所示(图 3.4 中的点 O_{y_1} 和点 O_{y_2} 分别对应图 3.5 中的点 A 和点 B)。在有限资源的约束下,本国的最优产出位于生产可能性边界线 AB 上。但究竟是线 AB 上的哪一点(每一点都表示特定的产出结构:y_1 和 y_2 各生产多少),还需要引入另外的影响因素,即经济的需求方。

---

① 由式(3.2a)和式(3.2b)表示的两条约束线的斜率不等还存在另一种情形:两条约束线不相交,即一条约束线在另一条约束线的里面,这样只有里面的约束线真正起到约束的作用。这也是所谓的"短板约束"。读者可以试着进行分析。

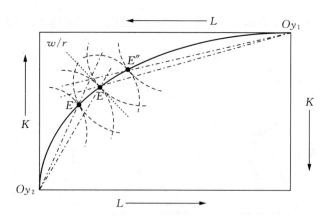

图 3.4　可变比例要素投入下的资源均衡配置

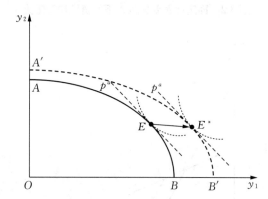

图 3.5　本国可变比例要素投入下的生产可能性边界

如果要素禀赋(外生变量)发生了变化,则两种产品的产出(内生变量)也将会发生变化。这一影响被总结为罗伯津斯基定理[1]——在产品相对价格不变(因而要素相对价格不变)的情况下,一种要素禀赋的增加将提高密集使用该要素的产业的产出,同时降低另一个产业的产出。[2]

首先,在固定比例要素投入的情形下(如图 3.2 所示),如果本国的劳动力要素增加、资本要素不变,这相当于图 3.2 箱形图的竖边不变而横边加长了。这时,均衡点由点 E 变为点 E',这对应图 3.3 中由点 E 变为点 E':产品 1 的产出增加了,产品 2 的产出减少了。[3]

其次,在可变比例要素投入的情形下,如果本国的劳动力要素增加、资本要素不变,这相当于图 3.4 箱形图的竖边不变而横边加长了。在产品相对价格不变的情况下(如图 3.5 所示),均衡点将由点 E 变为点 E^*:产品 1 的产出增加了,产品 2 的产出减少了。[4]

---

①　Rybczynski, Tadeusz, 1955, "Factor Endowments and Relative Commodity Prices", *Economica*, 22(88), 336—341.

②　附录 3B 给出了罗伯津斯基定理的数学表达。

③　读者可以试着分析两种要素同时增加所带来的影响。

④　图 3.4 未给出与图 3.5 对应的点 E^*。在图 3.5 中,由点 E 变为点 E^*,产品相对价格保持不变。

（2）要素价格与产品价格。

现在每种产品的生产都要投入资本和劳动力两种要素。由于要素在本国完全自由流动，因此工资率 w 和租金率 r 分别在各部门是相同的。由于在本国生产 1 单位 y_1 和 y_2 所需要的劳动力数量分别为 a_{1L} 和 a_{2L}，资本数量分别为 a_{1K} 和 a_{2K}，所以生产 1 单位 y_1 和 y_2 所花费的劳动力成本分别为 wa_{1L} 和 wa_{2L}，资本成本分别为 ra_{1K} 和 ra_{2K}。根据完全竞争市场中生产者的利润最大化条件，产品的价格必须等于其平均成本，即：

$$wa_{1L} + ra_{1K} = p_1 \tag{3.3a}$$

$$wa_{2L} + ra_{2K} = p_2 \tag{3.3b}$$

由此可得：

$$w = \frac{p_1}{a_{1L}} - \frac{a_{1K}}{a_{1L}} r \tag{3.4a}$$

$$w = \frac{p_2}{a_{2L}} - \frac{a_{2K}}{a_{2L}} r \tag{3.4b}$$

本国两种产品的相对价格为 $p^a = \dfrac{p_1}{p_2}$。把产品 2 看作是计价物（即令 $p_2 = 1$），则产品 1 的相对价格就为 $p^a = p_1$。

假定产品 1 是劳动密集型的，产品 2 是资本密集型的，即 $\dfrac{a_{1K}}{a_{1L}} < \dfrac{a_{2K}}{a_{2L}} \Rightarrow \dfrac{a_{1K}}{a_{2K}} < \dfrac{a_{1L}}{a_{2L}}$。这包括两种情形：一是生产使用的要素投入比例固定；二是生产使用的要素投入比例可变。在第一种情形下，式（3.4a）和式（3.4b）描绘的是两条截距和斜率均不同的直线，即式（3.3a）对应图 3.6 中的线 AB、式（3.3b）对应 CD 线，它们在正常情况下是相交的，交点决定了均衡的工资率和租金率，如点 E 所示。在第二种情形下，由于要素比例可变，式（3.4a）和式（3.4b）描绘的将是两条斜率不同但变换的曲线（也是等成本线，见附录 3A 的讨论），它们在正常情况下是相交的，交点决定了均衡的工资率和租金率，如图 3.7 中的点 E 所示。

如果本国产品的相对价格发生了变化（不管这一变化是由于什么原因引起的，也可能是由于下面将要讨论的对外贸易），这将对两种要素的相对价格或报酬产生影响。这一影响被总结为斯托尔珀—萨缪尔森定理[①]——一种产品相对价格的上升将提高该产品密集使用的要素的实际报酬，同时降低另一种要素的实际报酬。[②]这意味着，产品相对价格的变化将产生收入分配效应，有的要素成为受益者，而有的要素则成为受损者。

在固定比例要素投入的情形下（如图 3.6 所示），如果本国产品 2（即资本密集型产品）的相对价格上升了，即意味着式（3.4b）的截距变大，从而图 3.6 中的线 CD 右移，比如到达线 $C'D'$，与线 AB 相交于点 E'。此时，工资率—租金率之比下降：均衡工资率下降，

---

① Stolper, Wolfgang and Paul Samuelson，1941，"Protection and Real Wages"，*Review of Economic Studies*，9(1)，58—73.

② 附录 3B 给出了该定理的数学表达。

租金率上升且超过产品 2 相对价格的上升幅度,即产生所谓的"放大效应"。①对于可变比例要素投入的情形也同样,如图 3.7 所示。

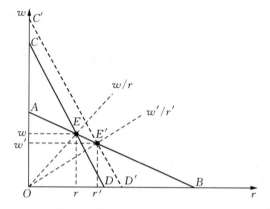

图 3.6   本国固定比例要素投入下的要素均衡价格决定与比较静态分析

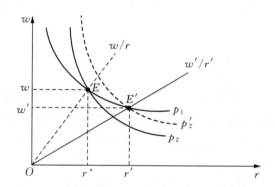

图 3.7   本国可变比例要素投入下的要素均衡价格决定与比较静态分析

2. 本国经济的需求方

与第 2 章的李嘉图模型类似,假设消费者喜好多样化消费,而厌恶单一消费结构,因此消费者对两种产品都消费。这样,生产就会在生产可能性边界上除点 A 和点 B 之外的任何点上发生。前面已经假定本国的需求可以用一簇(严格)凸向原点的、非相交的社会无差异曲线来刻画(如图 3.8 所示)。这些社会无差异曲线可表示成以下效用函数:

$$u = u(y_1, y_2), \quad y_1 > 0, \quad y_2 > 0 \tag{3.5}$$

根据定义,沿着同一条社会无差异曲线的效用总变动为零,即:

$$du = u_1 dy_1 + u_2 dy_2 = 0 \tag{3.6}$$

$$-\frac{dy_2}{dy_1} = \frac{u_1}{u_2} \tag{3.7}$$

① Jones, Ronald, 1965, "The Structure of Simple General Equilibrium Models", *Journal of Political Economy*, 73(6), 557—572.

其中，u_1 和 u_2 分别表示产品 1 和产品 2 的边际效用：$u_1 = \dfrac{\partial u(y_1, y_2)}{\partial y_1}$ 和 $u_2 = \dfrac{\partial u(y_1, y_2)}{\partial y_2}$。$-\dfrac{\mathrm{d}y_2}{\mathrm{d}y_1}$ 实际上也是图 3.8 中无差异曲线的斜率的绝对值，表示消费者为保持一定的效用水平愿意用产品 1 去替代产品 2 的数量，因此也称为产品 1 对产品 2 的边际替代率（或称产品替代率）。它等于效用函数对产品 1 和产品 2 消费数量的偏导数的比率。

毫无疑问，无差异曲线向右上方移动或效用水平提高并不是随心所欲的，而是会受到收入水平和产品价格的约束。根据第 2 章对李嘉图模型的讨论，产品 1 对产品 2 的相对价格等于图 3.8 中的社会无差异曲线的斜率的绝对值，也等于产品 1 与产品 2 的边际效用之比，即：

$$p^a = \frac{p_1}{p_2} = \frac{u_1}{u_2} = -\frac{\mathrm{d}y_2}{\mathrm{d}y_1} \tag{3.8}$$

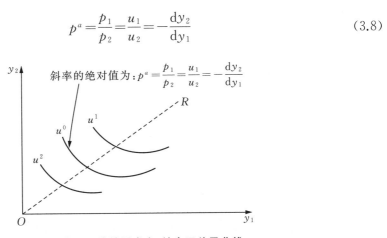

图 3.8　本国经济的需求方：社会无差异曲线

3. 本国的封闭经济均衡

考虑到单位产出的要素投入 a_{ij} 是要素相对价格（工资率—租金率之比）的函数，因此我们只使用图 3.5 表示的生产可能性边界。将图 3.5 和图 3.8 结合起来，可以得到本国的封闭经济均衡解——生产可能性边界与社会无差异曲线相切于点 E（图 3.9），此时 $p^a = \dfrac{p_1}{p_2} = \dfrac{u_1}{u_2} = -\dfrac{\mathrm{d}y_2}{\mathrm{d}y_1}$。本国在封闭经济条件下的均衡产出（＝消费）分别为 y_1^E 和 y_2^E。

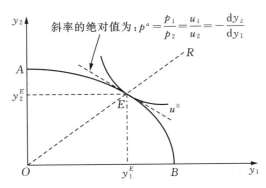

图 3.9　本国的封闭经济均衡：供给＝需求

3.1.3 开放经济

1. 引入另外一个国家——外国

已经假定本国是劳动力相对丰裕的,外国则是资本相对丰裕的,即$\dfrac{K}{L}<\dfrac{K^*}{L^*}$;产品1是劳动密集型的,产品2则是资本密集型的。这样,本国封闭经济下更倾向于生产产品1,生产可能性边界更"趴向"产品1的坐标轴(如图3.9所示);而外国则偏向于生产产品2,生产可能性边界A^*B^*更"趴向"产品2的坐标轴(如图3.10所示)。同理,可以推导出外国封闭经济下的均衡条件:$p^{a*}=\dfrac{p_1^*}{p_2^*}=\dfrac{u_1^*}{u_2^*}=-\dfrac{\mathrm{d}y_2^*}{\mathrm{d}y_1^*}$。

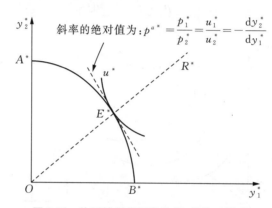

图 3.10　外国的封闭经济均衡:供给＝需求

2. 本国与外国开展自由贸易

(1) 互惠贸易发生的条件。

两国之间要发生互惠贸易,就必须满足两个条件:第一,必要条件——要素禀赋的国际间差异和要素密集度的产品间差异使得两国各自产品的国内相对价格存在差异;第二,充分条件——国际贸易价格位于有差异的国内相对价格之间。

首先看第一个条件。由于$p^a=\dfrac{p_1}{p_2}<p^{a*}=\dfrac{p_1^*}{p_2^*}$,该必要条件是满足的。

其次看第二个条件。两国开展贸易,组成一体化世界市场;两国生产的两种产品都要拿到共同的世界市场上进行交易。这样,世界市场上产品1对产品2的相对价格p^w就取决于这两种产品的世界相对供给$\dfrac{y_1+y_1^*}{y_2+y_2^*}$与世界相对需求$\dfrac{d_1+d_1^*}{d_2+d_2^*}$。以产品1对产品2的相对价格作为纵轴(在封闭经济下本国产品1的相对价格低于外国,因而p^a在p^{a*}的下面),则可以得到如同第2章图2.7的样子,即两种产品的国际相对价格存在五种情形($p^w<p^a<p^{a*}$;$p^w=p^a<p^{a*}$;$p^a<p^w<p^{a*}$;$p^a<p^{a*}=p^w$;$p^a<p^{a*}<p^w$)。世界相对供给曲线和相对需求曲线确定之后,均衡的国际相对价格则由二者的交点确定。但只有第三种情形下的国际相对价格($p^a<p^w<p^{a*}$)才能满足第二个条件。

下面的讨论就是基于这种情形。

（2）国际贸易产生的效应。

劳动力相对丰裕的本国在劳动密集型产品（即产品 1）的生产上拥有比较优势，因此本国产品 1 的相对价格较低；资本相对丰裕的外国在资本密集型产品（即产品 2）的生产上拥有比较优势，因此外国产品 2 的相对价格较低。如果存在第三种情形下的均衡的国际相对价格，即 $p^a < p^w < p^{a*}$，那么用图 3.11 表示，产品 1 的国际相对价格线 p^w 将比本国封闭经济下产品 1 的国内相对价格线陡峭，比外国封闭经济下产品 1 的国内相对价格线平坦。

首先看结构调整、分工与贸易效应。在封闭经济下，本国和外国的生产（＝消费）均衡点分别为点 E 和点 E^*，社会无差异曲线分别为 u 和 u^*（两国的消费偏好相同且位似）。由于 $p^a < p^w < p^{a*}$，本国将出口产品 1，生产点由点 E 移至点 N，产品 1 的产出增加、产品 2 的产出下降；本国按照 p^w 进行贸易可以达到的消费水平为点 C。[1]因此，本国出口产品 1 的数量为 SN，进口产品 2 的数量为 CS。相应地，外国将出口产品 2，生产点由点 E^* 移至点 M，产品 2 的产出增加、产品 1 的产出下降；外国按照 p^w 进行贸易可以达到的消费水平也为点 C。因此，外国出口产品 2 的数量为 TM，进口产品 1 的数量为 CT。当两国按照同一国际相对价格进行贸易时，一国的进口值正好等于另一国的出口值，这样国际均衡就实现了。两国的贸易三角分别为 △SCN 和 △TCM。

由此可以得到 H-O-S 定理（Heckscher-Ohlin-Samuelson Theorem，又称要素禀赋定理，factor abundance theorem）：一国将出口密集使用其相对丰裕要素的产品。[2]该定理将一国的要素丰裕度与其贸易格局联系起来，而第 2 章的比较优势理论则将一国的劳动生产率（技术）水平与其贸易格局联系起来。

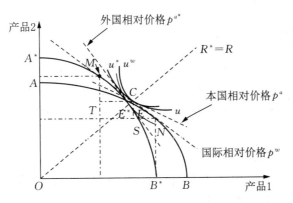

图 3.11 两国贸易产生的效应与开放经济均衡

其次分析福利与收入分配效应。关于贸易所产生的福利与收入分配效应，我们可以

---

① 点 C 位于射线 OR 上，是基于位似偏好的假定，外国的情况也相同。

② 附录 3B 给出了 H-O-S 定理的数学表达。

大致总结出三点结论:第一,两国自由贸易下的状况好于封闭经济状况。贸易使两国的消费点高于各自的生产可能性边界,但在原来的封闭经济条件下,消费点则位于生产可能性边界上。第二,在满足使互惠贸易发生的充分条件下,一国封闭经济下的相对价格越接近(偏离)国际相对价格,其获益就越少(越多)。这是贸易产生的收益在国际间的分配。第三,结合前面的 S-S 定理和 H-O-S 定理,可知:一国相对丰裕的要素将因为贸易而受益,而相对稀缺的要素将因为贸易而受损。这是因为一国将出口密集使用相对丰裕要素生产的产品,该产品价格上升(与封闭经济下相比);而一国将进口密集使用相对稀缺要素生产的产品,该产品价格下降(与封闭经济下相比)。这是贸易产生的收益在贸易国国内不同要素之间的分配。

最后讨论贸易对要素价格的影响。已知在封闭经济下,本国的劳动工资率比外国低,而外国的资本租金率则比本国低。开放贸易后,劳动力相对丰裕的本国出口劳动密集型产品 1、进口资本密集型产品 2,会使本国的劳动工资率提高、资本租金率下降(见图 3.7 的分析);外国则相反,其劳动工资率将下降、资本租金率将上升。这一结论被总结为要素价格均等化定理(factor price equalization theorem,FPE 定理)[1]:假定两国从事自由贸易,技术相同但要素禀赋不同,两国生产两种产品且不发生要素密集度逆转,则要素价格 (w, r) 在两国之间趋于均等化。[2]

这样,贸易对要素价格的影响意味着,产品的国际贸易可以代替生产要素的国际流动(尽管不发生要素的国际流动)。在产品自由贸易的情况下,产品将从价格低的国家出口到价格高的国家;在要素自由流动的情况下,要素将从价格低的国家流向价格高的国家。贸易通过对要素的引致需求而对要素价格产生影响,而要素流动则通过对要素的供给而对要素价格产生影响。产品的自由贸易与要素的自由流动相结合将更加有力地促进要素价格的国际均等化。

3.1.4　H-O-S 模型的基本假设放松

以上讨论的"2 国—2 产品—2 要素"H-O-S 模型是基于一些比较严格的假设。但在现实中,不仅有很多产品和国家,而且国家之间的偏好和技术也存在差异,还有可能发生要素密集度逆转。[3]下面依次进行讨论,但每一种被放松的情形都是假定其他方面的设定保持不变。

1. 消费偏好存在国际间差异

当国家之间的需求偏好存在差异时,H-O-S 定理是否成立,取决于偏好差异的性质和程度。就偏好差异而言,有两种情形:

---

[1]　Samuelson, Paul, 1949, "International Factor Price Equalization Once Again", *Economic Journal*, 59(234), 181—197.

[2]　附录 3B 给出了要素价格均等化定理的数学表达。

[3]　除了这里讨论的几个假设放松情形外,还有一些情形。比如,要素流动性假设放松(参见本章第 3.2 节)、高维度情形(参见本章第 3.3 节)、市场假设放松(参见第 4 章)、中间品贸易的存在(参见第 6 章)等。

　　第一种情形,资本相对丰裕的国家(外国)对资本密集型产品有强烈的偏好,劳动力相对丰裕的国家(本国)则对劳动密集型产品有强烈的偏好。如图 3.12(a)所示,点 E 和点 E^* 分别是本国和外国封闭经济下的均衡点,可以看出劳动力相对丰裕的本国的劳动密集型产品 1、资本相对丰裕的外国的资本密集型产品 2 的相对价格反而更高。这是因为,在本国,对劳动密集型产品的强烈需求引发对劳动力的强烈引致需求,从而使劳动工资率上升,导致劳动密集型产品的价格上升;外国的情况类似。这样,H-O-S 定理将不再成立。但如果国家之间的需求偏好差异不太大,H-O-S 定理将会成立,比如点 E' 和点 $E^{*\prime}$。

　　第二种情形,资本相对丰裕的国家(外国)对劳动密集型产品有强烈的偏好,劳动力相对丰裕的国家(本国)则对资本密集型产品有强烈的偏好。如图 3.12(b)所示,点 E 和点 E^* 分别是本国和外国封闭经济下的均衡点。这种情况实际上强化了 H-O-S 定理的成立。

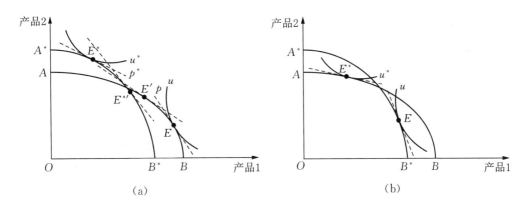

图 3.12　两国需求偏好的不一致

2. 生产技术存在国际间差异

　　在 H-O-S 基本模型中,国际间的生产技术是一样的。当国家之间的生产技术存在差异时,则有四种情形:(1)资本相对丰裕的外国在劳动密集型产品 1 的生产上拥有较先进的技术;(2)劳动力相对丰裕的本国在资本密集型产品 2 的生产上拥有较先进的技术;(3)资本相对丰裕的外国在资本密集型产品 2 的生产上拥有较先进的技术;(4)劳动力相对丰裕的本国在劳动密集型产品 1 的生产上拥有较先进的技术。

　　在(1)和(2)两种情形中,H-O-S 定理是否成立取决于技术差异的程度。如图3.13(a)所示,点 E 和点 E^* 分别是本国和外国封闭经济下的均衡点。本国将向外国出口产品 1、从外国进口产品 2。如果外国在劳动密集型产品 1 的生产上拥有较先进的技术,从而生产可能性边界由 $A^* B^{*\prime}$ 表示,且 $p=p^{*\prime}$。这样,两国封闭经济下的相对价格相同,尽管两国的要素禀赋存在差异,但不会发生贸易。因此,H-O-S 定理将不再成立。但如果国家之间的生产技术差异很小,H-O-S 定理将会成立。

　　在(3)和(4)两种情形中,H-O-S 定理总是成立的。如图 3.13(b)所示的情形(3),点

E 和点 $E^{*\prime}$ 分别是本国和外国封闭经济下的均衡点。外国在产品 2 上的技术较先进(由生产可能性边界 $A^{*\prime}B^*$ 表示),$p^{*\prime} > p^*$,产品 2 更加便宜。因此,这两种情况实际上强化了 H-O-S 定理的成立。

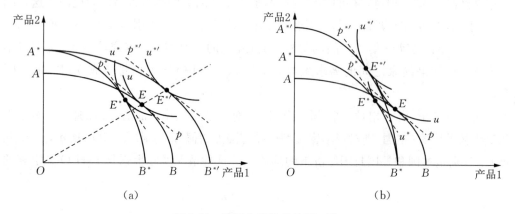

图 3.13　两国生产技术的不一致

3. 要素密集度逆转

图 3.14 反映了要素相对丰裕度、要素相对价格与产品相对价格之间的相互关系:如果 $k^* = K^*/L^*$ 和 $k = K/L$ 都位于 $\bar{k}$ 的上面或下面,则产品 1 和产品 2 的要素密集度排序是可以清楚界定的(不存在要素密集度逆转),H-O-S 定理仍然有效。如果两国的要素禀赋差异巨大,比如 $k^* = K^*/L^*$ 位于 $\bar{k}$ 的上面,$k = K/L$ 位于 $\bar{k}$ 的下面(存在要素密集度逆转),这样,产品 1 在劳动力相对丰裕的本国是劳动密集型的,在资本相对丰裕的外国则是资本密集型的,两国都出口产品 1,H-O-S 定理不再成立。

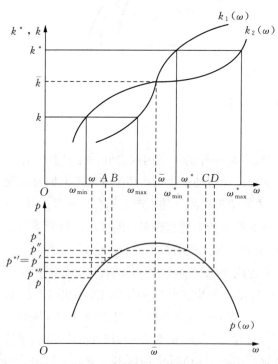

图 3.14　要素密集度逆转

注:$k^* = K^*/L^*$, $k = K/L$, $k_1 = K_1/L_1$, $k_2 = K_2/L_2$, $\omega^* = w^*/r^*$, $\omega = w/r$, $p^* = p_1^*/p_2^*$, $p = p_1/p_2$。

在封闭经济均衡下,各国国内的产品相对价格与要素相对价格之间存在一一对应的关系。对于要素密集度逆转的情形,在图 3.14 中有三种可能:(1)本国与外国的工资率—租金率之比分别为 $\omega = w/r < \omega^* = w^*/r^*$,此时 $p < p^*$,本国出口产品 1 到外国;(2)如果本国与外国的封闭经济均衡分别为 B 和 D,则 $p^{*\prime\prime} <$

p'',外国出口产品 1 到本国;(3)如果本国与外国的封闭经济均衡分别为 A 和 C,则 $p^{*'}=p'$,两国不发生贸易。

4. 模型维度的放松

这里主要讨论三种情形:"2 国—多产品—2 要素"情形、"2 国—2 产品—多要素"情形和"多国—2 产品—2 要素"情形。至于更高维度的情形,本章第 3.3 节将进行讨论。

对于"2 国—多产品—2 要素"情形,式(3.1a)和(3.1b)的充分就业条件就变成了式(3.9a)和式(3.9b)。这时,产品数量多于要素(外生变量)数量,未知数(产品产出为内生变量)的个数多于方程的个数,方程不存在唯一解,即各种产品的产出量无法确定,因而也就无法确定贸易进出口格局。

$$\underset{L_1}{\underline{a_{1L}y_1}}+\underset{L_2}{\underline{a_{2L}y_2}}+\underset{L_3}{\underline{a_{3L}y_3}}+\underset{L_4}{\underline{a_{4L}y_4}}+\cdots+\underset{L_n}{\underline{a_{nL}y_n}}=L \tag{3.9a}$$

$$\underset{K_1}{\underline{a_{1K}y_1}}+\underset{K_2}{\underline{a_{2K}y_2}}+\underset{K_3}{\underline{a_{3K}y_3}}+\underset{K_4}{\underline{a_{4K}y_4}}+\cdots+\underset{K_n}{\underline{a_{nK}y_n}}=K \tag{3.9b}$$

对于"2 国—2 产品—多要素"情形,式(3.1a)和式(3.1b)的充分就业条件就变成了方程组(3.10)。这时,要素(外生变量)数量多于产品数量,这样则无法确定产品的要素密集度及其排序。比如,假设本国有三种要素:劳动力、资本和土地(J),那么产品 1 的要素密集度分别为 $\frac{a_{1K}}{a_{1L}}$、$\frac{a_{1J}}{a_{1L}}$,产品 2 的要素密集度分别为 $\frac{a_{2K}}{a_{2L}}$、$\frac{a_{2J}}{a_{2L}}$。这样就不存在唯一的要素密集度排序。若加上外国,情况就更为复杂。

$$\begin{aligned}&\underset{L_1}{\underline{a_{1L}y_1}}+\underset{L_2}{\underline{a_{2L}y_2}}=L\\[6pt]&\underset{K_1}{\underline{a_{1K}y_1}}+\underset{K_2}{\underline{a_{2K}y_2}}=K\\[6pt]&\cdots\\[6pt]&\underset{J_1}{\underline{a_{1J}y_1}}+\underset{J_2}{\underline{a_{2j}y_2}}=J\end{aligned} \tag{3.10}$$

最后,这里的"多国—2 产品—2 要素"情形类似第 2 章比较优势理论的"多国—2 产品—1 要素"。有些国家的进出口贸易格局可以确定,而有些则很难确定。分析这种情形的关键在于比较各国封闭经济下的产品相对价格的高低与国际贸易条件的关系。①

3.2 特定要素模型

H-O-S 模型假定所有要素在部门之间是完全自由流动的,但在现实当中,并非所有

---

① 读者可以按照第 2.3 节的方法进行分析。

要素(劳动力、资本、土地等)都是如此。在部门间可以自由流动的要素称为流动要素(mobile factor),在部门间不能自由流动的要素则称为特定要素(specific factor)。同时考虑流动要素和特定要素的模型称为特定要素模型。所以,特定要素模型更接近现实情况,也可以看作是 H-O-S 模型的"短期形式",因为在足够长的时期内,所有要素都可以自由流动。

3.2.1 基本假设

除了以下假设外,其他假设基本与 H-O-S 模型的假设相同:

(1) 维度方面的假设。有两类要素:流动要素——劳动力(本国为 L、外国为 L^*)与特定要素——资本(本国为 K、外国为 K^*),特定要素包括产品 1 的特定要素和产品 2 的特定要素。也就是说,产品 1 和产品 2 的生产都要使用流动要素——劳动力与特定要素——资本。这实际上相当于"2 国—2 产品—3 要素"情形。

(2) 要素禀赋方面的假设。首先,两国的要素相对丰裕度是不同的,即两国具有不同的要素禀赋结构或比例。在本模型中,假定本国是劳动力相对丰裕的,外国则是资本相对丰裕的,即 $\dfrac{K}{L}<\dfrac{K^*}{L^*}$。其次,由于本模型相当于"2 国—2 产品—3 要素"情形,所以还要考虑两种特定要素(资本)的相对丰裕程度。假定本国是产品 1 特定要素(资本)相对丰裕的,而外国则是产品 2 特定要素(资本)相对丰裕的,即 $\dfrac{\frac{K_2}{L}}{\frac{K_1}{L}}=\dfrac{K_2}{K_1}<\dfrac{\frac{K_2^*}{L}}{\frac{K_1^*}{L}}=\dfrac{K_2^*}{K_1^*}$。最后,两种产品的要素相对密集度是不同的,即两种产品的生产使用不同比例的要素。在本模型中,假定产品 1 是劳动密集型的,产品 2 则是资本密集型的,即本国为 $\dfrac{K_1}{L_1}<\dfrac{K_2}{L_2}$ 或 $\dfrac{a_{1K}}{a_{1L}}<\dfrac{a_{2K}}{a_{2L}}$($a_{1K}$ 和 a_{2K} 分别表示生产 1 单位产品 1 和 1 单位产品 2 所投入的资本,a_{1L} 和 a_{2L} 分别表示生产 1 单位产品 1 和 1 单位产品 2 所投入的劳动力),外国为 $\dfrac{K_1^*}{L_1^*}<\dfrac{K_2^*}{L_2^*}$ 或 $\dfrac{a_{1K}^*}{a_{1L}^*}<\dfrac{a_{2K}^*}{a_{2L}^*}$。

(3) 市场方面的假设。产品市场与要素(劳动力)市场完全竞争。消费者最大化其效用,生产者最大化其利润。在本国,两种产品的价格为 $p_i(i=1,2)$,封闭经济下的相对价格为 $p^a=\dfrac{p_1}{p_2}$;由于劳动力是自由流动的,因而两个部门的工资率相等,为 w;但资本是部门特定要素,所以两个部门的租金率并非相等,即为 $r_i(i=1,2)$。在外国,两种产品的价格为 $p_i^*(i=1,2)$,封闭经济下的相对价格为 $p^{a*}=\dfrac{p_1^*}{p_2^*}$,外国的劳动工资率为 w^*,资本租金率为 $r_i^*(i=1,2)$。

总结如图 3.15：

本国

2 种产品：
y_1（劳动密集型）
y_2（资本密集型）
流动要素：*L*
特定要素：*K*
产品 1 的特定要素 K_1
产品 2 的特定要素 K_2

$$\frac{K}{L}<\frac{K^*}{L^*}$$

$$\frac{\frac{K_2}{L}}{\frac{K_1}{L}}=\frac{K_2}{K_1}<\frac{\frac{K_2^*}{L}}{\frac{K_1^*}{L}}=\frac{K_2^*}{K_1^*}$$

$$a_{iL}=a_{iL}^*$$

$$a_{iK}=a_{iK}^*$$

外国

2 种产品：
y_1^*（劳动密集型）
y_2^*（资本密集型）
流动要素：*L**
特定要素：*K**
产品 1 的特定要素 K_1^*
产品 2 的特定要素 K_2^*

图 3.15　特定要素模型的基本设定

3.2.2　封闭经济

首先讨论本国的封闭经济均衡，外国的情况类似。在讨论均衡时，需要研究特定要素模型与基本 H-O-S 模型的差异。

1. 本国经济的供给方

考虑到单位产出的要素投入 a_{ij} 是要素相对价格（工资率—租金率之比）的函数，我们只讨论可变比例要素投入的情形。

首先，在资源约束下使产出最大化（或利润最大化）。这是为了推导出生产可能性边界。本国使用三种生产要素生产两种产品 y_1 和 y_2。在充分就业时，两种产品生产所使用的要素等于其总供给，即：

$$\underbrace{a_{1L}y_1}_{L1}+\underbrace{a_{2L}y_2}_{L2}=L \tag{3.11a}$$

$$a_{1K}y_1=K_1 \tag{3.11b}$$

$$a_{2K}y_2=K_2 \tag{3.11c}$$

由此可以进一步推出在每种要素约束下产品 1 和产品 2 之间的关系：

$$y_2=\frac{L}{a_{2L}}-\frac{a_{1L}}{a_{2L}}y_1 \tag{3.12a}$$

$$y_1=\frac{K_1}{a_{1K}} \tag{3.12b}$$

$$y_2=\frac{K_2}{a_{2K}} \tag{3.12c}$$

另外，根据完全竞争市场中生产者的利润最大化条件，产品的价格必须等于其平均成本，即：

$$wa_{1L}+r_1a_{1K}=p_1 \tag{3.13a}$$

$$wa_{2L}+r_2a_{2K}=p_2 \tag{3.13b}$$

由此可得:

$$w = \frac{p_1}{a_{1L}} - \frac{a_{1K}}{a_{1L}} r_1 \tag{3.14a}$$

$$w = \frac{p_2}{a_{2L}} - \frac{a_{2K}}{a_{2L}} r_2 \tag{3.14b}$$

式(3.12a)—式(3.12c)和式(3.14a)、式(3.14b)共计 5 个方程、5 个未知数(产出和要素价格),因而可以求得唯一均衡解。

但基于式(3.12a)—式(3.12c)而得到的箱形图和生产可能性边界则与 H-O-S 模型的不同。由于资本为特定要素,所以两个部门里的资本要素是固定的。部门之间的要素配置只能通过劳动力的流动,但资本不能流动。前面假定本国是产品 1 特定要素(资本)相对丰裕的,产品 1 是劳动密集型的,产品 2 是资本密集型的,由此可以得到图 3.16 的箱形图。

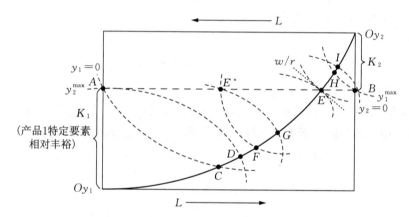

图 3.16   资源均衡配置:特定要素模型与 H-O-S 模型的比较

资本不能流动、劳动力可自由流动,意味着资源配置轨迹线不能由 H-O-S 模型中的两种产品等产量切点的契约线 Oy_1EOy_2 刻画,而只能是一条直线 AE^*EB。这条直线与箱形图的竖边分别交于点 A 和点 B。Oy_1A 表示本国对产品 1 特定要素(K_1)的拥有量,Oy_2B 表示本国对产品 2 特定要素(K_2)的拥有量,并且 $K_1 > K_2$,即意味着本国是产品 1 特定要素(K_1)相对丰裕的。同时,直线 AB 与契约线 Oy_1EOy_2 相交于点 E,从而出现了几个特殊的点和区域:

(1) 在点 A 处,所有劳动力都流向产品 2 的部门,产品 1 部门尽管仍有资本要素,但没有劳动力要素,所以产品 1 的产出为 0,即:$y_1 = 0$,$L_1 = 0$,$L_2 = L$。这时,产品 1 部门的劳动力边际产出价值(=边际产出×产品价格=工资率)与租金率之比值最大。所有劳动力都用来生产产品 2,该部门的劳动力边际产出价值(=工资率)与租金率之比值最小。因此,在点 A 处,两个部门的工资率—租金率之比并不相等:产品 1 的工资率—租金率之比大于产品 2 的工资率—租金率之比。

（2）在点 B 处，与点 A 相反。所有劳动力都流向产品 1 的部门，产品 2 部门尽管仍有资本要素，但没有劳动力要素，所以产品 2 的产出为 0，即：$y_2=0$，$L_2=0$，$L_1=L$。这时，产品 2 部门的劳动力边际产出价值（＝工资率）与租金率之比值最大。所有劳动力都用来生产产品 1，该部门的劳动力边际产出价值（＝工资率）与租金率之比值最小。因此，在点 B 处，两个部门的工资率—租金率之比也不相等：产品 2 的工资率—租金率之比大于产品 1 的工资率—租金率之比。

随着资源配置点从点 A 移向点 B，产品 1 的产出逐渐增加，产品 1 部门的劳动力边际产出价值逐渐降低；同时，产品 2 的产出逐渐减少，产品 2 部门的劳动力边际产出价值逐渐提高。①这样总可以找到一点，使得两个部门的工资率—租金率之比相等。那么在哪一点呢？

（3）点 E 为直线 AB 与契约线 Oy_1EOy_2 的交点。此时，两种产品的等产量线相切，从而两种产品的工资率—租金率之比相等。在除了点 E 之外的其他点处（比如点 E^*），两种产品的等产量线都不会相切，因而两种产品的工资率—租金率之比都不会相等。所以，只有点 E 才是特定要素模型与 H-O-S 模型相同的帕累托最优点，其他点虽然是特定要素模型的资源配置点，但不是 H-O-S 模型的帕累托最优点。如果要素沿着契约线 Oy_1EOy_2 配置，比如在点 C 处，产品 1 特定要素（资本 K_1）出现闲置；而在点 I 处，产品 2 特定要素（资本 K_2）出现闲置。我们会发现越偏离点 E，特定资本闲置的就越多。因此，除了点 E 外的其余地方，特定要素都会出现闲置，从而达不到最优产出水平。

由此推导出的特定要素模型的生产可能性边界除了一点（对应箱形图中的点 E）外，要比 H-O-S 模型的生产可能性边界向内缩进一些，如图 3.17 所示。这样，在有限资源的约束下，特定要素模型中本国的最优产出位于生产可能性边界线 AEB 上。但究竟是线 AEB 上的哪一点（每一点都表示特定的产出结构：y_1 和 y_2 各生产多少），还需要引入另外的影响因素——经济的需求方。

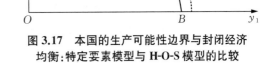

图 3.17　本国的生产可能性边界与封闭经济
均衡：特定要素模型与 H-O-S 模型的比较

2. 本国经济的需求方与封闭经济均衡

与 H-O-S 模型类似，假设消费者喜好多样化消费，消费者对两种产品都消费。这样，生产就会在生产可能性边界上除了点 A 和点 B 之外的任何点上发生。前面已经假

---

①　新古典生产技术的假定表明要素的边际产品或边际报酬递减，即随着部门 1 的资本—劳动力比率（K/L）的下降（从点 A 向点 B 移动，产品 1 的劳动力投入增加），工资率—租金率之比（w/r）也将下降。另外，从要素需求的角度看，对劳动力要素的需求与工资率（＝劳动力边际产出价值）成反比，从而形成一条向下倾斜的、负斜率的劳动力需求曲线。

定本国的需求方可以用一簇（严格）凸向原点的、非相交的社会无差异曲线来刻画（如图 3.8 所示）。令社会无差异曲线与生产可能性边界相切，即可得到本国的封闭经济均衡。当然，只有点 E 处的均衡才与 H-O-S 模型相同，其他点处的均衡产出（＝消费）都要低于 H-O-S 模型。

3. 比较静态分析

我们重点讨论 S-S 定理与罗伯津斯基定理的适用性。如图 3.18 所示，横轴表示本国的劳动力要素禀赋及其在两个部门的分配，纵轴表示工资率。在特定要素（即资本的存量）与产品价格既定的情况下，相应部门中劳动力的边际产出价值是该部门劳动力投入的函数。在均衡时，利润最大化条件要求每个部门的工资率（w）等于劳动力边际产出价值（$VMPL_i$），而且工资率的不断调整将确保劳动力要素充分就业。比如，假设图 3.18 的点 E^* 为初始均衡点，这时的工资率为 w^*，O_2L^* 的劳动力配置到部门 2，L^*O_1 的劳动力配置到部门 1。每个部门的总产出分别由图 3.18 中各自的 $VMPL_i$ 线以下的部分与均衡就业垂线 E^*L^* 围成的区域表示。每个部门的总产出减去劳动力报酬（比如在部门 2 中，劳动力报酬＝$O_2w^* \times O_2L^*$），就可以得到资本要素报酬。

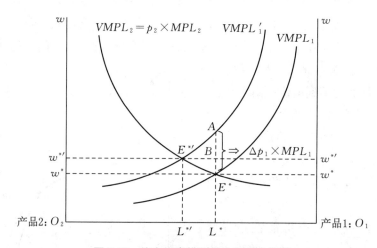

图 3.18　特定要素模型的比较静态分析

注：$VMPL_i = p_i \times MPL_i$ 表示产品或部门 i（$i=1, 2$）的劳动力边际产出价值（＝工资率）。

现假定产品 1 的相对价格上升（产品 2 的价格不变），那么对于该部门任一就业水平，这将同比例地提高劳动力的边际产出价值，即从 $VMPL_1$ 到 $VMPL_1'$，从而得到新的均衡点 $E^{*\prime}$。比较前后的均衡点，可知：

第一，劳动工资率的上升幅度（从 w^* 到 $w^{*\prime}$）小于产品 1 的相对价格的上升幅度（从 E^* 到 A），可以参见式（3.16）的数学推导。

第二，资本报酬的变化可以通过对式（3.13a）和式（3.13b）求全微分来加以判断：

$$a_{1L}dw + a_{1K}dr_1 = dp_1 \tag{3.15a}$$

$$a_{2L}dw + a_{2K}dr_2 = dp_2 \tag{3.15b}$$

因为 $\hat{p}_1 > \hat{w} > \hat{p}_2 = 0$，由附录式（3B.10）可以得到"放大效应"：

$$\hat{r}_1 > \hat{p}_1 > \hat{w} > \hat{p}_2 > \hat{r}_2 \tag{3.16}$$

可以看出，产品 1 相对价格的上升会产生以下影响：（1）提高产品 1 特定要素的实际报酬（并且也存在一个"放大效应"）；（2）同时会降低产品 2 特定要素的实际报酬，即 $\hat{r}_2 < 0$；（3）对流动要素（即劳动力）的实际报酬的影响则不确定，劳动力的实际报酬若以产品 1 衡量则下降，若以产品 2 衡量则上升。对于产品 1 的特定资本来说，劳动力工资报酬的下降意味着资本租金收入的提高。因为产品 1 的价格上升而产品 2 的价格不变，所以产品 1 的资本所有者的实际收入提高了。对于产品 2 的特定资本来说，产品 2 的价格不变，而该部门劳动力的实际报酬以产品 2 衡量则上升，这意味着特定资本的报酬将下降。所以，产品 2 特定资本的所有者以产品 1 和产品 2 衡量的实际收入都下降了。

由此得到**特定要素模型中的 S-S 定理**：一种产品价格的上升（另一种产品价格不变）将提高该产品特定要素的实际报酬，同时降低另一种产品特定要素的实际报酬，但对流动要素（即劳动力）的实际报酬的影响则不确定。

第三，劳动力要素从部门 2 转移至部门 1（转移量为 $L^* L^{*'}$），在特定要素存量给定的情况下，产品 1 的产出增加，产品 2 的产出下降。通过图 3.18 还可以观察要素禀赋变化产生的影响。假定产品 1 的特定要素——资本禀赋增加，这将提高该部门劳动力的边际产出（因为每单位劳动力现在可以配备更多的资本），即从 $VMPL_1$ 移至 $VMPL_1'$（但未必以特定要素增加的比例同幅度移动），从而得到新的均衡点 $E^{*'}$。比较前后的均衡点，可知：（1）以两种产品衡量的劳动工资率都是上升的。如果产品价格不变，则根据式（3.15a）和式（3.15b），两个部门特定要素的实际报酬都是下降的。（2）劳动力要素发生了转移，但由于两个部门的劳动力边际产出都上升了，因此两个部门的资本—劳动力比率也均上升，结果产品 1 的产出增加幅度小于该部门资本的增加幅度。如果流动要素——劳动力禀赋增加了，实际工资率将下降，两个部门特定要素的实际报酬将提高，劳动力就业和两个部门的产出均增加。

由此可以得到**特定要素模型中的罗伯津斯基定理**：一个部门特定要素的增加（另一个部门特定要素不变）将提高该部门的产出（但小于该部门特定要素的增加幅度），同时降低另一个部门的产出；流动要素——劳动力禀赋的增加将提高两个部门的产出。

3.2.3 开放经济

1. 引入另外一个国家——外国

已经假定 $\dfrac{\frac{K_2}{L}}{\frac{K_1}{L}} = \dfrac{K_2}{K_1} < \dfrac{\frac{K_2^*}{L}}{\frac{K_1^*}{L}} = \dfrac{K_2^*}{K_1^*}$，即本国产品 1 的特定要素（资本）相对比外国丰裕，本国在产品 1 的生产上具有比较优势；而外国产品 2 的特定要素（资本）相对比本国丰裕，外国在产品 2 的生产上具有比较优势。这样，本国封闭经济下更倾向于生产产品

1,而外国则偏向于生产产品 2,引入外国社会无差异曲线并令其与生产可能性边界相切,便可以推导出外国的封闭经济均衡。外国在特定要素模型下的生产可能性边界与本国类似,除了一点外,要比 H-O-S 模型的生产可能性边界向内缩进一些,如图 3.19 所示。

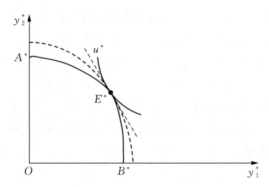

图 3.19   外国的生产可能性边界与封闭经济均衡:特定要素模型与 H-O-S 模型的比较

2. 本国与外国开展自由贸易

(1) 互惠贸易发生的条件。

两国之间要发生互惠贸易,必须满足两个条件:一是必要条件——特定要素禀赋的国际间差异和要素密集度的产品间差异使得两国各自产品的国内相对价格存在差异;二是充分条件——国际贸易价格位于有差异的国内相对价格之间。

首先看第一个条件,由于 $p^a = \dfrac{p_1}{p_2} < p^{a*} = \dfrac{p_1^*}{p_2^*}$,该必要条件是满足的。

其次看第二个条件。世界市场上产品 1 对产品 2 的相对价格 p^w 取决于这两种产品的世界相对供给 $\dfrac{y_1 + y_1^*}{y_2 + y_2^*}$ 与世界相对需求 $\dfrac{d_1 + d_1^*}{d_2 + d_2^*}$。以产品 1 对产品 2 的相对价格作为纵轴(在封闭经济下本国产品 1 的相对价格低于外国,因而 p^a 在 p^{a*} 的下面),则可以得到如同第 2 章图 2.7 的样子,即两种产品的国际相对价格存在五种情形:(1) $p^w < p^a < p^{a*}$;(2) $p^w = p^a < p^{a*}$;(3) $p^a < p^w < p^{a*}$;(4) $p^a < p^{a*} = p^w$;(5) $p^a < p^{a*} < p^w$。世界相对供给曲线和相对需求曲线确定之后,均衡的国际相对价格则由二者的交点确定。但只有情形 3 下的国际相对价格($p^a < p^w < p^{a*}$)才能满足必要条件,下面的讨论就基于该种情形。

(2) 国际贸易产生的效应。

在封闭经济下,本国更倾向于生产产品 1,而外国则偏向于生产产品 2。把图 3.17 和图 3.19 结合起来,可以观察两国之间开展贸易所产生的影响。

第一,看结构调整、分工与贸易效应。由于 $p^a < p^w < p^{a*}$,本国将出口产品 1,产品 1 的产出增加,产品 2 的产出下降,劳动力转移至生产产品 1 的部门,从而产品 1 的资本—劳动力比率下降。这相当于图 3.16 中从点 A 向点 B 移动,并且贸易后的均衡点将位于

EB 之间的区域。这时,因劳动力自由流动,故两个部门的工资率相等,但两部门的资本租金率不等,所以两个部门的工资率—租金率之比不相等。这反映在图 3.18 中,相当于从均衡点 E^* 到均衡点 $E^{*'}$。外国的情况跟本国相反。当两国按照同一国际相对价格进行贸易时,一国的进口值正好等于另一国的出口值,这样国际均衡就可以实现。由此可以得到特定要素模型下的 H-O-S 定理:一个国家将出口密集使用其相对丰裕的特定要素的产品。这把一国的特定要素丰裕度与其贸易格局联系起来。

第二,分析福利与收入分配效应。关于特定要素模型中的国际贸易所产生的福利与收入分配效应,我们可以大致总结出三点结论:第一,两国自由贸易下的状况好于封闭经济状况。贸易使两国的消费点高于各自的生产可能性边界,但在原来的封闭经济条件下,消费点则位于生产可能性边界上。但特定要素模型中贸易的福利增进效应要小于 H-O-S 模型。第二,在满足使互惠贸易发生的充分条件下,一国封闭经济下的相对价格越接近(偏离)国际相对价格,其获益就越少(越多)。这是贸易产生的收益在国际间的分配。第三,结合前面修正了的 S-S 定理与 H-O-S 定理,可知:出口部门的特定要素所有者因贸易而受益,与进口竞争的部门的特定要素所有者因贸易而受损;流动要素所有者的实际收入则不确定。这是贸易产生的收益在贸易国国内不同要素和不同部门之间的分配。

第三,分析贸易对要素价格的影响。在特定要素模型中,国际贸易对要素价格的影响是:每个国家国内的两个部门的工资率趋于相等,但两个部门的资本租金率不等,所以两个部门的工资率—租金率之比不相等。在一国之内的不同部门,要素价格尚且存在差异,那么国际间的要素价格差异就更不用说了,尽管存在国际贸易。在这种情况下,要使要素价格均等化定理成立则比较困难。

3.2.4　小结

H-O-S 模型与特定要素模型的最根本差异在于如何看待生产要素的流动性。前者认为生产要素在部门间是无成本地自由流动而且是完全相互替代的,反映长期均衡;而后者则认为生产要素在部门间的流动是有黏性的、有成本的,反映短期均衡。

从公共选择的角度看,H-O-S 模型认为不同生产要素在贸易政策上的立场总是对立的,某种生产要素要么支持自由贸易,要么支持保护贸易,不会兼顾两种立场。而特定要素模型则认为同一部门内不同生产要素对贸易政策的立场总是"同命相连"的,要么一起支持自由贸易,要么一起支持保护贸易。在现实中,特定要素模型更具有预见性和说服力,因为影响贸易政策的利益集团并不是以生产要素组成的,而多是以部门为单位构成的。特别是在短期进口冲击强烈的情况下,要求贸易保护的游说活动很明显地是以行业或部门的形式体现出来的。因此,经济学家在正式的贸易政治经济学模型中更倾向于使用特定要素模型作为分析问题的基础理论框架。[①]

---

① 有关讨论可参见盛斌:《中国对外贸易政策的政治经济学分析》,上海三联书店、上海人民出版社 2002 年版,第 33—34 页。另外,本书第 8 章还将讨论这一问题。

3.3 H-O-V 模型

国际贸易的要素含量的概念最早是由雅罗斯拉夫·瓦尼克(Jaroslav Vanek)于 1968 年提出的。[①]根据瓦尼克的分析,某一个国家出口(或进口)某种产品实际上等于间接地出口(或进口)该产品生产所投入的要素。比如,中国出口的某件衣服耗费了 5 个单位的劳动力和 1 个单位的资本,中国对这件衣服的出口意味着间接地出口了 5 个单位的劳动力和 1 个单位的资本。如果说 H-O-S 模型和特定要素模型是要素禀赋理论的"产品形式"(commodity version),那么本节介绍的模型则是要素禀赋理论的"要素含量形式"(factor content version),即被称为赫克歇尔—俄林—瓦尼克(Heckscher-Ohlin-Vanek)模型,简称 H-O-V 模型。[②]

3.3.1 基本假设

H-O-V 模型基本沿袭了 H-O-S 模型的假设:

(1) 维度方面的假设。H-O-V 模型是高维的 H-O-S 模型。假定有很多国家,用上标 c 表示,$c=1, \cdots, C$;有很多产业(或行业、部门),用下标 i 或 j 表示,记为 i 或 $j=1, \cdots, N$;有很多基本要素,用下标 k 或 l 表示,记为 k 或 $l=1, \cdots, M$。假定行业/产品的个数不少于基本生产要素的个数,即 $N \geqslant M$。

(2) 生产技术方面的假设。国家之间的生产技术是一样的,即任意两个国家某个产品的生产函数是相同的。每个产业都使用基本要素(劳动力、资本、土地等)与中间产品或中间投入(来自其他产业或本产业)来生产最终产品。在国家 c 中,生产 1 单位产出的产品 j 需要(直接)投入 $\tilde{a}_{jk}$ 单位的基本要素 k 和 a_{ij} 单位的中间投入 i。这些投入—产出关系可以用以下矩阵表示(更为详细的讨论可以参见附录 3C 的投入—产出方法):

第一,定义 $\tilde{A}$ 为 M 行(要素)N 列(产业)矩阵(未必是方阵),即 $\tilde{A}=[\tilde{a}_{jk}]=$
$\begin{bmatrix} \tilde{a}_{11} & \cdots & \tilde{a}_{j1} \\ \vdots & \ddots & \vdots \\ \tilde{a}_{1k} & \cdots & \tilde{a}_{jk} \end{bmatrix}$,其第 k 行第 j 列为 $\tilde{a}_{jk}$。由于该矩阵描述(直接)基本要素投入与产出之间的技术关系,所以通常被称为(直接)要素投入系数矩阵。比如,如果两个产业只使用劳动力和资本,则 $\tilde{A}=\begin{bmatrix} \tilde{a}_{1L} & \tilde{a}_{2L} \\ \tilde{a}_{1K} & \tilde{a}_{2K} \end{bmatrix}$。

[①] Vanek, Jaroslav, 1968, "The Factor Proportions Theory: The N-Factor Case", *Kyklos*, 21(4), 749—756.

[②] 由于基本要素或初始要素的价值贡献在投入—产出表中被称为增加值(value-added),因此贸易的要素含量可以转换成贸易的增加值含量,这就是本书第 6 章要讨论的内容。

第二,定义 A 为 N 行(产业)N 列(产业)方阵,即 $A = [a_{ij}] = \begin{bmatrix} a_{11} & \cdots & a_{1n} \\ \vdots & \ddots & \vdots \\ a_{1n} & \cdots & a_{nn} \end{bmatrix}$,其第 i 行第 j 列为 a_{ij}。由于该矩阵描述各产业之间中间产品的投入产出关系,所以通常被称为中间投入系数矩阵。

第三,通常在某一产品的生产过程中,不仅需要直接使用基本要素,也需要间接使用隐含在中间产品中的基本要素。这样,生产一单位(最终品 Y)产出对基本要素的总使用(直接使用加上间接使用)应为 $\tilde{A}(I-A)^{-1} = \tilde{A}L$,$I$ 为 N 行 N 列单位矩阵(主对角线元素为 1,其余元素为 0),L 为里昂惕夫逆矩阵。[①]

(3)市场结构方面的假设。在自由贸易的情况,任何产品的价格在世界各国都是一样的。同时,在完全竞争条件下,自由贸易意味着要素价格均等化是可以实现的。当要素价格和生产函数都相同时,各国的投入—产出关系也相同。

(4)需求方面的假设。各国的消费偏好是相同的和位似的。

3.3.2 基本模型

1. 生产

由于(直接)要素投入系数矩阵 $\tilde{A}$ 对于所有国家是一样的,因此,对于国家 c 来说,基本要素的充分利用意味着:

$$\tilde{A}Y^c = V^c \tag{3.17}$$

其中,Y^c 是国家 c 的最终产品产出向量($N \times 1$),V^c 是国家 c 的基本要素向量($M \times 1$)。式(3.17)就是该国的充分就业条件。

2. 消费

由于假定各国的消费偏好是相同的和位似的,因此任一国家对某种产品的最终需求与该国的收入成正比。令 D^c 为国家 c 的最终需求向量($N \times 1$),Y^w 表示全世界生产的最终产品产出向量($N \times 1$,等于世界总消费 D^w),s^c 为国家 c 的支出或需求占世界的份额。[②]那么,在要素价格均等化满足的情况下,有

$$D^c = s^c D^w = s^c Y^w \tag{3.18}$$

由于各国的投入—产出关系相同,即 $\tilde{A} = \tilde{A}^c$,则对于整个世界来说,基本要素的充分利用意味着:

$$\tilde{A}Y^w = V^w \tag{3.19}$$

其中,V^w 表示世界拥有的基本要素向量($M \times 1$)。因此,式(3.19)是世界的充分就

---

① $\tilde{A}_L$ 可称为要素总使用乘数,对应第 6 章讨论的总增加值乘数。

② 令 p 为价格向量,则 $pD^c = s^c pD^w = s^c pY^w$。如果贸易是平衡的,则每个国家的支出等于其收入,即 $pD^c = pY^c$,这样 $s^c = (pD^c)/(pY^w) = (pY^c)/(pY^w) = GDP^c/GDP^w$。

业条件。

式(3.18)两边同乘以 $\tilde{A}$ 并结合式(3.19),可得

$$\tilde{A}D^c = s^c V^w \tag{3.20}$$

3. 贸易

对于国家 c 来说,其净出口向量为

$$T^c = Y^c - D^c \tag{3.21}$$

式(3.21)两边同乘以 $\tilde{A}$ 并结合式(3.18)和式(3.20),可得

$$F^c \equiv \tilde{A}T^c = V^c - s^c V^w \tag{3.22}$$

其中,$F^c \equiv \tilde{A}T^c$ 为 $(M \times 1)$ 向量,是对贸易的要素含量的定义。[①]式(3.22)也是 H-O-V 定理的基本表达式,它体现了 H-O-V 模型对一国进出口贸易格局的预测。式(3.22)中的 $\tilde{A}T^c$ 被称为"实测的要素含量"(measured factor content of trade,MFCT),即一国净出口所含的(直接)基本要素量;最右端的 $(V^c - s^c V^w)$ 被称为"预测的要素含量"(predicted factor content of trade,PFCT),即该国所拥有的基本要素量 V^c 相对于全世界的基本要素量 V^w 的丰裕程度$[V^c - s^c V^w = V^w(V_k^c/V_k^w - s^c)]$。

从定性的角度看,式(3.22)表明某一要素相对丰裕的国家将成为含有该丰裕要素的产品的净出口国;从定量的角度看,该等式表明国家 c 净出口中的某一要素含量等于,该国的这一要素禀赋与世界该要素的禀赋之比减去该国的支出或需求占世界的份额的值,与世界该要素禀赋的乘积。比如,对于某一基本要素 k,$F_k^c = V_k^c - s^c V_k^w$。如果国家 c 要素 k 的禀赋与世界该要素的禀赋之比超过该国 GDP 占世界的份额(即 $V_k^c/V_k^w > s^c$),那么我们就认为国家 c 在要素 k 上是相对丰裕的,从而国家 c 净出口所含的要素 k 的数量为正($F_k^c > 0$),即该国将出口要素 k 服务。反之则国家 c 在要素 k 上是相对稀缺的,从而国家 c 净出口所含的要素 k 的数量为负($V_k^c/V_k^w < s^c \Rightarrow F_k^c < 0$),即该国将进口要素 k 服务。[②]

由此可以进一步推导出以下结论:如果国家 c 的资本相对于劳动力来说是丰裕的,那么根据 H-O-V 定理,这意味着国家 c 国内生产中的资本—劳动力比率大于国内消费(国内生产减去净出口)中的资本—劳动力比率,即 $\dfrac{K^c}{L^c} > \dfrac{K^c - F_k^c}{L^c - F_l^c}$。[③]这一结论也被称为

---

① 注意:该公式实际上是计算贸易的直接要素含量,并未包括间接的要素含量。

② 根据本章第 3.1 节对 H-O-S 模型的拓展性讨论,当产品个数大于生产要素个数时,产品的进出口格局是不确定的。但 H-O-V 模型能预测随着国际贸易的发生,贸易品中所含生产要素在各国之间转移的类型,而包含在贸易品中的生产要素的国际转移对贸易国的要素及其报酬的影响才是更为重要的问题。

③ 因为 $\left.\begin{array}{l} F_k^c = K^c - s^c K^w \\ F_1^c = L^c - s^c L^w \end{array}\right\} \Rightarrow \left.\begin{array}{l} \dfrac{K^c}{K^w} = s^c \dfrac{K^c}{K^c - F_k^c} \\ \dfrac{L^c}{L^w} = s^c \dfrac{L^c}{L^c - F_l^c} \end{array}\right\}$,所以 $\dfrac{K^c}{K^w} > \dfrac{L^c}{L^w} \Rightarrow \dfrac{K^c}{K^c - F_k^c} > \dfrac{L^c}{L^c - F_l^c}$,即可推出该式。

李默尔定理。[①]它揭示出一国净出口贸易中的要素含量、国内生产中的要素含量与国内消费中的要素含量三者之间的关系,以及由此而确定的要素相对丰裕度。

3.4　要素禀赋理论的经验分析

要素禀赋理论是现代国际贸易理论的基石,它揭示了国际间同质要素的相对丰裕度、国际间相同技术决定的要素密集度与贸易方向(出口与进口)之间的关系。相关的经验研究基本上是围绕这三大变量的设定而展开的。本节首先介绍瓦西里·里昂惕夫的经验分析,然后依次回顾对 H-O-S 模型与 H-O-V 模型的经验研究,最后介绍旨在检验要素禀赋理论前提假设的经验研究。

3.4.1　里昂惕夫的研究

里昂惕夫是第一个对要素禀赋理论进行经验检验并提出挑战的经济学家。[②]这一研究的经典性不仅因为它是一个诺贝尔奖获得者对另外两个诺贝尔奖获得者(俄林和萨缪尔森)的挑战[③],而且因为它从理论和实证两个层面开启了国际贸易研究及学科发展的新时代。

里昂惕夫运用投入—产出方法测算美国 1947 年出口品和进口品所含的资本和劳动力。出口品所含的要素包括直接使用与间接使用两方面。对于进口品,由于无法得到外国的技术数据,里昂惕夫就使用美国的技术来计算其中的要素含量,这相当于直接计算在美国生产的、与进口竞争的产品的要素含量。这一做法符合要素禀赋理论“国际间生产技术相同”的假定,但不符合现实。最终测算结果如表 3.1 所示。可以看到,美国进口品的资本—劳动力比率大于出口品的资本—劳动力比率。这意味着,当时被认为是资本丰裕的美国出口的却是劳动密集型产品,而进口的则是资本密集型产品。这个发现被称为“里昂惕夫悖论”。

里昂惕夫的发现震惊了国际贸易理论界,包括里昂惕夫本人在内的经济学家试图从以下几个方面解释“里昂惕夫悖论”产生的原因:(1)美国与外国的技术是有差异的。

①　Leamer, Edward, 1980, "The Leontief Paradox, Reconsidered", *Journal of Political Economy*, 88(3), 495—503.

②　里昂惕夫因对投入—产出分析的贡献而于 1973 年获得诺贝尔经济学奖。他的代表作为《投入产出经济学》,该书收录了他从 1947 年到 1965 年公开发表的 11 篇论文,其中有两篇主要是研究国际贸易的,即:Leontief, Wassily, 1953, "Domestic Production and Foreign Trade: The American Capital Position Re-examined", *Proceedings of the American Philosophical Society*, 97(4), 332—349; Leontief, Wassily, 1956, "Factor Proportions and the Structure of American Trade: Further Theoretical and Empirical Analysis", *Review of Economics and Statistics*, 38(4), 386—407.

③　俄林因对要素禀赋贸易理论的贡献而于 1977 年获奖,萨缪尔森因对提高经济科学分析水平的贡献而于 1970 年获奖。

(2)没有考虑除资本和劳动力以外的其他要素,如土地等。(3)应按照技能将劳动力要素进行分解(如果美国的出口品是人力资本密集型的,那么"悖论"将不复存在)。(4)1947年的数据可能会有问题,因为二战刚刚结束。(5)美国从事的贸易可能并不是要素禀赋理论假设的自由贸易(美国对资本密集型产品的出口因外国的贸易保护而比自由贸易时少,所以美国出口品的资本含量被低估;美国对劳动密集型产品的进口因为美国的贸易保护而比自由贸易时少,所以美国进口品的资本含量被高估)。

表 3.1　里昂惕夫(Leontief, 1953)的测算结果

	出口	进口
资本(美元,1947 年价格)	2 550 780	3 091 339
劳动力(人年)	182.313	170.004
资本—劳动力比率(美元/人年)	13 991	18 184

注:资本和劳动力数量分别表示 1947 年美国每 100 万美元的出口和进口所需要的资本和劳动力数量。

3.4.2　检验 H-O-S 定理的跨部门和跨国研究

检验 H-O-S 定理的跨部门经验研究是假设出口绩效取决于产业的特征,基本做法是:将一个衡量贸易绩效(通常是净出口)的变量对一些衡量比较优势决定因素的变量进行回归。而跨国经验研究则选择一种或多种产品,以衡量每一种产品贸易绩效的变量为因变量,以若干国家的一系列不同特征为自变量或解释变量。跨部门分析与跨国分析通常会结合在一起,甚至与时间维度结合在一起进行分析。

表 3.2 总结了这方面的代表性研究。可以看出,不同研究对 H-O-S 定理的检验结果存在较大差异。跨部门分析大多倾向于拒绝基本形式的 H-O-S 定理。不过,分析表明,人力资本与净出口之间的正相关关系是存在的。这与其说是支持 H-O-S 定理,倒不如说反映了出口部门的技术进步。跨国分析似乎比跨部门分析更支持 H-O-S 定理。同时考虑物质资本和人力资本有助于解释制成品的进出口贸易格局。这意味着,如果更广泛地定义和细分资本,以及将更多的要素(包括自然资源)纳入考虑范围,那么 H-O-S 定理在经验层面上将是可以接受的。[①]

值得注意的是,爱德华·李默尔(Edward Leamer)指出跨部门回归分析存在两个问题:一是缺乏明确的理论基础;二是变量选取问题,比如因变量的设定及其与自变量的关系。特定产业的产出份额和贸易依存度与该产业的特征之间未必存在理论意义上的联系,而跨国回归分析则比较合适,因为要素禀赋理论重在解释不同国家的特定产品贸易

---

① 这些思想和分析思路被称为"新要素比例理论"(neo-factor proportion theory)和"新技术理论"(neo-technology theory)。参见 Borkakoti, Jitendralal, 1998, *International Trade:Causes and Consequences*, London:Macmillan Press Ltd.,Chapter 23。

流的变化。[1]

表 3.2　检验 H-O-S 定理的跨部门和跨国经验研究

		相应数据及变量设定			基本结论
		主要对象	因变量	自变量	
跨部门分析	Keesing (1966)	美国	美国的出口/其他 14 国的出口	不同技能的劳动力份额	美国是人力资本丰裕的
	Baldwin (1971)	美国	经过调整的部门净出口	资本和劳动力要素	"里昂惕夫悖论"仍然存在
	Branson 和 Junz (1971)	美国	部门净出口	劳均资本、劳均人力资本、规模经济指数等	"里昂惕夫悖论"仍然存在,但人力资本在美国净出口中的作用显著
	Harkness 和 Kyle (1975)	美国	二元变量:某产业为净出口时,取值 1;某产业为净进口时,取值 0	资本—劳动力比率、不同技能的劳动力份额等	随着资本—劳动力比率的提高,该产业净出口的可能性增加;从贸易方向而不是从贸易量的角度支持 H-O-S 定理
	Branson 和 Monoyios(1977)	美国	净出口;二元变量	资本、人力资本和劳动力要素	"里昂惕夫悖论"仍然存在,但人力资本在美国净出口中的作用显著
	Harkness (1978)	美国	净出口/总产出	各种生产要素	部分支持 H-O-S 定理
	Stern 和 Maskus(1981)	美国	部门净出口;二元变量	物质资本、人力资本、劳动力等	人力资本在美国净出口中的作用显著;从贸易方向而不是从贸易量的角度支持 H-O-S 定理
	Stern(1976)	联邦德国	净出口/总产出	劳均资本、劳均人力资本等	进口物质资本服务、出口人力资本服务,H-O-S 定理无法对此解释
跨国分析	Balassa (1979)	36 个经济体、184 种产品	某国特定产品的出口占世界的份额	劳均资本、劳均人力资本等	支持 H O S 定理
	Baldwin (1979)	美国、日本、欧洲共同体	进口竞争产品的资本—劳动力比率/出口产品的资本—劳动力比率	人均 GDP、劳均资本等	支持 H-O-S 定理

[1]　Leamer，Edward，1994，"Testing Trade Theory"，in David Greenaway and Alan Winters(eds.)，*Surveys in International Trade*，Oxford：Blackwell Publishers.

续表

		相应数据及变量设定			基本结论
		主要对象	因变量	自变量	
跨国分析	Bowen (1983)	34 个经济体、91 个制造业部门	进口竞争产品的资本—劳动力比率/出口产品的资本—劳动力比率	劳均资本、劳均人力资本禀赋等	支持 H-O-S 定理
	Balassa (1986)	38 个经济体、16 种产品	某国特定产品的净出口占该产品总贸易的份额	物质资本、人力资本、劳动力	支持 H-O-S 定理

注：本表根据以下文献整理而成：Borkakoti, Jitendralal, 1998, *International Trade：Causes and Consequences*, London：Macmillan Press Ltd., Ch. 13；Leamer, Edward, 1994, "Testing Trade Theory", in David Greenaway and Alan Winters (eds.), *Surveys in International Trade*, Oxford：Blackwell Publishers。

3.4.3　检验 H-O-V 模型的经验研究

里昂惕夫于 1953 年完成的经验研究是最早运用要素含量方法来检验要素禀赋理论的,早于 H-O-V 模型的建立(1968 年),但他的方法与 H-O-V 模型的基本思想还是有区别的。不过,从 20 世纪 80 年代开始,陆续出现了许多检验 H-O-V 模型的研究。这方面的代表性研究总结如表 3.3 所示：

表 3.3　检验 H-O-V 模型的经验研究

	使用的变量及相应数据			具体方法	基本结论
	贸易	技术	要素禀赋		
Leamer(1980)	是	美国	否	比较生产与消费中的资本—劳动力比率(K/L)	支持 H-O-S 模型/H-O-V 模型,"里昂惕夫悖论"消失
Bowen, Leamer 和 Sveikauskas(1987)	是	美国	是	符号检验(sign test)与排序检验(rank test)	质疑 H-O-V 模型
Trefler(1993)	是	美国	是	引入要素生产率参数(π_k^c)	在对各国要素生产率进行调整后,H-O-V 模型成立
Trefler(1995)	是	美国	是	引入要素生产率参数(δ_i)及其他因素	探讨 H-O-V 模型与现实数据不符的多种原因
Davis 和 Weinstein(2001)	是	很多国家	是	从数据估算出 $\tilde{A}^c$ 并考虑其他因素	不支持基本的 H-O-V 模型,但模型改进之后解释力增强
Choi 和 Krishna(2004)	是	很多国家	是	观察要素价格与双边贸易的要素含量的关系	总体支持 H-O-V 模型的预测

注：本表在以下文献的基础上添加整理而成：Feenstra, Robert, 2004, *Advanced International Trade：Theory and Evidence*, Princeton：Princeton University Press, 47。

1. 李默尔的研究

1980年,李默尔真正基于 H-O-V 模型对"里昂惕夫悖论"进行了重新思考。[1]他认为,当一国的对外贸易不平衡时,仅通过比较进口与出口产品中的资本—劳动力比率来判断一国的要素相对丰裕度的方法是错误的。而且,里昂惕夫仅仅计算了产品生产中的资本—劳动力比率,没有考虑美国消费中的资本—劳动力比率,这在理论上是不合适的。

李默尔通过比较国内生产、国内消费与净出口(=国内生产-国内消费=出口-进口)中的资本—劳动力比率发现,当且仅当满足以下三个条件中的任何一个时,一国的资本相对于劳动力来说是丰裕的:

$$(1) \begin{cases} K_x - K_m > 0 \\ L_x - L_m < 0 \end{cases}; \quad (2) \begin{cases} K_x - K_m > 0 \text{ 且 } L_x - L_m > 0 \\ \dfrac{K_x - K_m}{L_x - L_m} > \dfrac{K_c}{L_c} \end{cases}; \quad (3) \begin{cases} K_x - K_m < 0 \text{ 且 } L_x - L_m < 0 \\ \dfrac{K_x - K_m}{L_x - L_m} < \dfrac{K_c}{L_c} \end{cases}$$

其中,K_x、K_m 和 K_c 分别表示出口、进口和消费中的资本含量,L_x、L_m 和 L_c 分别表示出口、进口和消费中的劳动力含量。

李默尔使用里昂惕夫用过的同样数据来计算,发现条件(2)是满足的(见表 3.4),即美国确实是资本相对丰裕的(同时美国是资本和劳动力服务"双顺差")。"里昂惕夫悖论"消失了!

值得注意的是,虽然李默尔与里昂惕夫都使用同样的数据、基于同样的假设,但由于使用不同的分析方法而得到截然不同的结论。这样,检验"里昂惕夫悖论"(因而也是检验 H-O-S 模型和 H-O-V 模型)的思路就包括三个方面:(1)要考虑假设前提是否符合现实;(2)要考虑使用的数据是否存在问题;(3)要考虑采用的分析方法是否合适。

表 3.4　李默尔(Leamer, 1980)的测算结果

	国内生产	国内消费	净出口
资本(百万美元,1947 年美元价格)	328 519	305 069	23 450
劳动力(百万人年)	47.27	45.28	1.99
资本—劳动力比率(美元/人年)	6 949	6 737	11 783

注:国内消费=国内生产-净出口。

2. 鲍恩、李默尔和斯维考斯克斯的研究[2]

鲍恩等(Bowen, Leamer and Sveikauskas, 1987)首次对 H-O-V 模型进行了"全部检验"(complete tests)。由于 H-O-V 模型基于若干严格的假设,因此要想使 H-O-V 定理基本表达式(即 $F^c \equiv \tilde{A} T^c = V^c - s^c V^w$)的两端完全相等则可能比较困难。但只要该

---

[1]　Leamer, Edward, 1980, "The Leontief Paradox, Reconsidered", *Journal of Political Economy*, 88(3), 495—503.

[2]　Bowen, Harry, Edward Leamer and Loe Sveikauskas, 1987, "Multicountry, Multifactor Tests of the Factor Abundance Theory", *American Economic Review*, 77(5), 791—809.

表达式两边具有一定的相关性而非完全相等,那么 H-O-V 定理大致上就是正确的。也就是说,通过一国的生产要素丰裕度,可能不能完全预测净出口中的生产要素含量,但起码能在一定程度上预测该国贸易所含要素是净出口还是净进口。于是,他们采用两种检验方法:符号检验法与排序检验法。

首先使用符号检验法,检验式(3.22)两端的符号在多大程度上是一致的,即

$$\text{sign}(F_k^c) = \text{sign}(V_k^c - s^c V_k^w), \ c = 1, \cdots, C \ \text{且} \ k = 1, \cdots, M \tag{3.23}$$

如果国家 c 的要素 k 是丰裕的,则 $F_k^c > 0$,即 H-O-V 模型预测该国会净出口要素 k 服务。我们可以基于国家 c 的贸易品计算出实际隐含的要素 k 的量。如果实测得到 $F_k^c > 0$,则证明其与 H-O-V 模型的预测相一致;如果实测得到 $F_k^c < 0$,则证明其与 H-O-V 模型的预测不一致。因此,符号检验法就是观察对于 C 个国家 M 种要素的 $C \times M$ 个样本来说,以上等式两端的符号在多大程度上是一致的(即符号保持一致的样本所占的百分比)。

其次使用排序检验法。选取国家 c 的任意两种要素 k 和 l,并基于所选要素在国家 c 的拥有量计算出各自的 PFCT(预测的贸易要素含量),即 $V_k^c - s^c V_k^w$ 和 $V_l^c - s^c V_l^w$;同时计算出所选要素的 MFCT(实测的贸易要素含量),即 F_k^c 和 F_l^c。如果 $F_k^c > F_l^c \Leftrightarrow V_k^c - s^c V_k^w > V_l^c - s^c V_l^w$,则与 H-O-V 模型的预测相一致;如果两个不等号的方向相反,则与 H-O-V 模型的预测不一致。因此,排序检验法就是观察对于 C 个国家 M 种要素的 $C \times M(M-1)/2$ 个样本,这两个排列顺序在多大程度上是一致的。

总之,对于以上两种检验方法来说,要使 H-O-V 模型具有较强的预测能力,符号或排序保持一致所占的比例应该远高于 50%。然而,从鲍恩等三人的研究开始,研究者们基于不同的样本进行符号检验与排序检验,但结果却是惊人的相似:H-O-V 模型大约在 50% 的概率上预测到了实际观察到的贸易要素含量(见表 3.5)。难怪丹尼尔·特雷夫莱(Daniel Trefler)指出,用 H-O-V 模型进行预测相当于投掷一枚硬币。[①]

很明显,符号检验与排序检验实际上是对 H-O-V 模型非常宽容的检验方法,它们并不苛求实测值与预测值完全相等。如果这两个非常宽容的检验都通不过,那么 H-O-V 模型就有问题了。事实是否如此呢?

表 3.5   对 H-O-V 模型的符号检验与排序检验

研　究	样　本	符号检验(%)	排序检验(%)
Bowen, Leamer 和 Sveikauskas (1987)	1967 年 27 个国家、12 种要素	61	49
Trefler(1995)	1983 年 33 个国家、9 种要素	50	60
Davis 和 Weinstein(2001)	1985 年 10 个国家加上 ROW(世界其余各国)、2 种要素	32	—

---

① Trefler, Daniel, 1995, "The Case of Missing Trade and Other Mysteries", *American Economic Review*, 85(5), 1029—1046.

3. 特雷夫莱与戴维斯和温斯坦的研究[①]

前面已经提到,检验"里昂惕夫悖论"(因而也是检验 H-O-S 模型和 H-O-V 模型)的思路包括三个方面,上面介绍的经验分析都尝试了不同的数据和分析方法,但对于前提假设是否符合现实的问题还有待挖掘。这方面研究首先是与丹尼尔·特雷夫莱分别在1993 年和 1995 年发表的两篇论文联系在一起的。

(1) 特雷夫莱的研究。

特雷夫莱发现里昂惕夫在 1953 年发表的论文(见本节前面的介绍)中是这样解释"里昂惕夫悖论"的:"当劳动力用生产率相等的工人来衡量时,美国就是劳动力丰裕的国家:一个拥有美国技术的美国劳动力一年的产量相当于几个拥有较低技术的外国劳动力一年的产量。"[②]因此,特雷夫莱的工作首先是从放松要素禀赋理论关于国际间生产技术相同的假设开始的。而如何将生产率或生产技术的差异引入模型,则存在两种方法:一是考虑不同国家不同要素的生产率差异;二是考虑要素需求矩阵 $\tilde{A}$ 的差异性。这两种方法相互联系,比如,某一国的某一要素的生产率低 10%,这等于说该国生产单位产出需要多投入 10%的该种要素。下面依次进行讨论。

第一,考虑不同国家不同要素的生产率差异。

特雷夫莱在 1993 年的论文允许每一个国家的所有生产要素具有不同的生产率。他假定美国为基准国,其要素生产率被标准化为 1。引入一个生产率参数 π_k^c,表示国家 c 的要素 k 与美国相比的相对生产率(即国家 c 的要素 k 生产率与美国的要素 k 生产率之比)。这样,国家 c 的要素 k 的"实际禀赋"为 $\pi_k^c V_k^c$。令 $\tilde{A}$ 为每个产业每单位产出所需要的实际要素数量,同时仍然假定以实际要素价格衡量的要素价格均等化成立,这样 $\tilde{A}$ 因各国的生产率或技术被调整为相等而在各国是一样的。由此,H-O-V 的基本表达式就可以写成以实际要素禀赋表示的形式:

$$F_k^c \equiv \tilde{A} T_k^c = \pi_k^c V_k^c - s^c \sum_{j=1}^{C} \pi_k^j V_k^j,\ c=1,\cdots,C \text{ 且 } k=1,\cdots,M \qquad (3.24)$$

式(3.24)含有 $M \times C$ 个等式和 $M \times (C-1)$ 个生产率参数。但这些等式并不是相互独立的。对于任何一个要素 k,把所有国家相加,则式(3.24)两边都将等于零,因为世界出口等于世界进口;即使以要素含量来衡量,也是如此。如果把美国去掉,则剩下 $M \times (C-1)$ 个等式和 $M \times (C-1)$ 个生产率参数。这样一来就可以求解出生产率参数 π_k^c,但其前提是H-O-V 等式[即式(3.24)]两端必须相等。

这乍一看又好像不是在检验 H-O-V 模型!那么怎样判断 H-O-V 模型是否与现实

① Trefler, Daniel, 1993, "International Factor Price Differences: Leontief Was Right!" *Journal of Political Economy*, 101(6), 961—987. Trefler, Daniel, 1995, "The Case of Missing Trade and Other Mysteries", *American Economic Review*, 85(5), 1029—1046. Davis, Donald and David Weinstein, 2001, "An Account of Global Factor Trade", *American Economic Review*, 91(5), 1423—1453.

② Trefler, Daniel, 1993, "International Factor Price Differences: Leontief Was Right!" *Journal of Political Economy*, 101(6), 962.

相符呢？特雷夫莱进行反推：如果修正后的 H-O-V 模型能够完全解释观察到的数据，那么它会显示各国各产业的生产率差异有多大。特雷夫莱基于 1983 年 33 个经济体（它们合计占当年世界出口的 76% 和世界 GNP 的 79%）、10 种生产要素的数据，求解出生产率参数 π_k^c 值，并将之与可以观测到的各经济体的生产要素价格进行比较，结果表明：由模型解出的劳动生产率相对值（＝其他经济体的劳动生产率与美国的劳动生产率之比）与观测到的各经济体工资率相对值（＝其他经济体的工资率与美国的工资率之比）之间的相关性高达 90%；由模型解出的资本生产率相对值与观测到的各经济体资本品价格相对值之间的相关性也达到 68%。这意味着，不是 H-O-V 模型不能解释现实，而是在运用 H-O-V 模型时需要将各国的生产要素量用生产率进行调整，从而得到"生产率相等"的生产要素量。因为美国的劳动力比其他国家有更高的生产率，所以美国的实际劳动力数量（用生产率进行调整）会很大。用未经过生产率调整的名义劳动力数量和名义资本数量来计算一国的劳动力和资本的丰裕度是不适当的，由此，基于名义要素数量的 H-O-V 模型不能解释现实也就可想而知了。

接下来，为了检验 1983 年美国的数据是否也存在"里昂惕夫悖论"，特雷夫莱计算得到出口的资本含量与进口的资本含量之比为 0.84（非常接近 1947 年的 0.83），但他发现出口的劳动力含量与进口的劳动力含量之比从 1947 年的 1.07 降至 1983 年的 0.78［见表 3.6 的第（1）列］。这样，对于 1983 年的美国数据来说，"里昂惕夫悖论"不存在了。特雷夫莱还使用里昂惕夫用过的 1947 年数据来计算资本和劳动力的要素禀赋，结果如表 3.6 的第（3）列显示，在 1947 年美国的资本和劳动力要素都是稀缺的。但如果进行生产率调整，则如表 3.6 的第（4）列显示，资本和劳动力的要素禀赋比率增加到 0.97 和 0.96，资本的要素禀赋比率的上升幅度小于劳动力。这表明，在围绕"里昂惕夫悖论"的争论中，里昂惕夫自己的见解是正确的。特雷夫莱的贡献在于他用一个间接方法显示各国不同的要素生产率在解释国际贸易进出口格局上的重要性，在对不同的要素进行生产率调整之后，一国的要素拥有量可以很好地解释其贸易中的要素含量。H-O-V 模型被救活了！

表 3.6　特雷夫莱对"里昂惕夫悖论"的再解释

	$\dfrac{[\tilde{A}X^{US}]_k}{[\tilde{A}M^{US}]_k}$	$\dfrac{F_k^{US}-\hat{F}_k^{US}}{\hat{F}_k^{US}}$	$\dfrac{V_k^{US}/V_k^{w}}{s^{US}}$	$\dfrac{V_k^{US*}/V_k^{w*}}{s^{US}}$
	(1)	(2)	(3)	(4)
资本	0.84	-0.95	0.71	0.97
劳动力	0.78	-0.98	0.54	0.96

注：第（1）列表示出口的要素含量与进口的要素含量之比；第（2）列表示美国贸易的要素含量（F_k^{US}）对基于禀赋估算的要素含量（$\hat{F}_k^{US}$）的偏离；第（3）列表示在 H-O-V 模型中，如果 $\dfrac{V_k^{US}/V_k^{w}}{s^{US}}>1$，则该要素是丰裕的；第（4）列表示在经过生产率调整了的 H-O-V 模型中，如果 $\dfrac{V_k^{US*}/V_k^{w*}}{s^{US}}>1$，则该要素是丰裕的。

资料来源：Trefler, Daniel, 1993, "International Factor Price Differences：Leontief Was Right!", *Journal of Political Economy*, 101(6), 978。

第二，考虑各国要素需求矩阵 $\tilde{A}$ 的差异性。

特雷夫莱在 1995 年的论文允许每一个国家具有不同的要素需求矩阵 $\tilde{A}^c$。他首先发现两个有趣的现象——"贸易丢失之谜"（the mystery of missing trade）和"要素禀赋悖论"（the endowment paradox），然后引入要素需求矩阵差异和消费偏好差异进行解释。

前面已经讨论，对于国家 c 的某一要素 k 来说，H-O-V 模型为：

$$F_k^c = V_k^c - s^c V_k^w \qquad (3.25)$$

如果 $V_k^c / V_k^w > s^c$ 或 $V_k^c > s^c V_k^w$，国家 c 的要素 k 是丰裕的；当 $F_k^c > 0$ 时，国家 c 净出口要素 k 的服务。令 ε_k^c 为对 H-O-V 定理的偏差，即：

$$\varepsilon_k^c = F_k^c - (V_k^c - s^c V_k^w) \qquad (3.26)$$

令 σ_k 为 ε_k^c 的标准差，$\sigma_k^2 = \sum_c (\varepsilon_k^c - \bar{\varepsilon}_k)^2 / (C-1)$，$\bar{\varepsilon}_k = \sum_c \varepsilon_k^c / C$。根据 σ_k 的大小来排列要素 k，同时用 $\sqrt{s^c}$ 来控制国家规模。所有的数据 (k, c) 均根据 $\sigma_k \sqrt{s^c}$ 来排序。

特雷夫莱基于 1983 年的 297 个观测值（33 个经济体×9 种要素）并采用符号检验法发现，只有 49.8% 的情形使得式（3.25）的两端符号相同。他并没有简单地接受这一结果，而是将式（3.26）定义的 ε_k^c 值标在纵坐标上，将 $(V_k^c - s^c V_k^w)$ 值标在横坐标上，从而得到图 3.20。在图 3.20 中画一条 $V_k^c - s^c V_k^w = 0$ 的垂直线，该线右边的点对应丰裕要素，左边的点对应稀缺要素。当 $F_k^c = 0$（没有贸易）或 $\varepsilon_k^c = -(V_k^c - s^c V_k^w)$ 时，则可以得到一个负斜率的对角线，该对角线右上方的点对应 $F_k^c > 0$，左下方的点对应 $F_k^c < 0$。这样，图 3.20 就被垂直线和对角线分割成 4 个区域。符号检验法预测所有的观测值应该位于区域 I（垂直线右边和对角线右上方的区域）或区域 III（垂直线左边和对角线左下方的

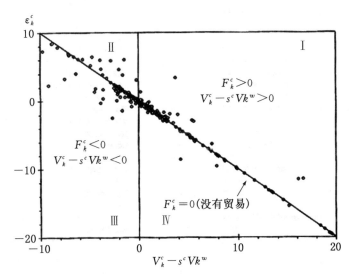

图 3.20 $\varepsilon_k^c = F_k^c - (V_k^c - s^c V_k^w)$ 对 $(V_k^c - s^c V_k^w)$ 回归

资料来源：Trefler, Daniel, 1995, "The Case of Missing Trade and Other Mysteries", *American Economic Review*, 85(5), 1032.

区域)。但特雷夫莱发现只有一半的观测值位于这两个区域。更为奇特的是,几乎所有的观测值都靠近对角线($F_k^c=0$);而且通过计算,贸易要素含量 F_k^c 的方差 σ_k^2 与基于国家要素禀赋($V_k^c - s^c V_k^w$)而计算出的方差之比只有 0.032。也就是说,假如 H-O-V 模型预测的国际贸易中要素的流动量为 100 个单位,实际测出的国际贸易中要素的流动量只有 3.2 个单位。大量的国际贸易"丢失了"! 特雷夫莱称这一发现为"贸易丢失之谜"。

另外,特雷夫莱按照经过购买力平价(PPP)调整过的人均 GDP 对 33 个经济体按照递增次序排列,同时标出各经济体的负偏差的个数(如图 3.21 左边所示),结果表明:较穷的经济体倾向有负偏差,而较富的经济体则倾向有正偏差;负偏差与人均 GDP 之间的相关系数为 0.87。上面的讨论显示,由于 F_k^c 很小,因此在公式 $\varepsilon_k^c = F_k^c - (V_k^c - s^c V_k^w)$ 中,ε_k^c 值将很可能由($V_k^c - s^c V_k^w$)的值主导。于是,特雷夫莱把丰裕要素的个数(0—9 个)标在图 3.21 的右边并与各经济体对应,结果表明:较富的经济体在大多数要素上是稀缺的,而较穷的经济体则在大多数要素上是丰裕的;丰裕要素的个数与人均 GDP 之间的相关系数为 -0.89。真是奇怪! 特雷夫莱将这一发现称为"要素禀赋悖论"。

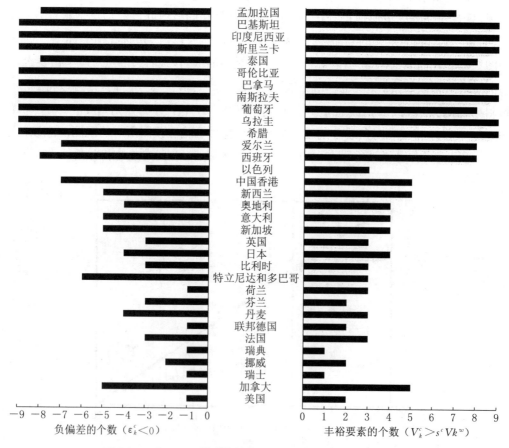

图 3.21　对 H-O-V 模型的偏差、要素禀赋与收入水平的关系

资料来源:Trefler, Daniel, 1995, "The Case of Missing Trade and Other Mysteries", *American Economic Review*, 85(5), 1033。

到此为止,"里昂惕夫悖论"不但没有得到解决,反而又引来新的问题——"贸易丢失之谜"和"要素禀赋悖论"。但这些问题也都是在 H-O-V 模型的框架下产生的。于是,特雷夫莱首先通过允许每一个国家具有不同的要素需求矩阵 $\tilde{A}^c$ 而将技术差异考虑进去。他假定在要素需求方面,其他国家($\tilde{A}^c$)与美国($\tilde{A}^{US}$)的关系为:

$$\delta^c \tilde{A}^c = \tilde{A}^{US} \tag{3.27}$$

如果 $\delta^c < 1$,即 $\tilde{A}^c > \tilde{A}^{US}$,则国家 c 的生产率比美国低,因而生产 1 单位产出需要更多的劳动力、资本及其他资源。代入 H-O-V 模型基本等式,得

$$F^{cUS} \equiv \tilde{A}^{US} T^c = \delta^c V^c - s^c \sum_{j=1}^{C} \delta^j V^j \tag{3.28}$$

这表示,以美国技术衡量的贸易的要素含量应该等于各经济体经过技术调整过的相对要素禀赋。特雷夫莱曾在 1993 年的论文中指出:要素生产率的调整可以挽救 H-O-V 模型。那么问题是:要素生产率的调整可以在多大程度上挽救 H-O-V 模型呢?由于无法获得各经济体不同要素的生产率数据,特雷夫莱假定各经济体在所有要素上存在希克斯中性的生产率差异,并从数据中估算出这些差异,然后代入式(3.28)的两端。此外,考虑到发达经济体和发展中经济体在要素生产率上的差异,特雷夫莱将样本分为发达经济体和发展中经济体两组,并计算出它们之间的非中性生产率差异。在对要素生产率进行调整之后,特雷夫莱终于看到了模型解释力的提高程度(如表 3.7 所示)。

从表 3.7 可以看到,经过要素生产率调整后的 H-O-V 模型比没有调整的 H-O-V 模型对数据的解释力有显著提高。符号检验和排序检验的百分比都有提高;"要素禀赋悖论"也得到了一定程度的解释;在进行中性和非中性生产率的调整之后,一大部分"丢失的贸易"被找回来了。特雷夫莱接着对消费偏好假设进行了修正,并发现使用阿明顿(Armington)需求模型能使结果有很大改善。阿明顿需求模型反映了产品消费的本国或母国偏好倾向,即认为产品可以分为本国生产的和外国生产的产品,消费者偏好本国产品胜过外国产品。[1]事实上,大多数国家的贸易量比贸易理论预测的要少,这其中的原因可能很多(如贸易壁垒等),但最终导致或表现为阿明顿本国偏好倾向。[2]这反映在 H-O-V 模型中,则显示:预测的贸易要素含量($V_k^c - s^c V_k^w$)要比实测的贸易要素含量 $F_k^c \equiv \tilde{A} T_k^c$ 大得多。表 3.7 的最后一行对产品消费的本国偏好倾向做出了调整。符号检

---

[1] Armington,Paul,1969,"A Theory of Demand for Products Distinguished by Place of Production",*International Monetary Fund Staff Papers*,16(1),159—178.

[2] "国际贸易中的母国偏好之谜"被 Obstfeld 和 Rogoff(2000)列在国际宏观经济学六大"谜"之首。其他五大谜依次为:(1)对于 OECD 经济体来说,为什么相对于储蓄和投资而言经常项目的失衡会如此之小? 即称为"费尔德斯坦-堀冈之谜"(Feldstein-Horioka puzzle)。(2)为什么母国投资者更偏好持有母国股权资产(equity assets)? 即称为"资产投资中的母国偏好之谜"(home-bias portfolio puzzle)。(3)为什么 OECD 经济体的消费并不是高度相关的? 即称为"消费相关性之谜"(consumption correlations puzzle)。(4)"购买力评价之谜"(purchasing-power-parity puzzle)。(5)"汇率与基本面不相关之谜"(exchange-rate disconnect puzzle)。参见 Obstfeld,Maurice and Kenneth Rogoff,2000,"The Six Major Puzzles in International Macroeconomics:Is there a Common Cause?" in Ben Bernanke and Kenneth Rogoff(eds.),*NBER Macroeconomics Annual 2000*,Cambridge,MA:MIT Press,339—390.

验表明 93% 的符号是一致的,"要素禀赋悖论"基本消失,"贸易丢失之谜"也不再那么强烈(该检验的理论值应为 1,但得到的 2.226 则意味着向另一方向偏离)。

表 3.7　特雷夫莱(Trefler, 1995)的研究结果

	符号检验(%)	排序检验(%)	要素禀赋悖论	贸易丢失之谜
要素禀赋差异(无生产率调整)	50	60	−0.89	0.032
引入技术差异(中性生产率调整)	62	78	−0.17	0.486
引入技术差异(加上穷国与富国之间的非中性生产率调整)	76	—	−0.22	0.506
引入消费差异(加上消费偏好调整)	93	—	0.18	2.226

注:符号检验是观察 H-O-V 模型等式两端符号保持一致的样本所占的百分比。排序检验是要观察如 $F_k^c > F_l^c \Leftrightarrow V_k^c - s^c V_k^w > V_l^c - s^c V_l^w$ 这样的不等号方向一致的样本所占的百分比。检查"要素禀赋悖论"是要计算丰裕要素的个数与人均 GDP 之间的相关系数。检查"贸易丢失之谜"是要计算贸易要素含量 F_k^c 的方差与基于国家要素禀赋($V_k^c - s^c V_k^w$)而计算出的方差之比(即方差比率检验),理论值应为 1。

资料来源:Trefler, Daniel, 1995, "The Case of Missing Trade and Other Mysteries", *American Economic Review*, 85(5), p. 1036。

(2) 戴维斯和温斯坦的研究。

在特雷夫莱的两篇论文面世之后,一些补充性的经验研究也陆续出现。[1]但直到 2001 年,唐纳德·戴维斯(Donald Davis)和戴维·温斯坦(David Weinstein)将该领域的研究向前又推进了一步。[2]他们从标准的 H-O-V 模型出发,逐个改变 H-O-V 模型的假设,来观察被不断修正之后的模型对现实解释力的变化:(1)考虑生产技术的国际差异,即直接使用生产国的单位产出的要素需求矩阵而不仅限于以美国为基准进行调整;(2)考虑要素生产率的国际差异和要素价格非均等化;(3)考虑贸易成本因素,即结合引力模型[3];(4)考虑非贸易品的存在,即结合多恩布施—费希尔—萨缪尔森(Dornbusch-Fischer-Samuelson)连续产品模型。[4]

他们基于 10 个 OECD 经济体和 1 个"世界其余地区"(包括 20 个经济体)的数据进行分析,主要研究结果如表 3.8 所示。比较表 3.7 和表 3.8 可以看出,戴维斯和温斯坦基于所选样本而进行的希克斯中性生产率调整并不能显著改进 H-O-V 模型的解释力,这与特雷夫莱基于所选样本而得到的结果不同。戴维斯和温斯坦发现要素价格国际均等化这一要素禀赋理论的核心定理是问题的症结所在,但特雷夫莱在对生产要素进行生产

① 相关评述参见 Trefler, Daniel and Susan Chun Zhu, 2000, "Beyond the Algebra of Explanation: H-O-V for the Technology Age", *American Economic Review*, 90(2), 145—149.

② Davis, Donald and David Weinstein, 2001, "An Account of Global Factor Trade", *American Economic Review*, 91(5), 1423—1453.

③ 我们将在本书第 4 章介绍国际贸易引力模型。

④ Dornbusch, Rudiger, Stanley Fischer and Paul Samuelson, 1977, "Comparative Advantage, Trade, and Payments in a Ricardian Model with a Continuum of Goods", *American Economic Review*, 67(5), 823—839.

率调整之后仍然沿袭要素价格国际均等化这一假说,只不过此时的要素价格是调整后的实际要素价格。戴维斯和温斯坦认为,如果要素价格没有实现国际均等化,那么不同国家的资本和劳动力的替代就会不同,从而不同国家就会采用不同技术。考虑这一调整后,戴维斯和温斯坦发现 86％ 的样本符合理论预期的符号一致性;在用引力模型对需求方面进行调整后,这个比例达到 91％。所以,通过戴维斯和温斯坦的研究,我们可以领略到理论假设是如何通过不断放松而逼近现实的。

表 3.8　戴维斯和温斯坦(**Davis and Weinstein, 2001**)的研究结果:基于所有要素

		符号检验(%)	贸易丢失之谜
(1)	标准 H-O-V 模型＋美国技术	32	0.000 5
(2)	标准 H-O-V 模型＋世界平均技术(average technology matrix)	45	0.000 3
(3)	希克斯中性生产率调整	50	0.008
(4)	要素投入比率随不同贸易品而调整＋希克斯中性生产率调整	86	0.07
(5)	要素价格非均等化＋要素投入比率随不同贸易品而调整＋希克斯中性生产率调整	86	0.19
(6)	使用 ROW 生产模型(ROW production model)对(5)进行调整	82	0.38
(7)	结合引力模型对需求的调整(gravity-based demand determination),对(6)再进行调整	91	0.69

注:符号检验是观察 H-O-V 模型等式两边符号保持一致的样本所占的百分比;检查"贸易丢失之谜"是要计算贸易要素含量 F_k^c 的方差与基于国家要素禀赋($V_k^c - s^c V_k^w$)而计算出的方差之比(即方差比率检验)。

资料来源:Davis, Donald and David Weinstein, 2001, "An Account of Global Factor Trade", *American Economic Review*, 91(5), p.1438。

4. 崔容硕和克里斯纳的研究[1]

比较优势理论与要素禀赋理论都表明,国际贸易进出口格局说到底是由产品的国内相对价格与国际相对价格的差异决定的。艾伦·迪尔多夫(Alan Deardorff)在 1984 年就提出了对比较优势法则进行检验的一般方法[2],但由于该方法无法获得封闭经济下的价格数据而难以实施。[3]迪尔多夫通过证明推出下式:

---

[1]　Choi, Yong-Seok and Pravin Krishna, 2004, "The Factor Content of Bilateral Trade: An Empirical Test", *Journal of Political Economy*, 112(4), 887—914.

[2]　Deardorff, Alan, 1984, "The General Validity of the Law of Comparative Advantage", *Journal of Political Economy*, 88(5), 941—957.

[3]　但有一个特别的例子就是日本。日本在 19 世纪 50 年代中期基本处于封闭经济状态,而在 19 世纪 60 年代末随着明治维新而迅速走向开放经济状态。Bernhofen 和 Brown(2004)就利用 1868—1872 年日本的贸易进出口数据和 19 世纪 50 年代各种关于封闭价格的信息,直接检验式(3.29),结果支持该公式的预测。参见 Bernhofen, Daniel and John Brown, 2004, "A Direct Test of the Theory of Comparative Advantage: The Case of Japan", *Journal of Political Economy*, 112(1), 48—67。

$$(p^{ia} - p^w)T^i \leqslant 0 \tag{3.29}$$

该式表明,当国家 i 封闭经济下的产品价格(p^{ia})低于其贸易价格(p^w)时,该国将倾向于出口该产品($T^i > 0$);而当国家 i 封闭经济下的产品价格高于其贸易价格时,该国将倾向于进口该产品($T^i < 0$)。

为了进一步检验 H-O-V 模型同时又不依赖"要素价格国际均等化"的约束和封闭经济下的价格信息,就必须寻找新的方法。这一方法则由埃尔赫南·赫尔普曼(Elhanan Helpman)于 1984 年提出[①],通过考察 H-O-V 模型中的"双边"贸易关系,推导出下式[②]:

$$(w^j - w^i)(F^{ij} - F^{ji}) \geqslant 0 \tag{3.30}$$

其中,w 表示要素价格,F 表示贸易中隐含的要素量,上标 i、j 表示国家,F^{ij} 表示从国家 i 到国家 j 的出口,F^{ji} 表示从国家 j 到国家 i 的出口。式(3.30)表明,贸易中隐含的要素将从要素价格低的国家流向要素价格高的国家。这一方法的优点在于,它只需要贸易后的产品价格数据而不需要封闭经济下的产品价格数据,也不需要假定要素价格国际均等化和进行偏好方面的限制,就能预测国家之间双边贸易的要素含量。

崔容硕(Choi Yong-Seok)和普拉文·克里斯纳(Pravin Krishna)于 2004 年基于 8 个国家 1980 年的双边贸易数据与通过两种方法估计出的资本租金价格数据和劳动力分类数据,对赫尔普曼提出的方法进行了经验检验。通过变换,可以将式(3.30)写成:

$$\frac{w^j F^{ij} + w^i F^{ji}}{w^i F^{ij} + w^j F^{ji}} \equiv \theta \geqslant 1 \tag{3.31}$$

其中,$w^j F^{ij}$ 表示进口国 j 的要素价格 w^j 乘以国家 i 的出口(到国家 j)要素含量 F^{ij},$w^i F^{ji}$ 表示进口国 i 的要素价格 w^i 乘以国家 j 的出口(到国家 i)要素含量 F^{ji},$w^i F^{ij}$ 表示出口国 i 的要素价格 w^i 乘以该国的出口(到国家 j)要素含量 F^{ij},$w^j F^{ji}$ 表示出口国 j 的要素价格 w^j 乘以该国的出口(到国家 i)要素含量 F^{ji}。对于任何两个国家 i 和 j,其双边进口贸易总流量分别为 F^{ji} 和 F^{ij},则式(3.31)则表示以进口国衡量(假设的)的生产成本(进口国的要素价格和出口国的要素使用量的乘积)之和与在出口国(实际的)的生产成本(实际生产者的要素价格和要素使用量之间的乘积)之和的比率。实际上,式(3.31)与式(3.30)是等价的,即表明:贸易中隐含的要素将从要素价格低的国家流向要素价格高的国家。

他们的研究结果如表 3.9 所示。考虑 4 种不同方法的组合,在 28 对双边贸易关系中,符合式(3.31)预测的超过 75%。但除了与韩国的双边贸易关系所获得的值大大高于 1 外,其余双边贸易关系所获得的值都接近 1。因此,这一研究对 H-O-V 模型提供了一定的经验支持,它也指出了放弃要素价格国际均等化假设将是未来研究的一

---

① Helpman, Elhanan, 1984b, "The Factor Content of Foreign Trade", *Economic Journal*, 94(373), 84—94.

② 该方法源于 Brecher, Richard and Ehsan Choudhri, 1982, "The Factor Content of International Trade without Factor Price Equalization", *Journal of International Economics*, 12(3—4), 277—278。

个重要方向。[1]

表 3.9　崔容硕和克里斯纳(Choi and Krishna, 2004)的研究结果

		Capital Ⅰ							Capital Ⅱ						
		加拿大	丹麦	法国	德国	英国	荷兰	韩国	加拿大	丹麦	法国	德国	英国	荷兰	韩国
Euro Ⅰ	美国	0.99	1.00	1.03	1.01	0.98	1.16	1.95	0.99	0.99	1.05	1.02	1.02	1.12	1.69
	加拿大		1.06	1.01	0.99	0.97	1.12	1.83		1.01	1.02	1.00	1.01	1.09	1.60
	丹麦			1.07	0.99	1.04	1.03	2.76			1.02	0.99	1.04	1.01	2.23
	法国				0.99	1.04	1.03	3.00				0.99	1.04	1.02	2.52
	德国		θ≥1 的比重为 75%			0.97	1.01	2.70		θ≥1 的比重为 79%			0.99	0.99	2.30
	英国						1.10	2.11						1.07	1.86
	荷兰							4.04							3.39
Euro Ⅱ	美国	0.99	1.02	1.05	1.01	0.98	1.18	1.92	1.00	1.00	1.06	1.02	1.03	1.14	1.67
	加拿大		1.05	1.02	0.99	0.97	1.14	1.81		1.01	1.03	1.00	1.01	1.10	1.59
	丹麦			1.07	0.99	1.03	1.04	2.72			1.02	0.99	1.03	1.02	2.22
	法国				0.99	1.04	1.03	2.98				0.99	1.04	1.02	2.51
	德国		θ≥1 的比重为 75%			0.97	1.00	2.76		θ≥1 的比重为 86%			0.99	0.99	2.36
	英国						1.11	2.10						1.08	1.85
	荷兰							4.08							3.43

注:劳动力划分有两种方法:方法之一即(Euro Ⅰ)将劳动力分为生产性工人和非生产性工人;方法之二即(Euro Ⅱ)将劳动力分为生产性工人和非生产性工人,后者进一步分为三类(管理人员、职员及其他)。资本报酬的衡量有两种方法:Capital Ⅰ 为营业剩余/资本存量;Capital Ⅱ 为(GDP－劳动力报酬)/资本存量。

资料来源:根据 Choi, Yong-Seok and Pravin Krishna, 2004, "The Factor Content of Bilateral Trade: An Empirical Test", *Journal of Political Economy*, 112(4), 887—914 整理而成。

3.4.4　对要素禀赋理论前提假设的检验

前面对一些经验研究的讨论已经多次提到,要素禀赋理论对现实数据的解释力在很大程度上取决于对其前提假设的修正。本部分将主要介绍三方面的代表性经验研究:检验要素密集度是否逆转;检验国家间相同偏好是否是位似的;检验国家间生产函数是否相同。

1. 检验要素密集度是否逆转

巴吉查·明哈斯(Bagicha Minhas)使用不变替代弹性(constant elasticity of substi-

---

[1]　H-O-V 模型是一个将生产技术、生产要素、价格、需求偏好等诸多变量和参数结合在一起的一般均衡模型,但前面的讨论已经表明,标准的 H-O-V 模型与现实距离较远,要使该模型能够预测现实的贸易进出口格局,必须考虑技术、市场、消费偏好等方面的差异。除此之外,还应该考虑中间产品的作用及直接要素使用(对应直接增加值)和总要素使用(对应总增加值)的差异。本书第6章将对此做进一步讨论。

tution，CES)生产函数,检验要素密集度是否逆转[①]:

$$Y=(AK^{-\beta}+BL^{-\beta})^{-\frac{1}{\beta}} \qquad (3.32)$$

其中,Y、K、L 分别表示产出、投入的资本和劳动力,A、B、β 为由技术决定的参数。令 k 为资本—劳动力比率(K/L),ω 为工资率—租金率之比(w/r)。在完全竞争情况下,ω 等于资本对劳动力的边际技术替代率(MRTS)。由式(3.32)可以推导出以下对数线性等式[②]:

$$\log \omega = \log \frac{B}{A}+(1+\beta)\log k \qquad (3.33)$$

其中,$(1+\beta)$ 为要素替代弹性(记为 σ)的倒数。两种要素之间的边际技术替代率度量等产量线的斜率;而要素之间的替代弹性 σ 则度量等产量线的曲率,即表示当产出保持不变时,资本—劳动力比率的百分比变动除以边际技术替代率(等于工资率—租金率之比)的百分比变动,所以 $\sigma=\dfrac{\mathrm{d}\log k}{\mathrm{d}\log \omega}=\dfrac{1}{1+\beta}$,或$(1+\beta)=1/\sigma$。

由于不同产业的替代弹性 σ 是不同的,所以一个产业的资本—劳动力比率对工资率—租金率之比变化的反应可能会大于另一个产业。如图 3.22 所示,直线 1 和直线 2 的斜率分别表示替代弹性 σ_1 和 σ_2,它们的截距分别为 $-\sigma_1\log(B_1/A_1)$ 和 $-\sigma_2\log(B_2/A_2)$(假定 $B_i<A_i$,$i=1$ 或 2,从而保证截距为正)。[③]可以看出,从点 E(直线 1 和直线 2 的交点)的左边到右边,产业 1 由劳动相对密集型变成了资本相对密集型。

明哈斯使用 19 个经济体、24 个 3 分位 ISIC 产业的数据估算 σ_i 和 B_i/A_i。在完全竞争情况下,实际工资 w 等于劳动力的边际产出价值,资本租金率等于资本的边际产出价值,从而有:

$$\log\left(\frac{Y}{L}\right)_{ij}=-\sigma_i\log B_i+\sigma_i\log w_{ij} \qquad (3.34a)$$

$$\log\left(\frac{Y}{K}\right)_{ij}=-\sigma_i\log A_i+\sigma_i\log r_{ij} \qquad (3.34b)$$

其中,下标 i、j 分别表示产业和国家。采用特定产业 i 的跨国数据来估计式(3.34a)和(3.34b),可得到该产业的 σ_i、B_i 和 A_i。其中的 6 个产业的估算结果如表 3.10 所示。根

[①] Minhas, Bagicha, 1962, "The Homohypallagic Production Function, Factor-Intensity Reversals, and the Heckscher-Ohlin Theorem", *Journal of Political Economy*, 70(2), 138—156.

[②] 因为 $\dfrac{\partial Y}{\partial L}=-\dfrac{1}{\beta}(AK^{-\beta}+BL^{-\beta})^{-\frac{1}{\beta}-1}[(-\beta)BL^{-\beta-1}]$ 和 $\dfrac{\partial Y}{\partial K}=-\dfrac{1}{\beta}(AK^{-\beta}+BL^{-\beta})^{-\frac{1}{\beta}-1}[(-\beta)\cdot$ $AK^{-\beta-1}]$,所以 $MRTS=\omega=\dfrac{w}{r}=\dfrac{\dfrac{\partial Y}{\partial L}}{\dfrac{\partial Y}{\partial K}}=\dfrac{B}{A}(k)^{1+\beta}$,从而得到式(3.33)。

[③] 式(3.33)可以写成:$\log k=-\sigma\log\dfrac{B}{A}+\sigma\log \omega$。

据由式(3.33)转换而来的式子$\left(\log k = -\sigma\log\dfrac{B}{A} + \sigma\log\omega\right)$可以画出每个产业如图3.22的图形(读者可以试着计算并绘图)。结果表明,有好几个产业出现如图3.22中点 E 那样的交点,比如纸产品行业分别与纺织品和奶制品行业各有1个交点。这说明存在要素密集度逆转的情形。[①]

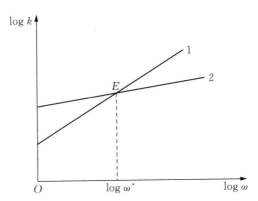

图 3.22　替代弹性变化与要素密集度逆转

表 3.10　明哈斯(**Minhas**,**1962**)的经验研究

3 分位 ISIC 编码	行　　业	参数估计		
		A_i	B_i	σ_i
202	乳制品(dairy product)	0.874	0.262	0.721
205	谷物磨制品(grain mill products)	0.720	0.337	0.909
231,232	纺织品(textiles)	0.648	0.411	0.797
271	纸浆和纸(pulp and paper)	0.649	0.320	0.965
311	基本化学品(basic chemicals)	0.850	0.280	0.831
342	主要有色金属(primary non-ferrous metals)	0.548	0.431	1.011

资料来源:Minhas, Bagicha, 1962, "The Homohypallagic Production Function, Factor-Intensity Reversals, and the Heckscher-Ohlin Theorem", *Journal of Political Economy*, 70(2):138—156。

2. 检验国家间相同偏好是否是位似的

琳达·亨特(Linda Hunter)和詹姆斯·马库森(James Markusen)于1988年对位似偏好的假设进行了检验。[②]他们采用线性支出系统(linear expenditure system,LES)的

① Leontief(1964)基于 Minhas(1962)的数据计算出其中 21 个行业的 B_i/A_i,结果支持关于资本密集型行业与劳动密集型行业的划分。理论上,21 个行业的 21 条直线(如图 3.22 的样子)共计有 210 个交点[根据组合计算方法 $C_{21}^2 = (21\times20)/(1\times2) = 210$],但结果只有 17 个交点,而且这些交点只是由非常接近的产业相交而成的。这表明,对要素密集度是否逆转的经验检验仍然是存在分歧的。参见 Leontief, Wassily, 1964, "An International Comparison of Factors Costs and Factors Use: A Review Article", *American Economic Review*, 54(4), 335—345。

② Hunter, Lindaand James R. Markusen, 1988, "Per Capita Income as a Determinant of Trade", in Robert Feenstra(ed.), *Empirical Methods for International Trade*, Cambridge, MA: MIT Press.

分析方法,该方法允许非位似偏好的存在,因为线性收入扩展路径的原点可以从坐标轴的原点移走,如图 3.23 所示。

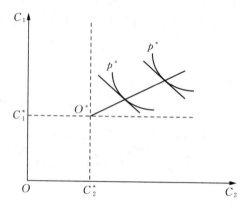

图 3.23　给定产品相对价格下的收入—消费路径

消费者的需求函数可以从简单的柯布—道格拉斯效用函数推出:

$$U(C) = \prod_{i=1}^{n} (C_i - C_i^*)^{\beta i}, \quad \sum \beta_i = 1 \tag{3.35}$$

其中,C_i 表示对产品 i 的消费,C_i^* 表示对产品 i 的最低消费。

对产品 i 的需求函数为:

$$C_i = C_i^* + \beta_i (I - \sum_{pj} C_j^*)/p_i \tag{3.36}$$

其中,I 表示消费者的收入,$(I - \sum_{pj} C_j^*)$ 表示在满足最低消费水平后的可得收入。I 和 C_i 还可以表示整个经济的总收入和对产品 i 的消费,或除以人口之后而得到人均变量。

式(3.36)可进一步转换成亨特和马库森的经验分析公式:

$$p_i C_i = \sum_{j=1}^{11} \alpha_{ij} p_j + \beta_i I \tag{3.37}$$

其中,p_i、C_i、I 分别表示产品 i 的价格、消费、实际人均收入;令美国的所有价格为 1;$\alpha_{ij} = -\beta_i p_j C_j^*$,$\alpha_{ii} = (1-\beta_i) p_i C_i^*$,$i \neq j$。亨特和马库森采用的数据包括 11 类产品、34 个国家、通过实际汇率调整了的人均收入及对应产品的可比价格。11 类产品的总支出等于总收入,每个国家的产品 1 的价格为基准价格,这样式(3.37)的自变量就变成 p_i/p_1 和 I/p_1。由于每个国家的 $p_i C_i$ 之和等于 I,因此回归估计将满足 $\sum \beta_i = 1$ 和 $\sum_i \sum_j \alpha_{ij} = 0$。结果显示,收入弹性 β_i 介于 0.452 到 1.741 之间。这意味着,消费偏好未必是位似的。

3. 检验国家间生产函数是否相同

肯尼思·阿罗(Kenneth Arrow)等于 1961 年对此进行检验。[①]基于式(3.32),并令 $A\gamma^{\beta}=\delta$,$A+B=\gamma^{-\beta}$,γ 为一正的参数,这样式(3.32)就变成:

$$Y=\gamma[\delta K^{-\beta}+(1-\delta)L^{-\beta}]^{-1/\beta} \tag{3.38}$$

他们通过检验发现国家间的 γ 差异很大,即表明国家间生产函数并不是相同的。

总之,以上经验检验都在不同程度上对要素禀赋理论的前提假设提出了挑战。这意味着是到了该修正和放松这些前提假设的时候了,这正是后面章节要讨论的问题。

本章小结

本章主要讨论要素禀赋理论,重点介绍了 H-O-S 模型、特定要素模型与 H-O-V 模型。要素禀赋理论将一国的要素丰裕度与其贸易格局联系起来,而第 2 章的比较优势理论则将一国的劳动生产率(技术)水平与其贸易格局联系起来。基本的 H-O-S 模型是"2 国—2 产品—2 要素"模型,假定所有要素在部门之间完全自由流动,但在现实当中,有些要素是部门特定的要素。同时考虑流动要素和特定要素的模型被称为特定要素模型。H-O-V 模型是高维度模型,是要素禀赋理论的"要素含量形式"。本章最后详细介绍了针对 H-O-S 模型和 H-O-V 模型的经验研究及检验要素禀赋理论前提假设的经验研究。

本章关键词

要素的边际产品或边际报酬递减　要素相对丰裕度　要素相对密集度　要素密集度逆转　等产量线　等成本线　契约曲线　罗伯津斯基定理　S-S 定理　H-O-S 定理　要素价格均等化定理　特定要素模型　里昂惕夫悖论　投入—产出方法　单位矩阵　要素直接使用　要素间接使用　中间投入　初始投入　总投入　增加值　里昂惕夫逆矩阵　贸易的要素含量　H-O-V 定理　李默尔定理　符号检验法　排序检验法　实测的贸易要素含量　预测的贸易要素含量　贸易丢失之谜　要素禀赋悖论　产品消费的母国偏好　不变替代弹性　生产函数

本章思考题

1. H-O-S 模型与李嘉图模型有何区别?

2. 一国的要素相对丰裕度有哪两种定义? 为什么说它们是等价的?

[①]　Arrow, Kenneth, Hollis Chenery, Bagicha Minha and Robert Solow, 1961, "Capital-Labor Substitution and Economic Efficiency", *Review of Economics and Statistics*, 43(3), 225—250.

　　3. 为什么对 H-O-S 模型来说,假定不存在要素密集度逆转是非常重要的?

　　4. 在 H-O-S 模型中,两国之间发生互惠贸易的必要条件和充分条件是什么?

　　5. 讨论在消费偏好存在国际间差异、生产技术存在国际间差异、要素密集度发生逆转,以及模型维度被放松的情况下,H-O-S 定理是否有效?

　　6. 为什么说特定要素模型是对现实的逼近,也是 H-O-S 模型的"短期形式"?

　　7. 在 H-O-S 模型与特定要素模型中的资源均衡配置有何差异?

　　8. 在 H-O-S 模型与特定要素模型中,罗伯津斯基定理的表达有何区别? 为什么?

　　9. 在 H-O-S 模型与特定要素模型中,S-S 定理的表达有何区别? 为什么?

　　10. 在 H-O-S 模型与特定要素模型中,H-O-S 定理的表达有何区别? 为什么?

　　11. 在 H-O-S 模型与特定要素模型中,要素价格均等化定理的表达有何区别? 为什么?

　　12. H-O-V 定理的基本内涵与基本表达式是什么?

　　13. 李默尔定理的基本内涵与基本表达式是什么? 与 H-O-V 定理有何异同?

　　14. 什么是"里昂惕夫悖论"? 它为什么会产生? 有何重要意义?

　　15. 为什么 Leontief(1953)与 Leamer(1980)的经验研究都使用同样的数据和基于同样的假设,但结论却不相同?

　　16. 什么是"贸易丢失之谜"和"要素禀赋悖论"? 如何进行解释?

　　17. 用来考察 H-O-V 模型中"双边"贸易关系的 Helpman(1984)方法的基本思想是什么?

　　18. 查找中国产业结构、要素投入等相关数据,实证检验罗伯津斯基定理在中国产业结构调整过程中的具体表现。

　　19. 众所周知,中国是一个劳动力相对丰裕的国家,而纺织和服装产品又是劳动密集型产品。请基于 S-S 定理并查找数据,分析中国对外开放对劳动力相对收入的影响。

　　20. 查找中国的投入——产出表、进出口等相关数据,并基于 H-O-V 模型的思想和分析方法,实证分析中国对外贸易(总体和双边)的要素含量(这是一个很大的课题)。

附录 3A　要素密集度逆转与否的图形分析

　　分析产品的要素密集度是否逆转,可以借助于等产量线和等成本线。

3A.1　基于等产量线的分析

　　如图 3A.1 所示,产品 1 和产品 2 的等产量线分别为 y_1 和 y_2。在由线 AB 斜率的绝对值表示的工资率—租金率之比$\left(即 -\dfrac{\partial K}{\partial L} = \dfrac{w}{r}\right)$下[①],产品 1 和产品 2 的资本—劳动

---

① 某一产品的等产量线是该产品特定产出水平所需的要素(两种要素)投入的所有组合的轨迹。等产量线上任一点切线的斜率不仅给出了要素价格比率,而且给出了要维持产出水平不变的要素之间的相互替代率(即技术替代率或边际技术替代率)。

力比率(K/L)分别由射线 OG 和 OF 的斜率表示：$\dfrac{K_1}{L_1}<\dfrac{K_2}{L_2}$，即产品 1 是劳动密集型的，产品 2 是资本密集型的。如果由 $CD\parallel C'D'$ 的斜率的绝对值表示的工资率—租金率之比(w/r)下降，则产品 1 仍是劳动密集型的，产品 2 仍是资本密集型的，尽管两种产品各自的资本—劳动力比率都下降了。

但图 3A.2 则描绘了要素密集度逆转的情形。在图 3A.2(a)中，产品 1 与产品 2 的等产量线相交两次。在由线 AB 斜率(绝对值)表示的工资率—租金率之比下，产品 1 是劳动密集型的，产品 2 是资本密集型的；在由 $A'B'$ 线斜率(绝对值)表示的工资率—租金率之比下，产品 1 则是资本密集型的，产品 2 是劳动密集型的；但沿着射线 OH，即在由 $CD\parallel C'D'$ 的斜率的绝对值表示的工资率—租金率之比下，产品 1 和产品 2 的要素密集度是相同的。在图 3A.2(b)中，产品 1 与产品 2 的等产量线相切于 E。这也是一种要素密集度逆转的情形。读者可以试着进行分析。

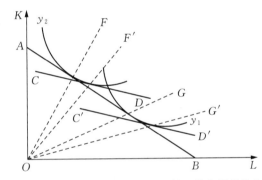

图 3A.1 不存在要素密集度逆转：基于等产量线的分析

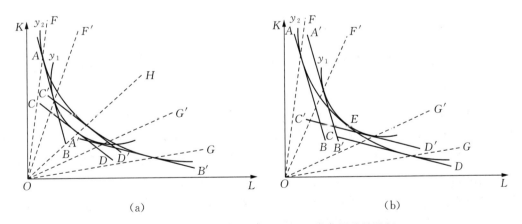

(a)   (b)

图 3A.2 存在要素密集度逆转：基于等产量线的分析

3A.2 基于等成本线的分析

等成本线是指具有相同总成本的投入要素(两种要素)之价格的所有组合的轨迹。

等成本线上任一点切线的斜率(绝对值)给出了要素投入的比率,即 $-\dfrac{\partial w}{\partial r}=\dfrac{K_i}{L_i}=\dfrac{a_{iK}}{a_{iL}}$。[1] 比如在图 3A.3 中,在零利润条件下,产品的价格等于其单位成本;两部门的产品价格线或单位成本线(即等成本线)相交于点 A,该点是在两部门均衡条件下的两种要素的均衡价格。但点 A 处两个部门等成本线的斜率的绝对值是不同的:产品 1 的等成本线斜率的绝对值较小,产品 2 的等成本线斜率的绝对值较大,即 $\dfrac{a_{1K}}{a_{1L}}<\dfrac{a_{2K}}{a_{2L}}$[单位要素投入可以用垂直于等成本线切线的方向线段(即矢径)表示],产品 1 是劳动密集型的,产品 2 是资本密集型的。

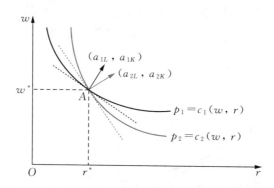

图 3A.3　不存在要素密集度逆转:基于等成本线的分析

图 3A.4 则描绘了要素密集度逆转的情形。图中,产品 1 与产品 2 的等成本线相交两次,即存在两个均衡点 A 和 B,分别对应不同的均衡要素价格。在点 A,产品 1 的等成本线斜率的绝对值较小,产品 2 的等成本线斜率的绝对值较大,即 $\dfrac{a_{1K}}{a_{1L}}<\dfrac{a_{2K}}{a_{2L}}$,产品 1 是劳动密集型的,产品 2 是资本密集型的。但在点 B,产品 1 的等成本线斜率的绝对值较大,产品 2 的等成本线斜率的绝对值较小,即 $\dfrac{a_{1K}}{a_{1L}}>\dfrac{a_{2K}}{a_{2L}}$,产品 1 是资本密集型的,产品 2 是劳动密集型的。[2]

假定要素密集度不出现逆转是为了分析方便,但在现实经济中,要素密集度发生逆转的情形是存在的。比如,劳动密集型的制鞋业(相当于图 3A.4 中的产品 1)中就可能会出现,全世界大部分鞋子都是在发展中国家生产出来的。在美国也有少数的鞋厂,但自动化程度很高,用工量少,工人的工资较高,这类似于图 3A.4 中的点 A。而在亚洲国家或地区(比如越南),鞋厂采用的仍是较为传统的技术,工人的工资较低,这类似于图 3A.4 的点 B。这两个均衡在目前世界制鞋业中同时存在。

---

[1]　因此,等成本线与等产量线是对偶的。

[2]　如果两条等成本线只相切于一点,则在均衡条件下两个部门的要素密集度相同。读者可以试着分析。

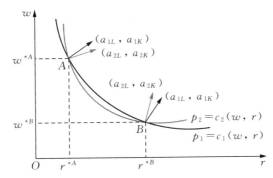

图 3A.4　存在要素密集度逆转：基于等成本线的分析

附录 3B　H-O-S 模型四大定理的证明

3B.1　罗伯津斯基定理：要素禀赋变化对产出的影响

假定产品的相对价格不变,对式(3.1a)和式(3.1b)表示的充分就业条件进行全微分,可得:

$$a_{1L}\mathrm{d}y_1 + a_{2L}\mathrm{d}y_2 = \mathrm{d}L \tag{3B.1a}$$

$$a_{1K}\mathrm{d}y_1 + a_{2K}\mathrm{d}y_2 = \mathrm{d}K \tag{3B.1b}$$

由于产品的相对价格不变,因而要素的相对价格也不变,又由于假定单位产出的要素投入 a_{ij} 是要素相对价格(工资率—租金率之比)的函数,所以 a_{ij} 也不变。由此可得:

$$\frac{y_1 a_{1L}}{L}\frac{\mathrm{d}y_1}{y_1} + \frac{y_2 a_{2L}}{L}\frac{\mathrm{d}y_2}{y_2} = \frac{\mathrm{d}L}{L} \Rightarrow \lambda_{1L}\hat{y}_1 + \lambda_{2L}\hat{y}_2 = \hat{L} \tag{3B.2a}$$

$$\frac{y_1 a_{1K}}{K}\frac{\mathrm{d}y_1}{y_1} + \frac{y_2 a_{2K}}{K}\frac{\mathrm{d}y_2}{y_2} = \frac{\mathrm{d}K}{K} \Rightarrow \lambda_{1K}\hat{y}_1 + \lambda_{2K}\hat{y}_2 = \hat{K} \tag{3B.2b}$$

其中,$\frac{\mathrm{d}y_1}{y_1} = \hat{y}_1$,其他变量同此;$\lambda_{iL} \equiv \frac{y_i a_{iL}}{L} = \frac{L_i}{L}$ 和 $\lambda_{iK} \equiv \frac{y_i a_{iK}}{K} = \frac{K_i}{K}$ 分别表示产品或部门 i 的劳动力和资本分别占全部劳动力和资本的比重,且 $\lambda_{1L} + \lambda_{2L} = 1$,$\lambda_{1K} + \lambda_{2K} = 1$。

将式(3B.2a)和式(3B.2b)写成矩阵形式,并求逆矩阵:

$$\begin{bmatrix} \hat{L} \\ \hat{K} \end{bmatrix} = \begin{bmatrix} \lambda_{1L} & \lambda_{2L} \\ \lambda_{1K} & \lambda_{2K} \end{bmatrix}\begin{bmatrix} \hat{y}_1 \\ \hat{y}_2 \end{bmatrix} \Rightarrow \begin{bmatrix} \hat{y}_1 \\ \hat{y}_2 \end{bmatrix} = \frac{1}{|\lambda|}\begin{bmatrix} \lambda_{2K} & -\lambda_{2L} \\ -\lambda_{1K} & \lambda_{1L} \end{bmatrix}\begin{bmatrix} \hat{L} \\ \hat{K} \end{bmatrix} \tag{3B.3}$$

$$\hat{y}_1 = \frac{\lambda_{2K}\hat{L} - \lambda_{2L}\hat{K}}{|\lambda|} = \frac{(\lambda_{2K} - \lambda_{2L})\hat{L} + \lambda_{2L}(\hat{L} - \hat{K})}{|\lambda|} \tag{3B.4a}$$

$$\hat{y}_2 = \frac{\lambda_{1L}\hat{K} - \lambda_{1K}\hat{L}}{|\lambda|} = \frac{(\lambda_{1L} - \lambda_{1K})\hat{K} - \lambda_{1K}(\hat{L} - \hat{K})}{|\lambda|} \tag{3B.4b}$$

其中,$|\lambda| = \lambda_{1L}\lambda_{2K} - \lambda_{2L}\lambda_{1K} = \lambda_{1L}(1 - \lambda_{1K}) - (1 - \lambda_{1L})\lambda_{1K} = \lambda_{1L} - \lambda_{1K} = \lambda_{2K} - \lambda_{2L}$。由于产

品 1 是劳动密集型的,这意味着产品 1 使用的劳动力份额超过其使用的资本份额$\left(\text{因为}\right.$

$\dfrac{K_1}{L_1} < \dfrac{K}{L} < \dfrac{K_2}{L_2}\Big)$,即 $\lambda_{1L} > \lambda_{1K}$ 和 $\lambda_{2K} > \lambda_{2L}$,从而 $|\lambda| > 0$。如果劳动力禀赋相对增加,即

$\hat{L} - \hat{K} > 0$,则可得:

$$\left.\begin{array}{l}\hat{y}_1 > \hat{L} > 0 \\ \hat{y}_2 < \hat{K}\end{array}\right\} \Rightarrow \hat{y}_1 > \hat{L} > \hat{K} > \hat{y}_2 \tag{3B.5}$$

因此,劳动力禀赋的相对增加会提高劳动密集型产品(产品 1)的产出,并且存在一个放大效应。当 $\hat{L} > \hat{K} > 0$ 时,产品 2 的产出变化存在三种情形,即增加、不变或减少,但产品 1 的产出是增加的(当产品 2 的产出增加时,产品 1 的产出增加得更多)。当 $\hat{L} > 0$ 和 $\hat{K} = 0$ 时,产品 2 的产出下降,即 $\hat{y}_2 < 0$,但产品 1 的产出是增加的。

3B.2　S-S 定理:产品相对价格变化对要素相对价格的影响

对式(3.3a)和式(3.3b)表示的零利润条件 $p_i = c_i(w, r)$ 进行全微分,可得:

$$a_{1L}\mathrm{d}w + a_{1K}\mathrm{d}r = \mathrm{d}p_1 \tag{3B.6a}$$

$$a_{2L}\mathrm{d}w + a_{2K}\mathrm{d}r = \mathrm{d}p_2 \tag{3B.6b}$$

由此可得:

$$\frac{wa_{iL}}{c_i}\frac{\mathrm{d}w}{w} + \frac{ra_{iK}}{c_i}\frac{\mathrm{d}r}{r} = \frac{\mathrm{d}p_i}{p_i} \Rightarrow \theta_{iL}\hat{w} + \theta_{iK}\hat{r} = \hat{p}_i\,(i=1, 2) \tag{3B.7}$$

其中,$\dfrac{\mathrm{d}w}{w} = \hat{w}$,其他变量同此;$\theta_{iL} \equiv \dfrac{wa_{iL}}{c_i}$ 和 $\theta_{iK} \equiv \dfrac{ra_{iK}}{c_i}$ 分别表示产品或部门 i 的劳动力和资本成本分别占全部成本的比重,且 $\theta_{1L} + \theta_{1K} = 1$,$\theta_{2L} + \theta_{2K} = 1$。

将上式写成矩阵形式,并求逆矩阵:

$$\begin{bmatrix}\hat{p}_1 \\ \hat{p}_2\end{bmatrix} = \begin{bmatrix}\theta_{1L} & \theta_{1K} \\ \theta_{2L} & \theta_{2K}\end{bmatrix}\begin{bmatrix}\hat{w} \\ \hat{r}\end{bmatrix} \Rightarrow \begin{bmatrix}\hat{w} \\ \hat{r}\end{bmatrix} = \frac{1}{|\theta|}\begin{bmatrix}\theta_{2K} & -\theta_{1K} \\ -\theta_{2L} & \theta_{1L}\end{bmatrix}\begin{bmatrix}\hat{p}_1 \\ \hat{p}_2\end{bmatrix} \tag{3B.8}$$

$$\hat{w} = \frac{\theta_{2K}\hat{p}_1 - \theta_{1K}\hat{p}_2}{|\theta|} = \frac{(\theta_{2K} - \theta_{1K})\hat{p}_1 + \theta_{1K}(\hat{p}_1 - \hat{p}_2)}{|\theta|} \tag{3B.9a}$$

$$\hat{r} = \frac{\theta_{1L}\hat{p}_2 - \theta_{2L}\hat{p}_1}{|\theta|} = \frac{(\theta_{1L} - \theta_{2L})\hat{p}_2 - \theta_{2L}(\hat{p}_1 - \hat{p}_2)}{|\theta|} \tag{3B.9b}$$

其中,$|\theta| = \theta_{1L}\theta_{2K} - \theta_{2L}\theta_{1K} = \theta_{1L}(1 - \theta_{2L}) - (1 - \theta_{1L})\theta_{2L} = \theta_{1L} - \theta_{2L} = \theta_{2K} - \theta_{1K}$。由于产品 1 是劳动密集型的,这意味着产品 1 使用的劳动力成本份额超过产业部门 2 使用的劳动力成本份额$\left(\text{因为}\dfrac{K_1}{L_1} < \dfrac{K}{L} < \dfrac{K_2}{L_2}\right)$即 $\theta_{1L} > \theta_{2L}$ 和 $\theta_{2K} > \theta_{1K}$,从而 $|\theta| > 0$。如果劳动密集型产品 1 的相对价格上升,即 $\hat{p} = \hat{p}_1 - \hat{p}_2 > 0$,则可得:

$$\left.\begin{array}{l}\hat{w}>\hat{p}_1>0\\\hat{r}<\hat{p}_2\end{array}\right\}\Rightarrow\hat{w}>\hat{p}_1>\hat{p}_2>\hat{r}\qquad(3B.10)$$

因此,劳动密集型产品 1 的相对价格上升将提高该产品密集使用的要素的实际报酬,并且也存在一个放大效应。当 $\hat{p}_1>\hat{p}_2>0$ 时,考虑了物价变动之后的劳动力的实际报酬是增加的,但资本实际报酬是下降的(资本名义报酬的变化存在三种情形,即增加、不变或减少)。当 $\hat{p}_1>0$ 和 $\hat{p}_2=0$ 时,劳动力的实际报酬是增加的,但资本的名义报酬和实际报酬均下降,即 $\hat{r}<0$。

3B.3 H-O-S 定理:要素禀赋对贸易格局的影响

将式(3.1a)和式(3.1b)两边同除以 L,得:

$$\frac{a_{1L}y_1}{L}+\frac{a_{2L}y_2}{L}=1\qquad(3B.11a)$$

$$\frac{a_{1K}y_1}{L}+\frac{a_{2K}y_2}{L}=\frac{K}{L}\qquad(3B.11b)$$

求解得:

$$\frac{y_1}{L}=\frac{\dfrac{a_{2L}K}{L}-a_{2K}}{a_{1K}a_{2L}-a_{2K}a_{1L}}\qquad(3B.12a)$$

$$\frac{y_2}{L}=\frac{a_{1K}-\dfrac{a_{1L}K}{L}}{a_{1K}a_{2L}-a_{2K}a_{1L}}\qquad(3B.12b)$$

将式(3B.12a)除以式(3B.12b),得:

$$\frac{y_1}{y_2}=\frac{\dfrac{a_{2L}K}{L}-a_{2K}}{a_{1K}-\dfrac{a_{1L}K}{L}}\qquad(3B.13)$$

对式(3B.13)中的 K/L 求导,得:

$$\frac{\mathrm{d}\left(\dfrac{y_1}{y_2}\right)}{\mathrm{d}\left(\dfrac{K}{L}\right)}=\frac{a_{1K}a_{2L}-a_{2K}a_{1L}}{\left(a_{1K}-\dfrac{a_{1L}K}{L}\right)^2}=a_{1L}a_{2L}\frac{\dfrac{a_{1K}}{a_{1L}}-\dfrac{a_{2K}}{a_{2L}}}{\left(a_{1K}-\dfrac{a_{1L}K}{L}\right)^2}\qquad(3B.14)[①]$$

由式(3B.14)可知:若产品 1 为劳动密集型产品,产品 2 为资本密集型产品,即 $\dfrac{a_{1K}}{a_{1L}}<\dfrac{a_{2K}}{a_{2L}}$,则式(3B.14)小于零。这意味着劳动力丰裕的国家倾向于多生产产品 1,资本丰裕

---

① 用这种方法也可以证明罗伯津斯基定理。

的国家倾向于多生产产品 2 $\left[\dfrac{\frac{y_1}{y_2}-\frac{y_1^*}{y_2^*}}{\frac{K}{L}-\frac{K^*}{L^*}}<0\right]$。在两国相同的位似偏好假设下,劳动力丰

裕的国家倾向于出口产品 1,资本丰裕的国家倾向于出口产品 2。

3B.4　要素价格均等化定理:贸易对要素价格的影响

由于假定两国的技术相同,即 $a_{iL}=a_{iL}^*$ 和 $a_{iK}=a_{iK}^*$,贸易前后的单位产出的要素投入也相同,只是因为贸易前两国的要素价格不同,即本国的劳动工资率较低,外国的资本租金率较低($w/r<w^*/r^*$),才使得两国的产品价格存在差异,即本国的产品 1 价格较低,外国的产品 2 价格较低($p_1/p_2<p_1^*/p_2^*$)。

将式(3.3a)和式(3.3b)两边同除以 p_2,得:

$$\frac{a_{1L}w}{p_2}+\frac{a_{1K}r}{p_2}=\frac{p_1}{p_2} \tag{3B.15a}$$

$$\frac{a_{2L}w}{p_2}+\frac{a_{2K}r}{p_2}=1 \tag{3B.15b}$$

求解得:

$$\frac{w}{p_2}=\frac{a_{1K}-\dfrac{a_{2K}p_1}{p_2}}{a_{1L}a_{2K}-a_{2L}a_{1K}} \tag{3B.16a}$$

$$\frac{r}{p_2}=\frac{a_{1L}-\dfrac{a_{2L}p_1}{p_2}}{a_{1L}a_{2K}-a_{2L}a_{1K}} \tag{3B.16b}$$

将式(3B.16a)除以式(3B.16b),得:

$$\frac{w}{r}=\frac{a_{1K}-\dfrac{a_{2K}p_1}{p_2}}{a_{1L}-\dfrac{a_{2L}p_1}{p_2}} \tag{3B.17}$$

对式(3B.17)中的 p_1/p_2 求导,得:

$$\frac{\mathrm{d}\left(\frac{w}{r}\right)}{\mathrm{d}\left(\frac{p_1}{p_2}\right)}=\frac{a_{1L}a_{2K}-a_{2L}a_{1K}}{\left(a_{1L}-a_{2L}\frac{p_1}{p_2}\right)^2}=a_{1L}a_{2L}\frac{\dfrac{a_{2K}}{a_{2L}}-\dfrac{a_{1K}}{a_{1L}}}{\left(a_{1L}-a_{2L}\frac{p_1}{p_2}\right)^2} \tag{3B.18}①$$

由式(3B.18)可知:若产品 1 为劳动密集型产品,产品 2 为资本密集型产品,即 $\dfrac{a_{1K}}{a_{1L}}<$

---

① 用这种方法也可以证明 S-S 定理。

$\dfrac{a_{2K}}{a_{2L}}$，则式(3B.18)大于零。这意味着本国产品 1 相对价格的上升(由出口所致)将提高劳动工资率，外国产品 2 价格的上升(由出口所致)则提高资本租金率。因此，国际贸易使得相对丰裕的要素不再那么丰裕(要素价格上升)，使得相对稀缺的要素不再那么稀缺(要素价格下降)，这意味着要素价格趋于均等化。

附录 3C　投入—产出方法

投入—产出分析需要用到投入—产出表。一个经济体的投入—产出表包括实物型表和价值型表两种。基本的国民经济投入—产出表如表 3C.1 所示，它通常包括三个部分，它们各自的特点及相互关系如下：

表 3C.1　投入—产出表的基本形式

投入＼产出		中间使用					最终使用					总产出 (X)
		产业 1	产业 2	产业 3	…	产业 n	居民消费(C)	政府消费(G)	资本形成(I)	净出口(E)	合计(Y)	
中间投入	产业 1	z_{11}	z_{12}	z_{13}	…	z_{1n}	c_1	g_1	i_1	e_1	y_1	x_1
	产业 2	z_{21}	z_{22}	z_{23}	…	z_{2n}	c_2	g_2	i_2	e_2	y_2	x_2
	产业 3	z_{31}	z_{32}	z_{33}	…	z_{3n}	c_3	g_3	i_3	e_3	y_3	x_3
	…	…	…	…	…	…	…	…	…	…	…	…
	产业 n	z_{n1}	z_{n2}	z_{n3}	…	z_{nn}	c_n	g_n	i_n	e_n	y_n	x_n
初始投入(增加值)	固定资产折旧(R)	r_1	r_2	r_3	…	r_n						
	劳动者报酬(W)	w_1	w_2	w_3	…	w_n						
	生产税净额和营业盈余(T)	t_1	t_2	t_3	…	t_n						
总投入		x_1	x_2	x_3		x_n						

第一，左上部分是"$n \times n$"的投入—产出矩阵，表示生产出该部门的产出而从其他部门购买的中间投入。基于该部分，可以计算出中间投入系数(记为 a_{ij})：

$$a_{ij} = \frac{z_{ij}}{x_j} \tag{3C.1}$$

从而得到中间投入系数矩阵，即 $A = [a_{ij}] = \begin{bmatrix} a_{11} & \cdots & a_{1n} \\ \vdots & \ddots & \vdots \\ a_{1n} & \cdots & a_{nn} \end{bmatrix}$。

第二，右边部分是最终使用矩阵，包括通常所说的"三驾马车"——消费、投资和净出口,构成支出法的 GDP。该部分与左边部分组成一个长方形的表,其每一行表示各部门的产出被用作中间使用和最终使用两种用途,二者相加等于总产出,即:中间使用＋最终使用＝总产出。这是投入—产出表的行平衡。用式(3C.2)表示:

$$\sum_{j=1}^{n} a_{ij}x_j + y_i = x_i \quad (i=1, 2, \cdots, n) \tag{3C.2}$$

用矩阵表示为:

$$AX+Y=X \Rightarrow X=(I-A)^{-1}Y = LY \tag{3C.3}$$

其中,I 为 N 行 N 列单位矩阵;$(I-A)$ 为里昂惕夫矩阵;$(I-A)^{-1}=L$ 为里昂惕夫逆矩阵,又被称为里昂惕夫完全消耗系数矩阵。里昂惕夫完全消耗系数的经济含义是指生产一单位最终产品对总产出的消耗。里昂惕夫逆矩阵减去一个单位矩阵,可得德米特里耶夫(Dmitriev)完全消耗系数矩阵,即 $(I-A)^{-1}-I$。德米特里耶夫完全消耗系数的经济含义是指生产一单位最终产品对中间产品的完全消耗。

第三,投入—产出表的左下部分记录了产品生产投入的各种基本(或初始)要素,包括固定资产折旧、劳动者报酬、生产税净额和营业盈余,这些要素的价值之和又被称为增加值,构成收入法的 GDP。基于该部分,可以计算出(直接)要素投入系数和(直接)增加值系数,前者是要素的物理量,后者是要素的价值量;还可以计算出各种要素的分项投入系数,比如固定资产折旧系数 $\left(\dfrac{r_j}{x_j}\right)$、直接劳动者报酬系数 $\left(\dfrac{w_j}{x_j}\right)$、直接生产税净额和营业盈余系数 $\left(\dfrac{t_j}{x_j}\right)$。正式地,定义 $\widetilde{A}$ 为 M 行(要素)N 列(产业)矩阵(未必是方阵),即 $\widetilde{A}=$ $[\widetilde{a}_{jk}]=\begin{bmatrix} \widetilde{a}_{11} & \cdots & \widetilde{a}_{j1} \\ \vdots & \ddots & \vdots \\ \widetilde{a}_{1k} & \cdots & \widetilde{a}_{jk} \end{bmatrix}$,其第 k 行第 j 列为 $\widetilde{a}_{jk}$,该矩阵通常被称为(直接)要素投入系数矩阵。比如,如果两个产业只使用劳动力和资本,则 $\widetilde{A}=\begin{bmatrix} \widetilde{a}_{1L} & \widetilde{a}_{2L} \\ \widetilde{a}_{1K} & \widetilde{a}_{2K} \end{bmatrix}$。由于 $\widetilde{A}X=$ $\widetilde{A}LY$,所以生产一单位(最终品 Y)产出对基本要素的总使用(直接使用加上间接使用)应为:$\widetilde{A}(I-A)^{-1}=\widetilde{A}L$, I 为 N 行 N 列单位矩阵。

投入—产出表的左上部分与左下部分的关系是:中间投入＋初始投入＝总投入。这是投入—产出表的列平衡。用公式表示:

$$\sum_{i=1}^{n} b_{ij}x_i + r_j + w_j + t_j = \sum_{i=1}^{n} b_{ij}x_i + v_j = x_j \quad (j=1, 2, \cdots, n) \tag{3C.4}$$

其中,$b_{ij}=\dfrac{z_{ij}}{x_i}$,为产出系数或配置系数,其经济含义是指部门 i 的产出被用在其他部门生产中的份额;$v_j=r_j+w_j+t_j$。用矩阵表示为:

$$BX+V=X \Rightarrow X=V(I-B)^{-1}=VG \tag{3C.5}$$

其中,$(I-B)^{-1}=G$ 为高希逆矩阵(Ghosh inverse matrix)。第 6 章还将对此进行讨论。

第四,投入—产出表右上部分与左下部分之间的关系是支出法 GDP 与收入法 GDP 之间的平衡关系。两种方法的 GDP 相等并不要求各自组成部分一一相等,因为一个行业的中间投入(作为总投入一部分)与中间使用(作为总产出一部分)未必相等。另外,总投入等于总产出。

新贸易理论

本章学习目标

新贸易理论是对比较优势理论与要素禀赋理论的创新与发展。本章将重点介绍克鲁格曼模型等几个有代表性的新贸易理论模型,然后介绍相关的经验研究与分析方法。

通过本章的学习,我们可以:

● 理解产业内贸易的界定与衡量方法;

● 理解如何从特定的视角解释产业内贸易的动因;

● 理解法尔维模型、克鲁格曼模型与布兰德—克鲁格曼模型;

● 了解产业内贸易的影响因素;

● 理解贸易引力模型及其应用;

● 了解针对新贸易理论基本结论或假说的经验检验。

新贸易理论又被称为产业内贸易理论,产生于国际贸易发展的第四阶段,即二战结束(20 世纪四五十年代)至 20 世纪 80 年代。作为一系列贸易理论或模型之统称的新贸易理论,不仅顺应了产业内贸易迅速发展的现实趋势,也是对比较优势理论与要素禀赋理论的创新与发展。作为新贸易理论的主要贡献者,保罗·克鲁格曼也因此于 2008 年获得诺贝尔经济学奖。本章将首先讨论贸易模式的变化、界定与度量,并给出对产业内贸易的初步解释;然后重点讨论几个有代表性的新贸易理论模型,在此基础上介绍相关的经验研究。

4.1 贸易模式: 从理论到现实

比较优势理论与要素禀赋理论关注的国际贸易分别是基于国家之间在生产技术(生

率)与要素禀赋方面的差异,差异越大,贸易的可能性或贸易量就越大。而这种贸易只是发生在不同行业或产业之间的贸易,因此被称为产业间贸易,也就是说,一国的出口品与进口品分属不同行业。

但二战之后,随着科技进步、生产力发展及国际政治经济形势趋稳,国际贸易规模越来越大,国际贸易的产品结构和地区分布与战前相比发生了很大变化:经济发展水平相同或相似的发达国家之间的贸易流大幅增加,占据世界贸易的主导性地位;具有相似特征的同类产品(主要是制成品)的贸易额大幅增加,出现了很多同一行业既出口又进口的双向贸易。比如,美国既从日本和欧洲进口轿车,也向它们出口轿车。这种新的贸易模式被称为产业内贸易[①],也就是说,一国的出口品与进口品属于相同或相似的行业。如何界定和衡量产业内贸易,是理解产业内贸易基本事实与理论模型的前提。

4.1.1 产业内贸易的界定

如前所述,产业内贸易是指相同或相似产业(或部门、行业)的相同或相似产品的国际贸易,而产业间贸易则是指不同产业(或部门、行业)之间完全不同产品的国际贸易。在现实世界中,两种类型的国际贸易均有发生。

那么,如何界定产业内贸易(或产业间贸易)? 关键是要先界定清楚产品、部门、行业或产业。界定的产品、部门、行业或产业的范围不同,相应得出的产业内贸易的规模会很不相同。一般来说,产品、部门、行业或产业的界定范围越大,产业内贸易的规模就越大。这是因为某一产品、部门、行业或产业的范围越大,一国越有可能出口其某些差异性产品,而进口另一些差异性产品;反之亦然。比如,"水果"层次上的产业内贸易(包括"苹果"与"香蕉"层次上的产业间贸易)肯定要比"苹果"层次上的产业内贸易规模大,后者是前者的子集。那么,怎样界定产品、部门、行业或产业呢?

首先,在理论上,界定产品、部门、行业或产业的依据主要有三点:(1)生产上的可替代性,即尽管每个产品的最终用途不同,但它们是使用大致相似的投入或要素比例而生产出来的(比如轿车和拖拉机)。(2)消费上的可替代性,即尽管每个产品是使用不同的投入比例而生产出来的,但它们具有相似的用途,因而可以相互替代(比如橡胶底鞋和皮革底鞋)。(3)相同的技术密集性,即产品因在生产制造过程中使用基本相同的技术而归为同类。很明显,每种标准都将导致不同的产品分类,因此选择哪种标准取决于所研究的问题和所获得的数据。比如,如果要检验 H-O-S 模型的预测力,则采用第(1)种标准(即生产上的可替代性)比较适合。如果要分析消费偏好在进出口贸易格局中的作用,则采用第(2)种标准(即消费上的可替代性)比较适合。在现实中也有证据显示技术密集性可以很好地解释实际发生的国际贸易流,这样第(3)种标准(即相同的技术密集性)就比较合适了。

---

① Grubel, Herbert and Peter Lloyd, 1975, *Intra-Industry Trade: The Theory and Measurement of International Trade in Differentiated Products*, London: Macmillan.

其次,在实践上,目前国际上关于产品、部门、行业或产业划分方法主要有:联合国统计司(UNSD)的国际标准产业分类(所有经济活动的国际标准产业分类,International Standard Industrial Classification of All Economic Activities,ISIC)[①]、产品总分类(Central Product Classification,CPC)、国际贸易标准分类(Standard International Trade Classification,SITC)、商品名称及编码协调制度(Harmonized Commodity Description and Coding System,HS)等。实际上,国内产业或部门划分标准和编码与国际贸易产品划分标准和编码未必一一对应,因此在研究中需要进行匹配。

4.1.2　产业内贸易的衡量

对产业内贸易的研究(特别是经验研究)首先遇到的问题是如何衡量产业内贸易。到目前为止,已经出现的相关衡量方法和指标很多。[②] 这里主要介绍最早由赫伯特·格鲁伯(Herbert Grubel)和彼得·劳埃德(Peter Lloyd)于1975年提出的衡量方法,即格鲁伯—劳埃德指数(Grubel-Lloyd index)[③],简称G-L指数。这是一种衡量产业内贸易水平的静态指标。

1. 基本G-L指数

G-L指数是指在多边或双边贸易基础上,某一产业或产品组的出口在多大程度上被同类产品的进口所匹配。该方法也把产业内贸易作为在该产品贸易总量中的比重来看待,与产业内贸易互补的是产业间贸易。对于经济体 j 的产业 i 来说,某一时点或截面上的静态G-L指数可表示为:

$$GL_i^j = 1 - \frac{|X_i^j - M_i^j|}{X_i^j + M_i^j} \tag{4.1}$$

其中, X_i^j 和 M_i^j 分别为经济体 j 的产业 i 的出口和进口,式(4.1)右端的分子为净出口的绝对值, $0 \leqslant GL_i^j \leqslant 1$ 。如图4.1所示,当 X_i^j 或 M_i^j 为零时, $GL_i^j = 0$,即没有产业

[①] 联合国统计司早在1948年就编制了国际标准产业分类,随后不断进行修订。从ISIC修订本第4版来看,经济活动被划分为门类、类、大组和组4级。门类采用英文字母编码,共计21个类别(category),从A到U;类、大组、组依据等级制和完全十进制,用3层4位阿拉伯数字表示。类(division)代码由前两位数字组成,采用层次编码法和数字顺序编码法,打破门类的界限,从01开始依据类的分类体系的排列次序按升序赋码,共计88个类;大组(group)代码由前3位数字组成,第3位为中类的顺序码,共计238个大组;组(classe)代码由4位数字组成,第4位为小类的顺序码,共计419个组。如果某一分类级别不再细分,则它们后面的代码补"0"直到第4位。各层留有一定"空档",以适应今后增加或调整类目的需要。

[②] 可以参见 Brülhart, Marius, 2002, "Marginal Intra-Industry Trade: Towards a Measure of Non-Disruptive Expansion", in Peter Lloyd and Hyun-Hoon Lee(eds.), *Frontiers of Research on Intra-Industry Trade*, London: Palgrave Macmillan; Brülhart, Marius and Robert Hine(eds.), 1999, *Intra-Industry Trade and Adjustment: The European Experience*, London: Palgrave Macmillan. Greenaway, David, Robert Hine and Chris Milner, 1994, "Country-Specific Factors and the Pattern of Horizontal and Vertical Intra-Industry Trade in the UK", *Weltwirtschaftliches Archiv*(*Review of World Economics*), 130(1), 77—100。

[③] Grubel, Herbert and Peter Lloyd, 1975, *Intra-Industry Trade: The Theory and Measurement of International Trade in Differentiated Products*, London: Macmillan.

内贸易发生,发生的全是产业间贸易;当 $X_i^j = M_i^j$ 时,进出口完全对应,$GL_i^j = 1$,即完全是产业内贸易。需要注意的是,GL_i^j 指数并不是线性的,在 $X_i^j(M_i^j)$ 不变时,随着 $M_i^j(X_i^j)$ 的增加,GL_i^j 指数的增长率是趋于下降的。此外,GL_i^j 指数还受前面提到的产业分类的影响,即会遇到"类别加总"问题。[1]

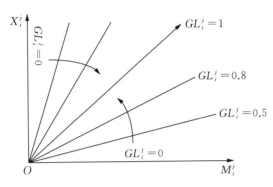

图 4.1　G-L 指数

2. 加权 G-L 指数和双边 G-L 指数

基本的 G-L 指数可以进行一些拓展:首先,对于一个经济体的所有产业总体或其中的一组产业而言,可以直接计算出各产业的算术平均 G-L 指数,或者以各产业的贸易比重为权重计算出加权的 G-L 指数。对于国家 j 的 n 个产品、部门、行业或产业来说,其加权 G-L 指数为:

$$GL^j = \sum_{i=1}^{n} \lambda_i GL_i = \sum_{i=1}^{n} \left(\frac{X_i + M_i}{\sum_{i=1}^{n}(X_i + M_i)} \right) GL_i = 1 - \frac{\sum_{i=1}^{n} |X_i - M_i|}{\sum_{i=1}^{n}(X_i + M_i)} \quad (4.2)$$

其中,X_i 和 M_i 分别为产品、部门、行业或产业 i 的出口和进口,$\dfrac{X_i + M_i}{\sum_{i=1}^{n}(X_i + M_i)}$ 为产品、部门、行业或产业 i 的贸易权重。

其次,G-L 指数也可以用来衡量双边(经济体 j 和 k)产业内贸易水平。杰弗里·伯格斯特兰(Jeffrey Bergstrand)认为,产业内贸易应该被衡量为一个经济体双边贸易的一定比重,而且这种衡量方法有着较强的理论基础,因为在一个多国、多产品、两种要素及要素价格非均等化的世界中,H-O-S 定理对于某一个经济体的多边贸易未必成立,但对于双边贸易则是成立的。[2] 这样,经济体 j 和经济体 k 在产品、部门、行业或产业 i 上的

① Greenaway, David and Chris Milner, 1986, *The Economics of Intra-Industry Trade*, Cambridge, MA: Basil Blackwell.

② Bergstrand, Jeffrey, 1983, "Measurement and Determinants of Intra-Industry Trade", in P.K. Mathew Tharakan(eds.), *Intra-Industry Trade: Empirical and Methodological Aspects*, Amsterdam: North-Holland.

双边产业内贸易指数为:

$$GL_i^{jk} = 1 - \frac{|X_i^{jk} - M_i^{jk}|}{X_i^{jk} + M_i^{jk}} \tag{4.3}$$

基于前面的讨论,我们来看两个例子。首先,表 4.1 给出了 5 种产品的进出口数据。据此,我们很容易计算出基本 G-L 指数和加权 G-L 指数。可以看出,产品 D 的产业内贸易水平最高,产品 C 的产业内贸易水平最低;加权 G-L 指数约为 0.64。

表 4.1   G-L 指数的模拟计算

产品	X_i	M_i	$|X_i - M_i|$	G-L 指数
A	40	30	10	0.86
B	80	40	40	0.67
C	10	60	50	0.29
D	70	70	0	1
E	200	60	140	0.46
总和	400	260	240	加权指数=(660-240)/660=0.64

再看一个例子。表 4.2 是基于罗伯特·劳伦斯(Robert Lawrence)和保罗·克鲁格曼的研究结果。[1] 可以看出:第一,对于大多数经济体来说,部门划分越粗,产业内贸易

表 4.2   产业内贸易水平的国际比较:基于加权 G-L 指数

	21 个部门	94 个部门
澳大利亚	0.41	0.22
比利时	0.87	0.79
加拿大	0.67	0.68
芬兰	0.58	0.49
法国	0.88	0.82
德国	0.69	0.66
意大利	0.71	0.61
日本	0.30	0.25
荷兰	0.77	0.78
挪威	0.62	0.51
瑞典	0.66	0.68
英国	0.82	0.78
美国	0.67	0.60
韩国	—	0.48
瑞士	—	0.61

资料来源:Lawrence, Robert and Paul Krugman, 1987, "Imports in Japan: Closed Markets or Minds?" *Brookings Papers on Economic Activity*, 2, 517—554。

---

[1] Lawrence, Robert and Paul Krugman, 1987, "Imports in Japan: Closed Markets or Minds?" *Brookings Papers on Economic Activity*, 2, 517—554.

水平就越高,即基于 21 个部门的 G-L 指数高于基于 94 个部门的 G-L 指数(加拿大、荷兰、瑞典除外)。第二,澳大利亚和日本的产业内贸易水平相对较低。这是为什么呢? 可能的原因是:(1)它们都是岛国,运输成本较高,因此没有必要在同一个产业既进口又出口;(2)澳大利亚更多地依赖自然资源,产业间贸易居多;(3)日本对国内市场保护可能较严,自己能够生产的就不进口;等等。

4.2 对产业内贸易的初步解释

对产业内贸易的研究首先是从经验研究开始的,最早的贡献者是格鲁伯和劳埃德①,随后才逐渐出现纯理论研究,主要贡献者有保罗·克鲁格曼、埃尔赫南·赫尔普曼等。②这些纯理论研究试图通过放松传统贸易理论的基本假设,引入不完全竞争市场、规模报酬递增与产品差异性等因素来解释产业内贸易的动因。这些理论模型虽然不同,但基本上都会考虑如何基于产品差异性来设定需求方及如何基于规模报酬递增来设定非完全竞争的市场结构。本节介绍这两个方面的设定及对产业内贸易的初步解释,关于纯理论模型的讨论放在第 4.3 节。

4.2.1 产品差异性与需求设定

新贸易理论与传统贸易理论的重要区别之一是基于产品差异性的需求设定,而产品的差异性则与非完全竞争市场结构(特别是垄断竞争市场结构)有关,通过需求设定将经济的需求方引入模型,从而便于求解模型的均衡解。

1. *产品差异性*

产品差异性包括两种形式:水平差异与垂直差异。水平差异是指产品在款式、外观等方面的差异,这些产品之间的竞争基本上是非价格竞争,其生产厂商倾向于花钱做广告和促销来扩大市场份额,比如很多非耐用消费品(饮料、香烟等)就是水平差异产品。垂直差异是指产品在质量因而在价格方面存在差异,这些产品之间的竞争表现为产品开发和创新,其生产厂商倾向于通过提高质量或产品升级换代来扩大市场份额,因而研发(R&D)支出水平很高,比如很多耐用品(汽车、电视、电脑等)就是垂直差异产品。

2. *需求设定*

由于产品差异性包括水平差异与垂直差异,因此需求设定也要相应地考虑这两种产

---

① Grubel, Herbert and Peter Lloyd, 1975, *Intra-Industry Trade: The Theory and Measurement of International Trade in Differentiated Products*, London: Macmillan.

② Krugman, Paul, 1979, "Increasing Returns, Monopolistic Competition, and International Trade", *Journal of International Economics*, 9(4), 469—479. Krugman, Paul, 1980, "Scale Economies, Product Differentiation, and the Pattern of Trade", *American Economic Review*, 70(5), 950—959. Helpman, Elhanan and Paul Krugman, 1985, *Market Structure and Foreign Trade: Increasing Returns, Imperfect Competition, and the International Economy*, Cambridge, MA: MIT Press.

品差异。

(1) 基于水平差异的需求设定。

有两种方法分析水平差异产品的消费需求:霍特林—兰卡斯特方法(Hotelling-Lan-caster approach)与迪克西特—斯蒂格利茨方法(Dixit-Stiglitz approach)。这两种方法都假定产品市场是垄断竞争的。

首先介绍霍特林—兰卡斯特方法。兰卡斯特认为,水平差异的产品实际上都拥有相同的核心特性,但这些特性以不同的比例组合在一起;消费者偏好某一种产品实际上就是偏好该产品拥有的特性或特性组合。或者说,消费者偏好的是由这些特性组成的所谓"理想品种"(ideal variety)。[1]

如图 4.2 所示,假定某一种产品只有两个特性 a 和 b,这两个特性的组合(代表该产品的一个品种)是可变的且连续分布在线段 ab 上。因此,有多少个特性组合就有多少个品种。在端点 $a(b)$,该品种只具有特性 $a(b)$,越靠近端点 $a(b)$,该品种就越具有特性 $a(b)$,或称该品种是 $a(b)$ 密集型的,而特性 $b(a)$ 就越少。[2]假定每个消费者偏好他们认为是差异性产品的理想品种,而且对于"高于"和"低于"理想品种但"距离相等"的品种的偏好是无差异的。比如,如果消费者想购买的理想品种 v_0 不存在,那么消费者就转而购买非理想品种 v_1 或 v_{-1}。而要补偿理想品种与非理想品种在满足感上的差距,消费者要么在与理想品种同一要价的条件下减少购买量(从点 E_1 到点 E_2),要么在与理想品种同一购买量的条件下愿意出更低的价格(从点 E_1 到点 E_2')。要补偿的理想品种与非理

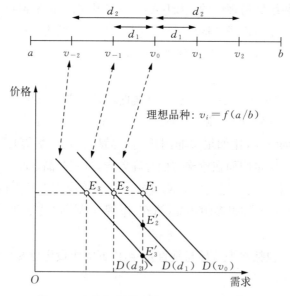

图 4.2   产品品种的特性组合及相应的需求

① Lancaster, Kelvin, 1966, "A New Approach to Consumer Theory", *Journal of Political Economy*, 74(2), 132—157.

② 这就如同具有同等质量(或价格)水平的衬衫,如果它含有两个特性:款式(比如从普通领到竖领)和颜色(比如由浅到深),款式和颜色的不同组合就产生不同品种的衬衫。

想品种在满足感上的差距越大,消费者减少的购买量就越大(从点 E_1 到点 E_3)或者愿意出的价格就越低(从点 E_1 到点 E_3')。但如果 v_2 或 v_{-2} 的价格足够低,从而补偿了消费者不买 v_1 或 v_{-1} 所带来的不满足感,他就会转而购买 v_2 或 v_{-2}。不同消费者心目中的理想品种是不同的。当得不到理想品种时,消费者将选择最接近理想品种的品种。消费者可以获得的品种距离理想品种越远,其要求的潜在补偿就会越高。

兰卡斯特证明,开放贸易使得一国能够获得的品种增多,消费者更容易买到理想品种或准理想品种,尽管部分消费者因为开放贸易而买不到之前封闭经济下的理想品种(这些理想品种退出市场)。因此,开放贸易后所有消费者的总剩余增加了。[①]

其次看迪克西特—斯蒂格利茨方法。迪克西特和斯蒂格利茨认为,消费者并非偏好一个品种胜过另一个品种,而是偏好尽可能多的品种。[②]本章第4.3节将要介绍的克鲁格曼模型就是采用该种方法。如果说霍特林—兰卡斯特方法讨论的偏好是"目标专一",那么迪克西特—斯蒂格利茨方法分析的偏好则是"多多益善"。比如,如果一个消费者对于白色、黄色和蓝色的衬衫都喜欢,而不只是喜欢白色(胜过黄色、更胜过蓝色),那么这个消费者的偏好就是迪克西特—斯蒂格利茨多品种偏好。实际上,在现实生活中以上两种偏好都是存在的,甚至体现在同一消费者身上。[③]

(2)基于垂直差异的需求设定。

这种情形下的需求设定相对容易,因为它并不必然假定市场是非完全竞争的。罗德尼·法尔维(Rodney Falvey)和亨利克·凯尔科斯基(Henryk Kierzkowski)认为,对高质量产品的需求与收入水平息息相关。如图4.3所示,消费者对较低质量产品(X)和较高质量产品(Y)的需求要受到收入水平和相对价格水平的约束。预算线斜率的绝对值表示较高质量产品的相对价格,收入的增加使得预算线向外移动。随着收入水平的提

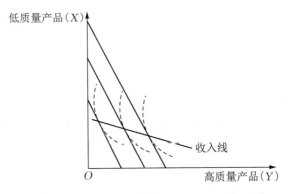

图 4.3 收入水平变化与对垂直差异产品的需求

———————————

① Lancaster, Kelvin, 1980, "Intra-Industry Trade under Perfect Monopolistic Competition", *Journal of International Economics*, 10(2), 151—176.

② Dixit, Avinash and Joseph Stiglitz, 1977, "Monopolistic Competition and Optimum Product Diversity", *American Economic Review*, 67(3), 297—308.

③ Helpman 和 Krugman(1985)证明,这两种方法在理论模型中导致的结果非常相似。

高,消费者将增加高质量产品的消费而减少低质量产品的消费。[①]这种分析方法被称为法尔维—凯尔科斯基方法(或质量差异方法)。

(3) 三种需求设定方法的比较:一个关于租房的例子。

假定只有一种产品或服务,但具有不同的质量维度 x 和 s,这样,一个人的效用函数可以表示为 $U=f(x,s)$。比如,消费者对租房的选择。假定所租房子的面积为 x,以纵轴表示,离原点越远则房子面积越大;所租房子的区位为 s,以横轴表示,离原点越远则房子区位(对工作或上学等而言)越方便(见图 4.4)。当该消费者的收入水平较低时,可能选择区位 A 和相应的面积;但随着收入水平的提高,该消费者可能移至区位 B 或 C,并伴以较大的房子面积。按照迪克西特—斯蒂格利茨方法,每个消费者喜欢租用所有三个区位的房子;按照霍特林—兰卡斯特方法,有的消费者选择租用区位 A 的房子,有的则选择区位 B 或 C;按照法尔维—凯尔科斯基方法,所有消费者都喜欢租用区位 C 的房子,但可能由于收入约束而不能如愿。

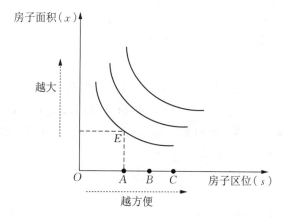

图 4.4　三种需求设定方法的比较:一个关于租房的例子

4.2.2　规模报酬递增与非完全竞争

首先区分两种规模经济。从企业的角度看,规模经济包括企业的外部规模经济(即产业水平上的规模经济)与企业的内部规模经济(即企业水平上的规模经济)。前者是指企业由于更好地利用交通运输、通信设施、金融机构、自然资源、水利能源等良好的企业(产业)环境而获得规模经济效益。它与产业的规模大小有关,即产业规模越大,则该产业内的企业的平均成本就越低,但它与企业自身的规模大小无关,因而可以假定市场是完全竞争的。后者是指企业因为大规模生产经营、充分发挥各种生产要素的效能(包括提高厂房和机器设备的利用率)、更好地组织企业内部的劳动分工和专业化而取得规模

---

① Falvey, Rodney and Henryk Kierzkowski, 1987, "Product Quality, Intra-Industry Trade and (Im)perfect Competition", in Henryk Kierzkowski(ed.), *Protection and Competition in International Trade*, New York: Basil Blackwell, 143—161.

经济效益。它与企业的规模大小有关,即企业越大,平均成本就越低,因而会导致(部分或完全)垄断的产生。①企业内部的规模经济又被称为企业内部的规模报酬递增。

从国际贸易的角度看,产业水平上的规模经济会使两个完全相同的国家进行产业间贸易,而企业水平上的规模经济会使两个完全相同的国家在产品有差异的情况下进行产业内贸易。这里先讨论一下在产业水平规模经济下的产业间贸易。关于企业水平规模经济下的产业内贸易放在本章第 4.3 节讨论。

如图 4.5 所示,假定两国(本国和外国)在要素禀赋、技术水平、消费偏好及经济绝对规模等方面都相同,因此,两国经济的供给与需求可分别用同一条生产可能性边界和同一簇无差异曲线表示。生产可能性边界的斜率为 $\dfrac{\mathrm{d}y_2}{\mathrm{d}y_1}$,其绝对值即 y_2 和 y_1 之间的边际转换率,或以 y_2 表示的 y_1 的边际机会成本,当 y_1 增加 1 单位时,y_2 因资源有限而必须减少多少单位。生产可能性边界凸向原点,即生产可能性边界斜率的变化率(或生产可能性边界的曲率)$\dfrac{\mathrm{d}\left|\dfrac{\mathrm{d}y_2}{\mathrm{d}y_1}\right|}{\mathrm{d}y_1}<0$,说明每多生产 1 单位 y_1,则必须减少的 y_2 越来越少,或同样单位的 y_2 能转换成越来越多的 y_1。这意味着 y_1 的边际机会成本递减。

假定点 E' 为两国在封闭经济状态下的生产点,国内均衡相对价格也相等。显然,这时并不存在比较优势,但却存在由专业化分工和国际贸易带来的潜在利益,其原因是规模报酬递增的存在。如果本国试图增加 y_1 的生产,哪怕开始只比外国扩大一点点,但在规模报酬递增的作用下,稍加扩展的 y_1 就会获得成本优势,促使其进一步扩张,这种扩张反过来又强化它的优势,因而会出现一种“滚雪球式”的专业化分工趋势,推动本国专业化生产 y_1。外国也会专业化生产 y_2。如果两国各自以其生产的一部分产品进行贸易,即本国用 By_1'' 的 y_1 与外国 Ay_2'' 的 y_2 交换,结果两国的消费达到点 E'',较之分工前的点 E' 提高了。

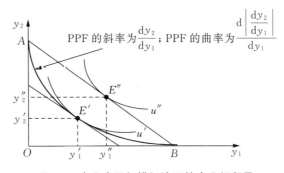

图 4.5　产业水平规模经济下的产业间贸易

---

① 通常的四种市场结构包括完全垄断(比如微软接近这一市场结构)、完全竞争(比如农产品)、寡头(比如汽车、大客机制造)、垄断竞争(比如品牌服装),前两种市场结构在模型中相对容易处理,而后两种则较难一些。

但在产业水平规模经济的情况下,我们无法预测哪个国家会生产和出口哪种产品,而只能说一旦有一个国家开始转向其中一种产品的生产,它就会在这种产品的生产上获得规模经济优势,并不断地转向这种产品的生产。这与前面两章讨论的规模报酬不变情形下的比较优势理论与要素禀赋理论不同。

4.2.3 产业内贸易的动因:基于需求相似性等因素的初步解释

我们还可以从以下角度来解释产业内贸易的产生原因[①],而不管这些贸易产品是相同产品还是差异性产品。

(1)需求相似性。斯塔凡·林德(Staffan Linder)认为,由于经济发展阶段不同,不同国家的需求偏好也会不同。[②]假定需求偏好相同的要素禀赋理论只能解释初级产品贸易或其与制成品的贸易,而不能解释制成品本身之间的贸易。国际间制成品贸易的发生路径是:先在国内市场达到一定生产规模并形成国际竞争能力,而后拓展国外市场。因此,如果两国经济发展水平和人均收入水平越接近,需求偏好越相似,相互需求就越大,贸易可能性也就越大。所以,林德的需求相似理论可以用来解释国际贸易(主要是产业内贸易)产生的原因。如图 4.6 所示,纵轴代表产品档次或质量,横轴代表人均收入,$O\alpha$ 和 $O\beta$ 与原点所构成的锥形 $\alpha O\beta$ 代表一国对所需求产品的档次的变动范围。令本国和外国的人均收入分别为 Y 和 Y^*,与 Y 和 Y^* 相对应的 AC 和 BD 分别表示本国和外国的需求产品档次范围,其中的 BC 部分重合,表示两国会就 BC 范围内档次的产品进行贸易。两国对产品需求的档次变动范围重合部分越大,需求结构越相近,贸易可能性就越大。但根据要素禀赋理论,两国的资本—劳动力比率越相近,比较成本的差异将越小,两国贸易量将越小。而根据林德的需求相似理论,两国的资本—劳动力比率越相近,两国的经济发展水平越接近,人均收入差异越小,重叠的市场部分就越大,因而两国的贸易量将越大。

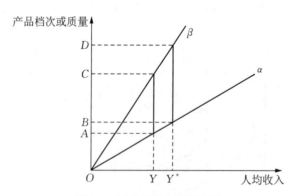

图 4.6 需求相似与国际贸易

① Greenaway, David and Chris Milner, 1986, *The Economics of Intra-Industry Trade*, Cambridge, MA: Basil Blackwell; Grimwade, Nigel, 2000, *International Trade: New Patterns of Trade, Production and Investment*, 2nd edition, London and New York: Routledge, Chapter 3.

② Linder, Staffan, 1961, *An Essay in Trade and Transformation*, New York: John Wiley & Sons.

（2）产业的统计归类偏差。由于界定一个产品、部门、行业或产业存在前面第4.1节提到的三种标准，因此很可能将非同类的产品作为同类看待，于是就出现了产业内贸易。

（3）单位价值较低的大重量产品的跨境贸易。这种产品的运输成本很高，因此往往靠近市场。如果这类产业靠近边境地区，就会出现一国既出口也进口同样产品的情形。

（4）周期贸易。首先是季节性产品贸易，这主要是由于地球分为南北半球所致。其次是需求条件的变化，比如，两个邻国可能会互相提供电力以满足各自的高峰期用电。

（5）转口贸易。一国或地区进口产品并不是为了在其内部市场销售，而是为了再出口（暂时储存或经过简单处理）。这些产品仍属于原来的归类，于是产业内贸易就出现了。比如，新加坡和中国香港就是转口贸易的典型例子。

（6）跨国公司加工贸易（或离岸加工贸易）。跨国公司在母国生产的零部件出口到国外的装配厂，最终品再出口到母国进行销售。如果零部件和最终品被归为同一类产品的话，那就产生了产业内贸易。比如，电子行业就是典型的例子。

4.3 新贸易理论模型

前面一节基于特定的视角，以非形式化的方式，初步解释产业内贸易的产生原因。本节则讨论比较正式的新贸易理论模型，揭示产业内贸易发生的一般规律。但正如前面已提及，新贸易理论不存在一个一般化的、统一的理论模型。所以，本章将选择三个有代表性的理论模型进行重点讨论。这些模型如表4.3所示，主要包括基于差异性产品但分别采用两种分析方法的法尔维模型和克鲁格曼模型，以及基于相同产品和寡头市场的布兰德—克鲁格曼（Brander-Krugman）模型。

表 4.3 三个有代表性的新贸易理论模型

	模型假设			
	市场结构	规模报酬	产品特性	需求设定
法尔维模型	完全竞争	规模报酬不变	垂直差异	法尔维—凯尔科斯基方法
克鲁格曼模型	垄断竞争	规模报酬递增	水平差异	迪克西特—斯蒂格利茨方法
布兰德—克鲁格曼模型	寡头垄断	规模报酬不变	相同产品	

4.3.1 法尔维模型

法尔维模型又称新H-O理论，它在最低限度上异于H-O-S理论模型，因为该模型除了引入产品差异外，而没有像其他新贸易理论模型那样引入规模经济和不完全竞争的因素。[1]

---

[1] Falvey, Rodney, 1981, "Commercial Policy and Intra-Industry Trade", *Journal of International Economics*, 11(4), 495—511.

该模型假定 2 个国家——本国和外国(上标带 * 表示外国的变量)、2 种要素——资本(本国的资本为 K、外国的资本为 K^*)和劳动力。本国是劳动力相对丰裕的,因而其工资率较低($w<w^*$);外国是资本相对丰裕的,因而其租金率较低($r^*<r$)。每个国家都只有一个产业,生产具有不同质量的连续的产品;质量以指数 α 表示,在现有技术下 α 位于最低质量 α_0 和最高质量 α_1 之间,即 $\alpha_0<\alpha<\alpha_1$。假定该产品质量的高低取决于其生产中的资本—劳动力比率:生产 1 单位质量为 α 的产品需要投入 α 单位的资本和 1 单位的劳动力。较高质量的产品要求较高的资本—劳动力比率。对特定质量的产品的需求是消费者收入与该产品相对于其他质量产品的相对价格的函数,消费者偏好较高质量的产品胜过较低质量的产品,但要受到收入的约束。

资本在国际间不流动,但在产业内自由流动并且是该产业特定要素。租金率是富有弹性的,因而可以进行调整,从而使得每个国家的资本要素都能得到充分利用。对于任何质量的产品,价格等于单位生产成本。这样,本国和外国生产 1 单位质量为 α 的产品的成本分别为:

$$
\begin{cases}
p(\alpha)=c(\alpha)=w+\alpha r \\
p^*(\alpha)=c^*(\alpha)=w^*+\alpha r^*
\end{cases}
\tag{4.4}
$$

由于假定 $r^*<r$ 和 $w<w^*$,质量指数 α 为一连续变量且取决于资本—劳动力比率,所以存在一个临界质量点 α^E 使得

$$
(w+\alpha^E r)-(w^*+\alpha^E r^*)=0 \Rightarrow \alpha^E=\frac{w^*-w}{r-r^*}
\tag{4.5}
$$

对于具有其他质量水平的产品来说,则有

$$
(w+\alpha r)-(w^*+\alpha r^*)=\frac{w^*-w}{\alpha^E}(\alpha-\alpha^E)
\tag{4.6}
$$

如果式(4.6)的左端为负,即本国的生产成本或价格低于外国,则本国具有比较优势;相反,如果式(4.6)的左端为正,即本国的生产成本或价格高于外国,则外国具有比较优势。由于 $\frac{w^*-w}{\alpha^E}>0$,所以

$$
\begin{cases}
\alpha<\alpha^E \Rightarrow (w+\alpha r)-(w^*+\alpha r^*)<0 \\
\alpha>\alpha^E \Rightarrow (w+\alpha r)-(w^*+\alpha r^*)>0
\end{cases}
\tag{4.7}
$$

式(4.5)和式(4.7)表明,在临界质量点 α^E,两国的生产成本或价格相等;在低质量区域($\alpha<\alpha^E$),本国具有比较成本优势;在高质量区域($\alpha>\alpha^E$),外国具有比较成本优势。在这两个不同区域,两国企业进行的是一种错位竞争。两国的单位成本或价格与产品质量的关系可以用图 4.7 中的直线表示,各直线的截距(在以最低质量点 $\alpha_0>0$ 为起点的纵轴上)为工资率($w<w^*$),斜率为租金率($r^*<r$),临界质量点 α^E 为两国直线的交点。临界质量点 α^E 的右边对应高质量区域,左边对应低质量区域。

最后需要注意的是：第一，产品（或服务）的质量也可能取决于人力资本，人力资本投入越多，产品（或服务）的质量就越高。若将上面模型中的物质资本换成人力资本，结果是一样的。第二，动态地看，临界质量点 α^E 会移动，从而意味着两国产品（或服务）竞争的质量范围会发生变化。导致这一变化的原因可能很多，比如竞争程度的增强、贸易政策的出台等。

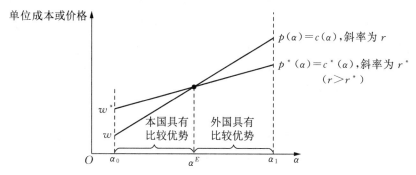

图 4.7　法尔维模型的图形分析

4.3.2　克鲁格曼模型

保罗·克鲁格曼是新贸易理论的最重要贡献者，他因此获得 2008 年的诺贝尔经济学奖，他也是 1991 年美国克拉克奖的获得者（获奖者年龄必须在 40 岁以下）。这里介绍的理论模型主要是他在 20 世纪 70 年代末至 80 年代初的研究成果。[1]

1. 基本结构

与以前的模型（尤其是 H-O-S 模型）相比，克鲁格曼模型在基本结构上有四点不同（如图 4.8 所示）：

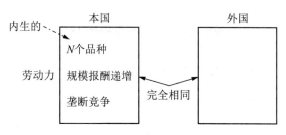

图 4.8　克鲁格曼模型的基本结构

（1）以前模型中的产品数量是外生给定的（比如基本的 H-O-S 模型假定有两个产

① Krugman，Paul，1979，"Increasing Returns，Monopolistic Competition，and International Trade"，*Journal of International Economics*，9(4)，469—479. Krugman，Paul，1980，"Scale Economies，Product Differentiation，and the Pattern of Trade"，*American Economic Review*，70(5)，950—959. Helpman，Elhanan and Paul Krugman，1985，*Market Structure and Foreign Trade：Increasing Returns，Imperfect Competition，and the International Economy*，Cambridge，MA：MIT Press.

品），而在克鲁格曼模型中特定产业的产品品种数量则是内生的，需要通过模型求解出来。

（2）以前模型的生产技术是规模报酬不变的，而克鲁格曼模型则假定存在企业水平上的规模报酬递增。

（3）以前模型的市场结构是完全竞争的，而克鲁格曼模型则是垄断竞争的。

（4）以前模型假定两国是不同的，即要么生产技术（或劳动生产率）不同，要么要素禀赋不同，有差别才有贸易，差别越大，贸易的可能性和规模就越大。而克鲁格曼模型假设两国完全相同，这是一个大胆的假设。如果是这样的话，两国之间会发生贸易吗？

2. 封闭经济均衡：单个国家模型

由于假定两个国家完全一样，因此只需要分析其中一个国家的封闭经济均衡就可以了。我们讨论本国的封闭经济均衡。

（1）本国经济的需求方。

克鲁格曼采用迪克西特和斯蒂格利茨的多样化品种偏好设定方法（love-of-variety approach）。[①]假定有 $i=1, \cdots, N$ 个产品品种，其中的 N 将被内生决定的；有固定数量 L 的消费者，每个消费者（代表性消费者）从每个品种的消费（c_i）中所获得的效用为 $v(c_i)$，即意味着该效用函数对于所有品种是对称的。这样，从 N 个品种的消费中获得的总效用为：

$$U = \sum_{i=1}^{N} v(c_i) \tag{4.8}$$

每个品种的边际效用为正且递减，即 $v' > 0$，$v'' < 0$。假定每个消费者获得的劳动收入为 w，则代表性消费者的预算约束为：$w = \sum_{i=1}^{N} (p_i c_i)$。在这一约束下，消费者选择每个品种的消费（$c_i$）以最大化式（4.8）表示的效用。

构造拉格朗日函数：

$$\zeta = \sum_{i=1}^{N} v(c_i) + \lambda \left[w - \sum_{i=1}^{N} (p_i c_i) \right] \tag{4.9}$$

其中，λ 为拉格朗日乘子，即收入的边际效用。对 c_i 求式（4.9）的偏微分得到以下一阶条件：

$$v'(c_i) = \lambda p_i \tag{4.10}$$

一般来说，消费需求要受到产品价格和收入水平两大因素的影响。价格变化对消费的影响可以通过对式（4.10）（实际上是一组等式）求全微分而得。如果品种数量很大，则每个品种的价格变化对收入的边际效用（λ）的影响可以忽略不计，即可以把 λ 看作是固定不变的。于是就有

————————————

① Dixit, Avinash and Joseph Stiglitz, 1977, "Monopolistic Competition and Optimum Product Diversity", *American Economic Review*, 67(3), 297—308.

$$v'' \mathrm{d}c_i = \mathrm{d}p_i \lambda \tag{4.11}$$

把式(4.11)和式(4.10)结合起来,可以得到对品种 i 的需求的价格弹性(取正值):

$$\eta_i = -\frac{\dfrac{\mathrm{d}c_i}{c_i}}{\dfrac{\mathrm{d}p_i}{p_i}} = -\frac{v'}{c_i v''} > 0 \tag{4.12}$$

为了后面分析的需要,此处还要讨论一下需求的价格弹性 η_i 与需求量 c_i 的关系。这一点通过后面的模型分析被证明是十分必要的。我们假定它们之间是负相关关系,即 $\mathrm{d}\eta_i/\mathrm{d}c_i < 0$,也就是说,沿着需求曲线(纵轴为价格、横轴为需求量)向上移动(消费下降),需求弹性(绝对值)是上升的。那么,这样的假定合理吗? 什么样的需求曲线能够满足这一关系呢? 由图 4.9 可知,有三种情形:

第一,直线型的需求曲线 AEB(代表线性需求函数)可以满足 $\mathrm{d}\eta_i/\mathrm{d}c_i < 0$。

第二,对于凹向原点的需求曲线 AFB 来说,随着 c_i 的下降,p_i/c_i 上升,需求曲线 AFB 的斜率 $\mathrm{d}p_i/\mathrm{d}c_i$ 的绝对值变小(或 $\mathrm{d}c_i/\mathrm{d}p_i$ 变大),从而 $\eta_i = -\dfrac{\mathrm{d}c_i}{\mathrm{d}p_i}\dfrac{p_i}{c_i}$(绝对值)变大。这也满足 $\mathrm{d}\eta_i/\mathrm{d}c_i < 0$。

第三,对于凸向原点的需求曲线 AGB 来说,随着 c_i 的下降,p_i/c_i 上升,需求曲线 AGB 的斜率 $\mathrm{d}p_i/\mathrm{d}c_i$ 的绝对值变大(或 $\mathrm{d}c_i/\mathrm{d}p_i$ 变小),从而 $\eta_i = -\dfrac{\mathrm{d}c_i}{\mathrm{d}p_i}\dfrac{p_i}{c_i}$(绝对值)会变大还是变小则很难确定。这是因为随着 c_i 的下降,p_i/c_i 肯定是上升的,因此 $\eta_i = -\dfrac{\mathrm{d}c_i}{\mathrm{d}p_i}\dfrac{p_i}{c_i}$(绝对值)上升与否在于需求曲线 AGB 的斜率 $\mathrm{d}p_i/\mathrm{d}c_i$ 的绝对值变大的程度。只要需求曲线 AGB 斜率的绝对值增加不是特别大,或者说需求曲线 AGB 与直线型的需求曲线 AEB 相比不是太凸(less convex),就能满足 $\mathrm{d}\eta_i/\mathrm{d}c_i < 0$。

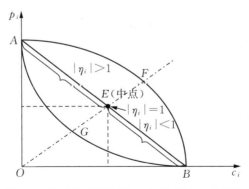

图 4.9　需求的价格弹性 η_i 与需求量 c_i 的关系

(2) 本国经济的供给方。

劳动力要素是唯一资源,企业生产 y_i 的产出所使用的劳动力为:

$$L_i = \alpha + \beta y_i \tag{4.13}$$

其中，α 为生产所需要的固定劳动力投入，β 为边际劳动力投入。

给定均衡工资率 w，可以得到企业的平均成本为 $AC_i = \dfrac{wL_i}{y_i} = \dfrac{w\alpha}{y_i} + w\beta$，边际成本则为 $w\beta$。随着产出 y_i 的增加，平均成本无限趋近于边际成本。这一生产中的单位产出要素投入特点和平均成本特点显示出企业水平上的规模报酬递增，即随着产出 y_i 的增加，单位产出的要素投入和平均成本则持续下降（如图 4.10 所示）。

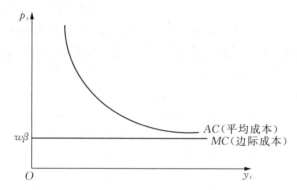

图 4.10　克鲁格曼模型中的平均成本与边际成本

企业的利润函数（按照对称性假定）为：

$$\pi_i = p_i y_i - w(\alpha + \beta y_i) \tag{4.14}$$

根据利润最大化条件 $MC = MR$，有 $MR \equiv p\left(1 - \dfrac{1}{\eta}\right) \equiv w\beta \equiv MC$[①]，或表示为：

$$\frac{p}{w} = \beta\left(\frac{\eta}{\eta-1}\right) \tag{4.15}$$

（3）均衡分析。

由于假定市场是（卖方）垄断竞争的，所以下列条件成立：(1)产品有差异但可以相互替代；(2)每家企业在其产品品种上是个垄断者；(3)有很多产品品种，每家企业都很小，它们彼此之间没有战略互动；(4)在生产每个新品种时，企业是自由进出的，遵循零利润条件。这样就有以下四个均衡条件：

第一，产品市场供需均衡：

$$Lc = y \tag{4.16}$$

---

① 因为 $MR_i = (p_i,\ y_i)' = p_i y_i' + p_i' y_i \Rightarrow MR = py'\left(1 + \dfrac{\mathrm{d}p}{\mathrm{d}y}\dfrac{y}{p}\right) = p\left[1 - \left(\dfrac{\mathrm{d}p}{\mathrm{d}y}\dfrac{y}{p}\right)\right] = p\left[1 - \left(-\dfrac{1}{\left(\dfrac{\mathrm{d}y}{y}\right)/\left(\dfrac{\mathrm{d}p}{p}\right)}\right)\right] = p\left(1 - \dfrac{1}{\eta}\right)$，即可推出该式。

第二,要素市场供需均衡(充分就业条件): $L = \sum_{i=1}^{N} L_i = \sum_{i=1}^{N} (\alpha + \beta y_i) = N(\alpha + \beta y) = N(\alpha + \beta Lc)$,从而有

$$N = \frac{1}{\dfrac{\alpha}{L} + \beta c} \tag{4.17}$$

第三,利润最大化条件($MC = MR$),即式(4.15),重写如下:

$$\frac{p}{w} = \beta \left(\frac{\eta}{\eta - 1} \right)$$

第四,零利润条件($AC = p$),即 $p = AC = \dfrac{wL}{y} = \dfrac{w\alpha}{y} + w\beta$,从而有

$$\frac{p}{w} = \frac{\alpha}{Lc} + \beta \tag{4.18}$$

式(4.15)、式(4.17)和式(4.18)一起组成一个含有三个未知数(内生变量)N、c 和 p 的方程组,由于有三个等式,因此方程组是可以求解的。我们首先考虑式(4.15)和式(4.18),如果求出 c、p,然后再代入式(4.17)即可把 N 求解出来。在两个式子中,c 和 p/w(w 为外生给定的)的关系是不同的:(1)对于式(4.15)来说,c 和 p/w 之间的关系无法直接观察出来,但根据前面 $\mathrm{d}\eta_i / \mathrm{d}c_i < 0$,可以间接地推导出它们之间是正相关的。[1] (2)对于式(4.18)来说,c 和 p/w 很明显是负相关的。

由此可以将式(4.15)和式(4.18)分别用图 4.11 中的曲线 AA 和 BB 表示。曲线 AA 是正斜率,意味着 c 和 p/w 正相关:价格越高,企业生产的就越多,这样才能实现利润最大化;曲线 BB 是负斜率,意味着 c 和 p/w 负相关:由于规模报酬递增,所以较低的产量意味着较高的平均成本,而这需要以较高的价格来补偿,才能实现零利润。两条曲线相交决定 c 和 p/w 的均衡值,再代入式(4.17)即可求得产品品种的均衡数量 N。

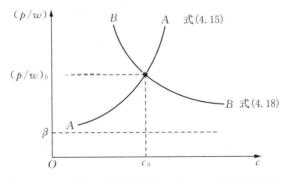

图 4.11 本国的封闭经济均衡:c 和 p/w 的均衡值确定

---

① 这是因为 $\dfrac{\mathrm{d}(p/w)}{\mathrm{d}c} = \left[\beta \left(\dfrac{\eta}{\eta - 1} \right) \right]' = \dfrac{1}{(\eta - 1)^2} \left[\dfrac{\mathrm{d}\eta}{\mathrm{d}c}(\eta - 1) - \eta \left(\dfrac{\mathrm{d}\eta}{\mathrm{d}c} \right) \right] = \dfrac{1}{(\eta - 1)^2} \left(-\dfrac{\mathrm{d}\eta}{\mathrm{d}c} \right) > 0$。

3. 开放经济均衡:两国模型

我们从两国各自封闭经济均衡(N_0,p_0,c_0)开始引入自由贸易。由于前面假定两国完全相同,所以在两国自由贸易的情况下,两国总和实际上相当于将上面分析的本国扩大一倍:$L \to 2L$。那么,这样会对式(4.15)、(4.17)和(4.18)与图4.11产生什么影响呢? 对于式(4.18)来说,当$L \to 2L$时,p/w或p下降;对于式(4.17)来说,当$L \to 2L$时,N上升;对于式(4.15)来说,由于L没有出现在该式中,所以当$L \to 2L$时,该公式不变。这些变化可以通过图4.12来加以描述:曲线AA保持不变,曲线BB向下移动。由此会对消费者、生产者和贸易格局产生影响。[1]

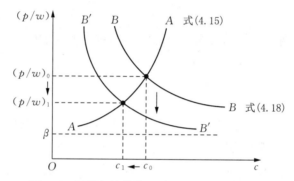

图4.12　开放经济均衡:c和p/w的均衡值确定

(1) 对消费者的影响。

每个品种的均衡消费量下降,即$c_0 \to c_1$,实际工资率上升,即$(w/p)_0 \to (w/p)_1$。每个品种均衡消费量的下降是因为消费者将其支出用于购买更多的品种,而这则会提高需求的价格弹性,降低均衡价格,提高实际工资率。当$L \to 2L$时,N上升,即产品品种数量增加。所以,消费者的得益表现为因市场扩大和竞争加剧而导致的价格下降和品种增加。[2]

(2) 对生产者的影响。

第一,每个国家内部生产的品种少了,但两个国家总的品种数增加了。[3]贸易之后的总品种数(N_T)大于封闭经济下单个国家的总品种数(N_0),但小于封闭经济下两个国家直接相加的总品种数$(N_0+N_0=2N_0)$,这是因为:

$$N_0 = \frac{L}{\alpha + \beta L c_0} < N_T = \frac{2L}{\alpha + \beta(2L)c} = \frac{L}{\alpha/2 + \beta L c} < N_0 + N_0 = 2\frac{L}{\alpha + \beta L c_0}$$

第二,对于经过市场竞争和筛选而留下来的企业来说,因为存在规模报酬递增,所以每家企业比以前生产得更多(平均成本线下移),y增加。但由于L对于每个国家来说是固定的,$L = N(\alpha + \beta y)$,因此随着y的增加,必将有企业被淘汰出市场(N变小)。

---

① 注意:如果按照H-O-S模型,两个完全相同的国家根本就不可能有贸易。

② 把品种增加看作是消费者得到的好处,符合该模型采用的迪克西特—斯蒂格利茨需求设定方法。

③ 这是因为$\dfrac{dN}{dL} = \dfrac{1}{(\alpha + \beta L c)^2}\left[\alpha + \beta L c - \beta L\left(c + L\dfrac{dc}{dL}\right)\right] = \dfrac{1}{(\alpha + \beta L c)^2}\left[\alpha - \beta L^2\dfrac{dc}{dL}\right] > 0$(根据$dc/dL < 0$)。

总之,贸易对生产者的影响可以总结为:一部分企业退出市场,这被称为"选择效应";生存下来的企业可利用规模经济,从而扩张产出,这被称为"规模效应"。在现实经济中是否存在这两种效应及哪种效应更大,则是一个需要经验检验的问题,留作后面讨论。

(3) 对贸易格局的影响。

通过模型分析,我们只知道一部分企业(代表品种)将被淘汰,一部分将留存,但不知道具体是哪些企业以及是哪个国家的企业,因此也就无法确定进出口贸易格局。

4.3.3 布兰德—克鲁格曼模型

布兰德—克鲁格曼模型主要讨论在(卖方)寡头市场结构下相同产品的产业内贸易是怎样发生的。在进一步把运输成本引入之后,布兰德—克鲁格曼模型就变成了所谓的相互倾销模型。[①]

与垄断竞争市场不同,寡头市场只有少数几家企业,它们之间存在战略互动关系,即每家企业的行为决策(定价或定产)都会影响其他企业,因此一家企业在做决策时必须要考虑竞争对手的行为决策。[②]

1. 布兰德—克鲁格曼模型:没有运输成本

布兰德—克鲁格曼模型是一种局部均衡模型,它假定两国在所有方面都完全相同。每个国家有一个生产者,以相同的成本生产同样的产品(或不同的品种);两国对该产品的国内需求函数也相同。两国企业采取的是"古诺行为",即每家企业在决定自己的产出时都把对方的产出作为考虑因素,因此产出是企业的战略选择变量。

令 $Q_j^{i \to 消费者或销售市场(国家)}_{j \to 生产者或产品来源国家}$ 表示产出或销售量,即 Q_1^1 和 Q_1^2 分别表示由国家1的企业生产的分别销售给国家1和国家2市场上的产出,Q_2^2 和 Q_2^1 分别表示由国家2的企业生产的分别销售于国家2和国家1市场上的产出(如图 4.13 所示)。

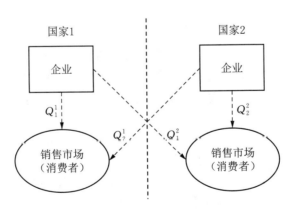

图 4.13 布兰德—克鲁格曼模型的基本结构

---

① Brander, James, 1981, "Intra-Industry Trade in Identical Commodities", *Journal of International Economics*, 11(1), 1—14. Brander, James and Paul Krugman, 1983, "A Reciprocal Dumping Model of International Trade", *Journal of International Economics*, 15(3—4), 313—321.

② 寡头市场模型有很多,读者可以参见微观经济学中的市场结构理论或产业组织理论。

假定两国企业的总成本函数相同且均是线性的,即

$$
\begin{cases}
C_1 = \alpha + \beta(Q_1^1 + Q_1^2) \\
C_2 = \alpha + \beta(Q_2^1 + Q_2^2)
\end{cases}
\tag{4.19}
$$

其中,C_j 为国家 j 的企业的成本函数($j=1,2$),α 和 β 分别表示固定成本和不变的边际成本。

假定两国的需求函数相同且均是线性的,即

$$
\begin{cases}
p_1 = a - b(Q_1^1 + Q_2^1) \\
p_2 = a - b(Q_2^2 + Q_1^2)
\end{cases}
\tag{4.20}
$$

其中,p_j 为国家 j 市场上的销售价格($j=1,2$),a 和 b 分别为正的参数。

国家 1 的企业生产出来的产品销售于两国市场而获得的收入 $\left[R_j^i \begin{smallmatrix} i \to 消费者或销售市场(国家) \\ j \to 生产者或产品来源国家 \end{smallmatrix}\right]$ 分别为:

$$
\begin{cases}
R_1^1 = p_1 Q_1^1 = [a - b(Q_1^1 + Q_2^1)]Q_1^1 \\
R_1^2 = p_2 Q_1^2 = [a - b(Q_2^2 + Q_1^2)]Q_1^2
\end{cases}
\tag{4.21}
$$

国家 2 的企业生产出来的产品销售于两国市场而获得的收入分别为:

$$
\begin{cases}
R_2^1 = p_1 Q_2^1 = [a - b(Q_1^1 + Q_2^1)]Q_2^1 \\
R_2^2 = p_2 Q_2^2 = [a - b(Q_2^2 + Q_1^2)]Q_2^2
\end{cases}
\tag{4.22}
$$

两国企业各自的利润 $[\pi_j (j=1,2)]$ 分别为:

$$
\begin{cases}
\pi_1 = R_1^1 + R_1^2 - C_1(Q) \\
\pi_2 = R_2^1 + R_2^2 - C_2(Q)
\end{cases}
\tag{4.23}
$$

由于假定两国的企业均采取"古诺行为",即每家企业认为其行动不会影响其对手的决策。用数学语言表示,就是每个生产者视其对手的产出水平为常数而最大化其利润。具体地说,就是国家 1 的企业视国家 2 的企业的产出 Q_2^2 和 Q_2^1 为常数而就 Q_1^1 和 Q_1^2 求利润最大化;国家 2 的企业视国家 1 企业的产出 Q_1^1 和 Q_1^2 为常数而就 Q_2^2 和 Q_2^1 求利润最大化。于是有

$$
\left.\begin{cases}
\dfrac{\partial \pi_1}{\partial Q_1^1} = a - 2bQ_1^1 - bQ_2^1 - \beta = 0 \\[2mm]
\dfrac{\partial \pi_1}{\partial Q_1^2} = a - 2bQ_1^2 - bQ_2^2 - \beta = 0
\end{cases}\right\} \Rightarrow 国家\ 1\ 的企业
$$

$$
\left.\begin{cases}
\dfrac{\partial \pi_2}{\partial Q_2^1} = a - 2bQ_2^1 - bQ_1^1 - \beta = 0 \\[2mm]
\dfrac{\partial \pi_2}{\partial Q_2^2} = a - 2bQ_2^2 - bQ_1^2 - \beta = 0
\end{cases}\right\} \Rightarrow 国家\ 2\ 的企业
\tag{4.24}
$$

式(4.24)是一个方程组,包含 4 个等式、4 个未知数,因此可以求解。但这并不要紧,关键是可以求出两国各自的企业分别在两国市场上的反应函数:

$$
\begin{cases}
\text{在国家 1 的市场上} \begin{cases} Q_2^1 = \dfrac{1}{b}(a-\beta) - 2Q_1^1 \Rightarrow \text{国家 1 的企业} \\[2mm] Q_2^1 = \dfrac{1}{2b}(a-\beta) - \dfrac{1}{2}Q_1^1 \Rightarrow \text{国家 2 的企业} \end{cases} \\[8mm]
\text{在国家 2 的市场上} \begin{cases} Q_1^2 = \dfrac{1}{2b}(a-\beta) - \dfrac{1}{2}Q_2^2 \Rightarrow \text{国家 1 的企业} \\[2mm] Q_1^2 = \dfrac{1}{b}(a-\beta) - 2Q_2^2 \Rightarrow \text{国家 2 的企业} \end{cases}
\end{cases} \tag{4.25}
$$

可以将式(4.25)中显示的在国家 1 市场上两国企业的反应函数用图 4.14 来描述(在国家 2 市场上,也可以类似地描述两国企业的反应函数)。在国家 1 的市场上,国家 1 的企业的反应曲线比国家 2 的企业的反应曲线陡峭(可以比较各自的斜率,即 Q_1^1 前的系数),两者的交点决定了市场的均衡。

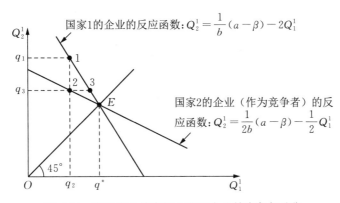

图 4.14 在国家 1 的市场上两国企业的竞争与均衡

这一均衡的实现路径是:假如一开始国家 2 的企业在国家 1 的市场上销售 Q_2^1 的数量为 q_1,这时国家 1 的企业只有使其销售 Q_1^1 的数量为 q_2(即国家 1 的企业的反应曲线上的点 1)才能实现利润最大化。因此,国家 2 的企业的反应是将其销售量改为 q_3(即国家 2 的企业的反应曲线上的点 2)。而对此,国家 1 的企业的反应则是将销售点从其反应曲线上的点 1 移至点 3。如此的相互反应一直持续到两国企业的反应曲线相交于点 E。这时,两国企业在国家 1 的市场上的销售量相等,均为 q^*。从数学计算的角度看,可以直接把两国企业在国家 1 的市场上的反应函数[见式(4.25)]联立起来求解 Q_1^1 和 Q_2^1,结果是:$Q_1^1 = Q_2^1 = \dfrac{a-\beta}{3b}$。

可以看出,布兰德—克鲁格曼模型与一般的古诺双寡头模型没有根本区别,唯一的差异是:在布兰德—克鲁格曼模型中,两家企业来自不同的国家,因而会产生产业内贸易。

2. 相互倾销模型：在布兰德—克鲁格曼模型引入运输成本

上面讨论的布兰德—克鲁格曼模型没有考虑运输成本，而加入运输成本则使模型更接近现实一些。假设企业在其本国市场上销售没有运输成本，而如果出口到国外则会产生运输成本。分析这一问题的简单办法是假定出口产品中的一部分因运输成本而被"消耗"了，就如同冰山在海洋漂流的过程中而逐渐被融化掉一部分，这就是所谓的"冰山成本"（iceberg cost）。这意味着，当企业向国外出口 Q 单位（比如 100 个单位）的产品时，其中的一部分在到达国外市场前就被"消耗"了，也就是说只有不足 Q 单位（比如 90 个单位）的产品到达了目的地。换句话说，如果每单位出口品中只有一定比例 g（$0<g<1$）能到达销售市场并销售，那么该企业要在国外市场销售 1 个单位的出口品，就必须生产并出口 $1/g$ 单位的产品，增加的部分算作运输成本而准备被"消耗"掉。这就使得为出口市场而进行生产的边际生产成本要高于为国内市场而进行生产的边际生产成本。

引入运输成本之后，布兰德—克鲁格曼模型中的函数需要做相应的修改。模型的基本结构仍像图 4.13 那样，不同的是企业如果将产品出口到国外市场则会产生运输成本。仍令 $Q_{j\to\text{生产者或产品来源国家}}^{i\to\text{消费者或销售市场（国家）}}$ 表示产出或销售量，即 Q_1^1 和 Q_2^1 分别表示由国家 1 的企业生产的分别销售于国家 1 和国家 2 市场上的产出；Q_2^2 和 Q_2^1 分别表示由国家 2 的企业生产的分别销售于国家 2 和国家 1 市场上的产出。

假定两国企业的总成本函数相同且均是线性的，即

$$\begin{cases} C_1 = \alpha + \beta\left(Q_1^1 + \dfrac{Q_1^2}{g}\right) \\ C_2 = \alpha + \beta\left(\dfrac{Q_2^1}{g} + Q_2^2\right) \end{cases} \tag{4.26}$$

其中，C_j 为国家 j 的企业的成本函数（$j=1, 2$），α 和 β 分别表示固定成本和不变的边际成本。

两国的需求函数、总收入函数与不含运输成本的布兰德—克鲁格曼模型相同，即如同式（4.20）—式（4.22）。两国企业各自的利润函数与式（4.23）相同，但其中的总成本则按照公式（4.26）。两国企业利润最大化的一阶条件分别为：

$$\left.\begin{cases} \dfrac{\partial \pi_1}{\partial Q_1^1} = a - 2bQ_1^1 - bQ_2^1 - \beta = 0 \\ \dfrac{\partial \pi_1}{\partial Q_1^2} = a - 2bQ_1^2 - bQ_2^2 - \dfrac{\beta}{g} = 0 \end{cases}\right\} \Rightarrow \text{国家 1 的企业}$$

$$\left.\begin{cases} \dfrac{\partial \pi_2}{\partial Q_2^1} = a - 2bQ_2^1 - bQ_1^1 - \dfrac{\beta}{g} = 0 \\ \dfrac{\partial \pi_2}{\partial Q_2^2} = a - 2bQ_2^2 - bQ_1^2 - \beta = 0 \end{cases}\right\} \Rightarrow \text{国家 2 的企业}$$

$$\tag{4.27}$$

两国各自的企业分别在两国市场上的反应函数为：

$$
\begin{cases}
\text{在国家 1 的市场上} & \begin{cases} Q_2^1 = \dfrac{1}{b}(a-\beta) - 2Q_1^1 \Rightarrow \text{国家 1 的企业} \\[3mm] Q_2^1 = \dfrac{1}{2b}\Big(a-\dfrac{\beta}{g}\Big) - \dfrac{1}{2}Q_1^1 \Rightarrow \text{国家 2 的企业} \end{cases} \\[10mm]
\text{在国家 2 的市场上} & \begin{cases} Q_1^2 = \dfrac{1}{2b}\Big(a-\dfrac{\beta}{g}\Big) - \dfrac{1}{2}Q_2^2 \Rightarrow \text{国家 1 的企业} \\[3mm] Q_1^2 = \dfrac{1}{b}(a-\beta) - 2Q_2^2 \Rightarrow \text{国家 2 的企业} \end{cases}
\end{cases}
\tag{4.28}
$$

可以将式(4.28)中显示的在国家 1 的市场上两国企业的反应函数用图 4.15 来描述(在国家 2 的市场上,也可以类似地描述两国企业的反应函数)。与图 4.14 相比,在国家 1 的市场上,国家 1 的企业的反应曲线没有变化(假定该企业在自己国家的市场上销售不产生运输成本);国家 2 的企业的反应曲线的截距变小了$\Big[$因为 $\dfrac{1}{2b}\Big(a-\dfrac{\beta}{g}\Big) < \dfrac{1}{2b}(a-\beta)$,但斜率不变$\Big]$,而向下平行移动,并与国家 1 的企业的反应曲线相交于点 E',从而产生了新的市场均衡。

由于存在运输成本,因此可以看出:(1)在国家 1 的市场上,国家 2 的企业的销售量(出口)下降了,而国家 1 的企业的销售量(在本国的销售)则趋于增加;而且国家 2 的企业对国家 1 出口的减少幅度大于国家 1 的企业在其本国市场上销售的增加幅度(即 $q^*q' > q^*q''$)。(2)在国家 2 的市场上,国家 1 的企业的销售量(出口)下降了,而国家 2 的企业的销售量(在本国的销售)则趋于增加;而且国家 1 的企业对国家 2 出口的减少幅度大于国家 2 的企业在其本国市场上销售的增加幅度。把两个市场综合起来考虑,则国家 1 和国家 2 市场上的价格均上升了,两国企业的产出均减少了。

我们可以直接把两国企业在国家 1 的市场上的反应函数$[$见式(4.28)$]$联立起来求解 Q_1^1 和 Q_2^1,计算结果是:

$$
\begin{cases}
Q_1^1 = \dfrac{a - \Big(2-\dfrac{1}{g}\Big)\beta}{3b} \\[6mm]
Q_2^1 = \dfrac{a + \Big(1-\dfrac{2}{g}\Big)\beta}{3b}
\end{cases}
\tag{4.29}
$$

由此可求得国家 2 的企业对国家 1 出口的减少幅度(与图 4.15 相比):

$$
q^*q' = \frac{a-\beta}{3b} - \frac{a + \Big(1-\dfrac{2}{g}\Big)\beta}{3b} = \frac{2\Big(\dfrac{1}{g}-1\Big)\beta}{3b}
\tag{4.30}
$$

国家 1 的企业在其本国市场上销售的增加幅度为:

$$
q^*q'' = \frac{a - \Big(2-\dfrac{1}{g}\Big)\beta}{3b} - \frac{a-\beta}{3b} = \frac{\Big(\dfrac{1}{g}-1\Big)\beta}{3b}
\tag{4.31}
$$

很明显，$q^*q' > q^*q''$。

由于两个市场上的价格都相同，每家企业从其本国市场销售而得到的价格必然高于其在出口市场销售减去运输成本之后的价格，因此，布兰德和克鲁格曼就把这种产业内贸易称为相互倾销（reciprocal dumping）。

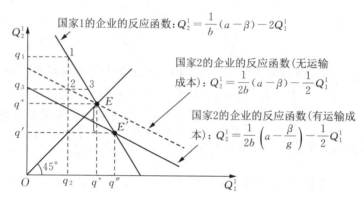

国家1的企业的反应函数：$Q_2^1 = \frac{1}{b}(a-\beta) - 2Q_1^1$

国家2的企业的反应函数（无运输成本）：$Q_2^1 = \frac{1}{2b}(a-\beta) - \frac{1}{2}Q_1^1$

国家2的企业的反应函数（有运输成本）：$Q_2^1 = \frac{1}{2b}\left(a - \frac{\beta}{g}\right) - \frac{1}{2}Q_1^1$

图 4.15　在国家 1 的市场上两国企业的竞争与均衡：有无运输成本的比较

4.4　新贸易理论的经验分析

对产业内贸易的经验研究涉及两个方面：一是产业内贸易的基本事实，包括产业内贸易的度量及决定因素（第 4.1 节已提及）；二是新贸易理论或产业内贸易理论的基本结论或假说。本节也同时关注这两个方面，首先简要介绍产业内贸易的决定因素及其经验研究，然后重点讨论引力模型及其应用研究，最后介绍旨在检验新贸易理论基本结论或假说的经验研究。

4.4.1　影响产业内贸易的相关因素分析

这方面的研究大多是探讨国家与产业两个层面上的产业内贸易水平存在差异的原因。[1]

1. 产业内贸易水平的国际间差异

导致国家之间产业内贸易水平差异的因素主要包括以下几个方面：

（1）一国的人均收入水平。一国的人均收入水平越高，对多样化品种的需求就越强；随着人均收入的提高，消费者将需求更多样的品种。对多样化品种的需求会引起产品差异程度的提高，从而促进产业内贸易的发生，降低产业间贸易的比重。这在西方工

---

① 有关讨论还可以参见：Grimwade, Nigel, 2000, *International Trade: New Patterns of Trade, Production and Investment*, 2nd edition, London and New York: Routledge, Chapter 3；Borkakoti, Jitendralal, 1998, *International Trade: Causes and Consequences*, London: Macmillan Press Ltd., Chapter 26；黄益平、宋立刚：《应用数量经济学》，上海人民出版社 2001 年版，第 9 章。

业化国家表现得尤为明显。因此,很多经验研究发现产业内贸易水平与人均收入水平呈正相关关系。[①]

(2) 一国的经济发展阶段。欠发达经济体的产业内贸易比重较低,新兴工业化经济体的较高,而发达经济体的最高。这其中的原因之一是,工业制成品和服务产品的产业内贸易水平最高,而生产这些产品和服务的产业正是发达经济体的优势产业[②];原因之二是,经济发展程度高的经济体的人均收入水平通常较高。当然,也有一些经济体像科威特和阿联酋这样的产油国,其收入水平很高,但经济发展程度并不高。

(3) 一国的经济规模。国家经济规模通常用 GDP 来衡量。一国的 GDP 规模越大,其国内市场规模就越大。因为大多数差异性产品的生产都是在规模报酬递增的条件下进行的,这在大国更容易实现,所以大国的产业内贸易水平会更高。

(4) 国家之间的收入相似程度。根据第 4.2 节提及的林德的需求相似理论,两国的人均收入水平越接近,它们之间的贸易量就越大,并且主要表现为产业内贸易。人均收入水平对需求格局影响甚大,人均收入水平越相近的国家,其需求格局也越相近,因而它们之间的产业内贸易水平就越高。也就是说,国家之间人均收入水平的差异与它们之间的产业内贸易水平呈负相关关系。[③]

(5) 国家之间的经济发展阶段差异性。国家之间的经济发展阶段差异越大,它们之间的产业内贸易水平将越低。这是因为经济发展阶段将直接影响一国的资本—劳动力比率。经济发展水平越高的国家,其资本—劳动力比率往往越高。因此,发达国家与发展中国家之间的产业内贸易水平要低于发达国家之间的产业内贸易水平。

(6) 国家之间的地理位置接近程度。国家之间的空间距离越大,它们之间的产业内贸易水平就越低。空间距离不仅会降低国家之间的总体贸易规模,而且对产业内贸易的负面影响更大。国家之间的空间比邻和共同边界对它们之间的产业内贸易产生显著的正面影响。[④]

(7) 国家之间的一体化程度。一方面,国家之间的经济一体化程度越高,它们之间的贸易障碍就越少,因而会促进总体贸易的发展;另一方面,组成经济一体化的国家在很

---

① 比如 Loertscher, Rudolf and Frank Wolter, 1980, "Determinants of Intra-industry Trade: Among Countries and across Industries", *Weltwirtschaftliches Archiv* (*Review of World Economics*), 116(2), 280—293; Balassa, Belaand Luc Bauwens, 1987, "Intra-Industry Specialization in a Multi-Country and Multi-Industry Framework", *Economic Journal*, 97(388), 923—939。

② 比如 Lee, Hyun-Hoon and Peter Lloyd, 2002, "Intra-Industry Trade in Services", in Peter Lloyd and Hyun-Hoon Lee(eds.), *Frontiers of Research in Intra-Industry Trade*, London: Palgrave Macmillan, 159—179;程大中:《中美服务部门的产业内贸易及其影响因素分析》,《管理世界》2008 年第 9 期。

③ 比如 Balassa, Bela, 1986, "Intra-industry Specialization: A Cross-Country Analysis", *European Economic Review*, 30(1), 27—42。

④ 比如 Balassa, Belaand Luc Bauwens, 1987, "Intra-Industry Specialization in a Multi-Country and Multi-Industry Framework", *Economic Journal*, 97(388), 923—939。

多方面具有相似性(比如欧盟),因而产业内贸易水平就越高。[①]

(8)国家之间的贸易失衡程度。随着贸易失衡规模的上升,G-L 指数会变小。一些经验研究在分析产业内贸易的决定因素时,通常引入衡量贸易失衡的变量,比如将贸易失衡(trade imbalance,TIMB)定义为:$TIMB_i = |X_j - M_j| / (X_j + M_j)$。其中,$X_j$ 为国家 j 对世界的出口,M_j 为国家 j 从世界的进口。进一步的讨论可参见附录 4A。

2. 产业内贸易水平的产业间差异

对于同一个国家而言,为什么不同产业会表现出不同的产业内贸易水平呢?下列因素将有助于回答这一问题:

(1)产品差异化。产品差异化程度越高,产业内贸易水平就越高;而产品的标准化程度越高,则产业间分工的可能性就越大,产业内贸易水平就越低。研究者们想出了很多用来刻画产品差异化的替代变量和指标:一是在特定的产业或部门划分水平上(比如 3 分位 SITC),该产业或部门所包括的下一级产业或部门划分(比如 4 分位 SITC)的产品组的数量。数量越多,产品差异化程度越高。二是在特定产品组内单位出口价值的变化程度,这就是所谓的赫夫鲍尔(Hufbauer)指数($H = \sigma_{ij}/M_{ij}$),其中 σ_{ij} 表示产品 i 出口到国家 j 的产品单位出口值的标准差,M_{ij} 表示单位出口值的非加权平均值。该指数值越大,产品差异化程度就越高。三是销售成本与总成本之比,销售成本包括广告、促销、市场调研等。销售成本越高,意味着非价格竞争越激烈,这是产品差异化程度高的重要特征。四是研发支出与销售额之比,这是用来衡量产品创新程度(还可以用科技人员占比来衡量)。产品创新程度越高,则产品差异化程度往往也越高。

(2)规模经济。规模经济的范围越大,产业内贸易水平就越高,这是因为规模经济能够降低平均生产成本,扩大产业内分工和产品差异的范围。反映规模经济的指标主要有:生产流程、工厂大小、企业人数、附加值等。

(3)市场结构。市场结构与企业数量有关。不同的市场结构会对企业的行为产生不同的影响,而企业数量的多寡又将导致不同的市场结构。市场结构越接近(垄断)竞争条件,则在差异性产品上的产业内贸易的水平就越高。分析市场结构的因素主要包括:市场中的企业数量、企业的市场份额(比如集中度指标)、企业的所有权结构、企业进入和退出市场的条件、产品种类等。

(4)对外直接投资(foreign direct investment,FDI)。已有研究表明,对外直接投资引起的生产要素流动与产业内贸易引起的产品流动之间存在着替代和互补关系。因此,对外直接投资能否促进产业内贸易则取决于它们之间的关系:如果是替代关系,则对外直接投资会减少产业内贸易;如果是互补关系,则对外直接投资会增加产业内贸易。

(5)贸易壁垒。与空间距离对贸易的影响类似,一个产业的关税和非关税壁垒越高,则其产业内贸易水平就越低。但如第 4.2 节所提及的,大重量产品的边境贸易大多

[①] 比如 Grubel, Herbert and Peter Lloyd, 1975, *Intra-Industry Trade:The Theory and Measurement of International Trade in Differentiated Products*, London:Macmillan。

是产业内贸易。

4.4.2 引力模型及其应用研究

国际贸易引力模型的基本思想来源于牛顿的"万有引力定律"[1]。克鲁格曼将贸易引力模型看作是一个"社会物理学"例子。[2]贸易理论家们也逐渐证实,引力模型可以从主流经济学框架推导而出,不只是牛顿物理学的简单类比。[3]那么,引力模型怎么会与产业内贸易、新贸易理论联系在一起呢? 这是因为,贸易引力模型表明两国之间的双边贸易与两国的 GDP 乘积成正比,从而意味着大国之间的贸易量将更大,而且两国的 GDP 规模越接近,它们之间的贸易量就越大。[4]两国越相似,贸易则越多,这正是新贸易理论所揭示的规律;而两国差异越大,贸易则越多,则是传统贸易理论所揭示的规律。本部分将只介绍贸易引力模型的简单形式及其应用。

1. 基本模型

假定自由贸易,没有贸易壁垒和运输成本;同一种贸易品的价格在所有国家相同;不同品种的生产是完全专业化的;所有国家的需求是相同且位似的。令上标 i 和 $j(=1, \cdots, C)$ 表示国家,下标 $k(=1, \cdots, N)$ 表示产品(或品种),y_k^i 表示国家 i 的产品 k 的产出。由于国际价格相同,所以价格可以标准化为 1,于是 y_k^i 也可以表示产出价值。这样,每个国家的 GDP 总量就为 $Y^i = \sum_{k=1}^{N} y_k^i$,世界 GDP 总量为 $Y^w = \sum_{i=1}^{C} Y^i$。

令 s^j 表示国家 j 的支出占世界总支出的份额,由于每个国家的贸易是平衡的,这样 s^j 也表示国家 j 的 GDP 占世界 GDP 的份额,即 $s^j = Y^j / Y^w$。在以上假设下,国家 i 对国家 j 的产品 k 的出口就可以表示为:

$$X_k^{ij} = s^j y_k^i \tag{4.32}$$

把所有产品加起来:

$$X^{ij} = \sum_k X_k^{ij} = s^j \sum_k y_k^i = s^j Y^i = \frac{Y^j Y^i}{Y^w} = s^j s^i Y^w = X^{ji} \tag{4.33}$$

---

① 万有引力定律是指自然界中任何两个物体都是相互吸引的,引力(F_g)的大小与两物体的质量(M_1、M_2)的乘积成正比,与两物体间距离(d)的平方成反比。用公式表示为:$F_g = G \times \frac{M_1 \times M_2}{d_2}$,其中 G 为万有引力常量。20世纪 40 年代,美国普林斯顿大学的一位天文学家斯图尔特(J. Q. Stewart)最早将"万有引力定律"引入社会科学的研究,建立了人口统计的引力模型,认为两地之间的相互作用(比如交通、迁移、通信等)与两地的人口规模之积成正比,与两地的空间距离成反比。参见[英]约翰·伊特韦尔默里·米尔盖特、彼得·纽曼编:《新帕尔格雷夫经济学大辞典》(第二卷),经济科学出版社 1996 年版,第 603—605 页。
② Krugman, Paul, 1997, *Development, Geography, and Economic Theory*, Cambridge, MA: MIT Press.
③ Heady, Keith and Thierry Mayer, 2014, "Gravity Equations: Workhorse, Toolkit, and Cookbook", in Gita Gopinath, Elhanan Helpman and Kenneth Rogoff(eds.), *Handbook of International Economics*, Vol.4, Amsterdam: Elsevier, Chapter 3.
④ 如同自然科学一样,该模型似乎也是在寻找"常数"(相当于"规律")。比如,如果两国 GDP 规模之和等于10,那么两国 GDP 规模均为 5 的时候,它们的乘积最大(=5×5=25);如果两国 GDP 规模存在差异,则它们的乘积会相对小一些,而且差异越大,乘积越小(比如,4×6=24, 3×7=21, 2×8=16, 1×9=9)。

进行简单变换即可得到引力模型的简单形式：

$$X^{ij}+X^{ji}=2s^js^iY^w=\left(\frac{2}{Y^w}\right)Y^iY^j \tag{4.34}$$

2. 应用研究

关于贸易引力模型的应用研究很多[1]，这里只介绍两个研究。

（1）赫尔普曼对 OECD 区内外贸易的研究。[2]

赫尔普曼基于贸易引力模型解释为什么二战之后发达国家之间的产业内贸易持续上升。假定国家 i 和国家 j 同属于世界的某个区域 A（相当于 OECD），则两国的 GDP 总和为 $Y^A=Y^i+Y^j$；它们各自 GDP 占该区域 GDP 的份额分别为 $s^{jA}=Y^j/Y^A$ 和 $s^{iA}=Y^i/Y^A$；该区域 GDP 占世界 GDP 的比重为 $s^A=Y^A/Y^w$。于是式（4.34）可以改写为 $\frac{X^{ij}+X^{ji}}{Y^A}=2s^{iA}s^{jA}s^A$。由于 $s^{jA}+s^{iA}=1$，两边平方可得 $2s^{jA}s^{iA}=1-(s^{jA})^2-(s^{iA})^2$。于是有

$$\frac{X^{ij}+X^{ji}}{Y^A}=2s^{iA}s^{jA}s^A=s^A\left(1-\sum_{i\in A}(s^{iA})^2\right) \tag{4.35}$$

赫尔普曼把式（4.35）中的 $\left(1-\sum_{i\in A}(s^{iA})^2\right)$ 定义为"规模离散指数"（size dispersion index），该指数又被称为相似度指数（similarity index）。[3]为了理解该指数的特点，假定区域 A 有 N 个国家，当每个国家的相对规模都是 $1/N$ 时，则该指数将达到最大值（$=1-1/N$）；如果其中一个国家的相对规模接近 1，则该指数将趋于零。因此，式（4.35）表明：一组国家区域内的贸易额占其 GDP 的比重与相似度指数成正比，与该组国家 GDP 总额占世界 GDP 的比重成正比。也就是说，随着区域内国家经济规模变得越来越相似，它们之间的贸易额将不断增长；随着该组国家的经济规模越来越大，它们之间的贸易额将不断增长。

赫尔普曼使用一组 OECD 国家的数据来检验式（4.35），结果发现：随着时间的推移，区域内贸易额和区域 GDP 之比与相似度指数都在上升。也就是说，随着这些国家变得越来越相似，它们之间的贸易额在不断增长。[4]

---

[1] 关于更详细的介绍，读者可以阅读：Anderson, James and Ericvan Wincoop, 2003, "Gravity with Gravitas: A Solution to the Border Puzzle", *American Economic Review*, 93（1），170—192；Feenstra, Robert, 2004, *Advanced International Trade: Theory and Evidence*, Princeton: Princeton University Press, Chapter 5。

[2] Helpman, Elhanan, 1987, "Imperfect Competition and International Trade: Evidence from Fourteen Industrial Countries", *Journal of Japanese and International Economics*, 1(1), 62—81.

[3] 在计算这一相似度指数时，有时会考虑贸易失衡状况。考虑贸易失衡时的相似度指数会小一些。

[4] 还有一些类似的经验研究，可参见 Hummels, David and James Levinsohn, 1995, "Monopolistic Competition and International Trade: Reconsidering the Evidence", *Quarterly Journal of Economics*, 110(3), 799—836；Debaere, Peter, 2005, "Monopolistic Competition and Trade, Revisited: Testing the Model without Testing for Gravity", *Journal of International Economics*, 66(1), 249—266。

（2）麦卡勒姆对美国和加拿大国内贸易及相互贸易的研究。①

约翰·麦卡勒姆(John McCallum)使用 1988 年（即美加自由贸易协议签署前）的数据，比较分析加拿大各省之间的国内贸易及加拿大的省与美国的州之间的国际贸易，从而检验美加之间的边界是否会随着双边贸易自由化的推进而不再起作用。他使用的分析工具就是引力模型：

$$\ln X_{ij} = \alpha + \beta_1 \ln Y^i + \beta_2 \ln Y^j + \gamma \delta^{ij} + \rho \ln d^{ij} + \varepsilon_{ij} \tag{4.36}$$

其中，X_{ij} 表示产品从地区 i 出口到地区 j，Y^i 和 Y^j 分别表示两个地区的 GDP，δ^{ij} 为虚拟变量（当贸易发生于加拿大两省之间时，$\delta^{ij}=1$；当贸易发生于加拿大的省与美国的州之间时，$\delta^{ij}=0$），d^{ij} 为两个地区之间的距离，ε_{ij} 代表其他影响因素（比如语言等）。所有变量都取对数。

主要计量结果如表 4.4 所示，可以看出：模型具有很强的解释力（调整的 R^2 大于 0.8）。一个地区的出口对于该地区自身 GDP 的弹性、对于进口地区 GDP 的弹性和对于两地之间距离的弹性分别为 1.21、1.06 和 -1.42，这基本符合引力模型的预测。更为重要的是，美加之间边界的影响很大，即在其他情况既定时，加拿大两省之间的国内贸易是加拿大的省与美国的州之间国际贸易的 20 多倍（$e^{3.09}=22$）。这一数值如此之高，可能捕捉到了所有阻碍两国贸易的因素，这就是所谓的"边界效应"。因此，麦卡勒姆认为，尽管美加贸易自由化不断发展，但两国之间的边界并没有消失，仍然在起作用。

表 4.4　麦卡勒姆(McCallum, 1995)的主要计量结果

	(1)	(2)
$\ln Y^i$	1.30	1.21
	(0.06)	(0.03)
$\ln Y^j$	0.96	1.06
	(0.06)	(0.03)
$\ln d^{ij}$	-1.52	-1.42
	(0.10)	(0.06)
δ^{ij}		3.09
		(0.13)
估计方法	OLS	OLS
观测值	90	683
调整的 R^2	0.890	0.811

注：括号内数字为标准差。第(1)列只包括加拿大，第(2)列则包括加拿大和美国。

4.4.3　检验新贸易理论的基本结论或假说

根据前面讨论的克鲁格曼模型，国际贸易使得两国可获得的产品品种增加，消费者

① McCallum, John, 1995, "National Borders Matter: Canada-U.S. Regional Trade Patterns", *American Economic Review*, 85(3), 615—623.

因此获益,这是"品种效应";国际贸易对生产者的影响包括两种效应——"选择效应"和"规模效应"。

首先,针对"品种效应",克里斯蒂娜·布罗达(Christian Broda)和戴维·温斯坦做过一项研究。[1]他们发现:在 1972—2001 年间,国际贸易使得美国消费者可获得的国际产品的品种增加 2 倍多;在 1972—2001 年间,全球产品品种增加给美国消费者带来的价值高达 2 800 亿美元,相当于美国 2001 年 GDP 的 3%。由表 4.5 可知,中国的对外开放使得每个进口产品的平均提供者个数由 1972 年的 4.9 个提高到 1997 年的 20.7 个,提高了 326%。中国是同时期的经济体中提高幅度最大的,但中国每个进口产品的平均提供者个数并不是最多的(不到美国的 1/2)。表 4.6 则显示,对于所有经济体而言,几乎所有主要产品的进口来源地的平均数量都趋于增加。这些指标也反映了国际贸易产品品种数量的增加。

表 4.5　1972—1997 年世界 20 个最大经济体的进口品的品种变化

	每个进口产品的平均提供者个数		
	1972 年	1997 年	百分比变化(%)
美　国	31.4	42.7	36.1
德　国	29.1	38.2	31.2
日　本	20.6	28.8	39.9
英　国	30.4	38.4	26.5
法　国	26.3	35.2	34.2
意大利	23.9	33.5	40.0
加拿大	17.8	25.2	41.3
荷　兰	23.6	31.5	33.1
中　国	4.9	20.7	326.1
比利时	20.8	27.6	32.8
中国香港	15.0	23.7	57.9
西班牙	16.6	21.8	31.6
墨西哥	9.1	17.3	89.3
新加坡	14.7	23.2	57.6
苏　联	8.7	27.3	213.7
韩　国	5.9	16.8	185.3
瑞　士	18.7	24.2	28.9
中国台湾	7.7	17.4	126.9
瑞　典	18.8	22.8	21.5
巴　西	11.5	19.7	70.7

注:以每个进口产品的提供者个数衡量。

资料来源:Broda, Christian and David Weinstein, 2004, "Variety Growth and World Welfare", *American Economic Review*, 94(2), 139—144.

---

[1]　Broda, Christian and David Weinstein, 2004, "Variety Growth and World Welfare", *American Economic Review*, 94(2), 139—144.

表 4.6　1972—1997 年世界前 20 种主要进口品的品种变化

SITC	产　　　品	所有经济体的进口来源地的平均数量	
		1972 年	1997 年
3330	石油和原油(Petroleum oils and crude oils)	4.7	6.4
7810	客车(Passenger motor cars)	16.1	20.2
7849	机动车辆零部件(Parts/accessories，motor vehicles)	17.4	24.8
3343	柴油(Gas oils)	8.2	7.0
7821	运输车辆(Motor vehicles for transport)	9.9	16.5
7139	活塞发动机部件(Parts of piston engines)	16.5	21.9
6821	铜及铜合金(Copper and copper alloys)	5.6	9.1
7284	机械器具(Machinery/appliances)	18.7	26.8
71 1	咖啡(Coffee)	9.5	13.7
412	其他麦类(Other wheat)	3.2	4.4
6672	钻石(Diamonds)	5.2	7.5
7247	洗衣机等(Machines for washing，etc.)	16.4	17.5
111	牛科动物肉(Meat of bovine animals)	6.2	7.9
2482	松类木材(Wood of coniferous species)	10.1	10.1
85 10	鞋类(Footwear)	16.6	22.0
3344	燃油(Fuel oils)	5.0	7.1
3221	无烟煤(Anthracite)	3.1	5.1
7442	起降机械(Lifting/handing/loading machinery)	15.7	21.6
7361	车床(Metal cutting machine-tools)	14.3	18.1
5417	药剂(Medicaments)	21.7	25.1

注:以所有经济体的进口来源地的平均个数来衡量。
资料来源:同表 4.5。

其次,针对"选择效应"和"规模效应",理查德·哈里斯(Richard Harris)在美加自由贸易协定达成(1989 年)之前利用可计算一般均衡模型(computable general equilibrium model，CGE)进行分析,发现美加自由贸易协定的达成将对加拿大企业产生巨大的规模经济效应。[1]这一研究应该对当时加拿大的政策取向影响很大。1989 年之后,基思·黑德(Keith Head)和约翰·里斯(John Ries)对此又做了研究,发现"规模效应"并不大,但贸易导致产品价格下降,消费者获益了。[2]丹尼尔·特雷夫莱则发现,美加自由贸易协定的实施,在短期会导致加拿大的就业减少 15%,产出和企业数量减少 10%;协定的实施在长期将使得加拿大的劳动生产率提高 17%,平均每年提高 2%;劳动生产率的提高主要归因于加拿大与美国贸易所产生的"选择效应"而非"规模效应"。[3]

---

① Harris，Richard，1984，"Applied General Equilibrium Analysis of Small Open Economies with Scale Economies and Imperfect Competition"，*American Economic Review*，74(5)，1016—1032.

② Head，Keith and John Ries，1999，"Rationalization Effects of Tariff Reduction"，*Journal of International Economics*，47(2)，295—320.

③ Trefler，Daniel，2004，"The Long and Short of the Canada-U. S. Free Trade Agreement"，*American Economic Review*，94(4)，870—895.

本章小结

产业内贸易兴起是二战之后国际贸易发展的新现象和新趋势。新贸易理论的产生是对这一现实趋势的回应,也是对传统贸易理论尤其是要素禀赋理论的创新与发展。本章首先介绍了产业内贸易的界定与衡量方法,以及从特定视角对产业内贸易的产生原因进行初步解释;然后重点讨论了三个理论模型,即基于差异性产品但分别采用两种分析方法的法尔维模型和克鲁格曼模型,以及基于相同产品和寡头市场的布兰德—克鲁格曼模型;最后介绍了关于新贸易理论的经验研究。

本章关键词

产业内贸易　产业间贸易　G-L 指数　加权 G-L 指数　双边 G-L 指数　产品差异性　水平差异　垂直差异　需求设定　迪克西特—斯蒂格利茨方法　霍特林—兰卡斯特方法　法尔维—凯尔科斯基方法　规模报酬递增　需求相似性假说　法尔维模型(新 H-O 模型)　克鲁格曼模型　布兰德—克鲁格曼模型　品种效应　选择效应　规模效应　古诺行为　反应函数　相互倾销　赫夫鲍尔指数　贸易引力模型　规模离散指数(相似度指数)　边界效应

本章思考题

1. 为什么行业或部门的划分对于界定产业内贸易十分关键?

2. 如何界定一个产品、部门、行业或产业?目前国际上流行的行业界定标准是什么?

3. 如何衡量产业内贸易?介绍几种常见的衡量指标。

4. 为什么说需求设定对于构建新贸易模型十分关键?有哪几种需求设定方法?请举例加以说明。

5. 产业水平上的规模经济与企业水平上的规模经济有何区别?

6. 林德的需求相似理论是如何解释产业内贸易产生的?

7. 需求的价格弹性与需求量之间的关系如何?在克鲁格曼模型中,二者的关系如何?

8. 在克鲁格曼模型中,两国开展贸易将会产生什么影响?

9. 影响产业内贸易的相关因素有哪些?

10. 贸易引力模型的基本形式是什么?为什么与产业内贸易、新贸易理论联系在一起?

11. 发达国家的咨询、金融等服务性企业在进入中国服务市场之后,为什么往往选择较为高端的业务?试用法尔维模型加以分析。

12. 查找中国的进出口等相关数据，分析中国（总体和双边）产业内贸易及其变化，探讨其中的原因及影响。

附录 4A 贸易失衡及其对产业内贸易水平的影响[①]

格鲁伯和劳埃德在 1975 年就指出，在衡量一个经济体的所有贸易品的产业内贸易水平时会出现一种情形：如果总体货物贸易失衡，则产业内贸易水平会"向下偏斜"。这一偏差在 G-L 指数仅仅用来衡量双边而非多边贸易流时将特别大。因此，他们建议使用一个调整的指数（$IIT_{adjusted}$）：

$$IIT_{adjusted} = \frac{\sum_{i=1}^{n}(X_i + M_i) - \sum_{i=1}^{n}|X_i - M_i|}{\sum_{i=1}^{n}(X_i + M_i) - |\sum_{i=1}^{n}X_i - \sum_{i=1}^{n}M_i|} \quad (4A.1)$$

经过简单变化，得：

$$IIT_{adjusted} = IIT[1/(1-k_g)] \quad (4A.2)$$

IIT 为未调整的 G-L 指数，$IIT = \dfrac{\sum_{i=1}^{n}(X_i + M_i) - \sum_{i=1}^{n}|X_i - M_i|}{\sum_{i=1}^{n}(X_i + M_i)}$，$k_g =$

$\dfrac{|\sum_{i=1}^{n}X_i - \sum_{i=1}^{n}M_i|}{\sum_{i=1}^{n}(X_i + M_i)}$ 表示逆差或顺差占总体（货物）贸易的比重，或称为贸易失衡因子，

X_i、M_i 分别为产业或产品 i 的出口和进口。如果不存在逆差或顺差（即 $k_g = 0$），则 $IIT_{adjusted} = IIT$；否则 $IIT_{adjusted} > IIT$。

由于国际贸易包括货物贸易与服务贸易，因此，贸易失衡应该是总体贸易的失衡，而不仅仅是货物贸易的失衡。这样，一国货物与服务贸易总的 k 因子就为：

$$k = \frac{|(X_g + X_s) - (M_g + M_s)|}{(X_g + X_s) + (M_g + M_s)} = \frac{|(X_g - M_g) + (X_s - M_s)|}{(X_g + X_s) + (M_g + M_s)} = \frac{|X_g - M_g|}{X_g + M_g}$$

$$\times \frac{X_g + M_g}{(X_g + X_s) + (M_g + M_s)} + \frac{|X_s - M_s|}{X_s + M_s} \times \frac{X_s + M_s}{(X_g + X_s) + (M_g + M_s)}$$

$$= k_g \times w_g + k_s \times w_s \quad (4A.3)$$

[①] Lee，Hyun-Hoon and Peter Lloyd，2002，"Intra-Industry Trade in Services"，in Peter Lloyd and Hyun-Hoon Lee(eds.)，*Frontiers of Research in Intra-Industry Trade*，London：Palgrave Macmillan，159—179.

下标 g 和 s 分别表示所有的货物和所有的服务，w_g 和 w_s 分别表示货物贸易和服务贸易占总体贸易的比重。

式(4A.3)表明，将货物贸易与服务贸易放在一起的贸易失衡因子 k 要小于或等于货物贸易与服务贸易分开时的加权平均贸易失衡因子：如果货物贸易与服务贸易的失衡符号相同（即均为逆差或均为顺差），它就等于加权平均失衡因子；如果货物贸易与服务贸易的失衡符号相反（即一个为顺差，另一个为逆差），它就严格小于加权平均失衡因子。因此，将服务贸易加到货物贸易上面对总体贸易失衡因子的影响取决于两个因素：一是服务贸易失衡的符号；二是服务贸易失衡的规模 k_s。如果服务贸易与货物贸易显示的贸易失衡符号相反，和/或服务贸易失衡相对较小，那么货物贸易与服务贸易放在一起时的贸易失衡将小于单独考虑货物贸易时的贸易失衡。

异质性企业贸易理论

本章学习目标

　　企业是各国经济及世界经济的微观基础,本章主要关注国际贸易中的异质性企业问题,首先将介绍梅里兹(Melitz)异质性企业贸易理论模型,然后介绍相关的经验研究。

　　通过本章的学习,我们可以:

● 认识(市场化)企业特别是国际化企业在经济全球化中的作用;

● 理解传统贸易理论与新贸易理论为何无法解释很多微观事实;

● 理解梅里兹异质性企业贸易理论模型的基本结构、方法、思想及结论;

● 了解基于梅里兹模型的主要拓展;

● 了解有关经验分析及其基本结论。

　　现实发生的国际贸易、国际投资与国际生产基本都是由企业完成的。但传统贸易理论与新贸易理论是基于国家和产业层面(产业间和产业内)的贸易理论,要么没有考虑企业,要么将企业看作是同质的。实际上,即使在同一行业里的企业也是千差万别的,比如存在规模、生产率、要素密集度、技术水平、国际化程度等方面的差异。对于这些微观层面的事实,传统贸易理论与新贸易理论无法给出解释,需要引入新的贸易理论。这就是异质性企业贸易理论(heterogeneous firm trade theory),本章将对此进行讨论。

5.1　引言:现实与问题

　　现代经济的发展历程表明,企业是一个国家和地区经济实力与竞争力的微观基础。①随着经济的市场化与全球化不断演进,企业尤其是国际化企业(或跨国企业)越来越成为国际市场竞争的主体,主导着世界市场、国际分工、国际贸易与投资,影响着国际政治与经济关系。同时,当今世界的强国特别是经济强国都是建立在坚实的企业微观基础之上的,国家之间的竞争在很大程度上是企业之间的竞争。

表 5.1 是根据联合国贸易和发展会议(UNCTAD)相关年份的《世界投资报告》整理出来的全球 FDI、国际生产与贸易的基本情况。首先看 FDI 流量和存量变化。1990 年全球 FDI 流入量与内向 FDI 存量分别只有 2 070 亿美元和 2.08 万亿美元,但到 2019 年则分别超过 1.5 万亿美元和 36.4 万亿美元,分别是 1990 年的 7 倍多及 17 倍多。与此同时,这些 FDI 也带来了可观的回报与收入(回报率基本在 6% 以上)。

其次看跨境并购。1990 年全球发生的跨国并购(M&A)净销售现值占当年内向 FDI 流量的比重接近 48%;在此次金融危机前的 2005—2007 年,这一平均比重仍接近 48%。受全球金融危机的影响,这一比重在 2008 年开始下降,直到 2015 年才开始升至危机前的水平。但 2019 年又降至 31%,预计 2020 年受到新冠肺炎疫情的影响可能会进一步下降。

虽然金融危机期间全球跨国并购比其他年份要少得多,但跨国公司外国附属机构(foreign affiliates,FA)的增加值占全球 GDP 的比重基本保持在 10% 左右,外国附属机构的出口值占全球货物和非要素服务出口值的比重则保持在 30% 以上。由此可以看到作为国际化企业的跨国公司在目前全球投资、贸易与生产中的分量。

在学术研究方面,自 20 世纪 90 年代以来,随着微观(企业/厂商)水平数据(micro-level data)可得性的增强,现有国际贸易理论开始面临越来越多的经验上的挑战。许多微观水平上的特征事实无法在传统贸易理论与新贸易理论的框架内得到很好的解释。这些特征事实主要包括:

(1) 在同一行业里,企业是异质的(比如生产率水平的差异);

(2) 固定成本影响企业出口决策(或一般意义上的国际化决策);

(3) 在同一行业里,生产率高的企业更有可能出口(或国际化);

(4) 贸易自由化导致行业内不同企业之间的资源再分配;

(5) 行业内不同企业之间的资源再分配与企业的生产率水平、出口状态相关。

早在 20 世纪 80 年代,新贸易理论基于产品差异和垄断竞争的假设也引入了产业内部的异质性,但这些研究中的异质性并不是用来解释企业在生产率或规模上的非对称性。不过,这并不是因为企业在生产率或规模上的差异不为那时的研究者们所知,而是因为当时的主要目标是解释具有相似要素构成的国家之间为何会有巨大的贸易量及产业内贸易的规模为何很大。因此,大多数新贸易理论模型都假设按照可得技术衡量同一产业里的企业是对称的,这就意味着这些企业具有相似的生产率水平和相似的贸易参与度。

———————————

① 这里所指的企业主要是市场化企业,而国有企业或政府企业比较复杂,通常受到政府或政治较深的干预和影响。因此研究企业国际化问题时,需要对不同所有制类型与隶属关系的企业进行分类研究。

表 5.1 全球 FDI、国际生产与国际贸易

主要指标	1990年	2005—2007年	2008年	2009年	2010年	2011年	2012年	2013年	2014年	2015年	2016年	2017年	2018年	2019年
FDI 流入量（十亿美元）	207	1 473	1 744	1 198	1 409	1 700	1 330	1 427	1 324	1 774	1 746	1 700	1 495	1 540
FDI 流出量（十亿美元）	241	1 501	1 911	1 175	1 505	1 712	1 347	1 311	1 253	1 594	1 452	1 601	986	1 314
内向 FDI 存量（十亿美元）	2 081	14 588	15 295	18 041	20 380	21 117	23 304	24 533	25 108	25 191	26 728	33 218	32 944	36 470
外向 FDI 存量（十亿美元）	2 093	15 812	15 988	19 326	21 130	21 913	23 916	24 665	24 686	24 925	26 160	33 041	31 508	34 571
内向 FDI 回报率（%）	4.2	7.3	7.3	5.6	6.8	6.9	7.6	6.5	6.9	6.2	6.0	6.8	7	6.7
外向 FDI 回报率（%）	6.1	7.2	7	5.6	6.6	6.5	7.1	6.1	6.4	5.7	5.5	6.2	6.4	6.2
M&A（十亿美元）	99	703	707	250	344	556	332	263	428	735	869	694	816	483
M&A 占 FDI 流入量比重（%）	47.83	47.73	40.54	20.87	24.41	32.71	24.96	18.43	32.33	41.43	49.77	40.82	54.58	31.36
FA 增加值占全球 GDP 比重（%）	4.58	9.82	10.17	11.04	9.04	8.78	9.74	9.26	9.37	10.88	11.10	8.79	8.61	9.18
FA 出口占全球货物与非要素服务出口比重（%）	34.19	33.34	33.34	33.30	33.34	33.34	33.34	32.25	33.33	33.33	33.33	—	—	—

注：FDI 流量和存量均按现价计值。"2005—2007 年"表示 2005—2007 年危机前平均水平。FDI 回报率数据仅基于有 FDI 收入与存量数据的经济体计算而得。

　　然而,自 20 世纪 90 年代以来,情况发生了变化。国际经济学特别是在国际贸易领域的理论与经验研究越来越关注异质性企业在国际贸易和国际投资中的角色。2003年,马克·梅里兹(Marc Melitz)以克鲁格曼(Krugman,1980)的垄断竞争和规模报酬递增国际贸易模型(CES、IRS 技术)与霍本哈因(Hopenhayn,1992)的企业进出及动态均衡模型为基础[1],建立了一个带有企业异质性的国际贸易垄断竞争模型,以下简称梅里兹模型。[2]该模型很好地刻画了前面提及的五大特征事实中的前两个事实,并可以进一步解释后三个事实。此外,梅里兹模型还提供了关于贸易得益之源的新解释,即认为贸易使得劳动力从生产率低的企业再配置到生产率高的企业。梅里兹的这篇文献及其方法对于国际贸易及其他领域的研究产生了很大影响。[3]本章将主要围绕梅里兹模型,介绍相关的异质性企业国际贸易理论与经验研究。

5.2　梅里兹模型

　　梅里兹模型的建立基于两个重要支柱:一是第 4 章已经讨论过的克鲁格曼产业内贸易模型;二是霍本哈因的企业进出及动态均衡模型。梅里兹把企业的生产率异质性引入克鲁格曼模型,将霍本哈因模型(假定企业是竞争的)扩展至一般均衡框架下的垄断竞争情形,从而把霍本哈因带有异质性企业的产业均衡模型与克鲁格曼基于多样化品种偏好和规模经济的贸易模型结合在一起,开创性地分析了贸易对(产业内)企业间的资源再配置与行业生产率增长的影响。

5.2.1　基本思想与结构

　　梅里兹模型的基本思想与内容可以用图 5.1 与图 5.2 表示。[4]一个潜在的市场进入者在支付了沉淀成本之后成为实际进入者,但这些进入者并不确定他们的初始生产率与未来生产率,也就是说这些进入者的生产率是随机分布的。如果进入者的生产率较低,则它无法获得正的利润,因而只能退出市场;如果进入者的生产率较高,则它就能够获得

　　① Krugman, Paul, 1980, "Scale Economies, Product Differentiation, and the Pattern of Trade", *American Economic Review*, 70(5), 950—959. Hopenhayn, Hugo, 1992, "Entry, Exit, and Firm Dynamics in Long Run Equilibrium", *Econometrica*, 60(5), 1127—1150.

　　② Melitz, Marc, 2003, "The Impact of Trade on Intra-Industry Reallocations and Aggregate Industry Productivity," *Econometrica*, 71(6), 1695—1725.

　　③ Bernard, Andrew, Bradford Jensen, Stephen Redding and Peter Schott, 2018, "Global Firms", *Journal of Economic Literature*, 56(2), 565—619. Helpman, Elhanan, Marc Melitz and Stephen Yeaple, 2004, "Export versus FDI with Heterogeneous Firms", *American Economic Review*, 94(1), 300—316. Helpman, Elhanan,2006, "Trade, FDI, and the Organization of Firms", *Journal of EconomicLiterature*, 44(3), 589—630.

　　④ Greenaway, David and Richard Kneller, 2007, "Firm Heterogeneity, Exporting and Foreign Direct Investment", *Economic Journal*, 117(517), F134—F161. Melitz, Marc, 2003, "The Impact of Trade on Intra-Industry Reallocations and Aggregate Industry Productivity," *Econometrica*, 71(6), 1695—1725.

正的利润,因而可以继续留在市场上。

进一步地说,在迪克西特—斯蒂格利茨垄断竞争行业中运营的异质性企业的出口会存在固定成本,但其生产率分布(如图 5.2 所示的帕累托分布)不同,内生决定的生产率临界点将决定哪些企业继续留在该行业还是退出该行业,哪些企业出口还是不出口。行业生产率将由于以下两方面的原因而得以提升:首先存在优化效应(rationalization effect),即出口将提高预期利润,诱使企业进入,推高能容许企业生存的生产率临界点,逐出最无效率的企业,从而提高行业平均生产率;其次是存在再配置效应(reallocation effect),即出口将使生产率较高的企业得以扩张,使生产率较低的企业趋于萎缩,从而提高行业平均生产率。所以,梅里兹模型虽是微观结构模型,但有助于我们理解宏观层面上出口与增长之间的相关关系。

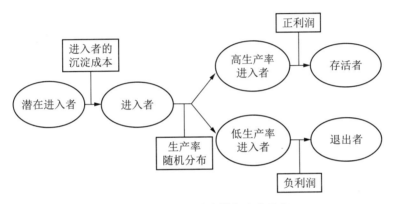

图 5.1　生产率不确定性与企业进出

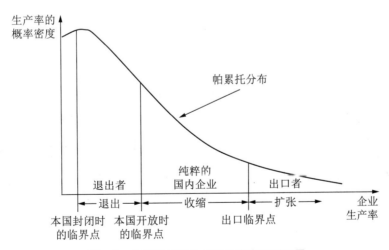

图 5.2　生产率异质性与产业内资源再配置

5.2.2　封闭经济

1. 需求方

如同克鲁格曼模型(Krugman,1980)那样,假定一个代表性消费者的偏好可以用不变替代弹性效用函数加以刻画：

$$U = \left[\int_{\omega \in \Omega} q(\omega)^{\frac{\sigma-1}{\sigma}} \mathrm{d}\omega \right]^{\frac{\sigma}{\sigma-1}} \tag{5.1}$$

其中，Ω 表示可获得的产品品种数。$\sigma > 1$ 表示不同品种 ω 之间的替代弹性，令 $\rho \equiv \frac{\sigma-1}{\sigma}$，因而 $\sigma = \frac{1}{1-\rho}$。$q$ 表示对品种 ω 的消费。

消费者的预算约束为 $R = \int_{\omega \in \Omega} p(\omega)q(\omega)\mathrm{d}\omega$，$p$ 表示品种 ω 的价格。消费者在此约束下最大化式(5.1)，得到对每个品种 ω 的消费函数与支出函数：

$$q(\omega) = Q \left[\frac{p(\omega)}{P} \right]^{-\sigma} \tag{5.2}①$$

$$r(\omega) = q(\omega)p(\omega) = R \left[\frac{p(\omega)}{P} \right]^{1-\sigma} \tag{5.3}$$

其中，$P \equiv \left[\int_{\omega \in \Omega} p(\omega)^{1-\sigma} \mathrm{d}\omega \right]^{\frac{1}{1-\sigma}}$，$R \equiv \int_{\omega \in \Omega} r(\omega)$，$Q \equiv \frac{R}{P}$。

2. 生产方

也像克鲁格曼模型那样，假定劳动力是唯一的生产要素。令 L 为总的劳动力禀赋，也用来表示经济规模，工资为 $w = 1$。同样，生产呈现规模报酬递增，每个品种只由一家企业生产（因此可以用生产率 φ 表示），企业可以自由进出所在行业，则特定品种（对应特定的、生产率为 φ 的企业）的生产总成本 $TC(\varphi)$（等于投入的劳动力成本 $l \times 1$）为产出 q 的线性函数：

$$TC(\varphi) = l \times 1 = f + \beta q(\varphi) = f + \frac{1}{\varphi}q(\varphi) \tag{5.4}$$

其中，f 为固定成本，对于所有企业都一样。β 为边际成本（即边际劳动投入），其倒数为劳动生产率 φ。在克鲁格曼模型中，β 对于所有企业均一样。但在梅里兹模型中，$\beta(=\frac{1}{\varphi})$对于不同的企业则是不同的：企业的生产率越高，其边际成本或边际劳动投入就越低，因而价格就越低，产出就越多，收益 $r(\varphi)$ 和利润 $\pi(\varphi)$ 就越高。

如同克鲁格曼模型那样，垄断竞争意味着：

$$p(\varphi) = \frac{1}{\varphi} \left[\frac{\sigma}{\sigma-1} \right] = \frac{1}{\rho\varphi} \tag{5.5}②$$

其中，$\frac{1}{\varphi}$ 为平均成本$\left(=\frac{l \times w}{q}\right)$，$\frac{\sigma}{\sigma-1}$ 为加成因子（大于 1）。因此，式(5.5)表明：*生产率越*

---

① 具体推导，可参见附录 5A。
② 根据利润最大化条件：边际收益等于边际成本。此外，当产品品种数很大时，σ 也等于需求的价格弹性 η。

高,则价格越低。

由式(5.2)、式(5.3)和式(5.5),以及 CES 偏好和垄断定价,可得:

$$q(\varphi)=RP^{\sigma-1}(\rho\varphi)^{\sigma} \tag{5.6}$$

$$r(\varphi)=p(\varphi)q(\varphi)=R(P\rho\varphi)^{\sigma-1} \tag{5.7}$$

$$\pi(\varphi)=r(\varphi)-l(\varphi)=\frac{r(\varphi)}{\sigma}-f \tag{5.8}$$

其中,R 和 P 对于所有企业都是一样的。

由此可以得出,任何两家企业的产出、收益之比仅仅取决于它们的生产率水平之比,即:

$$\frac{q(\varphi_1)}{q(\varphi_2)}=\left(\frac{\varphi_1}{\varphi_2}\right)^{\sigma} \tag{5.9a}$$

$$\frac{r(\varphi_1)}{r(\varphi_2)}=\left(\frac{\varphi_1}{\varphi_2}\right)^{\sigma-1} \tag{5.9b}$$

总之,相对于生产率较低的企业,生产率较高(φ 值较大)的企业规模较大(较大的产出、较多的收益),索取的价格较低,挣得的利润较高。

此外,梅里兹模型还假定企业在进入市场之前并不确定其生产率的高低。企业如果要生产一个特定的品种,需要承担固定进入成本 $f_e>0$(以劳动力投入衡量,随后就变成沉淀成本)。企业的生产率 φ 遵循一个已知分布,该分布的概率密度函数为 $g(\varphi)$[其值域为$(0, \infty)$],累积分布函数为 $G(\varphi)$。企业在观察到自身的生产率水平后决定是否立即退出市场,还是按照式(5.4)的技术开始生产。如果企业决定生产,那么在每一期企业都将面临一个外生的退出概率 δ,这一概率对于所有企业都是一样的。

在各种异质性企业贸易模型中(比如梅里兹模型及其拓展),关于生产率分布 $G(\varphi)$ 的最常见假设是两种分布:一种是帕累托分布,另一种是弗雷歇(Fréchet)分布。这两种分布都是右长尾分布,可以很好地刻画现实经济中企业生产率高低的分布(如图 5.2 显示,生产率很高的企业是少数,也就是"关键少数")。

3. 封闭经济均衡

(1) 企业行为。

在稳态均衡时,企业在每一期要么立即退出市场,要么生产并获得相同的利润 $\pi(\varphi)$。因此,企业未来利润的贴现值(退出概率 δ 的作用相当于时间贴现率)为:

$$v(\varphi)=\max\left\{0,\sum_{t=0}^{+\infty}(1-\delta)^t\pi(\varphi)\right\}=\max\left\{0,\frac{\pi(\varphi)}{\delta}\right\} \tag{5.10}$$

因此,存在一个生产率临界值 φ^*,使得当且仅当 $\varphi>\varphi^*$ 时,$v(\varphi)>0$。这意味着,当且仅当企业的生产率足够高时,企业才能够待在市场上进行生产;而且根据式(5.7)和式(5.8),企业的利润跟 $\varphi^{\sigma-1}$ 成正比,$\pi(0)=-f$。可以用图 5.3 表示。

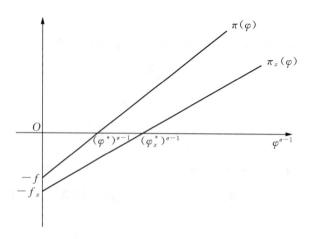

图 5.3　企业行为

资料来源：Antràs，Pol，2004，"Advanced Topics in International Trade：Firms and International Trade"，Manuscript。

（2）产业均衡。

求解内生决定的企业（和品种）数量 M 与经济中（存在的企业）的生产率分布 $\mu(\varphi)$。首先，行业加权平均的生产率为：

$$\widetilde{\varphi} \equiv \left[\int_{0}^{+\infty} \varphi^{\sigma-1} \mu(\varphi) \mathrm{d}\varphi \right]^{\frac{1}{\sigma-1}}$$

一旦知道 φ^*，我们就可以计算市场中存在的企业的生产率概率密度函数：

$$\mu(\varphi) = \begin{cases} \dfrac{g(\varphi)}{1 - G(\varphi^*)} & \text{如果 } \varphi \geqslant \varphi^* \\ 0 & \text{如果 } \varphi < \varphi^* \end{cases} \tag{5.11}$$

由此，可以得到总体生产率水平为生产率临界值 φ^* 的函数：

$$\widetilde{\varphi}(\varphi^*) = \left[\frac{1}{1 - G(\varphi^*)} \int_{\varphi^*}^{+\infty} \varphi^{\sigma-1} g(\varphi) \mathrm{d}\varphi \right]^{\frac{1}{\sigma-1}} \tag{5.12}$$

接下来定义平均利润，

$$\bar{\pi} = \frac{\Pi}{M} = \pi[\widetilde{\varphi}(\varphi^*)] \Leftrightarrow \bar{\pi} = f\left[\frac{r[\widetilde{\varphi}(\varphi^*)]}{\sigma f} - 1 \right] \tag{5.13}$$

根据 $\pi(\varphi^*) = 0 \Leftrightarrow r(\varphi^*) = \sigma f$，以及式（5.9b），可得：

$$\bar{\pi} = f\left[\frac{r[\widetilde{\varphi}(\varphi^*)]}{r(\varphi^*)} - 1 \right] = f\left[\left(\frac{\widetilde{\varphi}(\varphi^*)}{\varphi^*} \right)^{\sigma-1} - 1 \right] \tag{5.14}$$

该式被称为"零临界利润"（zero cutoff profit，ZCP）条件。

最后，自由进入市场意味着，在行业均衡时，一个潜在进入者的利润的预期贴现值应等于进入固定成本，即 $0 \times G(\varphi^*) + \dfrac{\bar{\pi}}{\delta} \times [1 - G(\varphi^*)] = f_e$，从而得到：

$$\bar{\pi}=\frac{\delta f_e}{1-G(\varphi^*)} \tag{5.15}$$

该式被称为"自由进入"(free entry，FE)条件。

式(5.14)与式(5.15)构成的方程组包含两个未知数 $\bar{\pi}$ 和 φ^*。

根据式(5.15)，如果企业的进入固定成本保持不变，那么企业的退出概率 δ 越大（企业越不可能生存下来），则企业需要更高的平均利润才能得到补偿（由更高的生产率保证）。由于 $G'(\varphi^*)>0$，因此，式(5.15)显示 $\bar{\pi}$ 是 φ^* 的增函数，且满足 $\bar{\pi}(0)=\delta f_e$，$\lim\limits_{\varphi^*\to\infty}\bar{\pi}(\varphi^*)=\infty$。

根据式(5.12)与式(5.14)，直觉上，φ^* 的上升将提高存活企业的平均生产率，

$$\tilde{\varphi}(\varphi^*)'=\frac{g(\varphi^*)\tilde{\varphi}^{2-\sigma}}{(\sigma-1)\left[1-G(\varphi^*)\right]^2}\int_{\varphi^*}^{+\infty}\left[\varphi^{\sigma-1}-(\varphi^*)^{\sigma-1}\right]g(\varphi)\mathrm{d}\varphi>0 \tag{5.16}$$

由于企业利润随着自身生产率的上升而提高，因此 φ^* 的上升将直接对利润 $\bar{\pi}$ 产生正面影响。但由于企业利润会随着竞争对手生产率的提高而下降，因此这一影响是反方向的。也就是说，在直觉上，式(5.14)表示的曲线 ZCP 是否向下倾斜，取决于 $\tilde{\varphi}$ 和 φ^* 哪个增长得更快。如果 $G(\varphi)$ 分布的右尾足够肥，那么后一种效应将占主导地位，这时曲线 ZCP 将向下倾斜，从而式(5.14)显示 $\bar{\pi}$ 与 φ^* 之间呈负相关关系。[①]

梅里兹表明，ZCP 与 FE 只相交一次，从而保证均衡的存在性与唯一性。此外，在通常分布下，ZCP 在空间 $(\bar{\pi},\varphi^*)$ 是向下倾斜的，如图5.4所示。

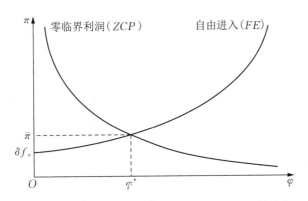

图5.4　均衡的生产率临界值 φ^* 与平均利润 $\bar{\pi}$ 的决定

---

① 如果企业生产率分布为帕累托分布，即 $G(\varphi)=1-\left(\dfrac{\underline{\varphi}}{\varphi}\right)^\theta$，那么 $\tilde{\varphi}(\varphi^*)=\left[\dfrac{1}{\left(\dfrac{\underline{\varphi}}{\varphi^*}\right)^\theta}\int_{\varphi^*}^{+\infty}\varphi^{\sigma-1}\theta\,\underline{\varphi}\cdot\right.$

$\left.\left(\dfrac{\underline{\varphi}}{\varphi}\right)^{\theta-1}\mathrm{d}\varphi\right]^{\frac{1}{\sigma-1}}=\left[\theta(\varphi^*)^\theta\int_{\varphi^*}^{+\infty}\varphi^{\sigma-\theta}\mathrm{d}\varphi\right]^{\frac{1}{\sigma-1}}=\left[\dfrac{\theta(\varphi^*)^{\sigma-1}}{\sigma-\theta+1}\right]^{\frac{1}{\sigma-1}}$，得 $\tilde{\varphi}(\varphi^*)=\varphi^*\left[\dfrac{\theta}{\sigma-\theta+1}\right]^{\frac{1}{\sigma-1}}$，因而可知

$\dfrac{\tilde{\varphi}(\varphi^*)}{\varphi^*}=\left[\dfrac{\theta}{\sigma-\theta+1}\right]^{\frac{1}{\sigma-1}}$，即 $\dfrac{\tilde{\varphi}}{\varphi^*}$ 为一常数。这时，曲线 ZCP 为水平线，平均利润独立于生产率临界值 φ^*。

（3）企业数量。

一旦求得生产率 φ^* 与平均利润 $\bar{\pi}$ 的均衡值，我们就很容易求出均衡的企业数量。首先，由于所有生产率为 φ 的企业都定相同的价格 $p(\varphi)$，因此式（5.3）处的 CES 价格指数 P 变为：

$$P^{1-\sigma} = \int_{\omega \in \Omega} p(\omega)^{1-\sigma} \mathrm{d}\omega = \int_0^{+\infty} (\rho\varphi)^{\sigma-1} M\mu(\varphi) \mathrm{d}\varphi = M(\rho\widetilde{\varphi})^{\sigma-1} \tag{5.17}$$

因此，式（5.8）变为：

$$\bar{\pi} = \frac{1}{\sigma}\frac{R}{M} - f \tag{5.18}$$

由于总收入等于总支出，即 $R=L$，则企业数量为：

$$M = \frac{L}{\sigma(\bar{\pi}+f)} \tag{5.19}$$

（4）福利变化。

根据式（5.6）和式（5.17），代表性消费者（$w=1$）的福利为：

$$u = \frac{1}{P} = M^{\frac{1}{\sigma-1}}\rho\widetilde{\varphi} \tag{5.20}$$

社会总福利为：

$$U = \left[\int_{\omega \in \Omega} q(\omega)^{\frac{\sigma-1}{\sigma}} \mathrm{d}\omega\right]^{\frac{\sigma}{\sigma-1}} = \left\{\int_{\omega \in \Omega} \left[\frac{L}{M(\rho\widetilde{\varphi})^{\sigma-1}}(\rho\varphi)^{\sigma}\right]^{\frac{\sigma-1}{\sigma}}\mu(\varphi)\mathrm{d}\varphi\right\}^{\frac{\sigma}{\sigma-1}} = LM^{\frac{1}{\sigma-1}}\rho\widetilde{\varphi}$$

$$\tag{5.21}$$

可以看出，如同克鲁格曼模型那样，每个国家的可得品种数量增加，国家规模变大（由于对外开放和自由贸易），这将使得消费者福利趋于增加。

5.2.3 开放经济

在没有贸易成本时，我们将看到贸易一体化并不会引发任何的产业内资源再配置（即 $\widetilde{\varphi}$ 是固定的）。但在现实中存在各种贸易成本。为此，梅里兹模型考虑两类贸易成本：一是冰山成本，即为了在国外卖掉 1 单位产品，企业需要生产 $\tau > 1$ 单位产品（其中的 $(\tau-1)$ 单位在路途中被"消耗掉"）。二是固定的出口成本，即企业在知晓其自身的生产率水平 φ 后，为了出口国外，必须承担额外的固定成本 f_{ex}（包括信息、分销或规制成本等）。假定本国与 $n \geq 1$ 个其他国家进行贸易，而且所有国家的大小相同，这意味着要素价格均等化成立，各处的工资均等于 1。

1. 企业行为

首先，国内市场（以下标 d 表示）与国外/出口市场（以下标 x 表示）的价格分别为：

$$p_d(\varphi) = \frac{1}{\rho\varphi} \tag{5.22a}$$

$$p_x(\varphi) = \frac{\tau}{\rho\varphi} \tag{5.22b}$$

两类市场上的收益分别为：

$$r_d(\varphi) = R_d \left[P_d\rho\varphi\right]^{\sigma-1} \tag{5.23a}$$

$$r_x(\varphi) = \tau^{1-\sigma} R_x \left[P_x\rho\varphi\right]^{\sigma-1} \tag{5.23b}$$

要素价格均等化假设意味着，对于所有国家 x，有 $RP^{\sigma-1} = R_x P_x^{\sigma-1}$。因此，企业的收益可以用出口状态表示：

$$r(\varphi) = \begin{cases} r_d(\varphi) & \text{如果企业不出口} \\ r_d(\varphi) + nr_x(\varphi) = (1+n\tau^{1-\sigma})r_d(\varphi) & \text{如果企业出口所有国家} \end{cases} \tag{5.24}$$

企业从本国与外国（考虑一个特定国家）市场上获得的利润分别为：

$$\pi_d(\varphi) = \frac{r_d(\varphi)}{\sigma} - f \tag{5.25a}$$

$$\pi_x(\varphi) = \frac{r_x(\varphi)}{\sigma} - f_x = \frac{\tau^{1-\sigma}r_d(\varphi)}{\sigma} - f_x \tag{5.25b}$$

其中，$f_x \equiv \delta f_{ex}$，企业在每一期要么出口要么不出口。每一期的总利润为：

$$\pi(\varphi) = \pi_d(\varphi) + \max\{0, \, n\pi_x(\varphi)\} \tag{5.26}$$

出口状态下的生产率临界值（export cutoff）为：

$$\varphi_x^* \equiv \inf\left\{\varphi \geqslant \varphi^* : \frac{\pi_x(\varphi)}{\delta} > 0\right\} \tag{5.27}$$

为了确保出口企业与非出口企业的均衡，即 $\varphi_x^* > \varphi^*$，行业内的高生产率企业自选择进入出口市场，我们需要假定 $\tau^{\sigma-1}f_x > f$。如图 5.3 所示，π_x 的截距的绝对值较大，斜率较小（因为 $\tau^{1-\sigma} < 1$）。

在模型中，较高生产率（φ 较大）的企业自选择出口；在经验层面上，这直接意味着这样的企业规模较大 $[r(\varphi)$ 较大$]$。因此，问题是：这是否意味着具有测算出的高生产率（或人均收益较高）的企业自选择出口呢？答案是肯定的。即只要满足 $\tau^{\sigma-1}f_x > f$，则

$$\frac{r_d(\varphi) + nr_x(\varphi)}{l_d(\varphi) + nl_x(\varphi)} > \frac{r_d(\varphi)}{l_d(\varphi)} \Rightarrow \frac{r_d(\varphi) + nr_x(\varphi)}{\left(\frac{q_d(\varphi)}{\varphi} + f\right) + \left(n\tau\frac{q_x(\varphi)}{\varphi} + f_x\right)} > \frac{r_d(\varphi)}{\frac{q_d(\varphi)}{\varphi} + f}$$

2. 产业均衡

在开放经济下，本国市场上的特定行业（包括本国企业与外国企业）的加权平均生产

率为：

$$\widetilde{\varphi}_t = \left\{ \frac{1}{M_t} \left[M\widetilde{\varphi}^{\sigma-1} + nM_x \left(\frac{\widetilde{\varphi}_x}{\tau} \right)^{\sigma-1} \right] \right\}^{\frac{1}{\sigma-1}} \tag{5.28}$$

其中，M 为本国企业数，nM_x 为在本国市场上竞争的外国企业数，且 $M_t = M + nM_x$。$\widetilde{\varphi}(\varphi^*) = \left[\frac{1}{1-G(\varphi^*)} \int_{\varphi^*}^{+\infty} \varphi^{\sigma-1} g(\varphi) \mathrm{d}\varphi \right]^{\frac{1}{\sigma-1}}$ 表示所有企业的平均生产率，$\widetilde{\varphi}_x(\varphi_x^*) = \left[\frac{1}{1-G(\varphi_x^*)} \int_{\varphi_x^*}^{+\infty} \varphi^{\sigma-1} g(\varphi) \mathrm{d}\varphi \right]^{\frac{1}{\sigma-1}}$ 表示所有出口企业的平均生产率。

一旦知道 $\widetilde{\varphi}_t$，我们就可以计算其他所有加总或平均变量：$P = \dfrac{M_t^{\frac{1}{1-\sigma}}}{\rho\widetilde{\varphi}_t}$，$R = M_t r(\widetilde{\varphi}_t)$，$\Pi = M_t \pi(\widetilde{\varphi}_t)$，$Q = M_t^{\frac{1}{1-\sigma}} q(\widetilde{\varphi}_t)$。

如同在封闭经济，福利 $(1/P)$ 与平均生产率 $(\widetilde{\varphi}_t)$ 正相关。

3. 均衡条件

首先，自由进入条件没有变化，即：

$$\bar{\pi} = \frac{\delta f_e}{1-G(\varphi^*)} \tag{5.29}$$

区别在于，这时的平均利润还取决于出口利润，即：

$$\bar{\pi} = \pi_d(\widetilde{\varphi}) + n p_x \pi_x(\widetilde{\varphi}_x)$$

其中，$p_x = \dfrac{1-G(\varphi_x^*)}{1-G(\varphi^*)}$ 为以成功进入为条件的出口概率。

其次，看零临界利润条件。根据临界生产率水平定义，可知：

$$\pi_d(\varphi^*) = 0 \Leftrightarrow r_d(\varphi^*) = \sigma f$$
$$\pi_x(\varphi_x^*) = 0 \Leftrightarrow r_x(\varphi_x^*) = \sigma f_x$$

这意味着，

$$\frac{r_x(\varphi_x^*)}{r_d(\varphi^*)} = \frac{f_x}{f} \Leftrightarrow \varphi_x^* = \varphi^* \tau \left(\frac{f_x}{f} \right)^{\frac{1}{\sigma-1}}$$

进一步将 $\bar{\pi}$ 整理为 φ^* 的函数，可得零临界利润条件：

$$\bar{\pi} = f \left[\left(\frac{\widetilde{\varphi}(\varphi^*)}{\varphi^*} \right)^{\sigma-1} - 1 \right] + n p_x f_x \left[\left(\frac{\widetilde{\varphi}_x(\varphi^*)}{\varphi_x^*(\varphi^*)} \right)^{\sigma-1} - 1 \right] \tag{5.30}$$

于是，式(5.29)和式(5.30)决定了开放经济下的产业均衡(如图5.5所示)。

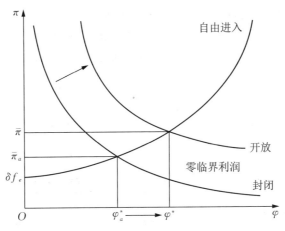

图 5.5　贸易对产业均衡的影响

4. 国际贸易的影响

与经验证据相一致,开放贸易将导致生产率最低的企业退出市场,即 $\varphi^* > \varphi_a^*$(如图 5.5 所示)。对于出口企业而言,其利润将一方面因为出口而增加,另一方面因为外国企业进入本国市场(导致价格 P 下降)而下降;对于非出口企业而言,其利润将因为外国企业进入本国市场而下降。生产率 φ^* 的上升并不是贸易得益的新源泉;相反,正是因为贸易得益(即价格 P 下降)才导致了生产率 φ^* 的上升。所以,即使国内品种数量趋于下降,即 $M = \dfrac{R}{\bar{r}} = \dfrac{L}{\sigma(\bar{\pi} + f + p_x n f_x)} < M_a$,消费者福利仍然是上升的$\left(u = \dfrac{1}{P}\right)$。

总之,开放贸易将对行业内的企业产生一种达尔文式演进的影响:生产率最高的企业兴旺发达,它们出口并不断增加市场份额和利润;生产率较高的企业出口并增加市场份额,但遭受利润损失;生产率较低的企业继续生产但不出口,遭受市场份额和利润两方面的损失;生产率最低的企业被逐出该行业(市场)。因此,一个行业开放贸易,则行业内的不同企业之间将发生资源再配置效应,即资源将配置到生产率较高的企业。行业内的资源再配置导致行业总体生产率的提高,这有助于增进贸易的福利得益。[①]

5.2.4　梅里兹模型的解释力与进一步拓展

传统贸易理论主要是以比较优势(即生产的机会成本的差异)来解释国家之间的产品流动。比较优势之所以产生,是因为生产率的差异(李嘉图式的比较优势),或者因为要素密集度的产业间差异和要素丰裕度的跨国差异二者之间的结合(H-O-S 式的比较优势)。该理论解释的贸易模式是产业间贸易。然而,现实发生的国际贸易大多是产业内贸易,这就催生了新贸易理论。

但无论传统贸易理论还是新贸易理论都假定每个产业有一个代表性企业,这样做便

---

①　梅里兹模型还做了以下比较静态分析,即考虑贸易伙伴数量 n 的增加、冰山成本 τ 的下降、固定的出口成本 f_x 下降等产生的影响,基本结论仍然不变。

于均衡分析(这对于国际贸易分析来说是十分关键的),但却与以下事实不符:在同一产业中的企业存在生产率、资本密集度、技能和技术密集度、范围经济(即在一定资源约束下可以生产多少种产品)和规模经济(即一种产品可以生产多少)等方面的差异。对这些问题的思考与分析引发了异质性企业贸易理论的产生,尽管企业异质性不只是国际贸易理论关注的问题(比如管理学也关注这个问题)。

因此,每一种贸易理论对贸易现实(如贸易模式、贸易动因、贸易效应)的解释力都是不同的,如表 5.2 所示。

表 5.2　贸易理论及其对贸易事实的解释力比较

贸易事实		传统贸易理论:李嘉图模型;H-O-S 模型	新贸易理论:克鲁格曼模型	梅里兹异质性企业贸易模型
贸易模式	产业间贸易	是	否	否
	产业内贸易	否	是	是
	产业内的出口企业与非出口企业	否	否	是
贸易的得益(原因)	产业内的出口企业生产率高于非出口企业	否	否	是
	贸易自由化提高产业生产率(通过市场选择和资源重新配置)	否	否**	是
	专业化	是	否	否
	规模经济	否	是	是
	促进竞争	否	是	否
	品种	否	是	否*
贸易与劳动力市场	贸易自由化之后就业的跨产业净变化	是	否	否
	贸易自由化之后总就业增加和产业内就业受损并存	否	否	是
收入分配效应	贸易自由化影响要素相对报酬	是	否	否

注:＊品种效应是模糊的。＊＊在克鲁格曼模型中,一体化市场中的"生产率"也是增加的,但其含义是,规模经济使得相同数量的产品以更低的平均成本生产出来。然而,克鲁格曼模型没有指明哪些企业会留在市场上,因为它没有考虑企业的异质性。一旦按照梅里兹模型将企业基于生产率水平进行划分,那么,生产率低的企业将退出市场,从而导致整个行业的生产率的提高。

资料来源:Bernard, Andrew, Bradford Jensen, Stephen Redding and Peter Schott, 2007, "Firms in International Trade", *Journal of Economic Perspectives*, 21(3), 105—130. Melitz, Marc, 2003, "The Impact of Trade on Intra-Industry Reallocations and Aggregate Industry Productivity", *Econometrica*, 71(6), 1695—1725.

实际上,与梅里兹模型有关的异质性企业贸易理论仍在不断发展,概括起来主要包括以下几个方面[①]:(1)考虑多种生产要素[②];(2)线性需求[③];(3)国家(市场)规模的非对称性[④];(4)其他国际化方式(如 *FDI*、外包等)[⑤];(5)引入契约理论与跨国公司的产权理论[⑥];(6)将企业异质性引入引力模型,讨论贸易壁垒变化对国际贸易集约边际(intensive margin)与广延边际(extensive margin)的影响,以及替代弹性在其中的作用[⑦];(7)收入(工资)不平等[⑧];(8)贸易的网络结构[⑨];(9)多产品和多市场[⑩];(10)融资约束[⑪];(11)质量[⑫];

① 这方面有大量的文献,有兴趣的读者可以进一步阅读相关文献,有的文献可能涉及多个方面的拓展,相互有交叉,这里仅仅列出一部分拓展性研究。

② Bernard, Andrew, Stephen Redding, and Peter Schott, 2007, "Comparative Advantage and Heterogeneous Firms", *Review of Economic Studies*, 74(1), 31—66.

③④ Melitz, Marc and Gianmarco Ottaviano, 2008, "Market Size, Trade, and Productivity", *Review of Economic Studies*, 75(1), 295—316.

⑤ Helpman, Elhanan, Marc Melitz and Stephen Yeaple, 2004, "Export versus FDI with Heterogeneous Firms", *American Economic Review*, 94(1), 300—316. Antràs Pol and Elhanan Helpman, 2004, "Global Sourcing", *Journal of Political Economy*, 112(3), 552—580. Antràs, Pol, Teresa Fort and Felix Tintelnot, 2017, "The Margins of Global Sourcing: Theory and Evidence from US Firms", *American Economic Review*, 107(9), 2514—2564.

⑥ Antràs, Pol, 2003, "Firms, Contracts, and Trade Structure", *Quarterly Journal of Economics*, 118(4), 1375—1418. Antràs, Pol and Elhanan Helpman, 2004, "Global Sourcing", *Journal of Political Economy*, 112(3), 552—580.

⑦ Chaney, Thomas, 2008, "Distorted Gravity: The Intensive and Extensive Margins of International Trade", *American Economic Review*, 98(4), 1707—1721. Helpman, Elhanan, Marc Melitz and Yona Rubinstein, 2008, "Estimating Trade Flows: Trading Partners and Trading Volumes", *Quarterly Journal of Economics*, 123(2), 441—487.

⑧ Helpman, Elhanan, Oleg Itskhoki and Stephen Redding, 2010, "Inequality and Unemployment in a Global Economy", *Econometrica*, 78(4), 1239—1283. Helpman, Elhanan and Oleg Itskhoki, 2010, "Labor Market Rigidities, Trade and Unemployment", *Review of Economic Studies*, 77(3), 1100—1137. Helpman, Elhanan, Oleg Itskhoki, Marc-Andreas Muendler and Stephen Redding, 2017, "Trade and Inequality: From Theory to Estimation", *Review of Economic Studies*, 84(1), 357—405. Grossman, Gene and Elhanan Helpman, 2018, "Growth, Trade, and Inequality", *Econometrica*, 86(1), 37—83.

⑨ Chaney, Thomas, 2014, "The Network Structure of International Trade", *American Economic Review*, 104(11), 3600—3634.

⑩ Eaton, Jonathan, Samuel Kortum and Francis Kramarz, 2004, "Dissecting Trade: Firms, Industries, and Export Destinations", *American Economic Review*, 94(2), 150—154. Bernard, Andrew, Stephen Redding and Peter Schott, 2010, "Multi-Product Firms and Product Switching", *American Economic Review*, 100(1), 70—97. De Loecker, Jan, 2011, "Product Differentiation, Multiproduct Firms, and Estimating the Impact of Trade Liberalization on Productivity", Econometrica, 79(5), 1407—1451. Bernard, Andrew, Stephen Redding and Peter Schott, 2011, "Multi-Product Firms and Trade Liberalization", *Quarterly Journal of Economics*, 126(3), 1271—1318. Mayer, Thierry, Marc Melitz and Gianmarco Ottaviano, 2014, "Market Size, Competition, and the Product Mix of Exporters", *American Economic Review*, 104(2), 495—536. Eaton, Jonathan, Samuel Kortum and Francis Kramarz, 2011, "An Anatomy of International Trade: Evidence from French Firms", *Econometrica*, 79(5), 1453—1498.

⑪ Manova, Kalina, 2013, "Credit Constraints, Heterogeneous Firms, and International Trade", *Review of Economic Studies*, 80(2), 711—744.

⑫ Crozet, Matthieu, Keith Head and Thierry Mayer, 2012, "Quality Sorting and Trade: Firm-Level Evidence for French Wine", *Review of Economic Studies*, 79(2), 609—644.

(12)中间品贸易[①];(13)创新[②];等等。

5.3　基于企业水平数据的经验研究

国际经济学家日益认识到使用企业水平数据研究国际贸易(及其他领域)的重要性,但行业/国家水平数据太粗糙、太笼统。而且,如哈拉克(Hallak)和莱温索恩(Levinsohn)所指出的,国家不进行贸易,企业从事贸易。[③]使用企业水平数据进行经验分析,有助于深化理解贸易的动因、贸易自由化的调整机制、经济福利、收入分配效应等方面的问题。围绕这些问题的经验分析非常多,本部分重点介绍四个方面的研究。

5.3.1　关于出口企业的特征事实

关于出口企业,有两个特征事实:(1)出口是非常罕见的;(2)出口企业是不同的,主要表现为出口企业规模较大、生产率较高、支付较高的工资、使用的要素密集度不同。

伯纳德等关于美国制造业的研究显示(见表5.3),尽管各分行业的出口企业数量占比差异较大(2%—38%),但总体的出口企业数量占比为18%。如果以出口价值占比衡量,各行业里的出口值占比在7%至21%之间,而总体出口值占比为14%。可以看出,出口企业基本遵循帕累托规则。实际上,这一情形对于其他国家也类似。

表5.3　美国制造业企业出口(2002年)

NAICS 行业编码	行　业	各分行业的企业数占全部制造业企业数的比重(%)	特定行业的出口企业数占该行业的企业数的比重(%)	特定行业的出口值占该行业产值的比重(%)
311	食品制造	6.8	12	15
312	饮料和烟草制品	0.7	23	7
313	纺织业(textile mills)	1.0	25	13
314	纺织产品(textile product mills)	1.9	12	12
315	服装制造	3.2	8	14
316	皮革及相关产品	0.4	24	13
321	木制品制造	5.5	8	19
322	造纸	1.4	24	9

①　Bastos, Paulo, Joana Silva and Eric Verhoogen, 2018, "Export Destinations and Input Prices", *American Economic Review*, 108(2), 353—392. Fieler, Ana Cecilia, Marcela Eslava and Daniel Yi Xu, 2018, "Trade, Quality Upgrading, and Input Linkages: Theory and Evidence from Colombia", *American Economic Review*, 108(1), 109—146.

②　Atkeson, Andrew and Ariel Tomás Burstein, 2010, "Innovation, Firm Dynamics, and International Trade", *Journal of Political Economy*, 118(3), 433—484.

③　Hallak, Juan Carlos and James Levinsohn, 2004, "Fooling Ourselves: Evaluating the Globalization and Growth Debate", NBER Working Paper No.10244.

续表

NAICS 行业编码	行 业	各分行业的企业数占全部制造业企业数的比重(%)	特定行业的出口企业数占该行业的企业数的比重(%)	特定行业的出口值占该行业产值的比重(%)
323	印刷及相关支持	11.9	5	14
324	石油和煤炭产品	0.4	18	12
325	化学制造	3.1	36	14
326	塑料和橡胶制品	4.4	28	10
327	非金属矿产品	4.0	9	12
331	初级金属制造	1.5	30	10
332	金属制品	19.9	14	12
333	机械制造	9.0	33	16
334	计算机及电子产品	4.5	38	21
335	电气设备、器具	1.7	38	13
336	运输设备	3.4	28	13
337	家具及相关产品	6.4	7	10
339	其他杂项制造	9.1	2	15
	制造业总体	100	18	14

注:各行业的界定参见北美产业分类体系(North American Industry Classification System, NAICS)的分类标准。第一列为各分行业的企业数占全部制造业企业数的比重(%),加总为100%。

资料来源:Bernard, Andrew, Bradford Jensen, Stephen Redding and Peter Schott, 2007, "Firms in International Trade", *Journal of Economic Perspectives*, 21(3), 105—130。

此外,以出口值衡量,出口企业的出口还具有较高的集中度。比如,马诺娃(Manova)和张(Zhang)使用中国海关数据进行研究发现(见表5.4),总体上,前10%的出口企业占了中国出口总额的80%。他们还比较了进口集中度,结果发现:前10%的进口企业占了中国进口总额的89%;进口的集中度略高于出口的集中度;不同所有制企业的集中度存在差异,相对而言,外商独资企业的出口集中度较高,国有企业的进口集中度较高。

表5.4 中国的对外贸易集中于最大的贸易企业(2005年)

		所有企业		国有企业	私营企业	合资企业	外商独资企业
		企业数	贸易比重(%)	贸易比重(%)	贸易比重(%)	贸易比重(%)	贸易比重(%)
出口	前1%	965	51	36	27	47	58
	前5%	4 829	71	66	50	68	76
	前10%	9 659	80	78	64	78	84
	前25%	24 147	92	92	84	90	94
	前50%	48 295	98	99	96	98	99

续表

		所有企业		国有企业	私营企业	合资企业	外商独资企业
		企业数	贸易比重 (%)	贸易比重 (%)	贸易比重 (%)	贸易比重 (%)	贸易比重 (%)
进口	前 1%	763	60	65	46	53	60
	前 5%	3 819	82	84	74	80	80
	前 10%	7 639	89	91	85	88	88
	前 25%	19 098	97	98	96	96	96
	前 50%	38 196	99	100	99	99	99

资料来源：Manova, Kalina and Zhiwei Zhang, 2009, "China's Exporters and Importers：Firms, Products and Trade Partners", NBER Working Paper, No.15249。

关于出口企业与非出口企业的差异，伯纳德等研究发现（见表 5.5），相对于非出口企业，出口企业的就业、产值、人均增加值（劳动生产率）、全要素生产率、工资、资本密集度、技能密集度分别高出 119%、148%、26%、2%、17%、32%、19%。[表中第（1）列]表中后面两列控制了其他变量，但结果仍然显示，出口企业相对于非出口企业具有较高的生产率、较高的工资、较高的资本密集度和技能密集度。

表 5.5　美国制造业出口企业溢价（2002 年）

	出口企业溢价		
	(1)	(2)	(3)
Log employment	1.19	0.97	
Log shipments	1.48	1.08	0.08
Log value-added per worker	0.26	0.11	0.10
Log TFP	0.02	0.03	0.05
Log wage	0.17	0.06	0.06
Log capital per worker	0.32	0.12	0.04
Log skill per worker	0.19	0.11	0.19
其他协变量	无	产业固定效应	产业固定效应、 Log employment

注：自变量为虚拟变量，出口取值为 1，否则为 0。因变量是企业的特征，包括就业（employment）、产值（shipments）、人均增加值（劳动生产率，value-added per worker）、全要素生产率（TFP）、工资（wage）、资本密集度（capital per worker）、技能密集度（skill per worker）等（均取对数）。第（1）列是双变量 OLS 回归；第（2）列加上了行业固定效应；第（3）列加上了行业固定效应，并将企业就业人数的对数值作为控制变量。"skill per worker"表示总就业中的非生产性工人的占比。所有结果均在 1% 的水平上显著。

资料来源：Bernard, Andrew, Bradford Jensen, Stephen Redding and Peter Schott, 2007, "Firms in International Trade", *Journal of Economic Perspectives*, 21(3), 105—130。

5.3.2　企业对贸易自由化的反应

很多文献使用企业水平数据分析企业如何对贸易自由化做出反应,具体而言,就是分析企业出口与经济绩效(比如劳动生产率和全要素生产率)之间的因果关系。这一因果关系涉及企业内经济绩效的变化问题,至少涉及两个基本问题:一是经济绩效好的企业是否会成为出口企业? 这一问题的实质是要分析企业的出口自选择效应(self-selection effect)。二是企业出口能否提高企业的经济绩效? 这一问题的实质是要分析企业的出口学习效应(learning-by-exporting effect)。[1]

考虑到企业的经济绩效包括很多方面,下面重点基于企业生产率,讨论相关文献及相关分析方法。正如克鲁格曼所言:"生产率不是一切,但从长期看,生产率就是一切。"[2]

格林纳韦(Greenaway)和内勒(Kneller)曾经做过很好的文献总结,这些研究基于不同的国家和地区探讨企业出口与企业生产率之间的因果关系。[3]其中,大多数经验分析都支持自选择效应的存在,即生产率较高、就业和生产规模较大、技术较复杂、资本较为密集、支付工资较高、增长较快的企业更容易成为出口企业。但对于出口学习效应的检验结果则并不一致:一些研究发现企业的生产率在其开始出口之后确有显著的增长;但另一些研究则发现企业的生产率在其开始出口之后并没有显著的增长。

1. 企业生产率的测算

测算企业单要素(劳动、资本)生产率比较容易,但测算企业全要素生产率则相对复杂一些。目前,研究者们都经常采用半参数方法来估算企业水平的全要素生产率。在估算企业水平的全要素生产率之前,需要对生产函数的形式进行设定。在实际研究中,柯布—道格拉斯生产函数是经常用到的函数形式[4],它具有以下优势:系数易于估计、对规模经济的估计总体符合常理。现假定柯布—道格拉斯生产函数采取以下形式:

$$Y_{it} = A_{it} K_{it}^{\beta_k} L_{it}^{\beta_l} \tag{5.31}$$

其中,Y_{it}、K_{it}、L_{it}分别表示产出、资本、劳动投入。A_{it}为全要素生产率,有助于同时提高各种要素的边际产出水平。对公式取对数可得:

$$y_{it} = \beta_k k_{it} + \beta_l l_{it} + \mu_{it} \tag{5.32}$$

其中,y_{it}、k_{it}、l_{it}分别为Y_{it}、K_{it}、L_{it}的对数形式,残差项μ_{it}包含A_{it}的对数形式的信息。一般来说,对该公式进行估计可以获得全要素生产率的估计值。但是,当这一线性估

---

[1]　另外,还有一个相关问题是:出口企业的经济绩效是否高于非出口企业? 这一问题的实质是要分析企业出口的溢价效应(premium effect)。本节第一部分的分析已经涉及这一问题。

[2]　Krugman, Paul, 1997, *The Age of Diminished Expectations: U.S. Economic Policy in the 1990s*, Cambridge, MA: MIT Press.

[3]　Greenaway, David and Richard Kneller, 2007, "Firm Heterogeneity, Exporting and Foreign Direct Investment", *Economic Journal*, 117(517), F134—F161.

[4]　也有一些研究采用较为灵活的超越对数生产函数(translog function)。虽然这种函数的限制较松,比如替代弹性不必设定为常数,但在实际估计中并不能提供比柯布—道格拉斯生产函数更多的信息。

计用于企业全要素生产率估算时，将会产生两大经济计量问题：同步偏差（simultaneity bias）和选择偏差（selectivity and attrition bias）。前者是指企业生产决策的同步性（simultaneity）问题，即在实际生产过程中，企业能够较早地观察到至少一部分全要素生产率的变化，并据此改变要素投入决策以使利润最大化。也就是说，在要素投入影响全要素生产率的同时，全要素生产率也会反过来影响企业的要素投入。如果不考虑这一点，企业的利润最大化选择就会产生偏差。计量回归中的残差项（包含全要素生产率信息）与回归项就存在一定相关性，从而使 OLS 估计出现偏误，具体表现为：劳动投入的弹性系数会被高估，而资本投入的弹性系数则被低估。这是因为在短期内劳动投入比资本投入更容易对全要素生产率变化做出反应和调整。

为看清这一问题，先对该公式的残差项 μ_{it} 进行分解：

$$y_{it}=\beta_k k_{it}+\beta_l l_{it}+\omega_{it}+e_{it} \tag{5.33}$$

其中，e_{it} 为误差项，包含不可观测的技术冲击与测量误差。ω_{it} 为随时间变化的异质性企业的全要素生产率，它未必被研究者观测到，但可能为企业本身所知晓。如果企业能够观测到它，那么它将自然地作为状态变量而影响企业的投入决策，于是就出现同步偏差问题。针对这一问题，研究者们提出了一些解决方法，主要包括固定效应估计、代理变量法、工具变量法（如广义矩估计方法，即 GMM 方法）等。其中，代理变量法包括奥利—帕克斯（Olley-Pakes）方法（简称 OP 方法）[1]、莱文索恩—佩特林（Levinsohn-Petrin）方法（简称 LP 方法）[2]、阿克伯格—凯夫斯—弗雷泽（Ackerberg-Caves-Frazer）方法（简称 ACF 方法）。[3]

此外，企业的动态行为也容易导致选择偏差问题，因为在样本中的企业都是存活下来的企业，未包括一些破产和退出市场的低生产率企业，这表明回归样本并不是随机选择的。仅仅考虑平衡子样本（balanced sub-sample）则可能导致对要素系数的有偏估计，因为有可能出现这样的情形：当一家企业的资本存量较大时，如果受到负面冲击影响，其退出市场（和样本）的可能性要低于那些拥有较小资本存量的企业，即出现所谓的"大而不倒"（too big to fail）现象。这就意味着，残差项包含的负面冲击（即企业因此而退出市场的概率）与企业资本存量之间存在非零（负相关）关系，使得资本投入的系数被低估。

根据相关文献，我们可以将用来估算企业水平的全要素生产率的半参数方法的发展及其特点总结如表 5.6 所示。目前，我们可以采用 Stata 软件的相应程序模块来估算企业全要素生产率。罗维加蒂（Rovigatti）和莫里斯（Mollisi）编写的命令 prodest 是基于控

[1]　Olley, Steven and Ariel Pakes, 1996, "The Dynamics of Productivity in the Telecommunications Equipment Industry", *Econometrica*, 64(6), 1263—1297.

[2]　Levinsohn, James and Amil Petrin, 2003, "Estimating Production Functions Using Inputs to Control for Unobservables", *Review of Economics Studies*, 70(2), 317—342.

[3]　Ackerberg, Daniel, Kevin Caves and Garth Frazer, 2006, "Structural Identification of Production Functions", UCLA mimeo. Ackerberg, Daniel, Kevin Caves and Garth Frazer, 2015, "Identification Properties of Recent Production Function Estimators", *Econometrica*, 83(6), 2411—2451.

制函数方法估计生产函数的最新 Stata 程序命令。[①]该运算程序模块具有综合性,包括四种估计方法(即 OP 方法、LP 方法、WRDG 方法与 ACF 方法),外加一项新方法[即 MR (Mollisi-Rovigatti,以该程序编写者命名)方法]用来更好地处理短面板数据。该运算程序模块的基本用法类似于现有的 opreg 与 levpet 模块,但添加了很多新元素以控制最优化程序并解决相关估计问题(比如总产出与增加值的选用、内生变量、样本选择问题等)。

表 5.6　企业水平的全要素生产率的估算:基于半参数方法(代理变量法)

方　法	同步偏差问题	选择偏差问题	共线性问题
OP 方法	用企业的当期投资作为不可观测的全要素生产率冲击的代理变量	先基于 Probit 模型(包含资本和投资的多项式)得到企业退出市场概率的拟合值,并将之代入除去劳动力贡献的产出公式	未考虑劳动力作为可变投入要素会受资本存量和全要素生产率的影响
LP 方法	用中间投入替代 OP 方法中的投资作为全要素生产率的代理变量	同上;也有研究引入企业出口状况作为状态变量	未考虑劳动力作为可变投入要素会受资本存量和全要素生产率的影响
ACF 方法	用就业(人数)和实际投资作为代理变量	同上;也有研究引入企业出口状况作为状态变量	考虑劳动力作为可变投入要素会受资本存量和全要素生产率的影响,不在第一步对劳动力系数进行估计,所有投入要素的系数都在第二步进行估计

资料来源:作者根据相关文献总结而得。

2. 倾向分匹配方法

一般的计量分析在检验企业出口与企业全要素生产率之间的因果关系时并未考虑企业在出口之前的差异性。换句话说,出口企业与非出口企业的全要素生产率可能在出口之前就很不相同,因此,出口之后两类企业的全要素生产率差异可能并不是因为出口导致的,而可能是由于出口之前二者的差异导致的。有鉴于此,理想的做法应该是,为了评估出口对企业全要素生产率的影响,我们应该比较可以在一起比较的两类企业,但这样的两类匹配企业一般是观察不到的。为此,需要采用倾向分匹配(propensity score matching,PSM)方法[②],对出口企业与非出口企业之间存在的、可观察到的特征差异进行调整,从而能够进行充分对等的匹配。这样,匹配起来的出口企业与非出口企业在某种程度上具有相似的企业特征,包括企业成立年限、就业、资本密集度等。然后,采用双

① Rovigatti, Gabriele and Vincenzo Mollisi, 2016, "PRODEST: Stata Module for Production Function Estimation Based on the Control Function Approach", *Statistical Software Components*, Boston College Department of Economics.

② Rosenbaum, Paul and Donald Rubin, 1983, "The Central Role of the Propensity Score in Observational Studies for Causal Effects", *Biometrika*, 70(1), 41—55.

重差分匹配估计方法[1]，检验出口学习效应假说，从而捕捉国际市场新进入者与非出口企业之间的全要素生产率增长差异程度。[2]因为与匹配样本相比，非匹配样本更加多样化、可比性较差，所以，当样本仅限于匹配企业时，出口对企业全要素生产率的影响将相对较小。

在 PSM 估计中，我们通过估计下列等式得到出口企业与非出口企业的全要素生产率差异幅度，即出口升水或溢价：

$$TFP_{ATT}=E[Y_{it}|\rho, D=1]-E[Y_{it}|\rho, D=0] \tag{5.34}$$

以上等式也被称为出口溢价等式。其中，TFP_{ATT} 是指相匹配的出口企业与非出口企业之间的平均全要素生产率差异，也就是指企业出口与其反事实行为（即非出口）所产生影响的平均差异。Y_{it} 是指企业 i 在 t 期的全要素生产率。倾向分 $\rho=\Pr\{D=1|X\}$（即基于给定的企业特征 X，企业成为出口企业的概率），取值范围为 $[0, 1]$。倾向分 ρ 根据给定的企业特征（如资本、就业、企业成立年限、部门或行业虚拟变量、年份虚拟变量）而计算得到。基于倾向分 ρ，可以获得具有基本类似企业特征的处理组（即出口企业）与控制组（即非出口企业）。D 为虚拟变量，即若企业为出口企业，则 $D=1$；若企业为非出口企业，则 $D=0$。

我们采用类似的匹配方法，即基于以下等式，分析出口自选择效应的存在性：

$$TFP_{ATT}=E[Y_{it'}|\rho, D=1]-E[Y_{it'}|\rho, D=0] \tag{5.35}$$

其中，t' 表示企业进入国际市场之前的某一年份。$Y_{it'}$ 和 ρ 分别表示企业 i 在其进入国际市场之前某一年的全要素生产率和倾向分。TFP_{ATT} 是指在进入国际市场之前某一年相匹配的出口企业与非出口企业之间的平均全要素生产率差异。

另外，我们还采用双重差分匹配估计法，即基于以下等式，检验出口学习效应假说：

$$DDM_{ATT}=E[Y_{it}-Y_{it'}|\rho, D=1]-E[Y_{it}-Y_{it'}|\rho, D=0] \tag{5.36}$$

其中，t' 表示企业进入国际市场的年份，t 表示进入国际市场之后的某一年。因此，$(Y_{it}-Y_{it'})$ 表示企业进入国际市场之后的一定时期里企业 i 的全要素生产率增长差异程度。D 为虚拟变量：若企业为国际市场的新进入者，则 $D=1$；若企业仍为非出口企业，则 $D=0$。我们可以将企业进入国际市场之后的时期分为 1 年、2 年等不同时间段。

可以基于 Stata 软件包 psmatch2[3] 分析以上内容，其中的匹配方法有核配比（kernel

[1]　Heckman, James, Hidehiko Ichimura and Petra Todd, 1997, "Matching as an Econometric Evaluation Estimator: Evidence from Evaluating a Job Training Programme", *Review of Economic Studies*, 64(4), 605—654.

[2]　瓦格纳（Wagner）首次用 PSM 方法分析出口对企业规模和劳动生产率的影响，参见 Wagner, Joachim, 2002, "The Causal Effects of Exports on Firm Size and Labor Productivity: First Evidence from a Matching Approach", *Economics Letters*, 77(2), 287—292。

[3]　Leuven, Edwin and Barbara Sianesi, 2003, "PSMATCH2: Stata Module to Perform Full Mahalanobis and Propensity Score Matching, Common Support Graphing, and Covariate Imbalance Testing", Statistical Software Components, Boston College Department of Economics.

matching)、半径配比(caliper/radius matching)、k 近邻配比(k-nearest neighbor matching)等。具体步骤为:第一,确定处理组(即出口企业)与控制组(即非出口企业)。第二,确定企业出口虚拟变量为一系列与企业出口概率和结果变量(比如企业全要素生产率)相关的变量的函数。这些变量同时影响企业出口决策与结果变量,但不应该受到企业出口与否的影响,也就是说,这些变量外生于企业出口决策。第三,基于倾向分确定可以匹配的样本,并评估样本中处理组与控制组的匹配质量(采用 pstest 命令进行检验,或采用 psgraph 命令进行图形分析)。第四,计算企业出口的相关效应,即处理效应包括平均处理效应(average treatment effect,ATE)、对控制组的平均处理效应(average treatment effect on the untreated,ATU)、对处理组的平均处理效应(average treatment effect on the treated,ATT),并采用自抽样方法(bootstrapping)计算效应估计的标准差[采用命令 bootstrap r(att)]。

目前,很多检验企业出口与企业全要素生产率之间因果关系的经验分析都会考虑采用倾向分匹配方法,解决可能存在的内生性问题,而不仅限于一般的计量回归分析。[1]

5.3.3　贸易流:集约边际与广延边际

1. 边际分解方法

根据胡梅尔斯(Hummels)和克莱诺(Klenow)、迈耶(Mayer)和奥塔维亚诺(Ottaviano)的研究,可以将一个国家或地区的贸易流变化分解为集约边际与广延边际两个层面上的变化。[2]第一,一个国家或地区有不同的出口目的地,即指出口市场层面的广延边际(出口市场的数量),对每个市场有不同的出口量,即指出口市场层面的集约边际;第二,有企业层面的广延边际(即出口企业的数量)和集约边际(即每家出口企业的平均出口量);第三,有产品层面的广延边际(即出口产品的数量)和集约边际(即每种产品的每家企业平均出口量);第四,可以将产品层面的集约边际进一步分解为产品价格边际与产品数量边际。实际上,第三层面的边际分解也可以在第一层面的出口市场集约边际与第二层面的企业集约边际的基础上进行。以上内容如图 5.6 所示。

进一步地,为了刻画企业出口的动态变化,可以按照伊顿等、阿玛多(Amador)和奥普拉莫拉(Opromolla)的方法[3],将企业分为三类(如图 5.7 所示):(1)t 年"进入企业"(entrant),即指在($t-1$)年不在市场上(因而没有出口数据),但在 t 年出现在市场上的

① 比如,Yang 和 Mallick(2010)就采用这种方法并基于世界银行投资环境(WBIC)调查数据分析 2000—2002 年 2 340 家中国企业的出口升水效应、学习效应与自选择效应,结果发现中国企业不仅存在出口升水效应,而且存在正的出口学习效应与自选择效应。参见 Yang, Yong and Sushanta Mallick, 2010, "Export Premium, Self-Selection and Learning-by-Exporting: Evidence from Chinese Matched Firms", *World Economy*, 33(10), 1218—1240.

② Hummels, David and Peter Klenow, 2005, "The Variety and Quality of a Nation's Exports", *American Economic Review*, 95(3), 704—723. Mayer, Thierry and Gianmarco Ottaviano, 2007, *The Happy Few: The Internationalization of European Firms*, Bruegel Blueprint Series, Volume III, Brussels: Bruegel.

③ Eaton, Jonathan, Marcela Eslava, Maurice Kugler and James Tybout, 2007, "Export Dynamics in Colombia: Firm-Level Evidence", NBER Working Paper No. 13531. Amador, João and Luca David Opromolla, 2011, "Product and Destination Mix in Export Markets", Working Paper.

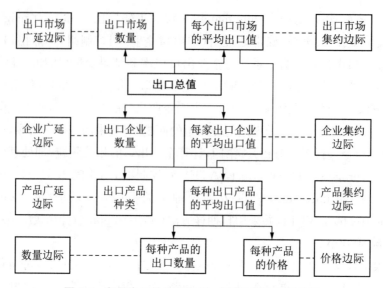

图 5.6　贸易出口的边际分解：广延边际与集约边际

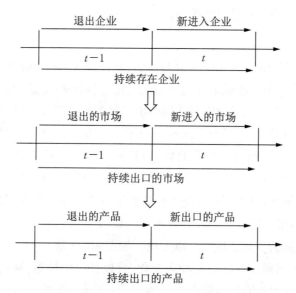

图 5.7　计算出口增长的三类企业/产品/市场与两种边际的界定

企业；(2)t 年"退出企业"(exiter)，即指在(t−1)年在市场上，但在 t 年不出现在市场上（因而没有出口数据）的企业；(3)"持续存在企业"(continuing firm)，即指在(t−1)年和 t 年均出现在市场上的企业。这样，我们就可以把任意两年（或两个时间点）的出口增长分解为"进入企业""退出企业"和"持续存在企业"的贡献。也就是说，从企业出口增长中分解出企业水平上的广延边际（即企业进出市场）和集约边际（即企业留在市场上）。

根据图 5.7，我们定义 ΔY_t 为出口在(t−1)年和 t 年的变化；$j \in N$、X、C 分别表示"进入企业"集合、"退出企业"集合和"持续存在企业"集合。这样，出口在(t−1)年和 t 年的变化可以计算为：

$$\Delta Y_t \equiv Y_t - Y_{t-1} = \sum_{j \in N} \Delta Y_{jt} + \sum_{j \in X} \Delta Y_{jt} + \sum_{j \in C} \Delta Y_{jt} \tag{5.37}$$

接下来将"持续出口企业"的出口分解为"新进入的市场"(AD)、"退出的市场"(DD)、"持续出口的市场"(CD),用集合表示为 $z \in AD$、DD、CD,即在企业水平上将出口分解为出口目的地市场上的广延边际和集约边际,计算如下:

$$\sum_{j \in C} \Delta Y_{jt} = \sum_{j \in C} \left(\sum_{z \in AD} \Delta Y_{zjt} + \sum_{z \in DD} \Delta Y_{zjt} + \sum_{z \in CD} \Delta Y_{zjt} \right) \tag{5.38}$$

最后,进一步将"持续出口的市场"上的产品分解为"新出口的产品"(AP)、"退出的产品"(DP)、"持续出口的产品"(CP),用集合表示为 $v \in AP$、DP、CP,即在企业水平上将出口分解为产品意义上的广延边际和集约边际,计算如下:

$$\sum_{z \in CD} \Delta Y_{zjt} = \sum_{z \in CD} \left(\sum_{v \in AP} \Delta Y_{vzjt} + \sum_{v \in DP} \Delta Y_{vzjt} + \sum_{v \in CP} \Delta Y_{vzjt} \right) \tag{5.39}$$

将以上等式合并起来,从而将出口增长表示为:

$$\Delta Y_t \equiv Y_t - Y_{t-1} = \sum_{j \in N} \Delta Y_{jt} + \sum_{j \in X} \Delta Y_{jt} + \sum_{j \in C} \left(\sum_{z \in AD} \Delta Y_{zjt} + \sum_{z \in DD} \Delta Y_{zjt} \right)$$
$$+ \sum_{j \in C} \sum_{z \in CD} \left(\sum_{v \in AP} \Delta Y_{vzjt} + \sum_{v \in DP} \Delta Y_{vzjt} + \sum_{v \in CP} \Delta Y_{vzjt} \right) \tag{5.40}$$

按照伊顿等的方法[①],我们可以将该式的每一项除以$(Y_t + Y_{t-1})/2$[即$(t-1)$年和t年的出口的平均值]来求得出口的百分比变化。在计算某个变量两个时点之间的变化率时,采用两个时点上数值的平均值作为分母,而不是仅采用前一时点数值作为分母,这样做至少具有两个方面优势:(1)在前一个时间点数值接近于零时,不至于出现增长率趋于无穷大的情况;(2)如果一个时间段$x\%$的正增长紧接着是下一个时间段$-x\%$的负增长,则两个时间段放在一起的期初和期末的数值将保持不变。

2. 相关研究

胡梅尔斯和克莱诺基于 126 个出口国、59 个进口国、5 000 种产品类别的分析表明[②],较大、较富的国家的对外贸易规模也较大,而且在总体贸易流的跨国差异中,有60%是由于贸易品种类差异导致的。这意味着广延边际在解释总体贸易流方面比集约边际重要。[③]

---

① Eaton, Jonathan, Marcela Eslava, Maurice Kugler and James Tybout, 2007, "Export Dynamics in Colombia: Firm-level Evidence", NBER Working Paper No.13531.

② Hummels, David and Peter Klenow, 2005, "The Variety and Quality of a Nation's Exports", *American Economic Review*, 95(3), 704—723.

③ 他们还认为,阿明顿国家水平产品差异模型不存在广延边际,因而错误地预测了较大经济体出口的产品价格较低;克鲁格曼企业水平产品差异模型强调了广延边际的重要性,但夸大了产品品种数随着国家规模而增加;质量差异模型则强调质量边际的重要性,认为较富国家生产和出口的产品质量较高,因而价格也较高;而带有固定的(向特定市场)出口成本的模型则解释了较大经济体倾向于向更多的国家出口特定的产品。

　　钱尼(Chaney)证明[1]，贸易壁垒下降对产品集约边际与广延边际的影响取决于产品的替代弹性；替代弹性对两种边际的影响是相反的，而且在生产率服从帕累托分布的异质性企业假定下，替代弹性对两种边际的净影响是广延边际始终居于主导地位。这其中的原因是：如果产品之间的替代弹性较小（即产品差异性较大），则消费者对每个品种的需求对于贸易成本的变化较不敏感。因此，贸易壁垒降低使产品集约边际受到的影响就较小，反之反是。同时，如果产品之间的替代弹性较小，则每家企业（对应相应的产品品种）能够获取的市场份额对于生产率差异就不敏感（低生产率企业也可以获得相对较大的市场份额，尽管其价格比高生产率企业的高）；当贸易壁垒下降时，一些低生产率企业也能够进入市场。因此，贸易壁垒降低使产品广延边际受到的影响就较大，反之反是。

　　本书作者也做过类似研究，主要是根据以上方法对中国工业企业出口进行边际分解（见表5.7）。[2]可以看出，2000—2013年整个样本时期，中国工业企业出口年均增长率为18.74%。但这个时期包括两个时间段：2008年全球金融危机之前（即2000—2007年），中国的工业企业出口增长率基本保持在15%以上，年均增长23.33%，最高增长发生在中国加入WTO之后的2002—2005年；但2008年全球金融危机之后至2013年，年均增长率降至13.39%，其中2008—2009年出现了负增长（-15.09%）。

　　边际分解显示，在推动中国工业企业总体出口增长方面，企业维度的集约边际（即持续出口企业的销售）比广延边际（即出口企业的进入与退出）更为重要。比如，在整个样本期间，工业企业出口的年均名义增长率为18.74%。这一平均增长率的81.4%是由企业维度的集约边际贡献的；两个分段样本时期的情形与之类似。这一结果不同于伊藤等(2007)、阿玛多和奥普拉莫拉2011的发现，他们分别基于1997—2005年哥伦比亚的数据、1996—2005年葡萄牙的数据发现，广延边际起到更大的作用。我们还发现，在样本时期里，企业的净进入（net entry）大约可以解释20%的总体出口扩张，而企业的总进入则可以解释40%的总出口增长。

　　当移至下一个分解（即目标市场分解）时，我们发现出口市场维度的集约边际（即持续出口市场上的出口增长）可以解释企业维度集约边际的85%以上。然而，持续出口企业的新进入市场与退出市场的总贡献也不低。因此，涉及目标市场切换的经济资源再配置的水平相对较高。产品维度的分解也很有趣。在持续出口的目标市场上，新出口的产品与退出的产品的净贡献通常较小。持续出口企业的持续出口目标市场和持续出口目标市场上的持续出口产品在解释中国工业企业出口增长方面起到非常关键的作用。

---

　　[1]　Chaney，Thomas，2008，"Distorted Gravity：The Intensive and Extensive Margins of International Trade"，*American Economic Review*，98(4)，1707—1721.

　　[2]　我们将中国海关数据与中国工业企业数据进行了匹配，然后再计算。可参见程大中：《中国工业企业的国际化与经济绩效》，人民出版社2018年版；Cheng，Dazhong，2012，"Product-Destination Portfolio and Dynamics by Firm Ownership and Trade Mode：Evidence from Chinese Industrial Exporters"，*China and World Economy*，20(5)，21—36.

表 5.7　2000—2013 年中国工业企业出口增长的分解：总体分析（%）

时间	ΔY_t	企业维度				目标市场维度				产品维度			
		Net	广延边际 N	X	集约边际 C	Net	广延边际 AD	DD	集约边际 CD	Net	广延边际 AP	DP	集约边际 CP
2000—2001 年	19.08	2.85	4.90	−2.05	16.24	2.35	5.59	−3.24	13.88	1.81	6.62	−4.81	12.07
2001—2002 年	14.31	4.24	5.90	−1.66	10.07	2.27	6.04	−3.77	7.8	3.73	12.24	−8.51	4.08
2002—2003 年	32.05	5.69	6.84	−1.15	26.35	3.63	6.00	−2.37	22.73	5.31	14.42	−9.11	17.42
2003—2004 年	39.71	14.99	19.04	−4.05	24.72	2.53	5.23	−2.70	22.19	3.04	5.91	−2.87	19.16
2004—2005 年	22.87	1.30	2.58	−1.28	21.57	2.95	5.77	−2.82	18.63	3.49	8.46	−4.97	15.14
2005—2006 年	16.61	8.84	11.71	−2.87	7.77	1.67	5.72	−4.05	6.11	−4.40	6.96	−11.36	10.51
2006—2007 年	18.69	−10.67	7.24	−17.91	29.37	4.43	7.46	−3.03	24.95	13.70	33.45	−19.75	11.24
2007—2008 年	17.64	1.95	2.63	−0.68	15.69	3.01	5.88	−2.87	12.68	1.92	6.85	−4.93	10.76
2008—2009 年	−15.09	2.11	3.34	−1.23	−17.21	−1.22	4.06	−5.28	−15.99	0.14	6.34	−6.20	−16.13
2009—2010 年	27.09	1.36	2.07	−0.71	25.73	2.52	5.25	−2.73	23.21	2.39	5.81	−3.42	20.82
2010—2011 年	6.89	−6.29	5.16	−11.45	13.18	1.60	4.21	−2.61	11.57	1.34	4.57	−3.23	10.24
2011—2012 年	41.34	−8.70	22.62	−3.92	22.64	0.61	4.82	−4.21	22.02	1.59	6.42	−4.83	20.43
2012—2013 年	2.47	0.33	1.22	−0.89	2.14	0.10	2.91	−2.81	2.04	0.41	3.60	−3.19	1.63
2000—2007 年	**23.33**	**3.89**	**8.32**	**−4.42**	**19.44**	**2.83**	**5.97**	**−3.14**	**16.61**	**3.81**	**12.58**	**−8.77**	**12.80**
2007—2013 年	**13.39**	**3.03**	**6.17**	**−3.15**	**10.36**	**1.10**	**4.52**	**−3.42**	**9.26**	**1.30**	**5.60**	**−4.30**	**7.96**
2000—2013 年	**18.74**	**3.49**	**7.33**	**−3.83**	**15.25**	**2.03**	**5.30**	**−3.27**	**13.22**	**2.65**	**9.36**	**−6.71**	**10.57**

注：就"企业维度"而言，N、X、C 分别表示"进入企业"集合、"退出企业"集合和"持续存在企业"集合，Net 表示企业广延边际的净值，即等于上 N 加上 X；ΔY_t 等于企业广延边际中的 Net 加上集约边际 C，表示中国工业企业出口在（$t-1$）年和 t 年的变化。就"目标市场维度"而言，AD、DD、CD 分别表示"新进入的市场""退出的市场""持续出口企业的市场"，三者之和等于企业广延边际的集约边际 C，Net 等于 AD 加上 DD。就"产品维度"而言，AP、DP、CP 分别表示"新出口的产品""退出出口的产品""持续出口的产品"，三者之和等于市场维度的集约边际 CD，Net 等于 AP 加上 DP。2000—2007 年、2007—2013 年、2000—2013 年分别表示 2000—2007 年、2007—2013 年、2000—2013 年平均，其他为逐年变化率。

资料来源：程大中：《中国工业企业的国际化与经济绩效》，人民出版社 2018 年版，第五章。

5.3.4　出口行为:"产品—市场"组合

对于任何一个出口企业而言,确定出口产品与目标市场的组合应该是一项具有较高潜在收益与风险的决策。出口产品与目标市场的切换使得企业能够平衡风险和收益,从而能够在瞬息万变的市场中生存下来。这如同投资者在资本市场上做出投资组合决策。

这方面的经验研究比较多,在前面关于梅里兹模型的拓展讨论中也有介绍。比如,伊顿、科图姆和克拉玛兹(Kramarz)基于法国出口企业的销售数据发现一个规律,即存在很多的"多产品—多市场"出口企业。[1]阿玛多和奥普拉莫拉(2011)使用葡萄牙的出口企业数据,发现绝大多数出口企业向多个目标市场出口多种产品。阿克拉克斯(Arkolakis)和缪恩德勒(Muendler)基于巴西的制造业出口数据发现,对于多产品出口企业,实际上是少数几种产品主导着该类企业的出口市场,而大多数产品对该类企业的总体贸易额贡献很小。[2]

本书作者也做过类似研究,检验中国工业出口企业是否像其他国家那样也存在"多产品—多市场"情形(程大中,2018；Cheng,2012)。[3]这是要分析中国工业企业在出口产品与目的地市场两个维度上的联合分布特征。

表 5.8 左边列出了各种"产品—出口市场"组合情况下的出口企业个数占全部出口企业个数的百分比。[4]可以发现:对于每一年度,较大数值的百分比均集中在该年度子表区域的左上方和右下方。比如,在 2000 年,在 29 429 家工业出口企业中,有 15.14% 的企业仅向 1 个市场出口 1 种产品(8 分位 HS 编码的产品,即"1 产品—1 市场"组合);大约 5% 的企业向 10 个及以上的市场出口 10 种及以上的产品(即"10＋产品—10＋市场"组合)。到 2013 年,以上两种组合情形下的企业所占比重均为 11% 左右(该年出口企业总数为 86 592 家)。从 2000 年到 2013 年,仅向 1 个市场出口 1 种产品的企业所占比重趋于下降,而向 10 个及以上的市场出口 10 种及以上产品的企业所占比重大幅上升。另外,在 2000 年,能够出口 10 种及以上产品(不管是向多少个市场出口)的企业占 14.98%,能够向 10 个及以上市场出口(不管是出口多少种产品)的企业占 16.53%,而且这两个比重都趋于上升,至 2013 年分别达到 19.39% 和 32.78%。这意味着,越来越多的中国工业企业在出口产品结构和出口市场方面日趋多元化。企业、产品与出口市场三个层面广延边际的作用越来越显著。

表 5.8 右边则给出了各种"产品—出口市场"组合情形下企业的出口值占当年全部出口值的百分比。与表 5.8 左边不同的是,对于每一年度,较大数值的百分比均集中在

---

[1]　Eaton, Jonathan, Samuel Kortum and Francis Kramarz, 2011, "An Anatomy of International Trade: Evidence from French Firms," *Econometrica*, 79(5), 1453—1498.

[2]　Arkolakis, Costas and Marc-Andreas Muendler, 2011, "The Extensive Margin of Exporting Goods: A Firm-Level Analysis", Manuscript, University of California, San Diego.

[3]　我们使用中国海关进出口数据与中国工业企业数据的匹配数据以剔除纯贸易性企业,然后再计算。

[4]　我们也考察了进口情形,发现结果也非常相似。

该年度子表区域的右下方。比如,在2000年,向10个及以上的市场出口10种及以上产品(即"10＋产品—10＋市场"组合)的企业的出口值约占当年全部出口值(1 060亿美元)的23.38％,这一比重到2013年上升至54.45％(该年出口值为12 400亿美元)。另外,在2000年,能够出口10种及以上产品(不管是向多少个市场出口)的企业的出口值占37.25％,能够向10个及以上市场出口(不管是出口多少种产品)的企业的出口值占47.55％,这两个比重也都是逐年上升的,到2013年分别达到62.14％和74.99％。这表明,一方面越来越多的中国工业企业的出口产品和出口市场日趋多元化,另一方面中国企业的出口集中度在上升,企业水平上的集约边际在中国工业企业出口增长中的作用日趋显著。

表5.8　中国工业企业出口的"产品—市场"分布(总体样本)

年份	市场数 产品数	出口企业个数占比(％)						出口值占比(％)					
		1	2	3	4—9	10＋	总体	1	2	3	4—9	10＋	总体
2000年	1	15.14	4.39	1.96	3.72	1.51	26.73	3.00	1.15	0.55	1.95	2.16	8.81
	2	6.03	4.00	1.93	3.76	1.68	17.40	2.14	1.15	0.68	2.42	2.34	8.73
	3	3.34	2.25	1.44	3.04	1.79	11.87	1.68	1.69	0.76	2.28	2.61	9.02
	4—9	5.98	4.83	3.08	8.56	6.58	29.03	3.57	3.27	2.19	10.09	17.07	36.19
	10＋	2.94	2.24	1.32	3.52	4.97	14.98	3.26	2.56	1.82	6.25	23.38	37.25
	总体	33.43	17.70	9.73	22.60	16.53	100	13.65	9.81	6.00	22.98	47.55	100
2013年	1	11.00	3.68	1.89	4.37	2.57	23.51	1.52	0.60	0.36	1.09	1.76	5.33
	2	3.41	2.95	1.83	4.55	3.39	16.13	0.98	0.49	0.37	1.51	3.16	6.52
	3	1.59	1.53	1.24	3.70	3.28	11.34	0.42	0.30	0.22	1.31	2.60	4.85
	4—9	2.96	2.59	2.27	9.44	12.36	29.63	1.46	1.05	1.22	4.41	13.01	21.15
	10＋	1.44	1.21	0.97	4.58	11.18	19.39	0.83	0.99	0.80	5.07	54.45	62.14
	总体	20.41	11.97	8.21	26.63	32.78	100	5.21	3.44	2.97	13.39	74.99	100

注:"10＋"表示10个及以上的产品或出口目的地国家和地区。限于篇幅,其他年份略。

资料来源:程大中:《中国工业企业的国际化与经济绩效》,人民出版社2018年版,第五章。

通过比较,可以知道:对于仅向1个市场出口1种产品的企业而言,其占全部企业数的比重远高于这些企业出口值占全部出口值的比重,也就是,11％—15％的此类企业的出口只占全部出口值的1.5％—3％。但向10个及以上的市场出口10种及以上产品的企业占全部企业数的比重(5％—11％)却远远小于这些企业出口值占全部出口值的比重(23％—54％),前者只相当于后者的1/5—1/4。换句话说,大约20％的此类企业却完成80％以上的出口值。这与一些针对其他经济体的经验研究结果类似[①],显示出明显的帕

①　比如Mayer和Ottaviano(2007)发现,2003年,法国大约10.7％的企业向10个及以上的市场出口10种及以上的产品,而这类企业的出口值占当年全部出口值的比重高达76.3％。

累托分布特征。

那么,为什么会出现越来越多的企业倾向于向多个市场出口多种产品,而且占总出口值绝对大的比重呢? 首先,企业也许在海外营销方面存在规模经济,从而使得较少的企业出口较大的比重。其次,如果存在市场特定的沉没成本,且在不同市场上的盈利性不同,则生产率相对较高的出口者将向更多的市场出口。出口市场数量的增加反映的是出口市场层面上的广延边际。如果沿着这一广延边际进行扩展,那么在每家企业的出口市场数不变的情况下,它们的出口值将变得更加不均等。最后,如果存在产品特定的沉没成本,且企业在不同产品上的盈利性不同,则生产率相对较高的出口者将出口更多种类的产品。出口产品种类的增加反映的是产品层面上的广延边际。若沿着这一广延边际进行扩展,则也将会放大出口值的非均等性。[①]

本章小结

本章之前分析的国际贸易主要基于国家和产业层面(产业间和产业内)。这些讨论也涉及微观企业,但假定同一行业里的企业是同质的(即具有相同的生产率等)。本章则关注国际贸易中的异质性企业问题。首先介绍企业特别是国际化企业在一国经济及经济全球化中的作用,讨论传统贸易理论与新贸易理论为何无法解释很多微观水平上的事实;其次介绍梅里兹异质性企业贸易理论模型,并简要总结相关的理论拓展;最后介绍相关的经验研究。

本章关键词

企业异质性　帕累托分布　CES 效用函数　产品替代弹性　概率密度函数　累积分布函数　弗雷歇分布　幂律分布　冰山成本　集约边际　广延边际　自选择效应　出口学习效应　全要素生产率　同步偏差　选择偏差　OP 方法　LP 方法　ACF 方法　倾向分匹配方法

本章思考题

1. 为什么传统贸易理论与新贸易理论无法很好地解释许多微观水平上的特征事实?

2. 企业的异质性主要表现在哪些方面?

3. 梅里兹异质性企业贸易模型的基本思想是什么? 这与新贸易理论有何区别?

4. 为什么在各种异质性企业贸易模型中,关于生产率分布 $G(\varphi)$ 的最常见假设是帕

累托分布与弗雷歇分布?

5. 综合比较传统贸易理论、新贸易理论和异质性企业贸易理论对贸易事实的解释力。

6. 基于梅里兹异质性企业贸易模型的理论拓展有很多,试结合其中的一个方面加以总结。

7. 相对于非出口企业,出口企业的异质性主要表现在哪些方面?

8. 如何理解企业出口与经济绩效(比如劳动生产率和全要素生产率)之间的因果关系?

9. 什么是出口学习效应和自选择效应?

10. 基于柯布—道格拉斯生产函数估算企业水平的全要素生产率时,将会产生哪两大经济计量问题?

11. 用来估算企业水平全要素生产率的半参数方法(或代理变量法)有哪几种? 有何区别?

12. 检验企业出口与经济绩效(比如劳动生产率和全要素生产率)之间的因果关系,为什么要采用倾向分匹配方法? 如何进行检验?

13. 如何将一个国家或地区的贸易流变化分解为集约边际与广延边际两个层面上的变化? 有何经济学含义?

14. 产品之间的替代弹性如何影响集约边际与广延边际?

15. 经验数据表明,出口企业倾向于向多个市场出口多种产品,而且占总出口值绝对大的比重,为什么?

16. 请查找历年的《财富》"世界500强"的统计数据,分析中国上榜企业的变化,并从多角度进行跨国比较分析。

17. 查找中国的相关数据,分析中国对外贸易(进出口)的企业所有制特征与贸易模式特征的变化及其原因。

18. 查找中国的相关数据,并基于梅里兹企业异质性模型,实证检验中国出口企业是否具有更高的生产率。

19. 请选择一家出口(或 OFDI)企业并基于本章所学理论知识进行案例研究,涉及的经济学问题可以是产品与市场选择、质量升级、资源配置、研发和创新、融资约束等方面。

20. 请基于世界银行企业调查数据库(http://www.enterprisesurveys.org),比较分析相关经济体的企业异质性及其他与本章所学内容相关的问题(注:目前该数据库包含100 多个经济体的十几万家企业,涉及企业的特征、绩效表现、贸易、就业、创新和技术等方面的信息,该数据还在不断更新)。

附录 5A　基于式（5.1）的 CES 效用函数推导出式（5.2）的消费函数

已知代表性消费者的效用函数为：

$$U = \left[\int_{\omega \in \Omega} q(\omega)^{\frac{\sigma-1}{\sigma}} d\omega \right]^{\frac{\sigma}{\sigma-1}}$$

预算约束为：

$$R = \int_{\omega \in \Omega} p(\omega) q(\omega) d\omega$$

为了证明，我们先仅考虑两种产品（品种），之后可以推广至多种产品（品种）。待求解的效用最大化问题为：

$$\begin{cases} \max_{q_1, q_2} U = (q_1^{\frac{\sigma-1}{\sigma}} + q_2^{\frac{\sigma-1}{\sigma}})^{\frac{\sigma}{\sigma-1}} \\ \text{s.t. } R = p_1 q_1 + p_2 q_2 \end{cases}$$

建立拉格朗日函数：

$$\zeta(q_1, q_2, \lambda) = (q_1^{\frac{\sigma-1}{\sigma}} + q_2^{\frac{\sigma-1}{\sigma}})^{\frac{\sigma}{\sigma-1}} + \lambda(R - p_1 q_1 - p_2 q_2)$$

最优解的一阶条件为：

$$\frac{\partial \zeta}{\partial q_1} = (q_1^{\frac{\sigma-1}{\sigma}} + q_2^{\frac{\sigma-1}{\sigma}})^{\frac{\sigma}{\sigma-1}-1} q_1^{\frac{\sigma-1}{\sigma}-1} - \lambda p_1 = 0$$

$$\frac{\partial \zeta}{\partial q_2} = (q_1^{\frac{\sigma-1}{\sigma}} + q_2^{\frac{\sigma-1}{\sigma}})^{\frac{\sigma}{\sigma-1}-1} q_2^{\frac{\sigma-1}{\sigma}-1} - \lambda p_2 = 0$$

$$\frac{\partial \zeta}{\partial \lambda} = R - p_1 q_1 - p_2 q_2 = 0$$

求解一阶条件的方程，得：

$$q_1 = q_2 \left(\frac{p_1}{p_2} \right)^{-\sigma}$$

$$R = p_1 q_1 + p_2 q_2$$

$$q_1 = \frac{R p_1^{-\sigma}}{p_1^{1-\sigma} + p_2^{1-\sigma}} = \frac{R p_1^{-\sigma}}{[(p_1^{1-\sigma} + p_2^{1-\sigma})^{\frac{1}{1-\sigma}}]^{1-\sigma}} = \frac{R p_1^{-\sigma}}{P^{1-\sigma}} = \frac{R}{P} \left(\frac{p_1}{P} \right)^{-\sigma} = Q \left(\frac{p_1}{P} \right)^{-\sigma}$$

同理可得 q_2。推广至 Ω 个品种，则可以得到式（5.2）：$q(\omega) = Q \left[\dfrac{p(\omega)}{P} \right]^{-\sigma}$。证毕。

全球价值链分工与增加值贸易

本章学习目标

本章主要关注全球价值链分工与增加值贸易问题。首先描述全球价值链分工的基本事实、发展规律及主要范畴,简要回顾该领域相关研究的学术史,然后讨论跨国投入—产出分析方法和模型,最后分析全球价值链分工的现实意义及影响,介绍相关的数据编程及经验研究。

通过本章的学习,我们可以:

- 了解全球价值链分工的基本背景、趋势、意义及影响;
- 理解增加值贸易统计核算方法及其与传统总值贸易的关系;
- 掌握(跨国)投入—产出分析的基本方法和模型;
- 熟悉(跨国)投入—产出分析的软件编程;
- 熟悉(跨国)投入—产出数据的整理与使用。

从 20 世纪 80 年代开始,全球价值链分工逐渐展开并深入发展。这同样需要新的理论与方法加以解释。目前这方面的研究正在蓬勃发展,并且涵盖多个领域,具有跨学科特点(Inomata, 2017),本书将其统称为全球价值链理论。实际上,它不仅涉及基本经济学理论,比如如何理解价值链分工的机制、影响及企业对组织形式的选择等,还涉及基本分析方法的运用与创新,比如投入—产出方法、增加值分解方法、网络分析方法等。而且,全球价值链理论与异质性企业贸易理论也是密切相关的,因为企业是全球价值链分工的重要参与者。本章将重点讨论这些问题。

6.1 引言:现实、问题与概念

第 1 章已经提及,15 世纪末—16 世纪中期的"地理大发现"开辟了东西方交通的新航线,将亚、欧、非、美各洲连接起来,真正意义上的国际分工、世界市场和国际贸易开始出现,世界经济的全球化进程开始启动。然而,在已经过去的500多年时间里,全球化的发展并非一帆风顺。

6.1.1　两次大"分拆"与全球价值链分工的兴起

理查德·鲍德温(Richard Baldwin)认为,19世纪以来发生了两次大"分拆"(unbundling),推动全球化不断迈上新的台阶。[①]第一次大"分拆"大约开始于19世纪中期,表现为生产与消费在地理空间上的"分拆",这是由于交通运输革命导致运输成本的持续下降。但这仅仅对部分发达国家(欧洲、北美和日本)产生了积极影响,而发展中国家没能参与到由此引发的工业化进程中来。第二次大"分拆"开始于20世纪80年代中后期,表现为生产阶段的"分拆",这是由于信息通信技术革命导致协调成本的不断下降。先前只有基础设施功能完善和生产流程高效集成的国家才能参与到全球经济中来,而现在发展中国家也可以通过发挥在生产流程的某个或某些阶段上的专长加入现有的全球供应链之中。

在第一次大"分拆"时期,国家之间的分工与竞争主要表现为工厂/行业之间的分工与竞争,是一种"旧范式"竞争;在第二次大"分拆"时期,国家之间的分工与竞争则是基于任务(task)的分工与竞争,是一种"新范式"竞争(见图6.1)。这种新型国际分工模式就是全球价值链分工。

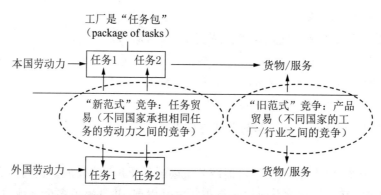

图6.1　两次大"分拆"的分工与竞争范式

资料来源:Baldwin, Richard, 2006, "Globalization: The Great Unbundling(s)", Economic Council of Finland, 25, Figure 6。

为了描绘这种新型的国际分工模式,学术界提出了许多新概念、新思想,主要有"全球价值链"(global value chain, GVC)、"全球供应链"(global supply chain, GSC)、"国际分散化生产"(internationally fragmented production)、"生产分割"(fragmentation, slicing)、"垂直专业化"(vertical specialization)、"分拆"(unbundling)、"任务贸易"(trade in tasks)、"增加值贸易"(trade in value-added, TiVA)等。尽管这些术语或概念提法不同,但它们的所指基本相同。

---

① Baldwin, Richard, 2006, "Globalization: the Great Unbundling(s)", Economic Council of Finland.

在经济学和管理学等相关学科中,"产业链""价值链"和"供应链"三个关键词经常会出现,它们有着较为明确的界定,彼此之间既有联系,也存在差异,而且都可以冠以"全球"二字。"产业链"是指(一个国家或地区之内、不同国家或地区之间)不同产业/行业/部门(需要基于一定标准划分)之间基于一定的技术和经济纽带(前向或后向关联)而形成的链条式关联关系形态。"价值链"是指一个产品或服务在从概念到最终使用(但不限于最终使用)整个过程的所有活动或任务(包括研发、设计、生产、市场营销、分销和售后服务等,且可以尽可能细分;这些活动可能由同一家企业完成,也可能由不同企业协同完成;这些活动既可能由一个国家内部的一家或多家企业协同完成,也可能由多个国家的多家企业协同完成)所创造的价值而形成的链条式形态。"供应链"则是指围绕核心企业,通过对商流、信息流、物流、资金流的控制而将供应商、制造商、分销商、零售商及最终用户联成一个整体的功能性网链结构,从而完成从原材料采购到中间品和最终产品制造,最后由销售网络把产品送到消费者手中的整个过程。

此外,"增加值贸易"如果作为一种统计方法,则可以用来估算贸易品(货物或服务)的生产中所含的、来自不同经济体/产业/企业的价值(增加值)。

6.1.2 全球价值链分工的基本范式与实例

全球价值链分工的基本范式可以用图 6.2 加以描述。我们可以从四个维度来理解这一分工范式及其运作。

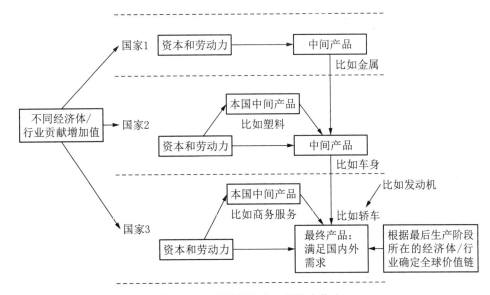

图 6.2 全球价值链分工的基本范式

第一,从中间品的角度看,生产某一最终品(比如在国家 3 生产的轿车)需要投入各种中间品(车身、发动机,以及商务服务等服务性投入),这些中间品可能来自不同国家(国家 3 自身、国家 2 等)的不同行业或企业,而这些中间品(比如车身)的生产可能需要进一步投入中间品(比如塑料、金属等)。这就形成了全球产品链或产业链。

第二,不管是最终品(轿车)还是中间品(车身、塑料、金属、商务服务等)的生产,都需要投入初始要素(包括资本和劳动力),这就形成了增加值,或者说这些最终产品和服务、中间产品和服务都含有来自不同国家/行业或企业所贡献的(直接或间接的)增加值。这就形成了全球价值链。

第三,实际上,每一种产品或服务(最终品或中间品)的生产都可能存在一系列的工序或活动,包括概念、研发、设计、制造、营销等环节,这些环节都可能是跨国化的。这就涉及产业链与供应链。

第四,尽管各国(地区)的不同行业或企业都可能会参与全球价值链和产业链分工,但是各自的参与程度、所处的分工位置及所贡献的增加值都可能是不同的,各国、各地区的价值链和产业链的国内环节与国际环节也是不同的。

目前,全球价值链分工模式已经成为经济全球化与国际分工的新常态。基于这种国际分工模式组织全球化生产的实例俯拾皆是。也就是说,有很多产品(甚至包括服务产品)特别是复杂产品通常是"世界造"(或"多国造"),而不是"一国造"。比如,文献中经常举的例子有美国和欧洲的大飞机(即波音和空客)、史蒂夫·乔布斯(Steve Jobs)等人创立的苹果公司生产的产品(如 iPhone、iPad)等。

就 iPad 而言(见表 6.1),它的生产与装配涉及美国、日本、韩国、欧盟、中国等多个国家和地区的多家企业。相关企业也可能位于好几个国家和地区,并且都有可能随时间而发生变化。

那么,在 iPad 的生产过程中,各相关国家和地区、相关企业都分别贡献了多少增加值呢?[①] 根据肯尼斯·克雷默(Kenneth Kraemer)等人的统计(见表 6.1),2010 年苹果公司 iPad 的批发价格为 424 美元,占制造商建议零售价格(499 美元)的比重为 85%。另外,该产品世界范围内的毛利润、直接劳动投入、中间投入占零售价格的比重分别为 47.7%、6.6%、30.9%;三者之和约等于 iPad 批发价格占零售价格的比重。在 iPad 的全球价值链构成中,美国苹果公司获取的毛利润占零售价格的比重为 30.1%,日本、韩国、中国台湾、欧盟的占比分别为 1.4%、6.8%、1.4%、0.2%。中国在最后装配环节投入的劳动力占比为 1.6%,即等价为 8 美元。

表 6.1　2010 年苹果公司 iPad 的全球价值链构成

	活　　动	国家和地区	价值/成本(美元)	占零售价格的比重(%)
分销和零售	制造商建议的零售价格	世界范围	**499**	**100.0**
	分销	世界范围	75	15.0
	苹果公司得到的批发价格	美　　国	424	85.0

① 注意,这里基于企业案例的全球价值链分析与基于行业或国家的投入—产出分析略有不同。在投入—产出分析中,初始要素(包括资本和劳动力)的投入形成增加值。

续表

活　动		国家和地区	价值/成本 （美元）	占零售价格的 比重（%）
价值获取 （等于毛利润）	价值获取总额		**238**	**47.7**
	美国获取的价值总额	美　国	162	32.5
	设计/营销	苹果公司	150	30.1
	零部件制造	美国供应商	12	2.4
	零部件制造	日　本	7	1.4
	零部件制造	韩　国	34	6.8
	零部件制造	中国台湾	7	1.4
	零部件制造	欧　盟	1	0.2
	零部件制造	其他地区	27	5.4
直接劳动投入	直接劳动投入总计		**33**	**6.6**
	零部件生产投入的劳动	其他地区	25	5.0
	最后装配投入的劳动	中　国	8	1.6
中间投入	非劳动成本	世界范围	**154**	**30.9**

注：这里统计的 iPad 产品配置为 16 GB、无蜂窝网络接入。增加值为各国家和地区、各企业或主体贡献的价值，不包括采购本国和本地区与进口的材料和投入的价值。"价值获取"表示去掉直接劳动成本之后的增加值，等于毛利润。计算采取四舍五入法。

资料来源：Kraemer, Kenneth, Greg Linden and Jason Dedrick, 2011, "Capturing Value in Global Networks：Apple's iPad and iPhone"，Manuscript, 11, Table 1。

6.2　学科及相关研究简史

本节将简要回顾全球价值链作为一个研究领域的发展简史。正如前面所述，全球价值链研究涵盖多个领域，具有跨学科的特点。

6.2.1　分工理论和思想

全球价值链分工是通常意义上的专业化分工不断深化、细化的结果，是国际专业化分工内生演进的一个阶段。专业化分工思想至少可以追溯至以亚当·斯密于 1776 年出版的《国民财富的性质与原因的研究》一书。斯密认为，劳动分工的发展可以提高生产率，因而能够富国，而市场这只看不见的手是协调和促进分工的有效手段。

若干年之后，著名华裔经济学家杨小凯用超边际分析方法重新将古典经济学的分工和专业化思想形式化，变成决策和均衡模型，"使古典经济学的灵魂在新古典躯体中复活"。[1]

---

[1]　Yang, Xiaokai and Yew-Kwang Ng, 1993, *Specialization and Economic Organization*：*A New Classical Microeconomic Framework*, Amsterdam and New York：North-Holland. 杨小凯：《经济学原理》，中国社会科学出版社 1998 年版。杨小凯、黄有光：《专业化与经济组织——一种新兴古典微观经济学框架》，张玉纲译，经济科学出版社 1999 年版。

据此研究,古典经济学的研究重心是专业化分工问题,存在的"两难冲突"是:资源稀缺程度不固定,劳动分工可以提高生产力,因而减少稀缺程度,但却可能增加交易费用。新古典经济学的研究重心是资源配置问题,也存在"两难冲突",即资源稀缺程度给定,各种产品之间的生产有"两难冲突",多生产食物,就得少生产衣服。这两类"两难冲突"截然不同,但都需要人们做出权衡,以选择最佳的折中点,这就是经济学研究的决策问题。

在不同阶段的国际贸易理论中,国际分工的原则与基础是有差异的。斯密的绝对优势理论认为,国际分工的基本原则是劳动生产率或技术上的绝对差异。李嘉图的比较优势理论认为,国际分工的原则是劳动生产率或技术上的相对差异。在赫克歇尔—俄林的要素禀赋理论里,国际分工的原则是自然禀赋或要素禀赋的相对差异。克鲁格曼等学者开创的新贸易理论则指出,国际分工的原则是基于规模报酬递增、非完全竞争与产品差异性。在梅里兹等发展的异质性企业贸易理论里,国际分工的原则是基于微观企业优势。全球价值链分工理论则强调,国际分工的原则是基于生产流程中的不同环节或任务。

如果说绝对优势理论、比较优势理论与要素禀赋理论主要关注产业间的国际分工的话,那么新贸易理论则主要关注产业内的国际分工,而异质性企业贸易理论主要关注企业间的国际分工,全球价值链分工理论则主要关注任务间(或产品内)的国际分工。

6.2.2　全球价值链研究的兴起与发展

对于全球价值链的研究离不开投入—产出分析。20 世纪 30 年代,美国与苏联都曾有经济学家(数学家)从事投入—产出方法的研究。但不同的是,在美国,这些研究为构建投入—产出表与完善国民经济统计核算体系服务;在苏联,这些研究则主要为计划经济体制下的国家对经济的干预与计划服务。在投入—产出分析方面,最早的历史性贡献应归功于 1973 年诺贝尔经济学奖得主瓦西里·里昂惕夫和 1984 年诺贝尔经济学奖得主理查德·斯通(Richard Stone)。[1]

关于价值链及全球价值链的概念最早可以追溯至 20 世纪 70 年代关于"商品链"(commodity chain)问题的研究[2],此类研究旨在追踪所有导致"最终消费品"的投入及改造活动,并描述这些活动和流程之间的关系。[3]在此基础上,加里·杰里菲(Gary Gereffi)引入"全球商品链"(global commodity chain)术语[4]。进入新世纪,这一术语又进一步转换成"全球价值链"。而且,对"全球价值链"这一概念的使用也摆脱了"商品"一

① Miller, Ronald and Peter Blair, 2009, *Input-Output Analysis: Foundations and Extensions*, Cambridge: Cambridge University Press.

② Bair, Jennifer, 2005, "Global Capitalism and Commodity Chains: Looking Back, Going Forward", *Competition & Change*, 9(2), 153—180.

③ Hopkins, Terence and Immanuel Wallerstein, 1977, "Patterns of Development of the Modern World-system", *Review*(Fernand Braudel Center), 1(2), 111—145.

④ Gereffi, Gary, 1994, "The Organization of Buyer-Driven Global Commodity Chains: How U.S. Retailers Shape Overseas Production Networks", in Gary Gereffi and Miguel Korzeniewicz(eds.), *Commodity Chains and Global Capitalism*, Westport: Praeger Publishers.

词的局限性，突出强调链条上的企业进行价值创造和价值获取的相对重要性。这一概念被广泛应用在有关国际贸易和产业组织等的研究中，这些研究还特别指出其中的"价值"就是"增加值"。前面已经提及，(全球)价值链、(全球)产业链、(全球)供应链这几个概念密切相关，相关学科(如经济学和管理学)已经对这些概念有着较为明确的界定，它们都可以冠以"全球"二字。

从国际经济学研究文献的发展脉络看，经济学家对全球价值链分工问题的认识最早开始于 20 世纪六七十年代对中间品贸易的理论与经验研究。首先是一些经验研究，如有些对欧洲经济共同体的研究指出，中间品贸易在西欧内部举足轻重。①赫伯特·格鲁伯和彼得·劳埃德发现，大多数产业内贸易的产品都是中间品而非最终品。②其次，鉴于中间品贸易的重要性，一些经济学家开始思考如何将其纳入纯理论模型之中。比如，瓦尼克在拓展 H-O-S 模型时就考虑了中间品贸易③；埃塞尔(Ethier)、迪克西特和格罗斯曼(Grossman)、桑亚尔(Sanyal)和琼斯(Jones)、赫尔普曼等的理论模型都把中间品贸易纳入其中。④

近年来，国际学术界、国际组织及越来越多的国家政府对增加值贸易问题日益重视。如何测算出口产品增加值？如何追踪增加值的来源？胡梅尔斯等、刘遵义等、库普曼(Koopman)等、王直等做了开创性的研究。⑤玛图(Mattoo)等主编的世界银行报告对相关研究做了非常好的总结。⑥此外，与之相关的研究是关于国际贸易的要素含量分析，这可以追溯至瓦尼克建立的 H-O-V 模型⑦，该模型是要素禀赋理论的"要素含量形式"(参

①　Verdoorn, Petrus, 1960, "The Intra-Block Trade of Benelux", in Austin G. Robinson (ed.), *Economic Consequence of the Size of Nations*, London: Macmillan, 291—329. Balassa, Bela, 1966, "Tariff Reductions and Trade in Manufacturers among the Industrial Countries", *American Economic Review*, 56(3), 466—473.

②　Grubel, Herbert and Peter Lloyd, 1975, *Intra-industry Trade: The Theory and Measurement of International Trade in Differentiated Products*, London: Macmillan.

③　Vanek, Jaroslav, 1963, "Variable Factor Proportions and Inter-Industry Flows in the Theory of International Trade", *Quarterly Journal of Economics*, 77(1), 129—142.

④　Ethier, Wilfred, 1982, "The General Role of Factor Intensity in the Theorems of International Trade", *Economics Letters*, 10(3—4), 337—342. Dixit, Avinash and Gene Grossman, 1982, "Trade and Protection with Multi-Stage Production", *Review of Economic Studies*, 49(4), 583—594. Sanyal, Kalyan and Ronald Jones, 1982, "The Theory of Trade in Middle Products", *American Economic Review*, 72(1), 16—31. Helpman, Elhanan, 1984a, "A Simple Theory of International Trade with Multinational Corporations", *Journal of Political Economy*, 92(3), 451—471.

⑤　Hummels, David, Jun Ishii and Kei-Mu Yi, 2001, "The Nature and Growth of Vertical Specialization in World Trade", *Journal of International Economics*, 54(1), 75—96. 刘遵义(Lawrence J. Lau)、陈锡康、杨翠红、Leonard Cheng、K. C. Fung、Yun-Wing Sung、祝坤福、裴建锁、唐志鹏：《非竞争型投入占用产出模型及其应用——中美贸易顺差透视》，《中国社会科学》2007 年第 5 期。Koopman, Robert, Zhi Wang and Shang-Jin Wei, 2014, "Tracing Value-Added and Double Counting in Gross Exports," *American Economic Review*, 104(2), 459—494. Wang, Zhi, Shang-Jin Wei and Kunfu Zhu, 2014, "Quantifying International Production Sharing at the Bilateral and Sector Levels", NBER Working Paper No. 19677.

⑥　Mattoo, Aaditya, Zhi Wang and Shang-Jin Wei(eds.), 2013, *Trade in Value Added: Developing New Measures of Cross-Border Trade*, Washington, DC: World Bank.

⑦　Vanek, Jaroslav, 1968, "The Factor Proportions Theory: The N-Factor Case", *Kyklos*, 21(4), 749—756.

见第3.3节)。有关国际贸易的要素含量研究的重要意义在于,随着国际贸易的发生,隐含在贸易品中的要素的国际转移对贸易国要素及其报酬将产生直接影响。实际上,国际贸易的要素含量如果以要素报酬或价值来衡量就变成了国际贸易的增加值含量。所以,国际贸易的要素含量与增加值含量就像一枚硬币的两面。

随着对全球价值链和产业链分工与贸易研究的深化,一些学者开始尝试构建相应的指标来衡量一个国家整体及其产业在全球价值链和产业链分工中的地位。比如,法利(Fally)、安楚斯(Antràs)等构造了反映行业下游度(downstreamness)和上游度(upstreamness)的指数。[①]但他们的测算是基于特定国家的投入—产出表,而非跨国投

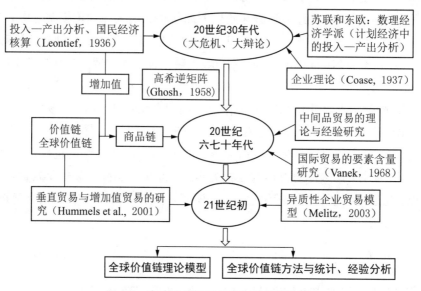

图6.3　全球价值链相关研究的发展脉络

注:(1) 本图重点列出每个方面研究的起始时间。在瓦尼克提出贸易的要素含量概念之前,已经有学者(如里昂惕夫)采用投入—产出方法测算进出口的要素投入(也就是瓦尼克所定义的要素含量),以此来检验要素禀赋理论假说。这些研究与 H-O-V 模型的基本思想存在一定关系。

(2) 值得注意的是 20 世纪 30 年代关于社会主义经济模式、经济体制的大辩论。一派是以米塞斯(Ludwig von Mises,维也纳学派)、哈耶克(Friedrich von Hayek,新奥地利学派,1974 年获诺贝尔经济学奖)、罗宾斯(Lionel Robbins,伦敦学派)为代表,反对社会主义中央计划,认为国家对经济的干预和实行计划化是反市场的,破坏了自由竞争机制,因而不可能有正确的价值制度和合理的资源分配及经济计算。另一派以兰格(Oskar Lange)、泰勒(Fred M. Taylor)、迪金森(Henry D. Dickinson)等为代表,认为计划经济可以有效地配置资源。

(3) 1937 年,罗纳德·科斯(Ronald Coase)发表《企业的性质》(The Nature of the Firm)一文,标志着现代企业理论的创立。随后出现了一系列的企业理论创新,包括交易成本理论、委托—代理理论(激励理论)、契约与产权理论等。

资料来源:作者基于相关文献整理而得。

① Fally, Thibault, 2011, "On the Fragmentation of Production in the U.S.", University of Colorado mimeo. Antràs, Pol, Davin Chor, Thibault Fally and Russell Hillberry, 2012, "Measuring the Upstreamness of Production and Trade Flows", American Economic Review, 102(3), 412—416. Antràs, Pol and David Chor, 2013, "Organizing the Global Value Chain", Econometrica, 81(6), 2127—2204.

入—产出表。哈格梅杰（Hagemejer）和古德西（Ghodsi）、米勒（Miller）和特穆索耶夫（Temurshoev）基于 WIOD 数据库（World Input-Output Database）将这些指标用于跨国投入—产出分析。[①]

目前的研究涉及全球价值链的理论模型构建、分析方法与统计测算的创新，以及将全球价值链与契约理论、企业理论和异质性企业贸易理论（参见第 5 章的讨论）等结合在一起进行研究[②]，同时还涉及大量的经验分析。

6.3 跨国投入—产出分析：模型与方法

投入—产出分析是 20 世纪 30 年代发展起来的、用来研究国民经济各部门之间关系的方法。该方法的主要贡献者是瓦西里·里昂惕夫，他也因此于 1973 年获得诺贝尔经济学奖。投入—产出分析方法的理论基础是一般均衡理论，在数据上可以表示成一个线性方程组。随着现代数学方法与运算工具（如高速计算机）的引入，投入—产出分析的运用越来越广泛。实际上，投入—产出分析可以单独作为一门课程来学习。但限于篇幅及本书所讨论的主题，本部分重点从全球的视角，分析跨国投入—产出表的基本结构及相关模型和方法。[③]

6.3.1 跨国投入—产出表

跨国投入—产出分析是研究全球价值链分工的一条有效途径。而跨国投入—产出分析的开展依赖两大支柱：跨国投入—产出表的构建与投入—产出方法的创新。因此，至少在行业与国家层面上，分析全球价值链分工离不开投入—产出表（特别是跨国投入—产出表）。[④] 目前能够获得的跨国投入—产出表可以细分到行业水平。

假设有 C 个经济体（$l, m = 1, 2, \cdots, C$），N 个行业（$i, j = 1, 2, \cdots, N$），那么这种情形下的跨国投入—产出表如表 6.2 所示。表 6.2 的行向表示总产出及其使用，即包括

---

① Hagemejer, Jan and Mahdi Ghodsi, 2014, "Up or Down the Value Chain? The Comparative Analysis of the GVC Position of the Economies of the New EU Member", Working Paper. Miller, Ronald and Umed Temurshoev, 2017, "Output Upstreamness and Input Downstreamness of Industries/Countries in World Production", *International Regional Science Review*, 40(5), 443—475.

② Antràs, Pol, 2016, *Global Production: Firms, Contracts, and Trade Structure*, Princeton: Princeton University Press. Inomata, Satoshi, 2017, "Analytical Frameworks for Global Value Chains: An Overview", in World Bank, *Global Value Chain Development Report 2017: Measuring and Analyzing the Impact of GVCs on Economic Development*, Washington, DC: World Bank Publications, Chapter 1, 15—35.

③ 关于从一个国家视角的投入—产出分析方法，可以参见本书第 3 章附录 3C。

④ 实际上，即使仅有国家投入—产出数据而没有跨国投入—产出数据，我们也可以采用"假设萃取"（hypothetical extraction）方法，分解一国（行业）出口中的国内增加值，并可以进一步拓展分解双边贸易流。参见 Miller, Ronald and Peter Blair, 2009, *Input-Output Analysis: Foundations and Extensions*, Cambridge: Cambridge University Press, Chapter 12; Los, Bart, Marcel Timmer and Gaaitzen de Vries, 2016, "Tracing Value-Added and Double Counting in Gross Exports: Comment", *American Economic Review*, 106(7), 1958—1966.

中间使用(C 国×N 行业)和最终使用(C 国×最终使用类别)。每一个经济体的最终使用通常都包括家庭消费、政府消费、资本形成等项目,这些项目的加总就构成支出法的 GDP。

表 6.2 的列向表示总投入及其类别,即包括中间投入(C 国×N 行业)和初始投入(C 国×初始投入类别)。初始投入以物理量衡量就是初始要素的投入量(比如资本和劳动力投入数量),以价值衡量就是增加值。作为增加值的初始投入通常包括劳动者报酬、固定资产折旧、生产税净额与营业盈余等项目,这些项目的加总就构成收入法的 GDP。

投入—产出表反映了各部门之间的平衡关系,这些平衡关系主要包括:总投入＝总产出;支出法的 GDP(即最终使用合计)＝收入法的 GDP(即初始投入或增加值合计);总产出＝中间使用＋最终使用;总投入＝中间投入＋初始投入(增加值)。

在跨国投入—产出关联情况下,一国的总产出既有可能被本国用作中间使用、最终使用,也有可能被其他国家用作中间使用、最终使用;同样,一国总投入中的中间投入既有可能来自本国,也有可能来自其他国家。因此,跨国投入—产出表是一国投入—产出表的拓展,是不同国家投入—产出表的联结。

表 6.2　跨国投入—产出表的基本结构

投入 \ 产出			中间使用(Z)				最终使用(Y)				总产出(X)
	经济体		1	2	⋯	C	1	2	⋯	C	1
投入 经济体		行业/部门	$1,\cdots,N$	$1,\cdots,N$	$1,\cdots,N$	$1,\cdots,N$	1	1	1	1	
中间投入	1	1 ⋮ N	z_{11}	z_{12}	⋯	z_{1C}	y_{11}	y_{12}	⋯	y_{1C}	x_1
	2	1 ⋮ N	z_{21}	z_{22}	⋯	z_{2C}	y_{21}	y_{22}	⋯	y_{2C}	x_2
	⋯	1 ⋮ N	⋮	⋮	⋱	⋮	⋮	⋮	⋱	⋮	⋮
	C	1 ⋮ N	z_{C1}	z_{C2}	⋯	z_{CC}	y_{C1}	y_{C2}	⋯	y_{CC}	x_C
初始投入	增加值		v_1	v_2	⋯	v_C	总投入＝TO				
总投入(＝总产出)			x_1	x_2	⋯	x_C					

资料来源:作者根据资料整理而得。

6.3.2　两个会计等式与两个逆矩阵

基于表 6.2,我们可以构建两个会计等式(accounting identity),并据此求得两个非常有用的逆矩阵,即里昂惕夫逆矩阵和高希逆矩阵。

1. 产出侧的会计等式

产出侧的会计等式表示总产出等于中间使用加上最终使用,用矩阵形式写成:

$$
\begin{bmatrix} X^1 \\ X^2 \\ \vdots \\ X^C \end{bmatrix} = \begin{bmatrix} A^{11} & A^{12} & \cdots & A^{1C} \\ A^{21} & A^{22} & \cdots & A^{2C} \\ \vdots & \vdots & \ddots & \vdots \\ A^{C1} & A^{C2} & \cdots & A^{CC} \end{bmatrix} \begin{bmatrix} X^1 \\ X^2 \\ \vdots \\ X^C \end{bmatrix} + \begin{bmatrix} \sum_{m=1}^{C} Y^{1m} \\ \sum_{m=1}^{C} Y^{2m} \\ \vdots \\ \sum_{m=1,\,l=1}^{C} Y^{lm} \end{bmatrix} = \begin{bmatrix} L^{11} & L^{12} & \cdots & L^{1C} \\ L^{21} & L^{22} & \cdots & L^{2C} \\ \vdots & \vdots & \ddots & \vdots \\ L^{C1} & L^{C2} & \cdots & L^{CC} \end{bmatrix} \begin{bmatrix} \sum_{m=1}^{C} Y^{1m} \\ \sum_{m=1}^{C} Y^{2m} \\ \vdots \\ \sum_{m=1,\,l=1}^{C} Y^{lm} \end{bmatrix}
$$

$$(6.1)$$

其中,X^l 表示每个经济体的 $N \times 1$ 总产出向量;Y^{lm} 表示经济体 m 对经济体 l 生产的最终品所产生的需求向量,即 $N \times 1$ 最终需求向量;$A^{lm}(= x^{lm}/X^m)$ 表示经济体 m 的中间投入中来自经济体 l 的部分(x^{lm})占经济体 m 的总投入(X^m,等于总产出)的比重而形成的 $N \times N$ 投入—产出系数矩阵。$L^{lm} = (I - A^{lm})^{-1}$ 表示全球(以及一国内部)投入—产出矩阵的里昂惕夫逆矩阵(其中,I 为单位矩阵)。[1]用简约形式表示为:

$$X = Z + Y = AX + Y \Rightarrow (I - A)X = Y \Rightarrow$$
$$X = (I - A)^{-1}Y = LY \tag{6.2}$$

实际上,里昂惕夫逆矩阵还可以通过幂级数逼近(power series approximation)方法求得。[2]因为 $X = Y + Z = Y + AY + A^2Y + A^3Y + \cdots = (1 + A + A^2 + A^3 + \cdots)Y = \left(\dfrac{1}{I-A}\right)Y = (I-A)^{-1}Y$,也就是说,一国的总产出向量 X 可以分解为最终使用(Y)和中间使用(Z)两个部分,而总的中间使用又包括"直接"中间使用和所有的"间接"中间使用,所以 $(I-A)^{-1}Y$ 表示为直接和间接生产最终品而使用的总产出向量。据此可以求出里昂惕夫逆矩阵。

需要注意的是,计算中间投入系数(记为 a_{ij})是求解里昂惕夫逆矩阵(L)的关键一步。写成矩阵形式如下:

---

① Leontief, Wassily, 1936, "Quantitative Input and Output Relations in the Economic System of the United States", *Review of Economics and Statistics*, 18(3), 105—125. 需要注意的是,在具体计算时,单独一国国内的里昂惕夫逆矩阵的计算与多国在一起的全球里昂惕夫逆矩阵的计算有所不同,不可混淆。

② 参见附录 6A 的推导。

$$A = \begin{bmatrix} a_{11} & a_{12} & \cdots & a_{1n} \\ a_{21} & a_{22} & \cdots & a_{2n} \\ \vdots & \vdots & \ddots & \vdots \\ a_{n1} & a_{n2} & \cdots & a_{nn} \end{bmatrix} = \begin{bmatrix} \dfrac{z_{11}}{x_1} & \dfrac{z_{12}}{x_2} & \cdots & \dfrac{z_{1n}}{x_n} \\ \dfrac{z_{21}}{x_1} & \dfrac{z_{22}}{x_2} & \cdots & \dfrac{z_{2n}}{x_n} \\ \vdots & \vdots & \ddots & \vdots \\ \dfrac{z_{n1}}{x_1} & \dfrac{z_{n2}}{x_2} & \cdots & \dfrac{z_{nn}}{x_n} \end{bmatrix}$$

$$= \begin{bmatrix} z_{11} & z_{12} & \cdots & z_{1n} \\ z_{21} & z_{22} & \cdots & z_{2n} \\ \vdots & \vdots & \ddots & \vdots \\ z_{n1} & z_{n2} & \cdots & z_{nn} \end{bmatrix} \begin{bmatrix} \dfrac{1}{x_1} & 0 & 0 & 0 \\ 0 & \dfrac{1}{x_2} & 0 & 0 \\ 0 & 0 & \ddots & 0 \\ 0 & 0 & 0 & \dfrac{1}{x_n} \end{bmatrix} = Z\hat{X}^{-1} \tag{6.3}$$

此外,还可以求得直接增加值系数向量 P(direct value added coefficient vector),用矩阵和向量形式表示如下:

$$P = \begin{bmatrix} v_1 & v_2 & \cdots & v_n \end{bmatrix} \begin{bmatrix} \dfrac{1}{x_1} & 0 & 0 & 0 \\ 0 & \dfrac{1}{x_2} & 0 & 0 \\ 0 & 0 & \ddots & 0 \\ 0 & 0 & 0 & \dfrac{1}{x_n} \end{bmatrix} = V\hat{X}^{-1} \tag{6.4}$$

据此,可以推导出增加值与最终使用之间的关系为:

$$V' = \hat{P}X = \hat{P}LY \tag{6.5}$$

其中,"′"表示矩阵转置,"^"表示对角矩阵。

2. 投入侧的会计等式

投入侧的会计等式表示总投入等于中间投入加上初始投入(或增加值),用简约的矩阵(向量)形式表示为:

$$X' = Z + V = X'B + V \Rightarrow X'(1-B) = V \Rightarrow$$
$$X' = V(I-B)^{-1} = VG \tag{6.6}$$

其中,$b_{ij} = \dfrac{z_{ij}}{x_i}$ 和 $B = \hat{X}^{-1}Z$ 为产出系数矩阵或分配系数矩阵(allocation coefficient matrix)。G 为高希逆矩阵。[1]

---

[1] Ghosh, Ambica, 1958, "Input-Output Approach in an Allocation System", *Economica*,25(97),58—64.

实际上,高希逆矩阵也可以通过幂级数逼近方法求得。因为

$$X' = Z + V = V + VB + VB^2 + VB^3 + \cdots$$

$$= V(1 + B + B^2 + B^3 + \cdots) = V\left(\frac{1}{I-B}\right) = V(I-B)^{-1} = VG$$

同样地,计算产出系数矩阵(B)是求解高希逆矩阵(G)的关键一步。写成矩阵形式如下:

$$B = \begin{bmatrix} b_{11} & b_{12} & \cdots & b_{1n} \\ b_{21} & b_{22} & \cdots & b_{2n} \\ \vdots & \vdots & \ddots & \vdots \\ b_{n1} & b_{n2} & \cdots & b_{nn} \end{bmatrix} = \begin{bmatrix} \dfrac{z_{11}}{x_1} & \dfrac{z_{12}}{x_1} & \cdots & \dfrac{z_{1n}}{x_1} \\ \dfrac{z_{21}}{x_2} & \dfrac{z_{22}}{x_2} & \cdots & \dfrac{z_{2n}}{x_2} \\ \vdots & \vdots & \ddots & \vdots \\ \dfrac{z_{n1}}{x_n} & \dfrac{z_{n2}}{x_n} & \cdots & \dfrac{z_{nn}}{x_n} \end{bmatrix}$$

$$= \begin{bmatrix} \dfrac{1}{x_1} & 0 & 0 & 0 \\ 0 & \dfrac{1}{x_2} & 0 & 0 \\ 0 & 0 & \ddots & 0 \\ 0 & 0 & 0 & \dfrac{1}{x_n} \end{bmatrix} \begin{bmatrix} z_{11} & z_{12} & \cdots & z_{1n} \\ z_{21} & z_{22} & \cdots & z_{2n} \\ \vdots & \vdots & \ddots & \vdots \\ z_{n1} & z_{n2} & \cdots & z_{nn} \end{bmatrix} = \hat{X}^{-1} Z \qquad (6.7)$$

此外,我们还可以求得最终品系数向量F,用矩阵和向量形式表示如下:

$$F = \begin{bmatrix} \dfrac{1}{x_1} & 0 & 0 & 0 \\ 0 & \dfrac{1}{x_2} & 0 & 0 \\ 0 & 0 & \ddots & 0 \\ 0 & 0 & 0 & \dfrac{1}{x_n} \end{bmatrix} \begin{bmatrix} y_1 \\ y_2 \\ \vdots \\ y_n \end{bmatrix} = \hat{X}^{-1} Y \qquad (6.8)$$

据此,可以推导出增加值与最终使用之间的关系为:

$$Y = X'\hat{F} = VG\hat{F} \qquad (6.9)$$

3. A和B、L和G的关系

前面得到的中间投入系数矩阵(A)与产出系数矩阵(B)、里昂惕夫逆矩阵(L)与高希逆矩阵(G)之间具有以下对应关系:

因为$A = Z\hat{X}^{-1}$且$B = \hat{X}^{-1}Z$,以及$Z = \hat{X}B$,所以$A = \hat{X}B\hat{X}^{-1}$。同理可得:$B = \hat{X}^{-1}A\hat{X}$。

因为$(1-A) = I - \hat{X}B\hat{X}^{-1} = \hat{X}(I-B)\hat{X}^{-1}$,以及$\hat{X}I\hat{X}^{-1} = I$,同时由矩阵乘积的逆

可知：$(I-A)^{-1}=[\hat{X}(I-B)\hat{X}^{-1}]^{-1}=\hat{X}(I-B)^{-1}\hat{X}^{-1}$。所以 $L=\hat{X}G\hat{X}^{-1}$，$G=\hat{X}^{-1}L\hat{X}$。

6.3.3 总增加值乘数与增加值分解

根据式(6.5)和里昂惕夫方法，用 P 表示直接增加值份额（等于增加值除以总产出），则一国 1 单位产出所含的直接和间接增加值总和为（其基本计算程序如图 6.4 所示）：

$$P+PA+PAA+PAAA+\cdots=P(I+A+A^2+A^3+\cdots)$$
$$=P(I-A)^{-1}=PL \tag{6.10}$$

PL 被称为总增加值乘数矩阵。在多国框架下，特定行业的所有增加值要么产生于国内，要么产生于国外，二者相加等于 100%。[①]

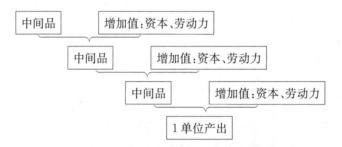

图 6.4 对 1 单位产出所含直接和间接增加值的追踪

令 $\hat{P}$ 为由各国各行业的直接增加值系数对角矩阵沿着对角线分布而构成的矩阵（亦为对角矩阵），$\hat{Y}$ 为由各国各行业的最终需求子矩阵沿着对角线分布而形成的矩阵（但并非对角矩阵）。那么，在"C 国—N 行业"情形下，国家—行业水平上的增加值和最终品生产可分解为：

$$\hat{P}L\hat{Y}=\begin{bmatrix} P^1 & 0 & 0 & 0 \\ 0 & P^2 & 0 & 0 \\ 0 & 0 & \ddots & 0 \\ 0 & 0 & 0 & P^C \end{bmatrix}\begin{bmatrix} L^{11} & L^{12} & \cdots & L^{1C} \\ L^{21} & L^{22} & \cdots & L^{2C} \\ \vdots & \vdots & \ddots & \vdots \\ L^{C1} & L^{C2} & \cdots & L^{CC} \end{bmatrix}\begin{bmatrix} Y^1 & 0 & 0 & 0 \\ 0 & Y^2 & 0 & 0 \\ 0 & 0 & \ddots & 0 \\ 0 & 0 & 0 & Y^C \end{bmatrix}$$

$$=\begin{bmatrix} P^1L^{11}Y^1 & P^1L^{12}Y^2 & \cdots & P^1L^{1C}Y^C \\ P^2L^{21}Y^1 & P^2L^{22}Y^2 & \cdots & P^2L^{2C}Y^C \\ \vdots & \vdots & \ddots & \vdots \\ P^CL^{C1}Y^1 & P^CL^{C2}Y^2 & \cdots & P^CL^{CC}Y^C \end{bmatrix} \tag{6.11}$$

---

① 对于国家 1 的行业 j 而言，有 $v_j^1=\dfrac{v\_a_j^1}{x_j^1}=1-\sum_i^N a_{ij}^{11}-\sum_i^N a_{ij}^{21}-\cdots-\sum_i^N a_{ij}^{C1}$（$i, j=1, 2, \cdots, N$；$v\_a$ 表示增加值；a 表示行业水平上的中间投入系数）。定义 V^1 为国家 1 的 $1\times N$ 维直接增加值系数向量，它等于 1 减去所有国家的中间投入份额，即 $V^1=u[I-A^{11}-A^{21}-\cdots-A^{C1}]$，$u$ 为 $1\times N$ 维单元向量。

式(6.11)最后一个等式的矩阵详细描述了每个经济体的最终品生产所含的增加值来源。该矩阵沿着行上的元素(之和)表示由某个"经济体—行业"产生的增加值被其自身以及所有下游"经济体—行业"所使用(即隐含在其自身及所有下游"经济体—行业"的最终品生产中),这是基于前向关联或供给视角的分解。该矩阵沿着列上的元素(之和)表示某个"经济体—行业"最终品产出中所隐含的来自其自身及所有上游"经济体—行业"的增加值,这是基于后向关联或使用者视角的分解。

这两个视角和两类指标的区分具有重要意义,有助于全面厘清全球价值链分工背景下的各个"经济体—行业"之间的相互关系。基于前向关联的增加值出口与贸易的要素含量[①]的含义一致。基于后向关联的增加值测算则与特定行业和产品的供应链和价值链案例研究相仿。[②]

6.3.4 对全球价值链位置的测算

对于经济体或其行业参与全球价值链分工所处位置的测算,现有文献通常使用两种指标——产出上游度(output upstreamness)指数(记为 GVC_{OU})与投入下游度(input downstreamness)指数(GVC_{ID})。[③]但需要指出的是,这些指数仅用来描述产业链和价值链的上游和下游,或者价值链和产业链关联(或融合深化)程度,并不能度量微笑曲线(smiling curve)意义的高端(high-end)和低端(low-end)。[④]

(1)产出上游度指数。

该指数是指在其他情况给定时,如果一个行业的总产出中有较多的中间使用(卖给其他经济体/行业)、较少的最终使用(卖给最终消费者),那么它就处于价值链的相对上游(指数越大);反之,如果一个行业的总产出中有较少的中间使用、较多的最终使用,那么它就处于价值链的相对下游(指数越小)。该指数是基于售卖的产出是作为中间使用还是作为最终使用的量来衡量经济体/行业在全球价值链生产线中的位置。该指数大于等于1,指数越大,则相应经济体/行业与其他经济体/行业之间在中间产品供给方面就存在越复杂(直接和间接)和越强烈的联系;该指数越小,则相应经济体/行业与其他经济体/行业之间在中间产品供给方面就存在越简单和越微弱的联系。当所有产出都用作最终使用而非中间使用时,该指数等于1。该指数的计算如下:

---

① 关于贸易的要素含量分析,参见本书第3.3节的讨论。

② Wang, Zhi, Shang-Jin Wei and Kunfu Zhu, 2014, "Quantifying International Production Sharing at the Bilateral and Sector Levels", NBER Working Paper No. 19677.

③ Antràs, Pol and David Chor, 2013, "Organizing the Global Value Chain", *Econometrica*, 81(6), 2127—2204. Antràs, Pol and Davin Chor, 2018, "On the Measurement of Upstreamness and Downstreamness in Global Value Chains", NBER Working Paper No. 24185. Antràs, Pol, Davin Chor, Thibault Fally and Russell Hillberry, 2012, "Measuring the Upstreamness of Production and Trade Flows", *American Economic Review*, 102(3), 412—416.

④ 可以使用高技能劳动力占比来间接地度量价值链环节的高端化程度。参见 Cheng, Dazhong, Jian Wang and Zhiguo Xiao, 2021, "Global Value Chain and Growth Convergence: Applied Especially to China", *Pacific Economic Review*, 26(2), 161—182.

$$GVC_{OU} = \frac{1Y+2AY+3A^2Y+4A^3Y+\cdots}{X} = \hat{X}^{-1}(I+2A+3A^2+\cdots)Y$$

$$= \hat{X}^{-1}(I+A+A^2+\cdots)(I+A+A^2+\cdots)Y = \hat{X}^{-1}LLY = \hat{X}^{-1}L\hat{X} \quad (6.12)$$

由此可得：$GVC_{OU}^i = (\hat{X}^{-1}L\hat{X})i = Gi$。其中，$X$、$A$、$Y$ 分别表示总产出向量、中间投入系数矩阵、最终使用向量；i 表示加总向量（1 的列向量），即同一行上元素加总；L、G 分别为里昂惕夫逆矩阵、高希逆矩阵。

（2）投入下游度指数。

该指数是指在其他情况给定时，如果生产过程使用了较多的中间投入、较少的初始要素投入，那么这一生产过程就处于价值链的相对下游（指数越大）；反之，如果生产过程使用了较多的初始要素投入、较少的中间投入，那么这一生产过程就处于价值链的相对上游（指数越小）。这一指数是基于经济体/行业对于中间投入与初始要素的相对使用来衡量其在全球价值链生产线上的位置。该指数大于等于 1，指数越大，则相应经济体/行业与其他经济体/行业之间在中间投入需求方面就存在越复杂（直接和间接）和越强烈的联系；该指数越小，则相应经济体/行业与其他经济体/行业之间在中间投入需求方面就存在越简单和越微弱的联系。当所有投入均是初始投入而非中间投入时，该指数等于 1。该指数的计算如下：

$$GVC_{ID} = \frac{1V+2VB+3VB^2+4VB^3+\cdots}{X} = V'(I+2B+3B^2+\cdots)\hat{X}^{-1}$$

$$= V'(I+B+B^2+\cdots)(I+B+B^2+\cdots)\hat{X}^{-1} = V'GG\hat{X}^{-1} = \hat{X}G\hat{X}^{-1} \quad (6.13)$$

由此可得：$GVC_{ID}^i = i'(\hat{X}G\hat{X}^{-1}) = i'L$。其中，$V'$、$B$ 分别表示增加值向量、产出系数矩阵；i' 表示加总向量（1 的行向量），即同一列上元素加总；L 为里昂惕夫逆矩阵。

6.4　常用数据、软件及经验分析

现实表明，全球价值链分工模式已经发展成为经济全球化与国际分工的主导性模式，对世界经济及各国经济已经并将继续产生深远的影响。因此，学术界、政府及实业界都对此给予了高度关注。本节首先介绍经常用来分析全球价值链分工和增加值贸易的数据及相关软件，然后以中国为例，介绍如何用这些数据和软件进行经验分析。

6.4.1　数据与软件

在行业和国家层面分析全球价值链，通常采用跨国投入—产出方法[①]，而跨国投入—产出分析的数据基础则是跨国投入—产出表。目前，常用的跨国投入—产出表数据

---

① 当然，在企业层面上分析价值链，可以进行案例分析。比如 Kraemer, Kenneth, Greg Linden and Jason Dedrick, 2011, "Capturing Value in Global Networks: Apple's iPad and iPhone", Manuscript.

表 6.3　常见的跨国投入—产出表数据库

数据库	负责机构	数据源	经济体数	行业数	年份	简要说明
UNCTAD-Eora GVC 数据库	UNCTAD/Eora	各经济体 SUT, I-O 表，来自 Eurostat、IDE-JETRO、OECD 的 I-O 表	187	25-500（根据各经济体情况）	1990 年开始，年度数据	将各种数据源整合在一起，甚至涵盖数据较为贫乏的经济体
ICIO 数据库	OECD	各经济体 I-O 表	66	45	1995 年开始，年度数据	基于各经济体 I-O 表，由 OECD 加以协调
亚洲 I-O 数据库 (Asian International I-O tables)	IDE-JETRO	各经济体国民账户与企业调查数据	10	76	1975 年开始，每隔 5 年	包括美国—亚洲双边表
GTAP 数据库	美国普渡大学	各研究者和机构贡献的数据	GTAP 10:141	GTAP 10:65	GTAP 10: 2004 年、2007 年、2011 年、2014 年	非官方数据库，数据涉及能源、土地使用、CO_2 排放、国际移民等领域
EXIOBASE 数据库	European Union（EU）FP7 project DESIRE	各经济体 SUT, IO 表	Version 3:48	Version 3:163	2000 年开始，年度数据	基于各经济体数据，涉及碳排放、资源等信息
WIOD 数据	欧盟资助的 11 个机构	各经济体 SUT	1995—2011:41；2000—2014:44	1995—2011:35；2000—2014:56	1995 年开始，年度数据	基于官方国民账户统计

注：SUT 指供应使用表（supply and use table）。

资料来源：根据 https://www.iioa.org/news/io-data.html 以及相关数据库的官方网站整理而得。

库主要有 5 个，即 UNCTAD-Eora 构建的 GVC 数据库、OECD-WTO 的 ICIO 数据库（Inter-Country Input-Output tables）、IDE-JETRO 的亚洲国际 I-O 数据库（Asian International I-O tables）、美国普渡大学的 GTAP（Global Trade Analysis Project）数据库、欧盟资助的 11 个机构联合构建的 WIOD 数据库，如表 6.3 所示。这些数据库各有特点，也在不断更新，是研究全球价值链分工问题的主要数据来源。

鉴于下面的经验分析要用到 WIOD 数据，因此这里重点介绍一下该数据，并以 1995—2011 年的数据为主。该数据包含 41 个经济体（其中包括作为整体的"世界其余地区"）、35 个行业。[①]这些经济体及行业的代码如表 6.4 所示，后面将会用到这些代码。

表 6.4　1995—2011 年 WIOD 数据样本

WIOD 经济体		WIOD 行业		
代码	经济体（41 个）	代码	行业（35 个）	英文简码
欧盟 27 个经济体			货物生产行业	
AUT	奥地利			
BEL	比利时	1	农林牧渔业	Agri Hunt For Fish
BGR	保加利亚	2	采掘业	Mining
CYP	塞浦路斯	3	食品、饮料与烟草	Food Bev Tob
CZE	捷克	4	纺织及纺织品	Textiles
DNK	丹麦	5	皮革与制鞋	Leather Footware
EST	爱沙尼亚	6	木材及木制品	Wood
FIN	芬兰	7	纸浆、纸及印刷出版	Paper Print Pub
FRA	法国	8	焦炭、炼油及核燃料	Petroleum
DEU	德国	9	化工及化学制品	Chemicals
GRC	希腊	10	橡胶及塑料	Rubber Plastics
HUN	匈牙利	11	其他非金属矿物	Other Non-Met Min
IRL	爱尔兰	12	基本金属及金属制品业	Basic Metals
ITA	意大利	13	未列入其他分类的机器	Machinery Nec
LVA	拉脱维亚	14	电气及光学设备	Elec Optic Eq
LTU	立陶宛	15	运输设备	Transport Eq
LUX	卢森堡	16	其他制造业、回收利用	Manuf Nec Rec
MLT	马耳他	17	电力、煤气及供水	Elec Gas Water
NLD	荷兰		服务行业	
POL	波兰	18	建筑	Construction
PRT	葡萄牙	19	机动车销售及维修、燃料销售	Sale Repair Motor
ROM	罗马尼亚	20	除机动车外的批发贸易及佣金贸易	Wholesale
SVK	斯洛伐克	21	除机动车外的零售贸易、家庭用品维修	Retail
SVN	斯洛文尼亚	22	住宿和餐饮业	Hotels Rest

① Timmer, Marcel(ed.), 2012, "The World Input-Output Database(WIOD)：Contents, Sources and Methods", WIOD Working Paper No. 10.

续表

WIOD 经济体			WIOD 行业		
	代码	经济体(41 个)	代码	行业(35 个)	英文简码
欧盟 27 个 经济体	ESP	西班牙	23	内陆运输	Inland Transp
	SWE	瑞典	24	水运	Water Transp
	GBR	英国	25	空运	Air Transp
美洲 4 个 经济体	CAN	加拿大	26	其他支持及辅助运输活动、旅行社活动	Other Transp Serv
	USA	美国	27	邮政与电信	Post Telecom
	BRA	巴西	28	金融中介	Financial Int
	MEX	墨西哥	29	房地产活动	Real Estate
亚太 9 个 经济体	CHN	中国	30	机器设备租赁及其他商务活动	Other Business Act
	IND	印度	31	公共管理与国防、社会保障	Public Adm
	JPN	日本	32	教育	Education
	KOR	韩国	33	健康及社会工作	Health Social Work
	AUS	澳大利亚	34	其他社区服务、社会及个人服务	Other Services
	TWN	中国台湾	35	有雇工的私人住户	Private Households
	TUR	土耳其			
	IDN	印度尼西亚			
	RUS	俄罗斯			
其他 1 个	ROW	世界其余地区			

资料来源:基于 WIOD 数据库。

由于以上提到的跨国投入—产出表数据都是高维数据,手工演算几乎是不可能的,需要借助于计算机软件编程才能进行运算。常见的用来进行投入—产出分析的计算机软件主要有 MATLAB、Stata、R、GAMS(general algebra modeling system)等。每种软件的编程语言不尽相同,可以根据自己的需要加以选择。

在实际的数据处理时,一些细节需要特别注意。比如,在跨国投入—产出表中,个别行业的总产出可能为零,这将意味以总产出为分母的所有数值计算(如中间投入系数矩阵 A、里昂惕夫逆矩阵 L 等)无法进行,因而导致 MATLAB 或 Stata 软件程序无法运行下去。为了避免这种问题的发生,可以令所有值为零的总产出等于1(美元)或更小的数字,这相对于样本中其他行业的总产出值来说应该是一个非常小的数。这样做既不太影响计算结果,又能保证软件程序正常运行下去。总之,要想熟练掌握相关软件的编程技巧,需要在实践中多加练习。

6.4.2 经验分析:以中国为例

本部分将基于 1995—2011 年的 WIOD 数据,以中国为例并结合相关研究,介绍如何使用相关数据和软件进行经验分析。[1]

---

[1] 还有一些研究使用网络分析方法(network analysis),并进行可视化展示,探讨全球价值链网络的特点,包括节点中心度(node centrality)、节点影响力(node influence)或节点重要性(node importance)等。参见 Taglioni, Daria and Deborah Winkler, 2016, *Making Global Value Chains Work for Development*, Washington, DC: World Bank.

1. 中国产品所含的国外增加值和中间品

由图 6.5 可知,1995—2011 年,中国进口中间品占全部使用中间品的比重从 8.6% 升至 9.9%,其间的 2004 年达到峰值 13%,随后不断下降并在 2009 年探底回升。同期,中国生产的产品所含国外增加值比重上升幅度为 5—10 个百分点。到 2011 年,出口品(包括最终品和中间品)所含国外增加值比重超过 20%;国内使用的中间品和最终品所含国外增加值比重分别为 18% 和 14%。出口品所含国外增加值的比重高于国内使用的产品,二者相差 3—10 个百分点。中国国内使用的中间品所含国外增加值的比重高于国内使用的最终品(二者相差 2—4 个百分点),但低于出口品(包括最终品和中间品)所含国外增加值比重(二者相差 3—8 个百分点)。在样本时期里,中国出口的中间品和最终品所含国外增加值比重逐渐接近,而国内使用的中间品和最终品所含国外增加值比重差异趋于扩大。中国加入 WTO 确实提高了中国与世界的增加值关联程度(即融入全球价值链的程度),但 2008 年全球金融危机使得这一进程发生了暂时性逆转,截至 2011 年仍未能恢复到 2005—2006 年的高水平。另外,以国外增加值含量衡量的中国融入全球价值链的程度明显高于以进口中间品比重衡量的程度。这意味着,仅仅基于进口中间品比重来评估中国融入全球价值链的程度,会出现低估;同时,如果仅基于进口中间品比重的下降,就判断中国的中间品实现了进口替代,也是有偏差的,因为产品的进口替代并不代表增加值的进口替代。

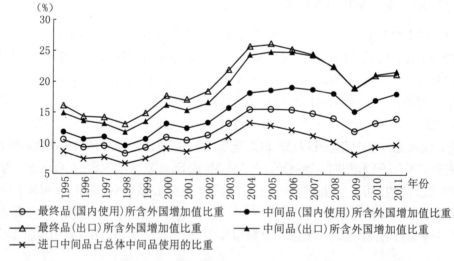

图 6.5 1995—2011 年中国产品所含国外增加值和中间品比重及其变化

资料来源:作者基于 WIOD 数据计算整理而得。

2. 中国与伙伴经济体的价值链关联

首先看总体情况。表 6.5 显示,2001 年,中国作为增加值的来源地向国外提供的增加值占中国全部增加值的比重为 18.45%,这一比重到 2011 年上升至 21.31%。其中,美国、日本、德国是中国增加值的三大使用国。不过,美国和日本所占份额趋于下降,而德

国所占份额趋于上升。2001 年中国作为增加值的目的地而使用的国外增加值占其全部
使用的增加值的比重为 15.64%，这一比重到 2011 年上升至 18.04%。其中，美国、日本、
德国、韩国是中国增加值的四大提供国。但日本和韩国所占份额趋于下降，而美国和德
国所占份额趋于上升。这些结果表明，一方面，中国参与全球价值链分工的程度在加深；
另一方面，相对于其他伙伴经济体，中国与美国、日本、德国的价值链关联关系更为紧密。

表 6.5　中国与伙伴经济体的价值链关联及其变化(2001—2011 年)

	中国作为增加值的来源地(%)		中国作为增加值的目的地(%)	
	2001 年	2011 年	2001 年	2011 年
澳大利亚	0.38	0.73	0.39	1.10
奥地利	0.08	0.11	0.08	0.13
比利时	0.11	0.15	0.13	0.15
保加利亚	0.01	0.01	0.00	0.01
巴　西	0.12	0.43	0.13	0.43
加拿大	0.50	0.65	0.33	0.39
塞浦路斯	0.01	0.01	0.00	0.00
捷　克	0.04	0.08	0.02	0.04
德　国	**0.91**	**1.18**	**1.09**	**1.33**
丹　麦	0.06	0.06	0.07	0.07
西班牙	0.25	0.28	0.23	0.11
爱沙尼亚	0.00	0.01	0.00	0.00
芬　兰	0.05	0.06	0.11	0.10
法　国	0.50	0.61	0.47	0.44
英　国	0.87	0.66	0.54	0.39
希　腊	0.06	0.07	0.01	0.01
匈牙利	0.03	0.04	0.01	0.04
印度尼西亚	0.18	0.40	0.24	0.38
印　度	0.24	0.79	0.19	0.26
爱尔兰	0.05	0.09	0.06	0.06
意大利	0.40	0.47	0.41	0.38
日　本	**2.66**	**1.84**	**2.64**	**1.87**
韩　国	**0.78**	**0.76**	**1.08**	**1.04**
立陶宛	0.01	0.01	0.00	0.00
卢森堡	0.01	0.01	0.01	0.02
拉脱维亚	0.00	0.00	0.00	0.00
墨西哥	0.21	0.35	0.07	0.12
马耳他	0.00	0.00	0.00	0.00
荷　兰	0.43	0.29	0.27	0.28
波　兰	0.07	0.17	0.03	0.07
葡萄牙	0.03	0.03	0.04	0.02
罗马尼亚	0.02	0.04	0.02	0.02
俄罗斯	0.17	0.72	0.26	0.65
世界其余地区	3.40	4.79	3.42	5.07

续表

	中国作为增加值的来源地(%)		中国作为增加值的目的地(%)	
	2001 年	2011 年	2001 年	2011 年
斯洛伐克	0.01	0.04	0.00	0.02
斯洛文尼亚	0.01	0.01	0.01	0.01
瑞　典	0.08	0.11	0.13	0.18
土耳其	0.06	0.38	0.04	0.06
中国台湾	0.26	0.20	1.11	0.64
美　国	**5.41**	**4.68**	**1.97**	**2.11**
合　计	18.45	21.31	15.64	18.04

资料来源:作者基于 WIOD 数据计算整理而得。

其次,看行业比较。由图 6.6 可知,2011 年,中国的"焦炭、炼油及核燃料"使用的国外增加值所占比重最高(接近 45%,且相较 2002 年出现了巨大增长),其次是"电气及光

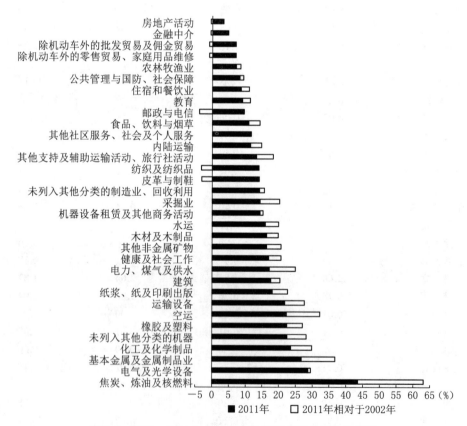

图 6.6　2002—2011 年中国各行业使用的国外增加值比重

注:图中的实体柱子表示 2011 年的比重(按该年比重排序)。空心柱子表示 2011 年相对于 2002 年的变化(即 2011 年的数值减去 2002 年的数值,负值表示下降,正值表示上升)。"机动车销售及维修、燃料销售"及"有雇工的私人住户"的数据缺失。

资料来源:作者基于 WIOD 数据计算制作而得。

学设备""基本金属及金属制品业""化工及化学制品"(国外增加值比重均超过20%)。"房地产活动"与"金融中介"是仅有的两个国外增加值含量比重低于5%的行业,前者所含国外增加值比重低可能是因为该行业是很典型的非贸易品行业,后者所含国外增加值比重低可能是因为该部门的开放程度较低。

接下来从两个方面分析中国各行业与各主要经济体的关联程度及其变化。首先,观察中国各行业作为使用者、其他经济体作为提供者的情形。图6.7(a)显示,2011年,中国大多数行业使用的增加值来自美国、日本、韩国、中国台湾与德国的所占比重最高,尤其表现在"电气及光学设备""运输设备"与"空运""邮政与电信""机器设备租赁及其他商务活动""健康及社会工作"(这个行业的中间品主要是健康医疗设备等)等服务行业。中国大多数行业与日本、韩国、中国台湾的关联程度趋于下降,但与美国、德国的关联程度趋于上升。这似乎意味着,中国正逐渐进一步融入美国和德国主导的分工和贸易区。①

其次,观察中国作为提供者、其他经济体各行业作为使用者的情形。图6.10(b)显示,2011年,相对于其他行业,其他大多数经济体的"纺织及纺织品""电气及光学设备"这两个行业使用的增加值来自中国的所占比重最高。此外,中国对其他大多数经济体的"皮革与制鞋""橡胶及塑料"和"水运"行业也提供相对较多的增加值。总体来看,中国对其他经济体各行业的增加值贡献在样本时期里都在上升。

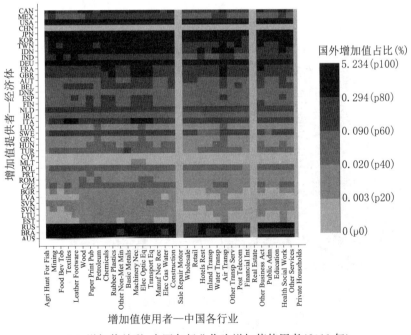

(a) 增加值关联:中国各行业作为增加值使用者(2011年)

---

① 另外,有几个行业值得强调:"焦炭、炼油及核燃料"使用的中间品来自俄罗斯的所占比重最高(5.6%),"基本金属及金属制品业"使用的中间品来自澳大利亚的所占比重最高(4.3%),"电气及光学设备"使用的中间品自中国台湾(4%)、韩国(2.2%)、日本(2%)、美国(1.4)的所占比重合计近10%。

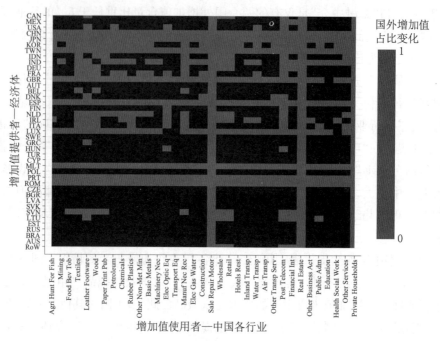

（b）增加值关联：中国各行业作为增加值使用者（变化）

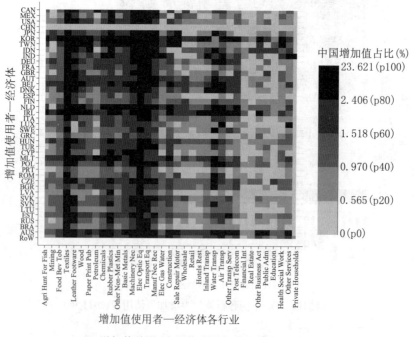

（c）增加值关联：中国作为增加值提供者（2011 年）

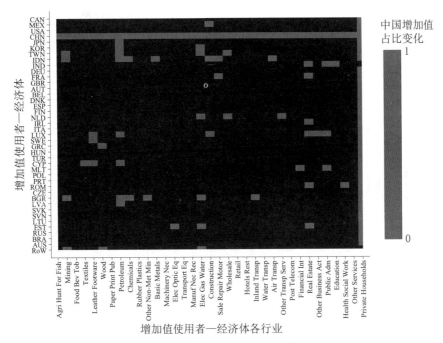

（d）增加值关联：中国作为增加值提供者（变化）

图 6.7 中国与其他经济体的增加值关联及其变化：行业视角

注：图 6.7（a）与图 6.7（b）显示的分别是中国各个行业使用来自相关经济体的增加值占前者相应行业全部增加值使用的比重及其变化，图 6.7（c）与图 6.7（d）分别显示的是其他经济体各个行业使用来自中国的增加值占前者相应行业全部增加值使用的比重及其变化（不考虑中国对自身的国内提供）。在中国作为提供方的情形中，由于"世界其余地区"包括很多经济体，在分年份显示时会掩盖图形中的单个经济体颜色，所以分年份显示时被去掉，但在跨期比较时不存在这一问题；按国别列出的"机动车销售及维修、燃料销售""房地产活动""有雇工的私人住户"的部分数据暂缺。经济体与行业代码参见表 6.4。

资料来源：作者基于 WIOD 数据计算制作而得。

3. 全球价值链位置的测算

就中国而言，加入 WTO 是进一步融入经济全球化的标志性事件。图 6.8（a）显示，从中国加入 WTO 到 2011 年，除少数行业（主要是服务行业，如"公共管理与国防、社会保障""建筑""教育""健康及社会工作"）外，其他行业的产出上游度指数均超过 1.5；该指数上升的行业远多于下降的行业（下降行业只有 7 个，其中"邮政与电信"降幅最大）；指数最高的是"采掘业"（达到 4.5）。该指数越高，则该行业产出中的中间使用（中间品）部分所占份额就越高，从而越有可能通过中间品这一渠道与其他"经济体—行业"发生直接和间接的关系。

图 6.8（b）的投入下游度指数显示，在样本时期里，除了"焦炭、炼油及核燃料"外，其他行业的指数均超过 1.5；同样，指数上升的行业远多于下降的行业（下降行业有 10 个，其中"空运"降幅最大）。该指数越高，则该行业总投入中的中间投入（相对于初始投入或直接增加值）部分所占份额就越高，从而越有可能通过中间投入这一渠道与其他"经济体—行业"发生直接和间接的关系。

比较图 6.8（a）和图 6.8（b）可以发现：产出上游度指数在各行业之间的差异程度高于

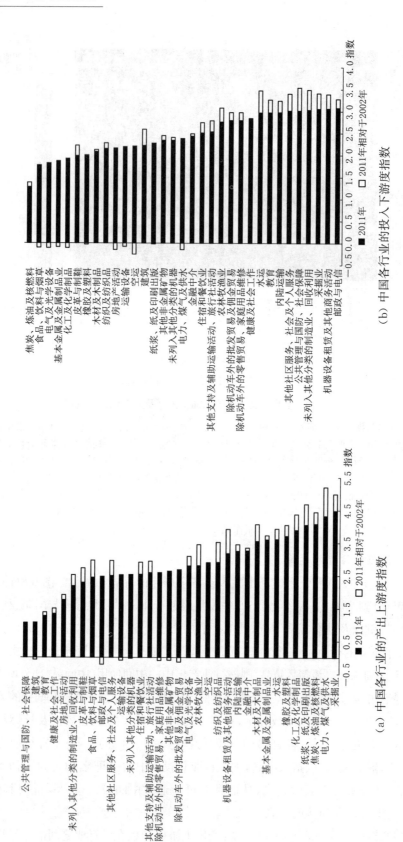

（a）中国各行业的产出上游度指数

（b）中国各行业的投入下游度指数

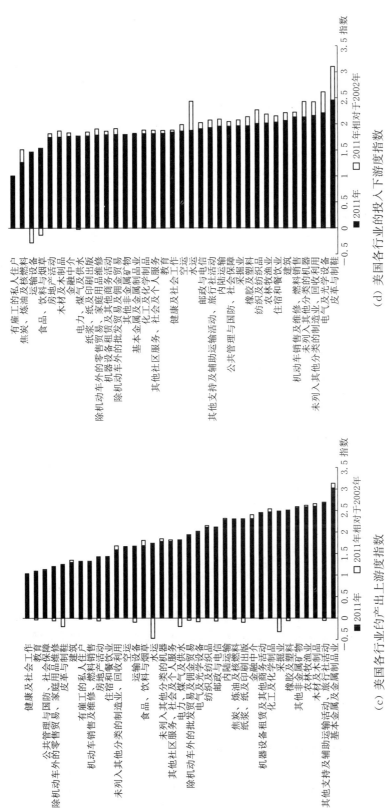

（c）美国各行业的产出上游度指数

（d）美国各行业的全球价值链位置及其变化：中国与美国的比较

图 6.8 2002—2011 各行业的全球价值链位置及其变化

注：图中的实体柱子表示 2011 年的指数（按该年指数大小排序）。空心柱子表示 2011 年相对于 2002 年的变化（即 2011 年的指数减去 2002 年的指数。负值表示下降，正值表示上升）。

资料来源：作者基于 WIOD 数据计算制作而得。

投入下游度指数;总体比较看,服务行业投入下游度指数要大于制造业。这表明,服务业主要是通过中间投入(含有间接增加值)这一渠道融入全球价值链分工的。这进一步意味着,基于增加值的测算对于理解服务行业在全球价值链分工中的角色具有重要意义,但传统统计核算无法做到这一点。

　　为了比较中国各行业融入全球价值链的深度,我们拿美国作为参照。2002—2011年,除"水运""采掘业""皮革与制鞋"外,美国其他各行业的产出上游度指数变化均不大。除"有雇工的私人住户""焦炭、炼油及核燃料""运输设备"外的其他行业的投入下游度指数均在1.5以上,而且彼此非常接近;该项指数上升的行业数远多于下降的行业数(只有3个)。这意味着从投入的角度看,美国融入全球价值链的程度也是在不断提升的。比较中美两国可以发现,中国大多数行业的这两项指数都要高于美国。中国的这两项指数比美国高并不意味着中国比美国更可能处于微笑曲线意义上的价值链和产业链高端(因为至少对于大多数行业而言,事实并非如此),而是意味着中国已经通过产出供给和投入需求两个渠道非常深入地融入全球价值链和产业链。[①]

本章小结

　　前面章节分析的国际贸易主要基于国家和产业层面(产业间和产业内)、企业层面。但现实表明,全球价值链分工模式已经发展成为经济全球化与国际分工的主导性模式,这种新型国际分工模式不仅对世界经济及各国经济产生深远影响,而且对已有的国际贸易理论与统计提出新挑战。本章则关注全球价值链分工与增加值贸易问题。首先描述全球价值链分工的基本事实、发展规律及主要范畴,简要回顾该领域相关研究的学术史;然后讨论跨国投入—产出分析的方法和模型;最后分析全球价值链分工的现实意义及影响,介绍相关数据、软件编程及相关的经验研究。

本章关键词

　　全球价值链　全球供应链　全球产业链　增加值贸易　总值贸易　任务贸易　垂直专业化　跨国投入—产出表　中间投入系数矩阵　增加值系数向量　里昂惕夫逆矩阵　产出系数矩阵　最终品系数向量　高希逆矩阵　幂级数逼近　总增加值乘数　前向关联　后向关联　产出上游度　投入下游度

本章思考题

　　1. 熟悉跨国投入—产出分析的基本方法和模型。

---

　　① 我们还使用等高图将中国与其他经济体进行比较,此处略去。相对于其他经济体,中国几乎各行业的$GVCL^{IB}$指数都较高。

2. 熟悉跨国投入—产出数据的整理与使用。

3. 练习跨国投入—产出分析的软件编程,计算本章涉及的主要指标。

4. 什么是增加值贸易? 说明如何计算总增加值乘数,并用图形加以展示。

5. 比较分析产出侧的会计等式与投入侧的会计等式。

6. 举例说明什么是幂级数逼近。

7. 试证明中间投入系数与产出系数、里昂惕夫逆矩阵与高希逆矩阵之间的关系。

8. 比较分析前向关联与后向关联的含义。

9. 比较分析产出上游度与投入下游度的含义。

10. 查找中国的投入—产出表(或含有中国的跨国投入—产出表)、进出口等相关数据,并基于本章的分析方法,实证分析中国对外贸易(总体和双边)的增加值含量(这是一个很大的课题)。

11. 以一个产品或产业为例(比如中国的高铁、芯片、汽车、服装等),进行全球价值链分析(中国的优势何在? 问题何在?)。

附录 6A　用幂级数逼近方法推导里昂惕夫逆矩阵

首先定义 $X^{(0)}$ 为初始代入,然后逐步迭代:

$X^{(1)}=AX^{(0)}+Y$

$X^{(2)}=AX^{(1)}+Y=A(AX^{(0)}+Y)+Y=A^2X^{(0)}+(I+A)Y$

$X^{(3)}=AX^{(2)}+Y=A[A^2X^{(0)}+(I+A)Y]+Y=A^3X^{(0)}+(I+A+A^2)Y$

…

$X^{(k)}=A^kX^{(0)}+(I+A+A^2+\cdots+A^{k-1})Y$

当 $k\to\infty, A^k\to0$,

$X\approx(I+A+A^2+\cdots+A^{k-1})Y=(^1-A)-1Y$

因为 $(I-A)(I+A+A^2+\cdots)\approx I$,所以可得: $(I-A)-1\approx(I+A+A^2+\cdots)$

需要指出的是,里昂惕大逆矩阵的对角线元素,表示第 i 部门要生产 1 单位最终产品时,该部门的生产总量必须达到的数量。即,要保证第 i 部门能提供 1 单位最终产品,首先其生产总量要有 1 单位的产品,然后由于其自身与国民经济间的相互消耗关系,使得第 i 部门的总产量要超过 1 单位,如表 6A.1 所示。

总的来看,这个矩阵的元素表示,i 部门(i 列)要生产 1 单位最终产品而对 j 产品(j 行)的完全需要量(包括对中间产品的需求与对最终产品自身的需求)。比如,第 2 列的产品 2 要生产 1 单位的最终产品,则各部门应该生产的总产品量分别为这一列对应的各行的数字(即表 6A.1 所示的第 2 列数字)。

表 6A.1　里昂惕夫逆矩阵及其含义

产品 \ 部门	1	2	3	4	5	6
1	1.251 223	0.030 159	0.020 480	0.035 696	0.037 002	0.601 829
2	0.020 958	1.228 315	0.043 207	0.076 788	0.070 205	0.026 027
3	0.032 719	0.032 284	1.054 346	0.074 701	0.076 153	0.031 538
4	0.006 301	0.031 842	0.025 494	1.193 237	0.032 510	0.008 257
5	0.005 784	0.009 378	0.113 364	0.014 750	1.026 798	0.006 518
6	0.183 730	0.027 169	0.022 868	0.037 736	0.037 247	1.393 574

资料来源:基于 2012 年中国投入—产出表。

7

国际贸易政策措施及其衡量

本章学习目标

本章将首先分析各种主要国际贸易政策措施与工具,包括关税、非关税措施及出口鼓励和管制措施,然后介绍衡量国际贸易政策措施保护程度及综合贸易成本(关税等值)的方法。

通过本章的学习,我们可以:

● 了解各种关税与非关税措施及其相应的国际规范;

● 理解名义关税率和实际关税率的计算方法及其应用;

● 理解名义关税率和实际关税率的关系;

● 理解全球价值链分工与实际关税率的关系;

● 理解非关税措施的衡量方法及其应用;

● 理解综合贸易成本(关税等值)的测算方法及其应用。

前面几章的国际贸易纯理论分析表明,自由贸易能够为贸易参与国带来福利得益。但在现实世界中,我们却发现影响国际贸易的政策措施十分普遍。这些政策措施涉及进口与出口两方面,包括关税与非关税措施两大类。思考和理解国际贸易政策措施涉及三个基本问题:它们是什么、如何产生及有何影响。本章主要讨论第一个问题,即从定性和定量两个角度分析国际贸易政策措施的特点、保护水平和保护结构。

7.1 国际贸易政策措施

国际贸易领域中的政策措施种类繁多、花样翻新。本节准备从关税、非关税措施及出口鼓励和管制措施三个方面,并结合 GATT/WTO 的相关法律文本和条款及国际贸易实际案例,来展开讨论。

7.1.1　关税

本部分主要介绍关税的一般性定义、作用和分类,以及国家征收关税的依据和程序。

1. 关税的定义与作用

(1) 关税的定义。

关税(tariff, customs duty)是由主权国家或单独关税区的海关对进出关境的货物产品征收的流转税。关税是最古老的国际贸易政策措施,也是被各国各地区普遍采用的国际贸易政策措施。需要注意的是,在通常情况下一国的关境与其国境是一致的,但有时并不相同:当一国设有免税的特殊经济功能区(如保税区、自由贸易区等)时,其关境小于国境;当一国与其他国家组成关税同盟,即以一个单一关税领土替代两个或两个以上关税领土时,则关境大于关税同盟国各自的国境。

(2) 关税的一般作用。

一般来说,关税具有三大作用[①]:

一是增加国家财政收入。以增加财政收入为目的的关税一般与较低的经济发展水平相联系。当一国经济发展水平较低时,国内的直接税收来源较少,关税就成了主要的财政收入来源之一。比如,美国联邦政府在成立之初,关税收入占政府全部收入的90%以上;随着美国经济的发展,关税在政府收入中的比重迅速下降。目前,在一些经济发展水平较低的发展中国家,关税仍是国家预算收入的主要来源。

二是保护国内市场和产业。一般而言,关税越高越能达到保护的目的,如果关税率高到使进口减少为零,则变成“禁止性关税”(prohibitive tariff)。

三是调节国内收入再分配。在一些国家,产品的国际价格与国内价格之间往往有较大的差异。通过调节关税影响产品价格和要素价格,进而可将不同阶层或集团因贸易而引起的收入差距控制在一定幅度内。这是因为第3章的S-S定理表明,国际贸易会使一些人受益,同时也使另一些人受损。

2. 关税的分类

按照不同的标准,关税有不同的分类。我们将按照图7.1所示的分类方法依次进行介绍。

(1) 按照征税对象(即货物流向)分类,关税可分为进口关税、出口关税和过境税。

第一,进口关税。

进口关税(import duty)是指进口国家的海关在进口商品进入该国关境或从免税的特殊经济功能区(包括自由港、出口加工区、保税区等)进入该国国内市场销售时,根据海关税则对本国进口商所征收的关税。通常提到的关税壁垒从狭义的角度上讲就是指进口关税壁垒。进口关税大致可分为最惠国税和普通税两种。

---

① 第8章还将进一步讨论关税的影响。

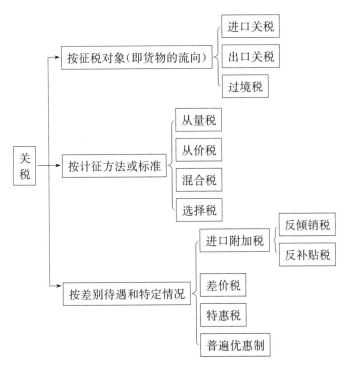

图 7.1　关税的基本分类

最惠国税适用于从与征税国签订有最惠国待遇条款的贸易协定的国家或地区所进口的货物。所谓最惠国待遇(most-favored-nation treatment，MFN)是指一成员方将在货物贸易、服务贸易和知识产权等领域给予任何其他国家(无论是否为 WTO 成员)的优惠待遇，并且立即和无条件地给予其他各成员方。关税优惠是最惠国待遇的重要内容。普通税适用于从没有与征税国签订有最惠国待遇条款的贸易协定的国家或地区所进口的货物。普通税往往作为关税减让或实施相关关税优惠的基础。

最惠国税的税率比普通税的税率低。但最惠国税率并不是最低税率，普通税率也不是被普遍实施的税率。目前，越来越多的经济体加入了 WTO，因而也一揽子加入了其下的所有协定，或者通过双边或区域谈判达成了双边或区域贸易协定和条约，相互提供最惠国待遇，享受最惠国税率，所以这种最惠国税实际上已成为普遍实施的关税。另外，在最惠国待遇方面往往规定有例外条款，比如对于以关税同盟、自由贸易区等形式出现的区域经济安排，在这些区域内部实行的是一种比最惠国待遇还要优惠的关税，但区域外成员则无权享受。当然，区域内成员不能对区域外成员设立高于其参加一体化安排之前水平的关税。

第二，出口关税。

出口关税(export duty)是出口国家的海关在本国产品输往国外时，对出口商所征收的关税。

目前，大多数国家对绝大部分出口货物都不征收出口关税，因为征收出口关税会提高出口产品的国外售价,削弱其在国际市场上的竞争力,不利于扩大出口。如果一些国家征收了出口关税,其原因则主要包括:一是增加财政收入,这往往是对本国资源丰富、出口量大的产品征收出口关税。二是保证本国生产,这主要是对出口的原料或中间品征税(比如瑞典、挪威对木材出口征税,以维护其纸浆及造纸工业的生产与发展)。三是保障本国市场供应,这常常是对某些本国生产不足而又需求较大的生活必需品征税,以抑制其出口(比如,面对国际市场食品价格的上涨及可能出现的粮食危机,中国政府决定在2008年1月1日至12月31日对小麦、玉米、稻谷、大米、大豆等原粮及其制粉共57个8分位税目产品征收5%—25%的出口关税)。四是防止跨国公司利用"转移定价"逃避或减少在东道国的纳税,维护东道国的经济利益,这主要是东道国对跨国公司的出口产品征收出口关税。

第三,过境税。

过境税(transit duty)是一国海关对途经其关境而最终目的地为他国的外国货物所征收的关税。

过境税在重商主义时期盛行于欧洲各国,因为其可以增加财政收入。但随着交通运输业的发展,各国在物流方面的竞争日趋激烈;同时,过境货物对本国生产和市场不会产生影响,于是到19世纪后半期,很多国家都相继废除了过境税。

GATT第五条"过境自由"规定:过境运输定义为"无论有无转船、仓储、卸货或改变运输方式,货物(包括行李)及船舶和其他运输工具经过一缔约方领土的一段路程,且起点和终点均不在运输所经过的缔约方领土的全部路程的任何一部分"。"任何缔约方可要求通过其领土的过境运输从专门的海关入境,但除未能符合适用的海关法律和法规的情况外,此种来自或前往其他缔约方领土的运输不得受到任何不必要的延迟或限制,并应免除关税和所有过境税或对过境征收的其他费用,但运输费用或/与过境所必需的管理费、服务费除外。"目前,大多数国家对过境货物只征收少量的签证费、印花税、登记费、统计费等。

(2) 按照计征方法或标准分类,关税可分为从量税、从价税、混合税和选择税。

第一,从量税。

从量税(specific duty)是以进口货物的重量、数量、长度、容量和面积等计量单位为标准计征的关税。

各国征收从量税大多以货物的重量为计征单位,但在实际应用中各国的计征方法有些差异,一般有三种:毛重法(gross weight),又称总重量法,即对包括货物内外包装在内的总重量计征税额;半毛重法(semi-gross weight),又称半总重量法,即对货物总重量扣除外包装后的重量计征税额;净重法(net weight),又称纯毛重法,即对货物总重量扣除内外包装后的重量计征税额。

以从量税来计征关税具有以下特点:首先,实施起来较为容易和方便,因为无需审定货物的规格、品质、价格等。其次,不能随价格变化而调整,因为在从量税税率既定时,从量税税额与货物数量等相应计量单位的变化成正比,但与货物的价格没有直接关系,所以不能反映关税的实际保护作用。也就是说,从量税的保护作用在货物价格下降时得以加强,但在货物价格上升时则被削弱。最后,税负未必合理公平,因为即使属于同一税目的货物也存在质量、价格等方面的差异,若按同一税率计征,其不合理性不言自明。比如,相同价值的笔记本电脑和大米的重量相差巨大,若按同一重量计征关税,则笔记本电脑所征税额要低得多。

在以前工业生产尚不发达、商品品种规格简单、税则分类较粗的时期,不少国家都曾对大多数商品征收过从量税。二战后,随着货物种类与规格日益增多,物价波动日趋频繁,越来越多的经济体放弃完全按从量税计征关税的做法,而引用下面将要介绍的从价税。

第二,从价税。

从价税(ad valorem duty)是以进口货物的价格作为计征标准的关税,其税率为货物价格的一定百分比。

计征从价税会遇到的首要问题是如何确定进口货物的完税价格。完税价格是指经海关审定的作为计征关税依据的货物价格,货物按此价格照章纳税。目前,各国所采用的完税价格标准大致包括三种:到岸价格,即"成本+保险费+运费"价格(cost, insurance and freight, CIF);离岸价格,即"装运港船上交货"价格(free on board, FOB);进口国的法定价格。

为了规范成员方对进口产品的估价方法,防止成员方使用任意或虚构的价格作为完税价格,确保海关估价制度的公平、统一和中立,不对国际贸易构成障碍,乌拉圭回合达成的《关于实施 1994 年关税与贸易总协定第七条的协定》(即《海关估价协定》)规定,进口成员方海关应严格按顺序依次采用以下六种估价方法来确定货物的完税价格:①以进口货物的成交价格确定完税价格。②以相同货物的成交价格确定完税价格。③以类似货物的成交价格确定完税价格。④以倒扣价格方法确定完税价格(倒扣价格是指根据进口货物或相同货物或类似货物在进口方的销售价格,扣减货物进口及销售时产生的某些特定费用)。⑤以计算价格方法确定完税价格(计算价格是指进口货物的生产成本,加上从出口方向进口方销售同级别或同种类货物通常获得的利润,以及为推销和销售货物而直接和间接产生的一般费用等)。⑥以"回顾"方法确定完税价格("回顾"方法是指海关可采用其他合理方法来估价,包括对上述各种估价方法做出灵活处理,采用其中最容易计算的方式,比如在采用相同货物成交价格方法时,可以以来自第三国的相同进口货物的成交价格作为估价基础)。

《海关估价协定》还规定,只有在前一种估价方法无法确定完税价格的情况下,才可采用后一种估价方法;海关不得颠倒六种估价方法的适用顺序,但进口商可以要求颠倒使用第四种"倒扣价格方法"和第五种"计算价格方法"的顺序。

以从价税来计征关税具有以下特点:首先,从价税与货物的价格直接相关,即在税率既定时,从价税的税额及保护作用会随着进口货物价格的上升(下降)而上升(下降)。其次,适用性较强且税负较合理,即它不仅适用于各种不同货物,特别是有多种规格的工业制成品,而且能把不同质量和不同价格的差别反映出来。若产品质优价高,税额也高;但若质次价低,税额也低。再次,从价税率按进口货物价格的一定百分比表示,便于与其他国家和地区进行比较。最后,完税价格的确定较为复杂、困难。

由于从量税和从价税各有长短,因此实际中在二者的基础上又出现了下面要介绍的混合税和选择税。

第三,混合税。

混合税(compound duty)又称复合税,是指对进口货物同时征收从量税和从价税。混合税按从量、从价的主次不同可分为两种情况:一种是以从量税为主加征从价税,即在对每单位进口商品征税的基础上,再按其价格加征一定比例的从价税;另一种是以从价税为主加征从量税,即在按进口商品的价格征税的基础上,再按其数量单位加征一定数额的从量税。混合税常常应用于耗用原材料较多的工业制成品。

由于混合税结合使用了从量税和从价税,扬长避短,哪一种方法更有利,就使用哪一种方法或以其为主征收关税,因而无论进口商品价格高低,它都可起到一定的保护作用。

第四,选择税。

选择税(alternative duty)是指海关对一种进口货物同时规定从量税和从价税两种税率,在征税时根据情况选择其中一种税率进行计征。一般是选择税额较高的一种税率征收,在物价上涨时使用从价税,物价下跌时使用从量税。有时,为了鼓励某种商品的进口,或给某出口国以优惠待遇,也有选择税额较低的一种税率征收关税的。

(3) 按照差别待遇和特定情况分类,关税可分为进口附加税、差价税、特惠税和普遍优惠制。

第一,进口附加税。

进口附加税(import surtax)是指进口国海关对进口货物在征收一般关税以外再额外加征的关税。

进口附加税是一种出于特定目的而实施的临时性关税措施。其目的主要包括:应对国际收支危机,维持进出口平衡;防止外国产品低价倾销;对某个国家实行歧视或报复等。进口附加税是在特定时期限制货物进口的重要手段。比如,1971 年美国出现了自 1893 年以来的首次贸易逆差,国际收支恶化。为了应对国际收支危机,维持进出口平衡,时任美国总统尼克松宣布自 1971 年 8 月 15 日起实行新经济政策,对外国商品进口在一般进口关税上再加征 10% 的进口附加税,以限制进口。一般来说,对所有进口商品征收进口附加税的情况较少,大多数情况是针对个别国家和个别商品征收进口附加税。

进口附加税不同于一般的进口关税,它很难在一国海关税则中找到,也不像进口关税那样受到 WTO 有关协定的严格约束而只能降不能升,它的税率高低往往视情况而定。进口附加税主要包括反倾销税(anti-dumping duty)和反补贴税(countervailing duty)两种,二者的含义及相关协定的比较如表 7.1 所示。

表 7.1　反倾销税和反补贴税及相关协定的比较

	反倾销税及相关协定规定	反补贴税及相关协定规定
定义	反倾销税是对实行倾销的进口货物所征收的一种进口附加税	反补贴税是对直接或间接接受任何奖金或补贴的进口货物而征收的一种进口附加税
相关协定	《关于实施 1994 年关税与贸易总协定第六条的协定》,即《反倾销协定》	《补贴与反补贴措施协定》
相关协定的主要规定	实施反倾销措施的三个基本条件:倾销、进口国国内产业损害、倾销与损害之间的因果关系	实施反补贴措施的三个基本条件:补贴、进口国国内产业损害、补贴与损害之间的因果关系
	"倾销"是指一产品的出口价格低于其在正常贸易中出口国供其国内消费的同类产品的可比价格,即以低于正常价值的价格进入另一国市场	"补贴"是指在生产、制造、加工、买卖、输出过程中直接或间接接受由政府或公共机构提供的财政资助或任何形式的收入或价格支持,并使产业或企业得到了利益;但《补贴与反补贴措施协定》只约束具有专向性的补贴
	"正常价值"的确定应按照以下顺序依次进行:(1)按正常贸易过程中出口国国内销售价格;(2)按出口国向第三国正常贸易中的出口价格;(3)按结构价格,即产品在原产国的生产成本加合理的推销费用和利润等	"专向性补贴"(即补贴只给予特定的产业、企业或地区)分为三类:(1)"禁止性补贴"(或称"红灯补贴"),包括以出口绩效为条件而给予的"出口补贴"和以使用国产货为条件而给予的"进口替代补贴";(2)"可诉补贴"(或称"黄灯补贴")即指那些不是一律被禁止但又不能自动免于质疑(是否符合 WTO 规则)的补贴;(3)"不可诉补贴"(或称"绿灯补贴"),包括不具有专向性的补贴和符合特定要求的专向性补贴(如用于研发、贫困、环保等方面的补贴)
	"损害"分为三种情况:(1)进口方生产同类产品的产业受到实质损害;(2)进口方生产同类产品的产业受到实质损害威胁;(3)进口方建立同类产业受到实质阻碍	"禁止性补贴"和"可诉补贴"造成的"损害"是指对另一成员的国内产业造成损害,或导致另一成员的利益丧失或减损
	反倾销税的税额不得超过所裁定的倾销幅度	反补贴税的税额一般按奖金或补贴数额征收
	实施反倾销措施的基本程序:(1)申请人申请;(2)进口方主管机关审查立案;(3)反倾销调查;(4)行政复审和司法审议等	实施反补贴措施的基本程序类似于实施反倾销措施的基本程序

　　需要指出的是,为维护公平贸易和正常的竞争秩序,WTO 允许成员方在进口产品倾销、补贴和过激增长等给其国内产业造成损害的情况下,可以使用反倾销、反补贴和保障措施,保护其国内产业不受损害。反倾销、反补贴和保障措施都属于贸易救济措施,反倾销、反补贴措施针对的是价格歧视这种不公平贸易行为,保障措施针对的则是进口产品激增的情形。乌拉圭回合达成的贸易救济措施协定包括《反倾销协定》《补贴与反补贴措施协定》和《保障措施协定》,这些贸易救济措施协定的目的不在于鼓励使用而在于有效约束和规范使用这些措施,防止对竞争和公平贸易造成扭曲。

第二,差价税。

差价税(variable levy)又称差额税,是指当本国生产的某种产品的国内价格高于同类进口产品的价格时,为削弱进口商品的竞争力、保护本国生产和国内市场,按国内价格与进口价格之间的差额征收的关税。

在实际计征差价税时,有的按价格差额征收,有的则在征收一般关税外另行征收,这种差价税实际上属于进口附加税。差价税是一种滑动关税(sliding duty),即随着国内外价格差额的变动而变动。征收差价税的目的是使该种进口商品的税后价格保持在一个预定的价格水平上,以稳定进口国内该种商品的市场价格。

现实中的典型例子是欧盟为保护其农畜产品免受非成员国低价竞争而对进口农畜产品征收差价税。首先,在欧盟内部以生产效率最低而价格最高的内地中心市场价格为准,制定统一的"目标价格"(target price)。其次,从"目标价格"中扣除从入境地运到内地中心市场的运费、保险费、杂费和销售费用后,得到"门槛价格"(threshold price)。最后,若外国农畜产品抵达欧盟入境地的到岸价格低于"门槛价格",则按其差额确定差价税率。实行差价税后,进口农畜产品的价格被抬升至欧盟内部的最高价格,从而丧失了价格竞争优势。这种差价税实际上是欧盟实施共同农业政策的一项重要措施,以此来保护和促进欧盟内部的农业生产。

第三,特惠税。

特惠税(preferential duty)又称优惠税,是对来自特定国家或地区的进口货物给予特别优惠的低关税或免税待遇。它不适用于从非优惠国家或地区进口的货物。特惠税有的是互惠的,有的是非互惠的。

特惠税最早出现于二战之前宗主国与其殖民地附属国之间的贸易,其目的在于保证宗主国在殖民地附属国市场上的优势地位。最有名的特惠税是1932年英联邦国家在渥太华会议上确定的英联邦特惠税,该特惠税在英国于1973年加入欧共体(现为欧盟)后,从1974年1月到1977年1月逐步取消。

在二战之后出现的特惠税中,影响较大的是欧共体基于"洛美协定"(Lomé Convention)向参加协定的非洲、加勒比海和太平洋地区的发展中国家单方面提供的特惠税。[1]它主要包括三方面内容:①欧共体国家在免税和不限量的条件下,接受这些发展中国家的全部工业品和96%的农产品,而不要求这些发展中国家提供反向优惠;②欧共体对这些国家96%以外的某些农产品,如牛肉、甜酒、香蕉等做了特殊安排,每年对这些产品进口给予一定数量的免税进口配额,超过配额的进口才征收关税;③放宽原产地限制,即来源于这些发展中国家的产品,若在这些国家中的任何其他国家内进一步制作或加工,仍将被看作是原产国产品。但协定还规定,如果大量进口引起欧共体的某个经济区域或某个成员国发生严重混乱,欧共体则保留采取保护措施的权利。

---

[1]　1975年2月28日,非洲、加勒比海和太平洋地区46个发展中国家和欧洲经济共同体9国在多哥首都洛美开会,签订经贸协定,全称为《欧洲经济共同体与非洲、加勒比和太平洋地区(国家)洛美协定》,简称"洛美协定"。随后,"洛美协定"不断被续签,内容和参与国家数量都有所变化。

第四,普遍优惠制。

普遍优惠制(generalized system of preferences,GSP)又简称普惠制。它是指1968年联合国贸易与发展会议第2届会议通过的一项普惠制决议,即发达国家承诺对从发展中国家或地区输入的货物(特别是制成品和半制成品)给予普遍的、非歧视的和非互惠的优惠关税待遇。普惠制决议被1970年召开的第25届联合国大会采纳。

普惠制的主要原则是普遍性、非歧视、非互惠。普遍性是指发达国家应对发展中国家或地区出口的制成品和半制成品给予普遍的优惠待遇;非歧视是指应使所有发展中国家或地区都不受歧视、无例外地享受普惠制的待遇;非互惠是指发达国家应单方面给予发展中国家或地区关税优惠,而不要求后者提供反向优惠。普惠制的主要规定如表7.2所示。

表 7.2　普惠制的主要规定

主要方面	基　本　内　容
受惠国家和地区	发展中国家能否成为普惠制的受惠国(或地区)是由给惠国单方面确定的,各普惠制方案大都有违普惠制的三个基本原则。各给惠国从各自的政治、经济利益出发,限制受惠国家和地区的范围,比如美国公布的受惠国(或地区)就不包括某些发展中的社会主义国家和石油输出国组织的成员国。
受惠产品	一般农产品的受惠商品较少;工业制成品或半制成品只有列入普惠制方案的才能享受优惠;一些敏感性商品,如纺织品、服装、鞋类及某些皮制品、石油制品等被排除在外或受到限制。
受惠产品减税幅度	受惠商品的减税幅度取决于最惠国税率与普惠制税率之间的差额,即"普惠制减税幅度＝最惠国税率—普惠制税率";农产品减税幅度较小,工业制成品的减税幅度较大。
原产地规则	(1) 原产地标准(origin criteria),规定产品必须全部产自受惠国家或地区,或者规定产品中所包含的进口原料或零件经过高度加工而发生实质性变化后,才能享受关税优惠待遇。所谓实质性变化有两种标准:一是加工标准(process criterion),即规定进口原料或零件在经过加工以后的商品税目发生了变化,就可认为已经过高度加工,发生了实质性变化;二是增值标准(value added criterion),即规定只有进口原料或零件的价值没有超过出口商品价值一定的百分比(比如加拿大规定为40%)时,才算是实质性变化。 (2) 直接运输规则(rule of direct consignment),是指受惠国(或地区)原产品必须从出口受惠国(或地区)直接运至进口给惠国。但因地理或运输等确实不可能直接运输时,货物可经过他国领土转运但必须始终处于过境国海关的监管下,且未投入当地市场销售或再加工。这一规则旨在避免货物在运输途中可能发生的再加工或换包。 (3) 书面证明书(documentary evidence),是指受惠国(或地区)必须向给惠国提供由出口受惠国(或地区)政府授权的签证机构签发的普惠制原产地证书,作为享受普惠制减免关税优惠待遇的有效凭证。
对给惠国的保护措施	(1) 例外条款(escape clause),是指当从受惠国(或地区)优惠进口的某产品的数量增加到对给惠国同类产品或有竞争关系的产品的生产者造成或将造成严重损害时,给惠国保留对该产品完全取消或部分取消关税优惠待遇的权力。 (2) 预定限额(prior limitation),是指给惠国根据本国和受惠国(或地区)的经济发展水平及贸易状况,预先规定一定时期内(通常为1年)某产品的关税优惠进口限额,达到该额度后就停止或取消关税优惠待遇,而按最惠国税率征税。 (3) 毕业条款(graduation clause),是指给惠国以受惠国(或地区)因经济发展,其产品已能适应国际竞争而无需给予优惠待遇为由,单方面取消后者的普惠制待遇。毕业标准分为国家毕业和产品毕业两种,由给惠国自行确定(比如,美国规定一国人均收入超过8 850美元或某产品出口占美国进口的50%即为毕业)。"已毕业"的国家(或地区)和产品不再享受优惠待遇。

普惠制的目的是通过给惠国对受惠国(或地区)的受惠商品给予减免关税优惠待遇,使发展中的受惠国(或地区)增加出口收入,促进其工业化水平提高和国民经济增长。普惠制实施以来,包括中国在内的很多发展中经济体都在不同程度上享受了优惠待遇。但普惠制的实施是否达到了预期目的呢?对此有不同的观点与研究结论。

时任联合国贸发会议秘书长的劳尔·普雷维什(Raul Prebisch)指出,发达经济体和发展中经济体之间贸易关系可分为传统互惠和实际互惠关系。传统互惠是发达经济体和发展中经济体相互做出让步,这导致发展中经济体仍旧依赖于旧的贸易模式,即继续出口初级产品;而实际互惠意味着发达经济体给予发展中国家单方面的关税减让,这会提高后者的出口能力,后者对前者产品的进口需求也会增加,从而可以扩大世界贸易。

关税同盟理论(参见本书第9章的讨论)则认为,给予关税优惠相当于发达进口方与发展中出口方结成关税同盟。这时就会发生贸易转移,即某些来自其他发达经济体或其他非成员发展中经济体的低成本出口品会被得到优惠的发展中经济体的高成本出口品所取代。这样,受惠的发展中经济体得益,原来出口的发达经济体和发展中经济体受损;发达进口方的情况则要看它们的消费者得益与生产者和纳税人受损的相对大小。

一些经验研究对普惠制的净收益进行了估计,尽管由于假设的不同而有不同结论,但总的来说收益不大。其主要原因在于,各给惠国在具体实施中根据自身利益都对受惠国规定了一些限制。比如,普惠制只限于发展中经济体不到20%的出口,大约80%的享受普惠制的进口仅来自7个"新兴工业化经济体"(巴西、墨西哥、以色列、中国香港、新加坡、韩国和中国台湾),一些特别涉及发展中经济体利益的产品(如纺织品)被排除在普惠制外,普惠制计划中有许多"免责条款"允许给惠国在面临"市场崩溃"时收回关税减让。

3. 关税的征收

关税的征收除了按照前面介绍的基本方法和标准外,还基于一定的规则、遵循特定的程序。

(1)关税的征收依据。

各国征收关税的依据是海关税则或关税税则(customs tariff)。它是一国对进出口商品计征关税的规章及对进出口应税和免税商品加以系统分类的一览表。海关税则是关税制度的重要内容,是国家关税政策的具体体现。

海关税则一般包括两部分:(1)海关课征关税的规章条例及说明;(2)关税税率表,其主要包括税则号列(tariff/heading No./item)、商品分类目录(description of goods)及税率(rate of duty)三部分。商品分类目录把种类繁多的产品按加工程度或自然属性、功能和用途等分为不同的类别。随着经济的发展,各国海关税则的商品分类越来越细。为了协调各国海关在商品分类上的标准,陆续有一些国际标准出台,具体参见第4章的专栏4.1。

海关税则中的同一商品,既可以一种税率计征,也可以两种或两种以上税率计征。按照税率表的栏数,可将海关税则分为两类:(1)单式税则或一栏税则(single tariff),即一个税目只有一个税率,对来自任何国家的商品均以同一税率计征,没有差别待遇。

(2)复式税则或多栏税则(complex tariff),即同一税目下设有两个或两个以上的税率,对来自不同国家的进口商品按不同的税率计征,实行差别待遇。其中,普通税率是最高税率,特惠税率是最低税率,在两者之间,还有最惠国税率、协定税率、普惠制税率等。目前大多数国家采用复式税则。

依据制定税则的权限,单式或复式税则又可分为自主税则(或国定税则)和协定税则。前者是指一国立法机构根据关税自主原则单独制定而不受对外签订的贸易条约或协定约束的一种税率;后者则指一国与其他国家或地区通过贸易与关税谈判,以贸易条约或协定的方式确定的税率。协定税则的税率要比国定税则的税率低。此外,依据进出口商品的流向,单式或复式税则还可分为进口货物税则和出口货物税则。

(2) 关税的征收程序。

征收关税的程序(即通关手续或报关手续)通常包括申报(declaration)、查验(inspection)、放行(release)三个基本环节。具体地说,进出口商在进出口货物时要向海关申报进口和出口,提交进出口货物的报关单及相关证明,接受海关的监督与检查,履行海关规定的手续;然后,海关按照有关法规,查验审核有关单证和货物,计算进出口税额;最后,进出口商结清应征税额及相关费用,海关在有关单证上签印,以示货物可以通关放行。

通常进口商于货物到达后在规定的工作日内办理通关手续。如果进口商对于某些特定的商品(如水果、蔬菜、鲜鱼等易腐商品),要求货到时立即从海关提出,可在货到前先办理提货手续,并预付一笔进口关税,随后再正式结算进口关税。如果进口商想延期提货,则在办理存栈报关手续后,可将货物存入保税仓库,暂时不缴纳进口关税。在存仓期间,货物可再行出口,就不必缴纳进口关税;若打算运往进口国国内市场销售,在提货前必须办理通关手续。货物到达后,进口商若在规定日期内未办理通关手续,海关有权将货物存入候领货物仓库,其间一切责任和费用均由进口商负责。如果进口商在规定期间内仍未为存仓货物办理通关手续,海关有权处理该批货物。

7.1.2 非关税措施

本部分主要介绍非关税措施的涵义、特点和主要形式,以及 WTO 关于非关税措施的协定。

1. 非关税措施的涵义与特点

(1)非关税措施的涵义。

非关税措施(non-tariff measures,NTMs)是指除关税措施以外的一切限制进口的措施。非关税措施很早就出现了,但自 20 世纪 30 年代世界经济大危机时开始盛行。二战后,在 GATT 框架下经过多轮谈判,大多数国家的关税总体水平大幅下降,关税作为政府干预贸易的政策工具的作用越来越弱,而非关税措施则日渐增多。到 20 世纪 70 年代中期,非关税措施已经成为贸易保护的主要手段,形成了新贸易保护主义。而且,除了货物贸易领域外,服务贸易领域的非关税措施也有不断加强的趋势。

非关税措施形成的贸易壁垒与 GATT/WTO 促进贸易自由化的宗旨是相违背的。在 GATT 第七轮谈判(即东京回合谈判)中,非关税措施首次成为谈判的焦点,有关各方倡议应减少乃至消除非关税措施,并达成相应的国际规范、条款和协定。但这些条款和协定往往是有保留的,而且在非关税措施花样繁多、层出不穷的情况下,GATT/WTO 也不可能对每一种非关税措施都加以明确的规定。这样,非关税措施日趋以"灰色区域"措施(gray area measures)的形式出现①,即采取处于 GATT/WTO 法律规则的边缘或之外的歧视性贸易措施(如"自愿"出口限制等),以规避 GATT/WTO 的直接约束。

(2)非关税措施的特点。

非关税措施虽与关税措施一样可以限制进口,却有其自身的显著特点。

第一,灵活性。一般来说,各国关税税率的制定必须通过立法程序并具有一定的连续性。同时,关税税率的调整直接受 WTO 的约束(非成员也会受到最惠国待遇条款约束),因此关税措施的灵活性有限。但非关税措施的制定和实施通常采用行政手段,其在限制进口方面表现出很强的灵活性。

第二,有效性。关税措施是通过征收高额关税、提高进口产品的成本而对进口进行限制。但面对倾销和补贴等鼓励出口措施,关税就显得乏力。同时,外国产品还可通过降低生产成本(如节省原材料、提高生产效率、甚至降低利润率等),冲破高关税的障碍而进入对方国家。但有些非关税措施对进口的限制是绝对的、更有效的,比如实施进口配额等预先规定进口的数量和金额,超过限额就禁止进口。

第三,隐蔽性。关税的税率基本都在海关税则中公布出来,而非关税措施往往是不公开的或难以衡量的。它既能以海关检验要求(比如更为烦琐复杂的标准和手续)的名义出现,也可借用进口国的有关法规而巧妙地隐藏在具体执行过程中。

第四,歧视性。一个国家只有一部关税税则,但非关税措施可以针对特定国家、特定行业或产品分别实施,因而更具歧视性。

由于非关税措施在限制进口方面比关税措施更灵活、更有效、更隐蔽和更具歧视性,因而成为贸易保护主义的主要手段。②

2. 非关税措施的主要形式

非关税措施不仅名目繁多、内容复杂,而且在货物贸易与服务贸易领域中的表现也有所差异。③本部分主要基于表 7.3 所列的 13 种货物贸易非关税措施依次进行介绍。关于非关税措施分类的讨论见本章附录。

---

① "灰色区域"措施是指有关国家根据双边达成的非正式协定而实施的与 WTO 规则不符的进口限制措施。因这些协定透明度较低,故被形象地称为"灰色区域"措施。其主要特征是:(1)名义上是出口方"自愿"采取的单方面行动,实际上是在进口方的压力下做出的;(2)规避了取消数量限制和非歧视性原则;(3)有关协定的内容一般包括提高产品价格、限制进口数量、实施进口监督等。"灰色区域"措施包括"自愿"出口限制、有秩序的销售安排、出口节制、出口价格或进口价格调控机制、出口或进口监督、强制的进口卡特尔、任意性出口或进口许可证等。

② WTO, 2012, *World Trade Report 2012—Trade and Public Policies: A Closer Look at Non-Tariff Measures in the 21st Century*, Geneva: WTO Publications.

③ 国际服务贸易领域的壁垒主要是非关税壁垒,参见本书第 11 章。

表7.3　13 种货物贸易非关税措施及其对应的主要协定与条款

13 种非关税措施	主要协定或条款
进口配额	GATT 第 11 条"普遍取消数量限制"和第 13 条"数量限制的非歧视管理"
进口押金制度	
最低限价和禁止进口	
进口许可证制度	《进口许可程序协定》
进出口国家垄断(国营贸易)	GATT 第 17 条"国营贸易企业"
歧视性政府采购政策	《政府采购协定》
国内税与国内法规	GATT 第 3 条"国内税和国内法规的国民待遇"
外汇管制	GATT 第 15 条"外汇安排"
海关程序及特定要求	《海关估价协定》《装运前检验协定》《原产地规则协定》《实施卫生与植物卫生措施协定》
技术性贸易壁垒	《技术性贸易壁垒协定》
与贸易有关的投资措施壁垒	《与贸易有关的投资措施协定》
与贸易有关的知识产权壁垒	《与贸易有关的知识产权协定》
"自愿"出口限制	《保障措施协定》(三大贸易救济措施协定之一)

资料来源:作者根据资料整理得到。

(1) 进口配额。

进口配额(import quota)是指一国政府在一定时期内(通常为一年)对进口货物的数量或金额所规定的直接限制。在规定的期限内,配额以内的货物可以进口,超过配额要么不准进口,要么征收较高关税后才能进口。进口配额可分为绝对配额(absolute quota)和关税配额(tariff quota)两种形式(见表 7.4 中的比较)。GATT 第 11 条"普遍取消数量限制"和第 13 条"数量限制的非歧视管理"对成员方的进口配额措施进行了限制或禁止。

表7.4　绝对配额与关税配额的比较

类别	定　义	基本分类及其涵义	
绝对配额	在一定时期内,对货物进口的绝对数额(数量或金额)规定一个最高限额,达到这个限额后,便不准进口 按照货物进口的来源分为:全球配额(global quota)、国别配额(country quota)和进口商配额(importer quota)	全球配额	对某种货物的进口规定一个总的限额,对来自全球任何国家或地区的货物一律适用。主管当局通常按进口商的申请先后或过去某一时期内的实际进口额发放配额,直至总配额发完为止,超过总配额就不准进口
		国别配额	根据货物的原产地,将总配额按国别或地区分配,具有很强的选择性和歧视性。国别配额可分为两种:一是由进口国自主和单方面强制规定的、无需征求出口国同意的"自主配额"(autonomous quota)或单方面配额;二是由进口国和出口国的政府或民间团体(获政府许可)通过协商而确定的"协议配额"(agreement quota)或双边配额
		进口商配额	对某些货物的进口配额在进口商之间进行分配

续表

类别	定　义	基本分类及其涵义	
关税配额	在一定时期内,对货物进口的绝对数额不加限制,而是对在配额以内的进口货物给予低税、减税或免税待遇;对超过配额的进口货物则征收较高关税或征收附加税或罚款。它结合了关税与进口配额 它既可像绝对配额那样分类,也可按照征收关税的优惠性质分类	优惠性关税配额	对关税配额内进口的货物给予较大幅度的关税减让,甚至免税,超过配额的进口货物则征收原来的最惠国税率
		非优惠性关税配额	对关税配额内进口的货物仍征收原来的进口关税,一般按最惠国税率征收,但对超过关税配额的部分征收较高的附加税或罚款

资料来源:作者整理得到。

(2) 进口押金制度。

进口押金(advanced deposit)制度(或称为进口存款制、进口担保金制)是指进口商在进口货物前必须预先按进口金额的一定比率,在规定的时间、在指定的银行无息存入一笔现金的制度。这种制度无疑会加重进口商的资金负担,从而起到抑制进口的作用。比如,意大利政府曾在 1974 年 5 月至 1975 年 3 月间对 400 多种进口商品实行进口押金制度。它规定进口商必须预先向中央银行交纳相当于货值一半的现款押金,无息冻结半年。据估计,这项措施相当于征收 5% 以上的进口附加税。但如果进口商以押款收据为担保,在货币市场上获得优惠利率贷款,或者国外出口商为了保证销路而愿意为进口商分担押金金额时,这种制度对进口的限制作用就微乎其微了。进口押金制度要受到 GATT 第 11 条"普遍取消数量限制"和第 13 条"数量限制的非歧视管理"等有关条款的限制。

(3) 最低限价和禁止进口。

最低限价(minimum price)是指一国政府规定某种进口货物的最低价格,凡进口货物的价格低于规定的最低价格,就计征进口附加税或禁止进口。比如,为抑制欧洲和日本等的低价钢材和钢制品的进口,美国曾在 1977 年实施了"启动价格机制"(trigger price mechanism,TPM)。这种启动价格就是以当时世界上效率最高的钢生产者的成本为基础计算出来的最低限价,作为出口到美国的所有钢材及部分钢制品的最低限价。当进口价格低于启动价格时,该价格必须加以调整,否则就要接受调查,并可能被征收反倾销税。前面提到,欧盟为保护其农畜产品免受非成员国低价竞争而确定的"门槛价格"也是一种最低限价,低于"门槛价格"就要征收差价税。

禁止进口(prohibitive import)是进口限制的极端措施,即当一国政府认为一般的进口限制措施已不足以摆脱国内市场遭受冲击的困境时,就直接颁布法规,公开禁止某些产品进口。比如,在一些国家发生了疯牛病和禽流感时,相关进口国家不得不临时禁止这些牛肉和禽类产品的进口,以确保卫生安全。但在正常的经贸活动中,禁止进口的极端措施往往会引发对方国家的报复,从而导致贸易摩擦。

最低限价和禁止进口都要受到 GATT 第 11 条"普遍取消数量限制"和第 13 条"数量限制的非歧视管理"等有关条款的限制。

(4) 进口许可证制度。

进口许可证(import license)制度是指一国政府规定某些产品的进口必须申领许可证,否则一律不准进口的制度。它常与配额、外汇控制等措施结合起来运用。其分类见表 7.5。不过,为防止进口许可证被滥用而妨碍国际贸易的正常发展,GATT 从肯尼迪回合开始就对此进行多边谈判,并经过东京回合和乌拉圭回合,最终达成了《进口许可程序协定》。该协定规定所有 WTO 成员必须保证进口许可程序实施和管理的简化、透明、公平和公正,避免对产品进口造成障碍或限制。

表 7.5　进口许可证的分类

分类标准	分　类	含　义
按照进口许可证与进口配额的关系	有定额的进口许可证	进口国预先规定有关货物的进口配额,然后在配额的限度内,根据进口商的申请对每笔进口货物发放一定数量或金额的进口许可证,配额用完即停止发放。若情况是下面要讨论的"自愿"出口限制,则由出口国颁发出口许可证来实施
	无定额的进口许可证	进口许可证不与进口配额相结合,有关政府机构预先不公布进口配额,对有关货物进口许可证的颁发,只是在个别考虑的基础上进行。其发放权完全由进口国主管部门掌握,没有公开的标准,因此更具隐蔽性,限制进口的作用会更大
按照进口货物的许可程度	公开一般许可证(或称公开进口许可证、一般许可证、自动进口许可证)	对进口国别或地区没有限制,凡列明属于一般许可证的货物,进口商只要填写一般许可证后即可获准进口。因此属于这类许可证的货物实际上是"自由进口"的货物
	特定货物进口许可证(或称非自动进口许可证)	特定货物(如烟、酒、军火武器、麻醉品等)的进口商必须向政府有关当局提出申请,经有关当局逐笔审查批准后才能进口。这种进口许可证往往都指定货物的进口国别或地区

资料来源:作者根据资料整理得到。

(5) 进出口国家垄断(国营贸易)。

进出口国家垄断或国营贸易(state trade)是指一国在开展对外贸易时,某些货物的进出口直接由国家来经营,或者由国家委托的企业来经营。被国家授予贸易专营权或特权的企业称为国营贸易企业(state trading enterprise),它既可以是国有企业,也可以是非国有企业,其关键在于是否享有专营权或特权。

特定产品的进出口国家垄断或国营贸易可以说是各国的一种贸易惯例。这些特定产品通常包括四大类:(1)烟酒。各国一般都实行烟酒专卖制度,因为可以从烟酒进出口垄断经营中获取巨额财政收入。(2)农产品。对农产品实行垄断经营,往往是一国农业政策的一部分,这在欧美国家也比较突出。(3)军火。它关系到国家安全与世界和平,自然要受国家控制。(4)石油。石油出口国和进口国都普遍设立国营石油公司,对石油贸易进行垄断经营。

GATT 第 17 条"国营贸易企业"规定:允许成员建立或维持国营贸易企业,但应遵守非歧视原则,即只能以价格、质量、适销性、运输和其他购销条件等商业因素作为经营活动的根据,并为其他成员的企业参与上述经营活动提供充分的竞争机会。同时,成员方应保证国营贸易企业的透明度,履行向 WTO 通知和报告国营贸易企业的名录、经营方式、进出口产品等方面的义务。

(6)歧视性政府采购政策。

歧视性政府采购政策是指一国通过法规和政策明文规定,或者虽无法规明文规定但实际存在的,本国政府在采购货物时必须优先购买本国货的做法。

美国从 1933 年开始实行,并于 1954 年和 1962 年两次修改的《购买美国货物法案》(Buy American Act)就规定美国政府各机构必须优先购买本国货。它允许向本国厂商采购时可以以高于进口货 6% 的价格购进;如果是向国内小企业采购或者是在经济萧条时期,出价甚至可以比进口货高 12%;1959 年美国国防部以解决国际收支问题为由,规定在采购时可以给本国厂商高于进口货价 50% 的报价。其他国家如英国、德国、日本等也有类似做法。歧视性政府采购政策是一种典型的歧视外国产品的贸易保护主义措施。

不过,政府采购问题在 GATT 创立之初是被排除在外的。GATT 有关国民待遇的条款不适用于政府采购,这实际上允许成员方在进行政府采购时可以优先购买本国货。20 世纪 50 年代以后,随着国家公共服务职能的加强,政府对货物和服务的需求与购买不断增加。为消除由此而引起的贸易壁垒、促进政府采购市场的对外开放,东京回合正式将政府采购纳入谈判议题,并在乌拉圭回合期间达成了《政府采购协定》。该协定于 1996 年 1 月 1 日起生效,它是 WTO 的诸边协定,即意味着成员方可自愿参加,签署方受其约束而未签署方不受其约束。

《政府采购协定》规定:第一,政府采购是指政府为政府机关自用或为公共目的而选择购买货物或服务的活动,其所购买的货物或服务不用于商业转售及供商业销售的生产。第二,通过消除针对外国货物、服务和供应商的歧视,增强透明度,将国际竞争(比如实行招标)引入传统上属于国内公共财政管理的政府采购领域,推动国际贸易更大程度的自由化和发展。

(7)国内税。

国内税是指一国政府对本国境内生产、销售、使用或消费的货物所征收的各种税,如流转税(增值税、消费税、营业税)、所得税(个人所得税、企业所得税)、财产税、资源税等。一国对进口货物不仅要征收关税,还要征收各种国内税。比如,在征收国内税时,对国外货物计征较高的税率,以增加进口货物的纳税负担,削弱其与国内产品竞争的能力,从而达到限制进口的目的。国内税的制定和执行属于一国政府甚至一国地方政府的权限,通常不受贸易条约与协定的约束。因此,国内税作为贸易壁垒会比关税更灵活、更隐蔽。

但 GATT 第 3 条"国内税和国内法规的国民待遇"规定:国内税和其他国内费用、影响产品之国内销售、标价出售、购买、运输、分销或使用的法律、法规和规定,以及规定产品的混合、加工或使用之特定数量或比例的国内法规,不得以为国内生产提供保护的目的而对进口产品或国产品适用。

(8) 外汇管制。

外汇管制(foreign exchange control)是指一国政府通过法令对国际结算和外汇买卖加以限制,以平衡国际收支和维持本国货币汇率的一种制度。

实行外汇管制的国家大多规定出口商须将其出口所得外汇收入按官方汇率结售给外汇管理机构,而进口商也必须向外汇管理机构申请进口用汇。此外,还包括禁止外汇自由买卖、严格限制携带本国货币出入境等。这样,政府就可以通过确定官方汇率、集中外汇收入、控制外汇供应和分配等办法来限制进口货物的数量、品种和国别。一国外汇管制的松紧主要取决于该国的经济、国际收支及国际经济环境状况。一般来说,工业发达国家的外汇管制较松,发展中国家的外汇管制则松紧不一,而从紧者居多。

外汇管制通常包括以下四种方式:

一是数量性外汇管制,即国家外汇管理机构对外汇买卖的数量直接进行限制和分配。一些国家实行数量性外汇管制时,往往规定进口商必须获得进口许可证后,方可得到所需的外汇。

二是成本性外汇管制,即国家外汇管理机构对外汇买卖实行复汇率制,利用外汇买卖成本的差异来间接影响不同货物的进出口,从而达到限制或鼓励特定货物进出口的目的。所谓复汇率,也称多重汇率,是指一国货币对外汇率有两个或两个以上,分别适用不同的进出口货物。比如,在进口方面,一般对国内急需但供应不足或不能生产的重要原料、机器设备和生活必需品使用较优惠的汇率;对国内能大量供应或不很重要的原料和机器设备适用一般的汇率;而对于奢侈品和非必需品则适用最不利的汇率。在出口方面,一般对缺乏国际竞争力但又要扩大出口的货物给予较优惠的汇率;而对于其他一般货物的出口则适用一般汇率。

三是混合性外汇管制,即同时采用数量性和成本性外汇管制的方法,对外汇实行更为严格的控制,以影响货物进出口。

四是利润汇出限制,即一国对外国企业在本国经营获得的利润汇出加以管制,包括规定最高利润汇出比例或拖延批准利润汇出时间等。

GATT 第 15 条"外汇安排"规定:成员方实行外汇管制,不得通过控制外汇使用来限制货物的进口数量、种类和国别,从而妨碍自由贸易;各成员方应加强同国际货币基金组织合作,协调处理有关国际收支、货币储备及外汇安排等问题。

(9) 海关程序及特定要求。

海关程序是指进口货物通过海关的程序,它本来是正常的进口货物通关程序,但滥用(比如苛刻要求和拖延通关时间等)却可以起到歧视和限制进口的作用,从而成为一种有效的、隐蔽的非关税措施。这体现在如表 7.6 所列的四个方面。为防止每个方面被滥用,GATT/WTO 均有相应的协定或条款加以约束。

表7.6　海关程序及特定要求及其对应的主要约束性协定与条款

	具体内容	对应的主要约束性协定与条款
海关对申报表格和单证等要求苛刻	要求进口商出示商业发票、原产地证书、货运提单、保险单、进出口许可证、托运人报关清单等,缺少任何一种单证,或者任何一种单证不规范或不相符,都会使进口货物不能顺利通关。有些国家在表格、单证及其所用语言上做文章	GATT第8条"进出口规费和手续"规定,各成员方有必要最大限度地减少进出口手续的影响范围和复杂程序,并减少和简化进出口的单证要求
通过货物归类提高税率	海关武断地把进口货物归在税率高的税则项下,以增加进口货物关税负担,从而限制进口	为协调各国海关的商品分类标准,陆续有一些国际标准出台,具体见第4章专栏4.1
通过海关估价制度限制进口	进口货物的完税价格可以有不同确定方法,不同方法得出的进口货物价格高低不同。海关可以采用高估的方法进行估价,然后征收从价税。这样就可提高进口货物的应税税额,增加其负担,限制进口	《海关估价协定》规定,进口成员方海关应严格按顺序依次采用6种估价方法来确定货物的完税价格,不得颠倒它们的适用顺序,确保海关估价的公平、统一和中立,不对国际贸易构成障碍
通过进口货物查验限制进口	装运前检验:由成员方政府通过政府授权或政府合约的方式,指定检验机构对进口产品的质量、数量、价格(包括汇率与融资条件)及产品的海关分类等,在出口方进行的所有装运前进行检验	乌拉圭回合达成的《装运前检验协定》对进口方、出口方和检验机构的义务都做了相应规定,以确保成员方实施该制度是非歧视和透明的,避免给贸易造成不必要的障碍
	原产地查验,即要查验货物的"国籍"。在贸易实践中,货物的原产地定义为:(1)完整生产某种产品的国家或地区;(2)当产品生产涉及多个国家或地区时,产品最后发生"实质性变化"的国家或地区	《原产地规则协定》要求,各成员方以公正、透明、可预测和一致、中性的方式制定与实施原产地规则,避免对贸易造成不必要的障碍
	卫生与植物卫生检验:为保护人类、动植物的生命或健康而采取相关检验、检疫措施与程序	《实施卫生与植物卫生措施协定》规定,各成员方在制定和实施卫生与植物卫生措施时,应遵循以下规则:(1)非歧视;(2)以科学为依据;(3)以国际标准为基础;(4)等同对待达到要求的出口方;(5)根据有害生物风险分析确定适当保护水平;(6)接受"病虫害非疫区"和"病虫害低度流行区"的概念;(7)保持相关法规透明度等,以使对贸易的消极影响降到最低程度

(10) 技术性贸易壁垒。

技术性贸易壁垒(technical barriers to trade, TBT)是指一国以维护生产、消费安全及人民健康为理由,制定一些苛刻繁杂的标准、程序或规定,使外国产品难以适应,从而起到限制外国产品进口的作用。

根据《技术性贸易壁垒协定》,技术性贸易壁垒所涉及的技术性措施包括技术法规、标准、合格评定程序等。它与前面介绍的《实施卫生与植物卫生措施协定》有一定联系。这些措施的定义及基本内容如表7.7所示。但《技术性贸易壁垒协定》明确指出,"服务业不属于本协定的范围"。也就是说,表7.7所列的所有技术性措施都是针对货物贸易的,而不包括服务贸易。该协定的宗旨是,指导成员制定、采用和实施正当的技术性措施,鼓励采用国际标准和合格评定程序,保证这些措施不构成不必要的国际贸易障碍。

表7.7 《技术性贸易壁垒协定》中所列的主要技术性措施

	定 义	基 本 内 容
技术法规	强制性执行的有关产品特性或相关工艺和生产方法的规定	(1) 主要包括国家制定的有关法律和法规,政府部门颁布的有关命令、决定、条例,以及有关技术规范、指南、准则、专门术语、符号、包装、标志或标签要求 (2) 技术法规一般涉及国家安全、产品安全、环境保护、劳动保护、节能等方面 (3) 一些国家也授权非政府机构制定技术法规
标准	经公认机构批准的、非强制执行的、供通用或重复使用的关于产品特性或相关工艺和生产方法的规则或指南	(1) 主要包括适用于产品、工艺或生产方法的专门术语、符号、包装、标志或标签要求 (2) 所有标准化机构应尽量采用国际标准,并充分参与国际标准化机构的工作
程序	任何直接或间接用以确定产品是否满足技术法规或标准要求的程序	(1) 主要包括:抽样、检验和检查,评估、验证和合格保证,注册、认可和批准,以及上述各项程序的组合 (2) 合格评定程序可分为认证、认可和相互承认三种形式 (3) 认证是指由授权机构出具的证明或称为"第三方认证",可分为产品认证和体系认证。产品认证主要是证明产品是否符合技术法规或标准,包括产品的安全认证和合格认证。产品的安全认证关系到消费者的生命或健康,因而是强制性的(如美国的UL安全认证、加拿大的CSA安全认证等)。产品的合格认证尤其是质量认证是自愿的。体系认证是确认生产或管理体系是否符合相关法规或标准(如ISO9000质量管理体系认证、ISO14000环境管理体系认证、QS9000汽车行业质量管理体系认证、TL9000电信产品质量体系认证、OHSAS18001职业安全卫生管理体系认证等) (4) 认可是指权威机构依据程序确认某一机构或个人具有从事特定任务或工作的能力,包括产品认证机构认可、质量和管理体系认证机构认可、实验室认可、审核机构认可、审核员或评审员的资格认可、培训机构注册等 (5) 相互承认是指认证或认可机构之间通过签署相互承认协定而彼此承认认证或认可结果

(11) 与贸易有关的投资措施壁垒。

第5章和第6章已经表明,20世纪80年代以来,FDI、跨国公司与国际贸易日益交融在一起,全球价值链分工不断深化。跨国公司的全球化发展战略日益影响到有关国家特别是东道国的国民经济。有关国家出于保护国内产业、企业和市场的考虑,纷纷研究制定促使外国投资者达到特定标准的投资措施。这些措施因投资和贸易的相互交融而必然影响到贸易,因此被称为"与贸易有关的投资措施"(trade-related investment measures,TRIMs)。这些措施表现为法律、法规、政府行政裁决、优惠规定等,并大致可分为两类。

第一类是违反国民待遇原则的与贸易有关的投资措施。

该类措施又可分为两种形式：

一是要求企业购买或使用最低限度的国产品或任何国内来源的产品。具体表现是，规定有关国产品的具体名称，规定企业购买或使用国产品的数量或金额，规定企业在生产中必须使用的有关国产品的最低比例。这种形式的投资措施通常被称为"当地含量要求"（local content requirements）。一些成员方要求外国投资企业的产品必须达到一定的国产化比例，就属于这种情况。以汽车工业为例，"当地含量要求"最初是由一些没有汽车工业的发展中国家提出的，为了建立起自己的汽车工业，实行进口替代，这些发展中国家便要求内销的汽车必须要有一定比例的本国制造的汽车零配件。到 20 世纪 80 年代初，日本汽车大量进入美国市场，美国汽车工业日趋衰落。1982 年 12 月，美国众议院通过法案规定，自 1984 年起，所有在美生产和销售汽车（轿车和轻型卡车）超过 10 万辆的本国或外国汽车制造商都必须达到最低的美国零配件含量。

二是要求企业购买或使用的进口产品数量或金额，以企业出口当地产品的数量或金额为限。这种形式通常被称为"贸易平衡要求"（trade balance requirements）。一些成员方要求外国企业的进口额不能大于其出口额，就属于这种情况。

第二类是违反普遍取消数量限制原则的与贸易有关的投资措施。

该类措施又可分为三种形式：

一是总体上限制企业当地生产所需或与当地生产相关产品的进口，或要求企业进口产品的数量或金额以出口当地产品的数量或金额为限。

二是将企业可使用的外汇限制在与该企业外汇流入相关的水平，以此限制该企业当地生产所需或与当地生产相关产品的进口。

三是限制企业出口或供出口的产品销售。比如，规定有关限制出口的产品的具体名称，规定限制企业出口产品的数量或金额，规定限制企业出口产品的数量或金额占该企业当地生产的产品数量或金额的比例。

乌拉圭回合达成的《与贸易有关的投资措施协定》规定，各成员方实施与贸易有关的投资措施不得违背国民待遇原则和取消数量限制原则。以上列举的五种情形无论是针对外国投资企业的，还是针对成员方本国企业的，都要受《与贸易有关的投资措施协定》约束，以便利国内外投资，减少贸易限制和扭曲。

（12）与贸易有关的知识产权壁垒。

知识产权是指公民或法人对其在科学、技术、文化、艺术等领域的发明、成果和作品依法享有的专有权，亦即人们对自己通过脑力活动创造出来的智力成果所依法享有的权利。随着科学技术的快速发展，智力成果的国际市场逐步扩大。纯知识产权及含有知识产权的产品（即知识产权密集型产品）在国际贸易中所占的比重越来越大。纯知识产权领域包括版权及相关权利、商标、地理标识、工业设计、专利、集成电路布图设计（拓扑图）等六大门类。知识产权密集型产品所涵盖的范围很广，包括新药品、新科技产品、计算机软件、电影、音乐、书籍、知名品牌商品和服务、植物新品种等。而且，随着科学技术的发展,新的知识产权密集型产品将不断涌现。

与此同时,由于各国(或地区)对知识产权的重视程度及保护水平的不一致、法律法规的不协调、执法力度的差异性,假冒商标、盗版书籍和盗版电影等侵犯知识产权的现象时有发生,成为阻碍合法贸易的壁垒。

在这种情况下,对知识产权进行国际保护,就成为国际社会的普遍要求。在"乌拉圭回合"之前,已经有一些知识产权国际公约(比如,1883 年制定的《保护工业产权巴黎公约》;1967 年的《成立世界知识产权组织公约》,以及基于此世界知识产权组织于 1970 年4 月成立;等等)。但这些公约所规定义务的实施完全依赖国内法,缺乏有效的国际监督机制和争端解决机制来处理与贸易有关的知识产权问题。乌拉圭回合达成的《与贸易有关的知识产权协定》(Agreement on Trade-Related Aspects of Intellectual Property Rights,TRIPS)则全面规定了知识产权的保护标准,对知识产权执法和救济提出了要求,并且为知识产权国际争端的解决提供了有效途径,有助于防止与知识产权有关的执法措施或程序变成合法贸易的障碍,减少对国际贸易的扭曲。

但需要指出的是,《与贸易有关的知识产权协定》主要是建立在发达经济体知识产权保护水平基础上的。相对于发展中经济体的经济发展水平而言,该协定所规定的知识产权保护标准和要求较为苛刻。在该协定的制定上,发达经济体占据了主导权,而接受该协定,则是发展中经济体在乌拉圭回合做出的主要让步之一。

(13)"自愿"出口限制。

"自愿"出口限制(voluntary export restraint,VER)或称"自愿"出口配额是指出口国家或地区在进口国的要求和压力下,"自愿"规定某一时期内(一般为 3—5 年)某些商品对该国的出口限制。出口方在该限额内自行控制出口,超过限额即禁止出口。

"自愿"出口限制和进口配额都是通过数量限制来抑制进口,但二者存在以下几个方面的差异:第一,配额的控制主体不同。进口配额由进口国直接控制;"自愿"出口限制则由出口国直接控制配额,限制一些商品对指定进口国的出口,因此是一种由出口国实施的为保护进口国生产者而设计的贸易政策措施。第二,配额表现形式不同。"自愿"出口限制表面上是出口国自愿采取措施控制出口,而实际上则是受到进口国的强大压力,并非出于出口国自愿。进口国常常以某些商品的大量进口威胁到其国内某些产业为借口,要求出口国的出口实行"有秩序增长"、"自愿"限制出口数量,否则将单方面强制限制进口。第三,配额的影响范围不同。进口配额通常应用于一国的大多数供应者,而"自愿"出口限制只限于几个甚至一个特定的出口者,具有明显的选择性。那些未包括在"自愿"出口限制协定中的出口者,可以继续向该国出口。第四,配额适用时限不同。进口配额适用时限较短,往往为 1 年;而"自愿"出口限制时间则较长,往往为 3—5 年。

"自愿"出口限制主要有两种形式:一是非协定的"自愿"出口限制,即出口国政府并未受到国际协定的约束,而是在进口国的压力下自行单方面规定出口限额。在这一限制下,出口商必须向政府主管部门申请配额,在领取出口授权书或出口许可证后才能出口;或者出口商在政府的督导下,"自愿"控制出口。比如,1975 年在日本政府的行政指导下,日本 6 家大型钢铁企业将 1976 年对西欧的钢材出口量"自愿"限制在 120 万吨以内,1977 年又限制在 122 万吨。二是协定的"自愿"出口限制,即进出口双方通过谈判签订"自限协定"(self-restraint agreement)或"有秩序销售协定"(orderly marketing agreement)来规定一定时期内某些商品的出口配额。出口国据此配额发放出口许可证或实行出口配额签证制,自动限制商品出口,进口国则根据海关统计进行监督检查。"自愿"出口限制大多属于这一种。比如,1957 年美国因纺织业受到日本纺织品输入激增导致的损害,要求日本限制其对美国出口,否则实行严厉的进口限制措施。日本迫不得已与美国签订了一个为期五年的"自限协定","自愿"地把对美国的棉纺织品出口限制在 2.55 亿平方码(1 码约等于 0.914 4 米)之内。

"自愿"出口限制是一种比较隐蔽的贸易壁垒,它受到三大贸易救济措施协定之一的《保障措施协定》和相关特定协定(比如《纺织品与服装协定》等)的约束。

7.1.3 出口鼓励和管制措施

各国除了利用关税和非关税措施限制进口外,还采取各种鼓励出口的措施扩大本国出口。鼓励出口与限制进口实际上是"奖出限入"国际贸易政策的两个方面。此外,一些国家出于政治、经济甚至军事等方面的考虑,还会对特定资源或物资实行出口管制,限制甚至禁止其出口。

1. 出口鼓励措施

出口鼓励措施是指出口国政府通过经济、行政和组织等方面的措施,促进本国商品的出口,开拓和扩大国外市场。这些措施很多,本节将主要介绍图 7.2 所列的措施:

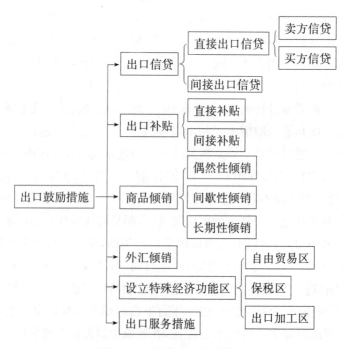

图 7.2 主要的出口鼓励措施

（1）出口信贷。

出口信贷（export credit）包括直接出口信贷和间接出口信贷两种形式。

第一，直接出口信贷是一国的银行为了鼓励商品出口、增强商品的竞争力，而对本国出口商或外国进口商提供的贷款。这是促进那些金额较大、期限较长的产品（如成套设备和船舶等）出口的重要手段。直接信贷利率一般低于相同条件资金贷放的市场利率，利差由国家补贴，或与国家信贷担保相结合。直接出口信贷又可分为卖方信贷和买方信贷。

卖方信贷（supplier's credit）是指出口方银行向出口商（即卖方）提供的贷款。其贷款合同由出口商与银行签订。由于所涉商品金额大、期限长，进口商一般要求延期付款，而出口商为了加速资金周转，往往需要取得银行的贷款。卖方信贷正是银行直接资助出口商，允许外国进口商延期付款，以促进商品出口的一种方式。

买方信贷（buyer's credit）是指出口方银行直接向进口商（即买方）或进口方银行（代替进口商支付货款）提供的贷款，其附加条件就是贷款必须用于购买债权国的商品，这就是所谓的约束性贷款（tied loan）。买方信贷由于具有约束性而能起到扩大出口的目的。

第二，间接出口信贷又称出口信贷国家担保制，即政府有关机构对本国出口商或商业银行提供给国外进口商或银行的信贷进行担保。当外国债务人拒绝付款时，本国政府相关机构按照承保的数额给予补偿。这项措施是国家替出口商承担风险，因而是扩大出口和争夺国外市场的重要手段。

由于出口信贷能很好地扩大和促进出口，因此，一些国家一般都设立专门银行或信贷担保机构来办理此项业务，如美国进出口银行、日本输出入银行等。中国也于1994年7月1日正式成立了中国进出口银行。

（2）出口补贴。

出口补贴（export subsidy）是一国政府为了降低出口商品的价格、增强其在国外市场的竞争力而在出口某商品时给予出口商的现金补贴或财政上的优惠待遇。出口补贴包括直接补贴和间接补贴两种形式。

直接补贴是政府在商品出口时直接付给出口商的现金补贴，主要来自财政拨款。其目的是为了弥补出口商品国内价格高于国际市场价格所带来的亏损，或者补偿出口商因所获利润率低于国内利润率而造成的损失。此外，这种现金补贴还可能来自一国的行业协会。

间接补贴是政府对某些商品的出口给予财政上的优惠，如退还或减免出口商所缴纳的销售税、消费税、增值税、所得税等国内税，对进口原料或半制成品加工再出口给予暂时免税或退还已缴纳的进口关税，免征出口关税，对出口商品实行延期付税、降低运费、提供低息贷款，以及对企业开拓出口市场提供补贴等。其目的仍然在于降低商品价格，以便更有效地打进国际市场。

但出口补贴要受到前面介绍的《补贴与反补贴措施协定》的约束（见表7.1）。

（3）商品倾销。

如表 7.1 所示，商品倾销是指一种产品的出口价格低于其在正常贸易中出口国供其国内消费的同类产品的可比价格，即以低于正常价值的价格进入另一国市场。其目的是打击竞争对手、占领或巩固国外市场，或推销过剩产品以转嫁经济危机等。

按照倾销的具体目的或时间的差异，商品倾销可分为三种：一是偶然性倾销（sporadic dumping），即因为销售旺季已过或因公司改营其他业务而不能在国内市场上售出"剩余货物"，只能以较低的价格在国外市场上抛售。二是间歇性倾销（intermittent dumping）或掠夺性倾销（predatory dumping），即以低于国内价格甚至低于生产成本的价格在国外市场销售商品，挤垮竞争对手后再凭借垄断势力提高价格，获取高额利润。三是持续性倾销（persistent dumping）或长期性倾销（long-run dumping），即无限期地、持续地以低于国内市场的价格在国外市场销售商品。但商品倾销要受到前面介绍的《反倾销协定》的约束（见表 7.1）。

（4）外汇倾销。

外汇倾销（exchange dumping）是指一国降低本国货币对外国货币的汇价，即使本国货币对外贬值，从而达到提高出口商品的竞争力和扩大出口的目的。这是因为，当一国货币贬值后，出口商品用外国货币表示的价格降低，而进入该国的外国商品以该国货币表示的价格上涨，这两方面结合起来从而在鼓励出口的同时限制了进口。

当然，外汇倾销要能够起到鼓励出口、限制进口的作用，除了要遵守前面介绍的相应国际规则外，还必须满足以下两个条件：

第一，本国货币对外贬值的幅度大于国内物价上涨的程度。本国货币对外贬值必然引起进口原料和进口商品的价格上涨，由此带动国内物价上涨，使出口商品的国内生产价格上涨。当出口商品价格上涨幅度与货币对外贬值幅度相抵时，因货币贬值而导致的出口商品外汇标价降低会被因生产成本增加引起的该商品的国内价格上涨所抵消。由于货币对外贬值可以使出口商品的外汇标价马上降低，而国内物价上涨却有一个时滞，因此外汇倾销只能在国内价格尚未上涨或上涨幅度小于货币贬值幅度的条件下达到目的。

第二，其他国家不同时采取对等的货币贬值和其他报复性措施。如果进口国也实行同样幅度的贬值，那么两国货币贬值的幅度就会相互抵消，汇价仍处于贬值前的水平，对外贬值的利益就不能得到。如果外国采用提高关税等限制进口的报复性措施，也会起到类似的抵消作用。

由于一国货币的对内价值与对外价值是相互联系、彼此影响的，一国货币汇价下跌（即对外价值下跌）迟早会推动其对内价值的下降，从而会加重通货膨胀，因此外汇倾销不宜在国内通货膨胀严重的背景下贸然实施。此外，实行外汇倾销的代价可能十分昂贵。由于外汇倾销的实质是降低出口商品的外汇标价以换取出口数量的增加，从而达到增加外汇收入的目的，因此外汇倾销实际上使等量出口商品所能换回的进口商品数量减少，贸易条件趋于恶化。外汇倾销可以推动商品出口大量增加，但这并不等于出口金额必然增加；它有时甚至会引起国内经济的混乱，出现得不偿失的结果。

（5）设立特殊经济功能区。

旨在促进对外开放的特殊经济功能区主要包括自由贸易园区（free trade zone）、保税区（bonded zone）和出口加工区（export processing zone）等。

自由贸易园区是与一国关境隔离的区域，在区域内，没有海关干预，不征收关税，允许商品自由进入并在区内储藏、分装、处理、加工等。货物在区内加工后若进入国内市场销售，需要缴纳关税；若再出口则免缴关税。

保税区是受海关监督的特定地区或仓库。外国商品进入保税区，无需缴纳进口关税。货物在区内进行储存、改装、分类、展览、加工后再出口不必缴纳关税；但若进入国内市场，则须向海关缴税。

出口加工区是一个国家或地区在其港口或邻近港口、国际机场的地方划出一定区域，提供免税等各种优惠待遇，鼓励外资企业在区内投资设厂，生产或加工以出口为主的制成品。

一般来说，自由贸易园区以转口贸易为主，保税区以仓储为主，而出口加工区则以发展出口加工工业为主。

（6）出口服务措施。

为了扩大出口，许多国家还从以下几个方面提供出口服务或出口激励：一是成立专门机构研究与制定出口战略。比如，美国在1979年成立了"总统贸易委员会"，就负责领导美国的对外贸易工作。二是建立商业情报网来加强商业情报的服务工作。三是设立贸易中心和贸易博览会。四是组织贸易代表团出访和接待来访以加强国际间经贸联系。五是组织出口厂商的评奖活动等。

2. 出口管制措施

出口管制（export control）是指一国出于政治、军事和经济上的考虑，通过法令和行政措施，对本国特定商品的出口实施管制。出口管制的目标商品、主要措施及基本形式如表7.8所示。

表7.8　出口管制的目标商品、主要措施及基本形式

	基本类别	内容及含义
出口管制的目标商品	战略物资及有关尖端技术和先进技术资料	包括军事设备、武器、军舰、飞机、先进的电子计算机和通信设备等
	国内紧缺物资	包括国内生产紧迫需要的原材料和半制成品，以及国内供应明显不足的商品
	历史文物和艺术珍品	主要出于保护本国文化艺术遗产和弘扬民族精神的需要
	需"自愿"限制出口的商品	为了缓和与进口国的贸易摩擦，在进口国的要求下或迫于对方的压力，不得不对某些具有很强国际竞争力的商品实行出口管制
	受经济制裁的出口商品	

续表

基本类别		内容及含义
出口管制的 主要措施	国家专营或国家垄断	具体见前面有关讨论
	出口关税	出口关税的征收会影响商品的国内外价格和出口量,但这种政策要想取得预期的成功,则取决于国内外的供求状况
	出口配额	出口配额是由政府有关部门规定的某些商品的出口的最大数额,出口达到规定限额后即完全禁止出口,往往与出口许可证结合在一起
	出口禁运	被看作是出口配额的一种极端形式,即出口配额为零
	出口许可证	指出口必须得到政府有关部门的批准,获得许可才能出口,一般也只适用于本国需要进行深加工的原材料和初级产品,以及一些生活必需品或高科技产品
出口管制的 基本形式	单方面出口管制	一国根据本国的出口管制法案,设立专门的执行机构,对本国某些商品的出口进行审批和颁发出口许可证,实行出口管制(比如美国长期推行这种出口管制战略)
	多边出口管制	出于共同的政治和经济目的,通过一定的方式建立国际性的多边出口管制机构,商讨和编制多边出口管制货单和出口管制国别,规定出口管制的办法等,以协调参加国彼此的出口管制政策和措施,然后由各参加国依据上述精神,自行办理出口商品的具体管制和出口申报手续(比如巴黎统筹委员会)

注:巴黎统筹委员会即输出管制统筹委员会(Coordinating Committee for Multilateral Export Control, COCOM),是由美国、英国、法国、意大利、加拿大、比利时、卢森堡、荷兰、丹麦、葡萄牙、挪威、联邦德国、日本、希腊、土耳其、西班牙、澳大利亚等17个国家于1949年11月成立的多边出口管制机构。其总部设在巴黎,故而得名巴黎统筹委员会,简称"巴统"。其目的是共同防止战略物资和先进技术输往社会主义国家。1994年4月1日巴黎统筹委员会正式解散。

7.2　关税与非关税措施的衡量

前面主要从定性的角度分析了国际贸易政策措施,本节将从定量的角度讨论如何对这些政策措施(关税、非关税措施及综合性贸易壁垒)的水平和结构进行衡量和评估。而有关国际贸易政策措施的影响的内容(即福利效应的分析与评估)则放在第8章。

7.2.1　关税的衡量

第7.1节已经指出,从量税和从价税是计征关税的基本方法,但从价税的计征更为普遍。这主要是因为从价税的税额可以随着货物价格的变化而变化。比如,若一产品的价格为500元,对其征收每单位50元的从量税,支付的关税就是50元;对其征收10%的从价税,支付的关税也是 50 元;但如果该产品的价格从 500 元上涨到 550 元,则按从价税征收,关税就是 55 元,而按从量税征收,关税仍为 50 元。因此,本部分介绍的关税衡量方法主要是基于从价税。

1. 关税的衡量方法

衡量关税保护水平的基本方法有两种:名义关税率或名义保护率(nominal rate of tariff/protection)与实际关税率或实际保护率(effective rate of tariff/protection)。

(1) 名义关税率。

某一产品 j 的名义关税率(t_j)是指由于征收关税而引起的该产品国内市场价格(p_j^d)超过国际市场价格或自国外进口价格(p_j^w)的部分占国际市场价格的比重,即:

$$t_j = \frac{p_j^d - p_j^w}{p_j^w} \tag{7.1}$$

名义关税率衡量的是一国对特定产品的保护程度。从理论上讲,国内外价差与国外价格之比就等于关税税率,因而在不考虑汇率的情况下,名义关税率在数值上就与关税税率相同。名义关税率的计算一般要把国内外价格都换算成本国货币价格进行比较,因此会受外汇汇率的影响。在实际分析中,通常把各国的名义关税率等同于其关税税则或关税表中显示的关税税率。

(2) 实际关税率。

前面的章节分析表明,一种产品的生产不仅需要基本要素投入,还需要中间产品投入。而且,中间产品与最终产品一样都是可以进行国际贸易的,也同样会受到关税的影响。因此,衡量一种最终产品受到的实际关税保护不仅要考虑该最终产品本身所受到的关税保护,还应考虑其中投入的中间产品所受到的关税保护。

于是,某一(最终)产品 j 的实际关税率(ERP_j)是指以征税后的国内价格衡量的单位产出增加值(即"保护状态下单位产出增加值",v_j^d)与以国际价格(与国内价格使用同一货币)衡量的单位产出增加值(即"自由贸易状态下单位产出增加值",v_j)的差额占"自由贸易状态下单位产出增加值"(v_j)的比重,即:

$$ERP_j = \frac{v_j^d - v_j}{v_j} \tag{7.2}$$

实际关税率反映了征收关税对最终产品 j 在生产过程中的净增值产生的影响。其中,以国际价格衡量(未征税)的单位产出增加值(v_j)为:

$$v_j = p_j^w - \sum_i q_{ij} p_i^w = p_j^w \left[1 - \sum_i \left(\frac{q_{ij} p_i^w}{p_j^w} \right) \right] = p_j^w \left(1 - \sum_i a_{ij} \right) \tag{7.3}$$

其中,p_j^w 和 p_i^w 分别表示最终产品 j 和中间产品 i 的国际市场价格(或自国外进口价格,或未征关税时的价格);q_{ij} 表示在未征税情况(即自由贸易状态)下 1 单位最终产品产出

j 所投入的中间产品 i 的数量,1 单位最终产品可能需要多种中间产品,因此需要将所有的中间产品加总;a_{ij} 为未征税情况(即自由贸易状态)下的中间投入系数 $\left(a_{ij}=\dfrac{q_{ij}p_i^w}{p_j^w}\right)$,表示在 1 单位最终产品 j 的总价格中中间产品 i 所占的比重。

以征税后的国内价格衡量的单位产出增加值(v_j^d)为:

$$v_j^d = p_j^w(1+t_j) - \sum_i q'_{ij}\big[p_i^w(1+t_i)\big] = p_j^w(1+t_j)\Big[1-\sum_i a'_{ij}\Big] \tag{7.4}$$

其中,t_j 和 t_i 分别表示最终产品 j 和中间产品 i 的名义关税率(从价税税率)。q'_{ij} 表示征税以后 1 单位最终产品产出 j 所投入的中间产品 i 的数量,1 单位最终产品可能需要多种中间产品,因此需要将所有的中间产品加总;a'_{ij} 为征税以后的中间投入系数 $\left[a'_{ij}=\left(\dfrac{q'_{ij}p_i^w}{p_j^w}\right)\left(\dfrac{1+t_i}{1+t_j}\right)\right]$,表示在 1 单位最终产品 j 的总价格中中间产品 i 所占的比重。

以上之所以区分未征税和征税这两种情况下的单位产出的投入(数量和价值)的差异(q_{ij} 和 q'_{ij},a_{ij} 和 a'_{ij}),主要是因为对产品征税会引起投入要素和投入产品的相互替代,因而可能会改变中间投入系数。

如果 $q'_{ij}=q_{ij}$,则征税前后中间投入系数之间的关系为 $a'_{ij}=a_{ij}\left(\dfrac{1+t_i}{1+t_j}\right)$,于是由以上各式可推出征税之后(最终)产品 j 的实际关税率(ERP_j)为:

$$
\begin{aligned}
ERP_j &= \frac{p_j^w(1+t_j)\Big[1-\sum_i a'_{ij}\Big] - p_j^w\Big(1-\sum_i a_{ij}\Big)}{p_j^w\Big(1-\sum_i a_{ij}\Big)} = \frac{(1+t_j)\Big[1-\sum_i a'_{ij}\Big] - \Big(1-\sum_i a_{ij}\Big)}{\Big(1-\sum_i a_{ij}\Big)} \\[2mm]
&= \frac{(1+t_j)\Big[1-\sum_i a'_{ij}\Big] - \Big[1-\sum_i a'_{ij}\left(\dfrac{1+t_j}{1+t_i}\right)\Big]}{\Big[1-\sum_i a'_{ij}\left(\dfrac{1+t_j}{1+t_i}\right)\Big]} = \frac{(1+t_j)\Big[1-\sum_i a'_{ij}\Big]}{\Big[1-\sum_i a'_{ij}\left(\dfrac{1+t_j}{1+t_i}\right)\Big]} - 1
\end{aligned}
$$

$$\tag{7.5}$$

在实际计算中,式(7.5)中的中间投入系数 a'_{ij}(这是征税以后的中间投入系数;而 a_{ij} 则为自由贸易状态下的中间投入系数,这是理想的而非实际的中间投入系数)可以基于投入—产出表计算得到。最终产品 j 的名义关税率(t_j)和中间产品 i 的名义关税率(t_i)则可以从一国的关税税则或关税表中查得。

(3)名义关税率与实际关税率的关系。

从定性的角度看,名义关税率只衡量关税对某种产品的国内市场价格的影响;而实际关税率则衡量关税对某种产品在生产过程中的增加值所产生的影响,它不仅反映关税对最终产品价格的影响,还反映关税对中间产品价格的影响。这其中隐含的基本逻辑是,对最终产品所消耗的中间产品征收关税,会提高最终产品的生产成本,降低最终产品生产过程的增值,从而降低对最终产品的保护。因此,一个与进口产品相竞争的行业中的企业,不仅要受到对进口产品征收关税的影响,而且要受到对所使用的中间产品征收关税的影响。

从定量的角度看,根据式(7.5)可知:由于 a'_{ij} 为常数且 $\sum_i a'_{ij} < 1$,所以最终产品 j 的实际关税率(ERP_j)与最终产品 j 的名义关税率(t_j)、中间产品 i 的名义关税率(t_i)之间就存在以下关系:

第一,在中间产品 i 的名义关税率(t_i)既定的情况下,最终产品 j 的名义关税率(t_j)越高(或越低),最终产品 j 的实际关税率(ERP_j)就越高(或越低),因为 $\dfrac{\partial ERP_j}{\partial t_j} > 0$。

第二,在最终产品 j 的名义关税率(t_j)既定的情况下,中间产品 i 的名义关税率(t_i)越高(或越低),最终产品 j 的实际关税率(ERP_j)则越低(或越高),因为 $\dfrac{\partial ERP_j}{\partial t_i} < 0$。

第三,如果最终产品 j 的名义关税率(t_j)大于中间产品 i 的名义关税率(t_i),则最终产品 j 的实际关税率(ERP_j)大于最终产品 j 的名义关税率(t_j),即 $t_j > t_i \Rightarrow ERP_j > t_j$。

第四,如果中间产品 i 的名义关税率(t_i)大于最终产品 j 的名义关税率(t_j),则最终产品 j 的实际关税率(ERP_j)小于最终产品 j 的名义关税率(t_j),即 $t_j < t_i \Rightarrow ERP_j < t_j$;而且如果中间产品 i 的名义关税率(t_i)充分地大于最终产品 j 的名义关税率(t_j),则最终产品 j 的实际关税率(ERP_j)可能变为负数,即不仅得不到实际保护,反而促进进口。

第五,如果中间产品 i 的名义关税率(t_i)与最终产品 j 的名义关税率(t_j)相等,则最终产品 j 的实际关税率(ERP_j)等于最终产品 j 的名义关税率(t_j),即 $t_j = t_i \Rightarrow ERP_j = t_j$。

(4)案例分析。

首先是一个假想的例子。

假定在自由贸易条件下,1 千克棉纱的到岸价格折成人民币为 20 元(即 $p_j^w = 20$),其投入原棉价格为 15 元(即 $p_i^w = 15$),占其最终品(棉纱)价格的 75%(即 $a_{ij} = 0.75$),余卜的 5 元是"自由贸易状态下单位产出增加值" $\left(\text{即 } v_j = p_j^w \left(1 - \sum_i a_{ij} \right) = 5 \right)$,假设不考虑所有其他投入。如果进口原棉在国内加工棉纱,且 $q'_{ij} = q_{ij}$,则可以考察对原棉和棉纱征收关税后,原棉的实际关税率的变化情况。

第一,对棉纱进口征税 10%(即 $t_j = 0.1$),原棉进口免税(即 $t_i = 0$),这时 $a'_{ij} = 0.75 \times (1/1.1) \approx 0.68$。根据式(7.5)可得棉纱的实际关税率为 $ERP_j = 0.408$,即当最终产品的名义关税率大于中间产品的名义关税率时,最终产品的实际关税率大于对其征收的名义关税率。

第二,对棉纱进口征税 10%,其原料原棉进口也征税 10%,这时 $a'_{ij} = a_{ij} = 0.75$。根据式(7.5)可得棉纱的实际关税率为,$ERP_j = 0.1$,即当最终产品的名义关税率与中间产品的名义关税率相等时,最终产品的实际关税率等于对其征收的名义关税率。

第三,对棉纱进口征收 8% 的关税,而对原棉进口征税 10%,这时 $a'_{ij} = 0.75 \times (1.1/1.08) \approx 0.76$。根据式(7.5)可得棉纱的实际关税率为 $ERP_j = 0.037$,即当中间产品的名义关税率高于最终产品的名义关税率时,最终产品的实际关税率小于对其征收的名义关税率。

第四,若对棉纱免税,而对原棉进口征税 10%,这时 $a'_{ij} = 0.75 \times 1.1 = 0.825$。根据式(7.5)可得棉纱的实际关税率为 $ERP_j = -0.30$,即当原棉的名义关税率充分地大于棉纱的名义关税率时,则棉纱的实际关税率变为负数,被鼓励进口。

其次是有关中国对小轿车的保护水平的案例。

2001 年 12 月 11 日,中国正式加入 WTO。对于排量在 1.5—2.5 升的小轿车(税号为 87033230)及其对应的主要零部件(中间产品)而言,在中国"入世"之日与最终承诺兑现的名义关税率如表 7.9 所示。

表 7.9 1.5—2.5 升排量的小轿车及其主要零部件的名义关税率

税 号	商品描述	加入之日的名义关税率(%)	最终承诺兑现的名义关税率(%)
87033230	小轿车	51.9	25
87060022	装有发动机的底盘	16	10
87071000	车身(包括驾驶室)	46	10
87081000	缓冲器(保险杠)及其零件	24.6	10
87082920	安全气囊装置	35.7	10
87082930	车窗玻璃升降器	24.6	10
87083100	装在蹄片上的制动摩擦片	24.6	10
87084091	变速箱	34	10
87087090	车轮及其零件、附件	27.5	10
87088010	悬挂减震器	27.5	10
87089100	散热器(水箱)	24.6	10
87089200	消声器(排气管)	24.6	10
87089390	离合器及其零件	27.5	10
87089490	转向盘、转向柱及转向器	30	10

资料来源:石广生主编:《中国加入世界贸易组织法律文件导读》,人民出版社 2002 年版,第 593—600 页。

根据表 7.9,可以分别计算出 1.5—2.5 升排量的小轿车(整车)及其主要零部件的名义关税率的变化对小轿车(整车)实际关税率的影响。

比如,先只考虑装有发动机的底盘的名义关税率的变化对小轿车(整车)实际关税率(ERP_j)的影响[①],我们令中间投入系数 a'_{ij} 为一常数,则:

第一步,在中国"入世"之日,因为 $t_j = 0.519$,$t_i = 0.16$,所以 $ERP_j = (0.519 -$

---

① 实际上,一辆车的生产需要很多中间投入,这里假定只考虑一种中间投入。

$0.21a'_{ij})/(1-1.309a'_{ij})$。

第二步,在中国的最终承诺兑现时,因为 $t_j=0.25$,$t_i=0.10$,所以 $ERP_j=(0.25-0.114a'_{ij})/(1-1.136a'_{ij})$。

第三步,1.5—2.5升排量的小轿车(整车)的实际关税率的变化为:$\Delta ERP_j=(0.25-0.114a'_{ij})/(1-1.136a'_{ij})-(0.519-0.21a'_{ij})/(1-1.309a'_{ij})$。假设装有发动机的底盘占小轿车(整车)价格的比重 $a'_{ij}=0.3$,则 $\Delta ERP_j=0.327-0.751=-0.424$。

由此证明,中国"入世"同时降低小轿车(整车)和装有发动机的底盘的名义关税率,但由于各自降低的幅度不同,前者下降的幅度更大,所以小轿车(整车)的实际关税率是趋于下降的。

2.关税的水平与结构分析

(1)关税水平。

以上讨论的关税水平计算主要是针对特定产品的。如果要得出特定产业或一个国家的总体关税水平(或关税保护程度),则需要考虑如何计算平均关税率。这也是一国进行关税谈判必须面对的问题。平均关税率的计算方法主要有简单平均法和加权平均法。

简单平均法就是基于一国或一产业所有税目的名义关税率或实际关税率,直接计算出它们的算术平均值,不考虑每个税目实际的进口数量。由于不同税目的名义关税率或实际关税率可能相差较大,有些产品可能被征收禁止性关税,所以很少或根本没有进口,而有些大量进口的商品则是低税或免税的,因此,这种计算方法必然会把贸易中的重要税目和次要税目以同样的分量加以计算,这显然是不合理的。所以简单平均法不能如实反映一国或一产业的关税水平。

加权平均法就是以进口产品的数量或价值作为权重,对一国或一产业所有税目的名义关税率或实际关税率进行加权平均计算。

比如,某一个产业有 A、B、C 三种产品,各自的进口值、名义关税率及由此计算出的该产业的算术平均名义关税率和加权平均名义关税率如表 7.10 所示。

表 7.10　平均的名义关税率

	A	B	C
进口值(万元)	100	40	60
名义关税率	10%	20%	30%
算术平均名义关税率	(10%+20%+30%)/3=20%		
加权平均名义关税率	$\dfrac{100}{100+40+60}\times10\%+\dfrac{40}{100+40+60}\times20\%+\dfrac{60}{100+40+60}\times30\%$ $=5\%+4\%+9\%=18\%$		

(2)关税结构。

关税结构又称关税税率结构,是指一国各类产品关税税率(包括名义关税率和实际关税率)之间的相互关系。

世界各国因其国内经济结构、产业结构及进出口产品结构存在差异,关税结构也各不相同。但一般表现为:资本品税率较低,消费品税率较高;生活必需品税率较低,奢侈品税率较高;本国不能生产的商品税率较低,本国能够生产的商品税率较高。另外一个突出的特征是,关税税率随产品加工程度的逐渐深化而不断提高。最终产品的关税税率高于中间产品的关税税率,中间产品的关税税率高于原材料和初级产品的关税税率。这种关税结构现象被称为关税升级(tariff escalation)或阶梯式关税结构。这在全球价值链分工背景下尤为常见。

前面讨论的实际关税率理论可以很好地解释这种关税升级现象。原材料和中间产品的进口关税率与最终产品的进口关税率相比越低,对有关加工制造业最终产品的实际保护率(实际关税率)则越高。关税升级使得一国可以对最终产品征收比其所用的中间投入品更高的关税,这样该最终产品的实际关税率将大于其名义关税率。

因此,考察一国对某产品或行业的保护程度,不仅要考察该产品或行业本身的名义关税税率,还要考察该产品或行业所用各种投入品的名义关税税率,即要考察涉及整个价值链或产业链的关税结构。这对于一国确定进口关税税率或进行关税谈判都有重要意义。

比如,我们可以观察一下表7.11所列的美国、日本和韩国的关税结构。表中显示,三国都十分注重保护其服装行业(实际关税率都远大于名义关税率);日本和韩国对农业的保护也很显著。尤其令人关注的是,韩国的农业保护如此之高,以至于使其食品行业的实际关税率为负,尽管该行业受到11.7%的名义关税率的保护。

表 7.11 美国、日本和韩国几种产业的名义与实际关税率(%)

产业	美 国		日 本		韩 国	
	名义关税率	实际关税率	名义关税率	实际关税率	名义关税率	实际关税率
农 业	1.80	1.91	18.40	21.40	72.3	85.7
食 品	4.70	10.16	25.40	50.31	11.7	−27.6
服 装	22.70	43.30	13.80	42.20	29.0	93.8
土 产 品	1.70	1.72	0.30	−30.59	8.6	6.5
化工产品	2.40	3.66	4.80	6.39	28.5	50.9
钢 铁	3.60	6.18	2.80	4.34	12.9	31.5
机电产品	4.40	6.34	4.30	6.73	26.2	44.8
运输设备	2.50	1.94	1.50	0.03	31.9	12.4

注:美国和日本为1986年的数据,韩国为1982年的数据。

资料来源:Markusen, James, James Melvin, William Kaempfer and Keith Maskus, 1995, *International Trade: Theory and Evidence*, New York:McGraw-Hill, Inc., 262, Table 15.1.

7.2.2 非关税措施的衡量

了解各种非关税措施之后,接下来的问题是如何衡量它们的保护程度。总体上说,对于贸易保护措施的衡量有直接方法和间接方法之分:前者是基于对一项明确政策或做法(比如进口配额或对外国服务提供者的规制)的观察;后者则通过观察实际经济绩效与自由贸易下的预期经济绩效之间的偏差来推断贸易保护或贸易壁垒的存在。在具体的衡量实践中,有以下两种方法。①

1. 基于价格比较的衡量方法

该种方法是根据国内外的价格差异或价格楔子(price wedge)来衡量非关税措施的。如果关于价格的数据很充分的话,那么就可以直接比较进口品的国内价格和国际价格,找出引起国内外价格差异的原因。该种方法隐含的基本逻辑是:如果市场不存在进入壁垒的话,那么这样的市场将是竞争性的,市场价格将趋近于企业的长期边际成本。但如果存在进入壁垒的话,价格与边际成本之间就会出现差异或楔子。由于低成本的提供者被排除在市场之外或者由于被保护企业不是以最低成本来运营,那么成本本身将提高,这时的价格也将高于没有市场壁垒时的价格。但由于很难获取这两种价格,所以通常比较存在非关税措施情形下的本国价格和外国价格。利用本国产品和进口产品的贸易数量及供给弹性和需求弹性进行调整,可以大致估算出没有壁垒时的价格。另外,也可以将非关税措施转换为关税等值(tariff equivalent),即所谓的"关税化"(tariffication),从而求出价格差异。②

不过,该种方法存在一些局限:(1)只能量化市场上的一系列壁垒的效应,但很难识别各个特定壁垒。(2)该方法有一个假设前提,即进口品与国产品是可以完全替代的,它们之间的差异可以忽略不计。如果进口品仅占据较小的市场份额或进口品对国产品是不完全替代的,那么国内外价差可能由于供给弹性和需求弹性的国际差异而发生变化。而且,外国和本国的企业从非关税措施中寻租的能力差异也会影响价格。如果出口企业能够实施价格歧视,那么价格差异也同时会反映除非关税措施以外的寻租的影响。(3)实际计算比较困难。对于大规模的经验分析而言,可获得的数据通常太过笼统,无法反映进口品的质量差异。因此,该种方法可以用于少量的案例研究,比如针对标准化的特定产品。

2. 基于存量指标的衡量方法

该方法的基本思路是罗列遭受进口国实施的贸易壁垒的目录清单,估计贸易受这些非关税壁垒影响的范围和程度。该方法的测算主要基于三类信息资源:一是法规本身的数据,比如采用法规数量和法规文本页数作为统计变量或代理变量;二是有关频率数据或者产品被阻碍的数据,包括限制数量、发生频率、进口覆盖率等;三是有关就歧视性法规提出指控的数据及国际机构(比如 WTO)对这些案件的通报数据。基于存量指标的衡量方法在一定程度上弥补了前一种方法的缺陷,它可以计算出非关税措施在某一部门

---

① Deardorff, Alan and Robert Stern, 1998, "Measurement of Non-Tariff Barriers", OECD Economics Department Working Papers No.179. Baldwin, Robert, 1989, "Measuring Non-Tariff Trade Policies", NBER Working Paper No.W2978.

② 这与后文讨论的综合贸易成本(或关税等值)有关。

针对某一个或某一组国家发生的频率,从而评估贸易受到非关税措施影响的范围和程度。以下重点介绍频率和覆盖率这两种被广泛采用的方法。

(1) 非关税措施的频率。

非关税措施的频率是指进口国的产品(对应关税税则号)受到一种或多种非关税措施影响的比例。用公式表示为:

$$F_{jt} = \left[\frac{\sum (D_{it} M_{it})}{\sum M_{it}} \right] \times 100 \tag{7.6}$$

其中,F_{jt} 表示进口国在时间(年份)t 对来自国家 j 的进口品实施非关税措施的频率。F_{jt} 的值越大,非关税措施的使用就越频繁,反之则相反。下标 i 为进口国进口品的关税税号(对应相应的进口产品),$i = 1, 2, \cdots, n$。D_{it} 是虚拟变量,当该税号产品存在非关税措施时,$D_{it} = 1$;当该税号产品没有非关税措施时,$D_{it} = 0$。M_{it} 表示有否来自任何出口国的进口产品 i,也是一个虚拟变量,当有进口时,$M_{it} = 1$;当没有进口时,$M_{it} = 0$。$\sum (D_{it} M_{it})$ 表示所要考察的产品类别中受到非关税措施影响的税则号产品数。$\sum M_{it}$ 表示所要考察的产品类别中所包括的税则号总数。

由式(7.6)可知,非关税措施的频率仅仅考虑限制措施是否存在,不涉及相关进口价值。这样,只要非关税措施不完全排除从一个出口国的进口,其必受非关税措施的影响;但如果来自某些出口国的进口量被完全排除掉,非关税措施的影响就可能被低估。该种方法未考虑受到影响的产品的相对价值,没有体现贸易额权重的影响,而下一种方法则考虑了这一影响。

(2) 非关税措施的覆盖率。

非关税措施的覆盖率(或称进口覆盖率)是指以进口额为权重的一进口国在给定的产品集合水平上实施非关税措施的频率。[①]用公式表示为:

$$C_{jt} = \left[\frac{\sum (D_{it} V_{iT})}{\sum V_{iT}} \right] \times 100 \tag{7.7}$$

其中,C_{jt} 表示进口国在时间(年份)t 对来自国家 j 的进口品实施非关税措施的覆盖率。C_{jt} 的值越大,非关税措施的覆盖面也越大,反之则相反。下标 i 为进口国进口品的关税税号(对应相应的进口产品),$i = 1, 2, \cdots, n$。D_{it} 是虚拟变量,当该税号产品存在非关税措施时,$D_{it} = 1$;当该税号产品没有非关税措施时,$D_{it} = 0$。下标 T 代表作为进口权重的年度。V_{iT} 表示该进口国来自所有出口国的关税税号 i 对应产品的进口价值。$\sum V_{iT}$ 表示该进口国来自所有出口国的所有关税税号对应产品的总进口价值。

不过,非关税措施的覆盖率指标有一个缺陷,就是进口价值权重是内生的,即进口价

---

① 对于出口国来说,其出口遭受的非关税措施的覆盖率是指其在给定的产品集合水平上遭受非关税措施的频率。

值权重本身会受到非关税措施的影响。如果某类产品遭受严格的(甚至禁止性的)非关税措施,导致进口减少,则其计算权重就会降低(甚至为零),进而覆盖率可能被低估。相反,非关税措施的削减可能导致该产品进口增加,于是计算权重会变大,进而覆盖率会上升。

针对这一缺陷,可以考虑两种设定权重的方法:第一种是对所有年份使用同一年的进口额作为权重。如果用固定年份的进口额权重来计算覆盖率,则覆盖率的变化仅仅是因为各国非关税措施的实施情况发生了变化,而不是因为受到同样措施影响的进口价值发生了变化。第二种是用当年的进口额作为权重。这样计算出来的覆盖率可以综合反映非关税措施的实施范围及进口价值的变化。

尽管以上两种衡量方法都有各自的缺陷,但它们能够在一定程度上反映贸易受非关税措施影响的程度。这些指标还可以与第4章讨论的贸易引力模型结合起来,对双边贸易流进行经济计量分析。

7.2.3 综合贸易成本(关税等值)的衡量

由于数据的局限,现实经济中存在的大量的贸易壁垒无法直接得到测算。为此,丹尼斯·诺维(Dennis Novy)提出了一个测算综合贸易成本的方法[1]。该测算方法是综合性的,因为它不仅涵盖所有显性贸易成本(包括运输成本、关税等)与隐性贸易成本(包括语言壁垒、红头文件、政治关系壁垒等),还隐含地包括消费偏好的影响[2],所以可以看作是用关税等值表示的贸易成本的上限。此外,该方法将贸易成本视为国内外贸易量的函数,因此很容易基于贸易数据(包括时间序列与面板数据)进行计算。

诺维的分析是从安德森(Anderson)和范温库普(Van Wincoop)的多国一般均衡国际贸易模型[3]开始的。假定每个国家都拥有与其他国家不同的单一产品;最优化的消费者消费不同品种的本国与外国产品,国家之间的消费者偏好相同并可用不变替代弹性效用函数表示。该模型假定存在外生的双边贸易成本。令 p_h 是本国(h)产品的净供给价格,那么 $p_{hf}=p_h \times t_{hf}$ 就是外国(f)消费者面对的该产品的价格。其中,$t_{hf} \geqslant 1$ 表示双边贸易总成本因子,即等于1加上关税等值。由此推导出带有贸易成本的引力方程:

$$T_{hf} = \frac{y_h y_f}{y^W}\left(\frac{t_{hf}}{\Pi_h P_f}\right)^{1-\sigma} \tag{7.8}$$

其中,T_{hf} 表示本国向外国的名义出口,y_h 与 y_f 分别表示本国与外国的名义收入,$y^W(\equiv \sum_c y_c)$ 表示世界收入。$\sigma>1$ 表示产品之间的替代弹性。Π_h 和 P_f 分别表示本国

① Novy, Dennis, 2013, "Gravity Redux: Measuring International Trade Costs with Panel Data", *Economic Inquiry*, 51(1), 101—121.

② 本国偏好(home bias in preferences)相当于较低的国内贸易壁垒。

③ Anderson, James and Eric Van Wincoop, 2003, "Gravity with Gravitas: A Solution to the Border Puzzle", *American Economic Review*, 93(1), 170—192.

和外国的价格指数,并分别被称为外向多边阻力变量和内向多边阻力变量,这两个多边阻力变量包括与其他所有贸易伙伴的贸易成本。式(7.8)表明,在其他条件给定时,国家越大,彼此之间的贸易就越多,但双边贸易成本(t_{hf})会减少双边贸易量。

在经验分析中,贸易成本通常作为边境壁垒和地理距离这两个代理变量的函数,但多边阻力变量难以找到合适的代理变量。为此,首先给出与式(7.8)相对应的本国国内贸易(T_{hh})的引力方程,并求出两个多边阻力变量的乘积:

$$\Pi_h P_h = \left(\frac{T_{hh}/y_h}{y_h/y^W}\right)^{\frac{1}{\sigma-1}} t_{hh} \tag{7.9}$$

同样地,也给出与式(7.8)相对应的外国国内贸易(T_{ff})的引力方程,并求出两个多边阻力变量的乘积。然后,给出与式(7.8)相对应的外国对本国出口(T_{fh})的引力方程,并将该方程与式(7.8)的两端各自相乘,得:

$$T_{hf} T_{fh} = \left(\frac{y_h y_f}{y^W}\right)^2 \left(\frac{t_{hf} t_{fh}}{\Pi_h P_h \Pi_f P_f}\right)^{1-\sigma} \tag{7.10}$$

把从两国国内贸易的引力方程求出的多边阻力变量乘积代入式(7.10),得:

$$\frac{t_{hf} t_{fh}}{t_{hh} t_{ff}} = \left(\frac{T_{hh} T_{ff}}{T_{hf} T_{fh}}\right)^{\frac{1}{\sigma-1}} \tag{7.11}$$

进一步变换,得到:

$$\tau_{hf} \equiv \left(\frac{t_{hf} t_{fh}}{t_{hh} t_{ff}}\right)^{\frac{1}{2}} - 1 = \left(\frac{T_{hh} T_{ff}}{T_{hf} T_{fh}}\right)^{\frac{1}{2(\sigma-1)}} - 1 \tag{7.12}[1]$$

其中,τ_{hf}衡量的是双边贸易成本($t_{hf} t_{fh}$)与国内贸易成本($t_{hh} t_{ff}$)的相对值的几何平均,减去1是便于用关税等值来表示贸易成本。该方法无需假定国内贸易是没有摩擦的,而是捕捉那些使得国际贸易成本高于国内贸易成本的因素。我们可以基于国内外贸易、产品替代弹性等数据进行计算。

本章小结

在现实世界中,影响国际贸易的政策措施比比皆是,包括关税和非关税措施。本章不仅从定性的角度分析了这些政策措施,而且还从定量的角度讨论了如何对这些政策措施进行评估。我们讨论各种国际贸易政策措施或工具的目的是要弄清楚它们的特点、衡量方法及影响,而非鼓励各国使用这些工具或措施来对其国内市场加以保护。

---

[1]　Novy(2013)还推导出与 Eaton 和 Kortum(2002)的李嘉图模型、Chaney(2008)及 Melitz 和 Ottaviano(2008)的异质性企业贸易模型相一致的贸易成本测算公式,其基本形式与式(7.12)相对应。

本章关键词

关税 进口关税 出口关税 过境税 从量税 从价税 混合税 选择税 进口附加税 倾销 反倾销税 补贴 反补贴税 差价税 特惠税 普遍优惠制 海关税则 非关税措施 "灰色区域"措施 进口配额 绝对配额 关税配额 进口押金制度 最低限价 进口许可证制度 国营贸易 歧视性政府采购政策 国内税 外汇管制 海关程序 技术性贸易壁垒 与贸易有关的投资措施壁垒 知识产权 与贸易有关的知识产权壁垒 "自愿"出口限制 出口信贷 出口补贴 商品倾销 外汇倾销 出口管制 名义关税率 实际关税率 关税结构 关税升级 关税化 非关税措施的频率 非关税措施的覆盖率 综合贸易成本 关税等值 多边阻力

本章思考题

1. 一国的关境与国境有何异同?

2. 从量税和从价税有何异同? 如何确定从价税的计征标准?

3. 实施反倾销措施的基本条件是什么? 如何确定进口品的"正常价值"?

4. 实施反补贴措施的基本条件是什么? 什么是"专向性补贴"?

5. 什么是普遍优惠制? 它的主要原则和目的是什么?

6. 非关税措施的特点是什么? 有哪些主要形式? 为什么非关税措施日趋以"灰色区域"措施形式出现?

7. 什么是与贸易有关的投资措施壁垒? 它有哪些表现形式?

8. 什么是与贸易有关的知识产权壁垒?

9. 什么是"自愿"出口限制? 它与进口配额的差异何在?

10. 出口鼓励措施主要有哪些表现形式?

11. 名义关税率与实际关税率之间的关系如何?

12. 如何理解全球价值链分工与实际关税率的关系?

13. 什么是关税升级? 如何解释关税升级现象?

14. 如何衡量非关税措施的保护程度?

15. 试分析综合贸易成本(关税等值)测算方法的基本原理。

16. 根据表 7.9,计算其他几种情况下的小轿车(整车)实际关税率的变化。

17. 查找中国"入世"时对进口关税的相关承诺数据,并基于本章介绍的相关理论与知识,实证分析中国名义关税率和实际关税率的行业差异及其相互关系。

18. 以 2018 年开始的中美贸易摩擦为背景,查找、比较中美两国的关税差异。

19. 查找中国等国的相关数据,分析中国出口面临的和针对进口所采取的非关税措施及其保护程度(建议采用非关税措施的频率和覆盖率方法)。

20. 查找中国等国的相关数据,比较分析中国的双边综合贸易成本(关税等值)及其变化趋势。

附录 7A　非关税措施的分类

非关税措施种类繁多,这里介绍两种具体的分类方法:

7A.1　根据非关税措施的初始动机是否限制贸易或导致贸易扭曲进行划分

如表 7A.1 所示,非关税措施基于该种划分方法可分为三大类:(1)带有限制贸易或导致贸易扭曲意向的非关税措施;(2)仅有次级贸易限制意向或效果的非关税措施;(3)没有贸易限制意向但对贸易产生溢出效应(spillover effect)的非关税措施。这三大类又可进一步分为数量限制型措施和影响价格或成本的限制措施。

表 7A.1　基于初始动机的非关税措施划分

	限制贸易或导致贸易扭曲	次级贸易限制倾向	对贸易有溢出效应
数量限制型措施	(1) 全球配额; (2) 双边进口配额; (3) 限制性许可证; (4) 自由(一般)许可证; (5) "自愿"出口限制; (6) 禁运; (7) 政府采购; (8) 国营贸易; (9) 当地含量要求	(1) 通信限制; (2) 广告限制	(1) 政府对制造和分配的垄断; (2) 政府的结构性和区域性发展政策; (3) 国际收支措施; (4) 多重税制; (5) 多重社会保障; (6) 多重折旧制; (7) 政府自主的房屋、航天和非军事项目的溢出效应; (8) 政府采购导致的规模效应; (9) 多重国家标准、条例和实践; (10) 外部运费和政府制裁性的国际运输协定; (11) 港口转运成本
影响价格或成本的限制措施	(1) 可变进口关税; (2) 进口存款制; (3) 反倾销税; (4) 反补贴税; (5) 对进口竞争者的补贴; (6) 进口商信贷限制; (7) 进口竞争者的税收优惠; (8) 歧视性运费; (9) 国际商品协定; (10) 市场秩序协定	(1) 包装和标签; (2) 卫生检疫; (3) 安全和工业标准; (4) 边境税收调整; (5) 使用者税收和消费税; (6) 海关通关程序; (7) 海关分类; (8) 海关估价; (9) 外汇限制; (10) 排放条例; (11) 政府对进口竞争行业提供 R&D 及相关支持	

资料来源:Grimwade, Nigel, 1996, *International Trade Policy:A Contemporary Analysis*, London:Routledge, 55。

7A.2 联合国贸发会议的分类

为应对贸易政策工具日益复杂的挑战，1994 年，联合国贸发会议开始收集并分类界定非关税措施（NTMs）。2006 年，联合国贸发会议秘书长决定设立两个小组：一个是"非关税壁垒知名人士小组"（Group of Eminent Persons on Non-tariff Barriers, GNTB）；另一个是"多机构支持小组"[Multiagency Support Team（MAST）group]，该小组涉及的机构包括国际粮农组织、国际货币基金组织、国际贸易中心、经济合作与发展组织、联合国贸发会议、联合国工业发展组织、世界银行及世界贸易组织。前一个小组负责对 NTMs 进行定义，后一个小组负责对 NTMs 进行分类并构建数据库。这是 TRAINS（Trade Analysis and Information System）数据库的来历。根据该数据库，所有 NTMS 被分为与进口有关的措施及与出口有关的措施两大类，如表 7A.2 所示。

表 7A.2 联合国贸发会议 TRAINS 的非关税措施分类

大　类		细分类别
与进口有关的措施（Import-related measures）	技术性措施（Technical measures）	A. 卫生与动植物卫生措施[sanitary and phytosanitary（SPS）measures]
		B. 技术性贸易壁垒（technical barriers to trade, TBT）
		C. 装运前检验及其他手续（pre-shipment inspections and other formalities）
	非技术性措施（Non-technical measures）	D. 依情况而定的贸易保护措施（contingent trade-protective measures）
		E. 非自动的许可、配额、禁令和数量控制措施（non-automatic licensing, quotas, prohibitions and quantity-control measures）
		F. 价格控制措施，包含额外的税费（price-control measures, including additional taxes and charges）
		G. 金融措施（finance measures）
		H. 影响竞争的措施（measures affecting competition）
		I. 与贸易有关的投资措施（trade-related investment measures）
		J. 分销限制（distribution restrictions）
		K. 售后服务限制（restrictions on post-sales services）
		L. 补贴，不含出口补贴（subsidies excl. export subsidies）
		M. 政府采购限制（government procurement restrictions）
		N. 知识产权（intellectual property）
		O. 原产地规则（rules of origin）
与出口有关的措施（Export-related measures）		P. 出口税、出口补贴、出口禁令等（export taxes, export quotas or export prohibitions）

资料来源：UNCTAD TRAINS 数据库（trains.unctad.org）。

8

国际贸易政策效应分析

本章学习目标

本章将重点讨论国际贸易政策的效应,首先分析完全竞争市场下的贸易政策效应,然后分析不完全竞争市场结构下的贸易政策效应,最后从经验实证的角度分析国际贸易政策的基本动因及影响。

通过本章的学习,我们可以:
- 理解不同市场结构下贸易政策效应的差异;
- 了解局部均衡分析和一般均衡分析的基本方法;
- 理解大国和小国实施国际贸易政策措施的异同;
- 理解各主要国际贸易政策措施的经济效应及其异同;
- 理解完全垄断市场结构下的国际贸易政策效应;
- 理解寡头市场结构下的国际贸易政策效应;
- 理解垄断竞争市场结构下的国际贸易政策效应;
- 了解国际贸易政策的基本动因;
- 了解有关国际贸易政策效应分析的统一框架。

通过第 7 章的讨论,我们已经了解关税与非关税措施的特点及衡量方法,但尚未分析国际贸易政策措施涉及的另外两个基本问题:贸易政策会产生什么影响与贸易政策是如何产生的。本章将集中讨论这些问题,分析完全竞争市场下和不完全竞争市场结构下的贸易政策效应,以及分析国际贸易政策的基本动因及影响。

8.1 引言

本章第 8.2 节和第 8.3 节将按照表 8.1 设定的分析框架来安排。本章第 8.2 节将主要分析完全竞争市场下的国际贸易政策效应,分别考虑贸易政策实施国家为小国和大国两种情形。虽然大国假设意味着进出口数量大的国家对相关产品的进出口实施政策干预会影响相关产品的世界价格,但就该大国国内来说,生产这些相关产品的企业并没有影响产品价格的势力,也就是说,该大国国内受到贸易政策影响的相关产品的微观市场结构仍然是完全竞争的。

本章第8.3节将讨论不完全竞争市场下的国际贸易政策效应。我们将分别考虑完全垄断、寡头和垄断竞争三种情形。市场不完全竞争具体说就是在实施贸易政策的国家,那些受到贸易政策影响的相关产品的微观市场结构是不完全竞争的,单个企业可能影响产品价格。因此,不需要特别假定贸易政策实施国家为"大国"或"小国"。

本章将着重从理论上分析不同贸易政策措施的各种效应(与自由贸易情况相比),并从经验实证的角度对实施贸易政策的动因进行讨论。

表 8.1　国际贸易政策效应分析框架

市场结构	主要情形及分析		贸易政策效应分析
完全竞争	贸易政策实施国家为小国	局部均衡分析	(1) 价格效应,包括国内相对价格效应(国内贸易条件效应)与国际相对价格效应(国际贸易条件效应);
		一般均衡分析	
	贸易政策实施国家为大国	局部均衡分析	
		一般均衡分析	(2) 国内消费效应;
不完全竞争	完全垄断(并假定贸易政策实施国家为小国)*	本国企业在本国市场上完全垄断(domestic monopoly,即本国生产该产品)	(3) 国内生产(资源配置)效应; (4) 贸易效应(进出口总量与结构效应);
		外国企业在本国市场上完全垄断(foreign monopoly,即本国不生产该产品)	(5) 收入分配效应,包括国内(消费者、生产者、政府)收入分配效应与贸易国之间收入分配效应;
	寡头垄断	古诺双寡头	(6) 净福利效应,即实施贸易政策与自由贸易相比
		伯川德双寡头	
	垄断竞争	针对特定的贸易模型进行分析	

注:＊实际上并不需要假定贸易政策实施国家为"大国","小国"的企业也能影响价格,因为进口国的国内没有其他企业生产该产品。对该表所列各种情况的形式化推导可以参见附录8A。

8.2　完全竞争市场下的贸易政策效应

本节将依次采用两种分析方法——只考虑一种进口品(即直接受到贸易政策影响的产品)的局部均衡分析(主要基于供求曲线)与同时考虑进口品和出口品的一般均衡分析(主要基于生产可能性边界和提供曲线),来分别讨论两种情形——小国实施贸易政策和大国实施贸易政策。如果贸易政策实施国家为小国,则受到贸易政策影响的产品的国际价格是刚性的、不变的;而如果贸易政策实施国家是大国,则该产品的国际价格是弹性的、可变的。

8.2.1　局部均衡分析

1. 进口关税

（1）小国情形。

假定一个小国对某产品的供给、需求和贸易状况如图 8.1 所示。横轴表示该产品的数量,纵轴表示该产品的价格,S 和 D 分别代表该产品的国内供给曲线和国内需求曲线。

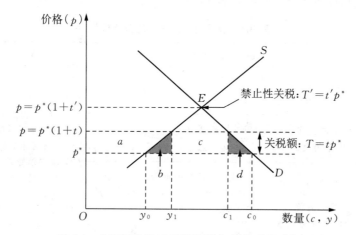

图 8.1　小国征收进口关税的效应:局部均衡分析

注:只有当自由贸易情况下的国际价格低于封闭经济情况下的国内价格时,该国才会进口该产品,否则将出口该产品。

在该国处于封闭经济(或者至少该商品没有贸易)的情况下,S 和 D 的交点为封闭经济下的均衡点 E,由此决定该产品的均衡价格和均衡数量(国内供给＝国内需求)。

在自由贸易情况下,该产品的国内价格 p 等于国际价格(或国外价格)p^*(不考虑贸易成本)。在此价格下,该国对该产品的需求量为 c_0,国内生产量为 y_0,进口量为 (c_0-y_0)。这时,生产者剩余为价格线 $(p=p^*)$ 以下、供给曲线 (S) 以上且与纵轴围成的三角形面积;消费者剩余(consumer surplus)为价格线 $(p=p^*)$ 以上、需求曲线 (D) 以下且与纵轴围成的三角形面积。

如果该小国对该产品的进口征收关税,比如征收从价税,从价税税率为 t。[1]那么,与自由贸易相比,这将产生以下效应(根据表 8.1):

第一,价格效应。由于该国是个小国,因而征收关税后,该进口产品的国际价格保持不变,仍为 p^*。但该产品的国内价格却上升,变为 $p=p^*(1+t)$。因此,国内价格高于国际价格,二者之间的差额为关税额 tp^*。

第二,国内消费效应。征收关税后,该产品的国内价格上升,国内需求因此下降至 c_1,消费的减少量为 (c_0-c_1)。

第三,国内生产效应。征收关税后,该产品的国内价格上升,从而刺激该产品(国内替代进口的产品)的生产扩张,国内供给因此增加至 y_1,增加量为 (y_1-y_0)。这是国内产品对进口品的替代,因此又称为替代效应或保护效应。关税越高,保护程度就越高。当关税高到使 $p=p^*(1+t')$ 时,则为禁止性关税,国内产品完全替代进口品,此时至少该产品没有贸易了。

第四,贸易效应。小国征收关税后,该产品的国内生产增加,国内消费减少,进口量因此从自由贸易时的 (c_0-y_0) 降至 (c_1-y_1)。所以,关税的贸易效应实际上是消费效应和生产效应的综合。

第五,收入分配效应。一是观察征税国国内(消费者、生产者、政府)的收入分配效应,包括以下三点:

首先,政府按税率 t 征税,得到的关税收入为 $(c_1-y_1)\times tp^*$,政府财政收入因此增加。$(c_1-y_1)\times tp^*$ 实际上等于图 8.1 中 c 的面积:在 t 既定时,进口量 (c_1-y_1) 越大,则 c 的面积(即关税收入)就越大;在进口量 (c_1-y_1) 既定时,关税率 t 越高,则 c 的面积(即关税收入)就越大。由于进口量相对于关税率来说具有一定的内生性,即随着关税率的提高,进口量会下降;当关税率高到一定水平之后,进口量将降为零,此时的关税收入也将变为零。

其次,因征税而引起的国内该产品的价格上升使得生产者剩余增加了图中 a 的面积,而 a 的面积大小则取决于关税率 t 及供给曲线的斜率和弹性:在 t 既定时,供给曲线的斜率越小或价格弹性越大,则 a 的面积就越大,即生产者剩余增加得就越多;在供给曲线的斜率或价格弹性既定时,关税率 t 越高,则 a 的面积就越大,即生产者剩余增加得就越多。

最后,因征税而引起的国内该产品的价格上升使得消费者剩余减少了图中 $(a+b+c+d)$ 的面积,而这一面积大小取决于关税率 t 及需求曲线的斜率和弹性:在 t 既定时,需求曲线的斜率的绝对值越大或价格弹性的绝对值越小,则 $(a+b+c+d)$ 的面积就越大,即消费者剩余减少得就越多;在需求曲线的斜率的绝对值或价格弹性的绝对值既定时,关税率 t 越高,则 $(a+b+c+d)$ 的面积就越大,即消费者剩余减少得就越多。

可以看出,在消费者剩余的减少量 $(a+b+c+d)$ 当中,a 为生产者剩余的增加额,c 为政府财政收入的增加额。a 和 c 这两个部分是消费者的损失,但为生产者和政府所得到。而另外两个阴影部分 b 和 d 代表什么呢?看下面的分析。

二是观察贸易国之间的收入分配效应。由于征税国家为小国,其不仅不能影响进口产品的国际价格,也不能影响进口产品的国际供给与需求。也就是说,小国进口所面对的(世界或其他国家的)出口供给弹性无限大,因此小国征收进口关税,关税完全由其本国消费者负担,而贸易伙伴国不会受到损失。

第六,净福利效应。从该小国整体看,与自由贸易相比,征收关税后消费者剩余减少量$(a+b+c+d)$中的a和c只是从消费者转移至生产者和政府,不能算是该国的损失。但另外的b和d则找不到去处,因此是该国征收关税而导致的福利净损失,等于$-(a+b+c+d)+(a+c)=-(b+d)$。其中,d可理解为消费者购买不到(c_0-c_1)而导致的"消费者剩余净损失",b可理解为生产者多生产(y_1-y_0)而引起的边际成本上升(沿着供给曲线),即"生产者效率净损失"。

该国福利净损失$-(b+d)$的大小取决于关税率t及需求曲线和供给曲线各自的斜率和弹性:在t既定时,供给曲线的斜率越小或价格弹性越大,"生产者效率净损失"b就越大;在t既定时,需求曲线的斜率的绝对值越小或价格弹性的绝对值越大,"消费者剩余净损失"d就越大;在需求曲线和供给曲线的斜率和弹性既定时,关税率t越高,福利净损失$-(b+d)$就越大。净福利效应(福利损失)的计算如下:

$$
\begin{aligned}
-(b+d) &= -(a+b+c+d)+(a+c) \\
&= -\frac{1}{2}(c_1+c_0)[p^*(1+t)-p^*] \\
&\quad + \frac{1}{2}(y_1+y_0)[p^*(1+t)-p^*] \\
&\quad + (c_1-y_1)[p^*(1+t)-p^*] \\
&= -\frac{1}{2}[(y_1-y_0)+(c_0-c_1)][p^*(1+t)-p^*] \\
&= -\frac{1}{2}[\overbrace{(c_0-y_0)}^{\text{自由贸易时的进口量}} - \overbrace{(c_1-y_1)}^{\text{征收关税后的进口量}}][p^*(1+t)-p^*] \quad (8.1)
\end{aligned}
$$

以上分析蕴涵着十分重要的政策含义:首先,如果一个小国对进口品征收关税的话,不仅要考虑关税率的高低,还要关注国内对该产品供给与需求的价格弹性,因为不同的情形会导致不同的净福利效应(福利损失)。其次,从理论上讲,小国在完全竞争情况下的最优关税(optimal tariff)是零关税,即实行自由贸易而非限制贸易。

(2) 大国情形。

现扩展到大国情形(见图8.2)。在自由贸易情况下,该产品的国内外价格相等,即$p_0^*=p_0$。在此价格下,该国对该产品的需求量为c_0,国内生产量为y_0,进口量为(c_0-y_0)。如果该大国对该产品的进口征收从价税(税率为t),那么与自由贸易相比,由此产生的相关效应依次为:

第一,价格效应。由于该国是个大国,因而征收关税后,该进口产品的国际价格将下降,由p_0^*降至p^*。该产品的国内价格上升,由p_0升至$p=p^*(1+t)$。国内价格与国际价格之间的差额为单位进口品的关税额,即$T=tp^*$。但需要注意的是,征税之后的国内价格相对于自由贸易时的国内价格的上升幅度要小于单位进口品的关税额,即

$p^*(1+t)-p_0<tp^*=T$，这是因为国际价格下降了。由此可引出关税的"传递效应"[1]，即定义为单位进口品关税额（T）的变化对该产品国内价格的影响，用导数表示为 $\dfrac{\mathrm{d}p}{\mathrm{d}T}$，其中 $p=p^*(1+t)=p^*+T$。如果国内价格的上升幅度小于单位进口品关税额的上升幅度，即 $\dfrac{\mathrm{d}p}{\mathrm{d}T}<1$，则该产品的外国出口商"吸收"一部分关税，即 $\dfrac{\mathrm{d}p^*}{\mathrm{d}T}<0$。[2]而且，关税对国内价格的"传递效应" $\left(\dfrac{\mathrm{d}p}{\mathrm{d}T}\right)$ 越小，外国"吸收"的关税就越多，因而对于征税国家来说就存在正的最优关税，并且这一最优关税将随着关税"传递效应"的降低而提高。特别是，当 $\dfrac{\mathrm{d}p}{\mathrm{d}T}=0$ 时，国内价格保持不变（征税后的价格等于自由贸易时的价格），即关税对国内价格不产生任何"传递效应"，此时 $\dfrac{\mathrm{d}p^*}{\mathrm{d}T}=-1$，这意味着外国将全部"吸收"关税的影响。相反，当 $\dfrac{\mathrm{d}p}{\mathrm{d}T}=1$ 时，则 $\dfrac{\mathrm{d}p^*}{\mathrm{d}T}=0$，这就是前面讨论的小国情形，即当小国征收进口关税时，关税对国内价格的"传递效应"最大，外国不会"吸收"关税产生的任何影响。因此，小国的最优关税为零。不过，现实中的状态更多地是介于这两种极端情形之间。

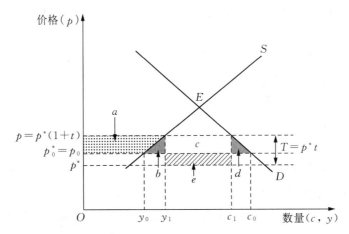

图 8.2 大国征收进口关税的效应：局部均衡分析

第二，国内消费效应。如果征收关税后该产品的国内价格上升，则国内需求将下降（比如在图 8.2 中由 c_0 降至 c_1），消费的减少量为（c_0-c_1），但这一减少量要小于小国情形。如果征收关税后该产品的国内价格与自由贸易相比保持不变，则国内需求也将保持

---

① "传递效应"（pass-through effect）最初是用来描述汇率变动对国内价格的影响。比如，当汇率贬值 $d\%$ 时，国内价格上涨 $p\%$；如果 $p<d$，则"传递效应"系数（p/d）% 小于 100%。有关讨论可以参见 Gandolfo, Giancarlo, 2001, *International Finance and Open-Economy Macroeconomics*, Berlin Heidelberg: Springer-Verlag Chapter 9 and Chapter 17。

② 实际上，就公式 $p=p^*(1+t)=p^*+T$ 两边对 T 求导，可得 $\dfrac{\mathrm{d}p}{\mathrm{d}T}=\dfrac{\mathrm{d}p^*}{\mathrm{d}T}+1$。若 $\dfrac{\mathrm{d}p}{\mathrm{d}T}<1$，则 $\dfrac{\mathrm{d}p^*}{\mathrm{d}T}<0$。

不变(图 8.2 中未画出)。

第三,国内生产效应。如果征收关税后该产品的国内价格上升,则该产品(国内替代进口的产品)的国内生产扩张(比如由 y_0 增至 y_1),增加量为 (y_1-y_0),但这一增加量要小于小国情形。如果征收关税后该产品的国内价格与自由贸易相比保持不变,则国内产出将保持不变。

第四,贸易效应。如果征收关税后该产品的国内生产增加,国内消费减少,进口量因此从自由贸易时的 (c_0-y_0) 降至 (c_1-y_1)。如果征收关税后该产品的国内生产和消费保持不变,则进口量也将保持不变。

第五,收入分配效应。[①]

首先看征收关税后该产品国内价格上升的情形。就政府而言,政府按税率 t 征税,得到的关税收入为 $(c_1-y_1) \times t p^* = c+e$,政府财政收入因此增加。就生产者而言,因征税而引起的国内该产品的价格上升使得生产者剩余增加了图 8.2 中 a 的面积。就消费者而言,因征税而引起的国内该产品的价格上升使得消费者剩余减少了图 8.2 中 $(a+b+c+d)$ 的面积。

在消费者剩余的减少量 $(a+b+c+d)$ 当中,a 为生产者剩余的增加额,c 为政府财政收入的增加额。a 和 c 这两个部分是消费者的损失,但为生产者和政府所得到。政府关税收入中的 e 则由国外转移过来的(征税导致国际价格下降,出口商让度一部分利润)。而另外两个阴影部分 b 和 d 代表什么呢?看下面的分析。

其次看征收关税后该产品国内价格不变的情形。如果征收关税后该产品国内价格保持不变,则生产者和消费者的福利与自由贸易相比没有变化。但政府的关税收入增加了,且全部是由国外转移过来的(图 8.2 中未画出)。

第六,净福利效应。

首先看征收关税后该产品国内价格上升的情形。从该大国整体看,与自由贸易相比,征收关税后消费者剩余减少量 $(a+b+c+d)$ 中的 a 和 c 只是从消费者转移至生产者和政府,不能算是该国的损失。但另外的 b 和 d 则找不到去处,是福利损失。不过,政府关税收入中多出了由国外转移过来的 e。因此,该大国的净福利变化为:

$$e-(b+d)=\overbrace{(c_1-y_1)}^{\text{征收关税后的进口量}} \times \overbrace{(p_0-p^*)}^{\substack{\text{征收关税后的国际价格} \\ \text{低于自由贸易价格的幅度}}} -\frac{1}{2}[\overbrace{(c_0-y_0)}^{\text{自由贸易时的进口量}}$$

$$-\overbrace{(c_1-y_1)}^{\substack{\text{征收关税后} \\ \text{的进口量}}} \times [\overbrace{p^*(1+t)-p_0}^{\substack{\text{征收关税后的国内价格} \\ \text{高于自由贸易价格的幅度}}}] \tag{8.2}$$

该式表明,大国征收进口关税导致的福利净损失要小于小国,而且当净福利变化为正值时,大国征收进口关税不仅不会造成损失,反而会带来净福利的增加。e 越大且

---

①　如同分析小国情形那样,需求曲线和供给曲线的斜率和弹性分析方法也同样适用于这里关于收入分配效应和净福利效应大小及其变化的讨论。

$(b+d)$越小,则净福利的增加就越多。而e的大小主要取决于该国对国际价格的影响力;$(b+d)$的大小则不仅取决于该国对国际价格的影响力,还取决于需求曲线和供给曲线各自的斜率和弹性。

其次看征收关税后该产品国内价格不变的情形。如果征收关税后该产品国内价格保持不变,则不会出现b和d,即不会有福利损失。但由于政府关税收入中多出了e,因此,该大国的净福利变化为e,这总是一个正值,即意味着大国征收进口关税会带来净福利的增加。因此,与小国情形相比,大国可能存在正的最优关税,即征收关税可能会带来净福利的增加。这也许是现实中进口关税非常普遍的原因之一。不过,还有一些其他原因。比如,政府并不总是追求社会净福利最优化目标,还要考虑诸如维持国内与进口竞争的部门的最低产出水平、保护国内就业、追求贸易平衡等因素。①政府的政策抉择也是国内各种政治力量角力和均衡的结果(参见第8.4节的动因分析)。还有一些原因将涉及后面要讨论的不完全竞争情形。

2. 进口配额

(1) 小国情形。

对小国实施进口配额的分析类似于前面关于小国情形进口关税的分析。该国的封闭经济及自由贸易情况与前面相同。假定该小国对进口产品实施进口配额,进口配额为$I_Q=(c_1-y_1)$,进口量不能超过此限,但配额要小于自由贸易情况下的进口量,否则将起不到限制进口的作用(见图8.3)。于是,与自由贸易相比,如果小国实施进口配额且被限制的进口量正好等于小国征收进口关税时的进口量的话,那么实施进口配额所产生的价格效应、国内消费效应、国内生产效应、贸易效应都将与征收进口关税相同。

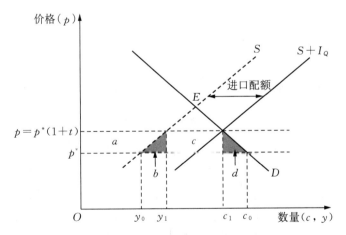

图8.3 小国实施进口配额的效应:局部均衡分析

由于实施进口配额的国家为小国,其进口所面对的(世界或其他国家的)出口供给弹性无限大,因此小国实施进口配额所带来的成本完全由其本国承担,而贸易伙伴国不会受到损失。但就该国国内而言，因实施进口配额而引起的国内该产品的价格上升使得生产者剩余增加了图 8.3 中 a 的面积，但使得消费者剩余减少了图中 $(a+b+c+d)$ 的面积。[①]图 8.3 中 c 的面积在图 8.1 中表现为政府的关税收入，但在这里需谨慎对待。

图 8.3 中 c 的面积实际上等于实施进口配额之后国内外价格差异与进口配额量的乘积：$I_Q \times [p^*(1+t)-p^*] = (c_1-y_1) \times [p^*(1+t)-p^*]$。因此，谁要得到了这些配额，谁就会得到纯利润或"租"（其总额等于 c 的面积）。[②]所以，如何分配这些"配额租"就变得十分重要，这也完全不同于征收进口关税的情形。总结起来，大致存在以下四种分配"配额租"的情形：

第一，将进口配额直接分配给本国国内企业，然后本国企业按照国际价格 p^* 进口，按照国内价格 p 在本国出售，从而获得差额利润。由于本国企业获得了总额等于 c 的面积的"租"，因而由于实施进口配额而造成的福利净损失仍为 $-(b+d)$，这与征收进口关税而造成的福利净损失相等。

第二，在将进口配额分配给本国国内企业的过程中，这些企业为了获得配额而进行一些无效率的活动。比如，假定将某种投入品的进口配额分给企业，但如果规定企业所得到的额度要与其上一年生产出的最终品的产量成比例，那么有关企业将会多生产，甚至超出其能够卖掉的数量，而且这些产品很有可能是质量低劣的。安妮·克鲁格（Anne Krueger）把这种行为称为"寻租"，它包括游说及其他耗用资源的活动。[③]因这些寻租活动而耗费的资源可能与"租"本身的价值相当，这样一来，图 8.3 中 c 的面积将被耗费掉，而不是为国内企业所得。在这种情况下，由进口配额造成的福利净损失为 $-(b+$

---

①　如同分析进口关税那样，需求曲线和供给曲线的斜率和弹性分析方法也同样适用于这里关于进口配额所产生的收入分配效应和净福利效应大小及其变化的讨论。

②　读者可以回顾一下中国以前实行"价格双轨制"的历史。短缺产品的"市场价格"很高，"计划价格（调配价格）"很低；如果按照"计划价格（调配价格）"获得该短缺产品的配额，一转手按照"市场价格"售卖，即可获得差价利润或所谓的"租"。

③　克鲁格定义的"寻租"只是巴格沃蒂研究和界定的"直接非生产性寻利活动"（directly unproductive profit-seeking activities，DUP）的一部分。巴格沃蒂将 DUP 活动定义为通过从事直接（即就其立即产生的最初影响而言）非生产性活动（这些活动产生金钱收益，但并不生产包括在正常效用函数中的货物和服务及这些货物和服务的投入品）而获得利润的方法。巴格沃蒂认为，DUP 活动通常与政策干预有关，并可以大致分为两类：(1)政策干预引起的 DUP 活动，包括 DUP 游说活动（进一步包括：由游说引发的价格干预，从而谋取收益；由游说而引发的"数量限制"干预，这等价于克鲁格定义的"寻租"）和逃避政策干预的 DUP 活动（进一步包括：逃避价格干预，比如存在关税时的走私；逃避"数量限制"干预，比如走私。在其中，收益是由逃避政策干预而产生的）。(2)影响政策干预的 DUP 活动，包括谋取价格干预（比如实施关税）和谋取"数量限制"干预（比如实施进口配额）。DUP 活动可以划分为合法活动和非法活动。逃避关税或走私是非法的且要承担被惩罚的风险，但谋取关税和收益在多元民主制度下通常是合法的。更为详细的讨论，可参见：Krueger, Anne, 1974, "The Political Economy of the Rent-Seeking Society", *American Economic Review*, 69(3), 291—303；Bhagwati, Jagdish, 1982, "Directly-Unproductive Profit-Seeking (DUP) Activities", *Journal of Political Economy*, 90 (5), 988—1002；Bhagwati, Jagdish, Arvind Panagariya and Thirukodikaval Srinivasan, 1998, *Lectures on International Trade*, 2nd edition, Cambridge, MA：MIT Press；[英]约翰·伊特韦尔默里·米尔盖特·彼得·纽曼编：《新帕尔格雷夫经济学大辞典》，经济科学出版社 1996 年版，第一卷，第 913—915 页；第四卷，第 157—159 页。

$d+c$),这比关税情形下的福利净损失要大。[1]

第三,进口国政府公开拍卖进口配额。如果政府拍卖组织得很好的话,则有望由此而获得的收益等于租金的总价值,即图 8.3 中 c 的面积,这为本国政府所获得。在这种情况下,进口配额引起的福利净损失为 $-(b+d)$,这与征收进口关税引起的福利净损失相等。

第四,进口国政府把实施配额的权力交由出口国政府去执行。出口国"自愿"将配额分配给其国内生产者,这就是第 7 章已经提到的"自愿"出口限制。在这种情况下,"配额租"将为外国生产者所获得,因此进口国的福利净损失为 $-(b+d+c)$,这比关税情形下的福利净损失要大。[2]

(2)大国情形。

大国实施进口配额的影响类似于大国征收进口关税(比较图 8.2 和图 8.4)。这种情形中的"配额租"为 $(c+e)$ 的面积。上面提到的四种分配"配额租"的方式及其产生的影响在大国情形下依次表现为:[3]

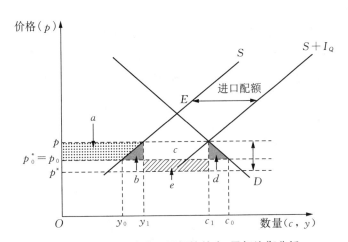

图 8.4　大国实施进口配额的效应:局部均衡分析

第一,将进口配额直接分配给本国国内企业,这些企业不进行 DUP 活动,则本国企业获得了总额等于 $(c+e)$ 的面积的"租",该国的净福利变化为: $e-(b+d)$。这与大国征收进口关税而引起的净福利变化相等。

第二,在将进口配额分配给本国国内企业的过程中,如果这些企业进行了各种 DUP 活动,则图 8.4 中 c 的面积将被耗费掉,而不是为国内企业所得。在这种情况下,由进口

---

① 不过,根据上文注释中对 DUP 活动的讨论,寻求关税保护的 DUP 活动也会使图 8.3 中 c 的面积被耗费掉。如果是这样,则实施进口配额和征收进口关税的净福利效应也将相同。

② 为什么出口国"自愿"实施配额?一种解释是为了避免进口国的报复,另一种解释是可以分给出口国国内企业"租"。

③ 这里只考虑大国实施进口配额导致国内价格上涨的情形。读者可以试着分析实施进口配额后国内价格保持不变的情形,即 $(b+d)=0$。

配额造成的净福利变化为:$e-(b+d+c)$。这与大国征收关税情况不同。①

第三,进口国政府公开拍卖进口配额。在这种情况下,进口配额引起的净福利变化为:$e-(b+d)$。这与大国征收进口关税引起的净福利变化相等。

第四,进口国政府把实施配额的权力交由出口国政府去执行,即出口国实施"自愿"出口限制。在这种情况下,"配额租"将为外国生产者所获得,因此进口国的福利净损失为:$-(b+d+c)$(e 又返还给出口商,不能算作进口国的损失)。这比大国征收关税情况下的福利净损失要大。

进口配额是常见的直接数量限制型非关税措施。虽然这些措施违背 WTO 的相关规则和协议,但这些相关规则和协议也确实准许成员方使用这些数量限制措施来保护其国内农业及其他受到严重损害(或严重损害威胁)的产业。这为成员方政府采取这类措施提供了法律解释。另外,如同前面讨论关税那样,政府之所以实施进口配额还要受到其他因素的影响。

3. 出口补贴

(1) 小国情形。

假定一个小国对某产品的供给、需求和贸易状况如图 8.5 所示。S 和 D 分别代表该产品的国内供给曲线和国内需求曲线,p^* 为该产品的世界价格。在自由贸易情况下,该国对该产品的需求量为 c_0,国内生产量为 y_0,因此出口量为(y_0-c_0)。

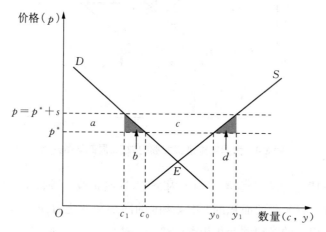

图 8.5　小国实施出口补贴的效应:局部均衡分析

现假定该小国按照每单位出口补贴 s 单位货币(比如人民币或美元)的办法来补贴本国企业,那么本国企业将可以因出口而获得 p^*+s(对于每单位出口)。这样,该产品的生产企业就不愿意把产品卖到国内市场,从而使该产品的国内市场价格也必须上涨至p^*+s(否则生产企业不愿意卖)。在这一价格水平上,国内需求下降至 c_1,国内供给上升

---

① 不过,根据前文注释中对 DUP 活动的讨论,寻求关税保护的 DUP 活动也会使图 8.4 中 c 的面积被耗费掉。如果是这样,则大国实施进口配额和征收进口关税的净福利效应也将相同。

至 y_1，出口增加至 (y_1-c_1)。这些就是实施出口补贴所产生的价格效应、国内消费效应、国内生产效应及贸易效应。而实施出口补贴所产生的国内收入分配效应与净福利效应如下：

消费者剩余减少了 $(a+b)$，生产者剩余增加了 $(a+b+c)$，补贴成本为 $(b+c+d)$ $[=(y_1-c_1)\times s$，即等于补贴实施后的出口量乘以单位出口的补贴额]。[①]于是，净福利效应为：$-(a+b)+(a+b+c)-(b+c+d)=-(b+d)$（总是负值）。图 8.5 中 $(b+d)$ 的面积就是出口补贴产生的净损失，等于前面分析的小国情形进口关税引起的净损失。所以，小国实施出口补贴也会招致福利净损失。另外，如果政府对企业进行补贴并不是为了增加该产品的出口，而是为了提高该产品的国内生产，以抑制其进口，则结果不同于出口补贴。如图 8.6 所示，政府直接对生产者进行补贴，每单位产品的补贴率为 $s(=$进口关税率 $t)$，则国内供给曲线向右移动，到达供给曲线 $(S+S_s)$，这是一条包括因补贴而增加供给量 (S_s) 的供给曲线。生产者得到的补贴总额为 $(a+b)$，其中 a 表示因补贴而增加了的生产者剩余，b 是对较高成本的补偿，是生产低效率带来的净损失。这时，生产者得到的价格与征收进口关税相同，但国内销售价格不会上升，从而消费者不会遭到损失，即不会出现 d；政府没有关税收入，即不会出现 c。但国内生产扩大至 y_1，消费没有下降。由此可以看出，旨在提高国内产出水平以抑制进口而实施生产补贴所引起的福利净损失 $(=b)$ 要小于征收进口关税或实施进口配额。如同分析进口关税那样，需求曲线和供给曲线的斜率和弹性分析方法也同样适用于这里关于生产补贴所产生的收入分配效应和净福利效应大小及其变化的讨论。

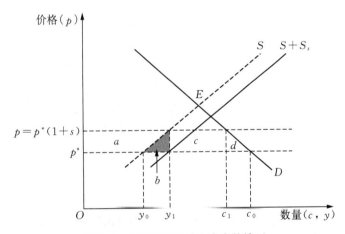

图 8.6　小国直接补贴生产者的情形

（2）大国情形。

考虑大国情形，如图 8.7 所示。出口补贴使得该出口产品的国际价格下跌（由自由贸易时的 $p_0^*=p_0$ 降至 p^*）国内价格上涨[由自由贸易时的 $p_0^*=p_0$ 上涨至 (p^*+s)][②]。在

---

①　如同分析进口关税那样，需求曲线和供给曲线的斜率和弹性分析方法也同样适用于这里关于出口补贴所产生的收入分配效应和净福利效应大小及其变化的讨论。

②　暂不考虑大国实施出口补贴后出口品的国内价格保持不变的情形，即 $(b+d)=0$。读者可以试着分析一下。

这一价格水平上,国内需求下降至 c_1,国内供给上升至 y_1,出口增加至 (y_1-c_1)。这些就是大国实施出口补贴所产生的价格效应、国内消费效应、国内生产效应及贸易效应。而大国实施出口补贴所产生的国内收入分配效应与净福利效应如下:

与自由贸易相比,消费者剩余减少了 $(a+b)$,生产者剩余增加了 $(a+b+c)$,补贴成本为 $(b+c+d+e)$[$=(y_1-c_1)\times s$,即等于补贴实施后的出口量乘以单位出口的补贴额]。[①]于是,净福利效应为:$-(a+b)+(a+b+c)-(b+c+d+e)=-(b+d+e)$(总是负值)。可见,大国实施出口补贴会导致福利净损失,而大国征收进口关税则带来福利的增加。

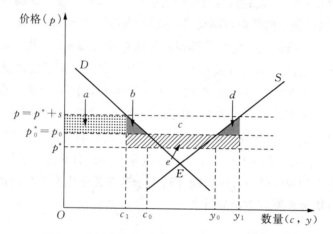

图 8.7　大国实施出口补贴的效应:局部均衡分析

出口补贴虽然受到 WTO 相关规则和协议的严格限制,但仍然比比皆是,特别是对于农产品、资本品的补贴;同时,出口补贴还以不同的伪装形式出现,比如对与出口有关的研发实行税收减免等。不过,WTO 允许在特定情况下(比如外国的出口补贴对成员方造成实质性损害或威胁),成员方可以征收反补贴税或实施进口限制(见第 7 章的讨论)。

4. 出口关税

(1) 小国情形。

假定一个小国对某产品的供给、需求和贸易状况如图 8.8 所示。S 和 D 分别代表该产品的国内供给曲线和国内需求曲线,p^* 为该产品的世界价格。在自由贸易情况下,该国对该产品的需求量为 c_0,国内生产量为 y_0,因此出口量为 (y_0-c_0)。

现假定该小国征收出口关税,从价税税率为 t。由此产生的价格效应、生产和消费效应、贸易效应正好与实施出口补贴相反。由于国内厂商若按照国际价格出口,则要支付出口关税,因此出口关税使国内厂商将出口品的一部分转向国内市场销售,出口下降

---

① 需求曲线和供给曲线的斜率和弹性分析方法也同样适用于这里关于收入分配效应和净福利效应大小及其变化的讨论。

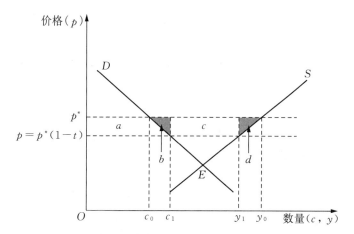

图 8.8　小国征收出口关税的效应:局部均衡分析

但国内供给增加,从而使国内市场价格下降,消费者受益(即消费者剩余)增加了 a。生产者剩余减少了 $(a+b+c+d)$,政府税收收入增加了 $c[=(y_1-c_1)\times p^*t$,即等于出口关税实施后的出口量乘以单位出口关税额]。于是,净福利效应为: $a-(a+b+c+d)+c=-(b+d)$ (总是负值)。[①]图 8.8 中 $(b+d)$ 的面积就是征收出口关税产生的净损失,等于前面分析的进口关税引起的净损失。[②]

(2)大国情形。

考虑大国情形,如图 8.9 所示。出口关税使国内厂商将出口品的一部分转向国内市场销售,这是由于国内厂商若按照国际价格出口,则要支付出口关税。这一方面使出口下降,国际市场供给减少,国际价格上升(由自由贸易时的 $p_0^*=p_0$ 升至 p^*);另一方面

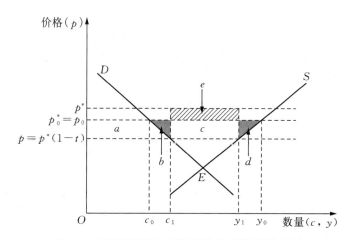

图 8.9　大国征收出口关税的效应:局部均衡分析

---

①　如同分析进口关税那样,需求曲线和供给曲线的斜率和弹性分析方法也同样适用于这里关于出口关税所产生的收入分配效应和净福利效应大小及其变化的讨论。

②　如果供给曲线和需求曲线不是直线,则征收出口关税和进口关税引起的净损失不一定相等。读者可以通过图 8.8 和图 8.1 观察到。

使国内供给增加,国内价格下降[由自由贸易时的 $p_0^* = p_0$ 降至 $p = p^*(1-t)$]。[1]国内需求由 c_0 增加至 c_1,国内供给由 y_0 降至 y_1,出口量由 $(y_0 - c_0)$ 降至 $(y_1 - c_1)$。这些就是大国征收出口关税所产生的价格效应、国内消费效应、国内生产效应及贸易效应。而大国征收出口关税所产生的国内收入分配效应与净福利效应如下:

消费者剩余增加了 a,生产者剩余减少了 $(a+b+c+d)$,政府税收收入增加了 $(c+e)$ [$=(y_1 - c_1) \times p^* t$,即等于出口关税实施后的出口量乘以单位出口关税额]。于是,净福利效应为:$a - (a+b+c+d) + (c+e) = e - (b+d)$。可见,大国征收出口关税导致的净福利损失要小于小国,而且当净福利变化为正值时,大国征收出口关税不仅不会造成损失,反而会带来净福利的增加。e 越大且 $(b+d)$ 越小,则净福利的增加就越多。而 e 的大小主要取决于该国对国际价格的影响力;$(b+d)$ 的大小则不仅取决于该国对国际价格的影响力,还取决于需求曲线和供给曲线各自的斜率和弹性。这与前面分析的大国征收进口关税的情形相同。[2]

8.2.2　一般均衡分析

对一种进口品直接实行某一种贸易政策措施(比如征收进口关税等),不仅会影响到该产品本身,也会影响到其他产品(比如出口品)。因此,当涉及多产品、多部门时,需要对实施贸易政策措施以后的效应(基于表 8.1)做一般均衡分析。为简化分析,我们仅考虑两种产品:一种进口品(M)和一种出口品(X)(相当于基于 H-O-S 模型进行分析)。贸易条件(TOT)表示为出口品价格与进口品价格之比,即 $TOT = \dfrac{p_x}{p_m} = p$,它实际上可以分为国内贸易条件(即国内市场上出口品与进口品的相对价格)与国际贸易条件(即国际市场上出口品与进口品的相对价格)。[3]对于小国来说,实施贸易政策措施会改变其国内贸易条件,但不会改变其国际贸易条件;但对于大国来说,其国内和国际贸易条件都可能会发生改变,特别是,如果贸易政策措施使世界市场上进口品价格相对下降的话,则大国的国际贸易条件会得以改善。[4]

1. 进口关税

(1) 小国情形。

可以采用两种方法——基于生产可能性边界和基于提供曲线(见第 2 章附录的讨论)——进行分析。图 8.10 是基于生产可能性边界的分析方法,图 8.11 是基于提供曲线的分析方法。在图 8.10 中,该小国生产两种产品——出口品(X)和进口品(M)[5];生产

---

[1]　暂不考虑大国征收出口关税后出口品的国内价格保持不变的情形[即 $(b+d) = 0$]。读者可以自己分析一下。

[2]　如果供给曲线和需求曲线不是直线,则大国征收出口关税和进口关税引起的福利变化不一定相等。读者可以通过图 8.9 和图 8.2 观察到。

[3]　在一般均衡分析中,产品本身的绝对价格水平并不重要,重要的是产品的相对价格。

[4]　也就是说,对于小国来说,国际贸易条件是外生的;而对于大国来说,国际贸易条件则是内生的。

[5]　本国生产的进口品也就是本国生产的、与进口相竞争的产品。

可能性边界上的任一点表示国内出口品与进口品生产的组合；与生产可能性边界相切的
任一切线的斜率的绝对值表示出口品与进口品的相对价格。在图 8.11 中，该小国的提
供曲线凸向的那个轴代表该国的出口（X），而凹向的那个轴则代表该国的进口（M）；提
供曲线上的任一点表示出口品的出口量与进口品的进口量的组合；提供曲线上任一点与
坐标原点的连线的斜率表示出口品与进口品的相对价格。

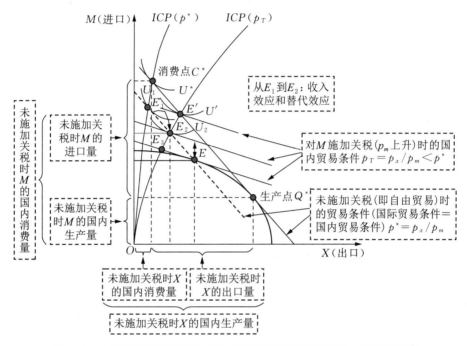

图 8.10　小国征收进口关税的效应：基于生产可能性边界的一般均衡分析

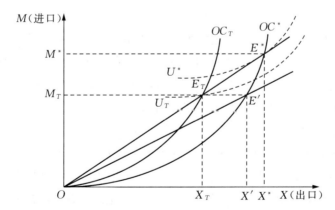

图 8.11　小国征收进口关税的效应：基于提供曲线的一般均衡分析

注：$E'E_T/E_TM_T$ 等于关税税率。

　　假定在自由贸易时，该国的生产点位于图 8.10 生产可能性边界上的 Q^*，出口品与
进口品的国际相对价格（国际贸易条件）与国内相对价格（国内贸易条件）相同，即 $p^* =$

p_x/p_m（在图 8.11 中相当于射线 OE^* 的斜率）。这两种产品的国内产出和国内消费如图 8.10 所示的生产点 Q^* 和消费点 C^* 决定，其达到的效用水平为 U^*，相当于图 8.11 中过点 E^* 的 U^*。[①]这两种产品的贸易也如图 8.10 所示，对应于图 8.11 中的点 E^* 决定的进口量（OM^*）和出口量（OX^*）。

现在该小国对进口品（M）征收进口关税（即保护国内与进口竞争的部门），对出口品实行自由贸易。只要进口关税不是完全禁止性的，就会有进口，那么由此引发的相关效应如下：[②]

第一，价格效应。

首先，由于该国为小国，所以其面对的国际相对价格（国际贸易条件）保持不变（在图 8.10 中由 $p^* = p_x/p_m$ 表示，在图 8.11 中由射线 OE^* 的斜率表示）。也就是说，该国与外国仍在这一相对价格水平下进行贸易。

其次，该国的进口品因被征税而出现价格 p_m 上涨，其（出口品的）国内相对价格（国内贸易条件）下降（在图 8.10 中由 $p_T = p_x/p_m$ 表示，在图 8.11 中由射线 OE' 的斜率表示），低于国际相对价格，即 $p_T < p^*$。这表明，小国对进口品征收关税导致出口品的国内贸易条件恶化。

第二，国内生产效应。

由于国内产出与国内相对价格有关，进口品的相对价格上涨且出口品的相对价格下降，使得资源从出口品部门[即不受保护的部门（X）]流向与进口竞争的部门[即被保护的部门（M）]，从而国内与进口竞争的产品产出增加，出口品的产出减少。新的生产点为图 8.10 中的 E 点，在该点处，新的国内相对价格 p_T 与生产可能性边界相切。

第三，国内消费效应。

要确定关税所引起的国内消费的变化（即新的消费点）并不十分容易。但有三点是很明确的：一是该国是以国际相对价格（$p^* = p_x/p_m$）与外国进行贸易的；二是该国的支出等于以国际价格衡量的收入（即该国消费的产品在价值上以国际价格衡量只能等于该国所生产出来的）；三是国内消费者面对的是一种被关税扭曲了的国内相对价格。

把以上三点结合起来，我们可以知道：在征收关税的情况下，如图 8.10 所示，该国的新消费点 E_2 将位于通过新生产点 E（根据以上第二点）的国际相对价格线上（根据以上第一点），并且位于与国内相对价格线相切的社会无差异曲线上（根据以上第三点）；此时，新的"收入消费线"（income consumption path）$ICP(p_T)$ 与国内相对价格线相交，并且位于征税前的"收入消费线"$ICP(p^*)$ 的右边，这表明进口品相对价格的上升导致对该产品的消费和相对支出下降。因此，征收关税所产生的消费效应是消费水平（或收入）

[①] 图 8.11 中过点 E^* 的 U^* 实际上就是对应一定福利水平（以社会无差异曲线表示）的贸易无差异曲线，它刻画该国为了达到同一福利水平 u^0 而发生的不同数量出口和进口的组合。贸易无差异曲线越往左上方，其代表的福利水平就越高。可以参见第 2 章附录的详细讨论。

[②] 读者还可以将封闭经济、自由贸易与征收关税三种情形进行比较分析，比如基于本书前面已经讨论过的 H-O-S 模型或其他贸易模型。

效应和消费结构(或替代)效应的综合:进口品价格上升、出口品价格保持不变,用同样的收入只能购买比征税前要少的产品(进口品＋出口品),消费水平下降,这体现为消费的水平效应或收入效应;减少消费涨价的进口品、增加消费出口品,这体现为消费的结构效应或替代效应。①

第四,贸易效应。

结合前面的生产效应和消费效应,可知该国的进口趋于下降、出口也趋于下降(如图8.10 所示)。但这一进出口总量与结构的变化取决于关税水平的高低、国内资源在部门间的流动性及两种产品的收入效应和替代效应的强弱。首先,进口关税越高,进口的下降程度就越大,国内与进口竞争部门的保护程度就越高。其次,如果资源在部门之间不流动(比如在特定要素模型中的资本要素),则征税之后的生产点仍位于 Q^*,即不发生前面所提到的生产效应。但由于进口品(及与进口竞争的产品)的相对价格上升,该产品的国内消费和进口都将下降(从而该产品的国内产出保持不变)。②最后,两种产品的收入效应和替代效应通过影响国内消费和生产,进而影响贸易。

第五,收入分配效应。

由于小国征收关税,其面对的国际贸易条件不变,但国内贸易条件发生了变化,因此只需要分析该国国内的收入分配效应。

首先,对于征税的政府而言,其征收的关税收入(T)应该等于征税后的国内消费总支出(C_T)减去征税后的国民总产出价值(Y_T)。在图 8.10 中,国内消费总支出以进口品衡量等于过新消费点 E_2 的国内贸易条件 p_T 线与纵轴相交的截距,国民总产出价值以进口品衡量则等于过新生产点 E 的国内贸易条件 p_T 线与纵轴相交的截距,两个截距之差就是政府的关税收入,即 $T = C_T - Y_T$。

由于 $C_T = (1+t)p_m D_{Tm} + p_x D_{Tx}$(其中,$t$ 为从价税税率,p_m、p_x 分别表示自由贸易时的进口品和出口品价格,D_{Tm}、D_{Tx} 分别表示征收关税后国内的进口品和与进口竞争的产品的消费量、出口品的消费量),$Y_T = (1+t)p_m Q_{Tm} + p_x Q_{Tx}$(其中,$Q_{Tm}$、$Q_{Tx}$ 分别表示征收关税后国内与进口竞争的产品的消费量、出口品的产出量),因此,

$$T = C_T - Y_T = [(1+t)p_m D_{Tm} + p_x D_{Tx}] - [(1+t)p_m Q_{Tm} + p_x Q_{Tx}]$$
$$= [p_m(D_{Tm} - Q_{Tm}) + p_x(D_{Tx} - Q_{Tx})] + tp_m(D_{Tm} - Q_{Tm}) \tag{8.3}$$

根据瓦尔拉斯(Walras)法则,$[p_m(D_{Tm} - Q_{Tm}) + p_x(D_{Tx} - Q_{Tx})] = 0$。于是,政府的关税收入为:

$$T = C_T - Y_T = tp_m(D_{Tm} - Q_{Tm}) \tag{8.4}$$

其中,tp_m 为单位进口品的关税额,$(D_{Tm} - Q_{Tm})$ 为进口量。

---

① 这里假定两种产品都是非劣等品(non-inferior)。需要注意的是,在收入效应(减少进口品消费)和替代效应(减少进口品消费)相互增强作用下,进口品的消费必然会下降;但出口品的消费是升还是降,则取决于收入效应(减少出口品消费)和替代效应(增加出口品消费)相互抵消的净效应。

② 即使没有生产效应,但消费者面对的却是一个被扭曲了的国内相对价格,消费者福利水平下降。

其次,对于消费者而言,由图 8.10 中自由贸易时的福利水平 U^*[位于征税前的"收入消费线"$ICP(p^*)$ 上]到征收后的福利水平 U'[位于新的"收入消费线"$ICP(p_T)$ 上,国内相对价格线与国际相对价格线相交于点 E',社会无差异曲线与国内相对价格线相切于点 E']的变化刻画了由关税(使进口和消费同时下降)而导致的消费损失。这是因为,不管有没有下面要讨论的生产效应,但消费者面对的是一个被扭曲了的国内相对价格,消费者福利水平下降。

再次,对于生产者来说,从 U' 到 U_2(当资源在部门间自由流动时才会有这一变化)可以理解为实际收入的损失(以国际价格衡量的点 Q^* 和点 E 处的 GNP 差异),这是因为生产者价格的变化导致生产的变动,从生产点 Q^* 到点 E。这通常被定义为生产损失。[①]

最后,对于不同的生产要素而言,进口关税的实施使得相对价格上升的产品(即国内与进口竞争的产品)所密集使用的要素的价格(报酬)上升。这是 S-S 定理在实施关税情况下的运用。

第六,净福利效应。

首先,通过社会无差异曲线的位置变化可以看出关税所引起的成本,因为新的消费点 E_2 低于自由贸易时的消费点 C^*。

其次,通过国内实际产出价值的变化也可以看出关税的保护成本。国内实际产出的价值以进口品(M)来衡量,在自由贸易时等于过生产点 Q^* 的国际相对价格线与纵轴的截距(图 8.10 中未画出),征收关税后则等于过生产点 E 的国内相对价格线与纵轴的截

---

① 另外一种识别和分解消费损失和生产损失的方法是:假定图 8.10 中的初始生产移至点 E,但消费者仍面对的是世界价格,这使消费点移至点 E_1(社会无差异曲线与国际相对价格线相切于该点)。生产损失就是从 U^* 到 U_1 的变化。但消费者还面对被扭曲了的价格,消费点从点 E_1 移至点 E_2,消费损失就是从 U_1 到 U_2 的变化。但是,以上关于自由贸易与关税扭曲这两种均衡下的福利的比较只是定性的,这是因为效用被假定是序数的,不同无差异曲线并不能用来度量某一特定政策带来的损失或收益。不过,可以将以同一单位(或同一产品)表达的各种福利的变化用收入水平变化来进行衡量。比如,在下图(基于图 8.10)中,自由贸易时的均衡消费点为 C^*,那么消费者因关税而要放弃的最大收入(以自由贸易价格衡量,即从 U^* 到 U_2)是多少呢? 从与 U^* 相切的收入线 C^*D 到与 U_2 相切的收入线 $E_2'A$ 正好度量了福利损失(收入水平下降)。若以出口品来衡量,则 BD 就是生产损失(以国际价格衡量的点 Q^* 和点 E 处的 GNP 差异),AB 就是消费损失。

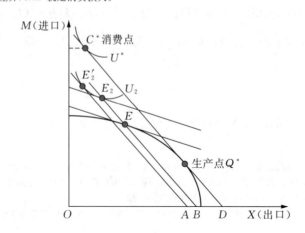

距。即使加上关税收入,国内实际产出为过消费点 E_2 的国内相对价格线与纵轴的截距,还是低于自由贸易时的实际产出(等于过生产点 Q^* 的国际相对价格线与纵轴的截距)。①注意,征收关税后,以国际价格计算的国内产出价值(等于过生产点 E 的国际相对价格线与纵轴的截距)也下降了,即低于自由贸易时的产出价值(等于过生产点 Q^* 的国际相对价格线与纵轴的截距)。国内产出实际价值的减少量实际上就给出了一个量化的关税保护成本。

(2)大国情形。

用一般均衡方法分析大国征收关税的效应,则要考虑几种情形:正常情形、反常情形和正常情形下的外国报复。正常情形与反常情形的差异之处首先在于大国征收进口关税后所产生的两种贸易条件效应(国内贸易条件和国际贸易条件)的差异。

我们首先讨论正常情形。

可以采用基于生产可能性边界和基于提供曲线这两种方法来进行分析。前者主要用来分析一个大国与"世界其余地区"的均衡情况(该大国的贸易伙伴国多元化),后者则主要用来分析"两国世界(本国+外国)"的均衡情况(两国贸易)。

基于生产可能性边界对一个大国与"世界其余地区"的均衡的分析如下:

图 8.12 显示的是一个大国和"世界其余地区"的均衡情况。该大国对进口品(纵轴表示的 M)征收进口关税,导致该产品的进口量下降,由此产生的两种相对价格效应或贸易条件效应(与自由贸易相比)分别是:进口品或与进口竞争的产品的国内价格上升,即该国出口品的国内贸易条件恶化($p_T = p_x/p_m < p^*$);该进口品或与进口竞争的产品的国际价格下降,即该国出口品的国际贸易条件改善($p_T^* = p_x/p_m > p^*$)。

但问题是:与自由贸易相比,大国征收进口关税,在使其国际贸易条件改善的同时,是否提高其福利水平呢?② 这可分为两种情形。

第一种情形如图 8.12(a)所示,该大国对国际相对价格或国际贸易条件的影响力不是很大。征收进口关税后,该进口品的国际价格下降幅度并不大,即该国出口品的国际贸易条件改善程度并不大,但该进口品的国内价格上升幅度却很大,即该国出口品的国内贸易条件恶化程度很大,结果使福利水平从 U^* 降至 U_2。另外,也可以像分析小国情形那样,通过国内实际产出价值的变化来观察该种情形下大国征收关税的保护成本。这完全不同于局部均衡分析中的大国情形,在那里大国征收进口关税可能提高本国福利。

---

① 按照国际价格,收入等于支出,但从图 8.10 可知,按照国内价格,支出超过产出价值(因为 E_2 点位于较高位置,即离开生产可能性边界的国内相对价格线上)。其原因在于,我们隐含地假定政府将关税收入返还社会,从而使消费水平达到 E_2 而不是 E_3。另外,图 8.10 的形状还表明关税收入是以一种非扭曲的方式进行再分配的(即过 E_2 点的国内相对价格线与过 E 点的国内相对价格线平行)。

② 对于大国征收进口关税所产生的国内消费效应、国内生产(资源配置)效应、贸易效应(进出口总量与结构效应)及收入分配效应(包括国内收入分配效应,即 S-S 定理的运用,以及贸易国之间收入分配效应)等方面的分析,可以遵循小国情形中的分析方法,这里不再一一分析了。

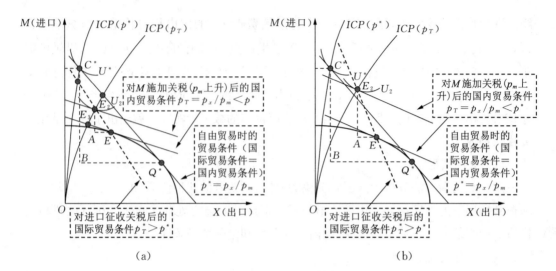

图 8.12   大国征收进口关税的效应：基于生产可能性边界的一般均衡分析（正常情形）

第二种情形如图 8.12(b) 所示，该大国对国际相对价格或国际贸易条件产生的影响很大。征收进口关税后，该进口品的国际价格下降幅度很大，即该国出口品的国际贸易条件改善程度很大，但该进口品的国内价格上升幅度却很小，即该国出口品的国内贸易条件恶化程度很小，结果使福利水平从 U^* 升至 U_2（位于自由贸易时的相对价格的外面）。另外，也可以像分析小国情形那样，通过国内实际产出价值的变化来观察该种情形下大国征收关税的福利改善效应。

基于提供曲线对"两国世界（本国＋外国）"的均衡的分析如下：

图 8.13 显示的是一个"两国世界（本国＋外国）"的均衡情况。本国的提供曲线在自由贸易时由 OC 表示、在征收进口关税后由 OC_T 表示，外国的提供曲线由 OC^* 表示。

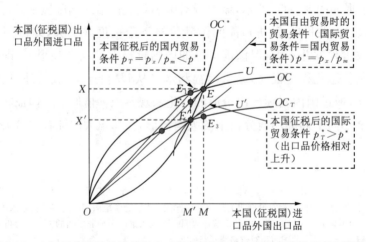

图 8.13   大国征收进口关税的效应：基于提供曲线的一般均衡分析（正常情形）

在两国自由贸易时，各自的进出口量由均衡点 E 决定，均衡的国际贸易条件由射线

OE 的斜率决定。但本国出口品的国际贸易条件则为射线 OE 斜率的倒数；如果射线 OE 的斜率变小（或射线 OE 斜率的倒数变大），则本国出口品的国际贸易条件改善。本国自由贸易时的福利水平为 U。

现在本国对进口品（横轴表示的 M）征收进口关税，而外国仍采取自由贸易政策，这使提供曲线向代表进口品的横轴移动（$OC \rightarrow OC_T$），从而本国新的提供曲线 OC_T 与外国提供曲线 OC^* 相交于 E'，形成新的均衡。由此产生的两种相对价格效应或贸易条件效应（与自由贸易相比）分别是：进口品或与进口竞争的产品的国内价格上升，即该国出口品的国内贸易条件恶化（$p_T = p_x/p_m < p^*$），由 OE_1 射线斜率的倒数（小于 OE 射线斜率的倒数）表示（点 E_1 为过新均衡点 E' 的垂线与本国自由贸易时提供曲线 OC 的交点，$E_1E'/E'M'$ 等于关税税率）；该进口品或与进口竞争的产品的国际价格下降，即该国出口品的国际贸易条件改善（$p_T^* = p_x/p_m > p^*$），由 OE' 射线斜率的倒数（大于 OE 射线斜率的倒数）表示。这是因为，在自由贸易时，本国出口 OX 可以换得 OM 的进口；征收关税后，本国出口 OX' 则可以换得 OM' 的进口；$OX'/OM' < OX/OM$，所以本国征收关税后的福利水平提高了（$U \rightarrow U'$）。

另外，需要指出的是：首先，国际贸易条件的改善并不能抵消关税的"传递效应"，这是因为，与税前相比，国内进口品或与进口竞争的产品的相对价格趋于上升[上升幅度为 E_1E_2/E_2M'，这可以反映关税的"传递效应"]，但上升幅度小于关税率（$E_1E'/E'M'$）。其次，被保护部门比出口部门更有利可图，资源将向被保护部门转移，S-S 定理成立。

我们再讨论反常情形。这里，我们基于提供曲线来考察两种特殊的反常情形：

第一种是梅茨勒情形。[①]

劳埃德·梅茨勒（Lloyd Metzler）发现，有时大国对进口品征收进口关税，该进口品或与进口竞争的产品的国内价格不升反降（或该国出口品的国内贸易条件改善）；征收关税不但不能有效地保护国内与进口竞争的部门，反而会伤害该部门及其密集使用的要素；出口部门密集使用的要素（也是该国较丰裕的要素）得益。[②]这一反常情形又被称为"梅茨勒悖论"。

图 8.14(a) 描述的就是这种情形：征税国的提供曲线（OC）正常，而外国的提供曲线（OC^*）反常，即外国的提供曲线在自由贸易均衡点处缺乏弹性或外国对本国（出口品）的进口需求的价格弹性的绝对值很小（参见第 2 章附录关于提供曲线的弹性的讨论）。而这恰恰刻画了"梅茨勒悖论"成立的条件：如果外国对征税国出口品的需求弹性的绝对值小于本国国内对出口品的边际消费倾向（一般小于 1），则大国对进口品征收关税会导致该产品的国内价格不升反降。但在前面所讨论的正常情况下，外国的提供曲线在自由

---

① Metzler, Lloyd, 1949, "Tariffs, International Demand and Domestic Prices", *Journal of Political Economy*, 57(4), 345—351.

② 对于此种情形下该大国征收进口关税所产生的国内消费效应、国内生产（资源配置）效应、贸易效应（进出口总量与结构效应）及收入分配效应（包括国内收入分配效应，即 S-S 定理的运用，以及贸易国之间的收入分配效应）等方面的分析，可以遵循前面的分析方法，这里不再一一分析了。

贸易均衡点处都是富有弹性的,即外国对征税国出口品的需求弹性的绝对值都大于1,从而也大于本国国内对出口品的边际消费倾向。

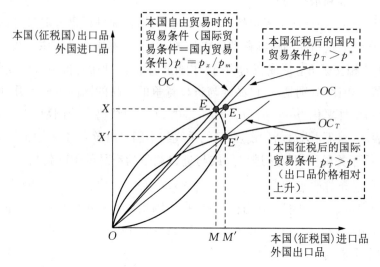

（a）梅茨勒情形

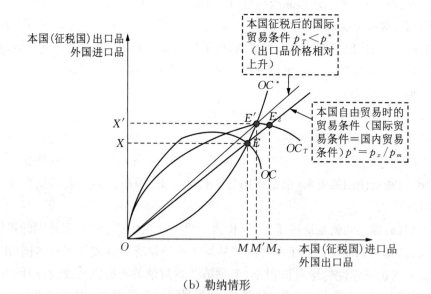

（b）勒纳情形

图 8.14　大国征收进口关税的效应:基于提供曲线的一般均衡分析(反常情形)

注:(a) 征税国的提供曲线正常,另一国的提供曲线反常;与正常情况相比,征税国征税后的被征税产品(进口品)的国内相对价格不升反降(或出口品的国内贸易条件改善,即 $p_T > p^*$)。

(b) 征税国的提供曲线反常,另一国的提供曲线正常;与正常情况相比,征税国征税后的被征税产品(进口品)的国际相对价格不降反升(或出口品的国际贸易条件恶化,即 $p_T^* < p^*$)。

那么,如何用经济学的直觉去理解"梅茨勒悖论"呢? 征收进口关税对国内进口品和出口品的需求产生冲击,表现为 p_x / p_m 上升。根据需求或消费理论可以对此做出解释。

一国国内对出口品的边际消费倾向越高,其关税收入中用于该产品的支出就越大。于是,对进口品征税就引发了国内对出口品的额外的消费需求。同时,如果外国对该国出口品的需求缺乏价格弹性,即尽管该国出口品的国际贸易条件改善了(出口品的国际相对价格提高了),外国的需求也不会大幅减少。这样,关税就创造了一种对出口品的额外需求,提高了出口品的国内相对价格,降低了进口品的国内相对价格。

第二种是勒纳情形。[①]

阿巴·勒纳(Abba Lerner)发现,有时大国对进口品征收进口关税,该进口品(或与进口竞争的产品)的国际价格不降反升,即该国面对的国际贸易条件恶化。图8.14(b)描述的就是这种情形:外国的提供曲线(OC^*)正常,而征税国的提供曲线(OC)反常,即征税国的提供曲线在自由贸易均衡点处缺乏弹性或征税国对进口品的需求缺乏价格弹性(参见第2章附录关于提供曲线的弹性的讨论)。而这恰恰刻画了勒纳情形成立的条件:如果征税国对进口品的需求是刚性的(即价格弹性的绝对值很小),并且政府将全部关税收入都用来购买进口品的话,那么进口品的国际价格将会上涨,国际贸易条件恶化。这是因为如果按照自由贸易时的国际贸易条件(等于射线 OEE_2 斜率的倒数),征税国对进口品有一个超额需求(E_2 位于 E 的右侧)。[②]

我们最后讨论外国的报复。

前面已经证明,在正常情况下大国征收关税可以改善其国际贸易条件,进而增进其福利。如图8.15显示,本国社会无差异曲线由自由贸易时的 U_0 提高到征税后的 U_1。但随着关税水平的提高,福利水平并不总是持续提高的,等关税达到一定水平后,福利反而会下降。这样,能使一国福利水平达到最大的关税就是最优关税。

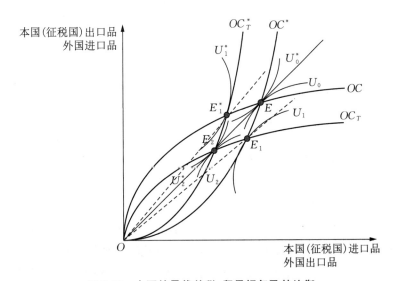

图8.15 大国的最优关税、贸易报复及其均衡

① Lerner, Abba, 1936, "The Symmetry between Import and Export Taxes", *Economica*, 3(11), 306—313.
② 以上讨论的两种反常情形是假定一国的提供曲线正常,而另一国的提供曲线反常。如果两国的提供曲线都不正常,则要看哪国的提供曲线更不正常。

由于小国征收关税不能改变其国际贸易条件,而只会使贸易量下降,因而使其福利水平下降,所以小国的最优关税为零关税,即实行自由贸易政策对小国最为有利。由于大国征收关税能够改善其国际贸易条件,因而提高其福利水平,故只有大国存在最优关税。

大国的最优关税应位于自由贸易和禁止性关税之间。从自由贸易开始,大国提高关税,国际贸易条件改善带来的正效应将超过贸易量减少所导致的负效应,使社会福利水平提高。当关税达到最优关税时,福利水平达到最大值。此后,若再进一步提高关税,则国际贸易条件改善的正效应将会小于贸易量减少的负效应,从而使福利水平下降。当关税提高到禁止性关税时,则该国将返回到封闭经济状态下的福利水平(即原点 O 处)。

大国征收关税,使其国际贸易条件改善、福利水平提高,但却使贸易伙伴国的国际贸易条件恶化、福利水平下降。因此,贸易伙伴国很可能采取报复措施,比如对其进口产品也征收对等的关税,从而使两国的贸易均衡点由 E 移至 E_2,两国的国际贸易条件恢复到从前,但两国的贸易量却下降了。如果两国是非合作的,则彼此可能持续地相互报复下去,直至退回到各自的封闭经济状态(即原点 O 处);如果两国是合作的,则彼此可能通过关税(或其他贸易政策)谈判而结束相互报复,从而达成一种合作均衡状态。但比较明确的是,相互报复导致的关税战(或一般意义上的贸易战)会使贸易量减少甚至完全消失,世界总的福利水平将比自由贸易时低。

2. 出口关税

(1) 小国情形。

假定该小国的对外贸易是平衡的(至少在长期是平衡的),则征收同样税率的出口从价税和进口从价税所产生的效应是一样的。这就是所谓的"勒纳对称原理"(Lerner's symmetry theorem)。[1]该定理之所以成立,首先是因为出口从价税和进口从价税对进出口相对价格的影响是相同的。

假定进口品的国内价格和国际价格(或国外价格)分别为 p_m 和 p_m^*,出口品的国内价格和国际价格(或国外价格)分别为 p_x 和 p_x^*。如果对出口品征收税率为 t 的从价税,意味着 $p_x = \dfrac{p_x^*}{(1+t)}$。如果进口品是自由贸易的,则 $p_m = p_m^*$。那么在存在出口关税的情况下,出口品的国内相对价格为 $\dfrac{p_x}{p_m} = \dfrac{p_x^*}{(1+t)p_m^*}$。

该式相当于把出口关税去掉,即出口品是自由贸易的($p_x = p_x^*$),而进口却被施加了税率为 t 的从价税,即 $p_m = (1+t)p_m^*$。因此,图 8.10 中的国内贸易条件线 $p_T = p_x/p_m < p^*$ 对征税进口关税和出口关税是一样的,由此引起的各种效应也如同前面小国征收进口关税的情形。这进一步意味着,如果小国在削减进口关税的同时,同等幅度地提高出口关税,那么两种政策的作用将完全抵消,相当于该国没有采取任何措施。同理,进口补贴和出口补贴也具有对称性。

---

① Lerner, Abba, 1936, "The Symmetry between Import and Export Taxes", *Economica*, 3(11), 306—313.

（2）大国情形。

考虑大国情形，对进口实行自由贸易（$p_m = p_m^*$），对出口征收关税。那么，在一般情况下该国的出口下降，国际市场供给减少，出口品的国际价格 p_x^* 上升，该国的国际贸易条件会改善；另一方面这会使出口品的国内供给增加，出口品的国内价格 p_x 下降。由此产生的效应与大国征收进口关税时类似。

总之，以上集中讨论了在一般均衡条件下一国征收进口关税、出口关税所产生的效应，对于其他贸易政策措施（如进口配额等数量限制、出口补贴等）的分析也与之类似。

8.3 不完全竞争市场下的贸易政策效应

完全竞争的市场结构在很多情况下只是一种理想状态，但它为分析现实经济中普遍存在的不完全竞争市场提供了一个初始参照系。根据表 8.1，我们主要关注完全垄断、寡头和垄断竞争这三种不完全竞争市场结构。由于那些受到贸易政策影响的相关产品的微观市场结构是不完全竞争的，单个企业能够影响产品价格（在垄断竞争情况下某一品种的企业对该品种有垄断势力）。因此，这里的分析不需要像完全竞争市场那样假定贸易政策实施国家为"大国"或"小国"。

8.3.1 完全垄断

这又可以分为两种情形：本国（即贸易政策实施国家）的企业在本国市场上完全垄断和外国企业在本国市场上完全垄断。前者是指本国生产该产品，后者则是指本国不生产该产品。

1. 本国企业在本国市场上完全垄断（本国生产该产品）

假定本国在所考虑的产业或产品上只有一家国内垄断企业，但它要面对来自进口（由外国企业带来）的竞争。这家国内垄断企业的生产技术可能呈现出规模报酬递减、不变和递增三种特征。这里首先分析规模报酬递减（即成本递增）的情形，即平均成本是产出的递增函数（单位生产成本随着产出的扩大而趋于上升）；然后讨论规模报酬递增，即平均成本是产出的递减函数的情形。本部分不考虑规模报酬不变的情形。

（1）本国垄断企业规模报酬递减。

我们首先考察进口关税。

如果本国征收进口关税，而且关税足够高的话，那么本国国内与进口竞争的垄断者（import-competing monopolist）将可能变成出口者。但由于这种情况较为复杂，因此我们暂时假定该产品的出口价格（FOB）很低以至于出口并不能获利而排除这种情况。[①]

---

① Fishelson 和 Hillman（1979）则分析了国内垄断者仅供应国内市场和变成出口者两种情形。参见 Fishelson, Gideon and AryeHillman, 1979, "Domestic Monopoly and Redundant Tariff Protection", *Journal of International Economics*, 9(1), 47—55。

如图 8.16 所示,对于位于自由贸易时的 CIF 进口价格(p_m)与征税后的价格($p_t \equiv p_m + T$,T 表示单位进口的关税额)之间的价格区间,本国垄断企业面对的是向下倾斜的需求曲线,$p_t ABD$ 是该垄断者面对的平均收益曲线;而 DD 则是潜在的需求曲线,由 DD 推导出的 mm 是边际收益曲线,$p_t ACm$ 是该垄断者面对的边际收益曲线;MC 为该产品的边际成本曲线(假定向上倾斜)。很明显,如果没有关税,国内垄断者只能定价为 p_m,而正是由关税提供的保护才使得垄断者获得如同没有进口时的市场势力。

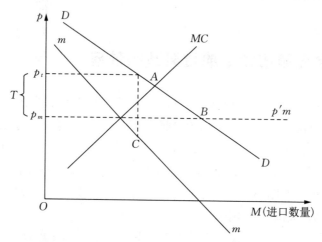

图 8.16　递增成本下的国内垄断企业与进口竞争

下面讨论当逐渐提高关税从而逐渐提高征税后的价格($p_t \equiv p_m + T$)时将会发生什么情况?

图 8.17(a)显示征收单位进口的关税为 $T_1 = p_t^1 - p_m$,国内垄断企业在其边际收益曲线($p_t^1 ACm$)与边际成本曲线(MC)相交处(点 B)实现利润最大化,其产量为 Oy_1,价格为 p_t^1;消费者需求为 Oc_1,其中 $y_1 c_1$ 由进口来满足。如果该产业是竞争性的,那么这一结果也会出现。在这种情况下,征税后的国内价格提高,但并不能完全禁止进口;如果征税后的国内价格高到 p_c(p_c 为征收禁止性关税后的国内价格),则进口被全部禁止。

图 8.17(b)显示征收关税后的价格 p_t^2 位于 p_c 之上,国内垄断者独占国内市场,在曲线 MC 与边际收益曲线的垂直不连续部分的交点 F 处生产[1],产出为 y_2,价格为 p_t^2,且充分利用了所有提供的保护。在这种情况下,关税很高,从而禁止了进口;但这一关税还没有高到完全消除进口威胁的程度(进口威胁的存在使得国内垄断者生产 y_2,而不是不受限制的最优产出 y',y' 对应的价格比 p_t^2 更高)。

---

① 注意:在点 F 的右边,边际成本>边际收益,这时减少产出可以增加利润;在点 F 的左边,边际成本<边际收益,这时增加产出可以增加利润。所以 y_2 是垄断者的利润最大化产出。

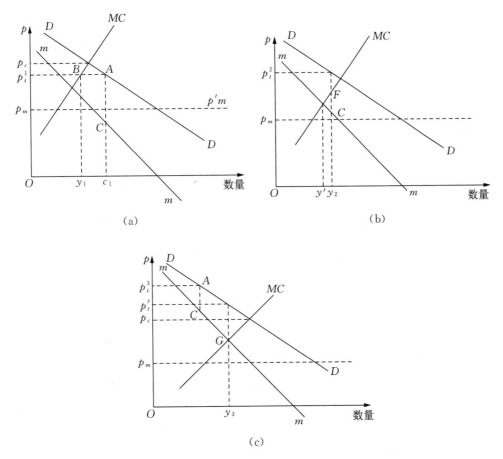

图 8.17　不同关税水平下的国内垄断企业行为:递增成本情形

图 8.17(c)显示征收关税后的价格 p_t^3 位于垄断者不受限制的利润最大化价格 p_t' 之上。这时,曲线 MC 与边际收益曲线的向下倾斜部分相交于点 G,相应的产出为 y_3,价格为 p_t'。其中,$p_t' p_t^3$ 部分的关税未被利用即构成多余的保护,或称为"关税中的水分"。由于 p_t' 是该垄断者的最优价格,所以即使关税保护可以提供更高的价格,该垄断者也不会索要更高的价格。在这种情况下,关税高到足以消除进口威胁的地步,使得垄断者可以采取最优行动。

我们再比较进口关税与进口配额。

如图 8.18 所示,进口配额为国内垄断者创造了一个"受保护市场"(sheltered market),即使得该垄断者索要比关税情形下更高的价格(达到与进口配额同等的进口水平),但销售量更低。假定世界价格为 p^*,国内垄断者面对的需求曲线实际上是水平的 p^* 价格线,因而边际收益线也是这个水平的价格线,利润最大化的产出为 y_0(此时边际收益=边际成本)。注意,这是任何一个竞争性企业或产业都可以生产出来的产出,只要它的边际成本与垄断者一样。在这个意义上,小国的自由贸易可以消除垄断者的市场势力,即消除其限制供给和提高价格的能力。

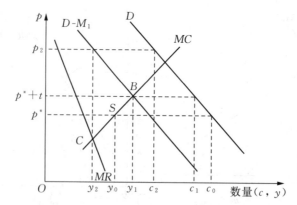

图 8.18　递增成本下的国内垄断:进口关税与进口配额的一般比较

　　假定期初对单位进口征收关税 t,国内垄断者的价格只能是(p^*+t),它面对的需求曲线变为水平的(p^*+t)价格线,边际收益线也是这个水平的价格线,所以利润最大化的产出为 y_1(此时 $p^*+t=$ 边际成本)。该价格水平下的国内消费为 c_1,进口为 $m_1=c_1-y_1$。

　　现在如果实施进口配额 m_1,那么对于高于世界价格 p^* 的任何价格,进口量都是固定在 m_1。这样,国内垄断者面对的需求曲线变为期初的总需求曲线 D 减去进口配额 m_1,由图 8.18 中的 D-M_1 表示。与关税情形不同,这时的国内垄断者获得了影响国内价格的能力:它可以沿着新的需求曲线 D-M_1 选择最优价格和产出。根据 $MC=MR$(MR 由需求曲线 D-M_1 导出),该垄断者确定利润最大化的价格和产出分别为 p_2 和 y_2,而且 $p_2>p^*+t$,消费为 c_2。于是,与实现同等进口水平的关税相比,进口配额导致更高的国内价格。所以,进口关税与进口配额不再等同:进口关税对进口的限制具有相对的弹性,国内垄断者的垄断势力也是有限的[除了关税高到而变得多余的情形,见图 8.17(c)];但进口配额对进口的限制是刚性的,可以使国内垄断者能够发挥市场势力(如同在封闭经济下),因而导致更高的福利成本。另外,进口配额甚至可能导致国内产出与自由贸易相比而下降。如图 8.18 所示,$y_2<y_0$[1],这意味着该产业将得不到配额的保护,即进口配额使国内产出下降、就业减少。

　　以下比较两种特定的情形:一是比较导致相同国内产出($y_q=y_t$)的进口关税与进口配额,如图 8.19(a)所示;二是比较导致相同国内价格($p_q=p_t=p^*+t$)的进口关税与进口配额,如图 8.19(b)所示。

　　首先看第一种情形,自由贸易时的进口价格为 $p_m=p^*$,国内消费量为 c_0,p_t 表示征税后的国内价格,而进口配额则导致较高的国内价格 p_q 和较低的国内消费 c_q(小于征税时的国内消费 c_t)。相对于自由贸易,两种政策措施下的福利净损失分别为:关税的净损失=三角形 EFG 的面积+三角形 JKB 的面积;配额的净损失=三角形 EFG 的面积+三角形 ABC 的面积。那么,配额超出关税的净损失=三角形 ABC 的面积-三角

---

　　[1]　这种情形更具可能性,当然也可以将曲线 MR 画成 $y_2>y_0$ 的样子。

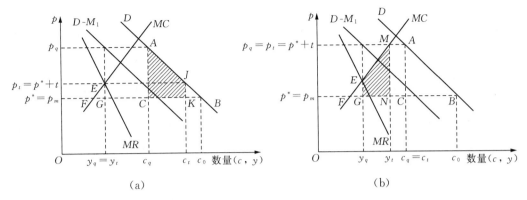

图 8.19   递增成本下的国内垄断:进口关税与进口配额的两种情形比较

形 JKB 的面积＝梯形 $AJKC$ 的面积[即图 8.19(a)中阴影部分的面积]。换句话说,由于假定两种政策措施导致相同的国内产出水平,因此它们引起的生产净损失是相同的,但配额使得国内价格更高,因而导致更高的消费净损失。所以,作为保护国内产出的手段,进口配额要劣于进口关税。

其次看第二种情形,由于假定两种政策措施导致相同的国内价格水平,因此它们引起的消费净损失是相同的(＝三角形 ABC 的面积)。但由于在关税情形下,国内垄断者是价格接受者,因此,对于给定的价格水平,它在关税情形下要比配额情形下生产更多的产出(垄断者在配额情形下将运用市场势力来限制产出、提高价格,即 $y_t > y_q$)。相对于自由贸易,两种政策措施下的福利净损失分别为:关税的净损失＝三角形 MNF 的面积＋三角形 ABC 的面积;配额的净损失＝三角形 EFG 的面积＋三角形 ABC 的面积。那么,关税超出配额的净损失＝三角形 MNF 的面积－三角形 EFG 的面积＝梯形 $MNGE$ 的面积[即图 8.19(b)中阴影部分的面积]。也就是说,配额导致的生产净损失相对较小。所以,作为实现国内目标价格(提高国内价格)的手段,配额则优于进口关税。

以上分析表明,在存在国内垄断的情况下,进口配额与进口关税哪个政策更可取,则取决于决策者的目标。

(2) 本国垄断企业规模报酬递增。

在现实经济中,有些产业里的企业具有规模报酬递增的特点。我们分别考察进口关税、生产补贴、进口配额、关税引致的出口等情形。

我们首先考察进口关税。

如图 8.20 所示,假定 CIF 进口价格 p_m 低于国内垄断者盈亏平衡点(即零利润)时的价格(break-even price) p';假定平均成本曲线 AC 和边际成本曲线 MC 的任何部分都高于 FOB 出口价格 p_x,这样生产者出口就不合算了(下面将讨论垄断者成为出口商的情形)。在没有保护的情况下,按照价格 p_m 进口,国内市场由进口满足(即 $m = c_0$),国内该产业不会生产。

现在假定政府对单位进口征收关税 $T' = p' - p_m$,使得国内垄断者在零利润时的产出为 y'_t。由于这一关税可以保证国内产业的生存,所以被称为"定制式关税"(made-to-measure tariff)。任何超过这一关税水平的关税都将导致国内市场全部由国内垄断者提供。对于这一关税水平 T'，消费者支付的价格为 p'，其购买量为 y'_t，相对于自由贸易时的福利成本为梯形 $p'ABp_m$ 的面积。与成本递增情形不同，这里没有抵消的关税收入（因为进口为零），也不存在保护部门获得转移过来的"租"（因为 $p'=$ 平均成本）。对于给定的边际成本曲线，与国内生产相关的固定成本越高，净损失就越大（即意味着较高的平均成本曲线）。比如，在国内生产的边际成本为常数且等于 p_m 的特殊情况下，固定成本将等于长方形 $p'AEp_m$ 的面积，这就表明了关税的保护效应是如何被企业的进入成本所耗散掉的。[1]

与成本递增的情形相比，规模经济条件下的关税保护会导致更大的成本。而且，如果关税水平高于"定制式关税"水平，则将引起国内企业垄断势力的增强，表现为国内产出和消费的下降及较高的平均成本和价格，比如图 8.20 中的 p_t。这时的净损失为 $FACJ$ 的面积。与"定制式关税"情形相比，净损失可能增加了。这一结果与已有的观点（认为关税保护有助于成本递减行业实现长期均衡，从而使国内消费者的购买成本下降）并不一致。[2]

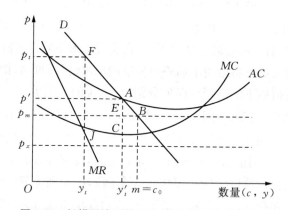

图 8.20 规模经济下的国内垄断:进口关税的影响

我们再考察生产补贴。

如图 8.21 所示，在自由贸易时，该国消费者需求为 $c_0=y_0$，即由点 M（进口价格与需求曲线的交点）表示。该国如果实施生产补贴从而实现边际成本定价（价格＝边际成本），则国内垄断者的生产点是点 N（边际成本曲线与需求曲线的交点）。在这两种情形下，对反映该经济净收益的消费者剩余的度量是需求曲线以下和相应边际成本曲线以上的区域，也就是消费带来的总收益减去生产该消费数量产品的总成本。当所有产品由进口提供时，边际成本就是进口价格。所以，如果经济位于点 M，则净收益＝三角形 HMp_m 的面积;如果经济位于点 N，即所有供给由国内提供，则边际成本就是生产者的

---

① 后面将讨论寡头企业的无效率进入情形。
② 但在后面讨论的寡头等市场结构下，已有的观点可能是站得住脚的。

边际成本,这时的净收益＝HNS的面积＝三角形HMp_m的面积＋RMN的面积－SRp_m的面积。因此,与自由贸易时的点M相比,点N处的生产可以带来额外的收益($=RMN$的面积－SRp_m的面积)。如果对于某一进口价格水平p_m,RMN的面积$>$$SRp_m$的面积,那么实施生产补贴使国内生产在点$N$进行则是可取的。如果图8.21中的$p_m=p'$,则零利润条件下的产出为$y_0$,于是$RMT$的面积$=SRp_m$的面积,点$N$优于点$M$,多出$MTN$的面积。

在图8.21中,$p_m<p'$,则自由贸易时,国内垄断者是不能生存的。但即使如此,实施生产补贴使国内生产在点N进行仍是可取的。它使需求曲线上移至D_s,与之相对应的边际收益曲线与边际成本曲线相交于点N。实施生产补贴所对应的进口价格的最低值p^*要满足以下条件:RMN的面积$=SRp_m$的面积。这表明,存在着某一种情形,即当$p^*<p_m<p'$时,该国实施生产补贴从而建立起某一本不存在的产业,对社会福利是有好处的。但出于同样目的而征收进口关税,则会使社会福利恶化。当然,实施生产补贴也存在其他难题,特别是这种"定制式补贴"(made-to-measure subsidy)很难激励垄断者以最低成本生产,垄断者完全有可能夸大其真实成本,误导决策者。因此,通过生产补贴来建立某一产业的做法未必是可取的。

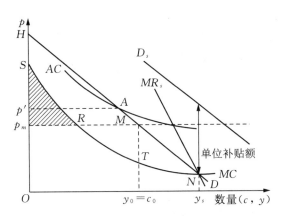

图8.21 规模经济下的国内垄断:生产补贴的影响

我们接下去考察进口配额。

进口配额在规模经济条件下的影响与递增成本条件下很相似,即赋了国内垄断者以垄断势力。不过,在规模经济条件下,进口配额给国内产业提供某些保护,但不能完全消除进口。因为存在规模经济,所以无法对进口配额和进口关税进行优劣排序。比如,对于所有高于"定制式关税"的关税水平(见图8.20),进口将变为零,而在配额限制下进口则为配额的数量,所以不存在进口关税与(非零)进口配额之间的进口等价性。另外,从前面的分析可知,进口关税似乎与特定的进口配额具有产出等价性,但实际上,这样的关税含有"水分",它使产出高于配额情况下的产出。除了这些问题以外,两种政策的优劣排序还受到一些关键参数(如成本曲线和需求曲线等因素)的影响。

我们最后考察关税引致的出口。

以上讨论都假定被保护产业只为国内市场提供产品或服务。但如果出口价格并不低，则征收进口关税也可能使出口有利可图。①这取决于出口价格 p_x 对应的价格线位于平均成本曲线之下但与边际成本曲线相交（见图 8.22）。

在自由贸易时，该国以价格 p_m 进口 y_0。现假定对每单位进口征收关税 $T=p_d-p_m$（只是使垄断者在国内市场销售达到盈亏平衡的那一点），同时如果 GHJ 的面积（出口价格 p_x 对应的水平线与曲线 MC 围成的面积）$>EFG$ 的面积（出口价格 p_x 对应的水平线与曲线 MC、国内市场售卖产出量 y_t 对应的垂线共同围成的面积），即出口能够带来边际利润，那么该垄断者发现生产出 y_x 的产出是最优的，其中以价格 p_d 向国内市场售卖 y_t，以价格 p_x 出口（y_x-y_t）。这时的出口之所以能够获利，是因为关税使垄断者可以在国内和国外两个市场实行价格歧视：国内高价、国外低价。因此，如果考虑出口带来的利润，则关税引起的净损失需要调整为：梯形 p_dABp_m 的面积 $+EFG$ 的面积 $-GHJ$ 的面积。

如果关税为 $T'=p'-p_m$（使垄断者在加上出口利润之后的总利润为零），这时的净损失为图 8.22 中梯形 $p'CBp_m$ 的面积，与图 8.20 相等。这时的产出为 y_x，国内销售为 y'。这时的关税水平是最优的，因为它使该国恰好能够建立起该产业。而任何更高的关税都将导致进一步的扭曲。比如，与关税 $T'(=p'-p_m)$ 相比，关税 $T(=p_d-p_m)$ 将导致额外的净损失（=梯形 $ACLF$ 的面积），这等于消费者剩余，即梯形 p_dACp' 的面积减去生产者"租"的增加额（即 p_dAKp' 的面积 $-KCLF$ 的面积）。很明显，即使关税引致了出口，但仍然会导致至少为 $p'CBp_m$ 的净损失。

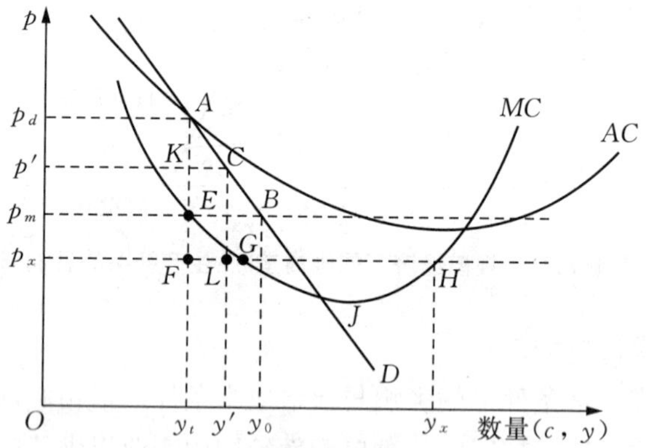

图 8.22 规模经济下的国内垄断：关税引致的出口

2. 外国企业在本国市场上完全垄断（本国不生产该产品）

假定某一产品的国内市场全部由一个外国垄断者提供，那么本国不生产该产品，为什么要征收关税进行保护呢？其主要原因是：如果本国征收进口关税，则可以攫取外国垄断者的"租"（该垄断者获利之后会将利润汇回）。即使本国是个小国，它也会像前面分

① 这种可能性通常受到各种保护主义游说的促动而变成现实，比如"进口保护就是出口促进"的观点。

析的大国情形那样行事,因而存在一个最优关税。

(1) 本国征收从量税。

令 x 为外国企业在本国市场上的销售额,且等于本国的消费量,即 $x = d(p)$。需求曲线表示成价格形式为 $p = p(x)$, $p' = \partial p / \partial x < 0$。外国出口商得到的价格为 $p^* = p(x) - t$, t 为单位进口的关税额(或从量税)。于是,本国征收关税后,外国出口商获得的利润为:

$$\pi^*(x) = x[p(x) - t] - C^*(x) \tag{8.5}$$

其中,$C^*(x)$ 为外国出口商的总成本。外国出口商选择出口额来最大化其利润,则一阶条件为:

$$\pi^{*'}(x) = p(x) + xp'(x) - [C^{*'}(x) + t] = 0 \tag{8.6}$$

其中,$p(x) + xp'(x)$ 为边际收益,而 $C^{*'}(x) + t$ 为含有关税的边际成本,二者相等使得利润最大化。式(8.6)全微分,得 $\pi^{*''}(x)\mathrm{d}x - \mathrm{d}t = 0$,则由利润最大化的二阶条件可得:

$$\frac{\mathrm{d}x}{\mathrm{d}t} = \frac{1}{\pi^{*''}(x)} < 0 \tag{8.7}$$

于是,关税对进口价格的影响为:

$$\frac{\mathrm{d}p}{\mathrm{d}t} = p'(x) \frac{\mathrm{d}x}{\mathrm{d}t} = \frac{p'(x)}{\pi^{*''}(x)} > 0 \tag{8.8}$$

征税之后的价格 $p(x) = p^* + t$ 趋于上升,但上升幅度是否小于关税呢?或关税的"传递效应"是否是不完全的呢?对于 $p(x) = p^* + t$,当且仅当 $\mathrm{d}p^* / \mathrm{d}t < 0$ 时,$\mathrm{d}p / \mathrm{d}t < 1$。因此,关税对国内价格的"部分传递效应"等价于让外国企业吸收部分关税,从而体现为国际贸易条件的改善。

式(8.8)的分子和分母均小于 0,那么当且仅当下列条件满足时,才有 $\mathrm{d}p/\mathrm{d}t < 1$:

$$p'(x) > \pi^{*''}(x) = 2p'(x) + xp''(x) - C^{*''}(x) \tag{8.9}$$

其中,式(8.9)的最左端 $p'(x)$ 为需求曲线的斜率,右端为边际收益曲线的斜率[即 $2p'(x) + xp''(x)$]减去边际成本曲线的斜率[即 $C^{*''}(x)$]。如果边际成本为常数,则 $C^{*''}(x) = 0$,那么当且仅当下列条件满足时,式(8.9)成立:

$$p'(x) + xp''(x) < 0 \tag{8.10}$$

这使得边际收益曲线比需求曲线陡峭。这一条件对于任何不太凸的需求曲线(包括线性的或凹性的需求曲线)而言总是成立的。[①]

———————————

① 对于线性需求曲线,其任何点处的斜率保持不变;对于凸向原点的需求曲线(或凹性需求曲线),其上的任何点处的斜率的绝对值将随着需求量的增加而变小,即变得越来越平坦;而对于凹向原点的需求曲线(或凸性需求曲线),其上的任何点处的斜率的绝对值将随着需求量的增加而变大,即变得越来越陡峭。参见第4章关于克鲁格曼模型的讨论。

如图 8.23 所示,在初始均衡时,即本国未征收进口关税,则国内外价格均为 p_0。征收进口关税使得边际成本上升,从而使进口价格上涨至 p_1。如果边际收益曲线比需求曲线陡峭,则这一价格的上升将小于关税 t,因而外国出口商得到的国外价格将下降,即 $p_1 - t < p_0$。在这种情况下,$\mathrm{d}p^*/\mathrm{d}t < 0$,因而本国将存在一个正的最优关税[基于本章附录中的式(8A.10)]。图 8.23 显示的福利变化为政府关税收入减去消费者剩余损失的余额,即 $-(c+d)+(c+e)=e-d$。当关税很小时,$e-d>0$。

如果边际收益曲线比需求曲线平坦,则 $\mathrm{d}p^*/\mathrm{d}t > 0$,最优政策是进口补贴。这是一种反常情形,但也是可能的。比如,如果需求的价格弹性(η)为常数,则因为 $MR(x)=p(x)[1-(1/\eta)]$,因而有 $-MR'(x)=-p'(x)[1-(1/\eta)]<-p'(x)$,即边际收益曲线比需求曲线平坦。

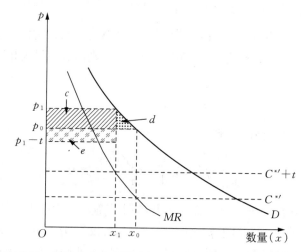

图 8.23   外国企业在本国市场上完全垄断:进口关税的影响

(2) 本国征收从价税。

如果本国征收从价税 τ,则外国出口商得到的价格为 $p^* = p(x)/(1+\tau)$,其利润为:

$$\pi^*(x) = \frac{xp(x)}{(1+\tau)} - C^*(x) \tag{8.11}$$

选择出口量而最大化利润,得到一阶条件为 $p + xp' = (1+\tau)C^{*\prime}$,进一步写成:

$$p(x)\left(1 - \frac{1}{\eta}\right) = (1+\tau)C^{*\prime}(x) \tag{8.12}$$

其中,$\eta(x) = \left(\dfrac{\mathrm{d}x}{\mathrm{d}p}\right)\left(\dfrac{p}{x}\right) = \dfrac{p}{xp'(x)}$。很显然,如同征收从量税那样,$\mathrm{d}x/\mathrm{d}\tau < 0$ 且 $\mathrm{d}p/\mathrm{d}\tau > 1$。为确定外国价格 p^* 的变化,将式(8.12)写成:

$$p^* = \frac{p(x)}{(1+\tau)} = \left(\frac{\eta}{\eta-1}\right)C^{*\prime}(x) \tag{8.13}$$

考虑外国出口商的边际成本 $C^{*'}(x)$ 为常数的情形,对式(8.13)求微分,得

$$\frac{\mathrm{d}p^*}{\mathrm{d}t} = \left[\frac{\eta'}{\eta-1} - \frac{\eta\eta'}{(\eta-1)^2}\right]\frac{\mathrm{d}x}{\mathrm{d}\tau}C^{*'} = -\frac{\eta'(x)}{(\eta-1)^2}\frac{\mathrm{d}x}{\mathrm{d}\tau}C^{*'} \tag{8.14}$$

因为 $\mathrm{d}x/\mathrm{d}\tau<0$,当 $\eta'(x)<0$,即需求弹性随着进口品消费的下降而上升时[1], $\mathrm{d}p^*/\mathrm{d}\tau<0$,即本国征收关税使得外国价格下降,本国的国际贸易条件改善。于是得到以下结论:当本国国内市场由一个外国出口商(其边际成本为常数)垄断时,如果边际收益曲线比需求曲线陡峭,则较小的从量税可以改善本国的国际贸易条件、提高本国的福利;如果需求弹性随着进口品消费的下降而上升,则较小的从价税可以改善本国的国际贸易条件、提高本国的福利。[2]

8.3.2　寡头

进行双寡头竞争的企业之间存在一定的战略关系。企业的利润不仅受到企业自身策略(如价格、产量等)的影响,同时也受到其他企业的策略的影响;所有企业都明白上述影响的存在;市场上现存的企业及潜在进入者都不足以使企业利润降低到完全竞争的水平。但在完全竞争市场(即单个企业的策略不能够影响其他企业)或完全垄断市场(即整个市场只有一家企业,不存在企业之间的相互关系),企业的战略关系是不存在的。我们这里重点讨论古诺双寡头和伯川德双寡头两种情况。[3]

1. 古诺双寡头

进行古诺双寡头竞争的企业是以产出为战略选择变量的。本部分主要讨论在古诺双寡头结构下进口关税与出口补贴这两种贸易政策的效应。

(1) 进口关税。

我们假定本国企业在本国市场上与外国企业进行古诺寡头竞争。令 x 表示外国出口商在本国市场上的销售量, y 表示本国企业的销售量。因此,本国总消费量为 $z=x+y=d(p)$,写成反需求函数为 $p=p(z)$,且 $p'<0$。本国对进口征收从量税 t。[4]于是,外国企业和本国企业的利润分别为:

$$\begin{cases} \pi^* = x[p(z)-t] - C^*(x) \\ \pi = yp(z) - C(y) \end{cases} \tag{8.15}$$

---

① 这与第4章克鲁格曼模型中的需求弹性假定是相同的。

② 参见 Brander, James and Barbara Spencer, 1984a, "Trade Warfare: Tariffs and Cartels", *Journal of International Economics*, 16(3—4), 227—242; Brander, James and Barbara Spencer, 1984b, "Tariff Protection and Imperfect Competition", in Henryk Kierzkowski(ed.), *Monopolistic Competition and International Trade*, Oxford: Oxford University Press.

③ 这里讨论的古诺双寡头和伯川德双寡头两种情形都是基于"国内外市场分割和企业不能自由进出,即企业的数量(两家)固定不变"的假定。这便于集中分析给定的贸易政策对于单一市场(实施贸易政策国家的市场或"第三国家市场")的影响。如果企业可以自由进出市场(或该产业)的话,那么本国和外国企业的利润在长期将变为零;同时,一种产品(比如进口品)销售量的变化将会对另一种产品(比如出口品)的需求产生影响。这是一般均衡分析方法在非完全竞争市场结构下的运用。

④ 为了分析方便,我们假定在古诺双寡头结构下征收从量税,在伯川德双寡头结构下征收从价税。

各自利润最大化的一阶条件(外国企业假定 y 既定,选择 x 最大化其利润;本国企业假定 x 既定,选择 y 最大化其利润)分别为:

$$\begin{cases} \pi_x^* = p(z) + xp'(z) - [C^{*'}(x) + t] = 0 \\ \pi_y = p(z) + yp'(z) - C'(y) = 0 \end{cases} \qquad (8.16)^{①}$$

根据式(8.16)可以求出外国企业的出口量 x 为本国企业国内销售量 y 的函数,写成反应函数(反应曲线)为 $x = r^*(y, t)$,由图 8.24(a)中的 R^*R^* 表示;本国企业的国内产出 y 为外国企业在本国市场上的销售量 x 的函数,写成反应函数(反应曲线)为 $y = r(x)$,由图 8.24(a)中的 RR 表示。两条反应曲线的交点 C 决定了两家企业的古诺均衡。注意:等利润曲线 π 向下移动(对应 x 的减少)代表更高的利润,等利润曲线 π^* 向左移动(对应 y 的减少)代表更高的利润。

在本国征收关税时,外国企业将减少其出口量 $\left[$根据式(8.16),$\dfrac{\mathrm{d}x}{\mathrm{d}t} = \dfrac{1}{\pi^{*''}(x)} < 0\right]$,它的反应曲线将下移至 $R'R'$[如图 8.24(b)所示],均衡点由 C 移至 D,外国企业的出口销售 x 减少,本国企业的国内销售 y 增加,本国企业的利润增加。为了确定关税对国内价格 $p(z)$ 的影响,需要先计算其对总销售($z = x + y$)的影响。将式(8.16)中的两式相加,得

$$2p(z) + zp'(z) = C'(y) + [C^{*'}(x) + t] \qquad (8.17)$$

假定国内外企业的边际成本均为常数,则对式(8.17)全微分,可得

$$\frac{\mathrm{d}z}{\mathrm{d}t} = \frac{1}{3p'(z) + zp''(z)} \qquad (8.18a)$$

$$\frac{\mathrm{d}p}{\mathrm{d}t} = \frac{p'(z)}{3p'(z) + zp''(z)} \qquad (8.18b)$$

根据式(8.18a),如果 $3p'(z) + zp''(z) < 0$,则关税导致对该产品的总消费下降。而且当下列条件满足时,有 $\mathrm{d}p/\mathrm{d}t < 1$,条件指:

$$p'(z) > 3p'(z) + zp''(z) \Leftrightarrow 2p'(z) + zp''(z) < 0 \qquad (8.19)$$

式(8.19)右侧的条件表明,整个市场的边际收益曲线[即 $p(z) + zp'(z)$]是向下倾斜的。这一条件甚至比式(8.10)还弱。一般情况下,需求曲线是满足式(8.19)的;对于边际收益曲线,如果需求弹性为常数,则 $MR'(z) = p'(z)[1 - (1/\eta)] < 0$。因此,当式(8.19)满足时,式(8.18a)和式(8.18b)中 $\mathrm{d}z/\mathrm{d}t < 0$ 且 $\mathrm{d}p/\mathrm{d}t < 1$,因而有 $\mathrm{d}p^*/\mathrm{d}t < 0$,即

---

① 假定二阶条件满足,即 $\pi_{xx}^* = 2p' + xp'' - C^{*''} < 0$,$\pi_{yy} = 2p' + yp'' - C'' < 0$。假定稳定条件也满足,即 $\pi_{xx}^* \pi_{yy} - \pi_{xy}^* \pi_{yx} > 0$,从而确保本国企业的反应曲线比外国企业的陡峭,即在外国企业的反应曲线下移时,本国企业的产出会增加;相反,如果稳定条件不满足即意味着本国企业的反应曲线比外国企业的平坦,则在外国企业的反应曲线下移时,本国企业的产出减少。该条件可以通过构建微分方程组和相位图并求解的方法加以证明。读者可以试着证明一下。

进口国征收关税后的国际贸易条件趋于改善。

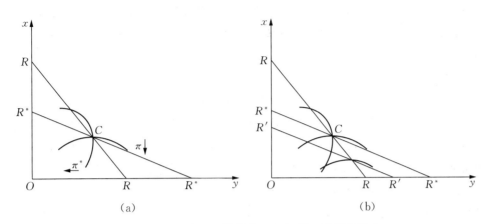

图 8.24　本国市场上的古诺双寡头:进口关税的影响

根据本章附录的式(8A.10),可以求出本国征收关税后的社会福利变化。我们使用外国的出口(x)代替本国的进口(m),即

$$\frac{\mathrm{d}W}{\mathrm{d}t} = \underbrace{\left(t\frac{\mathrm{d}x}{\mathrm{d}p}\frac{\mathrm{d}p}{\mathrm{d}t}\right)}_{\text{关税的效率损失}} + \underbrace{\left(-x\frac{\mathrm{d}p^*}{\mathrm{d}t}\right)}_{\text{关税的国际贸易条件效应}} + \underbrace{\left\{[p-C'(y)]\frac{\mathrm{d}y}{\mathrm{d}t}\right\}}_{\text{源于不完全竞争的效率改进}} \tag{8.20}$$

当关税很低时,式(8.20)的第一项接近于零;第二项在式(8.19)满足时为正,即关税可以改善国际贸易条件;最后一项中的 $\mathrm{d}y/\mathrm{d}t>0$,即关税使国内产出增加[图 8.24(b)中由点 C 移至点 D]。因此,最优关税为正,即征收关税可以改进本国的福利水平。但需要特别指出的是,式(8.20)的最后一项反映本国使用进口关税榨取外国垄断企业的利润,因而被称为征收关税的"利润转移"(profit shifting)或"租金转移"(rent shifting)动机。在这种非完全竞争市场结构(特别是寡头市场结构)下所采取的国际贸易政策被称为"战略性贸易政策"(strategic trade policy),即在特定的市场背景下,政府有单边采取贸易干预的经济动机,比如扶持本国企业,从而影响外国企业的行为,比如将利润转移到本国企业进而增加国民福利。这一理论推导的背后隐含着对非完全竞争市场下自由贸易优势的怀疑。[①]

最后,回顾一下第 4 章介绍的相互倾销模型[②],它是对产业内贸易的一种理论解释,即产业内贸易的发生是由于它可以增加消费品种和实现规模经济进而增进福利水平。而在这里的古诺模型中,企业所卖产品为同质产品,因而不存在因品种增加而带来的收益,反而存在因运输成本而导致的损失;另一方面,由于外国企业的竞争,本国企业的垄

---

① 参见 Brander,James 1995, "Strategic Trade Policy", in Gene Grossman and Kenneth Rogoff(eds.), *Handbook of International Economics*,Vol.3,Amsterdam:North-Holland,Chapter 27,1395—1455;邱东晓:《战略性贸易政策及应用》,载钱颖一、白重恩主编:《现代经济学前沿专题》(第四集),商务印书馆 2007 年版。

② 如果在布兰德—克鲁格曼模型中引入关税,那么由于两个市场上的价格都相同,每家企业从其国内市场销售得到的价格必然高于其在出口市场销售而得到的除去关税之后的价格。

断势力将被削弱,甚至引起更多竞争者的进入(后面将讨论),从而带来福利的增加。这就引出了一个问题:两种相反作用力的净效应是否为正? 这对于一国来说,本部分的古诺模型表明这一效应为正;但对于全球来说,以及在企业自由进出的情形下,这一效应未必为正。

(2)出口补贴。

研究古诺寡头市场结构下的出口补贴政策的代表性模型是布兰德—斯潘塞模型(Brander-Spencer model)。[1]该模型也是研究战略性贸易政策最具影响力的模型,它假设有两个生产某产品的国家——本国和外国;市场上有两家企业,分别属于这两个国家。这两家企业处于同一个行业并在一个"第三国市场"展开单纯的产量竞争(即古诺双寡头竞争),因而这两家企业的产品全部用于出口。这一假定使得贸易政策的战略效应最容易被凸显出来,正因为如此,"第三国市场"方法被广泛采用。[2]

假定本国对出口采取出口补贴政策,而外国是自由贸易。两国的贸易竞争可以通过一个两阶段博弈来描述。在第一阶段,本国政府确定出口补贴水平 s,即本国政府对本国每单位出口给予的补贴(因此是从量补贴)。如果 $s=0$,则为自由贸易;$s>0$,则为出口补贴;$s<0$,则为出口关税。在第二阶段,本国及外国企业均获悉第一阶段本国政府所制定的出口政策并确定各自的出口量(即生产量)。第一阶段为政策阶段,第二阶段为生产阶段;政策阶段放在生产阶段之前是由于政府一般能够遵守承诺,而企业总能够根据政府承诺的政策来改变产量。这一重要假定决定了政府的承诺能够改变企业之间的战略关系。

令 x 和 x^* 分别表示本国企业和外国企业在"第三国市场"上的销售量(即出口量)。假定两国企业生产的产品是差异性产品[3],这样本国企业索要的价格为 $p(x, x^*)$,外国企业索要的价格为 $p^*(x, x^*)$。于是,本国企业从出口获得的利润为:

$$\pi = p(x, x^*)x - C(x) \tag{8.21}$$

其中,$C(x)$ 表示生产 x 的总成本。一阶条件(选择产量以最大化利润)为:

$$\pi_x = p(x, x^*) + xp_x - C'(x) = 0 \tag{8.22}$$

二阶条件为 $\pi_{xx} = 2p_x + xp_{xx} - C'' < 0$。外国企业的利润最大化问题与本国企业类似。

根据式(8.22)可以将本国企业的出口 x 表示成外国企业出口 x^* 的函数,写成反应曲线为 $x = r(x^*)$,而外国企业的反应曲线为 $x^* = r^*(x)$。两国企业的反应曲线分别

---

① Brander, James and Barbara Spencer, 1985, "Export Subsidies and International Market Share Rivalry", *Journal of International Economics*, 18(1—2), 83—100.

② 读者可以回忆一下第 2 章关于比较优势理论的经验研究的介绍,一些分析就是采用"第三国市场"方法。但在本部分前面分析进口关税时,两家企业展开竞争的市场则是本国市场,而不是"第三国市场"。

③ 为分析方便,也可以假定是同质产品,从而两家企业在"第三国市场"上销售的产品价格相同。即使是差异性产品,它们的价格差异也不是很大。

由图 8.25(a)中的 RR 和 R^*R^* 表示,反应曲线相交(交点为 C)决定古诺均衡。反应曲线与等利润曲线的特点也如同前面所讨论的。

本国对其企业实施出口补贴 s,则 $p(x,x^*)$ 为购买者支付的价格,$p(x,x^*)+s$ 为本国企业获得的补贴价格。这样,本国企业的出口利润为:

$$\pi = [p(x,x^*)+s]x - C(x) \tag{8.23}$$

一阶条件(选择产量以最大化利润)为:

$$\pi_x = p(x,x^*)+s+xp_x-C'(x)=0 \tag{8.24}$$

式(8.24)刻画了一条新反应曲线 $x=r(x^*,s)$。为了弄明白这一反应曲线是如何依赖补贴 s 的,全微分式(8.24),得

$$\frac{\mathrm{d}x}{\mathrm{d}s} = -\frac{1}{\pi_{xx}} > 0 \tag{8.25}$$

这是因为式(8.23)利润最大化的二阶条件为负。这表明出口补贴可以使本国企业的反应曲线右移,即从图 8.25(b)中的点 C 移至点 D。本国企业的出口 x 增加,外国企业的出口 x^* 减少,本国企业的利润增加。

那么,本国的社会福利将如何变化呢?由于两国的企业都是在"第三国市场"销售,对各自国家的消费者没有影响,因此不需要考虑消费者的福利。这样,本国的净福利变化应为本国企业在"第三国市场"上获得的利润减去本国实施补贴的成本,由于补贴成本为 sx,所以本国的福利为:

$$W = \pi(x,x^*,s)-sx = [p(x,x^*)+s]x-C(x)-sx = p(x,x^*)x-C(x) \tag{8.26}$$

式(8.26)最右端的表达式与本国企业利润的最初表达式[即式(8.21)]完全相同。这意味着,本国最初的等利润曲线[由图 8.25(a)中的 π 表示]现在被用来衡量社会福利水平。但式(8.21)所表示的利润与式(8.26)所表示的社会福利之间的差异在于它们是基于不同的均衡出口水平 (x,x^*),也就是说,当均衡从图 8.25(b)中的点 C 移至点 D 时,企业的利润是增加的,从而存在一个最优补贴额。通过 s 的取值来达到上述福利的最大化,由此得到的一阶条件可简化为:

$$\frac{\mathrm{d}W}{\mathrm{d}s} = \frac{\partial \pi}{\partial x^*} \cdot \frac{\mathrm{d}x^*}{\mathrm{d}s} - s\frac{\mathrm{d}x}{\mathrm{d}s} = 0 \tag{8.27}$$

因此,最优补贴额为:

$$s^* = \frac{\dfrac{\partial \pi}{\partial x^*} \cdot \dfrac{\mathrm{d}x^*}{\mathrm{d}s}}{\dfrac{\mathrm{d}x}{\mathrm{d}s}} > 0 \tag{8.28}$$

最优补贴额 s 的正负是由 $\dfrac{\partial \pi}{\partial x^*} < 0$（外国企业产出的增加会减少本国企业的利润）、

$\dfrac{\mathrm{d}x^*}{\mathrm{d}s} < 0$（本国出口补贴的增加会减少外国企业的生产）、$\dfrac{\mathrm{d}x}{\mathrm{d}s} > 0$（本国出口补贴的增加

会刺激本国的生产）共同决定的。

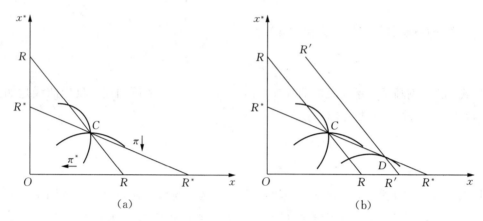

图 8.25 "第三国市场"上的古诺双寡头：出口补贴的影响

　　最优出口政策竟然是出口补贴而非自由贸易！这一研究结果确实令人吃惊，因为传统观点认为，出口补贴会导致出口国的国内贸易条件恶化，所以不可能增加出口国的利益。那么，现在为何出口补贴能成为最优贸易政策呢？尽管补贴本身只是表现为政府把资金转移给本国企业（并没有增加本国福利），但式（8.28）给出了政府向本国企业提供出口补贴的基本原因。其关键在于企业利润的提高超过了补贴的成本，使得本国仍将获得净收益。净收益的产生是由于补贴能够使本国企业的产出增加、外国企业的产出减少。

　　实际上，本国的最优出口补贴使本国企业的出口达到斯塔克尔伯格（Stackelberg）领导者的产出水平，同时使外国企业的出口处于斯塔克尔伯格追随者的产出水平。这样，本国的出口补贴就赋予了本国企业以先动优势。本来两国企业进行同时博弈，他们之间的战略关系是古诺竞争关系。但本国政府的出口补贴改变了两家企业的战略关系，以至于形成一种斯塔克尔伯格模型所刻画的"领导者—追随者"的关系。[①]正是在这一意义上，该种贸易政策被称为战略性贸易政策。尽管出口补贴会导致本国国际贸易条件恶化，但出口补贴会使利润从外国企业转移到本国企业，而这一转移过来的利润会超过本国国际贸易条件恶化造成的损失。因此，引起利润转移的贸易政策与改变国际贸易条件的贸易政策可以是不同的，这恰是布兰德—斯潘塞模型及其他战略性贸易政策模型的本质。

---

　　① 斯塔克尔伯格模型是一种数量领先的序列博弈（即两阶段博弈）双寡头模型。在该模型中，一家企业是领导者，先确定其产出；另一家企业是追随者，它可以观察到领导者企业的产出选择，再选择自己的最优产出水平。而古诺模型实际上是同时博弈双寡头模型。古诺均衡出现在两家企业的反应曲线相交处；而斯塔克尔伯格均衡则出现在一家企业的反应曲线与另一家企业的等利润曲线相切处。正因为如此，在斯塔克尔伯格均衡中，领导者企业的利润要高于其在古诺均衡中的利润（比如图 8.25(b)中的点 D 就是斯塔克尔伯格均衡点）。

事实上,战略性贸易政策的本质在很早以前就被重商主义者们所领悟。但重商主义缺乏一种完善的经济学框架去研究企业之间的竞争。直到 20 世纪 70 年代,随着产业组织理论和博弈论等相关理论的发展,对不同市场(包括国内市场和国际市场)结构下的企业行为及其相互作用的系统性和形式化分析才成为可能。而布兰德—斯潘塞模型正是探讨在企业间存在战略性互动的市场中,贸易政策(出口补贴)如何影响企业产出和利润的先驱性模型。[①]

2. 伯川德双寡头

进行伯川德双寡头竞争的企业是以价格为战略选择变量的。本部分依次讨论在伯川德双寡头市场结构下进口关税、进口配额及出口补贴三种贸易政策的效应。

(1) 进口关税。

在伯川德双寡头市场结构下(位于本国市场而不是"第三国市场"),如果本国产品与进口产品是完全替代的,则伯川德竞争将导致边际成本定价(marginal cost pricing)。[②]为避免这种情况,需要假定本国产品与进口产品是不完全替代的。为此,假定进口产品的价格为 p,本国产品的价格为 q。对本国产品的需求为 $y = d(p, q, I)$,对进口产品的需求为 $x = d^*(p, q, I)$,其中 I 表示对两种产品的支出,假定这一支出为常数。这两个需求函数对于价格和支出来说是零次齐次的(即随着这两个自变量等比例变化,函数值保持不变)。

假定本国对进口征收从价税 τ,则进口品的国内价格为 $p = p^*(1+\tau)$。这样,外国企业和本国企业的利润分别为:

$$\begin{cases} \pi^* = \dfrac{pd^*(p, q, I)}{1+\tau} - C^*[d^*(p, q, I)] \\ \pi = qd(p, q, I) - C[d(p, q, I)] \end{cases} \tag{8.29}$$

根据假定,总支出 I 固定不变,分别选择价格 p 和 q 以最大化式(8.29)表示的利润,所得一阶条件 $\pi_p^* = \pi_q = 0$ 可以简化为:

$$\begin{cases} p\left(1 - \dfrac{1}{\eta^*}\right) = (1+\tau)C^{*\prime}[d^*(p, q, I)] \\ q\left(1 - \dfrac{1}{\eta}\right) = C^\prime[d(p, q, I)] \end{cases} \tag{8.30}$$

---

① 当然,在布兰德—斯潘塞模型中,出口补贴所带来的好处取决于单边政策行为,即采取补贴政策的国家受益的前提是其他国家不采取相应的对策,利润转移到本国企业是以外国企业的损失为代价的。如果各国政府都对本国企业实行出口补贴,各国的福利反而减少。在这种情况下,不存在操纵市场的企业,补贴将导致各个企业增加生产,使市场价格下降,从而补贴成本超过企业增加的利润,各国的福利水平均低于自由贸易时的水平。这是一个囚徒困境(prisoner's dilemma)的具体例子,即战略性补贴使得两个生产国的福利均比自由贸易时低,但两国政府都有单边的动机去实施补贴政策。另外一些研究发现,相对于出口补贴而言,研发补贴是更为稳定的战略性政策工具,因为 WTO 明确禁止出口补贴,但其中不包括研发补贴。因此,政府对本国企业的研发进行补贴是合法的,而且研发政策的性质(无论是补贴还是征税)不随市场从古诺寡头竞争转变为伯川德寡头竞争而改变。参见邱东晓:《战略性贸易政策及应用》,载钱颖一、白重恩主编:《现代经济学前沿专题》(第四集),商务印书馆 2007 年版。

② 如果一家企业的价格(边际成本)高于另一家企业时,市场将会被另一家企业完全占领,这样伯川德双寡头结构就变成了完全垄断结构。这被称为"伯川德悖论"。

其中，$\eta^* \equiv -\dfrac{\partial d^*(p, q, I)}{\partial p}\dfrac{p}{d^*}$ 和 $\eta \equiv -\dfrac{\partial d(p, q, I)}{\partial q}\dfrac{q}{d}$ 分别表示对进口产品和本国产品需求的价格弹性（取正值）。[①]

给定国内产品价格 q、收入 I 和关税，可以通过式（8.30）求出含有关税的进口价格 p，从而得到反应曲线 $p = r^*(q, \tau)$；给定含有关税的进口价格 p 和收入 I，通过式（8.30）求出国内产品价格 q，从而得到反应曲线 $q = r(p)$。这两条反应曲线相交于点 B 而决定伯川德均衡，见图 8.26(a)。本国企业的等利润曲线 π 向右移动（即对于更高的含有关税的进口价格 p）意味着更高的利润；外国企业的等利润曲线 π^* 向上移动（即对于更高的国内产品价格 q）意味着更高的利润。如何理解反应曲线的这一特性呢？假如两个需求函数 d 和 d^* 的收入弹性都等于 1，则收入 I 的变化不会影响价格弹性和反应曲线。这样，价格弹性就可以表示为 p 和 q 的相对价格的函数，即 $\eta^*(p/q)$ 和 $\eta(q/p)$。

为了确保进口从价税导致进口价格 p^* 的下降，从而使得本国的国际贸易条件改善，需要假定需求的价格弹性是需求量的减函数或价格的增函数。在这里，需求的价格弹性则是相对价格的增函数，即 $\eta^{*\prime}(p/q) > 0$ 和 $\eta'(q/p) > 0$。如果式（8.30）中两国企业的边际成本均为常数，则关于"某产品需求的价格弹性随着该产品相对价格的上升而上升"的假定将确保反应曲线 $p = r^*(q, \tau)$ 和 $q = r(p)$ 向上倾斜，如图 8.26(a)所示。某产品的需求弹性随着竞争产品的价格上升而下降，因而每家企业都将索要更高的价格。而且，每种产品价格对另一种产品价格变化的反应都不是百分之百的，即 $\dfrac{\mathrm{d}p/p}{\mathrm{d}q/q} = \dfrac{\mathrm{d}p}{\mathrm{d}q} \cdot \dfrac{q}{p} = r_q^*(q, \tau)\dfrac{q}{p} < 1$ 和 $\dfrac{\mathrm{d}q/q}{\mathrm{d}p/p} = \dfrac{\mathrm{d}q}{\mathrm{d}p} \cdot \dfrac{p}{q} = r_p(p)\dfrac{p}{q} < 1$。

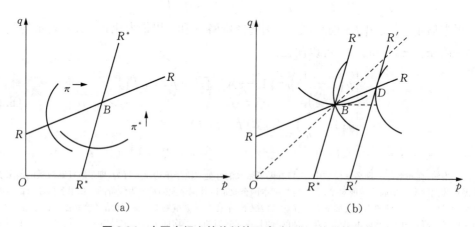

图 8.26　本国市场上的伯川德双寡头：进口关税的影响

如果从价税 τ 上升，则含有关税的进口价格 p 将上升。这意味着，在图 8.26(b)中，

[①]　假定二阶条件满足，即 $\pi_{pp}^* < 0$，$\pi_{qq} < 0$。假定稳定条件也满足，即 $\pi_{qq}\pi_{pp}^* - \pi_{qp}\pi_{pq}^* > 0$，从而确保本国企业的反应曲线比外国企业的平坦，即在外国企业的反应曲线右移时，本国企业的产品价格会上升。

外国企业的反应曲线右移至 $R'R'$，导致本国产品价格 q 上升及进口价格 p 的进一步上升，直至达到新的均衡 D。那么现在的问题是：关税对国内价格的"传递效应"如何呢？

由于 $p=p^*(1+\tau)$，有 $\dfrac{\mathrm{d}p}{\mathrm{d}\tau}=p^*+(1+\tau)\dfrac{\mathrm{d}p^*}{\mathrm{d}\tau}$，所以 $\dfrac{\frac{\mathrm{d}p}{\mathrm{d}\tau}(1+\tau)}{p}=1+(1+\tau)$

$\dfrac{\frac{\mathrm{d}p^*}{\mathrm{d}\tau}}{p^*}$。于是，如果 $\dfrac{\frac{\mathrm{d}p}{\mathrm{d}\tau}(1+\tau)}{p}<1$，则 $\dfrac{\mathrm{d}p^*}{\mathrm{d}\tau}<0$[①]，因而本国征收关税会导致国际贸易条件的改善。为了显示关税对进口价格 p^* 的影响，根据 $p^*=p/(1+\tau)$，将式(8.30)中关于进口价格 p 的式子写成：

$$p^*\left(1-\frac{1}{\eta^*}\right)=C^{*\prime} \tag{8.31}$$

令边际成本为常数，全微分式(8.31)：

$$\frac{\mathrm{d}p^*}{\mathrm{d}\tau}\left(1-\frac{1}{\eta^*}\right)+p^*\left(\frac{\eta^{*\prime}}{\eta^{*2}}\right)\frac{\mathrm{d}(p/q)}{\mathrm{d}\tau}=0\Rightarrow$$
$$\frac{\mathrm{d}p^*}{\mathrm{d}\tau}=-\left(\frac{p^*\eta^{*\prime}}{\eta^*(\eta^*-1)}\right)\frac{\mathrm{d}(p/q)}{\mathrm{d}\tau} \tag{8.32}$$

由于假定 $\eta^{*\prime}>0$，所以如果 $\dfrac{\mathrm{d}(p/q)}{\mathrm{d}\tau}>0$，即关税导致进口品价格的上涨幅度大于本国产品的［图 8.26(b)确保了这一条件的成立］，则 $\dfrac{\mathrm{d}p^*}{\mathrm{d}\tau}<0$。外国反应曲线右移，而本国产品价格 q 的反应并不是百分之百的，也就是说，新的均衡点 D 将位于经过原点与初始均衡点 B 的射线的下方。这意味着，含有关税的进口品相对价格 (p/q) 一定上升，而由式(8.32)可知不含关税的外国产品价格下降，从而进口国的国际贸易条件改善。

根据本章附录式(8A.10)，可以求出本国征收关税后的社会福利变化。在伯川德双寡头结构下，本国的社会福利函数为 $W[p,q,L+\tau p^*x+qy-C(y)]$，包含了含有关税的进口价格 $p=p^*(1+\tau)$ 与本国产品价格 q，那么

$$\frac{\mathrm{d}W}{\mathrm{d}\tau}=\underbrace{\left(\tau p^*\frac{\mathrm{d}x}{\mathrm{d}\tau}\right)}_{\text{关税的效率损失}}+\underbrace{\left(-x\frac{\mathrm{d}p^*}{\mathrm{d}\tau}\right)}_{\text{关税的国际贸易条件效应}}+\underbrace{\left\{[q-C'(y)]\frac{\mathrm{d}y}{\mathrm{d}\tau}\right\}}_{\text{源于不完全竞争的效率改进}} \tag{8.33}$$

当关税很低时，式(8.33)的第一项接近于零；第二项在 $\eta^{*\prime}(p/q)>0$ 和 $\eta'(q/p)>0$ 满足时为正，即关税可以改善国际贸易条件；最后一项取决于均衡产出的变化，即图

———————
① 实际上，$\eta^{*\prime}(p/q)>0$ 和 $\eta'(q/p)>0$ 也意味着，对外国垄断者征收从价税会导致进口价格 p^* 的下降，或本国际贸易条件的改善。因此，不管进口国市场上是只有一家外国企业还是有双寡头，进口国国际贸易条件改善的关键条件是：需求弹性是价格的增函数或数量的减函数，而"不太凸"的需求曲线(参见前面章节对需求曲线的讨论)则满足这一条件。

8.26(b)中由点 B 移至点 D。本国产品价格 q 的上升会减少对本国产品的需求,但本国产品相对价格(q/p)的下降又会增加对本国产品的需求,其净效应取决于这两种效应的相对大小。在国内产品价格 q 的上升幅度不太大时,最后一项中的 $\mathrm{d}y/\mathrm{d}t>0$,即关税使国内产出增加。在这种情况下,最优关税为正,即征收关税可以改进本国的福利水平。[①]

(2) 进口配额。

像前面那样,假定进口产品与本国产品在本国市场上是不完全替代的;进口产品的价格为 p,本国产品的价格为 q;外国企业的出口为 x,本国企业的销售为 y;反应曲线分别为 $p=r^*(q)$ 和 $q=r(p)$,且均向上倾斜;两家企业利润增加的方向如图 8.27(a)中等利润曲线的移动方向所示。某产品的需求弹性随着竞争产品的价格上升而下降,因而每家企业都将索要更高的价格。而且,每种产品价格对另一种产品价格变化的反应都不是百分之百的,即 $\dfrac{\mathrm{d}p/p}{\mathrm{d}q/q}=\dfrac{\mathrm{d}p}{\mathrm{d}q}\dfrac{q}{p}=r_q^*(q)\dfrac{q}{p}<1$ 和 $\dfrac{\mathrm{d}q/q}{\mathrm{d}p/p}=\dfrac{\mathrm{d}q}{\mathrm{d}p}\dfrac{p}{q}=r_p(p)\dfrac{p}{q}<1$。

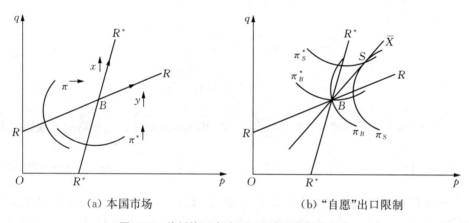

(a) 本国市场   (b) "自愿"出口限制

图 8.27   伯川德双寡头:进口/出口配额的影响

如果自由贸易时的伯川德均衡位于点 B 处,同时假定外国企业面临"自愿"出口限制,即限制对本国市场的销售额,比如 $x(p,q)\leqslant\bar{x}$。其中,配额上限 $\bar{x}$ 定为自由贸易时(即点 B 处)的出口量。那么,两国企业将对出口限制做出怎样的反应呢? 如图 8.27(b)所示,如果沿着外国的反应曲线 R^*R^* 向上移动,则出口销售 x 增加,这将违反出口限制。因此,出口限制将在更高的价格 p 下成立,由图 8.27(b)的 $B\bar{X}$ 连线表示。实际上,对外国企业实施出口限制的事实已为所有企业所知,这时若再假定企业进行伯川德竞争(彼此视对方的价格为既定)已不合适。特别是,本国企业意识到,如果它提高价格,外国企

[①]   这里实际上隐含着前面给出的假定,即花在进口品和国产品上的总支出为常数,这比较适合于柯布—道格拉斯效用函数。但如果对两种产品的支出比例发生了变化,则关税可能导致国内产出减少,从而造成福利净损失。另外,还有一个重要假定是这里的需求弹性是可变的(是价格的增函数),在这一假定下,进口国的国际贸易条件才可能改善,最优关税才可能为正。如果需求弹性为常数,则最优关税将为零关税;如果需求弹性是价格的减函数,则最优政策变为进口补贴。因此,在伯川德双寡头结构下,本国战略性进口政策(征收进口从价税)的"利润转移"动机并不总是可行的。

业别无选择,只有提高价格以实现 $x(p, q) = \bar{x}$,因此外国企业的反应曲线为 $R^* B \bar{X}$。"自愿"出口限制实际上赋予本国企业在选择价格方面的"先动优势"(first mover advantage),本国企业如同斯塔克尔伯格领导者那样行动。也就是说,本国企业的最优行动是提高价格直至其等利润曲线与 $B \bar{X}$ 连线(出口限制)相切,即图 8.27(b)的点 S。本国企业的利润由 π_B 增加到 π_S;从点 B 到点 S 的价格上升不同于本国征收关税的情形,因为这里点 B 和点 S 处的进口量是一样的。

但这里出现的新现象是,外国企业也会得益于出口限制。在图 8.27(b)中,如果出口额被限定在自由贸易时的水平,则外国企业的利润将从 π_B^* 增加到 π_S^*。这也许是出口限制成为"自愿"的原因。[①]但如果配额小于自由贸易时的出口量,则外国企业的利润未必增加。但不管怎样,因出口限制而受损的则是本国的消费者,因为他们要为购买本国产品和进口产品支付更高的价格,本国也没有关税收入。既然这样,那么为什么政府采取"自愿"出口限制而不是关税呢? 原因之一是"自愿"出口限制可以避免外国报复,因为外国企业可能得益于这种贸易限制。

(3) 出口补贴。

令 $x(p, p^*)$ 和 $x^*(p, p^*)$ 分别表示本国企业和外国企业在"第三国市场"上的销售量(即出口量),p 为购买者支付的价格;本国对其企业出口实施从量补贴 s,则 $(p+s)$ 为本国企业获得的补贴价格。这样,本国企业的出口利润为:

$$\pi = (p + s)x(p, p^*) - C[x(p, p^*)] \tag{8.34}$$

一阶条件(选择价格 p 以最大化利润)为:

$$\pi_p = x(p, p^*) + (p + s)x_p - C'(x)x_p = 0 \tag{8.35}$$

给定外国产品价格 p^* 和补贴,可以通过式(8.35)求出本国的出口价格 p,从而得到反应曲线 $p = r^*(p^*, s)$;同理,可以求出外国的出口价格 p^*,从而得到反应曲线 $p^* = r^*(p)$。反应曲线均向上倾斜,且每种产品价格对另一种产品价格变化的反应都不是百分之百的,即

$$\frac{\mathrm{d}p/p}{\mathrm{d}p^*/p^*} = \frac{\mathrm{d}p}{\mathrm{d}p^*} \cdot \frac{p^*}{p} = r_p^*(p^*, s)\frac{p^*}{p} < 1 \text{ 和 } \frac{\mathrm{d}p^*/p^*}{\mathrm{d}p/p} = \frac{\mathrm{d}p^*}{\mathrm{d}p} \cdot \frac{p}{p^*} = r_p^*(p)\frac{p}{p^*} < 1.$$

假定本国的出口补贴为零,两国企业的反应曲线相交于点 B 而决定伯川德均衡,见图 8.28(a)。本国企业的等利润曲线 π 向右移动(即对于更高的外国出口价格 p^*)意味着更高的利润;外国企业的等利润曲线 π^* 向上移动(即对于更高的本国出口价格 p)意味着更高的利润。如果本国实施出口补贴,那么将产生什么影响呢?

全微分式(8.35),得

$$\frac{\mathrm{d}p}{\mathrm{d}s} = -\frac{x_p}{\pi_{pp}} < 0 \tag{8.36}$$

---

① Krishna, Kala, 1989, "Trade Restrictions as Facilitating Practices", *Journal of International Economics*, 26(3—4), 251—270.

上式成立是因为 $x_p<0$ 及利润最大化的二阶条件为负(即 $\pi_{pp}<0$)。这表明出口补贴可以使本国企业的出口价格下降,均衡从图 8.28(b)中的点 B 移至点 D。

那么,本国的社会福利将如何变化呢? 我们从式(8.34)减去补贴成本 $sx(p,p^*)$,则

$$W=(p+s)x(p,p^*)-C[x(p,p^*)]-sx(p,p^*)=px(p,p^*)-C[x(p,p^*)] \tag{8.37}$$

式(8.37)对本国社会福利的衡量等同于没有补贴情形下的本国企业的利润。这在图 8.28(a)中由 π 表示,在图 8.28(b)中由 W 表示,W 向右移动(即对于更高的外国出口价格)意味着福利的增加。但由图 8.28(b)可知,本国的出口补贴使得价格下降,从而使本国的福利水平下降,其原因在于本国包含补贴的利润增加抵补不了补贴成本。所以,为了得益于出口政策,本国必须实施出口关税而不是出口补贴,即使图 8.28(b)的均衡点沿着 R^*R^* 朝点 B 的上方移动,从而提高价格、增加本国福利。也就是说,在伯川德寡头结构下,本国实施出口关税可以提高本国福利;但在前面讨论的古诺寡头结构下,本国实施出口补贴则可以提高本国福利。[1]这表明,政府采取何种战略性贸易政策(出口补贴或出口关税)取决于市场竞争的形式。但实际上很难指望政府能够辨别出企业的竞争行为(以价格或产量作为战略变量),即使政府知道企业进行的是伯川德寡头竞争,本国企业也会反对其征收出口关税,因为在实践中出口关税确实很少被政府采用。

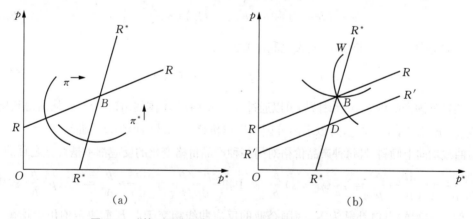

图 8.28 "第三国市场"上的伯川德双寡头:出口补贴的影响

8.3.3 垄断竞争

第 4 章的分析表明,垄断竞争的市场结构兼有完全竞争和寡头竞争的特点,因此该种市场结构下的企业数量较多,彼此之间没有战略互动行为(strategic interaction)。前文已经讲过基于垄断竞争和产品差异性的国际贸易理论模型是新贸易理论

① Eaton, Jonathan and Gene Grossman, 1986, "Optimal Trade and Industrial Policy under Oligopoly", *Quarterly Journal of Economics*, 101(2), 383—406.

的重要内容,那么本部分将根据第 4 章的克鲁格曼模型来分析贸易政策导入之后所产
生的效应。①

　　在克鲁格曼模型中,如果本国对进口实施限制(比如征收关税),这将提高产品价格、
减少可获得的产品品种数量(即第 4 章图 4.12 中自由贸易时的曲线 AA 保持不变,而曲
线 $B'B'$ 向上移动),如图 8.29 所示。

　　但事情并非这样简单。比如,如果需求的价格弹性为常数,即不会因为征收关税而
改变,那么生产者的成本和价格、品种数量及每个品种的产出都不会改变[根据式(4.15)—
式(4.18)]。关税产生的唯一效应是使国内消费的品种由进口品种转向国产品种,但如果
关税高到禁止性关税的水平,则对进口品种的消费为零,两国退回到封闭经济状态。

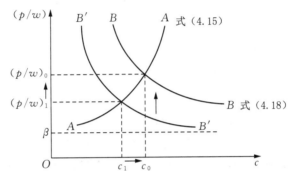

图 8.29　克鲁格曼模型中的贸易政策效应

8.4　国际贸易政策的经验分析

　　宽泛地说,对国际贸易政策的经验分析主要包括三个方面:对实施国际贸易政策的
基本动因的分析,对国际贸易政策的保护水平和结构的分析,对实施国际贸易政策所带
来的各种效应的分析。从经验的角度研究实施国际贸易政策的基本动因,就是把国际贸
易政策看作内生变量,符合逻辑地找出各种作用于该内生变量的影响因素,评估各种因
素的影响力大小;分析国际贸易政策的保护水平和结构,就是基于特定的方法和工具(包
括第 7 章介绍的)进行定量评估;分析国际贸易政策所带来的各种效应,就是基于表 8.1
评估贸易政策的价格效应(包括"传递效应")、国内生产和消费效应、贸易效应、收入分配
效应及净福利效应。如果说前两个方面的经验研究属于"实证"的范畴(即注重分析贸易
政策是"如何产生的"以及它"是什么"),那么第三个方面的经验研究则属于"规范"的范
畴(即注重分析贸易政策的"是非曲直"或"应该怎样")。可以说,基于不同维度(包括不
同政策措施、产业或行业、地区或国家及不同时期维度)的经验研究都会涉及这三个方

━━━━━━━━━━

　　① 本章附录 8B 讨论了法尔维模型中的贸易政策效应,但法尔维模型的市场结构是完全竞争的,不是垄断竞
争的。

面中的某一个或更多方面。由于第 7 章已经对评估国际贸易政策保护水平和结构的主要方法和指标进行了介绍,因此本部分重点讨论另外两个方面的经验研究。

8.4.1　关于国际贸易政策基本动因的经验分析

为什么一个国家会实施贸易政策? 这实际上是一个比较复杂的问题,因为有很多经济和非经济因素(包括政治、法律等)交织在一起。总结起来,大致包括以下几方面动因。

1. 一国的贸易政策与其经济发展阶段和发展战略有关

几乎所有国家在其经济发展的初期阶段,为了刺激国内产业的发展,都曾实施过特定的贸易政策,比如征收高额进口关税等限制进口的政策,这些政策措施发挥了"进口替代"作用,即用本国生产的产品替代进口品。这些政策的理论基础通常被认为是幼稚工业论,即认为落后国家或新兴国家新建立的制造业一开始还无力与发达国家已经建立完好的制造业竞争。因此,为了使本国的制造业能真正建立和发展起来,直至它们能够在国际市场上进行竞争,这些落后国家或新兴国家往往采取关税或配额等临时性保护措施。从历史上看,像目前美国、德国和日本这样的发达国家都曾经是通过贸易保护实现国家工业化的。比如,美国和德国在 19 世纪对制造业实施了高关税保护,而日本一直到 20 世纪 70 年代都还对进口实施广泛限制。随着经济的发展及国内产业的逐渐强大,相关国家开始由"进口替代"转向"出口促进"战略,随之采取的贸易政策措施包括出口补贴等。当然,当一国经济实力十分强大时,它往往采取比较自由的贸易政策,比如第一次工业革命之后的英国及 20 世纪五六十年代的美国。

这方面较具代表性的经验研究有霍利斯·钱纳里(Hollis Chenery)、谢尔曼·鲁宾逊(Sherman Robinson)和摩西·赛尔奎因(Moshe Syrquin)三人在 1986 年出版的专著。[①]他们通过对一组经济体的经验分析发现:"一个国家在能够进入世界市场成功地进行竞争、从而转向出口导向型或开放型发展战略之前,需要有一个进口替代和深化投入—产出关系的时期。"[②]

2. 一国的贸易政策与其产业水平因素和宏观经济因素有关

在关于贸易政策内生性的"第一代"经验研究中,研究者们试图找寻贸易保护水平与相关经济因素的关系。产业水平上的因素包括进口渗透度、就业、要素密集度、市场竞争等,宏观经济因素包括货币汇率、GDP、物价等。比如有鲍德温对美国贸易政策的研究,以及克内特(Knetter)和普鲁沙(Prusa)基于美国、澳大利亚、加拿大和欧盟的数据对反倾销诉讼与宏观经济因素之间关系的经验分析等。[③]

---

① 〔美〕霍利斯·钱纳里、谢尔曼·鲁宾逊、摩西·赛尔奎因:《工业化和经济增长的比较研究》,吴奇等译,上海三联书店、上海人民出版社 1996 年版。

② 同上,第 256 页。

③ Baldwin, Robert, 1985, *The Political Economy of US Import Policy*, Cambridge, MA: MIT Press; Knetter, Michael and Thomas Prusa, 2003, "Macroeconomic Factors and Antidumping Flings: Evidence from Four Countries", *Journal of International Economics*, 61(1), 1—17.

3. 一国实施贸易政策是为了攫取额外利润

这是基于最优贸易政策(比如最优关税、最优补贴等)和战略性贸易政策的理论信条,因为这些理论研究表明,在特定的国家势力(主要是大国)和市场(主要是寡头市场)背景下,存在单边采取贸易干预的经济动机。但这方面的经验研究更多的是基于下面关于政策效应的分析。

4. 一国贸易政策的实施是基于 GATT/WTO 的相关规则和条款

比如,GATT 第 19 条"免责条款"、第 6 条"反倾销税和反补贴税"等(详见第 7 章的相关介绍)。这些贸易规则在一定程度上构成了一国实施贸易政策的(国际)法律依据。

5. 一国贸易政策的制定和实施是基于公共政策目标

正如 WTO 前总干事帕斯卡尔·拉米(Pascal Lamy)所言,贸易政策措施特别是非关税措施的目的正在由"保护"转向"预防"。[1]也就是说,随着经济的发展、收入水平的提高,人们对涉及人类共同关心的问题(如健康、安全、劳工标准、环境质量及其他社会关切等)越来越敏感。一国贸易政策的制定和实施目的的核心,不再是保护国内生产者免受进口竞争的影响,而是关注诸多公共政策目标的实现。

6. 一国贸易政策的制定和实施是基于对等原则

实际上,WTO 规则中也有对等原则(reciprocity),即通过举行贸易谈判进行关税或非关税措施削减,对等地向伙伴成员开放本国市场,以获得本国产品或服务进入其他成员市场的机会。这在一定程度上带有重商主义的色彩。在 2018 年 3 月开始的中美贸易摩擦中,美国前总统特朗普就一直强调要跟中国进行对等开放,因为美方认为美国产品和服务出口到中国所遭受的关税与非关税措施限制要多于中国产品和服务出口到美国所遭受的关税与非关税措施限制。[2]

7. 一国贸易政策的形成和实施有其特定的政治经济学动因

也就是说,贸易政策的出台和落实是不同利益集团(比如产业、工会等)相互作用的政治过程;或者如果把贸易政策看作是"产品"的话,需求与供给决定了贸易政策的结果(如图 8.30 所示)。关于贸易政策的政治经济学的经验分析大多是基于特定的理论模型。[3]这些理论模型大多基于图 8.30 的分析思路,主要包括迈耶(Mayer)的"中间投票者模型"[4]、希尔曼(Hillman)的"政治支持函数模型"[5]、芬德利(Findlay)和韦利茨

① WTO, 2012, *World Trade Report 2012—Trade and Public Policies: A Closer Look at Non-Tariff Measures in the 21st Century*, Geneva: WTO Publications, 3.

② 事实是否如此,则需要基于数据进行分析。

③ 贸易政策的政治经济学分析是国际贸易研究领域的重要内容,目前有较多的理论模型。研究生阶段的国际贸易课程会涉及这些内容。有关总结可参见 Feenstra, Robert, 2004, *Advanced International Trade: Theory and Evidence*, Princeton: Princeton University Press; Gawande, Kishore and PravinKrishna, 2003, "The Political Economy of Trade Policy: Empirical Approaches", in Kwan Choi and James Harrigan(eds.), *Handbook of International Trade*, Oxford and Malden, MA: Blackwell Publishing Ltd.

④ Mayer, Wolfgang, 1984, "Endogenous Tariff Formation", *American Economic Review*, 74(5), 970—985.

⑤ Hillman, Arye, 1982, "Declining Industries and Political Support Protectionist Motives", *American Economic Review*, 72(5), 1180—1187.

(Wellisz)的"关税形成函数模型"①、马吉(Magee)等的"竞选模型"②、格罗斯曼和赫尔普曼的"特殊利益集团模型"③等。

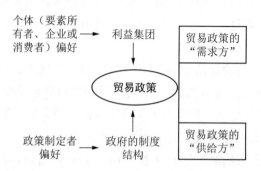

图8.30　贸易政策形成的政治经济学分析思路

该领域的经验分析很多。比如,达特(Dutt)和迈特拉(Mitra)的研究发现:对于进口资本密集型产品的劳动力相对丰裕的发展中国家来说,中间投票者的资本—劳动力比率越低,该国的关税水平就越低(或补贴越高);而对于进口劳动密集型产品的资本相对丰裕的发达国家来说,中间投票者的资本—劳动力比率越低,该国的关税水平就越高。④这就验证了迈耶的"中间投票者模型"。还有一项关于中国的研究值得关注,就是布兰斯泰特(Branstetter)和芬斯特拉(Feenstra)基于格罗斯曼和赫尔普曼的"特殊利益集团模型"对中国的贸易与FDI政策的政治经济学进行了检验分析⑤。他们发现,在中国政府的目标函数中,消费者福利的权重大大低于国有企业的权重,后者是前者的4—7倍。⑥

8.4.2　关于国际贸易政策效应的经验分析

这里主要介绍针对20世纪80年代美国对日本汽车出口的限制措施及其影响的经验研究。⑦

① Findlay, Ronald and Stanislaw Wellisz, 1982, "Endogenous Tariffs, the Political Economy of Trade Restrictions, and Welfare", in Jagdish Bhagwati(ed.), *Import Competition and Response*, Chicago: University of Chicago, Chapter 8, 223—244.

② Magee, Stephen, William Brock and Leslie Young, 1989, *Black Hole Tariffs and Endogenous Policy Theory: Political Economy in General Equilibrium*, Cambridge: Cambridge University Press.

③ Grossman, Gene and Elhanan Helpman, 1994, "Protection for Sale", *American Economic Review*, 84(4), 833—850.

④ Dutt, Pushan and Devashish Mitra, 2002, "Endogenous Trade Policy through Majority Voting", *Journal of International Economics*, 58(1), 107—134.

⑤ Branstetter, Lee and Robert Feenstra, 2002, "Trade and Foreign Direct Investment in China: A Political Economy Approach", *Journal of International Economics*, 58(2), 335—359.

⑥ 国内比较有代表性的经验研究有盛斌(2002)的《中国对外贸易政策的政治经济学分析》。

⑦ 类似的经验分析与案例研究还有很多,读者可以试着查找总结。注意,贸易政策效应既可以进行事后评估(如本节的讨论),也可以进行事前的模拟分析。

1. 主要事件回顾

20 世纪 70 年代末,美国的通货膨胀率一度超过 10%,并且有进一步恶化的趋势。为了阻止这一趋势,美联储采取了紧缩性的货币政策,但这导致了利率升高和美元走强。从 1980 年 1 月开始,美国经济陷入了深度衰退,失业率上升,汽车产业成为受到打击非常严重的部门。另外,从国际背景看,20 世纪 70 年代的石油冲击使得油价飙升,减少了对大排量汽车(轿车)的需求。正是在这个时候,日本的汽车大举进入美国市场,满足美国消费者对小排量、高性能汽车的需求。这使得本来就处于艰难境地的美国汽车业雪上加霜。

1980 年 6 月,全美汽车工人联合会(United Automobile Workers,UAW)援引《美国贸易法》"201 条款"向美国国际贸易委员会(ITC)申请保护。同年 8 月,福特汽车公司也提出同样的申请。"201 条款"规定,当进口增加是导致美国国内产业严重损害的实质性原因时,可以对该产业进行保护。但事实上,美国国际贸易委员会裁定,美国的经济萧条而非进口增加是造成汽车业损害的实质性原因,所以不对该产业予以保护。随着保护申请被否决,几个来自中西部州的国会议员试图寻找其他办法来限制进口。其中,参议员约翰·丹福思(John Danforth)和劳埃德·本特森(Lloyd Bentsen)提出一个议案,将1981—1983 年每年日本对美国的汽车进口限制在 160 万辆。而当时这一议案计划在1981 年 5 月 12 日由参议院金融委员会进行修正。当时,日本政府十分清楚这一未决议案,于是在当年的 5 月 1 日提前宣布"自愿"限制对美汽车销售。1981 年 4 月—1982 年 3月,这一限额为 183 万辆,包括出口到美国的 168 万辆轿车与出口到美属波多黎各的8.25 万辆多用途卡车和 7 万辆运输工具。这一限额持续到 1984 年 3 月,之后被提高至每年 201.6 万辆。1985 年 4 月—1992 年 3 月,这一限额提高至每年 250.6 万辆。1992年 4 月—1994 年 3 月,这一限额减至每年 165 万辆,并在 1994 年被克林顿政府取消。实际上,在 1987 年 3 月之前,"自愿"出口限制确实起到了限制进口的作用,因为该限额低于当年的进口额;但在随后的年份,该限额甚至高于当年的进口额,也就是说,"自愿"出口限制并未起到限制进口的作用。这主要是因为日本企业在"自愿"出口限制实施后开始直接在美国本土生产和装配汽车,这导致日本对美国的汽车出口下降。

但对于卡车进口,美国则采取提高进口关税的保护方式。20 世纪 70 年代,日本对美国出口的小型卡车持续增加,而通常是以驾驶室、底盘或车架的形式进口并需要一些最终装配。如果这些进口被归为"卡车部件",其税率为 4%;而如果被归为"整车或未完工的卡车",其税率则为 25%。1980 年美国海关在国会促使下宣布将从日本进口的小型卡车驾驶室和底盘或车架划归为"整车或未完工的卡车",适用 25% 的税率。这样,美国从日本进口的小型卡车税率几乎全部由 4% 提高至 25%。

对于重型摩托车(即超过 0.7 升排量)的进口,美国也采取了关税保护手段。在美国,生产重型摩托车的主要厂商是哈雷戴维森(Harley-Davidson),它于 1983 年也向美国国际贸易委员会申请基于"201 条款"的保护。但该厂商受美国经济萧条的影响并不大,而主要受到生产率长期滞后及日本厂商激烈竞争的困扰。当时,日本有两家厂商——本田(Honda)和川崎(Kawasaki)在美国设有厂子并进口,而另外两家——铃木(Suzuki)和雅马哈(Yamaha)则在日本生产并出口。20 世纪 80 年代早期,这些厂商开始在全球进行激烈的价格战,这自然也影响到美国市场。结果导致美国进口的重型摩托车库存急剧增加(美国国际贸易委员会估计 1982 年 9 月的库存超过了该年 1—9 月的美国实际消费量)。于是,美国国际贸易委员会裁定,日本生产者的高额库存是美国国内重型摩托车产业的威胁,并给予国内该产业以保护。而该保护是一种临时性的、5 年递减关税方式:1983 年 4 月 16 日关税为 45％,然后每年分别递减至 35％、20％、15％和 10％,最后于 1988 年 4 月终止该保护。但事实上,早在 1987 年 15％的税率到期之后,哈雷戴维森就已向国际贸易委员会申请结束该关税保护,因为此时该公司已削减成本、引入新产品,开始恢复盈利。

2. 贸易政策效应分析

以上真实事件为学者们研究贸易政策的效应提供了很好的素材。

(1)"自愿"出口限制的影响。

首先,"自愿"出口限制实际上是一种由出口国实施的进口配额,它对日本的影响或者说日本对此的战略反应包括两个方面:(1)日本汽车厂商对美进行直接投资。这一当地生产战略的背后实际上就是"跳过'自愿'出口限制"(VER-jumping)的战略。(2)日本汽车厂商提高汽车质量。芬斯特拉使用 1979—1985 年的数据对此进行研究,发现日本汽车质量因"自愿"出口限制的实施而出现改进,比如马力和空间变得更大、空调更先进等。[①]

其次是对美国的影响。芬斯特拉(1988b)发现美国汽车价格上涨了,这部分是因为汽车的质量提高了。[②]但贝里(Berry)等人则发现,"自愿"出口限制对价格的提升作用并不显著,"自愿"出口限制的实施使美国国内厂商得益,但这是以美国国内消费者(尤其购买日本车的消费者)的损失为代价的,而日本汽车厂商的利润并未受到大的影响。[③]不过,戈德堡(Goldberg)的研究显示,"自愿"出口限制对美国的汽车生产和就业的影响是有限的,而价格效应却很显著。[④]

(2)美国对从日本进口小型卡车和重型摩托车征收关税的效应比较。

这里重点介绍芬斯特拉关于关税"传递效应"的比较分析。[⑤]他发现,小型卡车进口关税提高 21％,其中有 12％被传递到美国国内价格上,有 9％被日本生产厂商吸收。这对于美国来说,其国际贸易条件是改善的。但对于重型摩托车进口而言,每年征收的关税被 100％地传递到美国国内价格上。那么,两者为什么会出现如此大的差异呢?

---

①② Feenstra, Robert, 1988b, "Quality Change under Trade Restraints in Japanese Autos", *Quarterly Journal of Economics*, 103(1), 131—146.

③ Berry, Steven, James Levinsohn and Ariel Pakes, 1999, "Voluntary Export Restraints on Automobiles: Evaluating a Trade Policy", *American Economic Review*, 89(3), 400—430.

④ Goldberg, Pinelopi, 1995, "Product Differentiation and Oligopoly in International Markets: The Case of the U.S. Automobile Industry", *Econometrica*, 63(4), 891—951.

⑤ Feenstra, Robert, 1988a, "Gains from Trade in Differentiated Products: Japanese Compact Trucks", in Robert Feenstra(ed.), *Empirical Methods for International Trade*, Cambridge, MA: MIT Press, 119—136.

对于小型卡车来说,在1980年4月关税提高之前,在美国销售的几乎所有小型卡车都是由日本厂商生产的,有些是通过美国汽车公司销售的。在关税实施之后,美国厂商开始生产类似于从日本进口的小型卡车。以前通过美国汽车公司销售的日本厂商,如五十铃(Isuzu)和三菱(Mitsubishi),开始独立进行销售。在这种竞争相对加剧的环境中,日本厂商很难把所有关税效应都传递给美国厂商,而且还冒着丧失市场份额的风险。

但重型摩托车的情况则相反,因为当时的全球价格战已经十分激烈,价格可能已经接近边际成本。这时要让日本汽车厂商吸收部分关税,几乎是不可能的。而征收临时性关税及美国重型摩托车高额库存的事实本身也说明了这一点。所以,对重型摩托车进口征收关税,对美国国内价格的"传递效应"是完全的。

以上比较分析给我们很好的启示:从经验研究的角度看,把握现实中的基本事件及其内在逻辑,对于解读经验分析结果十分重要;就政策启示而言,全面考虑不同产品或部门的市场特点与竞争环境,对于有效地制定和实施贸易政策十分关键。

本章小结

国际贸易政策的效应分析要考虑市场结构与市场竞争状况、国家规模等因素。本章首先分析完全竞争市场结构下的贸易政策效应;然后分析不完全竞争市场结构下的贸易政策效应,主要考虑完全垄断、寡头和垄断竞争这三种不完全竞争市场结构;最后从经验实证的角度分析国际贸易政策的基本动因及影响。

本章关键词

局部均衡分析　一般均衡分析　大国　小国　生产者剩余　消费者剩余　最优关税　传递效应　配额租　寻租　直接非生产性寻利活动　国际贸易条件　国内贸易条件　收入消费线　收入效应　替代效应　梅茨勒悖论　梅茨勒情形　勒纳情形　关税报复　勒纳对称原理　定制式关税　定制式补贴　古诺双寡头　伯川德双寡头　利润转移　租金转移　战略性贸易政策　从量补贴　最优补贴额　斯塔克尔伯格模型　伯川德悖论　进口替代　出口促进　拟线性效用函数

本章思考题

1. 在国内微观市场结构完全竞争及局部均衡的情况下,小国征收进口关税将会产生哪些效应(与自由贸易相比)? 大国与之相比有何不同?

2. 什么是关税的"传递效应"? 试比较大国和小国情况下的关税"传递效应"。

3. 进口配额的实施涉及如何分配"配额租"的问题,这也不同于征收进口关税的情形。一般来说,分配"配额租"大致存在几种方式?

4. 什么是直接非生产性寻利活动？它的主要表现是什么？

5. 在国内微观市场结构完全竞争及局部均衡的情况下,小国实施进口配额将会产生哪些效应(与自由贸易相比)？与小国征收进口关税的情形相比有何异同？大国与小国相比有何不同？

6. 在国内微观市场结构完全竞争及局部均衡的情况下,小国实施出口补贴将会产生哪些效应(与自由贸易相比)？大国与小国相比有何不同？

7. 在国内微观市场结构完全竞争及局部均衡的情况下,小国实施出口关税将会产生哪些效应(与自由贸易相比)？大国与小国相比有何不同？

8. 在国内微观市场结构完全竞争及一般均衡的情况下,小国征收进口关税将会产生哪些效应(与自由贸易相比)？大国与之相比有何不同？

9. 什么是梅茨勒情形和勒纳情形？它们与正常情形相比有何不同？

10. 什么是梅茨勒悖论？如何解释这一悖论？

11. 什么是勒纳对称原理？

12. 在本国(即贸易政策实施国家)的企业在本国市场上完全垄断(即本国生产该产品)的情况下,该国征收进口关税与实施进口配额由何异同？

13. 为什么在本国(即贸易政策实施国家)的企业在本国市场上完全垄断(即本国生产该产品)的情况下,通过生产补贴来建立某一产业的做法未必是可取的？

14. 在外国企业在本国市场上完全垄断(即本国不生产该产品)的情况下,本国不生产该产品,为什么又要征收关税进行保护呢？

15. 双寡头竞争的基本特点是什么？古诺双寡头和伯川德双寡头有何区别？

16. 在古诺双寡头结构下,征收进口关税将会产生什么福利效应？

17. 在古诺双寡头结构下,实施出口补贴将会产生什么福利效应？为什么出口补贴能成为最优贸易政策？

18. 在伯川德双寡头结构下,征收进口关税将会产生什么福利效应？

19. 在伯川德双寡头结构下,实施进口配额和出口配额对福利的影响有何差异？

20. 在垄断竞争模型中,本国对外国产品的进口征收关税会产生什么效应？

21. 一国实施特定国际贸易政策的基本动因有哪些？

22. 限制进口的贸易政策都会推动国内与进口竞争的产品的价格上升吗？为什么？

23. 什么是战略性贸易政策？中国可以实施战略性贸易政策吗？

24. 回顾中国实施贸易政策措施的历史,讨论这些政策的基本动因、主要形式及影响(这是一个很大的课题)。

附录 8A   国际贸易政策效应分析的统一框架

我们首先明确经济中的消费与消费者剩余。假定经济中的代表性消费者的效用可

以用以下拟线性效用函数(quasi-linear utility function)表示:

$$U(q_0, q) = q_0 + u(q) \tag{8A.1}$$

其中,q_0 表示消费者对计价物的消费(其价格为 $p_0=1$),式(8A.1)的效用函数在该产品上是线性的;q 表示消费者对所有其他产品的消费向量(其相对于计价物的相对价格向量为 p),效用函数在该产品上是非线性的,$u(q)$ 是递增的、严格凹性的(strictly concave)。代表性消费者在其预算(令其收入为 I)约束下最大化效用:

$$U(q_0, q) = q_0 + u(q), \text{ s.t. } q_0 + pq \leqslant I \tag{8A.2}$$

令 $q=d(p)$ 表示该消费者的最优消费向量,其剩余的收入将花在计价物上,即:

$$q_0 = I - pq(p) \tag{8A.3}$$

假定劳动力(L)是唯一的生产要素,每单位计价物需要 1 单位劳动力,令工资率为 1,则总收入 $I=L$,于是消费者剩余(CS)可以表示为:

$$CS = q_0 + u(q(p)) = L + u(q(p)) - pq(p) \tag{8A.4}$$

我们再明确经济中的生产与生产者剩余。假定非计价物产品(其产出为 y)的生产成本为 $C(y)$,边际成本为 $C'(y)$,则代表性企业的利润为:

$$\pi = py - C(y) \tag{8A.5}$$

接下来,我们明确经济中的进口与征税。为分析方便,假定计价物也是参与贸易的,但其世界价格也等于 1,即该经济不对计价物征收关税。该经济要征收进口关税的是一种非计价物产品(其国内产出为 y),该产品在进口国的价格为 p,其世界价格为 p^*,两者的差异等于从量税 t:

$$p = p^* + t \tag{8A.6}$$

该产品的进口量(m)为:

$$m = d(p) - y \tag{8A.7}$$

其中,$d'(p)<0$ 意味着该产品的国内价格上升将使需求量下降。政府的关税收入为 mt。

最后,我们能得出征收关税的净福利效应。由式(8A.4)、式(8A.5)及政府的关税收入(mt),可以得到社会总福利[$W(t)$]为:

$$W(t) = \overbrace{L - pq(p) + u(q(p))}^{\text{消费者剩余}} + \overbrace{py - C(y)}^{\text{企业利润或生产者剩余}} + \overbrace{tm}^{\text{关税收入}} \tag{8A.8}$$

令进口品的国内价格 p 和国内产出 y 取决于关税,对式(8A.8)全微分,得

$$\frac{dW}{dt} = -d(p)\frac{dp}{dt} + m + t\frac{dm}{dp}\frac{dp}{dt} + y\frac{dp}{dt} + p\frac{dy}{dt} - C'(y)\frac{dy}{dt} \tag{8A.9}$$

进一步变换,可得:

$$\frac{\mathrm{d}W}{\mathrm{d}t} = m\left(1 - \frac{\mathrm{d}p}{\mathrm{d}t}\right) + t\,\frac{\mathrm{d}m}{\mathrm{d}p}\,\frac{\mathrm{d}p}{\mathrm{d}t} + \left[p - C'(y)\right]\frac{\mathrm{d}y}{\mathrm{d}t}$$

$$= \underbrace{\left(t\,\frac{\mathrm{d}m}{\mathrm{d}p}\,\frac{\mathrm{d}p}{\mathrm{d}t}\right)}_{\text{关税的效率损失}} + \underbrace{\left(-m\,\frac{\mathrm{d}p^*}{\mathrm{d}t}\right)}_{\text{关税的贸易条件效应}} + \underbrace{\left(p - C'(y)\,\frac{\mathrm{d}y}{\mathrm{d}t}\right)}_{\text{源于不完全竞争的效率改进}} \qquad (8A.10)$$

其中,由式(8A.9)到式(8A.10)的第一行,运用了式(8A.7);由式(8A.10)第一行到式(8A.10)第二行,运用了式(8A.6),从而有 $1 - \dfrac{\mathrm{d}p}{\mathrm{d}t} = -\dfrac{\mathrm{d}p^*}{\mathrm{d}t}$。

式(8A.10)是分析各种市场结构下贸易政策净福利效应的一般表达式。由该式可以知道:

(1) 在其他情况既定时,征税进口关税是否对外国价格或国际价格产生影响,取决于关税征收国家是小国还是大国。若关税征收国家是小国,则 $\dfrac{\mathrm{d}p^*}{\mathrm{d}t} = 0$,即小国征收关税不会对其贸易条件产生改进的效应;若关税征收国家是大国,则 $\dfrac{\mathrm{d}p^*}{\mathrm{d}t} < 0$,即大国征收关税将对其贸易条件产生改进的效应。

(2) 在其他情况既定时,征税进口关税是否会改进关税征收国家的生产效率,取决于该国的微观市场结构状况,即 $p - C'(y)$ 的取值。在完全竞争情况下,$p - C'(y) = 0$,则征税进口关税不会改进关税征收国家的生产效率;在不完全竞争情况下,若 $p - C'(y) > 0$ 且 $\dfrac{\mathrm{d}y}{\mathrm{d}t} > 0$,则征税进口关税可以改进关税征收国家的生产效率。

附录 8B　法尔维模型中的贸易政策效应

在法尔维模型(完全竞争市场)中,假定本国市场上销售的产品既有本国生产的低质量产品,也有外国出口过来的高质量产品。如果本国对外国产品的进口征收关税,将会生产什么影响呢?

根据第 4 章的式(4.5)和图 4.7 可知,每个国家的特定要素(即资本)的报酬是由其需求和供给决定的。某一个国家对资本的需求是该国资本租金率的减函数,同时却是另一个国家资本租金率的增函数。对于前者,比如 r 上升导致 $c(\alpha)$ 增加,从而减少对本国生产的任一质量水平下的产品的需求,也就减少了本国生产的产品的质量范围,即式(4.5)中的 α^E 变小或图 4.7 中的点 α^E 左移,使得对本国资本的需求下降;对于后者,比如 r^* 上升导致式(4.5)中的 α^E 变大或图 4.7 中的点 α^E 右移,从而增加对本国生产的任一质量水平下的产品的需求,也就增加了本国生产的产品的质量范围,使得对本国资本的需求上升。图 8B.1 显示的是租金率 r 和 r^* 均衡值的决定。

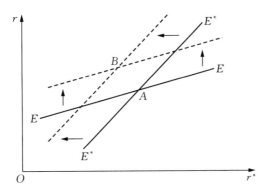

图 8B.1 法尔维模型的均衡租金率决定及贸易政策分析

EE 线表示使得本国特定要素(即资本)供需均衡的租金率 r 和 r^* 均衡值的轨迹,E^*E^* 线表示使得外国特定要素(即资本)供需均衡的租金率 r 和 r^* 均衡值的轨迹。两者都向上倾斜,是因为从均衡点出发,一国自有资本租金率的上升将减少对资本的需求,即意味着该国资本供给出现过剩。为了恢复均衡,另一国的资本租金率也必须上升。EE 线比 E^*E^* 线平坦,是为了确保均衡点 A 是稳定的。[①]

如果本国对外国产品的进口征收关税,这将扩大本国在其自己市场上售卖的产品的质量范围,即图 4.7 中的点 α^E 右移,从而增加本国对特定要素(资本)的需求,导致本国资本租金率上升(对于任一给定的外国租金率 r^*),EE 线上移。随着本国对靠近 α^E 质量的进口品需求的下降,外国对其特定要素(资本)的需求也趋于下降,E^*E^* 线左移。于是,均衡点由起初的点 A 移至点 B,但 r 和 r^* 的变化方向比较模糊,图 8B.1 显示的则是比较合理的情况:r 上升、r^* 下降。关税使外国产品的价格下降,从而改善了本国的国际贸易条件。

另外,关税还使特定质量水平下的产品变成非贸易品。假定本国进口高于质量 α^F 的产品,出口低于质量 α^H 的产品,则由于 $c(\alpha^F)=(1+\tau)c^*(\alpha^F)$ 和 $c(\alpha^H)=c^*(\alpha^H)$,所以有

$$\begin{cases} \alpha^F = \dfrac{w^*(1+\tau)-w}{r-r^*(1+\tau)} \\ \alpha^H = \dfrac{w^*-w}{r-r^*} \end{cases} \tag{8B.1}$$

其中,τ 为本国对进口征收的从价税率。如果关税直接使 α^F 变大的效应超过了 r^* 下降(或 r 上升)的效应,则 α^F 的值较大。另一方面,$(r-r^*)$ 上升将使 α^H 变小。所以,关税不仅使本国在质量区间 (α^H, α^F) 的产品成为非贸易品,而且使本国生产的产品质量区间由 (α_0, α^E) 扩大至 (α_0, α^F)。

---

① 读者可以检验一下均衡的稳定性。

9

区域经济一体化

本章学习目标

本章将基于区域经济一体化快速发展的事实，从概念、理论及经验分析几个方面对区域经济一体化进行系统的讨论。

通过本章的学习，我们可以：

● 了解区域经济一体化的基本含义和主要形式；
● 了解区域经济一体化的发展状况；
● 理解区域经济一体化的基本理论；
● 了解有关区域经济一体化的经验分析。

前面的章节已经讨论，一国采取的贸易政策措施多种多样，但该国对其所有的经贸伙伴似乎都一视同仁。然而，在现实中，一国给予其经贸伙伴的待遇并非完全相同，而往往通过某种优惠经贸安排（包括降低关税与非关税壁垒等促进自由贸易的措施），与其特定的经贸伙伴达成较之与其他经贸伙伴更为紧密的经贸合作关系，即实现一定程度的区域经济一体化（regional economic integration）。这种以不同形式体现的区域经济一体化已经成为世界经济发展的一大显著特征。

9.1 区域经济一体化：含义与形式

9.1.1 经济一体化的含义

根据著名的《新帕尔格雷夫经济学大辞典》，经济一体化并没有十分明确的定义。[①]

---

① ［英］约翰·伊特韦尔、默里·米尔盖特、彼得·纽曼编：《新帕尔格雷夫经济学大辞典》(第二卷)，经济科学出版社 1996 年版，第 45—49 页。

首先,经济一体化既可以表示两个或更多独立的经济体之间存在的一定经济贸易关系,也可以表示各经济体之间的完全联合。其次,从区域范围来看,经济一体化既包括几个经济体达成的区域经济一体化,也包括全球范围内所有经济体达成的国际经济一体化。最后,经济一体化既是一个过程,也是一种状态。作为一个过程,它包含着旨在消除不同经济体经济单位之间的歧视;作为一种状态,它表示各经济体之间不存在某种或某些形式的歧视。

本章讨论的经济一体化主要是指区域经济一体化,它通常是指地理区域上比较接近的两个或两个以上的经济体实行的某种形式的经济联合或组成的区域性经济组织。

9.1.2 区域经济一体化的形式

区域经济一体化的形式多种多样,从目前存在的区域经济一体化组织来看,从内容到形式都存在很大差异。因此,可以基于不同的标准进行分类(如表 9.1 所示)。

1. 按一体化的程度划分

按照一体化的程度从低到高,区域经济一体化大致包括优惠贸易安排、自由贸易区、关税同盟、共同市场、经济同盟和完全经济一体化等六种形式。

(1) 优惠贸易安排(preferential trading arrangements)是指成员国之间通过协定或其他形式,对全部或部分商品规定特别的关税优惠。这是区域经济一体化的最低级和最松散的一种形式。比如,1932 年英国与英联邦成员国之间建立的英联邦特惠制就属于该种形式的经济一体化安排。

(2) 自由贸易区(free trade area)是指各成员国之间取消货物贸易的关税壁垒和配额限制,使货物在区域内完全自由流动,但各成员国仍保持各自的关税结构,并按照各自的标准对非成员国征收关税。[①]为了防止区外货物通过一个较低税率的成员国进入一个较高税率的成员国而削弱高税率成员国的限制,自由贸易区往往规定原产地标准,以确保免税待遇仅限于区内生产的产品。这种区域经济一体化形式的基本特点是在关税和非关税措施方面突出了成员国与非成员国的差别待遇。比如,1960 年由奥地利、丹麦、挪威、葡萄牙、瑞典、瑞士和英国建立的欧洲自由贸易联盟,1994 年 1 月 1 日由美国、加拿大和墨西哥建立的北美自由贸易区等。

(3) 关税同盟(customs union)是指各成员国之间完全取消关税和非关税壁垒,实现内部的自由贸易,并对非成员国的产品进口建立统一的关税制度。这比自由贸易区更进了一步,它除了包括自由贸易区的基本内容外,还要求成员国对从非成员国的进口实行统一的关税。这样就使成员国的产品在统一关境以内的市场上处于有利地位,削弱或排除非成员国产品的竞争,因此关税同盟开始带有超国家的性质。比如,世界上比较早的关税同盟是 1948 年比利时、卢森堡和荷兰三国组成的比卢荷关税同盟。

(4) 共同市场(common market)是指除了在成员国之间完全废除关税与数量限制

---

① 从目前的实践看,自由贸易区所涵盖的领域不只限于货物贸易,还涉及服务贸易、投资、金融等领域。

并建立对非成员国的共同关税外,还取消了对生产要素流动的各自限制,允许劳动力、资本等在成员国之间自由流动。20世纪七八十年代的欧洲经济共同体大致处于这样的发展阶段。

(5)经济同盟(economic union)是指成员国之间不仅允许产品与生产要素完全自由流动,对外建立统一关税,而且成员国还制定并执行某些共同的经济政策和社会政策,逐步消除各国在政策方面的差异,使一体化覆盖范围从产品贸易扩展到生产、投资、分配乃至整个国民经济,形成一个庞大的经济实体。1991年解散的经济互助委员会比较接近这种一体化形式。

(6)完全经济一体化(complete economic integration)是区域经济一体化的最高形式。它不仅包括经济同盟的全部特点,而且区域内各成员国还统一所有重大的经济政策(如财政政策、货币政策、福利政策、农业政策等)与有关贸易及生产要素流动的政策,实行统一的货币,并由其相应的机构(如统一的中央银行)执行共同的对外经济政策。这样,该集团相当于具备了完全统一的经济国家地位。完全经济一体化和以上几种形式一体化的主要区别在于:它拥有新的超国家的权威机构,实际上支配着各成员国的对外经济主权。1993年欧洲统一大市场、欧洲联盟的建立,以及欧元的启用,就是朝着完全经济一体化迈出的实质性一步。

在现实当中,区域经济一体化组织未必严格按照以上顺序逐级演化和发展。另外,虽然区域经济一体化的范围和目标有所差异,但都涉及成员国让渡部分权力给一体化组织的问题。一般来说,一体化目标越高,权力让渡的就会越多。

2. 按一体化的范围划分

从部门或产业覆盖范围来看,区域经济一体化可以分为部门一体化和全盘一体化。

(1)部门一体化(sectoral integration)是指区域内各成员国的一种或几种产业或部门(或产品)的一体化。比如,1953年建立的欧洲煤钢共同体及1958年建立的欧洲原子能共同体就属于特定部门的区域经济一体化。

(2)全盘一体化(overall integration)是指区域内各成员国的所有经济部门的一体化。比如,欧洲经济共同体/欧洲联盟就属于这种形式的区域经济一体化。

3. 按参加国的经济发展水平划分

参加国的经济发展水平有高有低,据此区域经济一体化可分为水平一体化和垂直一体化。

(1)水平一体化(horizontal integration)又称横向一体化,是指由经济发展水平相同或相近的国家组成的区域经济一体化。从区域经济一体化的发展实践来看,现存的一体化大多属于这种形式,如欧洲经济共同体及中东欧成员国加入之前的欧盟、东南亚国家联盟、中美洲共同市场等。

(2)垂直一体化(vertical integration)又称纵向一体化,是指由经济发展水平不同的国家组成的一体化。比如,北美自由贸易区(《美国—墨西哥—加拿大协定》后来取代了《北美自由贸易协定》)就是由经济发展水平不同的发达国家(美国和加拿大)与发展中国家(墨西哥)组成的。

表 9.1　区域经济一体化的形式

划分标准	具 体 分 类
按一体化的程度	优惠贸易安排(内部关税优惠)
	自由贸易区(区内取消关税与数量限制、对外不统一关税)
	关税同盟(区内取消关税与数量限制、对外统一关税)
	共同市场(关税同盟＋要素自由流动)
	经济同盟(共同市场＋政策协调)
	完全经济一体化(经济同盟＋统一货币等)
按一体化的范围	部门一体化(特定部门/产业)
	全盘一体化(所有经济部门)
按参加国的经济发展水平	水平一体化(参加国经济发展水平相同或相似)
	垂直一体化(参加国经济发展水平不同)

9.2　区域经济一体化：历史与现状

区域经济一体化是二战之后,特别是 20 世纪 90 年代初以来世界经济发展的一大显著特征。它不仅对参与的经济体产生广泛的影响,还深刻地改变着世界经济格局。

9.2.1　总体情况

二战之后最早的区域经济一体化组织是由苏联与东欧国家等于 1949 年 1 月成立的经济互助委员会。[①]最初的成员有苏联、保加利亚、捷克斯洛伐克、匈牙利、波兰和罗马尼亚,后来阿尔巴尼亚、民主德国、蒙古、古巴和越南先后加入。经济互助委员会由此成为跨地区的经济组织,但该组织随着苏联解体和东欧剧变而于 1991 年解体。

1957 年 3 月,随着法国、联邦德国、意大利、荷兰、比利时和卢森堡等六国签署《欧洲经济共同体条约》,西欧地区的经济一体化进程正式开始。

20 世纪 60 年代,区域经济一体化在世界各地广泛兴起。20 世纪 70 年代中期到 80 年代中期,西方主要发达国家陷于"滞胀"境地,一体化进程相对缓慢;发展中国家的区域经济一体化大多遭受挫折,一些组织中断活动甚至解体。20 世纪 80 年代中后期以后,随着全球价值链分工的兴起(参见第 6 章的讨论)、WTO 取代 GATT,全球的经济一体化进程出现新高潮,并呈现出以下几个特点:

---

① 二战之前的经济一体化的重要例子是 19 世纪的德国关税同盟,它后来通过德意志帝国的建立而实现德国各州的统一,从而实现了完全的经济一体化。

第一,覆盖地域广泛。截至 2020 年底,向 WTO 报告的、各种形式的区域贸易协定 (regional trade agreement,RTA)或自由贸易协定(free trade agreement,FTA)个数累计达 550 个,其中 339 个已经付诸实施,覆盖全球各大洲。如图 9.1 所示。另外,还不断有新的区域贸易协定正处于谈判或考虑之中。几乎每个经济体至少参加了一个这样的协定,有的经济体参加区域贸易协定的数量甚至超过 30 个。

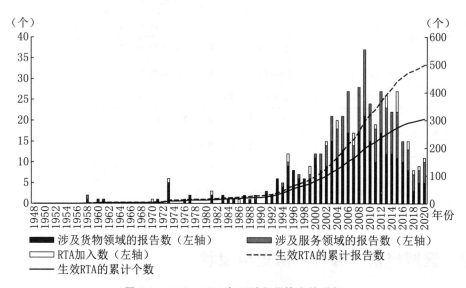

图 9.1　1948—2020 年区域贸易协定的增长

注:WTO 成员有义务报告其参加的 RTA。向 GATT/WTO 报告的 RTA[即 RTA 报告数(notifications)]包括三部分:涉及货物领域的报告数(goods notifications)、涉及服务领域的报告数(services notifications),以及 RTA 加入数(accessions to an RTA),即新成员加入现有的 RTA。

资料来源:基于 WTO RTA Database。

第二,涵盖内容广泛。区域贸易协定虽然在字面上仅涉及“贸易”,但其建设与发展不只是局限于贸易领域,还涵盖投资、金融等很多方面。①因此,准确地说,区域贸易协定实际上就是“更紧密的经济伙伴安排”(closer economic partnership)。

第三,发展水平参差不齐。尽管目前全球区域贸易协定的数量惊人,但各个协定涉及的自由贸易区的发展水平不一。总体来看,以区内贸易量、自由化程度衡量,美国等发达经济体主导的自由贸易区发展水平较高、层次也较高,比如北美自由贸易区、欧元区等;但以发展中经济体或低收入经济体主导的自由贸易区的发展却差强人意,比如在拉丁美洲、南美洲、非洲的自由贸易区。平均而言,欧盟区内贸易进出口占其总进出口的比重达 60%以上;北美自由贸易区的区内贸易所占比重也达到了 40%以上。但对于东盟、南方共同市场、安第斯共同体这三个由发展中经济体组成的区域贸易协定而言,区内贸

---

① 实际上,除了区域贸易协定之外,还有专门针对国际投资领域的投资协定,主要是双边投资协定(bilateral investment treaty,BIT)。本章主要讨论区域贸易协定。不过,即便是区域贸易协定也会涉及投资领域。

易所占比重均在 25% 以下。①

9.2.2 具有代表性的区域经济一体化

这里重点介绍欧洲(以西欧为主)、北美和亚太地区的经济一体化发展。其他地区的经济一体化发展情况可参见 WTO 的 FTA 数据库(https://www.wto.org/)。

1. 欧洲地区(以西欧为主)的经济一体化

欧洲统一思潮由来已久。1946 年 9 月,时任英国首相丘吉尔就曾提议建立"欧洲合众国"。二战结束之后,欧洲地区的经济一体化主要以西欧为主,体现为从欧洲经济共同体(EEC)到欧洲共同体(EC),再到欧盟(EU)、欧元区的发展。

(1) 欧共体/欧盟的发展。

1950 年 5 月 9 日,时任法国外长罗伯特·舒曼(Robert Schuman)提出欧洲煤钢共同体计划(即"舒曼计划"),旨在约束德国。1951 年 4 月 18 日,法国、联邦德国、意大利、荷兰、比利时、卢森堡六国签订了为期 50 年的《关于建立欧洲煤钢共同体的条约》。1955 年 6 月 1 日,参加欧洲煤钢共同体的六国外长在意大利墨西拿举行会议,建议将煤钢共同体的原则推广到其他经济领域,并建立共同市场。1957 年 3 月 25 日,六国外长在罗马签订了有关建立欧洲经济共同体与欧洲原子能共同体的两个条约(共称为《罗马条约》),于 1958 年 1 月 1 日生效。1965 年 4 月 8 日,六国签订了《布鲁塞尔条约》,决定将欧洲煤钢共同体、欧洲原子能共同体和欧洲经济共同体统一起来,统称欧洲共同体。但是三个组织仍各自存在,具有独立的法人资格。《布鲁塞尔条约》于 1967 年 7 月 1 日生效,欧洲共同体正式成立。1991 年 12 月,欧洲共同体荷兰马斯特里赫特首脑会议通过《欧洲联盟条约》,又称《马斯特里赫特条约》(简称《马约》)。1993 年 11 月 1 日,《马约》正式生效,欧盟诞生(即由欧共体更名为欧盟),总部设在比利时首都布鲁塞尔。至此,欧盟已经变成一个集政治实体和经济实体于一身、在世界上具有重要影响的区域一体化组织。

欧共体/欧盟在发展过程中,成员国不断增加,具体变化如图 9.2 所示。在 2020 年之前,经历了七次扩大,欧盟发展成为一个涵盖 28 个国家、总人口超过 5 亿人、世界上经济实力最强和一体化程度最高的国家联合体。②

---

① 东盟(Association of Southeast Asian Nations, ASEAN)包括文莱、柬埔寨、印度尼西亚、老挝、马来西亚、缅甸、菲律宾、新加坡、泰国、越南等 10 国;南方共同市场(Mercado Común del Sur, MERCOSUR)包括阿根廷、巴西、巴拉圭、乌拉圭等 4 国;安第斯共同体(La Comunidad Andina)包括玻利维亚、哥伦比亚、厄瓜多尔、秘鲁等 4 国。

② 欧盟的主要组织机构包括:(1)欧洲理事会(European Council)即欧盟首脑会议,是欧盟的最高决策机构。(2)欧盟理事会(Council of the European Union)是欧盟的决策机构,由欧盟首脑会议和部长理事会组成。(3)欧盟委员会(European Commission)是欧盟的执行机构,负责实施欧盟条约和理事会决定、向理事会提出立法动议、监督欧盟法规的实施、代表欧盟进行对外联系及经贸谈判、对外派驻使团。(4)欧洲议会(European Parliament)是欧盟的立法、监督和咨询机构,其地位和作用及参与决策的权力正在逐步扩大。(5)欧洲法院(European Court of Justice)是欧盟的仲裁机构,负责审理和裁决在执行欧盟条约和有关规定中发生的各种争执。(6)欧洲审计院(European Court of Auditors)负责欧盟的审计和财政管理。

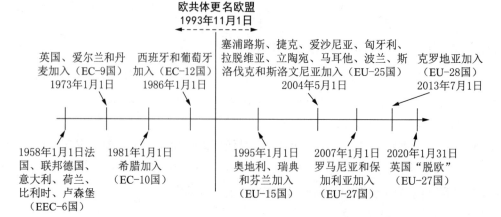

图 9.2　欧共体/欧盟的发展历程

不过,引人注目的是,2016 年 6 月,英国举行全民公投,结果支持英国"脱欧";2020 年 1 月 30 日,欧盟正式批准了英国"脱欧";2020 年 1 月 31 日,英国正式"脱欧",结束其 47 年的欧盟成员国身份,随后进入为期 11 个月的过渡期。至此,欧盟成员国数量减少至 27 国。

(2) 欧元区的建立与发展。

根据《欧洲联盟条约》,欧盟决定在 1999 年 1 月 1 日开始实行单一货币欧元及在实行欧元的国家实施统一货币政策。

1998 年,欧盟 11 个成员国制订了欧元趋同标准(convergence criteria),并随着 1999 年 1 月 1 日欧元的正式出现而成立欧元区。欧盟成员国要加入欧元区必须达到下列标准:第一,每一个成员国的政府开支不得超过 GDP 的 3%;第二,国债必须保持在 GDP 的 60% 以下或正在快速接近这一水平;第三,在价格稳定方面,通货膨胀率不能超过三个最佳成员国上一年通货膨胀率的 1.5%;第四,该国货币至少在两年内必须维持在欧洲货币体系(European Monetary System,EMS)的正常波动幅度以内①。欧盟对成员国加入欧元区的时间并没有固定的要求,每一个成员国将根据自己国家的情况,按照自己的时间表加入。

1998 年 6 月,欧洲中央银行在德国法兰克福正式成立。1999 年 1 月 1 日,欧盟当时 15 个成员国中的 11 个(即奥地利、比利时、芬兰、法国、德国、爱尔兰、意大利、卢森堡、荷兰、葡萄牙和西班牙)达到了以上 4 项统一标准,因此欧元成为这 11 国的单一货币。此后,欧元进入国际金融市场,银行和证券交易所可以进行欧元交易。希腊于 2000 年达到标准并于 2001 年 1 月 1 日加入欧元区。2002 年 1 月,欧元纸币和硬币正式流通。2002

---

① 欧洲货币体系是 1979 年 3 月欧共体成员国通过决议建立起来的一种可调整的汇率制度安排,以促进欧共体成员国之间更紧密的货币政策合作。它包括三方面内容:建立稳定汇率的机制、创设欧洲货币单位、建立欧洲货币基金。其目的是保持欧共体成员国货币稳定及成员国之间的汇率稳定,促进成员国之间的经贸关系及各国的经济增长与就业。目前,欧洲货币体系被欧洲经济和货币联盟(Economic and Monetary Union,EMU)所取代。

年7月,各国原有货币退出流通,欧元成为欧元区唯一的合法货币。2007年1月1日,斯洛文尼亚加入欧元区。2008年1月1日,塞浦路斯与马耳他加入欧元区。2009年1月1日,斯洛伐克加入欧元区。2011年1月1日,爱沙尼亚加入。2014年1月1日,拉脱维亚加入。2015年1月1日,立陶宛加入欧元区,从而使欧元区成员国数量增至目前的19个,人口超过3.2亿。目前,欧盟成员国中尚有丹麦、瑞典、捷克、匈牙利、波兰、罗马尼亚、保加利亚、克罗地亚等8国还未加入欧元区。欧盟与欧元区的关系如图9.3所示。

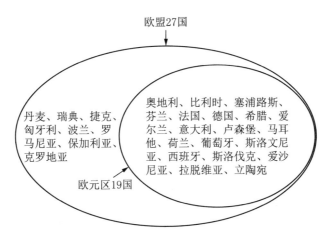

图9.3　欧盟(27国)与欧元区(19国)的关系(截至2021年1月1日)

(3) 欧盟的内外经贸政策。

第一,建立关税同盟,执行共同外贸政策。从1967年起,欧共体对外就实行统一的关税率。1968年7月1日起成员国之间取消商品的关税和数量限制,建立关税同盟(西班牙、葡萄牙1986年加入后,与其他成员国间的关税需经过10年的过渡期后才能完全取消)。1973年,欧共体实现了统一的外贸政策。《马约》生效后,为进一步确立欧盟单一市场的共同贸易制度,各成员国外长于1994年2月8日一致同意取消此前由各国实行的6 400多种进口配额。

第二,基本建成内部统一大市场。1985年6月欧共体首脑会议批准了建设内部统一大市场的白皮书,1986年2月各成员国正式签署为建成统一大市场而对《罗马条约》进行修改的《单一欧洲文件》(Single European Act)。统一大市场的目标是逐步取消各种非关税壁垒,其中包括有形障碍(海关关卡、过境手续、卫生检疫检验标准等)、技术障碍(法规和技术标准)和财政障碍(税种和税率差别)等,自1993年1月1日起实现货物、服务、人员和资本的自由流动。通过多年的努力,欧共体终于在1993年1月1日宣布,统一大市场基本建成并正式投入运行。

第三,实行共同农业政策。1962年7月1日欧共体开始实行共同农业政策;1968年8月开始实行农产品统一价格;1969年取消农产品内部关税;1971年起对农产品贸易实施货币补贴制度。由于价格支持政策的实施,欧共体/欧盟的农产品严重供过于求,不得不大量贮藏农产品并鼓励出口。因此,尽管共同农业政策一开始并非旨在鼓励出口,但结果却变成了一项庞大的出口补贴计划。这不仅引起了美国等其他农产品出口国的强烈不满,也给欧共体/欧盟造成了沉重的财政负担。这最终导致欧共体/欧盟在乌拉圭回合贸易谈判中做出让步,同意逐步取消农产品贸易壁垒,使农产品也最终实行自由贸易。

此外,欧共体/欧盟还实行了共同的渔业政策,建立欧洲货币体系,建设经济货币联盟等。在对外经济贸易关系方面,欧共体/欧盟与很多国家缔结了贸易协定、经贸合作协定等,并与一些区域性组织建立了比较密切的关系,比如前面章节提到的"洛美协定"、普遍优惠制等。

2. 北美地区的经济一体化

北美地区的经济一体化主要体现为美国、加拿大和墨西哥三国之间的经贸合作关系的发展,即从美加自由贸易区发展到北美自由贸易区。

(1)发展历程。

1979年,美国国会关于贸易协定的法案提议中曾经提出过关于建立北美自由贸易区的设想。1980年,时任美国总统里根在其总统竞选的有关纲领中再次提出了这一设想。1985年3月,时任加拿大总理马尔罗尼在与美国总统里根会晤时,首次正式提出美、加两国加强经济合作、实行自由贸易的主张。自1986年5月开始经过一年多的协商与谈判,两国于1987年10月达成协议,并于1988年1月2日正式签署《美加自由贸易协定》,该协定于1989年1月生效。

《美加自由贸易协定》规定在10年内逐步取消货物(包括农产品)进口关税和非关税壁垒,取消对服务业的限制和汽车进出口的管制,开展公平、自由的能源贸易。在投资方面,两国将互相提供国民待遇,并建立一套共同监督的有效程序和解决相互间贸易纠纷的机制。为防止转口逃税,还确定了原产地原则。美加自由贸易区是一种类似于共同市场的区域经济一体化组织,为北美自由贸易区的建立奠定了基础。

随着《美加自由贸易协定》的签署和美加自由贸易区的筹建,墨西哥开始把与美国建立自由贸易区的问题列上了议事日程。1986年8月两国领导人提出双边框架协定计划,并于1987年11月签订了一项有关两国间贸易和投资磋商框架原则和程序的协定。在此基础上,两国进行多次谈判,于1990年7月正式达成美墨贸易与投资协定;同年9月,加拿大宣布将参与谈判。1991年6月12日,三国在加拿大的多伦多举行首轮谈判,经过14个月的磋商,终于在1992年8月12日达成《北美自由贸易协定》。该协定于1994年1月1日正式生效,北美自由贸易区宣告成立,全球价值链分工体系中的北美分工网络也正式形成。

然而,北美自由贸易区成立后,美国对加拿大和墨西哥的贸易逆差显著增长,大量劳动密集型行业向墨西哥转移,导致美国一般劳动力就业的丧失。因此,美国第45任总统特朗普曾在其竞选时就声称《北美自由贸易协定》是"美国有史以来最糟糕的协定",必须要大幅调整。2017年8月,特朗普拒绝续签《北美自由贸易协定》,并启动了首轮重新谈判。到2018年9月,美加墨三国终于达成一致并签订了新协定《美国—墨西哥—加拿大协定》,取代了《北美自由贸易协定》。

（2）主要目标、基本内容与运行特点。

由于《北美自由贸易协定》是北美自由贸易区发展进程中具有里程碑意义的协定，而且《美国—墨西哥—加拿大协定》的建立也基于此，所以这里重点讨论《北美自由贸易协定》。

《北美自由贸易协定》规定，美加墨三国将从 1994 年起，在 15 年内建成一个横跨北美大陆、拥有 4.2 亿人口的北美统一大市场。其基本目标是消除贸易壁垒，实现公平贸易；保护知识产权，增加各自的投资机会；建立解决三国贸易冲突的机制，保证贸易自由化进程的顺利推进，发展各方面的区域性经济合作。为了实现这些目标，该协定对贸易、服务、投资、知识产权、政府采购等方面都做了规定，在较为棘手的汽车、农产品、纺织品、能源、运输、文化及环境等问题上还专门列出细则加以说明。具体内容包括：

第一，削减和消除关税。该协定生效后，三国间约 65% 的制成品关税立即取消，另外 15% 的制成品关税在 5 年内取消，余下的大部分关税在 10 年内取消，少数产品的关税在 15 年内取消。《北美自由贸易协定》的原产地规定比《美加自由贸易协定》中的严格，比如前者要求只有包含 62.5%（后者为 50%）以上北美部件的车辆才有资格享受免税待遇。

第二，开放金融市场。为了与美、加同步，墨西哥将在 7 年内取消对美、加银行及保险公司的限制，在 10 年内取消对证券公司的限制。成员国一致同意给予所有北美地区的金融公司以"国民待遇"。

第三，放宽对外资的限制。墨西哥将改变对外国投资的许多限制，在大多数领域平等对待美、加公司。同时，美、加也将进一步放宽对墨西哥资本的限制，允许它在大多数领域进行投资，并给予适当的优惠条件。

第四，公平招标。在产品及服务的供应方面，要实行公开公平的招标，特别对墨西哥来说，应允许美、加公司与墨西哥公司享受同等待遇。

第五，保护知识产权。三国同意遵守国际知识产权保护法的有关规定，对成员国登记的药品及其他专利产品至少保护 20 年。

北美自由贸易区是由两个发达国家（美国和加拿大）和一个发展中国家（墨西哥）组成的，它具有以下特点：

第一，垂直一体化。北美自由贸易区既有经济实力强大的发达国家，也有经济发展水平较低的发展中国家，区内成员国的综合国力和市场成熟程度差距很大。

第二，大国主导。北美自由贸易区是以美国为主导的自由贸易区，美国的经济运行在区域内占据主导和支配地位。因此，北美自由贸易区的运行方向与进程在很大程度上体现了美国的意愿。

第三，削减贸易与投资限制的非同步性。由于墨西哥在经济发展水平、经济结构、经济体制等方面与美、加的差距较大，因此墨西哥的竞争力较弱部门或行业被给予了较长的过渡期或缓冲期。

第四，作为美国实现其未来构想的战略过渡。美国积极倡导建立的北美自由贸易区,实际上只是美国战略构想的一个前奏,其最终目的是为了在整个美洲乃至跨大西洋建立自由贸易区。1990年6月27日,时任美国总统布什在国会提出了"开创美洲事业倡议"。随后,美国于1994年9月正式提出"美洲自由贸易区"计划。1994年12月,美洲34国领导人(古巴除外)在美国迈阿密举行27年来的首次美洲国家首脑会议,会议决定美洲各国于2005年前完成关于建立美洲自由贸易区(Free Trade Area of Americas,FTAA)的谈判。1991年《华沙条约》失效后,时任美国国务卿贝克与欧盟委员会主席德洛尔开始就新型的跨大西洋合作交换意见。1995年12月在马德里会议上,时任美国总统克林顿、西班牙首相冈萨雷斯和欧盟委员会主席桑特签署了《跨大西洋新纲要》(New Transatlantic Agenda),并就建立跨大西洋自由贸易区进行了讨论。北美自由贸易区的其他成员国也都表示与欧洲伙伴共同推进贸易自由化。2013年2月13日,时任美国总统奥巴马、欧洲理事会主席范龙佩和欧盟委员会主席巴罗佐发表联合声明称,双方将在当年6月正式展开《跨大西洋贸易与投资伙伴关系协定》(Transatlantic Trade and Investment Partnership,TTIP)的谈判,以最终建立美欧自由贸易区。

3. 亚太地区的经济一体化

亚洲太平洋地区有大小范围之分:大范围是指整个东亚和环太平洋地区,其中也包括北美自由贸易区、澳大利亚和新西兰;小范围则指西太平洋地区,主要包括中国、日本、俄罗斯东部地区、新加坡、泰国、东盟等经济体。

(1) 总体情况。

相比较而言,在整个亚太地区建立区域经济一体化组织的进展慢于北美与欧洲(主要是西欧)地区,主要因为亚太地区各经济体的经济发展水平、经济运行体制、社会制度、政治和意识形态相差巨大,还存在不少历史遗留下来的领土纷争问题。这些因素都会导致在短时期内不可能在整个亚太地区建立起比较紧密的区域经济一体化组织。不过应该看到,亚太地区经济体的经济发展颇具活力,彼此的经贸合作非常活跃,自由贸易区发展势头并不逊于北美与西欧地区。目前的一体化组织或协定主要有东盟(ASEAN)、TPP/CPTPP与RCEP。

CPTPP(Comprehensive Progressive Trans-Pacific Partnership),《全面与进步跨太平洋伙伴关系协定》的前身是TPP。[1]2017年1月23日,时任美国总统特朗普签署行政命令,正式宣布美国退出TPP,从而使得TPP的成员减少至11国(加拿大、智利、秘鲁、墨西哥、澳大利亚、新西兰、日本、文莱、马来西亚、新加坡和越南)。随后,这11国联合声

---

① TPP最早可追溯至1998年美国的一项提议,即建议澳大利亚、新西兰、智利、新加坡与美国之间就优惠贸易协定(PTA)展开谈判,但由于种种原因,澳大利亚、智利与美国没有跟进。结果,新西兰与新加坡达成了《新西兰与新加坡密切经济伙伴协议》(Agreement on a New Zealand-Singapore Closer Economic Partnership,ANZSCEP),后来智利对此感兴趣。于是,在2002年10月,在墨西哥洛斯卡沃斯召开的APEC第10次领导人非正式会议期间,新加坡、新西兰、智利三国就缔结自由贸易协定问题达成一致意见。2003年9月,三国在新加坡开始正式谈判;2005年4月,文莱参加了最后一轮谈判;2005年5月,新加坡、新西兰、智利和文莱签署了名为《跨太平洋战略经济伙伴关系协定》(Trans-Pacific Strategic Economic Partnership Agreement,P4)的自由贸易协定。2008年2月美国宣布加入,并于2009年11月提出将P4扩大为TPP。

明将 TPP 更名为 CPTPP。

RCEP(Regional Comprehensive Economic Partnership)，《区域全面经济伙伴关系协定》最早由东盟 10 国在 2012 年发起，历经 8 年谈判，最终在 2020 年 11 月 15 日的成员国领导人视频会议期间签署，成为亚太经济一体化发展过程中取得的一项重要成果。实际上，RCEP 签署前的多轮谈判参加方是包括印度在内的 16 个国家，但印度在最后时刻决定不加入该贸易协定。因此，最终的协定签署方是 15 个国家。在 RCEP 中，有 7 个国家是 CPTPP 成员，包括日本、澳大利亚、新西兰及 4 个东盟成员国(即文莱、马来西亚、新加坡和越南)。因此，RCEP 与 CPTPP、ASEAN 的成员存在着交叉，它们的关系如图 9.4 所示。

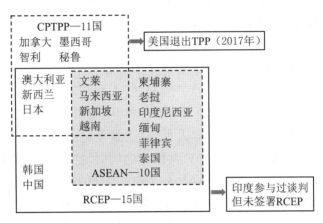

图 9.4　RCEP 与 ASEAN、CPTPP 的经济体构成及其关系

资料来源：作者制作整理而成。

此外，该地区还有一个并非区域贸易协定的合作机制——亚太经济合作组织(Asia-Pacific Economic Cooperation，APEC)。成立于 1989 年 11 月的 APEC 目前共有 21 个成员(包括 11 个 CPTPP 成员及美国、俄罗斯、韩国、印度尼西亚、巴布亚新几内亚、菲律宾、泰国、中国、中国香港和中国台北)，涵盖的人口、GDP 和贸易额均约占世界总量的一半以上，在全球经济活动中占据举足轻重的地位。但在 APEC 框架下亚太地区要实现如同北美自由贸易区和欧盟那样的高水平经贸合作目标，仍然存在较多的障碍。以下主要围绕 APEC 进行分析。本章第 9.4 节将讨论中国的自贸区发展。

(2) APEC。

APEC 诞生于全球冷战结束的年代。20 世纪 80 年代末，随着冷战的结束，国际形势日趋缓和，经济全球化、贸易投资自由化趋势明显，亚洲地区在世界经济中的地位明显上升。在此背景下，1989 年 1 月，时任澳大利亚总理霍克提出召开亚太地区部长级会议，讨论加强相互间经济合作。1989 年 11 月，首届亚太经济合作部长级会议在澳大利亚首都堪培拉举行，这标志着 APEC 的正式成立。1991 年 11 月，APEC 第三届部长级会议在韩国首都举行，会议通过的《汉城宣言》正式确立该组织的宗旨和目标为：减少区域贸易和投资壁垒，确保货物、服务、投资与人员自由流动；促进贸易便利化与营商环境的提升;协调区内规则和标准,促进成员间经济的相互依存;为本地区的共同利益而保持经济的持续增长与繁荣。

1991 年 11 月,中国以主权国家身份,中国台北和中国香港以地区经济名义正式加入 APEC。截至目前,APEC 共有 21 个成员。东盟秘书处、太平洋经济合作理事会和太平洋岛国论坛为该组织观察员,可参加 APEC 部长级及其以下各层次会议和活动。

APEC 的组织机构包括领导人非正式会议、部长级会议、高官会议、秘书处、工商咨询理事会等。其中,领导人非正式会议是 APEC 最高级别的会议,会议形成的领导人宣言是指导 APEC 各项工作的重要纲领性文件。高官会议是 APEC 的协调机构,始于 1989 年,通常由当年举办领导人非正式会议的东道主主办,每年举行 3—4 次会议,主要负责执行领导人和部长级会议的决定,审议各工作组和秘书处的活动,筹备部长级会议、领导人非正式会议及其后续行动等事宜。高官会议下设 4 个委员会和 11 个专业工作小组,4 个委员会为贸易和投资委员会、经济委员会、经济技术合作高官指导委员会和预算管理委员会,11 个专业工作小组分别为产业科技、人力资源开发、能源、海洋资源保护、电信、交通、旅游、渔业、贸易促进、农业技术合作和中小企业。

2010 年 11 月,APEC 第 18 次领导人非正式会议发表《横滨宣言》,提出在建立贸易和投资更为自由化、更为开放的 APEC 共同体的同时,把推进亚太自由贸易区(Free Trade Area of the Asia-Pacific, FTAAP)作为建立紧密的亚太共同体的基本途径,并强调以三个已有的区域性合作机制,即"10+3"(东盟与中、日、韩)、"10+6"(东盟与中、日、韩、印、澳、新)和 TPP 为基础,使之进一步发展,最终缔结综合性的自由贸易协定。由于之前以"10+3"为基础的东亚自由贸易区和以"10+6"为基础的东亚共同体尚在协商或构想之中,而 TPP 则已生效多年并逐渐扩大,因而受到普遍关注。

如果美国没有退出 TPP 的话,那么按照当时的发展态势,TPP 可能会诞生出全球最大的自由贸易区。TPP 曾有的 12 个经济体拥有超过 8.3 亿的人口,占全球总人口的 11%;国内生产总值合计 30 万亿,约占全球 GDP 的 37%;这些经济体的贸易总额与 FDI 流量总额占全球的比重分别超过 1/4 与 1/3。更为重要的是,TPP 的贸易自由化程度大大高于以 WTO 为代表的多边贸易自由化的程度,可以说是 WTO 多边贸易体制的"升级版"。

此外,一段时期以来,在亚太地区的自贸区建设与发展过程中,存在着两条路径:一个是跨太平洋路径,基本上由美国主导;另一个是亚洲路径,中国试图去主导(如图 9.5 所示)。前者是在美国加入之后的 TPP 基础上发展,并逐渐扩大。后者是在中日韩自贸区达成的基础上发展,并进一步扩大。尽管这两种路径最终都有可能带来比 APEC—21 个经济体有着更大范围的自贸区(即 FTAAP),但这两条路径之间的竞争是不言而喻的。

RCEP 的达成意味着亚洲路径取得了重要进展,尽管这一进展并非沿着当初的亚洲路径。同时,这一进展也并非意味着中国在亚太自贸区发展中获得了主导性地位,但这一进展一定表明美国退出 TPP 对美国自身而言并非明智之举。因此,从这个意义上讲,美国重返 TPP(即目前的 CPTPP)是符合美国自身战略利益的。一旦美国重返 CPTPP,那么亚太地区将再现两条自贸区发展路径的竞争。

图 9.5　亚太自贸区建设的可能路径

资料来源：基于以下资料整理而成：Petri，Peter，Michael Plummer and Fan Zhai，2011，"The Trans-Pacific Partnership and Asia-Pacific Integration：A Quantitative Assessment"，*East-West Center Working Papers*，No.119；Itakura，Kee and Hiro Lee，2012，"Welfare Changes and Spectral Adjustments of Asia-Pacific Countries under Alternative Sequencings of free Trade Agreements"，*OSIPP Discussion Paper*，DP-2012-E-005。

综上所述，区域经济一体化已成为全球性的趋势。这种趋势会对世界经济及各经济体经济产生什么样的影响？如何评估这些影响？这些是下面要讨论和回答的问题。

9.3　区域经济一体化的理论分析

有关区域经济一体化的理论分析几乎都是从分析关税同盟的形成及福利效应开始的。福利效应分析涉及的问题包括组建关税同盟所导致的成员国之间区内贸易（intra-regional trade）的增加与区外贸易（extra-regional trade）的减少是否导致成员国福利的净增加，以及关税同盟对全球福利会产生什么影响。[①]下面主要介绍有关关税同盟的理论分析方法。

9.3.1　瓦伊纳对关税同盟的分析

可以预料的是，组建关税同盟将会使得成员国之间的贸易趋于增加，这是因为它们之间的贸易壁垒被削减或消除了。而成员国之间贸易的增加会有利于每个成员国、整个同盟乃至整个世界吗？对于这一问题，早期很多经济学家的回答都是肯定的。他们的推

---

①　Baldwin（2008）把前一个问题即"一国能否从区域一体化中获益"看作"小思考的区域主义"（small think regionalism），把后一个问题即"区域主义对全球福利和多边主义产生何种影响"看作"大思考的区域主义"（big think regionalism）。对于后一个问题，一种观点把区域主义看作迈向全球经济一体化或多边主义的绊脚石，而另一种观点则将之看作迈向全球经济一体化或多边主义的垫脚石。后一种观点意味着，在全球范围内实行自由贸易比较渺茫的情况下，有关经济体之间先进行区域经济一体化安排则是一种次优选择。参见 Baldwin，Richard，2008，"Big-Think Regionalism：A Critical Survey"，NBER Working Paper No.14056。

理都是建立在经典的比较优势理论的基础之上：(1)自由贸易可以最大化福利得益，而实施关税和非关税壁垒则会减低福利得益；(2)组建关税同盟必然要消除关税和非关税壁垒，因而是迈向自由贸易的关键一步；(3)组建关税同盟可以增加福利得益，尽管它不能最大化福利得益。

但雅各布·瓦伊纳(Jacob Viner，1892—1970年)指出以上观点未必是正确的。[①]他接受"组建关税同盟可以增加成员国之间贸易"的观点，但认为成员国之间贸易的增加是否是可取的，则要看贸易是如何增加的。瓦伊纳区分出两种情形：贸易创造(trade creation)和贸易转移(trade diversion)。贸易创造是指随着同盟内贸易壁垒的消除，一国的国内消费将从高成本的本国产品转向至低成本的伙伴国产品。这意味着该国从成员国的进口将增加，新的贸易被"创造"出来。贸易转移是指随着对贸易伙伴实施进口关税等贸易壁垒的消除，一国的国内消费将从低成本的世界市场(或非成员国)产品转向至高成本的伙伴国产品。这意味着关税同盟造成的对非成员国的贸易限制使得该国本来可以从更低成本的外部非成员国进口，但在组建关税同盟后不得不转而从较高成本的成员国进口，与非成员国的贸易被"转移"至关税同盟内部。这样的分析都是从一国的角度进行的。

贸易创造导致一国国内某(高成本)行业的关闭对于该国来说是有益的，因为这将释放出一些资源供其他具有比较优势的行业使用；该国的贸易伙伴国(也是成员国)将因为有新的出口而受益或至少不会受损。因此，贸易创造提了关税同盟的整体福利。然而，贸易转移将会使该国受损，因为该国转而从较高成本的成员国进口，该国的国际贸易条件恶化；该国的贸易伙伴国(也是成员国)也不会得到好处(高成本需要高价格来抵补)。因此，贸易转移降低了关税同盟的整体福利。于是，组建关税同盟的净福利效应取决于贸易创造与贸易转移的相对大小：贸易创造型关税同盟(trade-creating customs union)是可取的，而贸易转移型关税同盟(trade-diverting customs union)则是有害的。当然，这是基于以下假设：所有同盟成员国都是小国，因而不影响其与世界其余国家的国际贸易条件，这样贸易创造与贸易转移对该同盟的福利影响也就是对世界的福利影响。

9.3.2　关税同盟的局部均衡分析

局部均衡分析方法暂不考虑部门之间的相互影响，仅考虑单一部门(或产品)和单一贸易壁垒变化的影响，但它为分析关税同盟的一些关键问题提供了简单框架。在分析过程中，需要区分三种情形：(1)自由贸易；(2)征收关税(或实施其他贸易政策措施)但不结成关税同盟；(3)与其他国家结成关税同盟。

假设世界包括三个经济体，其中两个经济体——本国(H)和伙伴国(P)——将组成关税同盟，另外的经济体统称为"世界其余地区"(ROW)。本国是小国，面对具有完全弹性的伙伴国和ROW的产品供给；作为进口国的本国所征收的关税作为同盟的对外统一

---

① Viner，Jacob，1950，*The Customs Union Issue*，New York：Carnegie Endowment for International Peace.

关税,除此之外没有其他贸易限制;本国同质产品的生产表现出递增的边际成本特征,市场完全竞争,没有外部性。福利效应分析涉及三个主体:消费者(分析消费者剩余)、生产者(分析生产者剩余)和征税者(比如政府,分析谁得到了关税收入)。

如图 9.6 所示,S_H 和 D_H 分别表示本国特定产品或部门的供给曲线和需求曲线。假设起初本国从 ROW 的进口价格(自由贸易价格)为 p_1,对进口征收关税(从量税)$t = p_3 - p_1$,使得进口品在本国的销售价格达到 p_3。①现在本国与伙伴国组成关税同盟,本国按照价格 p_2 免税进口伙伴国的产品($p_2 < p_3$,本国所征收的关税作为同盟的对外统一关税)。那么,跟本国征收关税且与伙伴国不结盟的情形相比,本国与伙伴国组成关税同盟而对本国产生的影响如下:

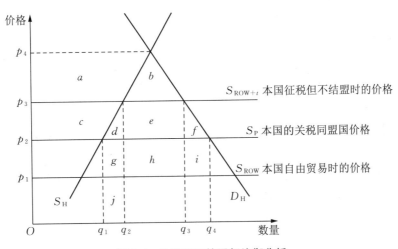

图 9.6　关税同盟的局部均衡分析

(1) 价格效应:进口价格由 p_3 下降至 p_2,下降了($p_3 - p_2$)。

(2) 生产效应:本国的生产由 q_2 下降至 q_1,下降了($q_2 - q_1$)。

(3) 消费或需求效应:本国的消费或需求量由 q_3 增加至 q_4,增加了($q_4 - q_3$)。

(4) 贸易效应:进口量由原来的($q_3 - q_2$)(来自 ROW)增加到($q_4 - q_1$)(全部来自伙伴国),增加了$[(q_2 - q_1) + (q_4 - q_3)]$,这一增加量就是"贸易创造"。本国从 ROW 进口($q_3 - q_2$)转为从伙伴国进口($q_4 - q_1$),若都按照免税进口的话,则本国无疑是转向从较高成本的伙伴国进口(在免税从 ROW 进口时,进口价格为 p_1;而在免税从伙伴国进口时,进口价格为 p_2),这一转移就被称为"贸易转移"。

(5) 福利效应依次为:

第一,对于消费者来说,价格由 p_3 下降至 p_2 使得消费者的福利增加,消费者剩余增加了区域($c + d + e + f$)。

---

① 本国封闭经济下的价格为 p_4,高于 ROW 的价格 p_1 和征收进口关税后的价格 p_3,因而关税 t 是非禁止性关税。由于组成关税同盟之前伙伴国的价格高于 ROW 的价格,因而本国不会从它那里进口产品。

第二,对于生产者来说,生产者剩余减少了区域 c。

第三,对于征税者(比如政府)来说,税收减少了区域 $(e+h)=t(q_3-q_2)$,因为从 ROW 的进口 (q_3-q_2) 完全被从伙伴国的进口所替代。

第四,净福利效应为:$(c+d+e+f)-c-(e+h)=(d+f)-h$。这一净福利效应的正负与大小是不确定的。其中,$(d+f)$ 对应因贸易创造而获得的好处:区域 d 为生产效应,即本国的较高成本生产被伙伴国的较低成本生产所替代;区域 f 为消费效应,即关税对本国消费者产生的扭曲效应被降低了。区域 h 对应因贸易转移而产生的损失,反映本国进口来源转向较高成本的伙伴国而引起的本国国际贸易条件恶化。可以看出,净福利效应 $[(d+f)-h]$ 取决于本国供求曲线的斜率与弹性、本国征收关税水平的高低及本国与伙伴国和 ROW 的价格(成本)差异。比如考虑以下几种情形(可以基于图 9.6 进行调整):

第一种情形:如果本国在结盟前征收的关税为 $t=p_4-p_1$,即为禁止性关税,那么关税同盟将只引起贸易创造,净福利效应为 $(b+d+e+f)$,即为福利得益。

第二种情形:如果本国在该国结盟前,ROW 的供给价格高于伙伴国的供给价格,则关税同盟将只引起贸易创造。

第三种情形:如果本国在结盟前的初始关税为 $t=p_2-p_1$,那么这样的关税同盟将完全是贸易转移型的,净福利效应为 $-(g+h+i)$,即为福利损失。

在其他条件既定时,需求曲线的斜率的绝对值越大或价格弹性的绝对值越小,则 $(c+d+e+f)$ 的面积就越大或消费者剩余增加得就越多;供给曲线的斜率越小或价格弹性越大,则 c 的面积就越大或生产者剩余减少得就越多。这些因素将进一步影响净福利的大小。

以上分析蕴含着十分重要的政策含义:一个小国与其他国家组成关税同盟,不仅要考虑其关税率的高低及其国内价格与其他国家价格的相对差异,还要关注其国内对该产品供给与需求的价格弹性,因为不同情形下的关税同盟会给本国带来不同的净福利效应(福利损失或福利得益)。

9.3.3　关税同盟的一般均衡分析

假设有三个经济体,其中两个经济体——本国(H)和伙伴国(P)——组成关税同盟,另外的经济体统称为"世界其余地区"(ROW);有两种产品 X 和 Y。在结盟之前,本国对从未来伙伴国和 ROW 的进口征收统一的关税;假定生产技术为李嘉图式技术,本国完全专业生产产品 X,生产点为图 9.7 中的点 S,其价格为 p_x。SFA 的斜率表示本国从未来伙伴国进口的产品的相对价格 $(=p_y^P/p_x)$,SEGB 的斜率表示本国从 ROW 进口的产品的相对价格 $(=p_y^{ROW}/p_x)$。可见,在自由贸易时,本国从前者进口的产品的相对价格要高于从后者进口的产品的相对价格。[①]比较以下三种情形:

---

① 读者可以思考一下:如果从同盟国进口的产品的相对价格低于从 ROW 进口的产品的相对价格,结果会如何?

（1）自由贸易。

在自由贸易时，本国将从 ROW 进口产品，在点 G 处消费，p_y^{ROW}/p_x 为自由贸易时进口品的相对价格，效用水平为 U_F。

（2）征收统一关税。

如果本国对所有进口实施统一的关税，那么 ROW 将成为本国的进口来源国，p^* 为含关税的进口品的国内相对价格。于是，本国将在点 E 处消费，效用水平为 U_T（进口品价格因为关税而上升，从而将产生第 8 章已经讨论过的收入效应和替代效应）。

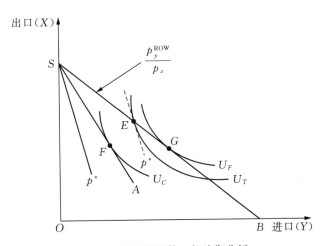

图 9.7　关税同盟的一般均衡分析

（3）组成关税同盟。

如果本国和伙伴国组成关税同盟，伙伴国的产品 Y 可以自由进入本国。由于 SFA 的斜率的绝对值比 p^* 小，这意味着本国从伙伴国进口则相对便宜。本国新的均衡位于点 F 处。有两种可能影响：一是这一贸易转移导致本国的福利恶化，效用曲线移至 U_C。二是本国福利也可能不恶化。因为伙伴国的价格线仍比 $SEGB$ 陡峭，因而可能穿越价格线 $SEGB$ 与效用曲线 U_T 围成的区域（图 9.7 中未画出），这样本国可能获得比 U_T（即征税但不结盟的情形）更高的福利水平。所以，与本国征收统一关税但不结盟的情形相比，组成关税同盟后本国的福利恶化区域（welfare-worsening zone）将由伙伴国的价格线与效用曲线 U_T 相切所决定，即位于价格线 Sp' 的左边（如图 9.8 所示）。在价格线 Sp' 的右边为本国的福利改善区域（welfare-improving zone）。在效用曲线 U_T 上，对应这一价格线 Sp' 的福利水平在结盟前后是相等的。

虽然关税同盟会导致贸易转移，但本国仍可能获益，其原因在于：消费者获得的好处（从伙伴国免税进口的产品的价格相对较低）可能超过本国国际贸易条件恶化导致的损失（本国本可以从更低成本的 ROW 免税进口，但结盟后转而从更高成本的伙伴国进口）。

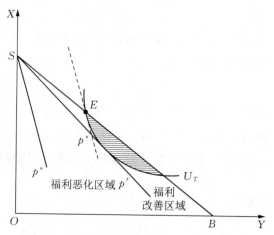

图 9.8　关税同盟的福利效应：一般均衡分析

从长期的视角看，关税同盟还会对成员国产生一些动态影响，比如加剧市场竞争、促进规模经济、刺激投资、促进生产要素流动等。但在现实中区域经济一体化能否产生这些效应，则是一个需要进行经验检验的问题。

9.3.4　肯普—万定理

默里·肯普（Murray Kemp）和亨利·万（Henry Wan）于 1976 年提出一个关于关税同盟形成及其影响的假说，被称为肯普—万定理（Kemp-Wan theorem）。[1]

该定理的基本内容是：如果关税同盟成员国与非成员国之间在每种产品上的贸易（进口与出口）在关税同盟成立前后没有发生变化，那么，关税同盟的建立在提高成员国福利的同时[2]，并不会降低非成员国的福利。这样，关税同盟的建立总能够潜在地带来世界福利的增加。这一定理也可适用于其他形式的区域经济一体化包括优惠贸易协定或自由贸易协定，还可以适用于服务贸易领域。

肯普—万定理意味着，要使区域经济一体化不对区外其他国家产生负面影响，就必须满足一个充分条件，即区内成员国与区外非成员国的贸易量保持在一体化形成前的水平，也就是要避免贸易转移的发生。

根据肯普—万定理，约翰·麦克米伦（John McMillan）指出，应该把 GATT（1947）第三部分第 24 条（见本章附录 9B）关于"关税及其他贸易限制"的规定改为"进口量约束"，即要求区域贸易协定（关税同盟或自由贸易区）成员国从区外世界其余地区的进口总量至少维持在一体化之前的水平。[3]这一提议实际上是试图满足简化的肯普—万定理的充

---

[1]　Kemp, Murray and Henry Wan Jr., 1976, "An Elementary Proposition Concerning the Formation of Customs Unions", *Journal of International Economics*, 6(1), 95—98.

[2]　假设成员国之间存在补偿性的一次总付式转移机制（compensatory lump-sum transfer），从而确保没有一个成员国会因为一体化的建立而受损，但至少有些成员国会因此受益。

[3]　McMillan, John, 1993, "Does Regional Integration Foster Open Trade? Economic Theory and GATT's Article XXIV", in Kym Anderson and Richard Blackhurst(eds.), *Regional Integration and the Global Trading System*, New York: Harvester Wheatsheaf.

分条件,因为不需要去审查每种产品的贸易。

9.4 区域经济一体化的经验分析

本部分首先结合已有研究介绍关于区域经济一体化的程度及影响的经验研究;然后讨论两个热点问题:一是关于欧元区的发展及未来走向,二是关于中国的自贸区发展。

9.4.1 衡量区域经济一体化的程度及影响

区域经济一体化的经验分析重点关注两方面问题:一是衡量成员国一体化的程度(比如比较成员国之间在产品或要素价格上的差异);二是评估一体化的影响,包括对成员国之间的贸易模式、成员国的收入与福利水平等的影响。[①]

1. 衡量区域经济一体化的程度

从理论上讲,通过区域经济一体化消除成员国之间在货物、服务和要素流动方面的限制性壁垒,将会引起区内贸易的增加、提高专业化和规模经济水平。在要素禀赋理论模型中,这将带来扣除运输成本和税收之后的价格的均等化及工资率和租金率(利率)的趋同。

区域经济一体化还体现着成员国相关政策措施的协调和一致,即政策的一体化,具体表现为以下五个层次:(1)信息交流,即成员国同意就当前及可预期的政策互相交流信息,但各自仍保持独立行动的自由。(2)咨询,即一成员国在采取立法行动前向伙伴国征求意见和建议。(3)合作(co-operation),即成员国仍采取各自的政策措施,但当遇到政策冲突时则提供一种调整机制。(4)协调,即要求成员国修正其政策措施以确保国家间的一致性,但根据各自的需要与能力,仍留有余地以满足各成员国的不同要求。(5)统一,即在所有成员国引入统一的政策措施。前三个层次的政策一体化只需要通过政府间行动就可以实现,而无需中央决策机制和行政制度。但更高层次的政策一体化(比如货币联盟)则需要强有力的行动与中央决策机制和行政制度(比如像欧盟)。那么,就整个体化组织而言,其公共政策的功能涉及三大方面:配置功能,即确保区内资源的较好配置及市场功能的提升;稳定功能,即实现经济增长、反通胀和就业的最佳组合;再分配功能,即确保不同社会集团和地区的收入与生活水平的平衡。这些政策层面上的一体化无疑会促进经济层面上的一体化。

---

① 相关的讨论还可以参见:Hine, Robert, 1994, "International Economic Integration", in David Greenaway and Alan Winters(eds.), *Surveys in International Trade*, Oxford: Blackwell Publishers; Plummer, Michael, David Cheong and Shintaro Hamanaka, 2010, *Methodology for Impact Assessment of Free Trade Agreements*, Manila: Asian Development Bank; Narayanan, Badri, Dan Ciuriak and Harsha Singh, 2015, "Quantifying the Mega-Regional Trade Agreements: A Review of the Models", in Harsha Singh(ed.), *TPP and India: Implications of Mega-Regionals for Developing Economics*, New Delhi: Wisdom Tree, 2016.

然而,现实的情况往往并非如此。比如,戈里瑟(Glejser)对 1958—1970 年欧洲经济共同体的研究发现,在 36 种样本消费品中只有 21 种产品的价格在成员国之间的差异变得越来越小。[①]还有一些关于欧洲经济共同体内部要素价格是否趋于均等化的经验分析。比如,托维尔斯(Tovias)发现:在 1958—1971 年间,欧共体初始成员国的工资率是趋同的,但无法确定这一趋势是由于共同市场的建立。[②]需要提及的是,20 世纪 70 年代早期开始,在欧共体内部劳动力大规模流动急剧下降的同时,区内资本流动开始加速,资本市场越来越趋于一体化。因此,一些研究证明,主要欧共体成员国的股票市场价格的相关性趋于增加,利率也显示出收敛的迹象。

我们还可以采用赫尔普曼的研究方法[③],分析区域经济一体化内部成员经济规模(以 GDP 衡量)的相对变化(用相似性指标衡量)及其对区内成员之间贸易流的影响,以此来评估区域经济一体化发展动态及可持续性(参见第 4.4 节的讨论)。

2. 评估区域经济一体化的影响

(1) 区域经济一体化对贸易流的影响。

以欧共体为例,1965 年欧共体内部贸易所占比重小于其对世界其他地区的贸易,区内进口与出口分别占欧共体国家全部贸易进口与出口的 41.1% 和 46.3%;到 1984 年,前者已超过了后者。2019 年,欧盟 28 国的区内货物贸易出口与进口占欧盟全部货物贸易出口与进口的比重均超过 60%。但问题是:贸易创造和贸易转移效应在多大程度上是由区域经济一体化引起的? 也就是说,如何将区域经济一体化对贸易流的影响与其他因素的影响分离出来? 归纳起来,大致有两大类研究:

第一,事前研究。该类研究假设有两种情形——存在一体化和不存在一体化,因而有助于事先确定是否应该推动区域经济一体化进程或采取相应的措施。该类研究通常采用可计算一般均衡模型来模拟计算区域经济一体化可能产生的影响。但这类分析对假设前提、参数设置及使用的数据十分敏感,这些内容稍有变化,结果将大相径庭。因此,可计算一般均衡模型受到很多批评,比如很不透明、有太多“黑箱”不易也无法打开、参数太多且随意性太强等。

第二,事后研究。该类研究是把实际发生了的与可能会发生的情况进行比较分析,因而可以充分利用有关一体化实际历程的信息。为了评估一体化对贸易的影响,一些研究常常隐含地假定成员国之间在不发生一体化情况下的贸易份额是不变的。另一些研究则使用引力模型,把所有可能影响贸易流的因素(包括收入变化、汇率等)都考虑进去,用虚拟变量来捕捉一体化对贸易流的影响。但这些研究无法将贸易创造与贸易转移效

[①] Glejser, Herbert, 1972, "Empirical Evidence on Comparative Cost Theory from the European Common Market Experience", *European Economic Review*, 3(3), 247—258.

[②] Tovias, Alfred, 1982, "Testing Factor Price Equalization in the EEC", *Journal of Common Market Studies*, 20(4), 375—388.

[③] Helpman, Elhanan, 1987, "Imperfect Competition and International Trade: Evidence from Fourteen Industrial Countries", *Journal of Japanese and International Economics*, 1(1), 62—81.

应分离出来,也无法识别一体化对不同产品或产业的不同影响。为了解决这些问题,克劳辛(Clausing)采用简单的供给—需求分析框架并基于产品水平上的数据,对美加自由贸易区的贸易效应进行分析,结果发现美加自由贸易区具有显著的贸易创造效应,但贸易转移效应则不明显。[1]贝尔(Baier)和伯格斯特兰(Bergstrand)还讨论了自贸区协定与贸易流之间的内生性问题。[2]

(2)区域经济一体化的福利效应。

实际上,评估区域经济一体化的福利效应要比评估其贸易效应更为重要。但无论是基于可计算一般均衡模型的"事前研究",还是基于各种指标/指数或经济计量方法的"事后研究",都表明区域经济一体化的福利增进效应并不太大。比如,魏布罗克(Waelbroeck)指出,组成欧共体前的平均关税为12%,对贸易创造效应的最乐观估计大约是100亿美元,根据图9.6可以计算出福利三角面积为6(=0.12×100×0.5)亿美元,减去贸易转移带来的损失,那么最后的福利得益占区内GDP的比重约为0.15%。[3]这是一个很小的比重!为什么会出现这种情况?一些研究认为,这是因为相关分析没有考虑到区域经济一体化所产生的以下效应:竞争加剧促进"X效率"的提高;品种多样化带来的好处;规模经济效应。[4]而这些恰是区域经济一体化所引起的长期动态效应。卡利恩多(Caliendo)和帕罗(Parro)基于伊顿—科图姆模型,将投入—产出表中显示的国家—行业之间的相互关联和作用机制引入一个"多国—多行业李嘉图模型",用来评估北美自贸区产生的贸易与福利效应。[5]

9.4.2 欧元区的发展及未来走向

从2001年欧元正式流通开始,加入欧元区的国家,除了德国的竞争力提高了,其他所有参与国的竞争力几乎无一例外地下降了,其中下降幅度最大的就是2007—2009年全球金融危机期间发生严重主权债务危机的国家(如西班牙、葡萄牙和希腊等)。如图

---

① Clausing, Kimberly, 2001, "Trade Creation and Trade Diversion in the Canada-United States Free Trade Agreement", *Canadian Journal of Economics*, 34(3), 677—696.

② Baier, Scott and Jeffrey Bergstrand, 2002, "On the Endogeneity of International Trade Flows and Free Trade Agreements", Working Paper. Baier, Scott and Jeffrey Bergstrand, 2007, "Do Free Trade Agreements Actually Increase Members' International Trade?", *Journal of international Economics*, 71(1), 72—95.

③ Waelbroeck, Jean, 1976, "Measuring the Degree or Progress of Economic Integration", in Fritz Machlup (ed.), *Economic Integration*: *Worldwide*, *Regional*, *Sectoral*, London: Palgrave Macmillan, 89—116.

④ 比如,1988年欧洲共同体委员会的经济报告及其流行版本切基尼(Cecchini)等的报告在考虑这些因素后认为,如果欧洲单一市场到1992年可以建成的话,那么将使欧共体的GNP提高5%。参见 Commission of the European, 1988, *Research on the "Cost of Non-Europe"*, Brussels; Cecchini, Paolo, Michel Catinat and Alexis Jacquemin, 1988, *The European Challenge 1992*: *The Benefits of a Single Market*, Aldershot: Wildwood House。

⑤ 参见 Caliendo, Lorenzo and Fernando Parro, 2015, "Estimates of the Trade and Welfare Effects of NAFTA", *Review of Economic Studies*, 82(1), 1—44; Eaton, Jonathan and Samuel Kortum, 2002, "Technology, Geography, and Trade", *Econometrica*, 70(5), 1741—1779. 此外,在一般意义上,对国际贸易的福利效应的测算还可参见 Arkolaki, Costas, Arnaud Costinot and Andres Rodriguez-Clare, 2012, "New Trade Models, Same Old Gains?", *American Economic Review*, 102(1), 94—130; Feyrer, James, 2019, "Trade and Income—Exploiting Time Series in Geography", *American Economic Journal*: *Applied Economics*, 11(4), 1—35.

9.9 所示,1997—2018 年,总体贸易、欧元区内贸易、欧元区外贸易三者都顺差的国家是德国和爱尔兰;总体贸易、欧元区内贸易、欧元区外贸易三者基本都逆差的国家是塞浦路斯、希腊、拉脱维亚、卢森堡、葡萄牙、西班牙、爱沙尼亚。①

这其中的道理很简单,欧元诞生以后不久到 2007—2009 年金融危机期间,美元对欧元一路贬值(见图 9.10),目的旨在削弱欧元区国家的竞争力,结果除了本币(原来的马克)对欧元大幅贬值的德国没有受到此不利影响之外,其他凡是本币(原来的货币)对欧元升值的国家都不同程度地受到了欧元升值的冲击。②由此产生的后果很严重:一方面,由欧元对美元持续升值而造成的竞争力下降使得汇率高估的欧元国家的基本面不断走向恶化;另一方面,正是因为有了欧元所提供的信用支持,使得那些竞争力下降的国家可以通过大规模对外负债来维持其现有的消费水平。正是因为基本面与金融面的这种逆向发展,才酿成了欧元区国家如此严重的主权债务危机。故而,始于 2007 年美国次贷危机的全球金融危机充其量不过是引爆欧元区国家债务危机的触发因素而已。

从贸易一体化走向货币一体化,其好处是使用单一货币可以降低内部贸易成本,但其潜在的风险是成员国的非对称性(主要是经济实力差异)可能导致货币区的不稳定甚至解体。这一风险在世界经济及欧元区经济比较好的时候被暂时隐藏起来,一旦出现经济、金融危机或冲击,那么风险就会暴露出来。因此,如何解决欧元区的问题呢? 大致有

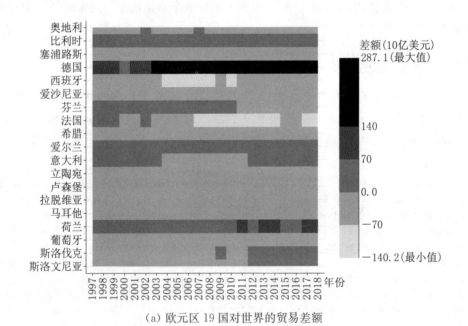

(a) 欧元区 19 国对世界的贸易差额

---

①　这些欧元区国家中的大多数在大多数年份对中国的贸易差额为逆差,而对美国的贸易差额则为顺差。

②　我们发现,欧元区经济体即使使用相同货币,但各自使用的欧元相对于其实体经济基本面的(对美元)汇率估值(购买力)并非完全相同,因而存在不同的偏差。其中,与法国、芬兰、葡萄牙和意大利相比,欧元对于德国而言是低估的,而德国的实体经济则相当好(至少从此次金融危机发生以来观察是如此),这与德国的"欧元"低估不无关系(比如德国在欧元区外的贸易顺差额始终很大)。就此而论,德国放弃马克,采用欧元,相当于"隐藏"在欧元区这棵大树的背后,享受货币低估带来的好处。

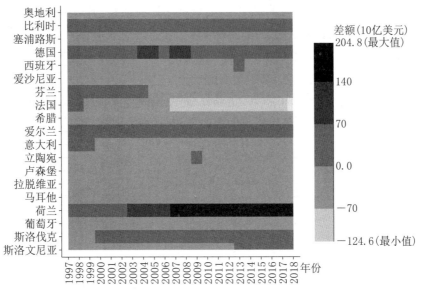

（b）欧元区 19 国对欧元区的贸易差额

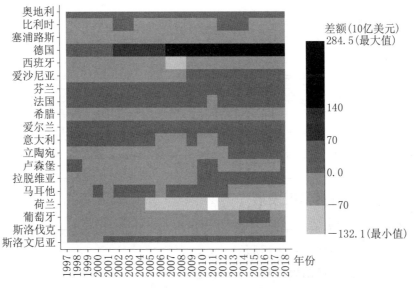

（c）欧元区 19 国对非欧元区的贸易差额

图 9.9　19 个欧元区国家对外贸易差额的比较

注：欧元区 19 国对欧元区的贸易差额加上这些国家对非欧元区的贸易差额应该等于这些国家对世界的贸易差额。

资料来源：基于 CEIC 数据库制作。

三种办法：第一，紧缩财政，但这会进一步恶化已经走向衰退的经济。第二，改革欧元区的财政体制，在欧元区内推行统一财政制度，通过财政转移支付来缓解主权债务危机。但是，推行此项改革不仅会激励那些已经陷入主权债务危机的欧元区国家走上"搭便车"之路，而且还会把这些国家所发生的主权债务危机通过财政渠道传递给那些经济基本面尚好的国家,比如德国等。更为重要的是,财政统一还将使参与欧元区的欧洲国家完全丧失独立性而失去其内在的活力。第三,解体欧元区,这样成员国就可以摆脱欧元的硬约束,转而选择更加具有弹性的货币(汇率)政策和财政政策,来改善各自的经济基本面。这样,经济一体化进程逆转,一切又回到从前。

因此,欧元区的未来发展面临两条道路:一是欧元区解散,各成员国恢复使用自己的货币。二是维持欧元区运行,但要进行内部改革,包括统一财政政策、改革刚性的就业和福利体制等,使欧元区向单一国家的方向发展;与此同时,欧元还需对美元贬值,并对外开放区内市场。

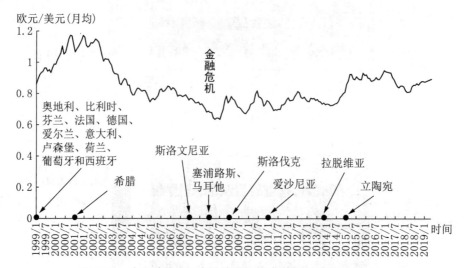

图 9.10　欧元对美元汇率及欧元区构成变化(1999—2019 年)

资料来源:基于 CEIC 数据库制作。

9.4.3　中国的自由贸易区发展

在全球特别是亚太地区经贸合作不断加强的大背景下,中国自身的自贸区建设这些年也取得了长足的进展(如表 9.2 所示)。

截至目前,中国已经结束谈判、正在运行的自贸区有 18 个,涉及 24 个经济体(即澳大利亚、智利、哥斯达黎加、中国香港、冰岛、中国澳门、新西兰、巴基斯坦、秘鲁、韩国、瑞士、马尔代夫、格鲁吉亚、毛里求斯和东盟 10 国)。[1]

目前处于谈判中的自由贸易协定有 8 个,伙伴方包括海湾合作委员会(Gulf Cooperation Council,GCC)6 国(即沙特阿拉伯、阿联酋、科威特、阿曼、卡塔尔和巴林)、日本和韩国(三方自由贸易协定)、挪威、斯里兰卡、以色列、摩尔多瓦、巴拿马、巴勒斯坦;处于升级谈判中的自由贸易协定有 2 个,分别是中国—韩国自由贸易协定第二阶段谈判、中

---

① 中国与日本虽然都是 RCEP 成员,但双方没有签订自由贸易协定。

表 9.2 中国已经实施及处于谈判/研究中的自由贸易协定

阶 段	自由贸易协定	开始实施或谈判的时间
已经实施 （18 个）	中国内地—中国香港	2004 年 1 月 1 日
	中国内地—中国澳门	2004 年 1 月 1 日
	中国—东盟*（含升级）	2005 年 7 月 20 日
	中国—智利	2006 年 10 月 1 日
	中国—巴基斯坦（含第二阶段）	2007 年 7 月 1 日
	中国—新西兰*（含升级）	2008 年 10 月 1 日
	中国—新加坡*（含升级）	2009 年 1 月 1 日
	中国—秘鲁	2010 年 3 月 1 日
	中国—哥斯达黎加	2011 年 8 月 1 日
	中国—瑞士	2014 年 7 月 1 日
	中国—冰岛	2014 年 7 月 1 日
	中国—澳大利亚*	2015 年 12 月 20 日
	中国—韩国*	2015 年 12 月 20 日
	中国—马尔代夫	2017 年 12 月 7 日
	中国—格鲁吉亚	2018 年 1 月 1 日
	中国—毛里求斯	2021 年 1 月 1 日
	中国—柬埔寨*	2021 年 1 月 1 日
	《区域全面经济伙伴关系协定》	2022 年 1 月 1 日
处于谈判或升级谈判中 （10 个）	中国—海合会	2005 年 4 月 23 日
	中国—挪威	2008 年 9 月 18 日
	中国—日本—韩国	2013 年 3 月 26 日
	中国—斯里兰卡	2014 年 9 月 17 日
	中国—以色列	2016 年 3 月 29 日
	中国—摩尔多瓦	2017 年 12 月 28 日
	中国—巴拿马	2018 年 6 月 12 日
	中国—巴勒斯坦	2018 年 10 月 23 日
	中国—韩国自由贸易协定第二阶段谈判	2017 年 12 月 14 日
	中国—秘鲁自由贸易协定升级谈判	2018 年 11 月 17 日
正在研究 （8 个）	中国—哥伦比亚	
	中国—斐济	
	中国—尼泊尔	
	中国—巴布亚新几内亚	
	中国—加拿大	
	中国—孟加拉国	
	中国—蒙古国	
	中国—瑞士自由贸易协定升级联合研究	

注：① 时间截至 2022 年 1 月。

② 对于已经实施的自由贸易协定，对应的时间是实施日期。对于正在谈判的自由贸易协定，对应的时间是谈判开始日期。*表示中国的双边自由贸易协定伙伴也是 RCEP 成员。

资料来源：根据中国自由贸易区服务网（http://fta.mofcom.gov.cn）的信息整理而得。

国—秘鲁自由贸易协定升级谈判。

另外还有 8 个自由贸易协定或自由贸易区升级正处于研究中,伙伴方包括哥伦比亚、斐济、尼泊尔、巴布亚新几内亚、加拿大、孟加拉国、蒙古国和瑞士。

本章小结

本章首先讨论区域经济一体化的基本含义和主要形式,接着回顾区域经济一体化的发展历史和基本现状。然后介绍有关区域经济一体化的理论分析,包括瓦伊纳对关税同盟的分析、关税同盟的局部均衡分析和一般均衡分析、肯普—万定理。最后是关于区域经济一体化的程度及影响的经验研究,并讨论欧元区的发展和未来走向及中国的自贸区发展。

本章关键词

区域经济一体化　优惠贸易安排　自由贸易区　关税同盟　共同市场　经济同盟　完全经济一体化　经济互助委员会　罗马条约　欧洲共同体　欧洲联盟　欧元区　北美自由贸易区　亚太经济合作组织　贸易创造　贸易转移　肯普—万定理　X 效率

本章思考题

1. 什么是区域经济一体化?它的表现形式有哪些?

2. 简述欧盟的产生与发展历程。欧盟与欧元区有何关系?

3. 简述北美自由贸易区的产生与发展历程、基本特点。

4. 简述亚太地区经济一体化发展的基本情况。

5. 什么是贸易创造和贸易转移效应?

6. 在局部均衡情况下,小国与其他国家结成关税同盟将产生什么效应?有什么样的政策含义?

7. 在一般均衡情况下,一国实行自由贸易、征收统一关税及与其他国家结成关税同盟所产生的影响有何不同?

8. 什么是肯普—万定理?有何政策含义?

9. 如何衡量区域经济一体化的程度及区域经济一体化产生的影响?

10. 分析欧元区发展面临的困境及解决途径。

11. 中国参与 RCEP 会对中国产生什么样的贸易效应?查找有关数据进行实证分析。

附录 9A 区域经济一体化的国际规则

区域经济一体化不仅意味着消除阻碍货物、服务与要素自由流动的各种壁垒,还体现着成员国相关政策措施的协调和一致。然而,区域经济一体化(比如关税同盟和自由贸易区)有时对非成员国具有歧视性,非成员国不能享受一些优惠待遇,这显然有违GATT/WTO 的基本原则——最惠国待遇原则。但由于区域经济一体化的积极作用[①],GATT/WTO 专门就此做了规定,具体如下所示。

9A.1 1947 年 GATT 第三部分第 24 条"适用领土—边境贸易—关税同盟和自由贸易区"的规定[②]

在当初谈判缔结"GATT-1947"时,一些老牌发达国家为维护其与殖民地国家或海外领地之间业已存在的优惠贸易安排,同时排除其他国家从中获得利益,最终使得GATT 认可了区域经济一体化和区域贸易协定的合法性。其主要规定包括:

(1)实体义务。为确保区域经济一体化的发展对多边贸易体制目标的实现有所裨益,第 24 条施加了一些限制:一是内部限制,即要求区域内缔约方间的贸易应充分自由化。该条第 8 款规定,自由贸易区、关税同盟或过渡性协定应对缔约方之间实质上所有贸易或至少对于产自此类领土产品的实质上所有贸易,取消关税和其他限制性贸易法规。二是外部限制,即不能增加对非区域内缔约方的贸易保护程度。第 5 款规定:(a)就关税同盟或导致关税同盟形成的临时协定而言,在建立任何此种同盟或订立临时协定时,对与非此类同盟缔约方或协定参加方的缔约方的贸易实施的关税和其他贸易法规,总体上不得高于或严于在形成此种同盟或通过此种临时协定(视情况而定)之前,各缔约方实施的关税和贸易法规的总体影响范围。(b)就自由贸易区或导致自由贸易区形成的临时协定而言,每一缔约方维持的且在形成此种自由贸易区或通过此种贸易协定时对非自由贸易区缔约方或非协定参加方的缔约方实施的关税和其他贸易法规,不得高于或严于在形成该自由贸易区或签署协定之前相同缔约方存在的相应关税或贸易法规。[③]

(2)程序义务。根据 GATT 第 24 条第 7 款的规定,任何缔约方决定成立或加入自由贸易区或关税同盟,或签订临时过渡协定,应当及时通知缔约方全体,并向其提供有关拟议成立的同盟或贸易区的必要信息,以便它们能够向各缔约方提出它们认为适当的报

[①] 比如,实现经济一体化后,成员国自身会增强经济活力,促进经济加速发展,扩大对外需求,从而在一定程度上促进了世界贸易总量的增长。这就为各国经济发展提供了更多的机遇,即产生"收入溢出效应"。此外,区域经济一体化在技术开发领域创造的新成果也会向外扩散,使区外国家受益,即产生"技术溢出效应"。

[②] 参见第 10 章附录关于 GATT/WTO 基本内容的介绍。

[③] 前面两项规定所指的任何临时协定应包括在一合理持续时间内形成此种关税同盟或自由贸易区的计划和时间表。

告和建议。

9A.2　《关于解释 1994 年关税与贸易总协定第 24 条的谅解》的规定

在乌拉圭回合谈判期间,各成员方认识到需要对 GATT 第 24 条的有关义务达成共同谅解(该文件以下简称《谅解》),具体包括:

(1) 对第 5 款的解释。GATT(1947)对关税同盟成立前后关税限制水平究竟按简单算术平均法还是按加权平均法计算并未明确规定,《谅解》明确规定应根据加权平均关税税率和实征的关税全面评估关税和费用。《谅解》试图对非关税壁垒也加以规范,指出为全面评估难以量化和归纳的其他贸易法规的影响范围,可能需要审查单项措施、法规、所涉产品及受影响的贸易流量。《谅解》将 GATT(1947)中临时协定的合理期间解释为以 10 年为限。

(2) 对第 6 款的解释。《谅解》对本款"补偿性调整"问题引发的争议进行澄清,规定补偿性调整谈判必须发生在同盟成立前或对外共同关税实施前,补偿是否足够应首先考虑同盟其他成员在削减相应关税方面已提供的补偿。[①]

(3) 对第 7 款的解释。《谅解》明确规定所有区域贸易协定必须依第 24 条规定进行通知,并由 WTO 总理事会成立相应工作组进行审查,然后将审查报告提交给货物贸易理事会,以便其提出建议。关税同盟和自由贸易区的成员方应定期向货物贸易理事会报告有关协定的运用、变更及进展情况。

9A.3　其他规定

1979 年结束的东京回合根据当时多边贸易体制成员方之间的结构变化和经贸实力悬殊的现实,制定了"授权条款",允许发达成员方给予发展中成员方在货物进口关税方面的优惠待遇,尤其是允许发展中成员方之间在货物贸易方面背离最惠国待遇原则,实行关税减免的优惠待遇。这是区域贸易协定的又一法律依据。

1994 年 4 月 15 日,乌拉圭回合达成了《服务贸易总协定》(GATS),该协定第 5 条"经济一体化"规定[②]:

(1) 不得阻止任何成员参加或达成在参加方之间实现服务贸易自由化的协定,只要此类协定:(a)涵盖众多服务部门,并且(b)规定在该协定生效时或在一合理时限的基础上,对于(a)项所涵盖的部门,在参加方之间通过以下方式不实行或取消第 17 条意义上的实质上所有歧视——(i)取消现有歧视性措施和/或(ii)禁止新的或更多的歧视性措施,但第 11 条、第 12 条、第 14 条以及第 14 条之二下允许的措施除外。

(2) 在评估第 1 款(b)项下的条件是否得到满足时,可考虑该协定与有关国家之间更广泛的区域经济一体化或贸易自由化进程的关系。

---

① 按第 24 条第 6 款的要求,应适当考虑在关税同盟形成时其他成员对相同税号所做的削减。如此类削减不足以提供必需的补偿性调整,则关税同盟将提供补偿,此种补偿可采取削减其他税号关税的形式。

② 参见第 11 章附录关于 GATS 基本内容的介绍。

（3）如发展中国家为第 1 款所指类型协定的参加方，则应依照有关国家总体和各服务部门及分部门的发展水平，在第 1 款所列条件方面，特别是其中（b）项所列条件方面给予灵活性。尽管有第 6 款的规定，但是在第 1 款所指类型的协定只涉及发展中国家的情况下，对此类协定参加方的自然人所拥有或控制的法人仍可给予更优惠的待遇。

（4）第 1 款所指的任何协定应旨在便利协定参加方之间的贸易，并且与订立该协定之前的适用水平相比，对于该协定外的任何成员，不得提高相应服务部门或分部门内的服务贸易壁垒的总体水平。

（5）如因第 1 款下的任何协定的订立、扩大或任何重大修改，一成员有意修改或撤销一具体承诺，因而与其减让表中所列条款和条件不一致，则该成员应至少提前 90 天通知该项修改或撤销，并应适用第 21 条第 2 款、第 3 款和第 4 款中所列程序。

（6）任何其他成员的服务提供者，如属根据第 1 款所指协定参加方的法律所设立的法人，则有权享受该协定项下给予的待遇，只要该服务提供者在该协定的参加方领土内从事实质性商业经营。

（7）属第 1 款所指任何协定参加方的成员应迅速将任何此类协定及其任何扩大或重大修改通知服务贸易理事会。它们还应使理事会可获得其所要求的有关信息。理事会可设立工作组，以审查此类协定及其扩大或修改，并就其与本条规定的一致性问题向理事会提出报告。属第 1 款所指的在一时限基础上实施的任何协定参加方的成员应定期就协定的实施情况向服务贸易理事会提出报告。理事会如认为必要，可设立工作组，以审查此类报告。依据前两项所指的工作组的报告，理事会可向参加方提出其认为适当的建议。

（8）属第 1 款所指的任何协定参加方的成员，不可对任何其他成员从此类协定中可能获得的贸易利益寻求补偿。

（9）关于劳动力市场一体化问题，本协定不得阻止任何成员参加在参加方之间实现劳动力市场完全一体化的协定，只要此类协定：（a）对协定参加方的公民免除有关居留和工作许可的要求；（b）通知服务贸易理事会。

GATS 关于经济一体化的规定与 GATT 第 24 条基本一致，但总体而言，前者更为宽松。比如，前者要求取消"大多数行业的大部分歧视性措施"，后者则包括"实质上所有贸易"。

10 国际贸易多边体制

本章学习目标

本章将首先介绍全球多边贸易体制的发展历程,然后介绍当前以 WTO 为核心的多边贸易体制的基本架构与主要内容,最后将讨论有关国际贸易多边合作的动因及影响的经济学分析。

通过本章的学习,我们可以:

● 了解全球多边贸易体制的发展历程;
● 了解 WTO 的基本特征与主要内容;
● 了解有关世界贸易体系的经济学分析方法。

10.1 全球多边贸易体制发展历程

很多历史学家都认为,19 世纪后半叶是欧洲国家进行国际合作的黄金时期,这一时期出现了技术进步、工业化和经济高速增长,从而推动了国际贸易多边主义的发展。但是好景不长,农业保护的增强、欧洲列强对殖民地和外围国家的贸易控制、美国等国兴起导致的各列强对势力范围的争夺、欧洲国家特别是法国和德国之间的领土争端,最终导致了 1914 年一战的爆发。一战之后的贸易保护虽然有所减少,但各国贸易政策的不稳定性和不可预见性仍然十分严重,再加上很多国家经济基本面的不断恶化,最终导致了 1929 年世界经济大危机(Great Depression)的爆发。1930 年美国国会通过的《斯穆特—霍利关税法》(The Smoot-Hawley Tariff Act)将关税提高了历史最高水平,引燃了各国之间的贸易战火(关税战),进一步恶化了经济危机,使得 1929—1932 年间世界贸易锐减 60%。很多国家出现了严重的通货紧缩和失业。与此同时,随着 20 世纪 30 年代早期金本位制度的解体和货币的急剧贬值,各国的货币政策也陷入危机。20 世纪 30 年代中期以后,美国与 21 个国家达成了一系列双边贸易协定,降低关税 30%—50%,并基于最惠国待遇原则把这些协定扩展至其他国家。这不仅对于缓解当时的经济危机起到了重要作用,而且为二战后建立新的多边贸易体制积累了很好经验。迄今为止,现代意义上的全球多边贸易体制已经走过了 70 多年的风雨历程。这一发展历程大致可以划分为四个阶段(见表 10.1),以下依次进行介绍。[①]

表 10.1　现代多边贸易体制的发展历程:1947—2020 年

主要发展阶段	贸易谈判名称	时期与参加方数量	谈判议题与方法步骤	谈判结果
现代多边贸易体制的产生:1947—1963 年的 GATT	日内瓦回合	1947 年;23 个经济体	关税:产品对产品的谈判	15 000 个关税项目的减让
	安纳西回合	1949 年;33 个经济体	关税:产品对产品的谈判	5 000 个关税项目的减让
	托基回合(英国)	1950—1951 年;34 个经济体	关税:产品对产品的谈判	8 700 个关税项目的减让
	日内瓦回合	1956 年;22 个经济体	关税:产品对产品的谈判	适度的关税削减
	狄龙回合	1960—1961 年;45 个经济体	关税:产品对产品的谈判	4 400 项关税的相互减让;欧洲经济共同体关于制成品关税 20% 线性削减的建议未获通过
现代多边贸易体制的巩固:1963—1986 年的 GATT	肯尼迪回合	1963—1967 年;48 个经济体	关税:公式法减让,产品对产品的谈判;非关税措施:反倾销、海关估价	平均关税降低 35%;大约 33 000 个税号受到约束;达成海关估价协定与反倾销协定
	东京回合	1973—1979 年;99 个经济体	关税:有例外的公式法减让;非关税措施:反倾销、海关估价、补贴与反补贴、政府采购、进口许可、产品标准、保障条款、发展中国家的特殊与差别待遇	OECD 制成品进口平均关税下降 1/3,达到 6%;针对除安全保障外所有非关税问题的自愿行动准则(voluntary codes of conduct)获得通过
现代多边贸易体制的转型:从 GATT 到 WTO	乌拉圭回合	1986—1994 年;1986 年为 103 个经济体,1993 年底为 117 个经济体	关税:公式法减让,产品对产品的谈判;非关税措施:所有东京回合的问题,加上服务、知识产权、装运前检验、原产地规则、与贸易有关的投资措施、争端解决、贸易政策透明度与监督	平均关税再次下降 1/3;农产品、纺织品与服装受到规则约束;WTO 成立;达成关于服务与知识产权的新协定;大多数东京回合的规则被扩展以适用于所有 WTO 成员

---

① WTO, 2007, *World Trade Report 2007—Six Decades of Multilateral Trade Cooperation: What Have We Learnt?*, Geneva: WTO Publications.

主要发展阶段	贸易谈判名称	时期与参加方数量	谈判议题与方法步骤	谈判结果
现代多边贸易体制的新时期：WTO 框架	多哈回合	2001 年—？；截至 2020 年底为 164 个经济体	关税：公式法减让，产品对产品的谈判；非关税措施：贸易便利化、规则、服务、环境等（"多哈发展议程"）	"巴厘一揽子协定""内罗毕一揽子协定"等

资料来源：在 WTO 报告的基础上添加整理而得，参见 WTO，2007，*World Trade Report 2017—Six Decades of Multilateral Trade Cooperation*：*What Have We Learnt?*，Geneva：WTO Publications，198。

10.1.1　现代多边贸易体制的产生：1947—1963 年的 GATT

1. ITO 构想与 GATT 的产生

二战使世界经济受到了重创，许多国家面临经济衰退、黄金和外汇储备短缺等问题。但美国经过二战反而成为世界上最强大的政治和经济强国；与一战结束后的表现不同，这次美国更愿意为构建国际经济新秩序承担更大的责任。于是，在美国的提议下，国际货币与金融会议于 1944 年 7 月在美国新罕布什尔州布雷顿森林召开。当时，国际社会急需解决三大国际经济关系问题：在金融方面，需重建国际货币体系，维持各国货币汇率稳定和国际收支平衡；在国际投资方面，建立处理战后重建及长期国际投资问题的国际组织；在国际贸易方面，重建国际贸易秩序，遏制贸易保护主义和歧视性贸易政策，促进国际贸易自由化。对前两个问题的解决因而产生了国际货币基金组织和国际复兴开发银行（International Bank of Reconstruction and Development，IBRD，即世界银行）。而如何解决第三个问题，当时的设想是要建立国际贸易组织（International Trade Organization，ITO）。

实际上，早在 1941 年美国与英国就开始谈判，谋划战后国际贸易体制的设计问题。[①]根据美英的建议，1946 年 2 月，联合国经济及社会理事会（United Nations Economic and Social Council）召开会议，准备建立国际贸易组织。18 个国家组成筹备委员会，并在 1946 年 10 月至 1948 年 3 月期间召开四次会议，起草《国际贸易组织宪章》（ITO Charter）。最后一次会议于 1947 年 11 月至 1948 年 3 月在古巴首都哈瓦那召开，《国际贸易组织宪章》（后又被称为《哈瓦那宪章》）获得 53 个国家的签字。当时的《国际贸易组织宪章》包括 106 个条款和 16 个附件，内容覆盖贸易政策、有关就业和经济活动的协定、有关限制性商业活动及政府间商品协定等。但由于美国国会大多数人及一些企业集团的反对，时任美国总统杜鲁门最终决定放弃将《国际贸易组织宪章》递交给国会表

---

① 参见 1941 年 8 月 14 日由时任英国首相丘吉尔与美国总统罗斯福签署发表的《大西洋宪章》（The Atlantic Charter），内容涉及解决战后国际问题的八项原则。

决。受美国的影响,其他签字国也大多没有批准该宪章。国际贸易组织胎死腹中。

但作为围绕《国际贸易组织宪章》而进行的一系列谈判的副产品,GATT 产生了。起初,GATT 作为一项临时协定,待《国际贸易组织宪章》获得批准之时,它将自动终止。因此,GATT 的签字方也被称为"缔约方"(contracting party)。从 1947 年 11 月 15 日开始,23 个国家陆续签署了《关税与贸易总协定临时适用议定书》①,同意从 1948 年 1 月 1 日开始实施 GATT。由于《国际贸易组织宪章》最终没有获得大多数国家的批准,因此 GATT 一直以临时适用的多边协定形式存在,直到 1995 年 1 月 1 日 WTO 正式建立,共存续了 47 年。

2. 充满希望的开始:日内瓦回合、安纳西回合与托基回合谈判

1947 年 4 月至 10 月,GATT 第一轮多边贸易谈判在瑞士日内瓦举行。②23 个缔约方达成 123 项双边协定,涉及 15 000 个关税项目,平均关税下降 35%,直接影响 40% 的世界贸易。这些基于双边和"产品对产品"上的关税减让协定根据最惠国待遇原则自动地适用于所有缔约方。这一次多边谈判及其取得的成果有力地促进了二战后有关国家经济贸易的恢复和发展。

1949 年 4 月至 10 月,GATT 第二轮多边贸易谈判在法国安纳西举行。该次谈判接纳丹麦等 11 个国家为新缔约方。原来的 23 个缔约方不仅在彼此之间还与新加入的缔约方进行了关税减让谈判,涉及 5 000 个项目,关税总水平降低 35%。这期间世界贸易的增长还有一个推动力,就是于 1948 年建立的、旨在落实"马歇尔计划"的欧洲经济合作组织(Organization for European Economic Cooperation,OEEC)。该组织成员国决定实施一项计划,渐进地消除欧洲内部的贸易壁垒,如许可证、配额和外汇限制等。这不仅促进了欧洲区内贸易的强劲恢复,还为几年后共同市场的建立扫清了障碍。

由于在前两轮谈判所达成的关税削减和约束协定要到 1951 年 1 月 1 日到期,因此缔约方于 1950 年 9 月在英国托基再次举行会议。这次谈判接纳联邦德国等 6 个国家加入。新老缔约方同意维持前两轮谈判所达成的大多数协定不变,另外增加 8 700 个关税项目,关税总水平降低 26%。

不过,尽管这三轮多边谈判取得了很大成果,但也出现一些问题,比如关税水平不一使得低关税的缔约方感觉越来越缺乏讨价还价的能力,即它们的关税已经很低,因而无法进一步削减以换取其他缔约方的减让。

3. 发展问题、评估会议与日内瓦回合和狄龙回合谈判

随着 ITO 的夭折,缔约方于 1954 年决定讨论 GATT 的未来问题,它们召开了一个特别会议——所谓的"评估会议"(review session)来评估 GATT。当时有一个建议是试图再

---

① 这 23 个国家成为 GATT 的创始缔约方,它们是:澳大利亚、比利时、巴西、缅甸、加拿大、锡兰(现斯里兰卡)、智利、中国、古巴、捷克斯洛伐克(已解体)、法国、印度、黎巴嫩、卢森堡、荷兰、新西兰、挪威、巴基斯坦、南罗得西亚(现津巴布韦)、叙利亚、南非、英国和美国。截至 1994 年底,即 WTO 正式成立之前,GATT 缔约方数量达到 128 个。

② 该轮谈判虽然在 GATT 正式实施之前举行的,但通常仍被看作是 GATT 第一轮多边贸易谈判。

次创立一个正式的国际组织——贸易合作组织（Organization for Trade Cooperation, OTC）。但是这一设想的组织宪章再次被美国国会否决，这样缔约方不得不同意进行一些温和的改革，即全面评估 GATT 的所有条款并提出三方面的改革措施。第一，重写第18 条中的"幼稚工业保护例外"，取消关于赋予某些受影响缔约方对例外条款的使用予以否决的规定，放松有关旨在保护幼稚工业而采取数量限制的规则。第二，允许面临国际收支危机的发展中缔约方采取数量限制措施。第三，为满足发展中缔约方的特殊需求，完全对等原则（principle of full reciprocity）可以不适用于发展中缔约方。尽管发展中缔约方受到了更为优惠的待遇，但它们在世界贸易中的份额仍然趋于下降。[①]为此，发展中缔约方采取了进口替代政策，随后又采取了出口促进政策；它们越来越多地诉诸国际收支限制和提高关税。同时，在冷战的背景下，发达缔约方也不愿意看到 GATT 的失败，因为当时苏联正在联合国的框架内推动全球贸易组织的建立以替代 GATT。

在这样的背景下，22 个 GATT 缔约方于 1956 年 1—5 月在瑞士日内瓦举行第四轮多边贸易谈判，进一步削减关税，关税水平降低 15％，涉及大约 2/3 的世界贸易额。但发展中国家在世界贸易体系中的地位问题仍然一个受关注的议题。为此，GATT 缔约方部长会议决定成立一个专家组，分析发展中国家在融入世界贸易体系过程中所面临的挑战。1958 年，以戈特弗里德·哈伯勒（Gottfried Haberler）为主席的专家组发表了一份报告《国际贸易趋势》（又被称为《哈伯勒报告》），认为现行关于商业政策的规则和协定对发展中缔约方（生产初级产品）是不太适宜的。这也可能是促成联合国贸发会议于 1964 年成立的主要背后动因。这一时期出现的另一个挑战是欧洲经济一体化的发展（见第 9 章）。如何处理区域经济一体化成员与其他 GATT 缔约方之间的贸易关系，从而避免对多边贸易体系造成损害，就成为 GATT 要面对的问题。这也是促成第五轮多边贸易谈判的主要动因之一。

1960 年 9 月，在时任美国副国务卿克拉伦斯·道格拉斯·狄龙（Clarence Douglas Dillon）的倡议下，GATT 第五轮多边贸易谈判在日内瓦举行，后称"狄龙回合"。1960 年 9—12 月的谈判主要基于 GATT 第 24 条，解决欧洲经济共同体建立所引发的关税同盟对外统一关税削减问题；1961 年 1 月开始的第二阶段谈判继续关注关税减让问题。这次谈判达成 4 400 项关税减让，关税水平平均降低 20％，涉及贸易金额达 49 亿美元；欧洲经济共同体的对外统一关税平均下降 6.5％；作为 GATT 规则的例外，《棉纺织品安排》（Arrangement on Cotton Textiles）（包括短期安排与长期安排）获得通过，允许与棉花出口方就配额限制进行谈判，该安排延续至 1974 年《多种纤维协定》开始生效。但农业和农产品贸易谈判几乎没有进展，部分原因是欧洲经济共同体对农业的保护（即共同农业政策，参见第 9 章的讨论）。虽然发达国家意识到给予发展中国家产品免税进入本国市场的重要性，但在促进发展中国家更好地融入世界贸易体系方面的工作进展仍较缓慢。

[①]　发展中国家出口额占世界出口总额的比重在 1948 年为 31.4％、1953 年为 28.3％、1963 年为 22.6％、1973 年为 20.2％，发展中国家的进口比重在 1948 年为 31.3％、1953 年为 28.3％、1963 年为 22.0％、1973 年为 18.7％。

10.1.2 现代多边贸易体制的巩固：1963—1986 年的 GATT

1. 肯尼迪回合谈判：1963—1967 年

肯尼迪回合于 1963 年 5 月召开的 GATT 部长级会议上发起，而正式谈判则开始于 1964 年 5 月。有两大因素促成了这次多边谈判：一是发展中国家渴望重塑世界贸易体系，以期为其提供新的出口机会；二是美国的积极推动。1962 年 1 月 25 日，时任美国总统肯尼迪在给国会的特别咨文中阐述了美国贸易政策面临的五大挑战。[①]其中，欧洲共同市场的快速发展被看作是美国贸易利益的最大威胁。当时美国对欧洲经济共同体的出口（35.5 亿美元）占到美国总出口的 17％，欧洲共同市场是美国第二大的出口市场（仅次于加拿大）。而且，还将有其他欧洲国家加入共同市场。当然，美国并不是反对而是支持共同市场的扩张与一体化，因为这一方面可以加强欧洲国家（特别是法德两国）之间的经济和政治合作，最小化战争的风险；另一方面可以利用西欧国家的联合遏制共产主义国家的扩张。本来，美国在欧洲也有其经济利益，推动与西欧之间的自由贸易，将使双方更多地分享经济和政治利益。这些因素构成了肯尼迪总统说服国会发起新一轮多边贸易谈判的重要基础。

肯尼迪回合于 1967 年 6 月结束。在工业品关税削减方面，关税平均降低 38％，涉及发达国家工业品进口的 2/3，大约 400 亿美元；但纺织品的关税削减幅度则低于工业品的平均削减幅度。农产品首次成为一个重要的谈判主题，谈判的分歧主要发生在美国与欧洲经济共同体之间。但最终欧洲经济共同体维持其共同农业政策基本不变。虽然欧洲经济共同体也建议将部分农产品纳入世界商品协定，但最终只有谷类产品被纳入进去。非关税措施成为该轮谈判的新主题，《国际反倾销守则》（International Anti-Dumping Code）是其中的重要成果之一。该轮谈判明确考虑了发展中缔约方的需要，在 GATT 中新增"贸易与发展"条款，规定给予发展中缔约方特殊优惠待遇，明确发达缔约方不应要求发展中缔约方做出对等的减让承诺。

2. 东京回合谈判：1973—1979 年

东京回合多边贸易谈判于 1973 年 9 月在日本东京发起，是 GATT 产生后覆盖面最广的一次谈判。这次谈判的国际背景十分特殊。世界经济特别是发达国家的经济陷入滞胀，失业增加、通胀加剧、国际收支困难不断累积；布雷顿森林体系（固定汇率制）崩溃；美国尼克松政府在保护主义的压力下对进口征收 10％的临时附加税，以缓解不断增加的货物贸易赤字；日本成为世界上最大的出口国之一；美元贬值使欧洲经济共同体受到越来越大的压力；总体关税水平大幅下降，但非关税壁垒越来越突出，主要国家的贸易关系变得紧张起来。在这样的背景下，美国意识到有必要发起新一轮多边贸易谈判，来纠正贸易失衡、减少贸易赤字，同时解决欧洲经济共同体扩大对美国贸易和投资造成的负

---

① 这五大挑战依次是：欧洲共同市场的发展、国际收支方面临的日益增长的压力、加速美国经济增长的需要、共产主义国家在援助与贸易上的攻势、日本及发展中国家开辟新市场的需要。

面影响问题。比如,欧洲经济共同体共同农业政策及其适用国家的扩大(欧洲经济共同体在不断扩大)严重阻碍了美国的农产品出口;当时英国在欧洲经济共同体的投资相当于美国在该地区投资的3/4,成为美国的一个威胁。其他缔约方的关切主要集中在不断凸显的非关税措施方面。当时欧洲经济共同体的主要关注点在共同市场一体化和新成员加入方面,但由于受到美元贬值的压力,其试图将汇率问题纳入新一轮谈判。

由于受到诸多政治和经济因素的影响,谈判几乎一度陷入停顿,但最终发达缔约方同意将着力使世界贸易变得更加公平而不是更自由,因此非关税措施成为谈判的焦点。

经过多年谈判,主要取得了以下进展:(1)按照"瑞士公式"(Swiss Formula)进行工业品关税减让,关税越高减让幅度越大。[①]关税减让涉及1976年大约90%的工业品贸易(约合1 260亿美元)。美国的工业品的平均关税由6.3%降至4.3%,欧洲经济共同体则由6.5%降至4.6%。(2)农业问题谈判步履维艰,主要是因为美国与欧洲经济共同体之间分歧较大。1977年7月,双方同意搁置一些最关键的问题(如市场准入和补贴),继续推动其他问题的谈判。最终"农业小组"(Group on Agriculture)谈判达成两项涉及牛肉和奶制品的协定及一项关于建立多边农业框架的提议。但农业问题仍旧是一个难以处理的问题。(3)关于热带产品的谈判非常成功。大多数发达缔约方承诺消除所有影响这些产品的贸易壁垒,但并不要求生产这些产品的发展中缔约方也给予对等的待遇。这些自由化措施涉及的热带产品包括咖啡、茶叶和可可。但与之相比,水产品、糖和烟草的市场开放程度相对较低。(4)通过了对发展中缔约方的"授权条款"(enabling clause),允许发达缔约方给予发展中缔约方普遍优惠制待遇,发展中缔约方可以在实施非关税措施方面享有差别和优惠待遇,发展中缔约方之间可以签订区域性或全球性贸易协定,相互减免关税,减少或取消非关税措施,而不必给予非协定参加方这种待遇。(5)通过了几个关于非关税措施的协定,具体包括《海关估价协定》《进口许可程序协定》《政府采购协定》《补贴与反补贴措施协定》《技术性贸易壁垒协定》和《反倾销协定》。另外,东京回合还有一个重要特点,就是发展中缔约方积极参与并对GATT谈判产生非常显著的影响,这主要是因为发展中缔约方在世界经济发展中的分量开始上升。

3. 后东京回合时期

在东京回合谈判后的20世纪80年代,美国的经济政策发生重大变化,这对整个国际经济体系产生了深远影响。1981年,新任美国总统里根宣布大幅减税计划,以刺激陷于停滞的美国经济,但这导致联邦预算赤字的急剧增加。与此同时,里根政府在保护主义的压力下,于1981年劝说日本对汽车实施"自愿"出口限制。在随后的几年里,美国钢铁行业也成功地对来自巴西、欧洲经济共同体、日本、墨西哥和韩国的供应商实施了反补

---

① "瑞士公式"为:$t = \dfrac{Ct_0}{C + t_0}$,其中$t_0$为原来的关税率,$t$为最后的关税率,$C$为通过谈判确定下来的系数。各国的系数不同,日本、瑞士和美国的系数为14;澳大利亚、欧洲经济共同体和斯堪的纳维亚国家的系数为16;其他国家如冰岛和新西兰则不采用该公式,仍采用"产品对产品"(item-by-item)的关税削减方式。

贴税和反倾销诉讼。里根总统还宣布一项谈判计划,将钢铁进口额限制在占美国市场份额的 18.5% 之内。随着美国采取广泛的贸易救济措施,欧洲经济共同体、加拿大和澳大利亚也援引有关不公平贸易的条款,发起了大量的反倾销调查。

为了遏制两位数的通货膨胀,时任美联储主席保罗·沃尔克(Paul Volcker)实施了紧缩的货币政策,这对国际宏观经济体系造成严重影响。随着美国利率的飙升,几个发展中国家陷入债务危机。到 1981 年,有关迹象表明,日益增强的保护主义和日益扩大的南—北差距已经开始对世界贸易体系造成损害。于是,缔约方同意在 1982 年举行一次部长级会议,这也是 1973 年部长级会议(此次会议发起了东京回合谈判)举行之后的第一次。这次会议没有取得成功,反而使 GATT 几乎崩溃。农业是冲突的主要根源,这方面的冲突仍旧发生在美国与欧洲经济共同体之间:美国指责欧洲经济共同体不仅限制农产品进口,还给予其成员农业补贴;而欧洲经济共同体则认为共同农业政策与 GATT 是一致的,指责美国对农产品市场干预过多。还有一个引起冲突的领域涉及把服务业列入贸易谈判的新议题,发展中缔约方强烈反对由美国提出的该项提案。

最后发表的部长宣言指出,需要重新达成共识,以支持 GATT 体制。这表明,需要发起新一轮、覆盖广泛的多边谈判。面对这种情况,美国政府放弃其对多边主义做出的至高无上的承诺,开始积极推行贸易区域主义。1982 年 2 月,里根总统先后提出《美国区域贸易协定》(United States Regional Trade Agreement)、《加勒比盆地倡议》(Caribbean Basin Initiative),一年以后又开始与以色列商谈组成自由贸易区。导致美国政策转变的原因是多方面的,最根本原因是美国认为它已经是世界上最开放的经济体,而其他缔约方尤其是日本则正在实施贸易限制,所以不仅需要通过多边途径,还需要通过双边途径来解决贸易开放的非对称问题。

在 1982 年部长级会议之后举行的几次高级别会议上,发达缔约方越来越倾向于支持发起新一轮多边谈判。而发展中缔约方则很不情愿,因为它们担心对它们至关重要的贸易话题(如纺织品和农业方面)得不到应有的关注。1985 年 4 月,OECD 国家的贸易部长同意为发起新一轮谈判举行一次预备会议。1985 年 7 月,GATT 理事会召开会议确定召开预备会议的日期。巴西、印度等几个发展中缔约方则开出条件(主要是承认《多种纤维协定》不合时宜、就保障问题达成协定等),将其作为参加新一轮谈判的基础。这些条件当然没有得到满足。美国则认为,摆脱困境的唯一办法是组建一个缔约方大会,作为 GATT 的最高机构,其决议无需得到全体缔约方通过,只要得到 2/3 的大多数同意即可。随后不久,缔约方大会决定成立一个筹备委员会,负责筹备部长级会议的召开。1986 年 1—7 月,筹备委员会召开 9 次会议,讨论了新一轮谈判可能涉及的所有问题。几个主要发展中缔约方反对将诸如服务业、知识产权的贸易及与贸易有关的投资措施等新议题纳入新一轮谈判。随着 1986 年 7 月截止期的临近,有关各方仍未达成实质性意见。于是,几个发达缔约方[澳大利亚、加拿大、新西兰,以及当时的欧洲自由贸易联盟(EFTA)国家]决定组成一个非正式工作组,并邀请 20 个它们认为愿意加入新一轮谈判的发展中缔约方。欧共体国家、日本和美国最后也加入进来。在 1986 年 7 月底,由瑞士和哥伦比亚牵头的该工作组提交了一份部长会议声明草案,这一草案就成为新一轮谈判的基础。

10.1.3　现代多边贸易体制的转型:从 GATT 到 WTO

1. 乌拉圭回合谈判:1986—1994 年

1986 年 9 月 14 日,GATT 部长级会议在乌拉圭的埃斯特角城举行;同年 9 月 20 日会议结束,通过了《埃斯特角宣言》并启动乌拉圭回合谈判。《埃斯特角宣言》指出,要就以下领域展开谈判:关税、非关税措施、热带产品、以自然资源为基础的产品、纺织品与服装、农业、GATT 条款、保障问题、东京回合守则、补贴与反补贴措施、争端解决、与贸易有关的知识产权、与贸易有关的投资措施、GATT 体系的功能、服务贸易。为此,组建了15 个谈判小组,并于 1987 年 2 月开始工作。

1988 年 12 月蒙特利尔部长级会议对有关谈判进行了一次中期评估。其中 6 个谈判小组得以汇报谈判的实际进展,而其他小组则因受到各方利益差异的阻碍而未能回报。这次会议最具争议的问题包括农业、保障、与贸易有关的知识产权及纺织品和服装。农业谈判小组中的争论仍然主要发生在美国和欧共体国家之间,在从 1989 年 4 月一直持续到 1990 年 12 月的布鲁塞尔部长级会议上,美国和欧共体国家仍未能达成一致。与此同时,其他参加方也开始表现出对乌拉圭回合谈判的厌倦和不满。这一局面因 1992年《北美自由贸易协定》的签署和 1993 年 1 月克林顿就任美国总统而变得更加复杂,乌拉圭回合谈判陷入低谷。但正在这个时候,谈判的氛围开始好转。1993 年 3 月,37 个发达缔约方和发展中缔约方给美国、欧共体国家和日本的政府写信,要求它们"在此关键时刻扮演领导角色,更加重视此轮谈判"。1993 年 4 月,美国与欧共体就重型电器设备的市场准入达成协议,并解决了有关政府采购的双边争端。1993 年 12 月 15 日,乌拉圭回合正式结束。

2. 乌拉圭回合的主要成果

乌拉圭回合谈判取得了一系列重大成果,具体体现在以下几个方面:

第一,多边贸易体系得到进一步丰富和完善。该轮谈判达成的所有协定多达 25 000页,包括旨在界定 WTO 功能和结构的 WTO 宪章及其 4 个附件。WTO 成立,取代临时性的 GATT。

第二,关税进一步削减。(1)发达成员承诺总体关税削减幅度在 37% 左右,工业品的平均关税由 6.3% 削减至 3.8%,减幅达 40%;发达成员承诺削减的税号占其全部税号的 93%,涉及约 84% 的贸易额。其中,削减至零关税的税号占全部税号的比例由以前的21% 提高到 32%,涉及的贸易额从 20% 上升至 44%;15% 以上税率的税号占全部税号的比例由以前的 23% 下降至 12%,涉及约 5% 的贸易额,主要是纺织品和鞋类等产品。从关税约束的范围看,发达成员承诺约束关税的税号占其全部税号的比例由 78% 提升至99%,涉及的贸易额由 94% 增加至 99%。(2)发展中成员总体削减关税 24% 左右,工业品的平均税率由 20.5% 削减至 14.4%;约束关税的税号比例由 21% 提升至 73%,涉及的贸易额由 13% 增加至 61%。(3)转型成员的约束关税的税号比例由 73% 提升至 98%。(4)无论是发达成员还是发展中成员均全面约束农产品关税,并承诺进一步减让。

第三,其他方面。(1)达成《纺织品与服装协定》(Agreement on Textiles and Clothing, ATC),结束对该部门的例外待遇。各方同意 10 年内消除所有数量限制,使纺织品与服装部门全面融入多边贸易体制。(2)在贸易救济方面引入更加严格的纪律。比如,达成《保障措施协定》《补贴与反补贴措施协定》《反倾销协定》,以及消除所谓的"灰色区域"措施(如"自愿"出口限制)。(3)在贸易争端解决方面,引入解决机制,所有争端由争端解决机构(dispute settlement body)负责处理,且规定有严格的解决期限约束。(4)引入贸易政策审议机制(trade policy review mechanism,TPRM),确保各成员贸易政策的透明度及对 WTO 规则的遵守。

10.1.4　现代多边贸易体制的新时期:WTO 框架

1994 年 4 月 15 日,乌拉圭回合的参加方在摩洛哥的马拉喀什通过《马拉喀什建立世界贸易组织协定》(Marrakesh Agreement Establishing the World Trade Organization,简称"《WTO 协定》");1995 年 1 月 1 日,WTO 正式成立。从此,现代多边贸易体制进入新时期。

1. 后乌拉圭回合时期

乌拉圭回合虽然于 1993 年 12 月 15 日结束了,但在很多领域仍留下很多未完成的工作。第一,在服务业方面,从 1995 年 1 月开始,在服务贸易理事会的指导下,服务贸易谈判主要集中在两个方面:试图在金融服务、基础电信、海上运输服务和自然人流动等领域改善市场准入;通过在保障措施、补贴和政府采购等方面的谈判,以及对国内管制约束适时解释,来完善框架协定。①

第二,设法提高 WTO 作为一个国际组织的透明度。从 1995 年开始,一些提议指出,WTO 应引入新的程序,允许公众知晓所有 WTO 文件。

第三,为了应对贸易区域主义对多边贸易体制和世界贸易的影响,1996 年 2 月 WTO 专门成立区域贸易协定委员会(Committee on Regional Trade Agreements,CRTA),负责审查这些协定,评估这些协定是否符合 WTO 规则。

第四,《WTO 协定》要求至少每两年举行一次部长级会议。1996 年 12 月 9 日至 13 日,新加坡部长级会议举行。在这次会议上,美国建议就政府采购的透明度发起新一轮谈判;欧盟则建议将贸易便利化纳入谈判议程。克林顿政府还设法将贸易与劳工权利纳入谈判,但遭到发展中成员的强烈反对;而欧盟则想将贸易与投资、贸易与竞争列入谈判议题,但受到美国的质疑。最后,各成员决定就贸易与投资、贸易与竞争、政府采购透明度设立三个工作组,再加上贸易便利化问题,共计四个主题,构成所谓的"新加坡议题"(Singapore issues)。该次会议还有一项重要成果就是达成了由美国推动的《信息技术协定》(Information Technology Agreement,ITA)。

---

① 有关讨论参见本书第 11 章。

1998 年 5 月,即在多边贸易体制建立 50 周年之际,WTO 部长级会议在日内瓦召开。但由于各方分歧,会议未能就发起新一轮多边谈判达成一致。1999 年 11 月 30 日至 12 月 3 日,WTO 部长级会议在美国西雅图举行,但仍未能就新一轮多边谈判的议程达成一致,因此这次会议基本上是失败的。

　　2. 多哈回合谈判

　　经历西雅图部长级会议的失败,多边贸易体制需要一个喘息期,静候一个更加适宜的政治环境。终于在 2001 年 11 月 9 日至 14 日,新一轮谈判(即多哈回合)正式在卡塔尔首都多哈拉开了序幕。多哈回合先后进行了多轮谈判,但成效甚微。直到 2013 年 12 月 7 日在印度尼西亚巴厘岛召开的 WTO 第九届部长级会议达成“巴厘一揽子协定”[Bali Package,涉及贸易便利化、农业、棉花、发展和最不发达国家(地区)等议题],多哈回合 12 年谈判僵局才获得历史性突破。2015 年 12 月 19 日,WTO 第十届部长级会议在肯尼亚首都内罗毕闭幕,会议达成“内罗毕一揽子协定”[Nairobi Package,涉及农业、棉花、最不发达国家(地区)、服务、信息技术等议题],标志着 WTO 的发展进入新阶段。

　　多哈回合包括很多谈判议题,它们统称为“多哈发展议程”(Doha Development Agenda),包括:农产品和制成品的市场准入、服务贸易、与贸易有关的知识产权、贸易与投资、贸易与竞争、透明度与政府采购、贸易便利化、WTO 规则、争端解决、贸易与环境、电子商务、较小经济体问题、贸易和债务及融资、技术转让、特殊和差别待遇、与实施 WTO 协定有关的问题和关注等。围绕“多哈发展议程”的谈判还将持续下去。

10.2　WTO 多边贸易体制的特征与内容

　　按照 GATT 乌拉圭回合多边贸易谈判达成的《WTO 协定》的规定,总部设在日内瓦的 WTO 于 1995 年 1 月 1 日正式成立运行。于是 WTO 就取代 GATT 而成为处理国际贸易规则的正式组织,GATT 及其附属协定自然而然地成为该组织的法律框架的重要组成部分。与 GATT 相比,WTO 不再仅仅是一个条约性组织,而是有着更为完善的组织结构、法律框架和管理机制。

10.2.1　WTO 体制的基本特征

　　从形式上看,在所有具有全球职能的国际组织中,WTO 是最具有民主性的。WTO“一个成员一票”的管理制度远比布雷顿森林体系机构(世界银行和国际货币基金组织)更具民主性。从结构上看,尽管 WTO 成员没有联合国成员那么多[截至 2020 年底,WTO 共有正式成员 164 个,参见 WTO 网站(https://www.wto.org/)],但由于 WTO 不设类似于安理会的机构,可以说 WTO 比联合国更具民主性。

　　WTO 与 GATT 有着内在的历史继承性。WTO 继承了 GATT 的合理内核,包括其宗旨、职能、基本原则及规则等。GATT 有关条款是 WTO《1994 年关税与贸易总协定》的重要组成部分。但与 GATT 相比,WTO 体制还具有以下四大特点:

首先,制度安排的正式性。GATT 是缔约方之间的契约性文件,并且一直是根据 1947 年的《关税与贸易总协定临时适用议定书》进行活动的;它非常松散,缺乏牢靠的法律基础和组织基础。WTO 体制则不同,它不仅在法律上实现了临时适用性向正式适用性的转变,而且还在《WTO 协定》的基础上建立起一整套的组织机构,包括 WTO 本身,以及下属权力、行政、"司法"和监督等机构。作为正式的国际组织,WTO 是国际法主体,其职员和成员的代表享有与联合国专门机构同等的特权和豁免权等待遇。但 WTO 不是联合国的专门机构,不隶属于联合国。

其次,协定内容的广泛性。GATT 体制以关税减让为起点,逐步建立起一套有关货物贸易的关税和非关税措施的国际贸易规则。WTO 体制则不仅涵盖原有的乌拉圭回合新设定的议题规则,涉及服务贸易、与贸易有关的知识产权、与贸易有关的投资措施等,还首次设立有关其成员贸易政策的定期审议机制,以实现对各成员方贸易体制的多边监督。这表明,全球贸易体制的范围已扩展至一些在 WTO 成立前属于国内范畴的领域,同时强化的现行规则使其更具干预性。WTO 比 GATT 更加紧密地将全球贸易体制与人类发展联系起来,从而直接影响到人类的发展。

再次,体制本身的统一性。这种统一性体现为各成员方在加入 WTO 的同时也一并加入 WTO 的所有协定,即所谓的"一揽子加入"(single undertaking)。GATT 体制大体上是以 GATT 文本为主协定、以东京回合达成的有关非关税壁垒方面的 9 个守则和《多种纤维协定》为附属协定的两层结构。附属协定允许各方(包括缔约方和非缔约方)根据各自的评价标准,以"点菜式"的方式有选择地加入 GATT,从而破坏了 GATT 体制的完整性和统一性,这一缺点正好为 WTO 体制所避免,因此说这是一大进步。

最后,争端解决的程序化和时效性。GATT 的争端解决机制遵循协商一致的原则,对争端解决没有规定时间表。而 WTO 的争端解决机制则采取反向协商一致的原则,裁决具有自动执行的效力,同时明确了争端解决和裁决实施的时间表,因此,WTO 争端裁决的实施更容易得到保证,争端解决机制的效率更高。

当然,WTO 体制并非十全十美,无可挑剔。它仍然存在着一些内在缺陷和棘手问题,包括文本和附件的协调统一问题、"灰色区域"问题、保障措施,以及农产品、纺织品补贴等问题。尤其引人注意的是服务贸易问题将成为 WTO 体制中最重要的问题之一。

10.2.2　WTO 的宗旨、职能与基本原则

1. WTO 的宗旨

《WTO 协定》指出,各成员"在处理它们在贸易和经济领域的关系时,应以提高生活水平、保证充分就业、保证实际收入和有效需求的大幅稳定增长以及扩大货物和服务的生产和贸易为目的,同时应依照可持续发展的目标,考虑对世界资源的最佳利用,寻求既

保护和维护环境,又以与它们各自在不同经济发展水平的需要和关注相一致的方式,加强为此采取的措施"。另外还指出:"通过达成对等互利安排,实质性削减关税和其他贸易壁垒,消除国际贸易关系中的歧视待遇,从而为实现这些目标做出贡献。"

2. WTO 的职能

WTO 的最重要目标是促进国际贸易平稳、自由、公平和可预见地开展。为实现这一目标,WTO 实施以下职能(根据《WTO 协定》第 3 条):

(1)负责 WTO 协定和多边贸易协定的实施、管理和运作,为诸边贸易协定的实施、管理和运作提供框架;

(2)为各成员就多边贸易关系进行谈判和贸易部长级会议提供场所,并提供实施谈判结果的框架;

(3)根据《关于争端解决规则与程序的谅解》,通过争端解决机制,解决成员方之间的贸易摩擦与争端;

(4)运用《贸易政策审议机制》,定期审议成员方的贸易政策及其对多边贸易体制运行产生的影响;

(5)通过技术援助和培训计划,在贸易政策问题上帮助发展中国家;

(6)与国际货币基金组织和世界银行及其附属机构进行合作,实现全球经济决策的更大一致性。

3. WTO 的基本原则

WTO 的基本原则贯穿于 WTO 的各个协定之中,构成了现代多边贸易体制的基础。这些基本原则主要是非歧视原则(包括最惠国待遇原则和国民待遇原则)、自由贸易原则、透明度原则、公平竞争原则、鼓励发展和经济改革原则。[1]

(1)非歧视原则。

非歧视原则是指一成员不应该歧视性地对待其贸易伙伴(即应平等地给予最惠国待遇或地位),也不应该歧视性地对待国内与国外的产品、服务或人员(即应给予国民待遇)。该原则是 WTO 最基本的原则,具体体现为最惠国待遇原则与国民待遇原则。

第一,最惠国待遇原则。

最惠国待遇是指一成员将在货物贸易、服务贸易和知识产权领域给予任何其他国家(无论是否为 WTO 成员)的优惠待遇,立即和无条件地给予其他各成员。在国际贸易中,最惠国待遇的实质是保证市场竞争机会均等。

最惠国待遇原则具有四个特点:一是自动性,即体现在"立即和无条件"的要求上。当一成员给予其他国家的优惠超过其他成员享有的优惠时,这种自动机制就启动了,其他成员自动地享有这种优惠。二是同一性,即当一成员给予其他国家的某种优惠(比如轿车进口关税削减),自动转给其他成员时,受惠标的必须相同(比如必须是轿车而不是

---

[1]　参见"Understanding the WTO", http://www.wto.org;石广生主编:《中国加入世界贸易组织知识读本(一)——世界贸易组织基本知识》,人民出版社 2001 年版。

其他产品)。三是相互性,即任何一个成员既是给惠方,又是受惠方,在承担最惠国待遇义务的同时,也享受最惠国待遇的权利。四是普适性,即最惠国待遇适用于全部进出口产品、服务贸易的各个部门与所有种类的知识产权所有者和持有者。

最惠国待遇原则具体体现在 GATT 第 1 条、GATS 第 2 条与 TRIPS 第 4 条中,覆盖国际贸易的三大领域——货物贸易、服务贸易与知识产权。

最惠国待遇原则也存在一些例外,具体包括四种情形:一是对于以关税同盟和自由贸易区等形式出现的区域经济一体化安排,如果区内实行一种比最惠国待遇还要优惠的"优惠制",区外 WTO 成员无权享受。二是对发展中成员实行的特殊和差别待遇(如普惠制或其他优惠安排)。三是在边境贸易中,可对毗邻国家给予更多的贸易便利或优惠。四是在知识产权领域,一成员给予其他国家的知识产权所有者和持有者的下述权利,可不适用最惠国待遇原则,即可不给予 WTO 其他成员的知识产权所有者和持有者,这些权利包括在一般司法协助的国际协定中享有的权利、《与贸易有关的知识产权协定》未作规定的有关表演者及录音制品制作者和广播组织的权利、在 WTO 正式运行前已生效的国际知识产权保护公约中规定的权利。

第二,国民待遇原则。

国民待遇是指一成员对其他成员的产品、服务及其提供者、知识产权及其所有者和持有者所提供的待遇,不低于该成员同类产品、服务及其提供者、知识产权及其所有者和持有者所享有的待遇。

国民待遇原则包含三个要点:一是国民待遇原则适用的对象是产品、服务及其提供者、知识产权及其所有者和持有者,但因产品、服务和知识产权领域具体受惠对象不同,国民待遇条款的适用范围、具体规则和重要性有所不同。二是国民待遇原则只涉及其他成员的产品、服务及其提供者、知识产权及其所有者和持有者在进口成员境内所享有的待遇。三是国民待遇定义中的"不低于"是指其他成员的产品、服务及其提供者、知识产权及其所有者和持有者应与进口成员同类产品、相同服务及其提供者、相同知识产权的所有者和持有者享有同等待遇,若进口成员给予前者更高的待遇,并不违背国民待遇原则。

国民待遇原则具体体现在 GATT 第 3 条、GATS 第 17 条和 TRIPS 第 3 条。另外,TRIPS 中将国民待遇条款放在最惠国待遇条款之前,这是因为实施国际知识产权保护条约的实践表明,对知识产权最有效的国际保护手段是国民待遇,其次才是最惠国待遇。

国民待遇原则具有普遍适用性,但在具体适用方面也存在一些例外。在货物贸易领域的例外主要是:对于未参加《政府采购协定》的成员可以不遵守国民待遇原则,可以优先购买本国产品;只给予某种产品的国内生产者补贴(需符合《补贴和反补贴措施协定》和《农产品协定》的规定);有关外国电影放映数量的例外。在服务贸易领域的例外是国民待遇以该成员在其服务贸易承诺表中所列的条件或限制为准,但对于未做出开放承诺的服务部门或项目,外国服务及其提供者不享有这种待遇。在知识产权领域的例外是国民待遇以该成员在现行国际知识产权协定中承担的义务为前提,对表演者、录音制品制作者和广播组织而言,国民待遇仅适用于 TRIPS 所规定的权利。

(2)自由贸易原则。

自由贸易原则是指在 WTO 的框架下,通过多边贸易谈判实质性地逐渐削减关税和其他贸易壁垒,扩大成员之间的货物与服务贸易。

自由贸易原则有五个特点:一是以共同规则为基础,即根据 WTO 的协定,有规则地实行贸易自由化。二是以多边谈判为手段,即通过参加多边贸易谈判,并根据在谈判中做出的承诺,逐步推进贸易自由化。货物贸易自由化体现为逐步削减关税和非关税壁垒;服务贸易自由化则体现为更多服务部门的不断开放,减少对服务提供方式的限制。三是以争端解决为保障。WTO 争端解决机制具有强制性,若某成员被诉违反承诺并经争端解决机制裁决败诉,该成员就应执行有关裁决,否则 WTO 可授权申诉方采取贸易报复措施。四是以贸易救济措施为"安全阀"。成员可通过援引有关例外条款或采取保障措施等贸易救济措施,消除或减轻贸易自由化带来的冲击或负面影响。五是以过渡期方式体现差别待遇。WTO 承认不同成员之间经济发展水平的差异,通常赋予发展中成员更长的过渡期以履行义务。

自由贸易原则在货物贸易领域主要表现为削减关税和非关税壁垒,在服务贸易领域则主要表现为放款市场准入。每一成员对任何其他成员的服务和服务提供者给予的待遇,不得低于其在具体承诺减让表中同意和列明的条款、限制和条件。[①]在做出市场准入承诺的部门,除非在其减让表中另有列明,否则一成员不得在其一地区或在其全部领土内维持或采取按如下定义的措施:无论以数量配额、垄断、专营服务提供者的形式,还是以经济需求测试要求的形式,限制服务提供者的数量;以数量配额或经济需求测试要求的形式限制服务交易或资产总值;以配额或经济需求测试要求的形式,限制服务业务总数或以指定数量单位表示的服务产出总量[②];以数量配额或经济需求测试要求的形式,限制特定服务部门或服务提供者可雇用的、提供具体服务所必需且直接有关的自然人总数;限制或要求服务提供者通过特定类型法律实体或合营企业提供服务的措施;以限制外国股权最高百分比或限制单个或总体外国投资总额的方式限制外国资本的参与。

(3)透明度原则。

透明度原则是指 WTO 成员应公布所制定和实施的贸易措施及其变化情况(如修改、增补或废除等),不公布的不得实施,同时还应将这些贸易措施及其变化情况通知WTO。成员所参加的有关影响国际贸易政策的国际协定也在公布和通知之列。

透明度原则包括贸易措施公布和贸易措施通知两方面,这是 WTO 成员最基本的义务。另外,为提高成员贸易政策的透明度,WTO 要求所有成员的贸易政策都要定期接受审议,审议内容一般为 WTO 成员最新的贸易政策,这就是 WTO 的贸易政策审议

---

① 如一成员就通过 GATS 第 1 条第 2 款(a)项所指的方式提供服务,做出市场准入承诺,且如果资本的跨境流动是该服务本身必需的部分,则该成员由此已承诺允许此种资本的跨境流动。如一成员就通过 GATS 第 1 条第 2 款(c)项所指的方式提供服务,做出市场准入承诺,则该成员由此已承诺允许有关的资本转移进入其领土内。

② 此项不涵盖一成员限制服务提供投入的措施。

机制。

（4）公平竞争原则。

公平竞争原则是指在 WTO 框架下，成员应避免采取扭曲市场竞争的措施，纠正不公平贸易行为，在货物贸易、服务贸易及与贸易有关的知识产权领域创造和维护公开、公平、公正的市场环境。[①]

公平竞争原则有三个特点：第一，覆盖货物贸易、服务贸易及与贸易有关的知识产权三大领域，具体体现在有关协定的条款之中。在货物贸易领域，WTO 要求成员方逐步降低关税、取消数量限制，落实国民待遇和最惠国待遇原则，以确保其他成员的企业能够充分地参与竞争。在服务贸易领域，WTO 鼓励各成员通过相互开放服务市场，逐步为外国的服务或服务提供者创造市场准入和公平竞争的机会；在知识产权领域，公平竞争原则体现为对知识产权的有效保护和反不正当竞争。第二，该原则既涉及成员的政府行为，也涉及成员的企业行为。第三，该原则要求成员维护产品、服务或服务提供者在该成员自身市场的公平竞争，不论它们来自该成员还是其他任何成员。

（5）鼓励发展和经济改革原则。

WTO 体制致力于发展的目标，而发展中成员需要时间上的灵活性，以落实有关协定。有关协定本身也继承 GATT 的早期条款，即允许给予发展中成员特别援助和贸易让步。目前，超过 2/3 的 WTO 成员为发展中成员和经济转型成员。在乌拉圭回合谈判的 7 年半时间里，60 多个这样的成员自主实施了贸易自由化方案。而且，这些成员参与乌拉圭回合谈判的积极性和影响力大大超过以往任何回合谈判，在"多哈发展议程"谈判中的表现更是如此。在乌拉圭回合结束时，发展中成员准备承担发达成员所要求的大多数义务，但有关协定给予它们过渡期，以使其调整适应 WTO 有关条款与规则，这对于那些最不发达成员尤其如此。WTO 及其成员目前仍然在经历一个学习过程。"多哈发展议程"也考虑到了发展中成员在实施乌拉圭回合的协定中面临的困难。

10.2.3　WTO 的组织框架与法律框架

1. WTO 的组织框架

根据《WTO 协定》的第 4 条，WTO 建立了相应的组织机构，共包括四个层次，如图 10.1 所示。

第一层是部长级会议，是 WTO 的最高决策机构（但为非常设机构），由 WTO 的所有成员组成，每 2 年至少召开 1 次。部长级会议全权履行 WTO 的职能，并可以为此采取任何必要的行动。

第二层是由各成员的代表组成的总理事会，它是 WTO 的核心机构，负责日常对 WTO 的领导和管理。在部长级会议休会期间，行使部长级会议职权和 WTO 的协定规

---

① WTO 有时被看作是一个"自由贸易"体制，这是不准确的。在有限的情况下，该体制实际上允许关税及其他保护形式的存在。因此，更准确的描述应该是，WTO 是一套致力于开放、公平和非扭曲竞争的规则。

定的其他职权,包括履行争端解决机构和贸易政策审议机构的职责。争端解决机构下设上诉机构和争端解决专家组,负责处理成员之间基于各有关协定所产生的贸易争端;贸易政策审议机构负责定期审议各成员的贸易政策、法律与实践,并就此做出指导。总理事会酌情召开会议,通常每年召开 6 次左右。

第三层包括四个部分,均设在总理事会之下。第一部分为货物贸易理事会、服务贸易理事会和与贸易有关的知识产权理事会 3 个专门理事会,分别负责监督相应协定的实施(即货物贸易理事会应监督图 10.2 显示的附件 1 中 A 项所列多边贸易协定的实施情况,服务贸易理事会应监督 GATS 的实施情况、与贸易有关的知识产权理事会应监督 TRIPS 的实施情况),并在总理事会的指导下开展工作,行使相应协定规定的职能及总理事会赋予的其他职能。

第二部分包括 5 个专门委员会、1 个工作组(加入世界贸易组织工作组)和 2 个工作小组(贸易、债务与融资工作小组及贸易与技术转让工作小组)。贸易与投资关系工作小组、贸易与竞争相互作用工作小组、政府采购透明度工作小组暂停,并由多哈回合中成立的贸易谈判委员会负责相关工作。5 个专门委员会分别是:贸易与环境委员会,其职责是协调贸易与环境措施之间的矛盾,制定必要的规范,以促进贸易的持久发展;贸易与发展委员会,下设最不发达国家分委员,其职责是定期审议多边贸易协定中对欠发达国家优惠条款的执行情况,并定期向总理事会报告,以便采取进一步行动;区域贸易协定委员会,即负责审查区域贸易协定及其与 WTO 已有规则的一致性;国际收支限制委员会,即负责监督审查有关协定中涉及国际收支条款和依据这些条款而采取限制进口措施的执行情况;预算、财务和行政委员会,即负责确定并收缴成员方应交的会费,提出 WTO 的年度财务报告及预算,负责 WTO 的财产及内部行政事务。

第三部分是诸边委员会。这一部分包含两个这样的委员会,即民用航空器贸易委员会(根据《民用航空器贸易协定》)和政府采购委员会(根据《政府采购协定》),它们负责监督实施相应的诸边贸易协定。这两个委员会只对签署方开放。这两个委员会不是总理事会的附属机构,但在 WTO 内运作,并要定期向总理事会通报其活动。

第四部分是多哈回合谈判建立的贸易谈判委员会,它直接向总理事会报告。

WTO 组织机构的第四层是上述第三层下设的专门小组、专门委员会或特别会议。(1)对于第三层的第一部分而言,货物贸易理事会下设 12 个专门委员会、1 个工作组(国营贸易企业工作组)和 1 个诸边委员会(信息技术协定委员会);服务贸易理事会下设 2 个专门委员会(金融服务贸易委员会和具体承诺委员会)和 2 个工作组(国内规制工作组和 GATS 规则工作组);知识产权理事会目前尚无下设机构。(2)对于第三层的第四部分,贸易谈判委员会下设 6 个特别会议(服务理事会、TIRPS 理事会、争端解决机构、农业委员会及其棉花分委员会、贸易与发展委员会、贸易与环境委员会)和 2 个谈判小组(涉及市场准入和规则)。

另外,WTO 还设立一个由总干事领导的秘书处(设在瑞士日内瓦)。部长级会议任命总干事并确定其责任、服务条件和任期。总干事任命秘书处人员并确定其责任与服务条件。总干事和秘书处的职责具有国际性,他们在履行职责时,不寻求或接受除 WTO 以外的任何政府或权力机关的指示,他们应避免任何可能对其国际官员身份产生不利影响的行动。总干事负责向预算、财务与行政委员会提交 WTO 的年度概算和决算,该委员会审议后向总理事会提出建议,由总理事会决定是否批准。

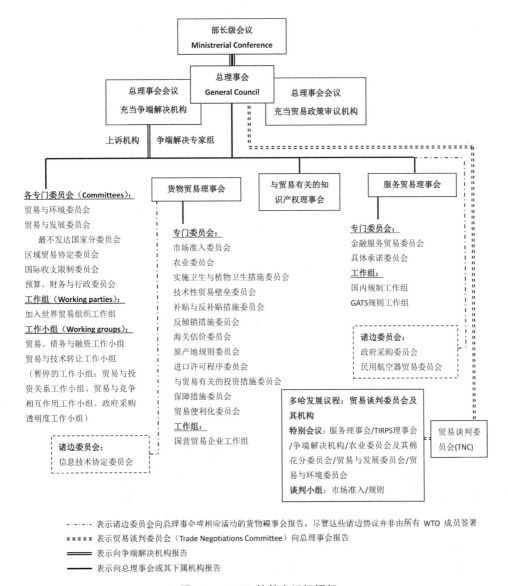

图 10.1 WTO 的基本组织框架

所有 WTO 成员须参加除上诉机构、争端解决专家组和诸边委员会外的所有理事会和委员会。

2. WTO 的法律框架

WTO 的基本法律框架由《WTO 协定》及其 4 个附件和 1 个《信息技术协定》(在

1996 年 12 月 9 日至 13 日召开的新加坡部长级会议上达成)构成(见图 10.2)。WTO 的法律框架与其组织框架基本存在一一对应的关系。①

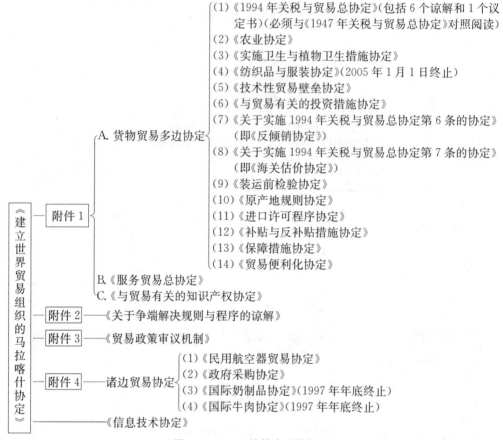

图 10.2　WTO 的基本法律框架

《WTO 协定》的文本本身并未涉及规范和处理多边贸易关系的实质性原则,只是就 WTO 的建立、范围、职能、结构、与其他组织的关系、秘书处、预算与会费、WTO 的地位、决策、修正、创始成员资格、加入、接受、退出等相关问题做出原则性规定。

《WTO 协定》的四大附件则涉及有关多边贸易关系的协调、贸易争端的解决及贸易竞争规则的规范等实质性规定。除四大附件外还有一个《信息技术协定》。附件 1、2、3 作为多边贸易协定,各成员都必须接受,对所有 WTO 成员都有约束力。而附件 4 属于诸边贸易协定,仅对签署方有约束力,成员可以自愿选择参加。

另外,在多边货物贸易协定中,《关于实施 1994 年关税与贸易总协定第 6 条的协定》《补贴与反补贴措施协定》和《保障措施协定》属于贸易救济措施协定。为维护公平贸易和正常的竞争秩序,WTO 允许成员在进口产品倾销、补贴和过激增长等给其国内产业

---

① 相关协定的内容十分丰富,读者可以自行查找阅读,并将之与第 7 章的内容结合起来。

造成损害的情况下,可以使用反倾销、反补贴和保障措施手段,保护国内产业不受损害。反倾销和反补贴措施主要针对价格歧视这种不公平贸易行为,保障措施则主要针对进口产品激增的情况。当然,这些协定不是鼓励而是规范各成员的贸易救济行为。

10.2.4　WTO 的运行机制

WTO 的基本运行机制主要包括:加入和退出机制、决策机制、争端解决机制、贸易政策审议机制、例外和免责机制等五大机制,这些机制体现在《WTO 协定》及相关协定之中。

1. 加入和退出机制

首先,关于创始成员(见《WTO 协定》第 11 条),WTO 创始成员必须具备两个条件:在 1995 年 1 月 1 日《WTO 协定》生效日之前就已经是 GATT 缔约方,并在《WTO 协定》生效后 2 年内接受该协定及其多边贸易协定,在货物贸易与服务贸易领域做出关税与非关税措施减让和承诺,有关减让和承诺已分别附在 GATT(1994 年)和 GATS 之后。除了刚果共和国(1997 年 3 月才成为创始成员)以外,所有符合条件的 GATT 缔约方都在 1996 年底前成为 WTO 的创始成员。

其次,关于加入 WTO(见《WTO 协定》第 12 条),WTO 对任何申请加入的国家或地区无限期开放。基本加入程序包括四个阶段:(1)提出申请与受理,设立相应加入工作组;(2)对外贸易制度的审议和双边市场准入谈判;(3)多边谈判和起草加入文件(包括《加入议定书》和《工作组报告书》);(4)表决和生效,表决需经成员的 2/3 多数同意方可通过。

最后,关于退出及互不适用。任何成员都可退出 WTO 及其所有协定,即在 WTO 总干事收到书面退出通知之日的 6 个月期满后,退出生效(见《WTO 协定》第 15 条)。由于政治或其他原因,一些成员不同意相互之间适用 WTO 协定,即所谓"互不适用"。尽管 WTO 允许这种做法,但并不鼓励(见《WTO 协定》第 13 条)。

2. 决策机制

WTO 在进行决策时主要遵循协商一致原则,只有在无法协商一致时才通过投票表决决定(参见《WTO 协定》第 9 条、第 10 条)。WTO 应继续遵循 GATT(1947)所遵循的决策惯例,即讨论一项提议或拟议中的决定时,应首先寻求协商一致。所有成员都表示支持或不反对即为协商一致通过。

在部长级会议或总理事会投票表决时,每一位成员拥有一票。总的原则是,部长级会议和总理事会依据成员所投票数的简单多数做出决定,除非《WTO 协定》或有关多边贸易协定另有规定。关于条款解释的投票表决及关于义务豁免的投票表决,需要获得成员的 3/4 多数支持才能通过;关于修正案的投票表决需要获得成员的 2/3 多数支持才能通过。

3. 争端解决机制

乌拉圭回合达成的《关于争端解决规则与程序的谅解》是 WTO 关于争端解决的基

本法律文件。与 GATT 相比(主要是 GATT 的第 22 条和第 23 条,见附件表 10A.1),WTO 的争端解决机制更具强制性和约束力。[1]

(1) WTO 争端解决机制的特点。

WTO 争端解决机制具有以下特点:一是鼓励成员通过双方磋商解决贸易争端。当然,这种解决方案不得违反 WTO 的有关规定,不得损害第三方利益。二是以保证 WTO 规则的有效实施为优先目标。三是严格规定争端解决的时限。这有利于纠正成员违反 WTO 的有关规则,使受害方得到及时救济,从而增强各成员对多边争端解决机制的信心。四是实行反向协商一致的决策原则,即在争端解决机构审议专家组报告或上诉机构报告时,只要不是所有参加方都反对,则视为通过,从而排除了败诉方单方面阻挠报告通过的可能。五是禁止未经授权的单边报复。六是允许交叉报复。若一成员在某一领域的措施被裁定违反 WTO 有关协定,且该成员未在合理期限内纠正,经争端解决机构授权,利益受害方可以进行报复。报复应优先在被裁定违反 WTO 规则的相同领域进行,即所谓"平行报复";如不可行,报复可以在同一协定下跨领域进行,即所谓"跨领域报复";若仍不可行,报复可以跨协定进行,即所谓"跨协定报复"。

(2) WTO 争端解决机制的管辖范围。

根据《关于争端解决规则与程序的谅解》第 1 条,WTO 争端解决机制的管辖范围包括各成员根据 WTO 各协定所提起的争端。此处,特别规则优先。《关于争端解决规则与程序的谅解》为一般规则,而《实施卫生与植物卫生措施协定》《纺织品与服装协定》《技术性贸易壁垒协定》《反倾销协定》《海关估价协定》《补贴与反补贴措施协定》《服务贸易总协定》及有关附件里面含有特别规则和程序。一般规则并不排斥特别规则,而且在两者发生冲突时,特别规则具有优先适用的效力。同时,该条款中对适用规则的协调也有所规定。当某一争端的解决涉及多个协定,且这些协定的争端解决规则和程序存在相互冲突时,争端当事双方应达成一致;若不能达成一致,则争端解决机构主席应协调解决。

(3) WTO 争端解决的基本程序和方式。

WTO 争端解决的基本程序为:①磋商。要求磋商的成员应向争端解决机构、有关理事会和委员会通知其磋商请求。②专家组审理争端。若通过磋商或斡旋、调解和调停仍未解决争端,则投诉方可向争端解决机构提出成立专家组的请求,由专家组来审理争端。③上诉机构审理。上诉机构的设立是 WTO 较之 GATT 在争端解决机制方面的一大创新,其目的是使当事方有进一步申诉案情的权利,这使 WTO 争端解决机制更具准确性和公正性。上诉机构为常设机构(由 7 位权威人士组成,任期 4 年,可连任一次),负责受理专家组最终报告的上诉。④争端解决机构裁决的执行与监督。专家组报告或上诉机构报告一经通过,其建议和裁决即对争端各当事方有约束力,争端当事方应无条件

---

[1] 根据 WTO 统计,1948—1994 年 GATT 体制下发生的贸易争端总数为 433 件,1995—2004 年 WTO 体制下发生的贸易争端总数为 339 件。从措施类型看,非关税壁垒引起的贸易争端所占比重最高;从产品类别看,动物及动物产品、精制食品、贱金属及部件引起的贸易争端所占比重最高。参见 WTO, 2007, *World Trade Report 2007—Six Decades of Multilateral Trade Cooperation: What Have We Learnt?*, Geneva: WTO Publications, 269—273。

接受。

除了以上基本程序外,在争端当事方自愿的基础上,也可以采用仲裁或斡旋、调解和调停等方式解决争端。仲裁是指争端当事方共同指定仲裁员并议定相应的程序后由仲裁员来审理争端,仲裁可用于不同的目的和争端解决的不同阶段,如审理争端、裁定执行的合理期限、评估报复水平是否适当等。斡旋是指第三方促成争端当事方开始谈判或重开谈判的行为,但进行斡旋的一方不直接参加当事方的谈判。调解是指争端当事方将争端提交一个由若干人组成的委员会,该委员会通过查明事实,提出解决争端的建议,促成当事方达成和解。调停是指第三方以调停者的身份主持或参加谈判,提出谈判的基础方案,调和、折中争端当事方的分歧,促使当事方达成协议。WTO 总干事可以以其职务身份进行斡旋、调解和调停,以协助成员解决争端。

4. 贸易政策审议机制

贸易政策审议机制是指 WTO 成员集体对各成员的贸易政策及其对多边贸易体制的影响定期进行全面审议。其目的是促使成员提高贸易政策和措施的透明度,履行所做的承诺,更好地遵守 WTO 规则,从而有助于多边贸易体制平稳运行。

成员接受贸易政策审议的频率取决于该成员对多边贸易体制的影响程度,即成员在世界贸易中所占份额,所占份额越大,接受审议的次数就越多。最多的是每两年审议一次,比如美国、日本。

贸易政策审议机制还要求总干事以年度报告的形式,对影响多边贸易体制的国际贸易环境变化情况进行综述,列出 WTO 的主要活动,指出可能影响多边贸易体制的重大政策问题。

5. 例外和免责机制

WTO 要求各成员切实履行其所承担的各项义务,但也允许成员在确有困难的情况下有所变通。因此,WTO 的有关协定中大多都包含了例外和免责的规定。

例外规定包括一般例外和安全例外。成员若采取一般例外措施,可不受 WTO 规则及该成员承诺的约束,但应遵守非歧视原则。成员援引一般例外条款采取有关措施的依据主要有国内法和国际公约。GATT 第 20 条列举了货物贸易领域可免除成员义务的 10 种一般例外措施;GATS 第 14 条列举了服务贸易领域的 6 种一般例外措施。安全例外是指允许成员在战争、外交关系恶化等紧急情况下,为保护国家安全利益采取必要的行动(比如实施贸易禁运),对其他相关成员不履行 WTO 规定的义务。一般来说,采取安全例外措施的成员是其安全利益需要的唯一判断者和决定者,其他成员的干预能力有限,除非当事方所采取的措施明显地与国家安全无关。[①]

免责规定包括:因紧急情况(由承诺而导致进口激增,并对成员相关产业造成严重损害或严重损害威胁)而采取的紧急限制进口措施(即保障措施),为建立某一特定产业(指

---

① 比如,1975 年瑞典对鞋实行进口配额管理,其主要理由是国家安全,即维持国内鞋业最低生产能力,以应付战争之需。瑞典据此对进口鞋实施全球配额,但有不少缔约方提出异议,两年后瑞典取消了该项措施。

建立一个新产业、在现有产业中建立新的分支生产部门、现有产业的重大改建、只占成员内部供应相对较小份额的现有产业重大扩建、因战争或自然灾害而遭到破坏的产业重建)而背离承诺所采取的保护幼稚产业措施,因国际收支困难而采取的国际收支限制措施(如中止关税减让和其他承诺)。此外,成员还可就修改或撤回已经做出的承诺进行谈判,以及申请免除某项或某些义务(但要经过协商一致或3/4多数投票才能通过)。

WTO的例外(安全例外除外)与免责机制有三个特点:一是批准程序严格,二是需要与有关成员磋商,三是应遵守非歧视原则。

10.3 世界贸易体系的经济学分析

世界贸易体系的运行是基于一套规则或法律框架的,这套规则或法律框架具体体现在GATT/WTO的所有协定之中。20世纪60年代后期,法律专业的学者开始从国际法的角度探索GATT原则和规则的内在逻辑。但从经济学的角度系统分析GATT/WTO,则相对较晚。[①]总结起来,已有的理论与经验分析主要关注三大问题:一是一国进行国际贸易多边合作(或建立世界贸易体系)的动因和目的是什么;二是国际贸易多边合作(或建立世界贸易体系)对参加方乃至整个世界会产生什么影响;三是WTO原则和规则的经济学基础是什么。由于WTO基本原则和规则涉及范围较广,所以本节将重点介绍对于前两个问题的相关分析。[②]

10.3.1 国际贸易多边合作的动因和目的分析

在现有的经济学文献里,分析一国进行国际贸易多边合作(包括签订多边贸易协定,甚至包括区域贸易合作)的动因和目的,通常采用三种方法:一是传统经济学方法或贸易条件方法,二是政治经济学方法,三是承诺方法。但没有一种分析方法是建立在我们所熟悉的自由贸易的经济主张之上的。在通常情况下,我们很自然地将二战以来经过多边或区域谈判而实现的贸易壁垒削减归因于政府为消费者攫取自由贸易利益的愿望。这也是前面章节关于贸易政策的分析中所强调的,因为是否参与多边或区域贸易合作的决策本身也是一国政府对外贸易政策的重要方面。但这种推理是有问题的,这是因为:第

---

① Bagwell, Kyle and Robert Staiger, 2002, *The Economics of the World Trading System*, Cambridge, MA: MIT Press, xi.

② 本节内容主要参考 Bagwell, Kyle and Robert Staiger, 2002, *The Economics of the World Trading System*, Cambridge, MA: MIT Press; WTO, 2007, *World Trade Report 2007—Six Decades of Multilateral Trade Cooperation: What Have We Learnt?*, Geneva: WTO Publications; Bagwell, Kyle, Chad Brown and Robert Staiger, 2016, "Is the WTO Passé?" *Journal of Economic Literature*, 54(4), 1125—1231。关于第三个问题的分析,可以参考:Rivera-Batiz, Luis and Maria Oliva, 2004, *International Trade: Theory, Strategies, and Evidence*, Oxford: Oxford University Press, Chapter 18; Bagwell, Kyle and Robert Staiger, 2002, *The Economics of the World Trading System*, Cambridge, MA: MIT Press。

一,自由贸易的情形实际上是一种单边自由化(unilateral liberalization)的情形,贸易协定没有扮演任何角色;第二,无论是多边的还是区域的贸易自由化,均不是由消费者所推动的。正如巴格韦尔(Bagwell)和施塔格尔(Staiger)所指出的,每一次经过 GATT/WTO 谈判而由政府削减的关税之所以被削减,实际上主要是因为世界某一国家的出口商需要进入别国市场,而它们的政府也愿意以本国市场作为交换,使别国开放市场。[1] 这就意味着,对国际贸易多边合作的动因和目的的分析远非想象的那样简单。以下分别介绍上面提到的三种分析方法。

1. 传统经济学方法

这种方法又被称为贸易条件方法,是解释国际贸易合作的最具形式化和系统性的经济学分析方法。国际贸易条件是一国出口品与进口品的相对价格。如果一国有能力使进口品的相对价格下降或使出口品的相对价格上升,那么该国的国际贸易条件就能得到改善,从而会提高该国的国民收入。该方法的基本逻辑是:当各国以一种非合作的方式征收关税,每个国家的政府都会意识到征收关税将对本国经济造成一些伤害,但当关税的部分成本由外国所承担时(关税使进口需求下降,进口品价格下降,本国贸易条件改善,但外国贸易条件恶化),本国就会产生征收关税的动机。如果所有国家都这么做,则最终都不会得到由贸易而产生的潜在好处。在这种情况下,如果由非合作的征收关税转为相互合作的削减关税,则将增加贸易规模(所谓"做大蛋糕"),所有国家都将因此受益。

该种方法注意到了"贸易条件外部性"所导致的各国政府之间关系的无效率,即与自由贸易相比,一国实施贸易壁垒可以改善其福利。[2] 该种方法通常基于两种分析框架:一是博弈论分析框架,二是一般均衡分析框架。

这里以博弈论分析框架为例,讨论 20 世纪 30 年代的《斯穆特—霍利关税法》引起的关税战。假设有两个国家 A 和 B,它们都是较大的贸易伙伴,各自面临两种政策选择:要么实行自由贸易,要么实施关税(这会提高本国的实际收入但却降低伙伴国的收入)。如表 10.2 所示,支付矩阵(payoff matrix)取决于贸易伙伴国是否选择合作。每一组数字的第一个数字代表国家 A 的支付,第二个数字为国家 B 的支付。如果一国实行自由贸易,而另一个实施贸易保护,则实施保护的国家将获益,但这是以实行自由贸易国家的损失为代价的。如果两国都这样做,那么贸易战自然就发生了。一旦贸易保护得以实施,任何一国都没有单边削减关税的动机。这样一来,贸易战就变成一种稳态均衡(纳什均

---

① Bagwell, Kyle and Robert Staiger, 2002, *The Economics of the World Trading System*, Cambridge, MA: MIT Press.

② 从这个意义上讲,该种方法可以一直追溯至 19 世纪中期托伦斯(Torrens)和米尔(Mill)对最优关税及贸易条件在最优关税决定方面的作用的研究。参见:Torrens, Robert, 1844, *The Budget: on Commercial Policy and Colonial Policy*, London: Smith, Elder; Mill, John Stuart, 1844, *Essays on Some Unsettled Questions of Political Economy*, London: Parker。约翰逊(Johnson)则正式分析了追求国民福利最大化的政府可以运用关税来操纵贸易条件,结果导致无效率,这需要通过贸易协议来加以纠正,参见 Johnson, Harry, 1953, "Optimum Tariffs and Retaliation", *Review of Economic Studies*, 21(2), 142—153。目前更详细的相关讨论可参见 Bagwell 和 Staiger(2002)、Bagwell 等(2016)。

衡)。但如果两国选择自由贸易,那么它们都会比以前"过得更好",这是因为一国因关税而获得的贸易条件净收益要小于关税给伙伴国造成的损失。这意味着,如果两国不合作,结局将位于表 10.2 的右下区域;而在表 10.2 的左上区域,两国都会变得更好。这一局面被称为"囚徒困境"(prisoner's dilemma),即对一国而言有利的关税政策,在两国同时使用时所达到的却是一个无效率的纳什均衡,而这种无效率的纳什均衡是无法通过一国政策的变化来加以改进的。这时就需要采取国际贸易协定这种形式的合作来推动两国调整政策,规避囚徒困境,实现有效率的合作均衡。

表 10.2　贸易战还是贸易合作?

		B	
		自由贸易	保护
A	自由贸易	**10, 10** (贸易合作)	−10, 20 (非合作)
	保护	20, −10 (非合作)	**−5, −5** (贸易战)

不过,贸易条件分析方法有两方面不足:一是政府采取贸易保护未必仅仅基于贸易条件的考虑,因此其实践相关性值得怀疑。二是只有大国才有能力改变其贸易条件,从而给外国造成伤害。如果国家很小,无力操纵国际相对价格,那么又该如何解释这些国家的国际贸易合作呢? 这就需要引入政治经济学分析。

2. 政治经济学方法

第 8 章的分析表明,一国采取特定贸易政策不仅会考虑总体经济福利,还常常受到特殊利益集团的影响。而一国决定是否参与国际贸易合作的情形与之类似。

贸易政策的政治经济学模型把个人和企业看作是特定贸易政策的需求方,把政府看作是贸易政策的供给方。由于贸易政策会产生收入分配效应,因此它的出台和落实是不同利益集团(比如产业、工会等)相互作用的政治过程。该种方法不仅考虑贸易政策的经济效应(贸易政策是否提高经济福利),还考虑了贸易政策的政治效应(贸易政策是否产生福利分配效应)。一国实施关税可以割裂国内外价格联系,由此产生成本转移效应和贸易条件改善效应。如果本国提高关税,且不改变国内消费者的负担,则关税的成本必然由外国出口商承担,本国受益。因此,只要这一成本转移效应存在,无论小国还是大国都会追求这一效应,以实现目标函数最大化。所以,即便是小国的单边贸易政策也不会与自由贸易相吻合。

在存在关税的成本转移效应的情况下,一国贸易政策(包括关税、出口补贴等)的外部性就成为其他国家市场价格扭曲的根源,而这一扭曲是其他国家国内政策所无法解决的,因为它不是内生的,而是外生的。这就需要国际贸易领域的国际合作。关税等贸易壁垒的削减可以克服贸易政策的外部性,但与此同时关税等贸易壁垒提高所产生的贸易条件改善效应也因此消失。所以,政治经济学分析方法强调,世界贸易体系所带来的只是对等的自由化(reciprocal liberalization)。

政治经济学分析方法可以解释很多现实发生的情况,比如为什么自由化进程总是渐进的①,为什么自由化大多发生在双向贸易盛行的产品上②,为什么贸易协定(如GATT)并不一概地禁止成员通过出口税来操纵贸易条件③。

3. 承诺方法

承诺方法强调一国政府对于其国内利益攸关方的可信度问题。与前两种方法强调政府间的博弈不同,承诺方法关注政府与私人部门之间的博弈。在这一博弈中,政府选择贸易政策,私人部门则进行生产或投资决策。如果政府在制定贸易政策时随意性太大,则会出现政府信誉问题。

在现实世界中,政府的偏好可分为事前偏好和事后偏好。如果前后偏好一致,则意味着政府政策具有一致性;否则,政府的政策在私人部门决策的前后是不一致的。比如,假设政府事前比较偏好保护性的政策,这会刺激受保护的私人部门扩大投资和生产;而如果事后政府的保护性偏好出现松动,那么这将对已经做出决策并扩大投资的生产者产生负面影响。而如果私人部门事先预期到政府政策的随意性,那么将会导致政府政策和企业决策的扭曲。所以,承诺方法注意到了"时间不一致性"所导致的政府与私人部门之间关系的无效率,强调通过国际贸易协定来"锚住"政府的未来政策意图,从而保持一国政府贸易政策选择的前后一致性,避免因贸易政策的随意性而造成的市场扭曲。④

10.3.2 世界贸易体系的影响分析

我们已经大致了解到一国参与世界贸易体系的动因,而现实的情况是:已经加入WTO的经济体远远多于没有加入的。为什么会有那么多经济体愿意甚至历尽艰辛加入WTO(比如中国15年的"复关"和"入世"历程,见附录图10A.1)? 是WTO真的可以带来"福音",还是参加者借机想利用WTO,把WTO看作是一个公共品? WTO在其网

---

① 政府受到的游说压力取决于与进口竞争部门及出口部门的强弱,哪个部门越强大,它给政府的压力就越大。当政府宣布实施对等自由化、削减关税时,本国与进口竞争部门的企业数量会减少,而出口企业的数量会增加。因此,初始自由化会引发出口部门要求进一步自由化的压力。这一过程被称为"偶像崇拜效应"(juggernaut effect)。参见:Baldwin, Richardand Robert Baldwin, 1996, "Alternative Approaches to the Political Economy of Endogenous Trade Liberalization", *European Economic Review*, 40(8—5), 775—782; Baldwin, Richard and Frédéric Robert-Nicoudz, 2008, "A Simple Model of the Juggernaut Effect of Trade Liberalization", CEP Discussion Papers dp0845, Centre for Economic Performance, LSE。

② 前面提到的"偶像崇拜效应"只是解释与进口竞争部门的企业与出口部门的企业生产不同产品的情形下贸易自由化的渐进性,但二战后的自由化大多发生在以产业内贸易为特征的部门。这可以结合前面章节介绍的产业内贸易模型和异质性企业贸易模型来加以解释。

③ 贸易的政治经济学模型认为,如果出口部门特定要素所有者的利益十分重要的话,那么政府并不愿意对出口征收关税。

④ 实际上,一国的贸易政策是其经济政策的一部分。2004年的诺贝尔经济学奖授予芬恩·E.基德兰德(Finn E. Kydland)和爱德华·C.普雷斯科特(Edward C. Prescott),以表彰他们对动态宏观经济学特别是对经济政策的时间一致性与经济周期驱动力研究的贡献。可参见 Kydland, Finn and Edward Prescott, 1977, "Rules Rather than Discretion: The Inconsistency of Optimal Plans", *Journal of Political Economy*, 85(3), 473—491。

站发布的信息中宣称,WTO 有 10 大好处(见附录表 10A.3),果真如此吗? 当然,这些问题都不是可以轻易给出答案的。

本书第 1 章的数据分析已经表明,二战之后世界贸易的增长超过了世界 GDP 的增长。其原因包括:(1)技术进步大幅度降低了运输和通信成本;(2)贸易政策更加开放;(3)全球价值链分工及经济组织发生变化,比如产生垂直一体化,这也是由技术进步和市场开放诱发的。然而,贸易体制的自由化方式是多样的,包括采取单边、双边、区域及多边的形式。但问题是:如何将二战之后世界贸易的扩张与 WTO 引致的自由化联系起来呢? 有很多研究试图探讨这一关系。这里又涉及两大问题:一是 GATT/WTO 是通过多轮谈判,还是通过使更多的经济体成为该组织的一员而促使世界贸易扩张的? 二是GATT/WTO 的两大核心作用(制定国际贸易规则和处理国际贸易争端)在多大程度上促使其成员的贸易保持更高的稳定性?

欧文(Irwin)通过研究发现,GATT 早期的多边贸易谈判(前三轮谈判时期为1947—1951,见表 10.1)并未推动世界贸易的快速自由化,但他认为 GATT 确实有助于缔约方承诺削减关税,以避免实施高关税。[1]

罗斯(Rose)首次使用前面章节介绍的引力模型分析多边贸易体制对全球贸易的影响。[2]引力模型预测,两国之间的贸易量与它们的经济规模(以 GDP 衡量)成正比,与它们之间的贸易成本成反比。贸易成本包括两国的地理特征,如两国的距离、是否处于内陆、是否交界等,以及政策壁垒。如果贸易成本和政策壁垒没有得到削减,那么引力模型将预测双边贸易的增长速度等于两国 GDP 增长速度之和。既然世界贸易的扩张速度远高于世界 GDP,那么这就意味着二战之后的贸易自由化和贸易成本的削减是起作用的。但令人吃惊的是,罗斯(2004a)基于 1948—1999 年 178 个国家的研究表明,加入 GATT/WTO 的国家并未出现统计上显著的贸易增长。为什么会出现如此情况? 罗斯在随后的论文中指出,这主要是由于 GATT/WTO 并未带来其成员显著的贸易自由化。[3]但这一解释很快受到萨勃拉曼尼亚(Subramanian)和魏尚进的挑战[4],他们通过分析发现,WTO 对贸易有显著的正面影响,可以使世界贸易增加大约 120%(仅在 2000 年就达到 8万亿美元)。但他们也发现这一影响是不平均的:工业化成员比发展中成员更积极地参与对等贸易谈判,因而其贸易增长较多;双边贸易量在双方都实施自由化时比只有一方实施自由化时要大;对于没有实行自由化的部门或行业而言,其贸易量没有增长。

实际上,罗斯的分析只是考虑了存在正的双边贸易流的经济体样本,没有考虑现时

---

[1]　Irwin, Douglas, 1994, "The GATT's Contribution to Economic Recovery in Post-War Western Europe", NBER Working Paper No.4944.

[2]　Rose, Andrew, 2004a, "Do We Really Know that the WTO Increases Trade?", *American Economic Review*, 94(1), 98—114.

[3]　Rose, Andrew, 2004b, "Do WTO Members Have More Liberal Trade Policy?", *Journal of International Economics*, 63(2), 209—235.

[4]　Subramanian, Arvind and Shang-Jin Wei, 2007, "The WTO Promotes Trade, Strongly but Unevenly", *Journal of International Economics*, 72(1), 151—175.

存在贸易关系的经济体在以前是否存在贸易关系。随着越来越多的经济体参与国际贸易,全球贸易的增长不仅由于已经存在贸易关系的经济体之间的贸易在扩张,而且由于以前没有贸易关系的经济体之间出现了贸易往来。WTO 成员资格十分有助于双边贸易关系的形成。1980 年,IMF 的贸易方向统计(Direction of Trade Statistics,DoTS)记录了 183 个经济体的进口数据,其中 27 个为发达经济体,其余为发展中经济体。因此,理论上,双边进口关系的最大可能数量为 33 306(=183×182)对经济体,但实际发生正的进口贸易流的不足 1/3(10 087 对经济体)。没有一个经济体从其所有的 182 个潜在伙伴经济体进口。进口来源经济体数量的中位数仅为 53,也就是说,IMF 统计数据中的183 个经济体中的半数经济体的进口来源经济体不超过 53 个。到 2005 年,有 204 个经济体报告进口数据,其中发达经济体有 32 个,其余为发展中经济体。双边进口关系的最大可能数量应为 41 412(=204×203)对经济体,实际发生正的进口贸易流的超过 1/2(21 630 对经济体)。进口来源经济体数量的中位数几乎翻一番,达到 105。发达经济体与发展中经济体之间(南—北贸易,North-South trade)及发展中经济体之间(南—南贸易,South-South trade)的贸易关系不断发展。1980 年,发生正的进口贸易流的发达经济体组对占所有可能经济体组对的比重大约为 98%,南—北经济体组对的比重为 59%,但南—南经济体组对的比重则只有 18%;到 2005 年,以上后两个比重依次为 83%和 39%。2018 年,有 248 个经济体报告进口数据。双边进口关系的最大可能数量应为 61 256(=248×247)对经济体,实际发生正的进口贸易流的超过 1/2(34 023 对经济体);进口来源经济体数量的中位数达到 150 个。可以看出,越来越多的经济体参与到国际贸易中来,国际贸易网络关系越来越稠密。[①]

但对于 GATT/WTO 的成员资格是否有助于减少该成员贸易波动性(trade volatility)的研究并未给出一致的结论。比如,罗斯使用 1950—1999 年 175 个国家的双边贸易流年度数据并基于引力模型进行分析,发现 GATT/WTO 并不能显著降低贸易波动性。[②]而曼斯菲尔德(Mansfield)和莱因哈特(Reinhardt)则使用 ARCH(autoregressive conditional heteroscedasticity,自回归条件异方差)模型发现,GATT/WTO 成员资格确实可以显著降低出口波动性。[③]

最后,如果 GATT/WTO 确实给各成员带来了更多的贸易(至少对于现实中的大多数国家来说),那么更多的贸易意味着更高的经济增长、更多的收入和福利吗?这就必然涉及国际贸易与经济增长之间的相互关系。这是国际贸易学科与学术研究的又一重要

[①] 可以进一步采用网络分析方法进行分析。当然,还有一些贸易流没有被统计出来,一些研究对其中的原因进行了讨论,参见:Felbermayr, Gabriel and Wilhelm Kohler, 2006, "Exploring the Intensive and Extensive Margins of World Trade", *Review of World Economics*,142(4),642—674;Helpman, Elhanan, Marc Melitz and Yona Rubinstein, 2008, "Estimating Trade Flows: Trading Partners and Trading Volumes", *Quarterly Journal of Economics*,123(2),441—487。

[②] Rose, Andrew, 2005, "Does the WTO Make Trade More Stable?" *Open Economies Review*,16(1),7—22。

[③] Mansfield, Edward and Eric Reinhardt, 2008, "International Institutions and the Volatility of International Trade", *International Organization*,62(4),621—652.

领域,本书将不再进行讨论,留待更高级的课程加以分析。

本章小结

本章首先全面回顾二战结束以来全球多边贸易体制的发展历程,迄今为止,现代意义上的全球多边贸易体制已经走过了 70 多年的风雨历程。然后介绍目前以 WTO 为核心的多边贸易体制的基本特征、宗旨、职能与基本原则、组织框架与法律框架及运行机制。最后是有关国际贸易多边合作的动因、目的及影响的经济学分析。

本章关键词

国际货币基金组织　世界银行　国际贸易组织　瑞士公式　新加坡议题　多哈发展议题　一揽子加入　非歧视原则　最惠国待遇原则　国民待遇原则　自由贸易原则　透明度原则　公平竞争原则　鼓励发展和经济改革原则　争端解决机构　贸易政策审议机构　平行报复　跨领域报复　跨协定报复　贸易条件方法　政治经济学方法　承诺方法　囚徒困境　时间不一致性

本章思考题

1. 简述过去 70 多年全球多边贸易体制的发展历程。

2. 与 GATT 相比,WTO 体制的基本特征是什么?

3. 浏览《WTO 协定》文本,准确理解相关规则的含义。

4. WTO 体制的宗旨、职能与基本原则是什么?

5. WTO 体制的组织架构与法律框架是什么?

6. WTO 体制有哪些基本运行机制?

7. 什么是非歧视原则? 国民待遇原则与最惠国待遇原则有何异同?

8. 什么是自由贸易原则? 它有什么特点?

9. WTO 争端解决机制的基本特点是什么?

10. 什么是贸易条件外部性? 如何解决这一外部性?

11. 国际贸易多边合作的政治经济学动因是什么?

12. 什么是承诺分析方法? 如何解决政府政策的"时间不一致性"?

13. 世界贸易体系对全球贸易的影响如何? 不同学者的研究结论有何差异?

14. 浏览中国加入 WTO 的法律文本,准确理解中国承诺的责任、义务及权利。

15. 回顾中国的"入世"历程,比较中国"入世"前后对外贸易发展的异同。查找有关数据进行实证分析。

16. 运用网络分析方法定量评估国际贸易关系的演变,并讨论其内在原因。

附录 10A 与 GATT/WTO 有关的补充内容

表 10A.1 《1947 年关税与贸易总协定》框架

部　分	条　目	内　容
第一部分	第 1 条	普通最惠国待遇
	第 2 条	减让表
第二部分	第 3 条	国内税和国内法规的国民待遇
	第 4 条	有关电影片的特殊规定
	第 5 条	过境自由
	第 6 条	反倾销税和反补贴税
	第 7 条	海关估价
	第 8 条	进出口规费和手续
	第 9 条	原产地标记
	第 10 条	贸易法规的公布和实施
	第 11 条	普遍取消数量限制
	第 12 条	为保障国际收支而实施的限制
	第 13 条	数量限制的非歧视管理
	第 14 条	非歧视原则的例外
	第 15 条	外汇安排
	第 16 条	补贴
	第 17 条	国营贸易企业
	第 18 条	政府对经济发展的援助
	第 19 条	对某些产品进口的紧急措施
	第 20 条	一般例外
	第 21 条	安全例外
	第 22 条	磋商
	第 23 条	利益的丧失或减损
第三部分	第 24 条	适用领土—边境贸易—关税同盟和自由贸易区
	第 25 条	缔约方的联合行动
	第 26 条	接受、生效和登记
	第 27 条	减让的停止或撤销

续表

部 分	条 目	内 容
第三部分	第 28 条	减让表的修改
	第 28 条之二	关税谈判
	第 29 条	本协定与《哈瓦那宪章》的关系
	第 30 条	修正
	第 31 条	退出
	第 32 条	缔约方
	第 33 条	加入
	第 34 条	附件
	第 35 条	本协定在特定缔约方之间的不适用
第四部分 贸易与发展	第 36 条	原则和目标
	第 37 条	承诺
	第 38 条	联合行动

　　资料来源:石广生主编:《中国加入世界贸易组织知识读本(二)——乌拉圭回合多边贸易谈判结果:法律文件》,人民出版社 2002 年版。(具体条款及其详细内容可以查阅该文献。)

表 10A.2　对 WTO 的理解:十大好处、十大误解及本来面目

WTO 的十大好处	对 WTO 的十大误解	WTO 的本来面目
有助于维持世界和平(通过自由贸易、争端解决机制、国际合作)	WTO 向各成员政府指示应该采取什么样的贸易政策	WTO 是受各成员推动和指使的
以和平和建设性的方式解决争端(有关各方需遵守相关协定)	WTO 不惜任何代价地推行自由贸易	WTO 是一个供各方讨价还价、讨论贸易自由化的舞台
以规则而不是以力量为基础,各国平等,从而使各方的生活变得更容易	商业利益具有高于发展的优先权	促进可持续发展是 WTO 的主要目标
自由贸易可以降低生活成本,因为我们都是消费者	商业利益具有高于环境的优先权	WTO 明确致力于环境保护
消费者可以有更多的选择	商业利益具有高于健康和安全的优先权	安全关切被纳入 WTO 的协定之中
贸易提高收入水平	WTO 破坏就业、恶化贫困	WTO 可以促进就业、减少贫困,尽管有时结构调整会产生失业,但贸易保护决不是解决失业和贫困的办法
贸易可以促进经济增长,因而可以增加就业	小国在 WTO 是没有力量的	WTO 会提高小国的讨价还价能力;但没有 WTO,小国则是软弱无力的

续表

WTO 的十大好处	对 WTO 的十大误解	WTO 的本来面目
WTO 基本原则可以使生产更具经济效率	WTO 是强大游说者的工具	WTO 体制为政府减少既得利益集团的影响提供了一个手段
WTO 体制可以使政府避开狭隘的利益集团影响	弱国是被迫加入 WTO 的	大多数国家认识到,加入 WTO 体制比游离于其外更好
WTO 体制可以塑造一个好政府	WTO 是不民主的	有关决定的通过需协商一致或多数投票,协定还需得到各成员议会的批准

资料来源:根据 www.wto.org 整理得到。

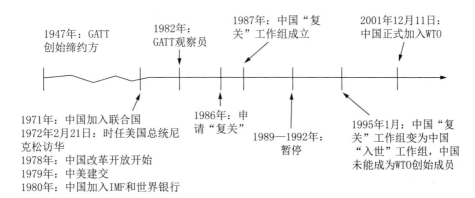

图 10A.1　中国的"复关"和"入世"历程

11

国际服务贸易

本章学习目标

本章将先介绍国际服务贸易及其产业基础的发展背景与基本事实,然后讨论国际服务贸易的基本范畴与统计问题,并回顾有关国际服务贸易的理论与经验研究,最后将介绍国际服务贸易的多边规则。

通过本章的学习,我们可以:

- 了解全球服务贸易及其服务业产业基础的发展背景与特征事实;
- 了解国际服务贸易的基本范畴与统计方法;
- 了解有关国际服务贸易的理论与经验研究;
- 了解国际服务贸易的多边规则体系。

11.1 引言: 背景与事实

现代经济增长的最重要特征之一就是快速的结构转换率。[①]在这一过程中,服务业在国民经济中的比重趋于上升,已经成为国民经济的主导性产业。与此同时,随着服务业的对外开放与自由化发展,服务贸易与投资在国际经贸领域中的分量越来越重,由此反过来进一步推动全球服务业的发展。

11.1.1 经济形态演变与服务业兴起

世界经济发展史表明,从农业经济到工业经济再到服务经济,是人类社会经济发展

---

① Kuznets, Simon, 1973, "Modern Economic Growth: Findings and Reflections", *American Economic Review*, 63(3), 247—258.

的必然趋势。①18 世纪中后期的工业革命实际上开启了从农业文明到工业文明的演进，全球的工业化主要是发达国家的工业化，当时包括中国在内的不发达国家则错过了工业化。二战结束之后，世界经济出现了新的转型，就是服务业革命。但相对于以大机器生产为主要特征的工业革命，服务业革命则是悄无声息的，并且主要发生在以美国为代表的发达国家。美国是二战之后世界上第一个进入服务经济的国家，随后很多其他国家也都进入了这样的时代。②图 11.1 和图 11.2 显示服务业占 GDP 的比重随着收入水平的提

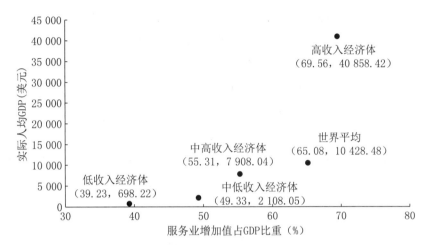

图 11.1　全球不同收入水平经济体的服务业占比

注:实际人均 GDP 以 2015 年的不变价格美元衡量。每组经济体的数据依次为服务业比重(%)与实际人均 GDP(美元)。

资料来源:基于世界银行 2019 年数据整理而得。

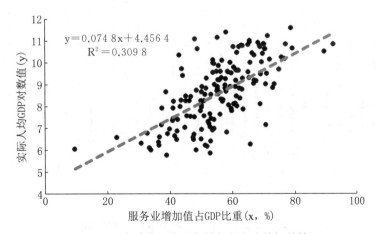

图 11.2　全球收入水平与服务业占比的相关性

注:实际人均 GDP 以 2015 年的不变价格美元衡量。

资料来源:基于世界银行 2019 年数据整理而得。

①　Riddle，Dorothy，1986，*Service-Led Growth：The Role of the Service Sector in the World Development*，New York：Praeger Publishers.

②　Fuchs，Victor，1968，*The Service Economy*，New York：National Bureau of Economic Research.

高而上升。世界银行 2016 年的数据显示,全球服务业占 GDP 的比重平均达到 65%,高收入经济体已经接近 70%。

服务业兴起背后的经济学逻辑包括两个方面:一是根据恩格尔定律(Engel's law)和马斯洛需求层次理论(Maslow's hierarchy of needs),人们对服务的最终消费会随经济发展和收入水平的提高而上升。这类服务被称为消费性服务(consumer services),比如医疗保健服务、教育文化服务、旅游休闲服务等。二是随着专业化分工的深化和细化,对中间服务的需求(即中间使用)会趋于上升。这类服务被称为生产性服务(producer services),比如物流服务、金融服务、会计与管理咨询服务等。这些服务往往具有较高的需求收入弹性、较高的可贸易性、较显著的生产率增长(因普遍采用信息通信技术)与既面向企业也面向家庭的双重经济功能等特征。[1]

如果采用前面章节介绍的投入—产出法进行测算,并以 2009 年的不变价格 WIOD 跨国投入—产出数据为基础进行计算,可知大多数经济体服务业总产出中的中间使用部分占比超过 30%(见图 11.3)。其中,批发贸易、运输、邮电通信、金融中介服务及其他商务服务的产出有超过 50% 的比重作为中间使用,因而这些服务行业最具有生产性服务的特点(见图 11.4)。

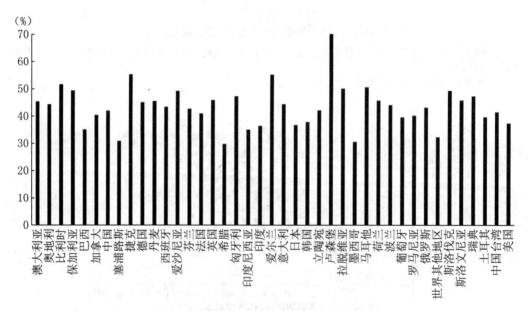

图 11.3　各经济体整体服务业总产出中的中间使用部分占比

注:以 2009 年的不变价格 WIOD 数据为基础进行计算而得。
资料来源:基于 WIOD 数据计算而得。

---

[1]　Eichengreen, Barry and Poonam Gupta, 2013, "The Two Waves of Service-Sector Growth", *Oxford Economic Papers*, 65(1), 96—123.

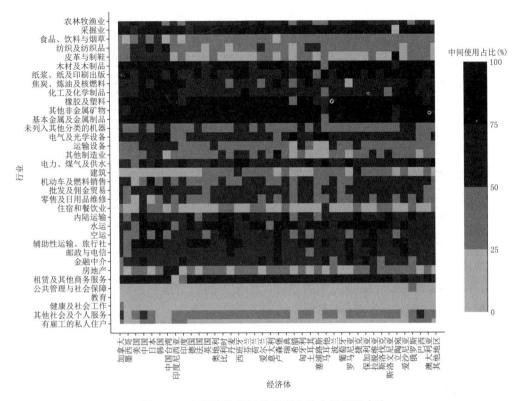

图 11.4 各经济体各行业产出中的中间使用占比

注：以 2009 年的不变价格 WIOD 数据为基础进行计算而得。

资料来源：基于 WIOD 数据计算而得。

11.1.2 经济全球化与服务贸易发展

前面章节已经提及，经济全球化具体表现为生产、贸易、投资等方面的全球化，其背后的作用机制是国际分工的深化与细化。这一分工演化表现为逐渐由产业间分工演进到产业内分工再到价值链分工。在价值链分工的背景下，如何协调与联结价值链分工导致的高度分散化的生产活动与无国界的复杂生产网络呢？服务特别是生产性服务就是关键。像运输与物流、金融、信息、分销、专业服务等这些生产性服务不仅在全球产业链和价值链分工中起到"黏合剂"的作用，而且其本身也是全球增加值贸易的重要组成部分。①

根据联合国贸发会议的统计，全球约 60% 的贸易为中间品贸易（包括有形产品与服务），这些中间产品和服务在不同阶段被纳入供最终消费的产品和服务的生产过程；尽管服务业在全球 BOP（国际收支平衡表）净出口中仅占 20% 左右的份额，但出口增加值中几乎有一半（46%）是由服务部门的活动贡献的，因为大部分出口制造品在生产过程中都

---

① Jones, Ronald and Henryk Kierzkowski, 1990, "The Role of Services in Production and International Trade: A Theoretical Framework", in Ronald Jones and Anne Krueger(eds.), *The Political Economy of International Trade*, Oxford: Basil Blackwell Inc., 31—48. WTO, 2019, *World Trade Report 2019—The Future of Services Trade*, Geneva: WTO Publications.

需要投入服务。[1]另外,全球 60％以上的 FDI 都流向了服务业,而在服务业中又有 60％以上的 FDI 流向了主要承担生产性服务功能的服务行业。[2]

服务贸易的发展得益于服务业的自由化与对外开放。在国家层面上,为了抓住和利用好经济全球化带来的机遇并借此推进贸易投资战略及经济发展战略,各国、各地区都在追求更高水平的经济开放与自由化,包括促进服务业的改革与开放。在国际层面上,随着以 WTO 为主导的多边框架(服务领域是 GATS 框架)的改进和完善,以及区域和双边经贸安排的涌现,服务贸易发展的国际环境不断改善。

不断发展的国际经济贸易与价值链分工日益要求突破既有的规则与体制约束,使改革领域逐渐从传统的“边境上壁垒”(on-the-border barriers,即涉及降低关税与非关税壁垒的“第一代”贸易自由化)延伸至“边境内壁垒”(behind-the-border barriers,即涉及国内规制改革的“第二代”贸易自由化)。[3]服务领域的对外开放则更多地涉及“边境内壁垒”的削减。

服务业的对外开放和服务贸易的发展有助于提高经济福利与收入水平,如表 11.1所示,服务贸易可以使人均 GDP 平均提高 0.5％—7％(基于不同方法有所差异)。

表 11.1　服务贸易的福利效应(以人均 GDP 衡量)

估计方法或来源	估计结果	说　明
基于 CGE 模型的研究	2％—7％	
WTO(2019)的估算结果:		
(1) 基于 Arkolakis 等(2012)方法	平均 0.5％	43 个经济体、2000—2014 年(基于 WIOD 数据)
(2) 基于 Feyrer(2019)方法	平均 6.3％	148 经济体、2000—2014 年

注:Arkolakis 等(2012)方法基于 Arkolaki, Costas, Arnaud Costinot and Andres Rodriguez-Clare, 2012, “New Trade Models, Same Old Gains?” *American Economic Review*, 102(1), 94—130。Feyrer(2019)方法基于 Feyrer, James, 2019, “Trade and Income—Exploiting Time Series in Geography”, *American Economic Journal: Applied Economics*, 11(4), 1—35。

资料来源:WTO, 2019, *World Trade Report 2019—The Future of Services Trade*, Geneva: WTO Publications, 5。

11.2　国际服务贸易的基本范畴与统计

本节将首先讨论关于服务的定义及服务有别于货物(或货品)的特征;然后从理论与

---

[1]　UNCTAD, 2013, *World Investment Report 2013—Global Value Chains: Investment and Trade for Development*, unctad.org.

[2]　UNCTAD, 2004, *World Investment Report 2004—The Shift towards Services*, unctad.org.

[3]　Lawrence, Robert, 1996, *Regionalism, Multilateralism, and Deeper Integration*, Washington, DC: Brookings Institution Press.

实践两个层面介绍服务业的部门与行业分类，把握服务业的内涵与外延；最后介绍国际服务贸易的定义与分类及统计核算问题。

11.2.1 服务

经济物品在形态上可分为：有形产品，即货物或货品（比如大米、电视机等）；无形产品，即服务①（比如咨询、理发等）。由此可以追溯到生产这些经济物品的行业、部门或产业，即服务主要是由服务业提供的，而货物则主要是由货物生产业提供的。

现代经济学对服务概念的讨论由来已久。从亚当·斯密的《国民财富的性质和原因的研究》（1776 年出版）到约翰·斯图亚特·穆勒的《政治经济学原理》（1848 年出版），再到马克思的著作《剩余价值理论》（1861—1863 年）等都对服务概念进行了讨论。但定义服务是很困难的，这是因为有些定义只是在列举产业或刻画表面特征，而没有抓住其本质。应当指出，对服务的界定是为了揭示和勾勒出各种服务及服务业各产业之共性。正如，种植棉花和饲养猪羊虽大不相同，但我们毫无困难地将它们归为农业；同样，纺织业和汽车业虽大相径庭，但我们认为它们都是制造业。基于这一思路，定义服务应考虑三个主要因素：（1）产出特征，即服务主要体现为一种过程或活动；（2）投入特征，即服务涉及服务生产者与消费者的投入；（3）服务生产的目的，即服务提供时间、空间或/和形式上的效用。由此，与货品相比，服务具有以下七个特征：

第一，服务一般是无形的。服务的空间形态基本上是不固定的、不直接可视的、无形的。服务提供者通常无法向顾客介绍空间形态确定的服务样品；服务消费者在购买服务之前往往不能感知服务，在购买之后也只能觉察到服务的结果而不是服务本身。随着科技的发展，有些无形的服务已变得"有形化"了。赫伯特·格鲁伯和迈克尔·沃克（Michael Walker）提出"物化服务"（embodied service）概念来描述这一趋势，认为唱片、软盘作为服务的载体，其本身的价值相对于其提供的整个价值来说可以忽略不计，其价值主体仍是服务。②

第二，服务的生产和消费通常是同时发生的。货品一旦进入市场体系或流通过程便成为感性上独立的交易对象，生产过程在时间和空间上同它分割开来。而服务要么同其提供来源不可分，要么同其消费者不可分。这种不可分性要求服务提供者或/和服务购买者不能与服务在时间或/和空间上分割开来。比如，买了电影票又想看电影的消费者不会小到电影院，想理发的人不可能不到理发师那里去，做手术的医生不可能远离他的病人。当然，对于物化服务，服务的生产和消费可以不同时发生。另外，随着人工智能、信息通信等科技的发展，有些服务（比如网上医疗会诊和手术）的生产和消费通过提供者与消费者的远距离互动就可以完成。

第三，服务是难以贮存的。货品可以在被生产出来之后和进入消费之前这一段时间

---

① 与作为无形产品的服务相对的有形产品则直接用货物或货品来称呼。
② ［加］赫伯特·G.格鲁伯和迈克尔·A.沃克（1989）：《服务业的增长：原因与影响》，陈彪如译，上海三联书店1993 年版。

处于库存状态,并且未必会给货品所有者造成损失。但服务一旦被生产或提供出来,一般不能长久搁置,也就是不可能处于库存状态。[1]如果服务不被使用,则既不会给购买者带来效用,也不会给提供者带来收益。比如,列车、飞机、电影院里的空位不会产生服务收入;医院、商店、餐馆和银行等如果没有消费者光顾就可能倒闭。不过,对于物化服务而言,服务则是可以储存的。实际上,储存可以表现为时空两方面的储存,服务储存可以是时间上的储存,即服务是在购买时消费还是在购买以后某时消费。比如,购买保险就可以在一段时期(有效期)内消费(如得到安全保障),或者在有效期内任何时候的某些情况下消费(如要求赔偿)。

第四,服务具有很强的异质性。同一货品的消费效果和品质通常是均质的。而同一种服务的消费效果和品质往往存在显著差别,这种差别来自供求两方面:服务提供者的技术水平和服务态度往往因人、因时、因地而异,他们的服务也随之出现差异;服务消费者对服务也时常提出特殊要求。比如,对于教育服务而言,同一个老师面向同一个班级教授《国际贸易》,不同的学生就有不同的评价,这是服务接受者的评价;两个老师如果教授同一门《国际贸易》课,同一个学生会有不同的评价,这则是服务提供者的差异。所以,服务质量标准只能规定一般要求,难以确定特殊的或个别的要求。这样,服务质量及其管理就带有很大的弹性和随意性。这既为服务行业创造优质服务开辟了广阔的空间,也给劣质服务留下了活动的余地。因此,与能够执行统一标准的货品质量管理相比,服务质量的管理要困难得多,从而可能导致寻租等外部性(比如政府服务中的腐败现象)的存在与蔓延。

第五,服务具有较强的经验特征和信任特征。如果将服务的异质性、无形性和不可分离性结合起来,还可以观察服务与货品的另一个差别:购买货品所能得到的品质和效果是能够事先预期的,而购买服务所可能得到的品质和效果则是难以事先预期的。也就是说,与货品相比,服务具有较强的经验特征和信任特征。纳尔逊(Nelson)将产品特征分为寻找特征(search feature)和经验特征[2],达比(Darby)和卡尼(Karni)在此基础上增加了信任特征[3]。寻找特征是指消费者在购买之前就能够确认的产品属性及价格,经验特征是指那些只有在购买之后或在消费过程中才能体认到的产品属性,信任特征则指那些即使在购买和消费之后也很难做出评价的属性。有形产品具有较强的寻找特征,服务的经验特征较强,而一些技术性和专业性较强的服务则表现出较强的信任特征。从有形产品到服务再到专业性服务,与之对应的是从较强的寻找特征到经验特征再到信任特征,消费者的评价由易变难,其在购买或消费时所承担的风险也逐渐加大(如图11.5所示)。

---

① 服务难以贮存还会产生两方面影响:一是导致服务消费拥挤,即在消费高峰时,服务提供者无法及时满足(比如重大疫情时期的医疗服务);二是有助于熨平商业周期,避免产出因为库存而出现大幅波动。

② Nelson, Phillip, 1970, "Information and Consumer Behavior", *Journal of Political Economy*, 78(2), 311—329.

③ Darby, Michael and Edi Karni, 1973, "Free Competition and the Optimal Amount of Fraud", *Journal of Law and Economics*, 16(1), 67—88.

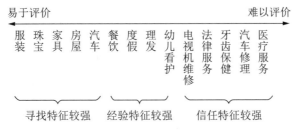

图 11.5 产品(货品和服务)的三个特征比较

第六,服务消费者支付的价格与获得的实际产出通常并不相关。服务的生产通常需要生产者(或提供者)与消费者(或接受者)的共同参与,消费者不仅是服务的接受者,也是服务生产的投入要素。也就是说,服务消费者是直接影响服务产出的,因而服务的实际产出至少对于生产者来说就变得不可控了。比如,医院和医生提供医疗服务的效果部分地取决于患者的特征,医疗服务提供者不是基于成功的结果(即实际产出)收费,而是将费用收取与中间提供的服务相挂钩(患者虽没治好但仍然要付费)。学校提供教育服务并不是基于学生实际获得的人力资本产出进行收费或定价,而是将费用收取与学生身份注册联系在一起;如果学生在校学不到东西,得不到任何人力资本,学校仍然要收费①。

第七,服务的可贸易性很低。由于服务的无形性、生产与消费的同时性及难以贮存性,服务产品的可贸易性往往较低,即服务很难进行货物贸易意义上的跨境贸易。这意味着"商业存在"对于跨境服务贸易的重要性。后文对此进行讨论。

11.2.2 服务业

本部分从理论与实践两方面介绍服务业的部门分类,理解服务业的内涵和外延。

1. 理论研究中的服务业分类

首先介绍产业结构理论中的产业结构分类法,然后再讨论服务业分类。

(1)产业结构分类法。

产业结构分类法是指产业结构理论中有关国民经济活动的分类方法。产业分类是通过对经济活动进行分解或组合而形成多层次的产业划分,其中比较重要的分类方法有以下几种:

第一,三次产业分类法,即把全部经济活动划分为第一产业、第二产业、第三产业。第一产业是指对自然界本来存在的劳动对象进行加工的生产,包括农业(种植业)、畜牧业、林业和狩猎业。第二产业是指对初级产品进行再加工的生产,包括制造业、建筑业等工业部门。第三产业是指除第一产业和第二产业以外的所有部门。艾伦·费希尔(Alan Fisher)与科林·克拉克(Colin Clark)对三次产业分类法的提出与推广应用起

---

① 这是因为学生既是教育服务的接受者,也是教育服务的投入要素。学生获得的实际产出(人力资本)不仅取决于教育服务的提供者(学校及老师),还取决于学生自身。这就是"教学相长"。

了很大作用。[1]

第二，四次产业分类法。随着信息技术的发展，20世纪70年代出现了四次产业分类法，即把三次产业分类法中的第三产业里面的信息服务业单独划分出来，作为第四产业。第三产业在被抽去信息服务业之后，其增长趋势并不明显，真正增长的是信息服务业。弗里兹·马克卢普（Fritz Machlup）和马克·波拉特（Marc Porat）对此做出了重要贡献。[2]

第三，霍夫曼分类法。德国经济学家瓦尔特·霍夫曼（Walther Hoffmann）在1931年出版的《工业化的阶段和类型》（*Stadien und Typen der Industrialisierung*）一书将所有产业按其产品用途分为消费资料产业、资本资料产业和其他产业。其划分标准是：如果产品有75%以上是作为消费资料的，则归入消费资料产业；如果产品有75%以上是作为资本资料的（即形成固定资产的生产资料），则归入资本资料产业；其他无法用这两个标准分类的部门都归入其他产业。

第四，工业结构产业分类法。该方法专门针对工业结构的划分，包括两种划分方法：一是"二分法"，即基于产品单位体积的相对重量将工业分为轻工业和重工业，产品单位体积重量大的工业部门属于重工业（如钢铁、有色冶金、金属材料和机械工业），重量轻的则属于轻工业。二是"三分法"，即把化学工业单列出来而形成重工业、轻工业和化学工业三大工业，化学工业既包括传统化学工业，也包括新兴化学工业，如石油精炼和石油化工等。

第五，基于资源和要素使用的产业分类法。该方法是按照资源和要素使用的密集度（或依赖程度）进行产业分类，即分为资本密集型产业、劳动密集型产业、技术密集型产业等。前面章节讨论的要素禀赋贸易理论就是基于该种方法对行业或产品进行界定的。

（2）服务业分类法。

在所有产业分类中，关于服务业的分类可以说是最具争议的。福克斯指出，甚至在同一个作者的著作中，也明显地有划分不一致的情况。[3]大致来说，服务业有以下三种分类方法：

第一，基于生产的划分。这一划分涵盖包括服务业在内的所有产业。比如，三次产业划分法将第三产业看作是"剩余产业"，其中涵盖了大部分服务部门。

---

[1] Fisher, Allan, 1935, *The Clash of Progress and Security*, London: Macmillan. Clark, Colin, 1940, *The Conditions of Economic Progress*, London: Macmillan.

[2] 马克卢普最早提出"信息经济"概念，他还在1962年出版的《美国的知识生产与分配》（Machlup, Fritz, 1962, *The Production and Distribution of Knowledge in the United States*, New Jersey: Princeton University Press）一书中首次提出"知识产业"（包括教育、科学研究与开发、通信媒介、信息设施和信息活动等五个方面），并测算出"知识产业"在美国国民经济中的比例。据他估计，1958年美国国民生产总值中有29%来自信息产业，劳动投入有32%以上来自信息生产和活动。波拉特在1977年出版的报告《信息经济：定义与测量》［Porat, Marc Uri, 1977, *The Information Economy: Definition and Measurement*, Office of Telecommunications(DOC), Washington D.C.］一书中给出了信息、信息资源、信息劳动、信息活动等一系列既有经济含义又能被计量的定义。波拉特的研究进一步完善了信息经济的概念、方法及测算体系，使宏观经济指标与微观信息活动得到了有机结合。

[3] Fuchs, Victor, 1968, *The Service Economy*, New York: National Bureau of Economic Research.

第二，基于消费的划分。比如，将商业、运输、通信、仓储等服务归为生产服务或生产性服务，将政府、教育、健康及其他社会服务看作是集体消费服务，把职业服务、家政服务、修理服务及其他专业性服务划为个体消费服务。[①]

第三，基于经济功能的划分。服务可分为中间市场服务（即生产性服务）和最终市场服务（即消费性服务）[②]，或者服务部门可分为分销服务、生产性服务、社会服务和个人服务[③]，甚至在第三产业的基础上增加第四产业（包括运输、通信、商业、金融）和第五产业（包括健康、教育、娱乐）。[④]

在以上分类中有一个很重要的划分，就是把服务分为生产性服务与消费性服务。前者对应着作为中间投入品的服务，而后者则是作为最终消费品的服务。在实际经济统计中，二者的（外延）行业划分与界定则比较复杂，因为有些（纯粹的）生产性服务业的使用主体仅仅是生产者或企业，比如审计服务。但有些（混合的）服务行业（比如交通运输服务、银行服务）既可以作为生产性服务，为生产者或企业所用（因为企业需要），也可以作为消费性服务，为个人或家庭所用（因为一般消费者也需要），只不过不同服务行业的侧重点有所不同而已。比如，纯粹的消费性服务业包括文化娱乐服务、医疗健康服务等。

2. 服务业分类实践

首先介绍国际标准产业分类中的服务业分类，然后介绍中国产业分类体系中的服务业分类。

（1）国际标准产业分类中的服务业。

联合国统计署早在1948年就编制了《所有经济活动的国际标准产业分类》，目前已经更新到修订本第4版（如表11.2所示）。此版的划分更细，从A到U共计21个门类。服务业至少涵盖从G到U的15个门类，依次是：批发与零售贸易、机动车和摩托车的修理，运输与储存，食宿服务活动，信息与通信，金融与保险活动，房地产活动，专业、科学和技术活动，行政和辅助活动，公共管理与国防、强制性社会保障，教育，人体健康与社会工作活动，艺术、娱乐和文娱活动，其他服务活动，家庭作为雇主的活动及家庭自用、未加区分的物品生产和服务活动，国际组织和机构的活动。另外，电、煤气、蒸汽和空调的供应，供水及污水处理、废物管理和补救活动，以及建筑业有时也被划为服务业。

---

① Juleff, Linda, 1993, "The Structure of Advanced Producer Service Employment in Great Britain 1971—1989", Working Paper, Department of Economics, Napier University.

② Ochel, Wolfgang and Manfred Wegner, 1987, *Service Economy in Europe：Opportunities for Growth*, Boulder, CO：Westview Press.

③ Browning, Harley and Joachim Singelmann, 1975, *The Emergence of a Service Society：Demographic and Sociological Aspects of the Sectoral Transformation of the Labor Force in the USA*, Springfield, VA：National Technical Information Service.

④ Foote, Nelson and Paul Hatt, 1953, "Social Mobility and Economic Advancement", *American Economic Review*, 43(2), 364—378.

表 11.2 《所有经济活动的国际标准产业分类》(修订本第 4 版)中的门类及类划分

门类 A—农业、林业及渔业(类 01—03)

门类 B—采矿和采石(类 05—09)

门类 C—制造业(类 10—33)

门类 D—电、煤气、蒸气和空调的供应(类 35)

门类 E—供水;污水处理、废物管理和补救活动(类 36—39)

门类 F—建筑业(类 41—43)

门类 G—批发和零售业;汽车和摩托车的修理(类 45—47)

门类 H—运输和储存(类 49—53)

门类 I—食宿服务活动(类 55—56)

门类 J—信息和通信(类 58—63)

门类 K—金融与保险活动(类 64—66)

门类 L—房地产活动(类 68)

门类 M—专业、科学和技术活动(类 69—75)

门类 N—行政和辅助活动(类 77—82)

门类 O—公共管理与国防;强制性社会保障(类 84)

门类 P—教育(类 85)

门类 Q—人体健康和社会工作活动(类 86—88)

门类 R—艺术、娱乐和文娱活动(类 90—93)

门类 S—其他服务活动(类 94—96)

门类 T—家庭作为雇主活动;家庭自用、未加区分的物品生产和服务活动(类 97—98)

门类 U—国际组织和机构的活动(类 99)

注:表中括号内数字为类代码。

资料来源:www.unstats.un.org。

(2) 中国产业分类中的服务业。

中国的国民经济统计核算在计划经济时期采用物质产品平衡表体系(MPS),从 1985 年开始采用国民账户核算体系(SNA)。中国服务业的部门划分大致经历了三个阶段,从 1993 年及以前的 9 大类增加到 1994 年及以后的 12 大类,进而又增加到 2003 年之后的 15 大类(见图 11.6)。

第一阶段:以 1984 年颁布的《国民经济行业分类和代码》为基础,中国 1993 年及以前的服务业统计核算的基本分类为交通运输、邮电通信业,商业、饮食业、物质供销和仓储业,金融保险业,房地产业,服务业(为窄口径服务业,包括居民服务业、咨询服务业、农林牧渔服务业、地质勘查业、水利管理业和综合技术服务业),公用事业,科教文卫体育福利事业,国家机关、政党机关和社会团体,其他行业等 9 大类。

第二阶段:以 1994 年颁布的《国民经济行业分类和代码》为基础,中国 1994 年及以后的服务业统计核算包括 12 大类,即农林牧渔服务业,地质勘查业、水利管理业,交通运输、仓储及邮电通信业,批发和零售贸易、餐饮业,金融保险业,房地产业,社会服务业,卫生、体育和社会福利业,教育、文化艺术及广播电影电视业,科学研究和综合技术服务业,国家机关、政党机关和社会团体,以及其他行业。

　　第三阶段：2003 年 5 月，国家统计局根据《国民经济行业分类》(GB/T4754—2002)出台新的三次产业划分方法。服务业包括交通运输、仓储和邮政业，信息传输、计算机服务和软件业，批发和零售业，住宿和餐饮业，金融业，房地产业，租赁和商务服务业，科学研究、技术服务和地质勘查业，水利、环境和公共设施管理业，居民服务和其他服务业，教育，卫生、社会保障和社会福利业，文化、体育和娱乐业，公共管理和社会组织，国际组织等 15 大类。

　　以上三个阶段服务业核算的一级部门划分的前后联系如图 11.6 所示。可以看出，目前中国的服务业分类与 ISIC 中的服务业划分存在一些差异。

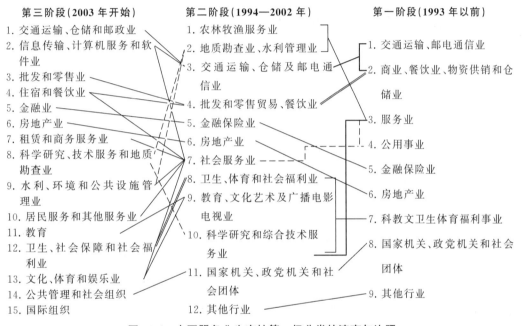

图 11.6　中国服务业生产核算一级分类的演变与比照

　　资料来源：基于以下文献补充整理而成，参见许宪春：《中国服务业核算及其存在的问题研究》，《经济研究》2004 年第 3 期。

11.2.3　国际服务贸易

　　1. 国际服务贸易的四种模式

　　乌拉圭回合达成的 GATS 将服务贸易定义为四种模式(如图 11.7 所示)：(1)自一成员领土向任何其他成员领土提供服务，简称"跨境交付"(cross-border supply)。(2)在一成员领土内向任何其他成员的服务消费者提供服务，简称"境外消费"(consumption abroad)。(3)一成员的服务提供者通过在任何其他成员领土内的商业存在提供服务，简称"商业存在"(commercial presence)。(4)一成员的服务提供者通过在任何其他成员领土内的自然人存在提供服务，简称"自然人流动"(presence of natural persons)。

　　GATS 还规定：第一，服务贸易涉及的"服务"包括任何部门的任何服务，但在行使政府职权时提供的服务除外。第二,"行使政府职权时提供的服务"指既不依据商业基础提供,也不与一个或多个服务提供者竞争的任何服务。第三,"服务的提供"包括服务的生产、分销、营销、销售和交付。第四,"商业存在"指任何类型的商业或专业机构,包括为提供服务而在一成员领土内组建、收购或维持一法人,或创建或维持一分支机构或代表处。

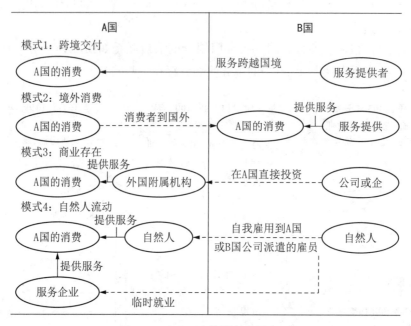

图 11.7　GATS 中的服务贸易定义

资料来源:United Nations, et al., 2002, *Manual on Statistics of International Trade in Services*, New York: United Nations Publications 23.

在"跨境交付"模式中,消费者在其本国领土上,而在另一不同国家的供应商跨越国界提供服务。服务的交付可通过电话、传真、因特网或其他计算机媒体的连接、电视,或是通过邮件或信使方式发送文件、软盘、磁带等,它类似于传统意义上的货物贸易,即交付产品时,消费者和供应商依然留在各自领土上。常见的例子有支持货物贸易的运输服务、远距离诊断等。

"境外消费"模式是通过服务的消费者(购买者)的跨境移动实现的,服务是在服务提供者实体存在的那个国家或地区生产的。常见的例子有境外旅游、教育和医疗服务等。

"商业存在"模式则主要涉及市场准入和直接投资,即在(境外)东道国设立机构并提供服务、取得收入,从而形成贸易。机构服务人员可以来自母国,也可以是在东道国被雇用;其服务对象可以是东道国的消费者,也可以是第三国的消费者。常见的例子如在境外设立金融服务分支机构、律师事务所、会计师事务所、维修服务站等。

"自然人流动"模式是指一国的自然人(或服务提供者)跨境移动,在其他国家境内提供服务而形成贸易。

2. 国际服务贸易统计

服务贸易统计是国际经济统计的重要组成部分,包括国际收支平衡表中服务贸易项目的统计(简称"BOP 服务贸易统计")与外国附属机构服务贸易(foreign affiliates trade in services)的统计(简称"FATS 服务贸易统计")两部分。

(1) BOP 服务贸易统计。

BOP 经常项目下的服务是指居民与非居民之间的服务交易。一国的居民是指在该国境内居住满 1 年的自然人和设有营业场所并进行货物或服务生产的企业法人。因此,BOP 界定的国际服务贸易主要是服务的跨境交易。实际上,GATS 界定的服务贸易把 BOP 统计的"居民和非居民之间的跨境交易"范围扩展到作为东道国居民的"外国商业存在"同东道国其他居民之间的交易。

BOP 服务贸易统计涉及的项目主要有:交通运输服务,旅游服务,邮电通信服务,建筑服务,保险服务,金融服务,计算机和信息服务,专有权利及其他特许权利使用服务,文化、娱乐服务,法律、会计、管理咨询及公共关系服务,广告、市场调研和民意测验服务,研究和开发服务,教育、医疗和保健服务等。注意,BOP 服务贸易统计是一种总值服务贸易统计。增加值服务贸易则需要按照第 6 章的方法进行计算和统计。

(2) FATS 服务贸易统计。

货物和服务的国际销售不仅可以通过 BOP 记录的居民和非居民之间的交易,也可以通过设在外国客户所属国家的直接投资企业或分支机构实现。就服务而言,这种为外国市场服务的方式特别重要,因为它常常是使服务提供者有可能与其客户密切连续接触的唯一方式,而这种接触对于与当地公司进行有效竞争是必要的。[1]

按国际公认的标准,应将外国直接投资额占投资总额 50% 以上的外商投资企业列入外国附属机构的范畴。FATS 统计反映了外国附属机构在东道国的服务交易情况,包括与投资母国、东道国居民及其他国家之间的交易。FATS 分为内向 FATS 和外向 FATS 两个方面,前者是指在本国的外国附属机构对本国提供的服务(相当于本国进口服务),后者是指在外国的本国附属机构向该外国提供的服务(相当于本国出口服务)。

总之,BOP 服务贸易统计与 FATS 服务贸易统计是互为补充的。BOP 服务贸易指的是居民与非居民之间的跨境服务交易,不包含作为居民的外国附属机构与当地居民之间的服务交易,而 FATS 统计正好涵盖后者。但两种统计不能简单相加,因为它们涉及的范围、内容和记录原则不同,而且它们还有部分内容是重叠的(见表 11.3)。随着服务领域国际投资与全球价值链分工的发展,FATS 统计越来越重要。根据 WTO 的估计结果,全球通过"商业存在"模式交易的服务贸易占全部服务贸易的比重超过 50%。[2]

[1] 参见 United Nations, et al., 2002, *Manual on Statistics of International Trade in Services*, New York: United Nations Publications, 51。

[2] WTO, 2019, *World Trade Report 2019—The Future of Services Trade*, Geneva: WTO Publications, 24.

表 11.3　服务贸易四种模式的 BOP 统计和 FATS 统计覆盖

	相关统计范围	不　足
模式1：跨境交付	BOP：运输服务（大部分）、通信服务、保险服务、金融服务、特许使用费和许可费；以下项目的一部分——计算机和信息服务、其他商务服务，以及个人、文化和娱乐服务	BOP 登记时并未区分不同提供模式
模式2：境外消费	BOP：旅游（旅游者购买的货物除外），在外国港口修理船只（货物），运输服务的一部分（在外国港口对船只进行支持和辅助服务）	旅游也包括旅游者消费的货物，旅游者消费的服务未进行细分；BOP 登记时并未区分不同提供模式
模式3：商业存在	FATS：针对每个 ICFA（针对外国附属机构的 ISIC）类别 BOP：建筑服务的一部分	覆盖面不全；未在模式 3 和模式 4 直接进行分配
模式4：自然人流动（或自然人存在）	BOP：以下服务项目的一部分——计算机和信息服务，其他商务服务，个人、文化和娱乐服务，以及建筑服务 FATS（补充信息）：外国人在国外分支机构中就业 BOP（补充信息）：与移民、就业有关的统计	BOP 登记时并未区分不同提供模式

资料来源：United Nations, et al., 2002, *Manual on Statistics of International Trade in Services*, New York：United Nations Publications, 24. WTO, 2010, *Measuring Trade in Services：A Training Module*, www.wto.org, 11.

11.3　国际服务贸易理论与经验分析

现实经济中的服务业和服务贸易发展引起了学术界的高度关注，相关的研究层出不穷。本节首先简要梳理这一学术研究领域的发展脉络，然后依次按照前面章节介绍的国际贸易理论的演进顺序，从理论与经验两个维度回顾相关的代表性研究。

11.3.1　基本脉络

对服务产品本身的研究历史较长，可以追溯至古典经济学创立之时（见图 11.8）。当然，在亚当·斯密之前的重商主义和重农学派那里，也留下关于该问题讨论的影子，但那是集中于生产性劳动和非生产性劳动的争论。这一讨论对后来的马克思写《剩余价值理论》影响甚大[①]，并进而影响到计划经济时期的中国。

将服务提升到产业或行业水平的高度来进行理论与经验研究，开始于 20 世纪 30 年

---

① 《马克思恩格斯全集》第 26 卷（I）（即马克思的《剩余价值理论》第一册附录），人民出版社 1972 年版。

代末期。最早的贡献者是费希尔和克拉克①,他们开启了服务业研究的新时代,把服务业看作是经济增长、结构变迁过程中的重要部分。②

对服务贸易与服务业对外开放的研究相对较晚,最早可追溯至 20 世纪 70 年代中期出现的关于服务贸易自由化方式及其福利含义的讨论。不过,这些早期研究都是描述性的和政策导向性的,认为服务贸易发展受到普遍存在的政府干预措施的影响,而这些措施超出了国际协议特别是 GATT 的范围。③这些早期研究及后来的研究都一致认为,服务贸易并不像以前所认为的那样不重要。当然,关于服务贸易的研究之所以姗姗来迟甚至被国际贸易理论家所忽视,其主要原因是服务被看作是"非贸易品"。但如今的国际服务贸易在内涵与外延上已经与传统国际经济分析中的非贸易品相去甚远,因为科技的发展、经济的全球化及统计制度的完善改变了人们对服务贸易的内涵与外延的认识。随后出现的研究在理论和经验两个方面都取得了重要进展。④

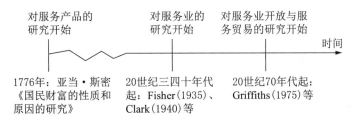

图 11.8 关于服务、服务业及服务贸易问题的经济学研究简史

注:每一阶段只列出开始的文献。

截至目前,服务业对外开放与服务贸易研究大多是在传统贸易理论(主要包括比较优势理论和要素禀赋理论)、新贸易理论、异质性企业贸易理论及全球价值链理论框架下展开的。下面基于代表性文献依次进行介绍。

---

① Fisher, Allan, 1935, *The Clash of Progress and Security*, London: Macmillan; Clark, Colin, 1940, *The Conditions of Economic Progress*, London: Macmillan.

② 涉及服务业、产业结构演变与非均衡增长("成本病")的研究还有很多,较有代表性的比如:Baumol, William, 1967, "Macroeconomics of Unbalanced Growth: The Anatomy of Urban Crisis", *American Economic Review*, 57(3), 415—426; Baumol, William, Sue Blackman and Edward Wolff, 1985, "Unbalanced Growth Revisited: Asymptotic Stagnancy and New Evidence", *American Economic Review*, 75(4), 806—817; Lee, Donghoon and Kenneth Wolpin, 2006, "Intersectoral Labor Mobility and the Growth of the Service Sector", *Econometrica*, 74(1), 1—46; Buera, Francisco and Joseph Kaboski, 2012, "The Rise of the Service Economy", *American Economic Review*, 102(6), 2540—2569; Young, Alwyn, 2014, "Structural Transformation, the Mismeasurement of Productivity Growth, and the Cost Disease of Services", *American Economic Review*, 104(11), 3635—3667.

③ Griffiths, Brian, 1975, *Invisible Barriers to Invisible Trade*, London: Macmillan; Sapir, André and Chantal Winter, 1994, "Services Trade", in David Greenaway and Alan Winters(eds.), *Surveys in International Trade*, Oxford: Blackwell Publishers, 273.

④ Francois, Joseph and Bernard Hoekman, 2010, "Services Trade and Policy", *Journal of Economic Literature*, 48(3), 642—692.

11.3.2　传统贸易理论框架

1. 纯理论研究

传统贸易理论主要包括比较优势理论和要素禀赋理论,其共同特点是假定产品同质、市场完全竞争和规模报酬不变,认为国家之间在技术、要素禀赋方面的差异会导致比较优势的产生及它们之间的产业间贸易。然而,第 11.2 节已经指出,服务与货物(货品)存在显著的差异,那么对于货物贸易格局的传统解释能否扩展至服务贸易呢? 对这一问题的最早探讨是确认比较优势法则是否适用于服务贸易。

欣德利(Hindley)和史密斯(Smith)认为,应该区分比较优势理论的两个方面:实证理论和规范理论。对于前者,他们认为,尽管服务与货物存在显著区别,但比较优势理论强有力的逻辑可以超越这些差别,所以不存在将国际贸易理论的标准工具用于分析服务贸易及其投资问题的困难,也不应该因分析主题的变化而要改变理论工具。对于后者,他们强调,由于服务贸易具有某些特殊性,因此需要对现存的贸易理论做一些修正,以便将服务融合进去。[①]

迪尔多夫首次比较正式地分析了比较优势法则能否运用于服务贸易。[②]他采用传统的"2×2×2"(即 2 个国家,2 种要素,2 种产品——1 种产品是货物、另 1 种产品是服务)H-O 模型,区分可能给比较优势法则带来困难的三种可能性:货物贸易与服务贸易的互补性、要素贸易、没有要素流动的要素贸易。在完全竞争条件下,比较优势法则基本适用于国际服务贸易。但在很多情形下,服务业经营是在规模报酬递增和范围报酬递增及不完全竞争条件下进行的。因此,比较优势法则不足以解释服务贸易格局。

随后的理论研究开始越来越多地关注规范问题,即服务贸易的福利效应。比如,琼斯和鲁安(Ruane)通过理论分析认为:在选择服务贸易开放方式(包括服务产品贸易开放、服务要素贸易开放、完全自由贸易)时,仅仅比较本国封闭经济下的服务产品与服务要素的国内外价格是不够的,还应该确定本国在服务部门是否拥有技术比较优势;服务贸易开放不同方式的选择会对要素收益产生不同影响,即存在收入分配效应。[③]伯吉斯(Burgess)基于特定要素模型重点讨论了服务要素贸易自由化对一国福利的影响,结果表明整体福利效应取决于货物部门特定要素与服务部门特定要素的国际流动是互补的还是互替的。[④]

2. 经验研究

萨皮尔(Sapir)和卢茨(Lutz)比较早地基于经验数据以要素禀赋和技术的跨国差异

---

① Hindley, Brian and Alasdair Smith, 1984, "Comparative Advantage and Trade in Services", *World Economy*, 7(4), 369—389.

② Deardorff, Alan, 1985, "Comparative Advantage and International Trade and Investment in Services", in Robert Stern (ed.), *Trade and Investment in Services: Canada/US Perspectives*, Toronto: Ontario Economic Council, 39—71.

③ Jones, Ronald and Frances Ruane, 1990, "Appraising the Options for International Trade in Services", *Oxford Economic Papers*, 42(4), 672—687.

④ Burgess, David, 1995, "Is Trade Liberalization in the Service Sector in the National Interest?" *Oxford Economic Papers*, 47(1), 60—78.

来解释国际服务贸易。[1]他们的样本国家包括工业化国家和发展中国家,样本服务部门包括货运服务、客运服务和保险服务。具体的经验回归结果显示,实物资本丰裕的国家在运输服务(货运与客运服务)方面具有比较优势,而人力资本丰裕的国家则在保险服务上具有比较优势。这意味着,工业化国家在服务方面有比较优势,因为其拥有丰裕的实物资本和人力资本;而发展中国家如果能够积累实物资本和人力资本,也能在某些服务领域获得比较优势。因此,他们认为,传统贸易理论不仅适用于货物贸易,也适用于服务贸易,其中要素禀赋是货物贸易和服务贸易格局的重要决定因素。

浦田(Urata)和清田(Kiyota)发现不同服务部门的要素密集度是不同的。通信、保险、金融、计算机和信息、专利权利使用费和特许费、政府服务既是物质资本密集型的,也是人力资本密集型的;交通运输和建筑服务是物质资本密集型的,而旅游、其他商业性服务、个人和文化娱乐服务则是劳动力和人力资本密集型的。他们认为 H-O 模型可以解释一部分服务部门的贸易格局,但它是否适用于所有服务贸易则有待进一步确认,其中需要考虑的重要因素是各种限制性壁垒和政府规制。[2]

萨格瑞(Sagari)基于传统的 H-O-V 模型并引入技术差异,从而推导出经验分析模型,以此检验金融服务贸易比较优势的决定因素。结果显示,技能性劳动力是金融服务贸易比较优势的重要决定因素,而非技能性劳动力对金融服务贸易比较优势的影响并不确定,相对丰裕的耕地与实物资本禀赋则对金融服务贸易比较优势产生负面影响。[3]

此外,还有一些研究探讨服务价格的国际差异及其原因。[4]实际上,对此问题的研究可追溯至李嘉图的《政治经济学及赋税原理》一书。[5]这些研究一般都是在"贸易品—非贸易品"框架下进行的,而其中的非贸易品主要是指"服务"。这些研究认为,两国的相对劳动生产率差异决定两国的相对价格差异(贸易品与非贸易品相对价格之差),非贸易品的相对价格决定实际汇率,贸易品部门(相对于非贸易品部门)具有较高生产率的国家通常具有较高的价格水平。随着经济的发展,各个部门的劳动生产率增长并不相同,其中贸易品部门(比如制造业)的劳动生产率增长加快,而大多数非贸易品部门(即服务行业)的劳动生产率增长较慢。如果工资率因竞争而在部门之间趋于相等,那么非贸易品(服

---

① Sapir, André and Ernest Lutz, 1981, "Trade in Services: Economic Determinants and Development-Related Issues", World Bank Staff Working Paper No.480.

② Urata, Shujiro and Kozo Kiyota, 2003, "Service Trade in East Asia", in Takatoshi Ito and Anne Krueger (eds.), *Trade in Services to the Asia-Pacific Region*, Chicago: University of Chicago Press.

③ Sagari, Silvia, 1989, "International Trade in Financial Services", Policy, Planning, and Research Working Papers, World Bank.

④ 比如 Bhagwati, Jagdish, 1984, "Why Are Services Cheaper in the Poor Countries?" *Economic Journal*, 94(374), 279—286; Falvey, Rodney and Norman Gemmell, 1991, "Explaining Service-Price Differences in International Comparisons", *American Economic Review*, 81(5), 1295—1309; Falvey, Rodney and Norman Gemmell, 1996, "A Formalization and Test of the Factor Productivity Explanation of International Differences in Services Prices", *International Economic Review*, 37(1), 85—102。

⑤ 于是就有 "Ricardo-Viner-Harrod-Balassa-Samuelson-Penn-Bhagwati-et al." 理论的提法,参见 Samuelson, Paul, 1994, "Facets of Balassa-Samuelson Thirty Years Later", *Review of International Economics*, 2(3), 201—226。

务)的相对价格将会上升。由于一般价格水平由贸易品和非贸易品的价格构成,所以,在贸易品价格趋于均等化的情况下,发达国家的一般价格水平(用共同货币表示)要高一些。

法尔维和格默尔(Gemmell)基于要素生产率和要素禀赋两个视角解释服务价格存在国际差异的原因。[1]基于前者的解释是:服务生产中的要素生产率的(外生的)国际差异要小于货物生产中的要素生产率的国际差异;随着国际贸易使货物价格在国际范围内趋于均等化,那些总体上具有相对较低要素生产率(因而也是较低实际人均收入)的国家在服务生产方面将具有相对较高的生产率,因而具有相对较低的服务价格。基于后者的解释是:拥有较大规模要素禀赋的国家将具有较高的服务价格和较高的实际人均收入。这两个视角的解释是相互补充的,即要素生产率和要素禀赋的跨国差异都会影响服务价格的跨国差异。

11.3.3 新贸易理论框架

1. 纯理论研究

不同于传统贸易理论的基本假设,服务部门的服务产品通常是异质的,生产往往是规模报酬递增的,市场也通常是不完全竞争的,而且还存在行政性垄断和市场准入壁垒、信息不对称及网络效应等。此外,传统贸易理论的"要素不能跨国流动"假设也不适用于很多服务行业的国际贸易,因为服务贸易有四种模式,包括通过要素(劳动力和资本)流动实现的跨国服务交易。同时,服务部门的产业内贸易水平较高。因此,基于新贸易理论框架的服务贸易理论模型需要考虑以上诸多因素中的一个或多个方面。总结如表11.4所示。

第一,引入服务产品的异质性。如何在模型中引入服务异质性,有两种不同方法:一是将服务产品的水平差异引入到生产方面,也就是采用本书第4章介绍的迪克西特—斯蒂格利茨方法,即"多品种偏好"方法,将多样化的生产性服务引入具有规模报酬递增技术的生产函数。[2]二是将服务产品的水平差异引入到需求方面,也就是分别采用本书第4章介绍的迪克西特—斯蒂格利茨方法[3],与霍特林—兰卡斯特方法,即"理想品种"方法。[4]

---

① Falvey, Rodney and Norman Gemmell,1991,"Explaining Service-Price Differences in International Comparisons", *American Economic Review*,81(5),1295—1309. Falvey, Rodney and Norman Gemmell,1996,"A Formalization and Test of the Factor Productivity Explanation of International Differences in Services Prices", *International Economic Review*,37(1),85—102.

② 比如 Rivera-Batiz, Francisco and Luis Rivera-Batiz,1992,"Europe 1992 and the Liberalization of Direct Investment Flows:Services versus Manufacturing", *International Economic Journal*,6(1),45—57;Van Marrewijk, Charles, Joachim Stibora and Albert de Vaal,1996,"Services Tradability, Trade Liberalization, and Foreign Direct Investment", *Economica*,63(252),611—631。

③ 比如 Francois, Joseph,1990,"Trade in Producer Services and Returns due to Specialization and the Monopolistic Competition", *Canadian Journal of Economics*,23(1),109—124;Wong, Clement Yuk Pang, Jinhui Wu and Anming Zhang,2006,"A Model of Trade Liberalization in Services", *Review of International Economics*,14(1),148—168。

④ 比如 Baier, Scott and Jeffery Bergstrand,2001,"International Trade in Services, Free Trade Agreements, and the WTO",in Robert Stern(ed.), *Services in the International Economy*,Ann Arbor, MI:University of Michigan Press。

第二,从市场结构来看,更多的研究是考虑垄断竞争市场结构[1],也有一些研究考虑了寡头市场结构。[2]

第三,就服务提供模式而言,有的研究重点关注服务贸易的商业存在模式,即 FDI 模式[3],有的研究则同时关注跨境贸易和商业存在两种服务贸易模式[4]。

此外,服务的生产还涉及生产者与消费者的相互作用及生产的灵活性与定制化、信息与质量等方面。[5]需要指出的是,由于存在以上诸多因素或纬度,因此服务贸易如同货物贸易那样不可能存在单一的产业内贸易模型。

表 11.4 服务部门产业内贸易的分析框架及代表性研究

		服务贸易模式	
		分离式服务贸易	服务提供者或消费者或二者的移动
服务本身的特性	产品异质性、生产的灵活性与定制化	比如 Markusen(1989)、Francois(1990)、Ethier 和 Horn(1991)、Stibora 和 de Vaal(1995)、Wong 等(2006)	比如 Markusen(1989)、Francois(1990)、Stibora 和 de Vaal(1995)、Wong 等(2006)
	无形性与难以贮存性	Stibora 和 de Vaal(1995)	
	信息与质量因素(服务具有较强的经验特征和信任特征)	Grossman 和 Horn(1988)	Djajić 和 Kierzkowski(1989)
	生产者与消费者相互作用	Stibora 和 de Vaal(1995)	Stibora 和 de Vaal(1995)

---

① 比如 Markusen, James, 1989, "Trade in Producer Services and in Other Specialized Intermediate Inputs", *American Economic Review*,79(1),85—95;Rivera-Batiz, Francisco and Luis Rivera-Batiz, 1992, "Europe 1992 and the Liberalization of Direct Investment Flows:Services versus Manufacturing", *International Economic Journal*,6(1),45—57;Van Marrewijk, Charles, Joachim Stibora, and Albert de Vaal, 1996, "Services Tradability, Trade Liberalization, and Foreign Direct Investment", *Economica*,63(252),611—631。

② 比如 Kierzkowski, Henryk, 1986, "Modeling International Transportation Services", International Monetary Fund Research Paper DM/86/35;Francois, Joseph and Ian Wooton, 2001a, "Market Structure, Trade Liberalization and the GATS", *European Journal of Political Economy*,17(2),389—402;Francois, Joseph and Ian Wooton, 2001b, "Trade in International Transport Services:the Role of Competition", *Review of International Economics*,9(2),249—261;Wong, Clement Yuk Pang, Jinhui Wu and Anming Zhang, 2006, "A Model of Trade Liberalization in Services", *Review of International Economics*,14(1),148—168。

③ 比如 Markusen, James, 1989, "Trade in Producer Services and in Other Specialized Intermediate Inputs", *American Economic Review*,79(1),85—95;Rivera-Batiz, Francisco and Luis Rivera-Batiz, 1992, "Europe 1992 and the Liberalization of Direct Investment Flows:Services versus Manufacturing", *International Economic Journal*,6(1),45—57。

④ 比如 Wong, Clement Yuk Pang, Jinhui Wu and Anming Zhang, 2006, "A Model of Trade Liberalization in Services", *Review of International Economics*,14(1),148—168。

⑤ 比如,Ethier, Wilfred J. and Henrik Horn, 1991, "Services in International Trade", in E.Helpman and A. Razin(eds.) 1991, *International Trade and Trade Policy*, MTT Press, pp.223—244;Stibora, Joachim and Albert de Vaal, 1995, *Services and Services Trade:A Theoretical Inquiry*, Amsterdam Thesis Publishers;Wong, Clement Yuk Pang, Jinhui Wu, and Anming Zhang, 2006, "A Model of Trade Liberalization in Services", *Review of International Economics*,14(1),148—168。

续表

		服务贸易模式	
		分离式服务贸易	服务提供者或消费者 或二者的移动
市 场 结 构	寡头市场(包括双寡头市场)	Kierzkowski(1986)、Francois 和 Wooton(2001a, b)、Wong 等 (2006)	
	垄断竞争市场	Rivera-Batiz 和 Rivera-Batiz(1992)、 Van Marrewijk 等(1996)	Markusen(1989)、Van Mar- rewijk 等(1996)

注:表中的"分离式服务贸易"相当于 GATS 定义的跨境交付模式,"服务提供者或消费者或二者的移动"相当于 GATS 定义的另外三种服务贸易模式——境外消费、商业存在和自然人流动。

2. 经验研究

对服务部门产业内贸易的经验研究首先涉及如何衡量服务部门的产业内贸易,现有的研究基本上都是采用传统的用来衡量货物部门产业内贸易的方法或指标,其次就是探讨服务部门产业内贸易的决定因素及影响。

弗朗索瓦(Francois)基于美国与 28 个国家或地区的进出口贸易数据,分析了美国生产性服务的贸易格局及决定因素。结果表明:美国生产性服务的贸易具有很强的"双向贸易"(two-way trade)特征,即产业内贸易特征;美国与其他国家的双边服务产业内贸易水平与收入水平(相对于美国)、地理接近性、共同语言正相关。[1]

李(Lee)和劳埃德使用 OECD 的 BOP 服务贸易数据,分析了服务部门产业内贸易的国际差异及其原因,并检验了三个假说:服务部门产业内贸易的规模与该国人均收入水平正相关;国家越大,其产业内贸易的规模就越大;贸易壁垒较低的国家,其产业内贸易水平较高。[2]

谢尔本(Shelburne)和冈萨雷斯(Gonzalez)基于 OECD 和美国的数据进行研究,发现:产业内贸易是国际服务贸易的重要特征;人均 GDP 与国内服务部门的相对规模是一国产业内贸易水平的关键决定因素;具有较高产业内贸易水平的国家在服务贸易增长的同时不太可能面临较高的调整成本;分部门的产业内贸易指数显示,"专利权利使用费和特许费"的产业内贸易指数最低,表明技术差距和进入方面的法律壁垒也会影响服务的产业内贸易水平。[3]

---

[1] Francois, Joseph, 1993, "Explaining the Pattern of Trade in Producer Services", *International Economic Journal*, 7(3), 23—31.

[2] Lee, Hyun-Hoon and Peter Lloyd, 2002, "Intra-Industry Trade in Services", in Peter Lloyd and Hyun-Hoon Lee(eds.), *Frontiers of Research in Intra-Industry Trade*, London: Palgrave Macmillan, 159—179.

[3] Shelburne, Robert and Jorge Gonzalez, 2004, "The Role of Intra-Industry Trade in the Service Sector", in Michael Plummer(ed.), *Empirical Methods in International Trade: Essays in Honor of Mordechai Kreinin*, Cheltenham, Glos: Edward Elgar Publishing Limited, 110—128.

11.3.4 异质性企业贸易理论与全球价值链分析框架

1. 基本理论

考虑到服务的特殊性特别是服务作为中间产品(即生产性服务),这里准备将异质性企业贸易理论与全球价值链分析框架下的服务贸易放在一起进行讨论。前面的章节也提及,全球价值链理论与异质性企业贸易理论是密切相关的,因为企业是全球价值链分工的重要参与者。下面主要介绍两方面的研究:一是企业产品(货品与服务)结构转换理论;二是服务价值链理论。

(1) 企业产品(货品与服务)结构转换理论。

第 11.1 节已经提及,在产业层面和宏观层面上,我们可以看到经济结构变化呈现出一种服务化趋势,即服务业比重趋于上升。那么,这一趋势在企业微观层面是如何表现的呢?

布赖因利希(Breinlich)等人通过构造一个局部均衡模型证明,一国市场条件的变化(比如制造业进口关税的下降)将导致企业在生产货品与生产服务之间进行转换。[1]

布兰查德(Blanchard)等人构造了一个差异性产品模型,在模型的需求方,企业提供的货品与服务是互补的,而在模型的供给方,企业生产货品与服务存在资源配置上的竞争。模型预测,企业层面的服务化随着企业的生产率、产品特性、市场条件的变化而变化。[2]

阿瑞乌(Ariu)等人构造了一个服务对货品的单向互补模型,亦即使用货品是使用服务的先决条件。该模型预测,企业在提供货品的同时提供服务可以提高出口业绩。[3]

(2) 服务价值链理论。

这里主要介绍琼斯和凯尔科斯基的生产段(production block)与服务链(service link)理论。[4]他们认为,金融服务、信息服务、专业技术服务等一系列生产性服务构成服务纽带,当生产过程逐渐由分散在不同国家的生产区段合作进行时,对生产性服务纽带的需求就会上升,从而诱发生产性服务的国际贸易。[5]

---

[1] Breinlich, Holger, Anson Soderbery and Greg Wright, 2018, "From Selling Goods to Selling Services: Firm Responses to Trade Liberalization", *American Economic Journal: Economic Policy*, 10(4), 79—108.

[2] Blanchard, Pierre, Catherine Fuss and Claude Mathieu, 2017, "Why do Manufacturing Firms Produce Services? Evidence for the Servitization Paradox in Belgium", Working Paper Research No. 330, National Bank of Belgium.

[3] Ariu, Andrea, Florian Mayneris and Mathieu Parenti, 2020, "One Way to the Top: How Services Boost the Demand for Goods", *Journal of International Economics*, 123, 103278.

[4] Jones, Ronald and Henryk Kierzkowski, 1990, "The Role of Services in Production and International Trade: A Theoretical Framework", in Ronald Jones and Anne Krueger(eds.), *The Political Economy of International Trade*, Oxford: Basil Blackwell Inc., 31—48.

[5] 基于全球价值链视角研究生产性服务的文献也有一些,比如 Cheng, Dazhong and Zhiguo Xiao, 2021, "Producer Services and Productivity: A Global Value Chain Perspective", *Review of Income and Wealth*, 67, 418—444。

关于生产过程的分散化可以用图 11.9 描述。图中 a 表示单一生产区段,投入的服务主要涉及生产区段的内部协调及联结企业与消费者的营销活动。图中 b 出现了两个生产区段,这时需要通过服务来协调和联结,比如运输服务。图中 c 表示生产区段的进一步分化。如果说 b 和 c 反映生产区段的"串联"(即上下游关系),那么 d 则显示一种新组合,即有些生产区段是"并联"(即平行运行)的。这大致分别对应鲍德温和维纳布尔斯(Venables)描述的类似"蛇"和"蜘蛛"形状的价值链分工模式。[①]随着生产过程逐渐分散化,生产的成本结构也将发生变化:固定成本会增加,平均成本与边际成本将下降。

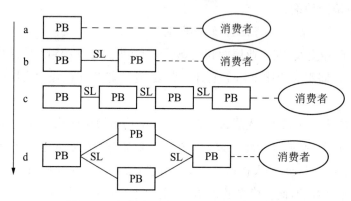

图 11.9　生产过程的分散化与生产性服务链

注:PB 表示"生产段",SL 表示"服务链"。

传统贸易理论认为,最终产品的自由贸易带来的专业化分工能够增进贸易国的福利。然而,现实情况是,如果一国在某种产品或服务上具有总体比较优势,而该种产品或服务在国内每一个生产区段和服务链的成本未必都是较低的,那么,为了将比较优势发挥到极致,企业可以在国内与国外分散生产。比如,跨国公司的全球化战略就带来了生产区位的转移与生产区段的分散。生产区段位于不同国家,生产性服务链可以由不同国家的服务提供者提供,于是就产生了生产性服务的国际贸易。另外,以电信、运输、金融服务为代表的现代生产性服务业的迅速发展,大幅度降低了国际服务链的相对成本,从而间接地促进了生产区段的分散化,生产性服务的国际贸易也因此得以快速增长。

生产区段分散的国际化及外国服务链的引入带来的成本结构变化如图 11.10 所示。线 H 表示生产区段均在国内时的固定成本和可变成本,线 H' 则增加了服务链成本。如果国内和国外各有一个生产区段成本较低,则国内和国外组合生产之后的成本由线 M 表示。假定这时的固定成本仍与 H 相同,但联结国内和国外生产区段的服务链成本大于两个区段均在国内时的成本($ca > ba$),那么,用于联结跨国生产区段的服务链成本将会把最优成本—产出线 beH'(即线 H')折成线 beM。也就是说,当产量大于 Q 时,企业

① Baldwin, Richard and Anthony Venables, 2013, "Spiders and Snakes: Offshoring and Agglomeration in the Global Economy", *Journal of International Economics*, 90(2), 245—254.

可以采取国内和国外相互结合的分散化方式进行生产。①

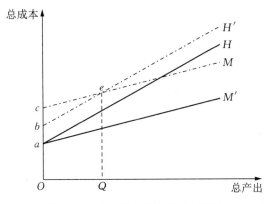

图 11.10　生产段与服务链的国际化

2. 经验研究

首先是基于企业数据分析服务贸易、企业产品结构转换和服务化。比如,布赖因利希和克里斯库奥洛(Criscuolo)基于英国独特的服务业企业调查数据,发现服务贸易企业的特点与已有研究关于货物贸易企业的特点非常相似,他们将之总结为 11 个基本事实。②布赖因利希等人还基于 1997—2007 年英国的企业水平数据,发现货物进口关税的下降导致企业服务性收入的增加,这一影响对于 R&D 存量越大的企业就越明显,而对于资本密集型企业则比较微弱。③阿瑞乌等人基于 1997—2005 年比利时的"企业—目的地—产品"水平上的出口交易数据,分析企业同时向一个给定的目的地市场出口货物和服务[这样的企业被称为"双出口企业"(bi-exporter)]是如何影响企业对该市场的货物出口销售的。结果显示这一影响是积极的,而且表现为出口货物质量的提高和价格的上升。④布兰查德等人基于 1997—2013 年比利时的企业水平数据并使用比例概率模型(fractional probit model)进行分析,结果显示制造业企业的服务化与企业全要素生产率之间呈 U 形关系,U 形弯曲之处随行业而变化。⑤

其次是分析服务业对外开放与自由化对自身行业及其他行业企业经济绩效(比如全

① 图 11.10 假定国内外生产区段的固定成本相同,实际上也可以不同。如果国外生产区段拥有成本优势,那么,它也可能既体现在可变成本上,又体现在固定成本上。另外一个假定是联结跨国生产区段的服务链成本大于联结国内生产区段的成本,这虽有例外情况,但通常是这样。

② Breinlich, Holger and Chiara Criscuolo, 2011, "International Trade in Services: A Portrait of Importers and Exporters", *Journal of International Economics*, 84(2), 188—206.

③ Breinlich, Holger, Anson Soderbery and Greg Wright, 2018, "From Selling Goods to Selling Services: Firm Responses to Trade Liberalization", *American Economic Journal: Economic Policy*, 10(4), 79—108.

④ Ariu, Andrea, Florian Mayneris and Mathieu Parenti, 2020, "One Way to the Top: How Services Boost the Demand for Goods", *Journal of International Economics*, 123, 103278.

⑤ Blanchard, Pierre, Catherine Fuss and Claude Mathieu, 2017, "Why do Manufacturing Firms Produce Services? Evidence for the Servitization Paradox in Belgium", Working Paper Research No. 330, National Bank of Belgium.

要素生产率)的影响。比如,阿诺德(Arnold)等人基于 10 个撒哈拉沙漠以南非洲国家 1 000 多家企业的数据,发现服务业(电信、电力和金融服务)的绩效与使用这些服务的企业绩效之间存在正相关关系。[1]卡明斯(Cummins)和鲁比奥-米萨斯(Rubio-Misas)基于西班牙的企业数据,分析保险业放松管制与自由化对该行业企业产生的选择效应(低效率企业退出市场)、规模效应(高效率企业规模扩大)与净效应(整个行业的全要率生产率提高)。[2]此外,阿诺德等人还利用捷克的数据[3]、费尔南德斯(Fernandes)和保诺夫(Paunov)利用智利的数据[4],分别检验了服务业开放对制造业企业生产率的影响,并发现这些影响都是积极的。

最后是基于全球价值链和增加值贸易测算方法分析国际贸易的服务含量和增加值服务贸易及相关问题。比如,米鲁多(Miroudot)和卡德斯汀(Cadestin)使用 OECD-WTO 增加值贸易数据和劳动力调查数据,分析 31 个经济体的制造业出口中的服务增加值含量,发现这一含量在考虑制造业企业内部的服务活动时从 37% 上升至 53%,而且制造业企业中 25%—60% 的就业是承担如研发、物流、营销、售后服务、管理等服务功能的。[5]实际上,即使是服务业企业,也需要这些承担服务功能的就业,也就是说,服务产品的生产也含有服务增加值。[6]还有一些研究关注国际服务外包及其影响。[7]

11.4　国际服务贸易多边规则

随着服务业与服务贸易在国民经济与世界经济中的重要性的上升,越来越多的国家和地区意识到有必要将服务业与服务贸易列为经贸谈判的新议题,并建立起可以遵守的国际规则,从而更好地促进各国在服务领域的国际合作。本节主要介绍 GATS 与《服务贸易协定》(Trade in Services Agreement,TiSA),它们涉及服务贸易领域的最为重要的

---

[1]　Arnold, Jens Matthias, Aaditya Mattoo and Gaia Narciso, 2008, "Services Inputs and Firm Productivity in Sub-Suharan Africa: Evidence from Firm-Level Data", *Journal of African Economies*, 17(4), 578—599.

[2]　Cummins, David and Maria Rubio-Misas, 2006, "Deregulation, Consolidation, and Efficiency: Evidence from the Spanish Insurance Industry", *Journal of Money, Credit, and Banking*, 38(2), 323—355.

[3]　Arnold, Jens Matthias, Beata Javorcik and Aaditya Mattoo, 2011, "Does Services Liberalization Benefit Manufacturing Firms? Evidence from the Czech Republic", *Journal of International Economics*, 85(1), 136—146.

[4]　Fernandes, Ana and Caroline Paunov, 2012, "Foreign Direct Investment in Services and Manufacturing Productivity: Evidence for Chile", *Journal of Development Economics*, 97(2), 305—321.

[5]　Miroudot, Sébastien and Charles Cadestin, 2017, "Services in Global Value Chains: From Inputs to Value-Creating Activities", OECD Trade Policy Papers No.197.

[6]　WTO, 2019, *World Trade Report 2019—The Future of Services Trade*, Geneva: WTO Publications, 47—48.

[7]　比如 Amiti, Mary and Shang-Jin Wei, 2005, "Fear of Service Outsourcing: Is It Justified?" *Economic Policy*, 20(42), 308—347; Crinò, Rosario, 2010, "Service Offshoring and White-Collar Employment", *Review of Economic Studies*, 77(2), 595—632.

多边和诸边规则。①

11.4.1　GATS

　　GATT 前七轮多边贸易谈判都集中于货物贸易领域,而 1986 年开始的乌拉圭回合谈判首次将服务贸易列为新议题之一,目标是为实现服务贸易自由化,制定 GATT 各缔约方普遍遵守的国际服务贸易规则。最终,各谈判方于 1994 年 4 月 15 日在摩洛哥的马拉喀什正式签署了 GATS(参见本章附录表 11A.1)。该协定于 1995 年 1 月 1 日与《WTO 协定》同时生效。

　　由于服务贸易涉及面广,情况复杂,各方的态度与要求殊异,所以谈判并非一帆风顺。回顾谈判历程及其关注的焦点问题,有助于我们理解服务贸易自由化与服务市场开放的复杂性和艰巨性。

　　乌拉圭回合服务贸易谈判的最初关注重点涉及服务贸易的定义和范围。发展中国家(地区)要求对服务贸易做比较狭窄的界定,但美国等发达国家(地区)则坚持较为宽泛的界定,并强调"商业存在"对于服务跨境贸易的重要性。

　　随后的谈判重点转移到透明度、逐步自由化、国民待遇、最惠国待遇、市场准入、发展中国家(地区)的更多参与、例外和保障条款、国内规章等原则与规则在服务领域的运用等方面。各方同意建立一套服务贸易规则,以消除服务贸易谈判中的诸多障碍。

　　通过谈判,各方对于国民待遇、最惠国待遇等原则在服务贸易领域的适用性已达成共识,但在服务部门开放列举方式上则出现了"肯定列表"(positive listing,即"正面清单")和"否定列表"(negative listing,即"负面清单")之争。"肯定列表"是指减让表对所包含的服务部门列出各方愿意接受的实际市场准入和国民待遇承诺。"否定列表"是指减让表包括的措施是各成员想保持的与共同规则不一致的例外。美国等发达国家(地区)提出"否定列表"方式,要求各方将目前无法实施自由化原则的部门清单列在框架协议的附录中作为保留,部门清单一经提出,便不能再增加,要求各方承诺在一定期限内逐步减少不予开放的服务部门。发展中国家(地区)则提出"肯定列表"方式,即各方列出能够开放的服务部门清单,可随时增加开放的部门数量。②最后的谈判结果基本上采用了"肯定列表"方式。

　　在解决服务部门开放清单列举方式之争后,各方的讨论开始围绕三个方面进行:GATS 的框架、承诺表与部门附件。最终,各方正式签署了 GATS。

　　在后乌拉圭回合时期(1995—2000 年),服务领域的谈判主要就一些特定服务部门

---

　　①　此外,由于服务贸易涉及的部门很多,不同服务部门还涉及不同的国际组织,比如国际民用航空组织(International Civil Aviation Organization, ICAO)、国际海运组织(International Maritime Organization, IMO)、国际电信联盟(International Telecommunication Union, ITU)、联合国教科文组织(United Nations Educational, Scientific and Cultural Organization, UNESCO)、联合国世界旅游组织(United Nations World Tourism Organization, UNWTO)、万国邮政联盟(Universal Postal Union, UPU)、世界卫生组织(World Health Organization, WHO)等。

　　②　对于服务业十分落后的发展中国家(地区)来说,知道哪些服务部门不能对外开放要比知道哪些服务部门可以对外开放难得多,所以它们倾向于采用"肯定列表"方式;发达国家(地区)则相反。

或项目（如金融服务、电信及自然人流动等）达成协议。2001 年 11 月开始的多哈回合将服务贸易谈判的焦点集中于如何改进市场准入、国内规章、促进最不发达国家（地区）的服务出口及完善有关紧急保障措施、补贴和政府采购谈判规则等问题。

在 GATS 框架下的服务贸易承诺减让是按照"服务贸易减让表"和"最惠国豁免清单"的固定格式呈现的。每一个服务部门或服务活动的减让与限制都是按照服务贸易的四种提供方式做出的，具体承诺内容涉及"市场准入""国民待遇"和"附加承诺"，承诺则分针对所有部门的"水平承诺"和针对各个部门的"具体承诺"，减让表中的承诺方式包括"没有限制""有些限制"和"不作承诺"三种。未列入减让表中的服务部门或服务活动是不作承诺的。

11.4.2 《服务贸易协定》

多哈回合服务贸易谈判进展缓慢，原来的 GATS 已经越来越难以适应服务贸易及国际经贸发展的新形势与新趋势。在此背景下，美国等经济体于 2011 年底组成了所谓的"服务挚友"（Real Good Friends of Services，RGF）集团，发起了 TiSA 谈判。目前 TiSA 有 25 个成员（51 个经济体），即澳大利亚、加拿大、智利、哥伦比亚、哥斯达黎加、中国香港、冰岛、以色列、日本、列支敦士登、毛里求斯、墨西哥、新西兰、挪威、巴基斯坦、巴拉圭、巴拿马、秘鲁、韩国、瑞士、中国台湾、土耳其、美国、英国及欧盟（27 国），约占全球服务市场的 70%，占全球 GDP 的 65%。

TiSA 是一个雄心勃勃的、涵盖所有服务领域的综合性协定，它的目标是强化服务贸易规则、改进服务市场准入、扩大服务市场开放与服务贸易自由化，未来可能被进一步多边化，并有可能取代目前的 GATS 而成为主导全球服务贸易的更高标准新规则。与 GATS 相比，TiSA 有以下几个特点：

（1）覆盖的服务领域更广泛。特别是增加了一些新领域，比如数字贸易、信息服务产品（如 App Store）等。

（2）自由化水平更高。比如，国民待遇采用负面清单形式（清单外的所有部门都给予国民待遇），对服务开放设置冻结条款（standstill clause，即一旦承诺开放，不再增加新的限制措施）和棘轮条款（ratchet clause，即取消的歧视性措施自动锁定、受到协定的约束），实施"向前看的最惠国待遇"机制（即成员方在未来缔结的双边协定中提供的优惠待遇应给予所有 TiSA 成员）。

（3）纪律要求更严格。比如，TiSA 涵盖了 GATS 的很多核心条款，又对透明度等规则进行了强化，提出了更高要求同时也制定了新的规则，比如竞争中立（特别针对国有企业）、减少本地化要求（包括当地商业存在、当地管理层和董事会等方面的要求）等。

（4）承诺方式更加灵活。比如，TiSA 不受制于"一揽子加入"方式（成员更易在减让方面达成一致）、"市场准入正面清单＋国民待遇负面清单"（便于成员方灵活控制自己的承诺，又能吸引外面的经济体参与）。

全球经贸体制特别是服务贸易体制的演变，对各经济体的服务业开放既构成了挑战也带来了机遇。各国各地区都应该而且也非常有必要关注这些形势的变化,加强对TiSA(包括规则、条款、减让、机制、影响等)的研究和评估,并能设法参与进去,从而避免被边缘化,同时又能借机促进自身服务领域的改革、开放与发展。

本章小结

本章首先从产出、需求、贸易和投资等角度描述了经济形态演变过程中的服务业兴起及经济全球化背景下的服务贸易发展。接着,讨论服务概念的界定及服务有别于货品的特征,并从理论与实践两个层面总结服务业的部门与行业分类,讨论服务业的内涵与外延,并介绍国际服务贸易的定义及统计核算问题。然后,按照国际贸易理论的演进顺序,梳理有关国际服务贸易的理论和经验研究。最后,介绍国际服务贸易的多边规则。

本章关键词

工业经济　服务经济　服务业就业　服务产出　服务需求　最终服务消费　中间服务投入　生产性服务　消费性服务　经济物品　有形产品　无形产品　服务　货品　寻找特征　经验特征　信任特征　霍夫曼分类法　国际服务贸易　跨境交付　境外消费　商业存在　自然人流动　BOP服务贸易统计　FATS服务贸易统计　增加值服务贸易统计　服务要素贸易　服务产品贸易　生产段　服务链　服务外包　GATS　《服务贸易协定》(TiSA)　正面清单　负面清单

本章思考题

1. 服务经济来临的主要标志是什么?请查找相关统计数据进行国际比较分析。

2. 服务业兴起背后的经济学逻辑是什么?

3. 恩格尔定律与最终服务消费变化有什么关系?

4. 生产性服务与消费性服务的含义是什么?各自有何作用?

5. 服务领域开放的基本特点是什么?

6. 对服务产品的界定至少要考虑到哪些主要因素?

7. 如何理解服务有别于货品的特征?并举例说明。

8. 总结分析中国产业分类体系中的服务业分类的演变历程。

9. GATS是如何定义国际服务贸易的?

10. 查找数据,比较分析BOP服务贸易与FATS服务贸易的发展状况。

11. 参照萨格瑞的分析方法,查找数据并分析特定服务部门(比如软件服务、旅游服务等)的国际贸易的决定因素。

12. 如何解释服务价格的国际差异?

13. 基于新贸易理论框架的服务贸易理论模型需要考虑哪些因素？为什么？

14. 查找相关数据,分析服务部门的产业内贸易及其决定因素。

15. 什么是企业层面上的服务化？请举例或查找相关数据进行分析。

16. 什么是生产段和服务链？国际贸易理论对此是如何进行解释的？

17. 如何基于全球价值链和增加值贸易测算方法计算国际贸易的服务含量和增加值服务贸易？请基于数据进行分析。

18. 什么是国际服务外包？请举例或查找数据进行分析。

19. 比较分析 GATS 与 TiSA 的差异。

20. 如何衡量服务业开放或服务贸易自由化？查找相关数据,分析服务业开放的经济影响。

21. 借鉴服务部门产业内贸易的经验研究方法,写一篇关于中国服务部门产业内贸易的水平及其决定因素的论文。

22. 请基于 WTO 网站(www.wto.org),跟踪国际服务贸易谈判的最新进展情况,提交一份分析报告。

附录 11A   GATS 的框架

表 11A.1   GATS 的框架

部　　分	条　　目	相关内容
第一部分　范围和定义	第 1 条	范围和定义
第二部分 一般义务和纪律	第 2 条	最惠国待遇
	第 3 条	透明度
	第 3 条之二	机密信息的披露
	第 4 条	发展中国家的更多参与
	第 5 条	经济一体化
	第 5 条之二	劳动力市场一体化协定
	第 6 条	国内法规
	第 7 条	承认
	第 8 条	垄断和专营服务提供者
	第 9 条	商业惯例
	第 10 条	紧急保障措施
	第 11 条	支付和转移
	第 12 条	保障国际收支的限制

续表

部　　分	条　　目	相关内容
第二部分 一般义务和纪律	第 13 条	政府采购
	第 14 条	一般例外
	第 14 条之二	安全例外
	第 15 条	补贴
第三部分 具体承诺	第 16 条	市场准入
	第 17 条	国民待遇
	第 18 条	附加承诺
第四部分 逐步自由化	第 19 条	具体承诺的谈判
	第 20 条	具体承诺减让表
	第 21 条	减让表的修改
第五部分 机构条款	第 22 条	磋商
	第 23 条	争端解决与执行
	第 24 条	服务贸易理事会
	第 25 条	技术合作
	第 26 条	与其他国际组织的关系
第六部分 最后条款	第 27 条	利益的拒绝给予
	第 28 条	定义
	第 29 条	附件

资料来源:石广生主编:《中国加入世界贸易组织知识读本(二)——乌拉圭回合多边贸易谈判结果:法律文件》,人民出版社 2002 年版。

推荐阅读

1. 〔德〕马克斯·韦伯:《新教伦理与资本主义精神》,于晓、陈维纲译,北京三联书店 1992 年版。

2. 〔美〕道格拉斯·诺斯和罗伯特·托马斯:《西方世界的兴起》,厉以平等译,华夏出版社 1999 年版。

3. 〔美〕霍利斯·钱纳里、谢尔曼·鲁宾逊和摩西·赛尔奎因:《工业化和经济增长的比较研究》,吴奇等译,上海三联书店、上海人民出版社 1996 年版。

4. 〔美〕小罗伯特·埃克伦德和罗伯特·赫伯特:《经济理论和方法史》(第四版),杨玉生等译,中国人民大学出版社 2001 年版。

5. 〔日〕滨下武志:《近代中国的国际契机:朝贡贸易体系与近代亚洲经济圈》,朱荫贵等译,中国社会科学出版社 2004 年版。

6. 〔英〕安格斯·麦迪森:《世界经济千年史》,伍晓鹰等译,北京大学出版社 2003 年版。

7. 〔英〕亚当·斯密:《国民财富的性质和原因的研究》,郭大力等译,商务印书馆 1997 年版。

8. 〔英〕约翰·梅纳德·凯恩斯:《就业、利息和货币通论》,高鸿业译,商务印书馆 1999 年版。

9. 林毅夫、蔡昉和李周:《中国的奇迹:发展战略与经济改革》(增订版),上海三联书店、上海人民出版社 2003 年版。

10. 杨小凯:《经济学原理》,中国社会科学出版社 1998 年版。

11. Antràs, Pol, 2016, *Global Production: Firms, Contracts, and Trade Structure*. Princeton University Press.

12. Bagwell, Kyle and Robert Staiger, 2002, *The Economics of the World Trading System*, The MIT Press.

13. Helpman, Elhanan and Paul Krugman, 1985, *Market Structure and Foreign Trade: Increasing Returns, Imperfect Competition, and the International Economy*,

Cambridge, MA: MIT Press.

14. Mattoo, Aaditya, Zhi Wang, and Shang-Jin Wei(ed.), 2013, *Trade in Value Added: Developing New Measures of Cross-Border Trade*, The World Bank, Washington D.C., USA.

15. Miller, Ronald and Peter Blair, 2009, *Input-output Analysis: Foundations and Extensions*, Cambridge University Press.

16. Riddle, Dorothy, 1986, *Service-led Growth: The Role of the Service Sector in the World Development*, Praeger Publishers.

17. UNCTAD, 2013, *Global Value Chains: Investment and Trade for Development*, World Investment Report, New York and Geneva.

18. WTO, 2007, *Six Decades of Multilateral Trade Cooperation: What Have We Learnt?* World Trade Report, Geneva.

19. WTO, 2012, *Trade and Public Policies: A Closer Look at Non-tariff Measures in the 21st Century*, World Trade Report, Geneva.

20. WTO, 2019, *The future of Services Trade*, World Trade Report, Geneva.

图书在版编目(CIP)数据

国际贸易:理论与经验分析/程大中编著.—上
海:格致出版社:上海人民出版社,2022.6
ISBN 978-7-5432-3334-8

Ⅰ.①国…　Ⅱ.①程…　Ⅲ.①国际贸易-高等学校-
教材　Ⅳ.①F74

中国版本图书馆 CIP 数据核字(2022)第 027786 号

责任编辑　郑竹青　程　倩
装帧设计　路　静

国际贸易
——理论与经验分析
程大中　编著

出　　版　格致出版社
　　　　　上海人民出版社
　　　　　(201101　上海市闵行区号景路 159 弄 C 座)
发　　行　上海人民出版社发行中心
印　　刷　浙江临安曙光印务有限公司
开　　本　787×1092　1/16
印　　张　26.5
插　　页　1
字　　数　558,000
版　　次　2022 年 6 月第 1 版
印　　次　2022 年 6 月第 1 次印刷
ISBN 978-7-5432-3334-8/F·1434
定　　价　89.00 元